KB145145

파이썬을 활용한
머신러닝
해석 가능성

파이썬을 활용한
머신러닝
해석 가능성

예측의 공정성, 책임성, 투명성을
수립하는 다양한 방법 학습하기

김우현 옮김   세르그 마시스 지음

i!i
에이콘

| 옮긴이 소개 |

김우현(woosa7@hanmail.net)

대학생 시절, 선배와 함께 창업한 이후 20년 넘게 소프트웨어 개발자로 살고 있으며 인공지능 분야에서 새로운 길을 만들어 가고 있다. 숙명여자대학교 나노/바이오 전산화학 연구센터에서 데이터 과학자로 근무했으며, 현재 프리랜서 AI 개발자로 일하는 중이다. 옮긴 책으로는 에이콘출판사에서 출간한 『R 데이터 구조와 알고리즘』(2017, 에이콘), 『자바 데이터 사이언스 쿡북』(2018), 『피처 엔지니어링, 제대로 시작하기』(2018), 『The Python 3 Standard Library by Example』(2020), 『파이썬 객체지향 프로그래밍 4/e』(2022) 등이 있다.

▌옮긴이의 말

얼마 전 국내의 한 대화형 인공지능 챗봇이 출시된 지 얼마 지나지 않아 혐오 및 차별 발언을 했을 뿐만 아니라 학습 데이터를 불법으로 수집했음이 밝혀진 사건이 일어났다. 이는 훨씬 전에 마이크로소프트의 챗봇인 테이^{Tay}가 인종차별 관련 혐오 발언으로 서비스가 중단된 사례가 있었음에도 모델 구축 시 이를 전혀 고려하지 않았기 때문이었다. 이 사건을 통해 국내에서도 'AI 윤리'가 핵심 이슈로 떠올랐다. 또한 등장하자마자 큰 관심을 받고 있는 챗GPT에 대해서도 윤리적 문제를 일으킬 수 있는 답변을 유도하는 질문 방식이 온라인상에 공유되면서 'AI 윤리'에 관한 논란이 다시금 빚어지고 있다.

이 책은 'AI 윤리'에서 중요한 주제인 인공지능 모델의 공정성, 책임성, 투명성을 기반으로 '머신러닝 해석 가능성'이 왜 중요한지 다룬다. 그런 다음 머신러닝 해석에 사용되는 전통적인 방법론의 한계를 살펴보고 예측 성능과 모델 해석 가능성 사이에서 어떻게 절충할 수 있을지 고민한다.

모델을 해석하기 위한 방법론으로 먼저 피처 중요도와 피처의 영향력을 기반으로 하는 여러 가지 해석 방법론을 살펴본다. 그 다음 해석 방법론 중에서 가장 두드러진 주목을 받고 있는 SHAP^SHapley Additive exPlanations과 LIME^Local Interpretable Model-Agnostic dEscriptions을 활용한 모델 독립적인 해석 방법론을 다룬다. 또한 인간이 해석할 수 있는 방식으로 불공정한 예측을 설명하는 방법론인 대조적 설명 방법론 등을 소개한다.

이미지를 처리하는 컨볼루션 신경망에 대해서도 다양한 해석 방법론을 살펴보며 더 나아가 신경망 모델을 공격하는 다양한 적대적 공격에 대해서 모델의 견고성을 구축하기 위한 방어법을 설명한다. 또한 예측과 불확실성이 본질적으로 어떻게 연결돼 있는지, 입력과 관련된 모델 출력의 불확실성 측정을 위해 어떤 방법론들이 설계됐는지도 다룬다. 마지막으로 모델의 공정성을 시각화하는 방법과 함께 모델의 편향을 줄이고 공정성과 견고성을 위해 모델을 튜닝하는 방법론을 살펴본다.

이 책을 통해 독자들은 'AI 윤리'의 기초 지식뿐만 아니라 이를 실무에 적용하기 위한 다양한 방법론을 배울 수 있을 것이다. 여러분이 구축하는 인공지능 모델이 머신러닝 해석 가능성 생태계에서 윤리적 문제를 극복하고 고성능의 견고한 서비스가 되기를 기원한다.

| 지은이 소개 |

세르그 마시스 Serg Masís

지난 20년 동안 인터넷, 애플리케이션 개발 및 분석의 교차점에 있었다. 현재 세계 식량 안보 향상의 임무를 가진 선도적인 농업 비즈니스 기업인 신젠타Syngenta의 기후 및 농업 데이터 과학자다. 그 전에는 클라우드 컴퓨팅과 머신러닝의 힘을 의사 결정 과학의 원리와 결합해 사용자를 새로운 장소와 이벤트에 노출시키는 하버드 이노베이션 랩스Harvard Innovation Labs가 인큐베이팅한 스타트업을 공동 설립했다. 여가 활동이나 식물의 질병, 또는 고객 평생 가치 등 분야에 상관없이 데이터와 의사 결정 사이에서 자주 놓치는 연결 고리를 제공하는 데 열정을 쏟고 있으며, 머신러닝 해석은 이런 격차를 해소하는 데 강력한 도움이 된다.

| 기술 감수자 소개 |

샤일렌드라 카드레 Shailendra Kadre

글로벌 IT 제품 및 서비스 기업에서 20년 이상 경험을 쌓은 노련한 ML, DL, 제품 개발 및 디지털 변환 전문가다. 현재 방갈로르Bangalore에 있는 HP에서 전 세계 제품 분석 리더다. 대학과 기업에서 AI 고문으로 활동하고 있다. 미국 스프링거Springer와 맥그로힐McGraw-Hill에서 펴낸 AI 관련 저서 두 권을 집필했으며, 사진 애호가이기도 하다. HP, 시티 그룹, 오라클, 사티암Satyam, TCS 등에서 머신러닝, 제품 분석, 디지털 변환 분야의 리더 직책을 맡았다. 인도 델리에 있는 인도 공과대학IIT, Indian Institute of Technology에서 디자인 공학 석사 학위를 받았다.

제임스 르 James Le

와이 콤비네이터Y Combinator가 지원하는 기업이자 고급 학습 데이터 관리 플랫폼으로 AI 프로덕션 워크플로우를 획기적으로 개선하는 슈퍼브 AISuperb AI의 데이터 관리자다. 딥러닝과 추천 시스템을 함께 연구하면서 RIT에서 컴퓨터 과학 석사 학위를 받았다.

무함마드 레만 자파 Muhammad Rehman Zafar

캐나다 토론토에 있는 라이어슨대학교Ryerson University 박사과정 학생으로 라이어슨 멀티미디어 연구실RML 소속이다. 대화형 시각화와 머신러닝 접근법을 결합해 최종 사용자가 복잡한 모델이 내린 결정을 효과적으로 이해하는 데 도움이 되는 해석 가능한 모델을 설계하고 개발하는 데 초점을 맞춰 연구 중이다. 머신러닝 해석 가능성 스트림 소유자인 애그리게이트 인텔렉트Aggregate Intellect의 토론토 지역팀의 일원이기도 하다.

알리 엘샤리프 Ali El-Sharif

캐나다 온타리오 윈저에서 아내와 세 자녀, 어머니 그리고 고양이와 함께 살고 있다. 노바 사우스이스턴대학교Nova Southeastern University의 박사과정 학생으로 머신러닝 해석 가능성에 대한 연구를 진행하고 있다. 또한 머신러닝 해석 가능성 스트림 소유자인 애그리게이트 인텔렉트의 토론토 지역팀의 일원이기도 하다. 오하이오주 데이튼에 위치한 라이트주립대학교Wright State University에서 컴퓨터공학 학사 학위와 MBA를 취득했다. 또한 노바 사우스이스턴대학교에서 정보보안 석사 학위를 받았다. 현재 캐나다 온타리오 윈저에 있는 세인트 클레어 칼리지St. Clair College의 제켈만Zekelman 비즈니스 앤 IT 스쿨에서 데이터 분석 및 정보보안을 가르치는 강사다.

페데리코 리베롤 Federico Riveroll

ML 및 데이터 과학 분야의 전문가다. OpenBlender.io의 공동 설립자이며 AB InBev와 같은 세계적인 회사들과 11년 동안 함께 일한 경험을 갖고 있다. 각종 스타트업 및 대학과 함께 다양한 AI 프로젝트를 진행하기도 했다.

차례

1부 | 머신러닝 해석 소개   31

1장   해석, 해석 가능성, 설명 가능성: 왜 이 모두가 중요한가?   33

에이콘출판의 기틀을 마련하신 故 정완재 선생님 (1935-2004)

| 들어가며 |

"설명 가능한 AI$^{\text{XAI, eXplainable AI}}$"라고도 알려진 "해석 가능한 머신러닝$^{\text{Interpretable Machine Learning}}$"은 모델을 안전하고 공정하고 신뢰할 수 있도록 만들기 위해 활용할 수 있는 일련의 방법론을 말하며, 지금도 계속 발전하고 있는 분야다.

그러나 AI가 소프트웨어와 인간을 대체하면서 머신러닝 모델은 더 "지능적인" 형태의 소프트웨어로 여겨진다. 실제로는 1과 0으로 이뤄져 있지만 머신러닝 모델의 논리가 인간에 의해 프로그래밍되고 디자인돼 의도된 대로 수행된다는 점에서 머신러닝 모델은 소프트웨어가 아니다. 그러므로 해석은 인간이 머신러닝 모델과 그 모델의 실수를 이해하고, 그들이 해를 끼치기 전에 결점을 고칠 수 있게 해주는 방법이다. 따라서 해석은 신뢰할 수 있고 윤리적인 모델을 만드는 데 중요하다. 또한 머지않아 모델을 학습시킬 때 코드가 아닌 드래그 앤 드롭 인터페이스를 사용하게 될 것이다. 그러므로 파이썬은 매우 인기 있기는 하지만 결국 그보다 더 중요한 것은 머신러닝 해석이다.

현재로서는 데이터를 준비하고 탐색한 다음 모델을 학습하고 결과를 내기 위해서 여전히 상당한 코드가 필요하고, 이 책의 모든 장에는 자세한 파이썬 코드 예제를 담고 있다. 그러나 이 책은 유스 케이스와 목적 의식이 서로 단절된 프로그래밍 "쿡북^{cookbook}"으로 설계되지 않았다. 대신 이 책은 패러다임을 뒤집는다. 그 이유는 간단하다. 결국, 해석의 모든 것은 "왜?"라는 질문에 답하기 위해 존재한다. "해석 가능한 머신러닝"이 독자에게 효과적이려면 "어떻게?"보다 "왜?"가 선행돼야 한다.

이런 이유로 대부분의 장은 미션('왜?')과 접근법('어떻게?')으로 시작한다. 그 다음 장 전체에 걸쳐 학습할 방법론('어떻게?')을 사용해 미션을 완료하는 것이 목표이며, 결과를 해석하는 데('왜?')에 초점을 맞춘다. 마지막으로 과제를 완료하면서 어떤 실행 가능한 통찰력을 얻었는지 되짚어 갈 것이다.

책 역시 기초부터 시작해 더 발전된 주제로 넘어가는 구조다. 사용되는 도구는 모두 오픈소스이며 마이크로소프트, 구글, IBM과 같은 최첨단 연구소에서 빌드한 것이다. 매우 광범위한 분야이므로 대부분은 아직 연구 단계지만 앞으로 널리 쓰일 것이다. 이 책은 그 모든 분야를 다루진 않을 예정이다. 대신 머신러닝에 관련된 많은 실무자와 전문가에게 유용하도록 많은 해석 가능성 도구를 충분히 깊이 있게 제시하는 게 그 목적이다.

1부는 해석 가능성interpretability에 대한 초급 안내서로, 비즈니스와의 연관성을 다루고 해석 가능성의 주요 측면과 과제를 탐구한다. 2부에서는 다양한 해석 방법론을 분류나 회귀에 대해서, 테이블 데이터, 시계열, 이미지, 텍스트 등 다양한 유스 케이스에 적용하는 방법을 살펴본다. 3부에서는 해석 가능성을 위해 복잡성을 줄이고, 편향을 완화하고, 가드레일을 배치하고, 안정성을 향상시키면서 모델을 튜닝하고 데이터를 학습하는 방법에 관해 실습한다.

이 책을 끝내면 머신러닝 모델을 더 잘 이해하고, 해석 방법론을 사용한 해석 가능성 튜닝을 통해 모델을 개선할 수 있게 될 것이다.

▌ 이 책의 대상 독자

이 책은 다음과 같은 독자를 대상으로 한다.

- 머신러닝과 파이썬 프로그래밍 언어에 대한 기초 지식을 가진 데이터 과학 초보자 및 학생
- 자신이 개발하고 유지 관리하는 AI 시스템의 작동 방법과 개선 계획을 설명할 중요 책임이 점점 더 늘어나는 데이터 전문가
- 최신 해석 방법론과 편향 완화 기술을 포함하도록 자신의 기술 영역을 확장하려는 머신러닝 엔지니어 및 데이터 과학자
- AI 윤리와 관련해 더 나은 방향을 제시하기 위해 AI의 구현 측면을 더 깊이 이해하고자 하는 AI 윤리 담당자

- 공정성, 책임성, 투명성의 원칙을 준수하기 위해 해석 가능한 머신러닝을 비즈니스에 도입하려는 AI 프로젝트 매니저 및 비즈니스 리더

▌이 책의 구성

1장, 해석, 해석 가능성, 설명 가능성: 왜 이 모두가 중요한가? 머신러닝 해석과 함께 해석 가능성, 설명 가능성, 블랙박스 모델, 투명성 등과 같은 관련 개념을 소개하고 모호성을 피하기 위해 용어에 관한 정의를 제공한다. 그 다음 비즈니스에 대한 머신러닝 해석 가능성의 가치를 논의한다.

2장, 해석 가능성의 주요 개념 심혈관 질환 예측 예제를 사용해 두 가지 기본 개념인 "피처 중요도"와 "의사 결정 영역"을 소개하고, 해석 방법론을 분류할 때 사용되는 가장 중요한 분류법을 살핀다. 또한 머신러닝 해석 가능성을 방해하는 것이 무엇인지 자세히 설명한다.

3장, 머신러닝 해석의 과제 항공기 지연 예측 문제를 갖고 회귀와 분류 모두에서 머신러닝 해석에 사용되는 전통적인 방법을 논의한다. 그다음 이런 전통적인 방법의 한계를 살펴보고 "화이트박스" 모델을 본질적으로 해석할 수 있게 만드는 요소가 무엇인지, 왜 화이트박스 모델을 항상 사용할 수 없는지 설명한다. 이 질문에 답하기 위해 예측 성능과 모델 해석 가능성 사이의 절충에 대해 고려할 것이다. 마지막으로 이런 절충 문제에서 타협하지 않으려는 새로운 모델인 "글래스박스glass-box" 모델을 살펴본다.

4장, 피처 중요도와 피처 영향력 출생 순서 분류 예제를 사용해 모델의 고유한 매개변수를 사용하는 것과 같이 피처 중요도를 얻기 위한 다른 방법론들과 함께 "순열 피처 중요도PFI, Permutation Feature Importance"라고 부르는 좀 더 신뢰할 수 있는 모델 독립적인 방법론을 논의한다. 그런 다음에 단일 피처의 예측에 대한 한계 효과를 확인하기 위해 "부분 의존도 플롯PDP, Partial Dependence Plot" 및 "개별 조건부 기대치ICE, Individual Conditional Expectation" 그래프를 렌더링하고 해석하는 방법을 학습한다.

5장, 글로벌 모델 독립적인 해석 방법론 자동차 연비 회귀 모델을 사용해 게임 이론으로부터 영감을 받은 SHAP^{SHapley Additive exPlanations}를 자세히 학습한 다음, 조건부 주변 분포인 "누적 지역 효과^{ALE, Accumulated Local Effects}" 그래프를 시각화한다. 마지막으로 "글로벌 대체 모델^{Global Surrogate}"에 대해 알아본다. 이는 올바르게 선택된다면 매우 정확하고 효율적인 해석 도구가 될 수 있다.

6장, 로컬 모델 독립적인 해석 방법론 단일 예측 또는 그룹 예측을 설명하는 로컬 해석 방법론을 다룬다. 이를 위해 테이블 데이터와 텍스트 데이터를 모두 포함하고 있는 초콜릿바 등급 분류 예제를 사용한다. 로컬 해석을 위해 SHAP와 LIME^{Local Interpretable Model-Agnostic Descriptions}을 활용하는 방법을 다룰 것이다.

7장, 앵커와 반사실적 설명 로컬 모델 해석을 계속하며, 분류 문제를 더 깊게 인간이 해석할 수 있는 방식으로 불공정한 예측을 설명하는 방법을 파악하기 위해 재범 위험 예측 예제를 사용한다. WIT^{What-If-Tool}뿐만 아니라 "앵커^{Anchor}", "반대 사실^{Counterfactuals}", "대조적 설명 방법론^{CEM, Contrastive Explanation Method}" 등을 소개한다.

8장, 컨볼루션 신경망 시각화 컨볼루션 신경망^{CNN} 모델인 과일 분류기 모델과 함께 작동하는 해석 방법론을 집중적으로 살펴본다. CNN이 "활성화 함수^{activation}"를 통해 학습하는 방법을 파악한 후, 클래스 속성을 디버깅하기 위해 "돌출 맵^{Saliency Maps}", Grad-CAM, "통합 그래디언트^{Integrated Gradients}" 등과 같은 몇 가지 그래디언트 기반 귀인 방법론을 학습한다. 마지막으로 "폐쇄 민감도^{Occlusion Sensitivity}", LIME, CEM과 같은 섭동 기반 귀인 방법론을 통해 속성 디버깅 노하우를 확장한다.

9장, 다변량 예측 및 민감도 분석을 위한 해석 방법론 교통량 예측 문제와 LSTM^{Long Short-Term Memory} 모델을 사용해 이 유스 케이스에 통합 그래디언트와 SHAP를 적용하는 방법을 다룬다. 또한 예측과 불확실성이 본질적으로 어떻게 연결돼 있는지, 입력과 관련된 모델 출력의 불확실성을 측정하기 위해 설계된 방법론 중 민감도 분석을 살펴본다. 여기서는 인자의 우선순위를 추출하는 모리스^{Morris} 방식과 인자를 고정하는 소볼^{Sobol} 방식 두 가지를 학습한다.

10장, 해석 가능성을 위한 피처 선택과 피처 엔지니어링 비영리 다이렉트 메일링 최적화 문제를 사용해 스피어만Spearman 상관계수와 같은 필터 기반 피처 선택 방법론을 검토하고, Lasso 와 같은 임베디드 방법에 관해 알아본다. 그런 다음 "순차적인 피처 선택Sequential Feature Selection"과 같은 래퍼 방법, "재귀적인 피처 제거Recursive Feature Elimination"와 같은 하이브리드 방법, "유전 알고리듬Genetic Algorithm"과 같은 고급 방법을 소개한다. 마지막으로, "피처 엔지니어링feature engineering"은 일반적으로 피처 선택 이전에 수행되지만, 먼지가 가라앉은 후에 수행하는 것도 여러 가지 이유로 가치가 있음을 살펴본다.

11장, 편향 완화 및 인과관계 추론 방법론 신용카드 채무불이행 문제를 통해 원치 않는 편향을 감지하기 위해 공정성 메트릭 및 시각화를 활용하는 방법을 배운다. 그런 다음 가중치 재설정과 같은 전처리 방법, 프로세스 내 처리를 위한 이질적 영향력 제거기, 후처리를 위한 "오즈 균등화equalized odds" 등을 통해 편향을 줄이는 방법을 살펴본다. 그리고 나서 신용카드 채무불이행을 낮추기 위한 처치를 테스트하고 인과적 모델링을 활용해 "평균 처치 효과ATE, Average Treatment Effects"와 "조건부 평균 처치 효과CATE, Conditional Average Treatment Effects"를 결정한다. 마지막으로, 인과적 가정과 추정치의 견고성을 테스트한다.

12장, 해석 가능성을 위한 단조성 제약조건과 모델 튜닝 7장의 재범 위험 예측 문제를 계속해서 다룬다. 공정성을 보장하기 위해 데이터 측면에 "피처 엔지니어링"과 함께 가드레일을 배치하고 모델에 "단조적이고 상호 작용하는 제약조건"을 적용하는 방법을 배우는 동시에 여러 목표가 있을 때 모델을 튜닝하는 방법을 배운다.

13장, 적대적 견고성 얼굴 마스킹 탐지 문제를 사용해 엔드 투 엔드 적대적 솔루션end-to-end adversarial solution을 다룬다. 모델을 공격하는 방법에는 여러 가지가 있지만, 여기서는 칼리니Carlini와 와그너Wagner의 "인피니티-노름Infinity-Norm" 및 "적대적 패치Adversarial Patchs"와 같은 회피 공격에 초점을 맞추고, 다른 형태의 공격은 간략하게 설명한다. "공간 평활 전처리spatial smoothing preprocessing"와 "적대적 학습adversarial training"이라는 두 가지 방어 방법을 설명한다. 끝으로 "견고성 평가" 방법 하나와 인증 방법 하나를 보여준다.

14장, 머신러닝 해석 가능성 그다음 단계는? 머신러닝 해석 가능성 방법론의 생태계의 맥락에서 학습한 내용을 요약한다.

▍ 이 책의 활용 방법

파이썬 3.6 이상을 사용하는 주피터^{Jupyter} 환경이 필요하다. 다음 중 하나를 사용할 수 있다.

- 아나콘다 네비게이터^{Anaconda Navigator} 또는 처음부터 pip으로 컴퓨터에 설치
- 구글 코랩^{Google Collaboratory}, 캐글^{Kaggle} 노트북, 애저^{Azure} 노트북 또는 아마존 새그 메이커^{Amazon Sagmaker}와 같은 클라우드 기반 노트북 사용

시작하는 방법에 대한 지침은 환경에 따라 다르므로 설정에 대한 최신 지침을 온라인에서 검색해보길 바란다.

책 전체에 걸쳐 사용된 많은 패키지를 설치하는 방법에 대한 지침은 깃허브^{GitHub} 저장소에 가면 readme 파일에 업데이트된 지침이 있을 것이다. 패키지가 변경되는 빈도를 감안하면 이 지침은 때때로 변경될 것으로 예상된다. 또한 readme에 설명된 특정 버전으로 코드를 테스트했기 때문에 이후 버전에서 문제가 발생한다면 설명된 특정 버전을 설치하라.

각 장은 다음과 같은 형식의 패키지 설치 방법에 대한 지침으로 시작한다.

```
!pip install --upgrade nltk lightgbm lime
```

하지만 주피터를 설정한 방식에 따라 패키지 설치는 커맨드라인이나 콘다^{conda}를 사용하는 것이 가장 좋을 수 있으므로 이런 설치 지침을 필요에 맞게 조정할 것을 권한다.

이 책의 디지털 버전을 사용하는 경우 코드를 직접 입력하거나 깃허브 저장소를 통해 접근할 것을 권한다. 깃허브 저장소 링크는 다음 절에 있다. 이를 통해 코드 복사 및 붙여넣기와 관련된 잠재적인 오류를 방지할 수 있다.

머신러닝 실무자가 아니거나 입문자라면 개념이 자세하게 설명돼 있는 앞쪽 장부터 순차적으로 읽는 것이 좋다. 머신러닝에 능숙하지만 해석 가능성에 익숙하지 않은 실무자들은 처음 세 장을 훑어보면 나머지를 이해하는 데 필요한 윤리적 컨텍스트와 개념 정의를 얻을 수 있으며, 나머지 부분도 순서대로 읽는 것이 좋다. 머신러닝 해석의 기초가 있는 고급 실무자는 순서에 상관없이 읽어도 괜찮다.

코드의 경우, 코드를 실행하지 않고 책만 읽을 수 있으며, 오로지 이론만 읽을 수도 있다. 그러나 코드를 실행할 계획이라면 결과를 해석하는 데 도움을 받고 이론에 대한 이해를 강화하기 위해 책을 참고해 실행하는 것이 가장 좋다.

책을 읽는 동안 학습한 도구를 사용할 방법을 생각하면서 읽고, 책을 다 읽었을 때쯤에는 여러분이 새로 얻은 지식을 실행에 옮길 영감을 얻기를 바란다!

▌ 예제 코드 다운로드

이 책을 위한 코드는 깃허브의 다음 저장소(https://github.com/PacktPublishing/Interpretable-Machine-Learning-with-Python/)에서 다운로드할 수 있다.

코드에 대한 업데이트가 있는 경우 이 깃허브 저장소에 업데이트된다. README.MD 파일의 내용에 하드웨어 및 소프트웨어 요구 사항 목록이 있다.

그 외의 다양한 책과 비디오에 관련된 코드도 깃허브 페이지(https://github.com/PacktPublishing/)에서 얻을 수 있다.

에이콘출판사 홈페이지(http://www.acornpub.co.kr/book/interpretable-ml)에서도 동일한 코드를 내려받을 수 있다.

▌ 컬러 이미지 다운로드

또한 이 책에 사용된 스크린샷/다이어그램의 컬러 이미지가 포함된 PDF 파일도 다음 링크(https://static.packt-cdn.com/downloads/9781800203907_ColorImages.pdf)에서 다운로드할 수 있다.

▌ 표기 방법

이 책은 다양한 문장 표기를 사용한다.

문장 내 코드, 데이터베이스 테이블명, 폴더명, 파일명, 파일 확장자, 경로명, 더미 URL, 사용자 입력, 트위터 핸들은 텍스트 내 코드로 표기한다. 다음은 그 예다.

"다음으로, 우선 robust_model로 새로운 KerasClassifier를 초기화함으로써 모델을 적대적으로 훈련시킬 수 있다."

코드 블록은 다음과 같이 표기한다.

```
base_classifier = KerasClassifier(model=base_model,\clip_values=(min_, max_))
y_test_mdsample_prob = np.max(y_test_prob[sampl_md_idxs],\axis=1)
y_test_smsample_prob = np.max(y_test_prob[sampl_sm_idxs],\axis=1)
```

코드의 특정 부분을 강조할 때는 해당 줄이나 항목을 굵게 표시한다.

```
robust_classifier = KerasClassifier(model=robust_model,\clip_values=(min_,
max_))
attacks = BasicIterativeMethod(robust_classifier, eps=0.3,\eps_step=0.01, max_
iter=20)
trainer = AdversarialTrainer(robust_classifier, attacks, ratio=0.5)
trainer.fit(X_train, ohe.transform(y_train), nb_epochs=30,\batch_size=128)
```

모든 명령줄 입력 및 출력은 다음과 같이 작성된다.

```
$ mkdir css
```
```
$ cd css
```

볼드체: 새로운 용어, 중요 단어, 또는 화면에 표시되는 단어를 나타낸다. 예를 들어 메뉴나 대화 상자의 단어는 다음과 같이 텍스트에 나타낸다.

"Administration 창에서 System info를 선택한다."

> **팁이나 중요한 참고 사항**
> 이와 같이 출력한다.

▌ 문의

독자의 의견은 언제나 환영한다.

메일 제목에 책 이름을 적어서 feedback@packtpub.com으로 이메일을 보내면 된다. 이책과 관련해 문의 사항이 있다면 questions@packtpub.com으로 이메일을 보내주길 바란다. 한국어판에 관한 질문은 이 책의 옮긴이나 에이콘출판사 편집팀(editor@acornpub.co.kr)으로 문의할 수 있다.

정오표: 콘텐츠의 정확성에 항상 주의를 기울임에도 불구하고 실수는 생기기 마련이다. 책에서 발견한 실수를 알려주는 독자에게 깊이 감사한다. 이를 통해 다른 독자의 혼란을 막고, 다음에 출간할 버전을 개선할 수 있다. 원서 출판사 홈페이지(www.packt.com/submit-errata)에 방문해 해당 책을 선택한 후, Errata Submission Form 링크를 눌러 자세한 오류 내용을 입력한다. 한국어판의 정오표는 에이콘출판사 홈페이지(http://acornpub.co.kr/book/)에서 확인할 수 있다.

저작권 침해: 인터넷상에서 팩트출판사의 책을 어떤 형태로든 불법적으로 복사한 자료를

발견했다면 주소나 웹사이트 이름을 보내주길 바란다. 자료의 링크를 copyright@packt. com으로 보내면 된다.

리뷰: 리뷰를 꼭 남겨주길 바란다. 이 책을 읽어본 뒤 구입한 사이트에 리뷰를 남겨주면 좋겠다. 편견 없는 리뷰는 잠재적 독자의 구매 결정에 큰 도움을 준다. 팩트출판사는 출간한 책에 대한 독자의 생각을 알 수 있고 저자는 책에 대한 피드백을 얻을 수 있다. 미리 감사한다!

머신러닝 해석 소개

1부에서는 비즈니스 측면에서 해석 가능성의 중요성을 인식하고 그에 대한 핵심 개념과 과제를 이해하게 될 것이다.

1부는 다음 장을 포함한다.

- **1장**, 해석, 해석 가능성, 설명 가능성: 왜 이 모두가 중요한가?
- **2장**, 해석 가능성의 주요 개념
- **3장**, 머신러닝 해석의 과제

01

해석, 해석 가능성, 설명 가능성: 왜 이 모두가 중요한가?

우리는 규칙, 절차가 데이터와 알고리듬에 의해 지배를 받는 세상에 살고 있다.

신용 승인을 받거나 보석으로 석방되는 것에 대한 규칙, 검열을 받을 수도 있는 소셜 미디어 게시물에 대한 규칙을 예로 들 수 있다. 또한 어떤 마케팅 전략이 가장 효과적인지, 흉부 X선 사진의 어떤 특징이 폐렴을 양성으로 진단하게 하는지 결정하는 절차도 있다.

이는 새롭지 않다. 충분히 예상할 수 있는 일이다.

하지만 얼마 전까지만 해도 이와 같은 규칙과 절차는 소프트웨어, 문서 또는 종이의 형태로 하드코딩돼 있었고 궁극적인 의사 결정자는 인간이었다. 이는 전적으로 인간의 재량에 달려 있었다. 규칙과 절차가 엄격하더라도 항상 적용될 수 있는 것은 아니기 때문에 최종 결정은 인간의 재량이었던 것이다. 또한 항상 예외가 있었기 때문에 의사 결정을 위해서는 인간이 필요했다.

가령 대출을 신청하는 경우 승인 여부는 신용 기록이 수용 가능하고 합리적인지에 달려 있다. 이 데이터는 점수 알고리듬을 사용해 신용 점수를 생성한다. 각 은행에는 신청된 대출에 대해 적합한 점수를 산출하는 규칙이 있다. 대출 담당자는 이를 따르거나 무시할 수도 있다.

근래의 금융기관은 수십 가지 변수를 통해 수천 가지의 대출 결과가 나오는 모델을 학습시킨다. 이 모델을 사용해 높은 정확도로 채무불이행 가능성을 결정할 수 있다. 승인 또는 거부 도장을 찍는 대출 담당자가 있어도 이것은 더 이상 단순한 지침이 아니라 알고리듬적 의사 결정이다. 어떻게 틀릴 수 있겠는가? 어떻게 그게 옳을 수 있단 말인가?

이 책을 통해 이런 질문에 대한 답은 물론 더 많은 것을 배울 예정이므로 이 생각을 믿음 속에 계속 품고 있으라.

머신러닝 모델이 내린 결정을 해석하는 것은 그 안에서 의미를 찾는 것이지만, 더 나아가 그 모델에 영향을 준 소스와 프로세스까지 역추적할 수 있다. 1장에서는 머신러닝 해석과 함께 해석 가능성, 설명 가능성, 블랙박스 모델, 투명성 등과 같은 관련 개념을 소개한다. 모호성을 피하기 위해 이런 용어에 대한 정의를 제공하고 머신러닝 해석 가능성의 가치에 대해 논의한다. 다음은 1장에서 다룰 주요 주제다.

- 머신러닝 해석이란?
- 해석 가능성과 설명 가능성의 차이 이해
- 해석 가능성에 대한 비즈니스 사례

▍기술 요구 사항

1장의 예제를 실행하려면 주피터 환경이나 PyCharm, Atom, VSCode, PyDev, Idle 등과 같은 **통합 개발 환경**IDE에서 실행되는 파이썬 3 버전이 필요하다. 이 예제는 또한 requests, bs4, pandas, sklearn, matplotlib, scipy 등의 파이썬 라이브러리를 사용한다. 1장의 코드는 다음 웹사이트(https://github.com/PacktPublishing/Interpretable-Machine-Learning-with-Python/tree/master/Chapter01)를 참조하라.

▌머신러닝 해석이란?

무언가를 해석한다는 것은 "그 의미를 설명하는 것"이다. 머신러닝에서 그 무엇은 알고리듬이다. 더 구체적으로 말하면 그 알고리듬은 다른 수학 공식과 마찬가지로 입력 데이터를 받아 출력을 생성하는 수학적 알고리듬이다.

다음 공식으로 표현되는 가장 기본적인 모델인 단순 선형회귀Simple Linear Regression를 살펴보자.

$$\hat{y} = \beta_0 + \beta_1 x_1$$

데이터에 적합fit된 이 모델의 의미는 예측 $\hat{y}$은 계수 β를 갖는 x 피처feature의 가중합이라는 것이다. 이 경우에는 단 하나의 x 피처 또는 예측변수만 있으며, $\hat{y}$ 변수는 일반적으로 반응변수 또는 목표변수라고 부른다. 단순 선형회귀 공식은 출력 $\hat{y}$을 생성하기 위해 입력 데이터 x_1에 대해 수행되는 변환을 설명한다. 다음 예제는 이 개념을 더 자세히 설명해준다.

단순 몸무게 예측 모델의 이해

캘리포니아대학교에서 관리하는 웹 페이지(http://wiki.stat.ucla.edu/socr/index.php/SOCR_Data_Dinov_020108_HeightsWeights)에 가면 나이가 18세인 사람들의 몸무게weight와 키height에 대한 25,000개의 레코드가 포함된 데이터셋을 다운로드할 수 있다. 여기서는 전체 데이터셋을 사용하지 않고 웹 페이지에서 200개의 레코드가 있는 샘플 테이블만 사용할 것이다. 웹 페이지에서 테이블을 스크랩해 이 데이터에 선형회귀 모델을 적합시킨다.

이 모델은 키를 사용해 몸무게를 예측한다.

x_1 = height, y = weight이므로 선형회귀 모델의 공식은 다음과 같다.

$$weight = \beta_0 + \beta_1 height$$

이 예제의 코드는 다음 링크(https://github.com/PacktPublishing/Interpretable-Machine-Learning-with-Python/blob/master/Chapter01/WeightPrediction.ipynb)에서 찾을 수 있다.

이 예제를 실행하려면 다음 라이브러리를 설치해야 한다.

- requests: 웹 페이지 호출
- bs4(BeautifulSoup): 웹 페이지에서 테이블 내용 스크랩
- pandas: 데이터프레임dataframe에 테이블을 로드
- sklearn(scikit-learn): 선형회귀 모델을 적합시키고 오차를 계산
- matplotlib: 모델 시각화
- scipy: 상관관계 검증

다음과 같이 먼저 이 모두를 로드해야 한다.

```
import math
import requests
from bs4 import BeautifulSoup
import pandas as pd
from sklearn import linear_model
from sklearn.metrics import mean_absolute_error
import matplotlib.pyplot as plt
from scipy.stats import pearsonr
```

라이브러리가 모두 로드되면 다음과 같이 requests를 사용해 웹 페이지의 내용을 가져온다.

```
url = \
'http://wiki.stat.ucla.edu/socr/index.php/SOCR_Data_Dinov_020108_
HeightsWeights'
page = requests.get(url)
```

그다음에 BeautifulSoup을 사용해 이 웹 페이지 내용에서 테이블의 내용만 스크랩한다.

```
soup = BeautifulSoup(page.content, 'html.parser')
tbl = soup.find("table",{"class":"wikitable"})
```

판다스^{pandas}는 다음과 같이 원시 HTML로 된 테이블 내용을 데이터프레임으로 변환할 수 있다.

```
height_weight_df = pd.read_html(str(tbl))[0]\
[['Height(Inches)','Weight(Pounds)']]
```

이제 한 칼럼에는 키인 Heights(Inches)가 있고 다른 칼럼에는 몸무게인 Weights(Pounds) 가 있는 데이터프레임을 갖게 됐다. 완전성을 확인하기 위해 레코드 수를 출력할 수 있다. 200이어야 한다. 코드는 다음과 같다.

```
num_records = height_weight_df.shape[0]
print(num_records)
```

이제 데이터를 확인했으니 모델 사양에 맞게 데이터를 변환해야 한다. sklearn은 (200,1) 차원의 넘파이^{NumPy} 배열을 요구하므로 먼저 Height(Inches)와 Weight(Pounds)를 판다 스 시리즈^{Series}로 추출해야 한다. 추출된 데이터는 (200,)배열이므로 이것을 (200,1)차원 으로 변환한다. 다음 명령은 필요한 모든 변환 작업을 수행한다.

```
x = height_weight_df['Height(Inches)'].values.\
                        reshape(num_records, 1)
```

```
y = height_weight_df['Weight(Pounds)'].values.\
                            reshape(num_records, 1)
```

그다음에 사이킷런[scikit-learn]의 LinearRegression 모델을 초기화하고 다음과 같이 학습 데이터에 fit한다.

```
model = linear_model.LinearRegression()
_ = model.fit(x,y)
```

사이킷런에서 적합된 선형회귀 모델 공식을 출력하려면 절편과 계수를 추출해야 한다. 예측 방법을 설명하는 공식은 다음과 같다.

```
print("ŷ =" + str(model.intercept_[0]) + " + " +\
            str(model.coef_.T[0][0]) + " x₁")
```

출력은 다음과 같다.

```
ŷ = -106.02770644878132 + 3.432676129271629 x1
```

이는 평균적으로 키가 1인치 커질 때마다 몸무게가 3.4 파운드씩 증가한다는 것을 말해준다.

하지만 "모델이 어떻게 작동하는지 설명하는 것"은 이 선형회귀 모델을 설명하는 한 가지 방법일 뿐이자, 이야기의 한 측면일 뿐이다. 실제 결과와 예측된 결과가 학습 데이터에 대해 동일하지 않기 때문에 모델은 완벽하지 않다. 이 둘의 차이를 **오차**[error] 또는 **잔차**[residual]라고 한다.

모델의 오차를 이해하는 방법에는 여러 가지가 있다. 다음 코드처럼 mean_absolute_error와 같은 오차함수를 사용해 예측값과 실젯값 간의 편차를 측정할 수 있다.

```
y_pred = model.predict(x)
mae = mean_absolute_error(y, y_pred)
print(mae)
```

출력은 다음과 같다.

```
7.7587373803882205
```

평균절대오차가 7.8이라는 것은 평균적으로 예측이 실젯값에서 7.8파운드 정도 차이가 남을 의미하지만 이는 직관적이지도 않고 유익한 정보가 아닐 수도 있다. 선형회귀 모델을 시각화하면 이런 예측이 실제로 얼마나 정확한지 알 수 있다.

다음 코드와 같이 matplotlib의 산점도를 사용하고 그 위에 선형 모델(파란색 선)과 평균절대오차(회색의 두 평행선)를 표시해 확인할 수 있다.

```
plt.scatter(x, y, color='black')
plt.plot(x, y_pred, color='blue', linewidth=3)
plt.plot(x, y_pred + mae, color='lightgray')
plt.plot(x, y_pred - mae, color='lightgray')
plt.xlabel('Height(Inches)')
plt.ylabel('Weight(Pounds)')
```

앞의 코드를 실행하면 그림 1.1과 같은 플롯이 출력된다.

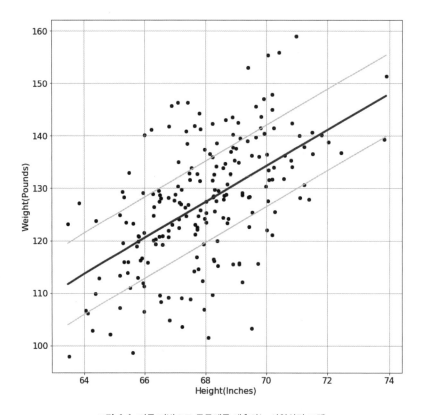

그림 1.1 키를 기반으로 몸무게를 예측하는 선형회귀 모델

그림 1.1에서 알 수 있듯이 실젯값이 예측값에서 20~25파운드 정도 떨어져 있는 경우가 많다. 그러나 평균절대오차는 오차가 항상 8에 가깝다고 생각하도록 속일 수 있다. 이것이 모델을 이해하기 위해 모델의 오차를 시각화하는 것이 필수인 이유다. 이 그래프로 판단할 때, 한 키에 대한 잔차의 범위가 다른 키에 대한 범위보다 더 넓게 퍼져 있는 것과 같이 눈에 띄는 위험 신호가 이 분포에는 없다고 말할 수 있다. 이 분포는 어느 정도 균등하게 퍼져 있기 때문에 이를 **등분산**homoscedastic이라고 한다. 선형회귀의 경우 등분산성은 선형성, 정규성, 독립성 그리고 둘 이상의 피처가 있는 경우에는 다중공선성multicollinearity 등과 같이 함께 테스트해야 하는 많은 모델 가정assumption 중 하나다. 이런 가정은 작업에 적합한 모델을 사용하고 있는지를 확인하기 위한 것이다. 이 경우 키와 몸무게는 선형 관계

로 설명할 수 있으며, 통계적으로도 그렇게 하는 것이 좋다.

이 모델을 사용해 키 x와 몸무게 y 사이의 선형 관계를 수립하려고 한다. 이 관계를 **선형 상관**linear correlation이라고 한다. 이 관계의 강도를 측정하는 한 가지 방법은 **피어슨의 상관계수**Pearson's correlation coefficient를 사용하는 것이다. 이 통계적 방법은 표준편차로 나눈 공분산을 사용해 두 변수 간의 연관성을 측정한다. 상관계수는 −1~1 사이의 숫자이며 0에 가까울수록 연관성이 약하다. 상관계수가 양수이면 양의 상관관계를 갖고 음수이면 음의 상관관계를 갖는다. 파이썬에서는 다음과 같이 scipy의 pearsonr 함수를 사용해 피어슨 상관계수를 계산할 수 있다.

```
corr, pval = pearsonr(x[:,0], y[:,0])
print(corr)
```

출력은 다음과 같다.

```
0.5568647346122992
```

숫자가 양수이므로 키가 증가할수록 몸무게도 증가하는 경향이 있기 때문에 당연한 것이지만 0보다 1에 더 가깝기 때문에 강한 상관관계가 있음을 나타낸다. pearson 함수에 의해 생성된 두 번째 숫자는 비상관성을 테스트하기 위한 p−값이다. 유의 수준 5% 미만으로 테스트하면 다음과 같은 결과로 인해 이 상관관계에 대해 충분한 근거가 있다고 말할 수 있다.

```
print(pval < 0.05)
```

출력은 다음과 같다.

```
True
```

모델이 수행되는 방식과 그 상황을 이해하면 특정 예측이 나오는 이유와 예측을 할 수 없는 경우를 설명하는 데 도움이 된다. 키가 71인치인 사람의 몸무게가 134파운드라고 예측됐는데 실제보다 18파운드가 더 나가는 이유를 설명하라는 요청을 받았다고 가정해보자. 모델에 대해 알고 있는 것으로 판단할 때 이 오차 범위는 이상적이진 않지만 비정상적이지도 않다. 그러나 이 모델을 신뢰할 수 있다고 기대할 수 없는 상황도 많다. 이 모델을 사용해 키가 56인치인 사람의 몸무게를 예측하라는 요청을 받으면 어떻게 될까? 동일한 수준의 정확도를 보장할 수 있는가? 키가 63인치보다 작지 않은 대상자의 데이터에 모델을 적합시켰기 때문에 정확도를 보장할 수 없다. 학습 데이터가 18세를 대상으로 했기 때문에 9세의 몸무게를 예측하라는 요청을 받은 경우에도 마찬가지다.

수용 가능한 결과에도 불구하고 이 몸무게 예측 모델은 현실적인 예가 아니다. 개인의 몸무게에 실제로 영향을 줄 수 있는 것에 대해 더 정확하면서도 더 믿을 만한 것을 얻고 싶다면 더 많은 변수를 추가해야 한다. 성별, 나이, 식단, 활동량 등을 추가할 수 있다. 이 부분이 흥미로워지는데, 이 변수들을 포함하거나 포함하지 않는 것을 공정하게 해야 하기 때문이다. 예를 들어 성별 변수가 포함돼 있지만 데이터셋의 대부분이 남성으로 구성된 경우 여성에 대한 정확성을 어떻게 보장할 수 있는가? 이를 **선택 편향**selection bias이라고 한다. 몸무게가 성별보다는 생활 방식, 가난, 임신 등과 같은 상황과 더 관련이 있다면 어떻게 될까? 이런 변수가 포함되지 않은 경우 이를 **누락 변수 편향**omitted variable bias이라고 한다. 그렇다면 편향을 추가할 위험이 있는 민감한 성별 변수를 모델에 포함하는 것이 의미가 있을까?

공정성이 검토된 여러 피처가 포함된 경우 "모델 성능에 영향을 미치는 피처가 무엇인지 설명"할 수 있다. 이를 **피처 중요도**feature importance라고 한다. 그러나 변수를 많이 추가할수록 모델의 복잡도도 증가한다. 역설적이게도 이것은 해석의 문제이며 다음 장들에서 이에 대해 더 자세히 살펴볼 것이다. 이 시점에서 중요한 것은 모델 해석이 다음과 더 많은 관련이 있다는 것이다.

1. 예측이 공정하게 이뤄졌다고 설명할 수 있는가?
2. 무언가 또는 누군가에 대한 예측을 신뢰성 있게 추적할 수 있는가?
3. 어떻게 예측이 이뤄졌는지 설명할 수 있는가? 모델이 어떻게 작동하는지 설명

할 수 있는가?

그리고 궁극적으로 대답해야 하는 질문은 다음과 같다.

"모델을 신뢰할 수 있는가?"

해석 가능한 머신러닝의 세 가지 주요 개념은 앞의 세 가지 질문과 직접적인 관련이 있으며 **공정성**fairness, **책임성**accountability, **투명성**transparency을 나타내는 **FAT**라는 약어를 사용한다. 예측이 뚜렷한 편향 없이 이뤄졌다고 설명할 수 있다면 공정성이 있다. 특정 예측이 이뤄진 이유를 설명할 수 있다면 책임성이 있다. 예측이 어떻게 이뤄지고 모델이 어떻게 작동하는지 설명할 수 있다면 투명성이 있다. 그림 1.2에서 볼 수 있듯이 이런 개념과 관련된 많은 윤리적 문제가 존재한다.

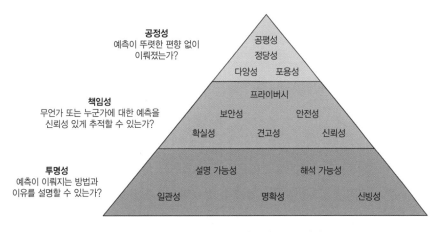

그림 1.2 해석 가능한 머신러닝의 세 가지 주요 개념

일부 연구자와 기업은 **윤리적 인공지능**ethical AI이라는 더 큰 우산으로 FAT를 확장해 FATE로 전환했다. 윤리적 AI는 알고리듬 및 데이터 거버넌스에 대한 더 큰 논의의 일부다. 그러나 해석 가능한 머신러닝은 FAT 원칙과 윤리적 문제가 머신러닝에서 구현되기 때문에 두 개념은 많은 부분이 겹친다. 이 책에서는 이런 맥락에서 윤리에 대해 논의할 것이다. 예를 들어 13장, '적대적 견고성'은 신뢰성, 안전성, 보안성 등과 관련이 있다. 11장, '편향 완화 및

인과관계 추론 방법론'은 공정성과 관련이 있다. 즉, 해석 가능한 머신러닝은 윤리적인 목표를 항상 염두에 두지 않으면 비윤리적인 목적으로 활용될 수 있다.

▐ 해석 가능성과 설명 가능성의 차이점 이해

이 책의 처음 몇 페이지를 읽을 때 동사인 '해석하다'와 '설명하다'뿐만 아니라 명사인 '해석'과 '설명'이 같은 의미로 사용된 것을 이미 눈치챘을 것이다. 해석한다는 것이 어떤 것의 의미를 설명하는 것임을 고려하면 이는 당연한 일이다. 그럼에도 '해석 가능성interpretability' 과 '설명 가능성explainability'은 종종 동의어로 오인되지만 이 두 용어를 혼용해서는 안 된다.

해석 가능성이란

해석 가능성은 해당 모델의 관련자가 아닌 전문가를 포함해 인간이 머신러닝 모델의 원인과 결과 그리고 입력과 출력을 이해할 수 있는 정도를 말한다. 모델에 높은 수준의 해석 가능성이 있다는 것은 모델의 추론을 인간이 해석할 수 있는 방식으로 설명할 수 있음을 의미한다. 즉, 모델에 대한 입력이 특정 출력을 생성하는 이유는 무엇인가? 입력 데이터의 요구 사항과 제약조건은 무엇인가? 예측의 신뢰 범위는 무엇인가? 또는 한 변수가 다른 변수보다 더 실질적인 영향을 미치는 이유는 무엇인가? 해석 가능성에 있어서 모델 작동 방식을 자세히 설명하는 것은 모델의 예측을 설명하고 유스 케이스에 적합한 모델임을 정당화할 수 있는 정도까지만 관련이 있다.

앞의 예제에서는 사람의 키와 몸무게 사이에 선형 관계가 있음을 설명할 수 있으므로 비선형 모델보다 선형회귀를 사용하는 것이 합리적이다. 관련된 변수가 선형회귀의 가정을 위반하지 않기 때문에 이것은 통계적으로도 증명할 수 있다. 하지만 통계가 같은 편이더라도 여전히 유스 케이스와 관련된 도메인 지식과 함께 논의돼야 한다. 인간 생리학에 대한 지식이 키와 몸무게 사이의 관계와 모순되지 않기 때문에 이 문제는 생물학적인 관점에서 안심할 수 있다.

복잡성에 주의하라

많은 머신러닝 모델은 모델의 내부 동작이나 특정 모델 아키텍처와 관련된 수학 때문에 본질적으로 이해하기 어렵다. 이 외에도 데이터셋 선택에서 시작해 피처 선택, 피처 엔지니어링, 모델 학습 및 튜닝에 이르기까지 복잡성을 증가시키고 모델을 해석하기 어렵게 만들 수 있는 많은 선택이 이뤄진다. 이런 복잡성은 모델의 작동 방식을 설명하기 어렵게 만든다. 머신러닝 해석 가능성은 연구가 매우 활발하게 이뤄지는 분야이므로 정확한 정의에 대해 여전히 많은 논란이 있다. 이런 논의에는 머신러닝 모델을 충분히 해석 가능한 것으로 평가하기 위해 완전한 투명성이 요구되는지 여부가 포함된다. 이 책은 해석 가능성에 대한 정의가 불투명한 모델을 완전히 배제해서는 안 된다는 이해를 지지한다. 불투명 모델은 어떤 선택이 신뢰성과 타협하지 않는 한 대부분 복잡하다. 이 타협을 일반적으로 **사후**post-hoc **해석 가능성**이라고 한다. 인간의 뇌가 어떻게 선택을 하는지 정확하게 설명할 수는 없지만 인간에게 그의 추론을 물어볼 수 있기 때문에 그 결정을 신뢰하는 경우가 많으며, 결국 복잡한 머신러닝 모델도 이와 마찬가지다. 머신러닝 사후 해석은 추론을 설명하는 것이 인간 대신 모델이라는 점만 다를 뿐 이와 정확히 동일하다. 이 특정한 해석 가능성 개념을 사용하는 것은 불투명 모델을 해석할 수 있으면서 예측의 정확성을 희생하지 않을 수 있기 때문이다. 이에 관해서는 3장, '머신러닝 해석의 과제'에서 더 자세히 논의할 것이다.

언제 해석 가능성이 중요한가?

의사 결정 시스템이 항상 해석 가능성을 요구하는 것은 아니다. 연구에서 해석 가능성이 예외로 인정되는 두 가지 경우가 있다.

- 정확하지 않은 결과가 심각한 결과를 초래하지 않는 경우. 예를 들어 머신러닝 모델이 소포에서 우편번호를 찾아 읽도록 학습된 후 가끔 잘못 읽어서 소포를 다른 곳으로 보낸다면 어떻게 될까? 차별적 편견의 가능성이 거의 없고, 오분류로 인한 비용이 상대적으로 낮다. 허용 가능한 임곗값 이상으로 비용이 커질 만큼 자주 발생하지 않는다.

- 심각한 결과를 초래하지만 인간의 개입 없이 결정을 내릴 수 있을 만큼 현실 세계에서 충분히 연구되고 검증된 경우. 이것은 공중 충돌의 위험이 있는 비행기의 조종사에게 경고를 하는 **교통경보 및 충돌방지 시스템**TCAS, Traffic-alert and Collision-Avoidance System의 경우다.

반면에 이런 시스템이 다음과 같은 속성을 가지려면 해석 가능성이 요구된다.

- **과학적 지식 추출**: 기상학자는 기후 모델에서 배울 것이 많지만 해석하기 쉬운 경우에만 가능하다.
- **신뢰와 안전**: 자율주행차가 내리는 결정은 개발자가 실패 지점을 이해할 수 있도록 디버그 가능해야 한다.
- **윤리성**: 번역 모델은 차별적인 번역을 초래하는 성차별 단어 임베딩을 사용할 수는 있지만 이런 사례를 쉽게 찾아 수정할 수 있어야 한다. 하지만 문제가 일반에 공개되기 전에 이를 알 수 있도록 시스템을 설계해야 한다.
- **확실성과 일관성**: 때때로 머신러닝 모델은 불완전하고 상호 배타적인 목표를 가질 수 있다. 예를 들어 콜레스테롤 조절 시스템은 환자가 식이요법이나 약물요법을 따르고 있을 가능성을 고려하지 않을 수도 있고, 안전성과 비차별성처럼 하나의 목표와 다른 목표 사이에 절충이 있을 수도 있다.

모델의 결정을 설명함으로써 문제에 대한 이해의 격차, 즉 불완전성을 보완할 수 있다. 가장 중요한 이슈 중 하나는 머신러닝 솔루션의 높은 정확도로 인해서 문제를 완전히 이해했다고 생각하면서 높은 자신감을 갖게 되는 경향이 있다는 것이다. 그러면 이 솔루션이 IT의 모든 것을 커버할 수 있다고 잘못 생각하게 된다.

이 책의 시작 부분에서 알고리듬 규칙을 생성하기 위해 데이터를 활용하는 것은 새로운 것이 아니라는 점을 얘기했다. 예전에는 이런 규칙에 대해 사후 추측을 하곤 했지만 지금은 그렇지 않다. 따라서 예전에는 인간이 책임을 져야 했지만 이제는 알고리듬이 책임 주체가 됐다. 이 경우 알고리듬은 수반되는 모든 윤리적 결과를 책임지는 머신러닝 모델이다. 이런 전환은 정확성과 많은 관련이 있다. 문제는 모델이 총체적으로는 인간의 정확도를 능가할 수 있지만, 머신러닝 모델은 그 결과를 아직 인간처럼 해석하지 못한다는 것이다. 모델의 의사 결정에 대해 모델은 사후 추측을 하지 않으므로 솔루션으로서 바람직한 수준의 완성도가 부족하다. 그래서 적어도 그 격차의 일부라도 보완할 수 있도록 모델을 해석해야 한다. 그렇다면 머신러닝 해석이 파이프라인의 표준적인 부분이 아닌 이유는 무엇인가? 오로지 정확성에만 초점을 맞추는 편견 외에도 가장 큰 장애물 중 하나는 블랙박스 모델이라는 벅찬 개념이다.

블랙박스 모델이란?

불투명 모델을 말하는 또 다른 용어다. 블랙박스black-box는 입력과 출력만 관찰할 수 있고 입력이 출력으로 변환되는 과정을 볼 수 없는 시스템을 말한다. 머신러닝의 경우 블랙박스 모델을 열 수는 있지만 그 메커니즘은 쉽게 이해할 수 없다.

화이트박스 모델이란?

화이트박스white-box 모델은 블랙박스 모델의 반대다. 그림 1.3을 참조하라. 이 모델은 완전한 또는 거의 완전한 투명성을 달성하기 때문에 투명한 모델이라고도 한다. 투명한 모델을 이 책에서는 '본질적으로 해석 가능한' 모델이라고 부르며 3장, '머신러닝 해석의 과제'에서 더 자세히 다룰 것이다.

그림으로 나타낸 두 모델 간의 비교를 살펴보라.

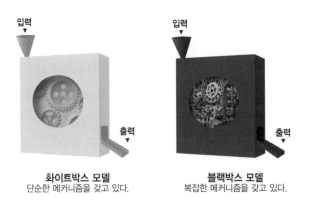

입력

입력

출력

출력

화이트박스 모델
단순한 메커니즘을 갖고 있다.

블랙박스 모델
복잡한 메커니즘을 갖고 있다.

그림 1.3 화이트박스 모델과 블랙박스 모델의 시각적 비교

설명 가능성이란

설명 가능성은 해석 가능성의 모든 것을 포함한다. 차이점은 모델 추론뿐만 아니라 모델의 내부 동작 및 모델 학습 프로세스에 대한 인간 친화적인 설명을 요구하기 때문에 해석 가능성보다 투명성 요구 사항이 더 깊어진다는 것이다. 애플리케이션에 따라 이 요구 사항은 다양한 수준의 모델, 디자인, 알고리듬 투명성으로 확장될 수 있다. 다음은 투명성의 세 가지 유형이다.

- **모델 투명성**: 모델이 어떻게 학습되는지 단계별로 설명할 수 있어야 한다. 단순 몸무게 예측 모델의 경우 **최소제곱법**ordinary least squares이라는 최적화 방법으로 모델의 오차를 최소화하는 계수 β를 찾는 법을 설명할 수 있다.
- **디자인 투명성**: 모델 아키텍처 및 하이퍼파라미터hyperparameter와 같은 선택 사항을 설명할 수 있어야 한다. 예를 들어 학습 데이터의 크기나 특성에 따라 이런 선택을 정당화할 수 있어야 한다. 판매 예측을 수행하고 판매에 12개월에 걸친 계절적 주기성이 있다는 것을 알았다면 이것은 적절한 매개변수 선택이 될 수 있다. 의심이 가는 경우에는 항상 잘 정립된 통계적 방법을 사용해 적합한 주기성을 찾을 수 있다.

- **알고리듬 투명성**: 하이퍼파라미터에 대한 그리드 검색grid search과 같은 자동화된 최적화를 설명할 수 있어야 한다. 그러나 하이퍼파라미터 최적화를 위한 무작위 탐색, 조기 종료early stopping, 확률적 경사하강법stochastic gradient descent 등과 같은 무작위 특성으로 인해 재현할 수 없는 것들은 알고리듬을 불투명하게 만든다.

불투명 모델은 단순히 모델 투명성이 부족하기 때문에 불투명하다고 부르지만, 모델 선택이 정당하더라도 불투명성을 피할 수는 없다. 예를 들어 신경망이나 랜덤 포레스트random forest를 학습하는 것과 관련된 수학 공식을 보여주더라도 신뢰를 생성하기보다는 더 많은 의심을 불러일으킬 것이다. 여기에는 다음과 같은 몇 가지 이유가 있다.

- **"통계적 근거"가 없음**: 불투명 모델의 학습 프로세스는 입력을 최적의 출력으로 매핑하면서 임의적인 매개변수의 흔적을 남긴다. 이런 매개변수는 비용함수에 최적화돼 있지만 통계 이론에 근거하지 않는다.
- **불확실성 및 비재현성**: 동일한 데이터로 투명 모델을 적합하면 항상 동일한 결과를 얻는다. 반면 불투명 모델은 무작위 수를 사용해 가중치를 초기화하거나 하이퍼파라미터를 정규화 또는 최적화하거나, 랜덤 포레스트의 경우에는 확률적 판별에 사용하기 때문에 똑같이 재현할 수 없다.
- **과적합overfitting과 차원의 저주**: 불투명 모델의 대부분은 고차원 공간에서 작동한다. 차원이 커질수록 모델을 일반화하기가 더 어려워지기 때문에 신뢰를 이끌어내지 못한다. 결국 더 많은 차원이 추가될수록 모델이 과적합될 기회는 더 많아진다.
- **인간의 인식과 차원의 저주**: 투명 모델은 종종 적은 차원의 작은 데이터셋을 위해 사용되며, 투명 모델이 아니더라도 필요 이상으로 많은 차원을 사용하지 않는다. 또한 투명 모델은 필요 이상으로 차원 간의 상호 작용을 복잡하게 만들지 않는 경향이 있다. 불필요한 복잡성이 없기 때문에 모델이 수행하는 작업과 그 결과를 쉽게 시각화할 수 있다. 인간은 다차원을 잘 이해하지 못하기 때문에 투명 모델을 사용하면 이를 훨씬 더 쉽게 이해할 수 있게 해준다.
- **오컴의 면도날**: 소박함의 원칙 또는 간결함의 원칙이다. 가장 단순한 솔루션이 일

반적으로 올바른 솔루션이라고 말한다. 사실이든 아니든 인간은 단순성에 대한 편견을 갖고 있으며 투명 모델은 무엇보다 단순성으로 말한다.

설명 가능성은 왜 그리고 언제 중요한가?

신뢰할 수 있고 윤리적인 의사 결정은 해석 가능성의 주된 동기다. 설명 가능성에는 인과성, 전달성, 정보성 등과 같은 추가적인 동기가 있다. 따라서 완전한 또는 거의 완전한 투명성이 가치 있게 여겨지는 사례는 많이 있으며 이는 당연하다. 이런 사례 중 일부는 다음과 같다.

- **과학적 연구**: 재현성은 과학적 방법론에서 필수다. 또한 통계에 근거한 최적화 방법을 사용하는 것은 인과관계를 입증해야 할 때 특히 바람직하다.
- **임상 시험**: 이 또한 재현 가능한 결과를 생성하고 통계적인 근거가 있어야 한다. 이 외에도 과적합이 될 잠재적인 가능성을 감안할 때 가능한 한 최소의 차원과 복잡하지 않은 모델을 사용해야 한다.
- **소비자 제품 안전 테스트**: 임상 시험과 마찬가지로 생명의 안전이 우려되는 경우 가능한 한 단순함이 선호된다.
- **공공 정책 및 법률**: 법학자들이 알고리듬 거버넌스라고 부르는 일부로 좀 더 미묘한 논의이며, 어항처럼 모든 것이 보이는 **절대적 투명성**fishbowl transparency과 **합리적 투명성**reasoned transparency으로 구분된다. 전자는 소비자 제품 안전 테스트에 요구되는 엄격함에 더 가깝고, 후자는 사후 해석 가능성으로 충분하다. 언젠가는 정부가 완전히 알고리듬에 의해 운영될 수도 있다. 그렇게 되면 어떤 정책이 어떤 형태의 투명성을 동반할지 말하기는 어렵지만 사법제도와 같은 많은 공공 정책 영역에서는 절대적인 투명성이 필요하다. 그러나 완전한 투명성이 프라이버시 또는 보안 목표와 모순될 때는 덜 엄격한 형태의 투명성이 필요하다.
- **범죄 수사 및 법규 준수 감사**: 로봇 오작동으로 인한 화학 공장 사고나 자율주행차 충돌 등 문제가 발생한 경우 수사관이 판단의 궤적을 추적할 수 있어야 한다. 이

것은 "일반 책임과 법적 책임의 할당을 용이하게" 하기 위한 것이다. 사고가 발생하지 않은 경우에도 당국의 강제가 있을 경우에는 이런 식의 감사가 가능하다. 규정 준수 감사는 금융 서비스, 유틸리티, 운송, 의료 등과 같이 규제를 받는 산업에 적용된다. 많은 경우 절대적 투명성이 선호된다.

▌ 해석 가능성에 대한 비즈니스 사례

이 절에서는 더 나은 의사 결정뿐만 아니라 더 신뢰할 수 있고, 더 윤리적이며, 수익성도 있는 머신러닝 해석 가능성에 대한 몇 가지 실용적인 비즈니스 이점에 대해 설명한다.

더 나은 의사 결정

일반적으로 머신러닝 모델은 학습된 다음 원하는 측정 기준인 특정 메트릭metric에 의해 평가된다. 그다음에 홀드아웃hold-out 데이터셋에 대한 품질 관리를 통과하면 배포된다. 그러나 실제 세계에서 테스트되면 다음과 같은 가상 시나리오처럼 상황이 나빠질 수 있다.

- 높은 빈도로 주식을 매매하는 알고리듬은 주식시장을 붕괴시킬 수 있다.
- 수백 대의 스마트 홈 장치가 설명할 수 없는 오작동을 일으켜 사용자를 겁에 질리게 할 수 있다.
- 번호판 인식 시스템은 새로운 종류의 번호판을 잘못 읽어 엉뚱한 운전자에게 벌금을 부과할 수 있다.
- 인종적으로 편향된 감시 시스템은 침입자를 잘못 감지할 수 있으며, 이로 인해 경비원이 무고한 직원에게 총을 쏠 수 있다.
- 자율주행차는 눈길을 포장 도로로 착각해 절벽에 부딪혀 탑승자가 부상을 입을 수 있다.

모든 시스템은 오류가 쉽게 발생할 수 있기 때문에 해석 가능성이 만병통치약이라는 말은 아니다. 그러나 특정 메트릭에 대한 최적화에만 초점을 맞추는 것은 재앙을 초래할 수 있다. 연구실에서는 모델이 잘 일반화될 수 있지만 모델이 결정을 내리는 이유를 모른다면 개선 기회를 놓칠 수 있다. 예를 들어 자율주행차가 도로라고 생각하는 것을 아는 것만으로는 충분하지 않지만, 그 이유를 아는 것은 모델을 개선하는 데 도움이 될 수 있다. 즉, 도로가 눈처럼 밝은 색이라는 것이 원인 중 하나라면 이것은 위험 요인이 될 수 있다. 모델이 가정과 결론을 확인해 겨울철 도로 이미지를 데이터셋에 도입하거나 실시간 날씨 데이터를 모델에 제공해 모델을 개선할 수 있다. 또한 이것이 작동하지 않는다면 알고리듬적인 안전장치가 완전히 확신하지 못하는 의사 결정에 대해서는 시스템이 작동하지 않도록 막을 수 있다.

머신러닝 해석 가능성에 중점을 두는 것이 더 나은 의사 결정으로 이어지는 주된 이유 중 하나는 앞에서 완전성을 이야기할 때 언급했다. 모델이 완전하다고 생각한다면 그것을 개선하는 것이 의미가 있을까? 더 나아가 모델의 추론에 의문을 제기하지 않는다면 문제를 완전히 이해하고 있어야 한다. 이런 경우라면 애초에 문제를 해결하기 위해 머신러닝을 사용해서는 안 된다. 머신러닝은 너무 복잡해 *if-else*문으로 프로그래밍할 수 없는 경우, 정확하게 말하면 문제에 대한 이해가 불완전한 경우 사용되는 알고리듬을 생성한다.

특히 높은 수준의 정확도로 무언가를 예측하거나 추정할 때 그것을 통제하고 있다고 생각하기 쉽다. 이것을 **통제의 환상**이라고 한다. 전체적으로 모델이 거의 항상 문제를 올바르게 처리한다는 이유만으로 문제의 복잡성을 과소평가할 수는 없다. 인간에게조차도 눈길과 콘크리트 포장의 차이는 흐릿하고 설명하기 어려울 수 있다. 어떻게 이 차이를 항상 정확한 방식으로 설명하겠는가? 모델은 이런 차이점을 학습할 수 있지만 그렇다고 덜 복잡한 것은 아니다. 모델에서 실패 지점을 검사하고 이상치^{outlier}를 지속적으로 경계하려면 다른 관점이 필요하다. 이는 바로 모델을 제어할 수는 없지만 해석을 통해 모델을 이해하려고 할 수 있다는 것이다.

다음은 모델에 부정적인 영향을 줄 수 있는 몇 가지 추가적인 의사 결정 편향이며, 해석 가능성을 통해 더 나은 의사 결정으로 이어질 수 있는 이유가 된다.

- **보수성 편향**: 사람들은 새로운 정보를 얻었을 때에도 이전의 신념을 바꾸지 않는다. 이런 편견으로 인해 고착된 기존 정보가 새로운 정보보다 우선하지만 모델은 진화해야 한다. 따라서 기존 가정에 의문을 제기하는 것을 중시하는 태도는 건전한 태도다.
- **현저성 편향**: 두드러지거나 눈에 잘 띄는 것이 다른 것보다 더 마음이 가지만 통계적으로 말하면 다른 것에도 똑같이 주의를 기울여야 한다. 이 편향은 피처 선택에 영향을 줄 수 있으므로 해석 가능성 사고 방식은 인식되지 않은 다른 피처를 포함하도록 문제에 대한 이해를 확장하게 해준다.
- **근본적 귀인 오류**fundamental attribution error[1]: 이 편향은 행위의 결과를 환경보다는 행동, 상황보다는 성격, 부모의 양육보다는 본성에 기인하게 만든다. 해석 가능성은 더 깊은 탐색을 통해 변수들 또는 누락될 수 있는 변수들 사이의 분명하지 않은 관계를 찾도록 요구한다.

모델 해석의 중요한 이점 중 하나는 이상치를 찾는 것이다. 이런 이상치는 잠재적인 새로운 수익원이 되거나 아니면 발생을 기다리고 있는 부채가 될 수 있다. 이상치를 아는 것은 그에 따라 준비하고 전략을 세우는 데 도움이 될 수 있다.

더 신뢰받는 브랜드

신뢰는 무언가 또는 누군가의 신뢰성, 능력, 신용 등에 대한 믿음으로 정의된다. 조직의 관점에서 신뢰는 곧 평판이다. 그리고 용서받지 못하는 여론의 법정에서는 단 한 번의 사고, 논쟁 또는 실패로 상당한 양의 공신력을 잃게 된다. 이것은 결국 투자자의 신뢰를 약

---

1 근본적 귀인 오류는 관찰자가 다른 이들의 행동을 설명할 때 상황 요인들의 영향을 과소평가하고 행위자의 내적, 기질적인 요인들의 영향을 과대평가하는 경향을 말한다. 즉, 사람들은 다른 사람의 행동의 원인을 그 사람이 처한 상황적 조건보다는 그 사람의 성격이나 능력, 동기, 태도, 신념 등에 돌리는 경향이 있다. 이 현상은 사람들이 다른 사람을 관찰할 때 상황보다는 개인에 초점을 맞추는 데 그 원인이 있다. 근본적 귀인 오류는 자신의 행동을 설명할 때는 잘 나타나지 않으며, 서구 사회에서 이 현상이 더 잘 관찰된다고 알려져 있다(참조: 네이버 지식백과 심리학 용어 사전). – 옮긴이

화시킬 수 있다.

737 MAX 사고 이후의 보잉Boeing이나 2016년 대선 스캔들 이후 페이스북Facebook에 무슨 일이 일어났는지 생각해보자. 두 경우 모두 예측된 비행기 판매 또는 디지털 광고 판매와 같이 단일 지표를 최적화하기 위한 근시안적인 의사 결정이 있었다. 이들은 알려진 잠재적 실패 지점을 과소평가했고, 매우 큰 실패 지점을 완전히 놓쳤다. 이와 같이 조직이 자신의 추론을 정당화하거나, 대중을 혼란스럽게 하거나, 미디어 내러티브를 흐트러뜨리기 위해 오류에 의존할 때 상황이 악화될 수 있다. 이런 행동은 또한 홍보 실수를 초래할 수 있다. 그들은 첫 번째 실수로 자신이 하는 일에 대한 신뢰를 잃을 뿐만 아니라 사람들을 속이려고 해, 그들이 하는 말에 대한 신뢰를 잃었다.

그리고 이것들은 대부분 인간이 내린 의사 결정의 예였다. 머신러닝 모델에 의해 독점적으로 의사 결정이 내려지면 실수를 했을 때 모델에 책임을 전가하기 쉽기 때문에 상황이 더 악화될 수 있다. 예를 들어 페이스북 피드에서 불쾌감을 주는 자료가 보이기 시작했을 때 페이스북은 "해당 모델이 댓글 및 좋아요와 같은 당신의 데이터로 학습됐기 때문에 실제로 보고 싶은 것을 반영한다"고 말할 수 있다. 페이스북의 잘못이 아니라 당신의 잘못이다. 범죄가 언제 어디서 발생할지 예측하는 알고리듬인 PredPol을 사용했기 때문에 공격적인 치안을 위해 경찰이 당신의 이웃을 표적으로 삼았다면 알고리듬을 비난할 수 있다. 반면에 이 알고리듬의 제작자는 소프트웨어가 경찰 보고서에 따라 학습됐기 때문에 경찰을 비난할 수 있다. 이것은 책임성 격차는 말할 것도 없고 잠재적으로 문제가 되는 피드백 루프를 생성한다. 또한 일부 장난꾸러기나 해커가 차선 표시를 지우면 테슬라Tesla 자율주행차가 잘못된 차선으로 방향을 틀 수도 있다. 이것은 이 가능성을 예상하지 못한 테슬라의 잘못인가, 아니면 그들의 모델에 몽키 렌치를 던진 해커의 잘못인가? 이를 **적대적 공격** adversarial attack이라고 하며 13장, '적대적 견고성'에서 논의한다.

모델이 더 나은 의사 결정을 내릴 수 있도록 하는 것은 의심할 여지없이 머신러닝 해석 가능성의 목표 중 하나다. 실패하더라도 시도했다는 것을 보여줄 수 있다. 신뢰를 잃는 것은 전적으로 실패 자체 때문이 아니라 책임감이 부족하기 때문이며, 모든 비난을 받아들이는 것이 공평하지 않은 경우에도 책임성이 없는 것보다는 있는 것이 낫다. 앞의 예시에서 페이스북은 불쾌감을 주는 자료가 자주 표시되는 이유에 대한 단서를 찾은 다음, 이것이 수익이 줄어드는 것을 의미하더라도 이를 덜 발생시키는 방법을 찾는 데 전념할 수 있다. PredPol은 작더라도 잠재적으로 덜 편향된 범죄율 데이터셋의 다른 소스를 찾을 수 있다. 또한 기존 데이터셋의 편향을 완화하는 기술을 사용할 수도 있다. 이와 관련된 것은 11장, '편향 완화 및 인과관계 추론 방법론'에서 다룰 것이다. 그리고 테슬라는 자동차 배송이 지연된다고 하더라도 적대적 공격에 대비해 시스템을 검사할 수 있다. 이 모든 것이 해석 가능성 솔루션이다. 일단 이것이 일반적인 관행이 되면 사용자와 고객뿐만 아니라 직원 및 투자자와 같은 내부 이해관계자의 신뢰를 높일 수 있다.

다음 그림은 지난 몇 년 동안 발생한 몇 가지 홍보 AI의 실수를 보여준다.

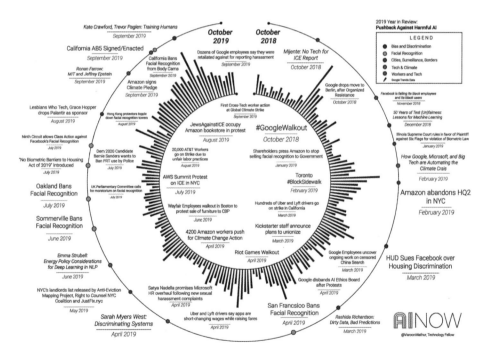

그림 1.4 2019년 AI의 홍보 실수가 담긴 AI Now Institute의 인포그래픽

그림 1.4를 보면 신뢰 문제로 많은 AI 기반 기술이 대중의 지지를 잃고 있으며, AI로 수익을 창출하는 기업과 AI로부터 이익을 얻을 수 있는 사용자 모두에게 피해를 주고 있다. 이는 국가적 또는 세계적 수준에서의 법적 프레임워크를 필요로 하며, 조직적 측면에서는 이런 기술을 배포하는 인간에게 더 많은 책임을 요구한다.

더 윤리적인

윤리 분야에는 세 개의 학파가 있다. 공리주의자는 결과에 초점을 맞추고, 의무론자는 의무에 관심을 갖고, 목적론자는 전반적인 도덕적 성격에 더 관심을 갖는다. 즉, 이것은 윤리적 문제를 조사하는 다양한 방법이 있음을 의미한다. 예를 들어 윤리성은 이 세 가지 모두에서 끌어낼 수 있는 유용한 교훈이다. 그 과정에서 약간의 손해가 발생하더라도 가장 많은 양의 "좋은" 것을 산출하고 싶은 경우가 있다. 어떤 때는 윤리적 경계를 넘어서는 안 되는 모래 위의 선으로 취급해야 한다. 그리고 어떤 경우에는 윤리가 많은 종교가 열망하는 것처럼 의로운 성품을 계발하는 것에 대한 것일 수 있다. 따르는 윤리학파에 상관없이 윤리가 무엇인지에 대한 개념은 우리의 현재 가치를 반영하기 때문에 윤리는 시간이 지남에 따라 변화한다. 현재의 서구 문화에서 윤리적 가치는 다음과 같다.

- 인간 복지
- 소유권과 재산
- 프라이버시
- 편견으로부터의 자유
- 범용성
- 신뢰
- 자율성
- 사전 동의
- 책임
- 예의
- 지속 가능한 환경

윤리적 위반은 법에 위배되는지 여부에 상관없이 누군가를 차별하거나 환경을 오염시킴으로써 이런 가치들이 지키려고 하는 도덕적 경계를 넘는 것이다. 윤리적 딜레마는 위반으로 이어지는 옵션 중에서 선택해야 할 때 발생하며, 당신은 둘 중 하나를 선택해야 한다.

머신러닝이 윤리와 관련된 첫 번째 이유는 기술과 윤리적 딜레마가 본질적으로 연결된 역사를 갖고 있기 때문이다.

인간이 최초로 도구를 만든 이래 도구는 발전을 가져왔지만 사고, 전쟁, 실직과 같은 피해를 주기도 했다. 기술이 항상 나쁘다고 말하는 것이 아니라 시간의 흐름에 따라 변화되는 결과를 측정하고 통제할 수 있는 선견지명이 부족하다는 것이다. AI의 경우 장기적으로 유해한 영향이 무엇인지 명확하지 않다. 예상할 수 있는 것은 일자리가 크게 줄어들고, 데이터 센터에 전력을 공급하기 위한 막대한 에너지 수요가 발생해 환경에 스트레스를 줄 수 있다는 것이다. 또한 AI가 알고리듬에 의해 운영되는 감시 국가를 만들어 프라이버시, 자율성, 소유권 등과 같은 가치를 침해할 수 있다는 추측도 있다.

두 번째 이유는 첫 번째 이유보다 훨씬 더 중요하다. 머신러닝은 인간성에 대한 첫 번째 기술이다. 머신러닝은 인간을 대신해 의사 결정을 내릴 수 있는 기술이며, 이런 결정은 추적하기 어려운 윤리적 위반을 초래할 수 있다. 이것의 문제는 인간의 존엄성, 속죄, 사건 종결, 형사 처벌 등에 대해 누구를 비난해야 하는지 알아야 하기 때문에 책임성은 도덕성에 필수라는 것이다. 하지만 어떤 경우든 도덕적 책임은 종종 공유되기 때문에 많은 기술은 처음부터 책임 문제를 갖는다. 예를 들어 자동차 충돌의 원인은 부분적으로 운전자, 정비사, 자동차 제조업체 때문일 수 있다. 더 까다롭다는 것을 제외하면 머신러닝 모델에서도 동일한 일이 발생할 수 있다. 결국 모델의 프로그래밍에 있어서 "프로그램"이 데이터로부터 학습한 것이기 때문에 프로그래머의 책임은 없으며, 모델이 데이터로부터 학습한 것을 통해 윤리적 위반이 발생할 수 있다. 그중 상위에 있는 것은 다음과 같은 편향이다.

- **표본 편향**: 데이터인 표본이 모집단으로 부르는 환경을 정확하게 나타내지 않는 경우
- **배제 편향**: 중요한 현상을 설명할 수 있는 피처나 그룹을 데이터에서 빠뜨린 경우

- **편견 편향**: 고정 관념이 데이터에 직간접적으로 영향을 미치는 경우
- **측정 편향**: 잘못된 측정값이 데이터를 왜곡한 경우

해석 가능성은 11장, '편향 완화 및 인과관계 추론 방법론'에서 볼 수 있듯이 편향을 완화하거나, 또는 편향의 원인이 될 수 있는 피처에 가드레일을 배치하는 데 유용하다. 후자는 12장, '해석 가능성을 위한 단조성 제약조건과 모델 튜닝'에서 다룰 것이다. 1장에서 언급한 것처럼 설명은 도덕적 의무인 책임성을 확립하는 데 큰 도움이 된다. 또한 모델 이면의 추론을 설명함으로써 피해가 발생하기 전에 윤리적 문제를 찾을 수 있다. 그러나 모델의 잠재적으로 우려스러운 윤리적 파급 효과를 통제할 수 있는 더 많은 방법이 있으며, 해석 가능성보다는 디자인과 더 많은 관련이 있다. 기술적인 디자인 선택에 윤리적인 고려를 통합하기 위해 사용할 수 있는 **인간 중심 디자인, 가치 민감성 디자인, 테크노 도덕 윤리**^{techno moral virtue ethics} 등과 같은 프레임워크가 있다. 커스틴 마틴^{Kirsten Martin}의 논문(https://doi.org/10.1007/s10551-018-3921-3)도 알고리듬을 위한 특정 프레임워크를 제안한다. 이 책에서는 알고리듬 디자인 측면을 많이 다루지 않을 것이므로 윤리적 AI라는 더 큰 분야에 관심이 있는 독자에게는 이 논문이 시작하기에 좋은 자료다. 그림 1.5에서 마틴의 알고리듬 도덕성 모델을 볼 수 있다.

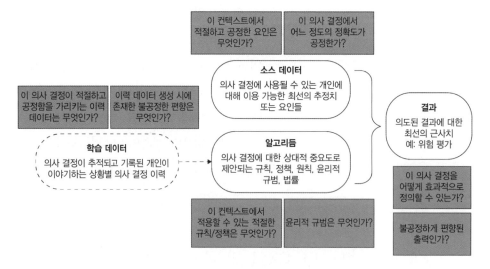

그림 1.5 마틴의 알고리듬 도덕성 모델

윤리적 위반에는 금전적 비용과 함께 평판 비용이 들기 때문에 조직은 알고리듬 의사 결정의 윤리를 심각하게 받아들여야 한다. 뿐만 아니라 AI는 그냥 놔두면 민주주의와 기업을 위해 경제를 지탱하는 바로 그 가치를 훼손할 수도 있다.

더 많은 수익

이 절에서 이미 봤듯이 해석 가능성은 알고리듬의 의사 결정을 개선하고, 신뢰를 높이고, 윤리적 위반을 완화한다.

이전에 알려지지 않은 기회를 활용하고 더 나은 의사 결정을 통해 우발적인 실패와 같은 위협을 완화시키면 수익을 개선할 수 있다. 그리고 AI 기반 기술에 대한 신뢰를 높이면 활용도를 높이면서 전반적인 브랜드 평판을 높일 수 있을 뿐 아니라 수익에도 유익한 영향을 가져올 수 있다. 반면에 의도적이든 우연이든 윤리적 위반이 발생하면 이익과 평판 모두에 부정적인 영향을 가져온다.

기업이 머신러닝 워크플로우에 해석 가능성을 통합하면 선순환이 이뤄지면서 결과적으로 수익성이 높아진다. 비영리 기관이나 정부의 경우에는 이익이 동기가 아닐 수 있다. 하지만 소송, 형편없는 의사 결정, 손상된 평판에는 많은 비용이 많이 들기 때문에 의심할 여지없이 재정이 관련돼 있다. 궁극적으로 기술 발전은 이를 가능하게 하는 공학 기술, 과학 기술, 재료뿐만 아니라 일반 대중의 자발적인 수용에 달려 있다.

▌ 정리

1장을 통해 머신러닝 해석이 무엇인지 명확하게 이해하고 해석 가능성의 중요성을 인식할 수 있다. 2장에서는 머신러닝 모델을 해석하기 어렵게 만드는 것이 무엇인지, 해석 방법론을 범주와 범위에 따라 분류하는 방법을 살펴볼 것이다.

▌ 이미지 소스

- Mathur, Varoon (2019). AI in 2019: A Year in Review − The Growing Push back Against Harmful AI. AI Now Institute via Medium.
- Martin, K. (2019). Ethical Implications and Accountability of Algorithms. Journal of Business Ethics 160. 835 − 850. https://doi.org/10.1007/s10551 −018−3921−3

▌ 더 읽을거리

- Microsoft (2019). Responsible AI principles from Microsoft. Retrieved from https://www.microsoft.com/en−us/ai/responsible−ai
- Lipton, Zachary (2017). The Mythos of Model Interpretability. ICML 2016 Human Interpretability in Machine Learning Workshop. https://doi.org/ 10.1145/3236386.3241340
- Doshi−Velez, F. & Kim, B. (2017). Towards A Rigorous Science of Inter pretable Machine Learning. http://arxiv.org/abs/1702.08608
- Roscher, R., Bohn, B., Duarte, M.F. & Garcke, J. (2020). Explainable Mac hine Learning for Scientific Insights and Discoveries. IEEE Access, 8, 42200−42216. https://dx.doi.org/10.1109/ACCESS.2020.2976199
- Coglianese, C. & Lehr, D. (2019). Transparency and algorithmic governance. Administrative Law Review, 71, 1−4. https://ssrn.com/abstract=3293008
- Weller, Adrian. (2019) "Transparency: Motivations and Challenges". arXiv: 1708.01870 [Cs]. http://arxiv.org/abs/1708.01870

02

해석 가능성의 주요 개념

이 책은 많은 모델 해석 방법론을 다룬다. 일부는 메트릭, 시각화 그리고 일부는 두 가지 모두를 산출한다. 일부는 모델을 광범위하게 묘사하고 또 일부는 세부적으로 묘사한다. 2장에서는 피처 중요도와 의사 결정 영역이라는 두 가지 방법과, 이와 같은 방법론을 설명하기 위해 사용되는 분류법을 알아볼 것이다. 또한 나중을 위해 머신러닝 해석 가능성을 저해하는 바가 무언지 자세히 살펴볼 것이다.

다음은 2장에서 다룰 주요 주제다.

- 해석 방법론의 종류 및 범위에 대해 학습한다.
- 머신러닝 해석 가능성을 저해하는 요인에 대해 이해한다.

▌기술 요구 사항

연습용 예제로 책을 시작했지만 이 책 전체에서는 특정 해석 유스 케이스에서 사용된 실제 데이터셋을 활용할 것이다. 이 데이터셋들은 다양한 소스에서 가져온 것이며 거의 한 번만 사용된다.

독자가 직접 각 예제를 위해 데이터셋을 다운로드하고, 로드하고, 준비하려면 많은 시간이 필요하다. 이런 과정을 피하기 위해 그 대부분을 처리하는 `mldatasets`라는 라이브러리를 만들었다. 이 라이브러리 설치 방법은 '들어가며'에 있다. `mldatasets` 외에도 2장의 예제는 `pandas`, `numpy`, `statsmodel`, `sklearn`, `matplotlib` 등의 라이브러리도 사용한다. 2장의 코드는 다음 링크(https://github.com/PacktPublishing/Interpretable-Machine-Learning-with-Python/tree/master/Chapter02)에 있다.

▌미션

당신은 보건복지부 분석가이고 현재 **심혈관 질환**CVD, CardioVascular Diseases이 급속히 늘어나고 있다고 상상해보자. 장관은 발생률을 역전시키고 건강보험 부담금을 20년 동안 최저 수준으로 줄이는 것을 우선순위로 정했다. 이를 위해서 다음 사항을 확인하고 데이터에서 단서를 찾고자 태스크포스가 구성됐다.

1. 다룰 수 있는 위험 요인은 무엇인가?
2. 미래의 사례case를 예측할 수 있는 경우 사례별로 예측을 해석한다.

당신은 이 태스크포스의 일원이다.

CVD에 대한 상세 정보

데이터를 살펴보기 전에 다음을 위해 CVD에 대한 몇 가지 중요한 정보를 수집해야 한다.

- 문제의 컨텍스트와 관련성을 이해한다.
- 데이터 분석 및 모델 해석에 도움이 될 수 있는 도메인 지식을 추출한다.
- 전문가의 지식을 데이터셋의 피처와 연관 짓는다.

CVD는 일련의 질환이며, 그중 가장 흔한 것은 허혈성 심장질환이라고도 하는 관상동맥 심장질환이다. 세계보건기구^{WHO}에 따르면 CVD는 전 세계적으로 주요 사망 원인이며 연간 약 1,800만 명이 이 질병으로 사망한다. 관상동맥 심장질환과 대부분 CVD의 부산물인 뇌졸중은 CVD의 가장 중요한 원인이다. CVD의 80%는 예방 가능한 위험 요인으로 구성돼 있다고 추정된다. CVD를 유발하는 예방 가능한 요인에는 다음이 포함된다.

- 잘못된 식습관
- 흡연과 음주 습관
- 비만
- 신체 활동 부족
- 수면 부족

또한 다음을 포함한 여러 위험 요인은 예방할 수 없는 것으로 알려져 있다.

- 유전적 요인
- 노령
- 남성 – 나이에 따라 다름

예제를 이해하는 데 필요하지 않기 때문에 CVD에 대한 더 자세한 도메인 지식은 다루지 않을 것이다. 그러나 모델 해석에 있어서 도메인 지식이 얼마나 중심이 되는지는 아무리 강조해도 지나치지 않다. 따라서 이 예제가 당신의 직업이고 많은 생명이 당신의 분석에 달려 있다면 해당 주제에 대한 최신 연구를 읽거나 도메인 전문가와 상의해 당신의 해석을 알려주는 것이 좋다.

▌ 접근법

로지스틱 회귀Logistic regression는 의료 유스 케이스에서 위험 요인의 순위를 정하는 일반적인 방법 중 하나다. 선형회귀와 달리 로지스틱 회귀는 각 관측에 대해 연속형 값을 예측하지 않고 관측이 특정 클래스에 속할 확률 점수를 예측한다. 이 예제에서 예측하려는 것은 각 환자에 대한 데이터 x가 주어졌을 때 심혈관 질환이 있을 확률이 y이며, 0에서 1 사이의 값이다.

▌ 준비

이 예제의 코드는 깃허브 페이지(https://github.com/PacktPublishing/Interpretable-Machine-Learning-with-Python/blob/master/Chapter02/CVD.ipynb)에서 찾을 수 있다.

라이브러리 로드

이 예제를 실행하려면 다음 라이브러리가 있어야 한다.

- mldatasets: 데이터셋 로드
- pandas, numpy: 데이터 조작
- statsmodels: 로지스틱 회귀 모델 사용
- sklearn(scikit-learn): 데이터 분할
- matplotlib: 해석을 시각화

먼저 다음을 모두 로드해야 한다.

```
import math
import mldatasets
import pandas as pd
import numpy as np
import statsmodels.api as sm
from sklearn.model_selection import train_test_split
import matplotlib.pyplot as plt
```

데이터 이해 및 준비

이 예제에서 사용할 데이터는 cvd_df라고 하는 데이터프레임에 로드된다.

```
cvd_df = mldatasets.load("cardiovascular-disease")
```

이로부터 70,000개의 레코드와 12개의 칼럼을 얻어야 한다. info()로 로드된 내용을 볼 수 있다.

```
cvd_df.info()
```

앞의 명령은 각 칼럼의 이름과 함께 데이터 타입 그리고 null이 아닌 레코드의 수를 출력한다.

```
<class 'pandas.core.frame.DataFrame'>
RangeIndex:  70000 entries, 0 to 69999
Data columns  (total 12 columns):
age         70000  non-null  int64
gender      70000  non-null  int64
height      70000  non-null  int64
```

weight	70000	non-null	float64
ap_hi	70000	non-null	int64
ap_lo	70000	non-null	int64
cholesterol	70000	non-null	int64
gluc	70000	non-null	int64
smoke	70000	non-null	int64
alco	70000	non-null	int64
active	70000	non-null	int64
cardio	70000	non-null	int64
dtypes: float64(1), int64(11)			
memory usage: 6.4 MB			

데이터 딕셔너리

다음은 로드된 내용을 이해하기 위해 데이터 소스에 설명된 데이터 딕셔너리다.

- **age**: 환자 나이. 연수가 아닌 일수(객관적 피처)
- **height**: 키. cm(객관적 피처)
- **weight**: 몸무게. kg(객관적 피처)
- **gender**: 성별. 이진 값. 1: 여성, 2: 남성(객관적 피처)
- **ap_hi**: 수축기 혈압. 심실 수축으로 혈액이 배출될 때 가해지는 동맥압. 정상값: 〈 120mmHg(검사 피처)
- **ap_lo**: 이완기 혈압. 심장 박동 사이의 동맥압. 정상값: 〉80mmHg(검사 피처)
- **cholesterol**: 콜레스테롤. 서수형. 1: 정상, 2: 정상보다 높음, 3: 정상보다 훨씬 높음(검사 피처)
- **gluc**: 혈당. 서수형. 1: 정상, 2: 정상보다 높음, 3: 정상보다 훨씬 높음(검사 피처)
- **smoke**: 흡연 여부. 이진 값. 0: 비흡연자, 1: 흡연자(주관적 피처)
- **alco**: 음주 여부. 이진 값. 0: 비음주자, 1: 음주자(주관적 피처)

- active: 활동성. 이진 값. 0: 비활동적, 1: 활동적(주관적 피처)
- cardio: 심장 질환 여부. 이진 값. 0: CVD 없음, 1: CVD 있음(목표 피처)

데이터 준비

해석 가능성과 모델 성능을 위해 수행할 수 있는 여러 데이터 준비 작업이 있지만 당장 눈에 띄는 것은 age이다. 여기서의 나이는 일반적이지 않은 일수^{days} 단위로 된 값이다. 사실 이런 건강 관련 예측의 경우 사람마다 나이가 다른 경향이 있기 때문에 이를 그룹으로 묶고 싶을 수도 있다. 지금은 모든 나이를 연수^{years}로 변환한다.

```
cvd_df['age'] = cvd_df['age'] / 365.24
```

그 결과 나이의 값은 0에서 120 사이일 것으로 예상할 수 있기 때문에 더 이해하기 쉽다. 기존 데이터를 그대로 변환했다. 이것은 데이터의 도메인 지식을 이용해 문제를 더 잘 표현하는 피처를 생성해 모델을 개선하는 **피처 엔지니어링**^{feature engineering}의 한 예다. 10장, '해석 가능성을 위한 피처 선택과 피처 엔지니어링', 12장, '해석 가능성을 위한 단조성 제약조건과 모델 튜닝'에서 이에 대해 좀 더 살펴볼 것이다. 모델 성능을 해치지 않는 한 모델이 생성한 결과를 해석하기 쉽게 만들기 위해 피처 엔지니어링을 수행하는 것은 가치가 있다. age 칼럼에 있어서는 데이터를 손상시키지 않았기 때문에 모델 성능에 해가 되지 않는다. 이는 날수를 대신 표현한 연수에 여전히 소수점이 남아 있기 때문이다.

이제 describe() 메서드를 사용해 각 피처에 대한 요약 통계를 확인한다.

```
cvd_df.describe().transpose()
```

그림 2.1은 앞의 코드로 출력된 요약 통계를 보여준다. 그림 2.1에서 age는 29세에서 65세 사이의 범위이고, 이는 일반적인 경우를 벗어나지 않기 때문에 좋아 보인다. 하지만 ap_hi 및 ap_lo에는 이상치가 있다. 혈압은 음수일 수 없으며 공식적인 최고 기록은 370이다. 이런 이상치를 갖는 레코드는 모델 성능 및 해석 가능성을 저하시킬 수 있으므로 제

거해야 한다.

	count	mean	std	min	25%	50%	75%	max
age	70000.0	53.304309	6.755152	29.564122	48.36272	53.945351	58.391742	64.924433
gender	70000.0	1.349571	0.476838	1.000000	1.00000	1.000000	2.000000	2.000000
height	70000.0	164.359229	8.210126	55.000000	159.00000	165.000000	170.000000	250.000000
weight	70000.0	74.205690	14.395757	10.000000	65.00000	72.000000	82.000000	200.000000
ap_hi	70000.0	128.817286	154.011419	-150.000000	120.00000	120.000000	140.000000	16020.000000
ap_lo	70000.0	96.630414	188.472530	-70.000000	80.00000	80.000000	90.000000	11000.000000
cholesterol	70000.0	1.366871	0.680250	1.000000	1.00000	1.000000	2.000000	3.000000
gluc	70000.0	1.226457	0.572270	1.000000	1.00000	1.000000	1.000000	3.000000
smoke	70000.0	0.088129	0.283484	0.000000	0.00000	0.000000	0.000000	1.000000
alco	70000.0	0.053771	0.225568	0.000000	0.00000	0.000000	0.000000	1.000000
active	70000.0	0.803729	0.397179	0.000000	1.00000	1.000000	1.000000	1.000000
cardio	70000.0	0.499700	0.500003	0.000000	0.00000	0.000000	1.000000	1.000000

그림 2.1 데이터셋에 대한 요약 통계

정상적인 측정치를 위해 ap_hi가 항상 ap_lo보다 높은지 확인해 그렇지 않은 레코드도 삭제해야 한다.

```
cvd_df = cvd_df[(cvd_df['ap_lo'] <= 370) &\
                (cvd_df['ap_lo'] > 0)].reset_index(drop=True)
cvd_df = cvd_df[(cvd_df['ap_hi'] <= 370) &\
                (cvd_df['ap_hi'] > 0)].reset_index(drop=True)
cvd_df = cvd_df[cvd_df['ap_hi'] >=\
                cvd_df['ap_lo']].reset_index(drop=True)
```

이제 로지스틱 회귀 모델에 데이터에 적합시키기 위해 모든 객관적, 주관적, 검사 피처를 X로, 목표 피처는 y로 모아야 한다. 그다음에 X 및 y를 학습 및 테스트 데이터셋으로 분할하는데, 이때 재현성을 위해 random_state를 사용해야 한다.

```
y = cvd_df['cardio']
X = cvd_df.drop(['cardio'], axis=1).copy()
```

```
X_train, X_test, y_train, y_test =\
  train_test_split(X, y, test_size=0.15, random_state=9)
```

해석 방법론의 종류와 범위

이제 데이터를 준비하고 학습/테스트 데이터셋으로 분할했으므로 학습 데이터를 사용해 모델을 적합시키고 결과 요약을 출력할 수 있다.

```
log_model = sm.Logit(y_train, sm.add_constant(X_train))
log_result = log_model.fit()
print(log_result.summary2())
```

적합된 모델에서 summary2를 출력하면 다음과 같은 결과가 생성된다.

```
Optimization terminated successfully.
        Current function value: 0.561557
        Iterations 6
                    Results: Logit
=================================================================
Model:              Logit        Pseudo R-squared: 0.190
Dependent Variable: cardio       AIC:
65618.3485
Date:               2020-06-10 09:10 BIC:
65726.0502
No. Observations:   58404        Log-Likelihood: -32797.
Df Model:           11           LL-Null:         -40481.
Df Residuals:       58392        LLR p-value:     0.0000
Converged:          1.0000       Scale:           1.0000
No. Iterations:     6.0000
```

```
--------------------------------------------------------------
              Coef.   Std.Err.     z       P>|z|    [0.025    0.975]
--------------------------------------------------------------

const       -11.1730   0.2504  -44.6182   0.0000  -11.6638  -10.6822

age           0.0510   0.0015   34.7971   0.0000    0.0482    0.0539

gender       -0.0227   0.0238   -0.9568   0.3387   -0.0693    0.0238

height       -0.0036   0.0014   -2.6028   0.0092   -0.0063   -0.0009

weight        0.0111   0.0007   14.8567   0.0000    0.0096    0.0125

ap_hi         0.0561   0.0010   56.2824   0.0000    0.0541    0.0580

ap_lo         0.0105   0.0016    6.7670   0.0000    0.0075    0.0136

cholesterol   0.4931   0.0169   29.1612   0.0000    0.4600    0.5262

gluc         -0.1155   0.0192   -6.0138   0.0000   -0.1532   -0.0779

smoke        -0.1306   0.0376   -3.4717   0.0005   -0.2043   -0.0569

alco         -0.2050   0.0457   -4.4907   0.0000   -0.2945   -0.1155

active       -0.2151   0.0237   -9.0574   0.0000   -0.2616   -0.1685

==============================================================
```

앞의 요약은 테이블에서 Coef.로 표시된 모델의 계수를 통해 CVD 여부인 y에 가장 많이 기여한 피처 X를 파악하는 데 도움이 된다. 선형회귀와 마찬가지로 이 계수는 모든 예측변수에 적용되는 가중치와 같다. 그러나 선형 조합 지수는 **로지스틱 함수**다. 로지스틱 함수는 해석을 어렵게 만든다. 이 함수는 3장, '머신러닝 해석의 과제'에서 자세히 설명할 것이다.

절댓값이 가장 높은 피처가 cholesterol과 active라는 것은 보면 알 수 있지만 이것이 의미하는 바는 그다지 직관적이지 않다. 계수의 지수 값을 계산하면 이 값을 좀 더 해석 가능한 방식으로 볼 수 있다.

```
np.exp(log_result.params).sort_values(ascending=False)
```

앞의 코드는 다음을 출력한다.

cholesterol	1.637374
ap_hi	1.057676
age	1.052357
weight	1.011129
ap_lo	1.010573
height	0.996389
gender	0.977519
gluc	0.890913
smoke	0.877576
alco	0.814627
active	0.806471
const	0.000014
dtype: float64	

왜 지수인가? 이 계수는 오즈odds의 로그 값인 **로그 오즈**log odds이다. 오즈는 음일 경우negative case의 확률에 대한 **양일 경우**positive case의 확률이며, 여기서 양의 경우는 예측하려고 하는 현상이다. 이것은 누군가가 선호하는 것을 나타내지 않는다. 예를 들어 오늘 비가 올 오즈를 예측하려는 경우 비가 온다/오지 않는다 중 어느 것을 예측했는지 여부에 관계없이 양의 경우는 비가 온 것이다. 오즈는 종종 비율로 표현된다. 오늘 비가 올 확률이 60% 또는 비가 올 오즈가 3:2 또는 3/2 = 1.5라고 말할 수 있다. 로그 오즈 형식으로 하면 이것은 1.5의 로그인 0.176이 된다. 이들은 기본적으로 같은 것이지만 다르게 표현된다. 지수 함수는 로그의 역함수이므로 지수 함수는 모든 로그 오즈를 취해 오즈로 반환할 수 있다.

다시 CVD 사례로 돌아가자. 이제 오즈가 있으므로 의미를 해석할 수 있다. 콜레스테롤의 경우 오즈는 무엇을 의미하는가? 이는 다른 모든 피처가 변경되지 않을 경우 CVD의 오즈는 콜레스테롤이 한 단위 증가될 때마다 1.64배 증가된다는 것을 의미한다. 이런 실제적인 용어로 모델에 대한 피처의 영향을 설명할 수 있다는 것은 로지스틱 회귀와 같이 본질적으로 해석 가능한 모델의 장점 중 하나다.

오즈는 유용한 정보를 제공하지만 가장 중요한 것이 무엇인지 알려주지 않으므로 피처 중요도를 측정하는 데 사용할 수 없다. 그러면 어떻게 해야 할까? 높은 오즈를 갖는 것이 분명 더 중요할 것이다. 그런데 우선 이 피처들은 모두 다른 척도를 갖고 있으며, 이는 큰 차이를 만든다. 어떤 것이 얼마나 증가하는지 오즈를 측정하려면 해당 컨텍스트에서 일반적으로 그 값이 얼마나 증가하는지를 알아야 하기 때문이다. 예를 들어 특정한 종의 나비가 첫 번째 알이 부화한 후 하루 더 살 오즈가 0.66이라고 말할 수 있다. 하지만 이 말은 이 종의 수명과 번식 주기를 알지 못한다면 의미가 없다.

확률에 대한 컨텍스트를 제공하기 위해 np.std 함수를 사용해 피처의 표준편차를 쉽게 계산할 수 있다.

```
np.std(X_train, 0)
```

다음은 np.std 함수에 의해 출력된 것이다.

age	6.757537
gender	0.476697
height	8.186987
weight	14.335173
ap_hi	16.703572
ap_lo	9.547583
cholesterol	0.678878
gluc	0.571231
smoke	0.283629
alco	0.225483
active	0.397215
dtype: float64	

출력에서 알 수 있듯이 이진 및 서수 피처는 일반적으로 최대 1만 변경되지만 weight 또는 ap_hi와 같은 연속형 피처는 피처의 표준편차에서 알 수 있듯이 10~20배로 달라질 수 있다.

피처 중요도를 정하기 위해 오즈를 사용할 수 없는 또 다른 이유는 유리한 오즈에도 불구하고 때때로 피처가 통계적으로 유의하지 않기 때문이다. 이 피처들은 중요한 것처럼 보이면서 다른 피처와 얽혀 있지만 그렇지 않음을 증명할 수 있다. 이는 모델에 대한 요약 테이블의 P>|z| 칼럼에서 확인할 수 있다. 이 값을 **p-값**이라고 하며, 0.05보다 작으면 가설 검정을 통해 이 피처가 유의하다는 강력한 증거가 있다고 결정한다. 그러나 0.05보다 높으면 특히 크게 차이 난다면 이 피처는 예측에 영향을 미친다는 통계적 증거가 없다. 이 데이터셋에서는 gender가 그렇다.

가장 중요한 피처를 찾으려고 할 때 이를 근사하는 한 가지 방법은 피처의 표준편차를 계수에 곱하는 것이다. 표준편차를 통합하면 피처 간의 분산 차이가 설명된다. 또한 위와 같은 이유로 이를 수행할 때 gender를 배제하는 것이 좋다.

```
coefs = log_result.params.drop(labels=['const','gender'])
stdv = np.std(X_train, 0).drop(labels='gender')abs(coefs *
stdv).sort_values(ascending=False)
```

앞의 코드는 다음을 출력한다.

ap_hi	0.936632
age	0.344855
cholesterol	0.334750
weight	0.158651
ap_lo	0.100419
active	0.085436
gluc	0.065982
alco	0.046230

smoke	0.037040
height	0.029620
dtype: float64	

위 테이블은 모델에 의해 위험도가 높은 것에서 낮은 것으로 위험 요인을 근사한 것으로 해석할 수 있다. 즉 이것은 **모델 종속적인**model-specific 피처 중요도 방법론, 다시 말해서 **글로벌 모델/모듈러 해석 방법론**global model/modular interpretation method이다. 앞으로 풀어야 할 새로운 개념이 많기 때문에 이제 해석 방법론을 분류해보자.

모델 해석 가능성 방법론의 종류

모델 해석 가능성 방법론에는 두 가지 유형이 있다.

- **모델 종속적**Model-specific: 방법론을 특정 모델 클래스에 대해서만 사용할 수 있으며, 이는 모델에 종속적이다. 앞의 예에서 자세히 설명한 방법론은 그 계수를 사용하기 때문에 로지스틱 회귀에서만 사용할 수 있다.
- **모델 독립적인**Model-agnostic: 모든 모델 클래스에서 작동할 수 있는 방법론이다. 4장, '피처 중요도와 피처 영향력'에서 이에 관해 다룰 것이다.

모델 해석 가능성의 범위

모델 해석 가능성의 범위에는 몇 가지가 있다.

- **글로벌 전체적 해석**Global holistic interpretation: 데이터로 학습된 모델이므로 데이터를 완전히 이해하면 전체 모델을 한 번에 이해할 수 있기 때문에 모델이 예측하는 방법을 간단하게 설명할 수 있다. 1장, '해석, 해석 가능성, 설명 가능성: 왜 이 모두가 중요한가?'의 단순 선형회귀 예제는 2차원 그래프로 시각화할 수 있다. 이것은 머릿속에서 개념화할 수 있지만 이는 모델의 단순성으로 인해 가능한 것이며, 그다

지 일반적이지도 않고 기대되지도 않는다.

- **글로벌 모듈러 해석**^{Global modular interpretation}: 연료를 운동에너지로 바꾸는 전체 과정에서 내연 기관 부품의 역할을 설명할 수 있는 것과 같은 방식으로 모델을 설명할 수 있다. 예를 들어 CVD 위험 요인 예제에서 피처 중요도 방법론은 `ap_hi`(수축기 혈압), `age`, `cholesterol`, `weight` 등이 전체적으로 가장 큰 영향을 미치는 부분임을 알려준다. 피처 중요도는 많은 글로벌 모듈러 해석 방법론 중 하나일 뿐이지만 거의 틀림없이 가장 중요한 방법론이다. 4장, '피처 중요도와 피처 영향력'에서 피처 중요도에 대해 자세히 설명한다.

- **로컬 단일 예측 해석**^{Local single-prediction interpretation}: 단일 예측이 만들어진 이유를 설명할 수 있다. 다음 절의 예제에서 이 개념을 설명할 것이다.

- **로컬 그룹 예측 해석**^{Local group-prediction interpretation}: 그룹 예측에 적용된다는 점만 다르고 단일 예측과 동일하다.

축하한다! 이미 **글로벌 모델 해석 방법론**으로 위험 요인을 결정했지만 보건복지부 장관은 모델을 개별 사례 해석에 사용할 수 있는지 여부도 알고 싶어 한다. 그러면 이제 그에 대해 살펴보자.

로지스틱 회귀로 개별 예측 해석

모델을 사용해 전체 테스트 데이터셋에 대한 CVD를 예측한다면 어떻게 될까? 다음과 같이 할 수 있다.

```
y_pred = log_result.predict(sm.add_constant(X_test)).to_numpy()
print(y_pred)
```

결과 배열은 각 테스트 케이스가 CVD에 대해 양성일 확률이다.

```
[0.40629892 0.17003609 0.13405939 ... 0.95575283 0.94095239
 0.91455717]
```

양성인 경우 중 하나인 테스트 케이스 #2872를 살펴보자.

```
print(y_pred[2872])
```

점수가 0.5를 초과하기 때문에 CVD에 대해 양성으로 예측됐다.

```
0.5746680418975686
```

다음은 테스트 케이스 #2872에 대한 상세 정보다.

```
print(X_test.iloc[2872])
```

출력은 다음과 같다.

```
age            60.521849
gender          1.000000
height        158.000000
weight         62.000000
ap_hi         130.000000
ap_lo          80.000000
cholesterol     1.000000
gluc            1.000000
smoke           0.000000
alco            0.000000
active          1.000000
Name: 46965, dtype: float64
```

따라서 앞쪽의 데이터 설명을 보면 이 개인은 다음과 같음을 알 수 있다.

- ap_hi(수축기 혈압): 130mmHg는 상한 경계선에 있다.
- ap_lo(이완기 혈압): 정상. 수축기 혈압이 높고 이완기 혈압이 정상인 경우를 수축기 단독 고혈압isolated systolic hypertension이라고 한다. 이것이 양성 예측을 유발할 수는 있지만, ap_hi가 경계선이므로 수축기 단독 고혈압의 상태도 경계에 있다.
- age: 나이가 너무 많은 것은 아니지만 이 데이터셋에서는 가장 많은 그룹에 속해 있다.
- cholesterol: 정상
- weight: 건강한 범위에 있는 것으로 보인다.

다른 위험 요인도 없다. 혈당은 정상이고, 비흡연자이자 비음주자이고, 활동적이기 때문에 몸을 많이 움직이지 않는 것도 아니다. 이 사람이 양성인 이유는 명확하지 않다. 나이와 경계선 수축기 단독 고혈압이 형세를 뒤집기에 충분한가? 모든 예측을 컨텍스트에 넣지 않은 채 예측에 대한 이유를 이해하는 것은 쉽지 않으므로 한번 시도해보자.

어떻게 이 모든 것을 동시에 컨텍스트에 넣을 수 있을까? 모든 단일 피처 및 그들 각각을 통해 예측된 하나의 CVD 진단을 다른 10,000개와 비교하기 위한 시각화는 가능하지 않다. 아쉽게도 10차원 초평면을 시각화하는 것이 가능하더라도 인간은 그 수준의 차원을 처리할 수 없다.

그러나 한 번에 두 개의 피처에 대해서는 이해할 수 있으므로 해당 피처에 대한 모델의 의사 결정 경계를 보여주는 그래프를 생성한다. 그 위에 모든 피처를 기반으로 한 테스트 데이터셋에 대한 예측을 겹칠 수 있다. 이것은 2개 피처의 효과와 모든 11개 피처의 효과 사이의 불일치를 시각화하기 위한 것이다.

이 그래픽 해석 방법론을 **의사 결정 경계**decision boundary라고 한다. 한 클래스 또는 다른 클래스에 속하는 영역을 통해 클래스에 대한 경계를 그린다. 이 영역을 **의사 결정 영역**decision region이라고 한다. 예제의 경우 두 개의 클래스가 있으므로 관심 있는 두 피처에 대해서

cardio=0과 cardio=1 사이에 단일 경계를 갖는 그래프를 볼 수 있다.

다른 모든 피처가 일정하게 유지된다면 두 피처만 따로 관찰할 수 있다는 큰 가정을 통해 한 번에 두 개의 피처를 시각화할 수 있다. 이것을 **세테리스 파리부스**^{ceteris paribus} 가정이라고 부르며 다른 변수를 관찰하기 위해 일부 변수들을 제어할 수 있게 해주기 때문에 과학적 탐구에서 매우 중요하다. 이를 수행하는 한 가지 방법은 일부 변수들을 결과에 영향을 미치지 않는 값으로 채우는 것이다. 앞서 생성한 오즈 테이블을 이용해 CVD의 오즈가 증가함에 따라 피처가 증가하는지 여부를 알 수 있다. 따라서 전체적으로 값이 낮을수록 CVD 위험이 적다.

예를 들어 age=30은 데이터셋에 있는 나이 값 중 위험이 최소인 값이다. 반대 방향으로 갈 수도 있으므로 active=1은 active=0보다 위험이 낮은 것으로 알려져 있다. 나머지 피처에 대해서도 최적의 값을 찾을 수 있다.

- height=165
- weight=57(height에 대한 최적값)
- ap_hi=110
- ap_lo=70
- smoke=0
- cholesterol=1(정상을 의미)
- gender는 남성 또는 여성 모두 될 수 있다. 성별에 대한 오즈는 0.977519로 1에 매우 가깝기 때문에 중요하지 않다.

다음 filler_feature_values 딕셔너리는 피처의 각 인덱스를 위험도가 최소인 값과 매칭시키는 작업을 보여준다.

```
filler_feature_values = {0: 1, 1: 30, 2: 1, 3: 165, 4: 57, 5:
110, 6: 70, 7: 1, 8: 1, 9: 0, 10:0, 11:1 }
```

의사 결정 영역을 표시하는 데 사용할 함수는 넘파이^{NumPy} 배열만 취하기 때문에 딕셔너리에서 각 피처는 이름이 아닌 번호로 지정됐다. 또한 statsmodels에서는 **상수** 또는 **절편**을 명시적으로 정의해야 하기 때문에 로지스틱 모델은 값 1을 갖는 0번 피처를 추가했다.

또한 테스트 데이터셋에 대한 실제 예측을 그래프에 표시할 것이다. 이를 위해 filler_feature_values와 같은 다른 딕셔너리 filler_feature_ranges를 정의해야 하며, 새 딕셔너리에는 예를 들어 키 165에 대한 범위를 지정한다. 이 범위를 120으로도 할 수 있으며, 여기서는 모든 테스트 케이스를 포함하도록 키의 범위를 165±110으로 지정한다. 이는 테스트 데이터셋에서 가능한 키의 범위가 [55–275]임을 의미한다.

```
filler_feature_ranges = {0: 1, 1: 35, 2: 2, 3: 110, 4: 150, 5:
140, 6: 70, 7: 3, 8: 3, 9: 2, 10:2, 11:2 }
```

다음으로 할 일은 테스트 케이스 #2872를 (1,12) 형태의 배열로 만들어 그래프에서 강조 표시될 수 있도록 하는 것이다. 이를 위해 먼저 배열로 변환하고, 그다음에 첫 번째 피처 여야 하는 상수 1을 앞에 추가한 다음 (1,12)차원으로 형태를 변경한다.

```
X_highlight = np.reshape(\
np.concatenate(([1], X_test.iloc[2872].to_numpy())), (1,12))
print(X_highlight)
```

출력은 다음과 같다.

```
[[  1.         60.52184865   1.       158.       62.
   130.       80.         1.         1.        0.
     0.         1.              ]]
```

준비는 다 됐다. 이제 의사 결정 영역 플롯을 시각화해보자. 가장 높은 위험 요인으로 생각되는 피처인 ap_hi를 그다음으로 중요한 4가지 위험 요인인 age, cholesterol, weight, ap_lo와 비교한다.

다음 코드는 그림 2.2의 플롯을 생성한다.

```python
plt.rcParams.update({'font.size': 14})
fig, axarr = plt.subplots(2, 2, figsize=(12,8), sharex=True,\
                sharey=False)
mldatasets.create_decision_plot(X_test, y_test, log_result,\
[5, 1], ['ap_hi [mmHg]', 'age [years]'], X_highlight,\
  filler_feature_values, filler_feature_ranges,\
  ax=axarr.flat[0])
mldatasets.create_decision_plot(X_test, y_test, log_result,\
[5, 7], ['ap_hi [mmHg]', 'cholesterol [1-3]'], X_highlight,\
  filler_feature_values, filler_feature_ranges,\
  ax=axarr.flat[1])
mldatasets.create_decision_plot(X_test, y_test, log_result,\
[5, 6], ['ap_hi [mmHg]', 'ap_lo [mmHg]'], X_highlight,\
  filler_feature_values, filler_feature_ranges,\
  ax=axarr.flat[2])
mldatasets.create_decision_plot(X_test, y_test, log_result,\
[5, 4], ['ap_hi [mmHg]', 'weight [kg]'], X_highlight,\
  filler_feature_values, filler_feature_ranges,\
  ax=axarr.flat[3])
plt.subplots_adjust(top = 1, bottom=0, hspace=0.2, wspace=0.2)
plt.show()
```

그림 2.2에서 동그라미는 테스트 케이스 #2872를 나타낸다. 하나를 제외한 모든 플롯에서 이 테스트 케이스는 cardio=0 분류를 나타내는 왼쪽, 즉 음성 의사 결정 영역에 있다. 경계 선에 있는 높은 수축기 혈압 ap_hi와 상대적으로 높은 age는 왼쪽 상단 차트에서 양성으로 예측을 하기에 충분하지 않다. 그럼에도 불구하고 테스트 케이스 #2872의 경우 CVD에 대 해 57% 점수로 예측했는데 이 그래프가 그 대부분을 잘 설명할 수 있다.

당연하게도 ap_hi와 정상인 cholesterol 자체는 모델에 의해 최종 CVD 진단을 양성으로 기울이기에 충분하지 않다. 결정적으로 이것은 음성 의사 결정 영역에 있고 이완기 혈압 ap_lo도 정상이기 때문이다. 이 세 가지 차트에서 사각형과 삼각형의 분포는 어느 정도 겹치지만 y축이 증가함에 따라 더 많은 삼각형이 양성 영역 쪽으로 끌리는 경향이 있는 반면, 이 영역에는 사각형이 점점 적어지는 경향이 있음을 알 수 있다.

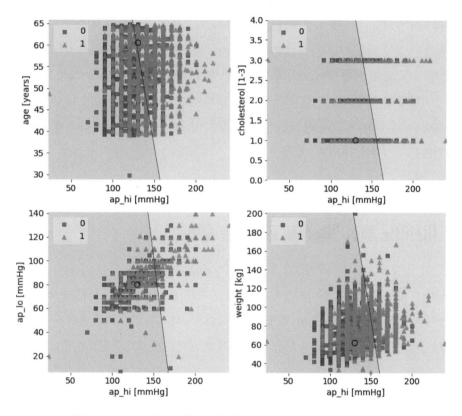

그림 2.2 ap_hi와 기타 주요 위험 요인에 대한 의사 결정 영역 및 테스트 케이스 #2872

결국 이 사각형과 삼각형은 모든 피처의 효과를 기반으로 하기 때문에 의사 결정 경계를 가로질러 겹치는 것은 이미 예상된 것이다. 그래도 어느 정도 일관된 패턴을 찾을 것으로 예상했을 것이다. ap_hi와 weight가 있는 차트는 weight가 증가하는 수직 방향으로 이런 패턴을 보이지 않으며, 이는 이 이야기에 무엇인가 빠져 있음을 시사한다. 다음 절에서 이에 대해 조사할 것이다.

축하한다. 당신은 장관의 두 번째 요청을 완료했다.

로컬 모델 해석 방법론인 의사 결정 영역 그래프는 보건복지부에 개별 사례에 대한 예측을 해석하는 도구를 제공했다. 이제 이를 확장해 한 번에 여러 사례를 설명하거나 동그라미가 확실하게 양성 의사 결정 영역에 있는 항목을 찾기 위해 중요한 피처 조합을 플롯으로 표현할 수 있다. 또한 filler_feature_values 중 일부를 한 번에 하나씩 변경해 차이점을 확인할 수도 있다. 예를 들어 나이를 중앙값 54세 또는 테스트 케이스 #2872의 나이로 늘리면 어떻게 될까? 그러면 상한 경계선인 ap_hi와 정상인 cholesterol이 이제 저울을 기울이기에 충분할까? 이 질문에 대한 답은 나중에 하고 먼저 무엇이 머신러닝 해석을 어렵게 만드는지 살펴볼 것이다.

▌ 머신러닝 해석 가능성을 저해하는 요인

바로 앞 절에서 ap_hi와 weight가 있는 차트에 결정적인 패턴이 없는 이유가 궁금했다. weight가 위험 요인이기는 하지만 CVD 위험 증가를 설명할 수 있는 다른 중요한 **매개변수**mediating variable가 있을 수 있다. 매개변수는 독립변수와 목표변수/종속변수 사이의 강도에 영향을 미치는 변수다. 빠진 것을 찾기 위해 너무 어렵게 생각할 필요가 없을 것 같다. 1장, '해석, 해석 가능성, 설명 가능성: 왜 이 모두가 중요한가?'에서 이 변수들 사이에는 선형 관계가 있기 때문에 weight와 height에 대해 선형회귀를 수행했다. 인간의 건강과 관련해 몸무게는 키가 없으면 거의 의미가 없기 때문에 두 가지를 모두 살펴봐야 한다.

아마도 이 두 변수에 대한 의사 결정 영역을 플롯으로 그리면 몇 가지 단서를 얻을 수 있을 것이다. 다음 코드로 플롯을 표현할 수 있다.

```
fig, ax = plt.subplots(1,1, figsize=(12,8))
mldatasets.create_decision_plot(X_test, y_test, log_result,
    [3, 4], ['height [cm]', 'weight [kg]'], X_highlight,\
```

```
    filler_feature_values, filler_feature_ranges, ax=ax)
plt.show( )
```

앞의 코드는 그림 2.3을 출력한다.

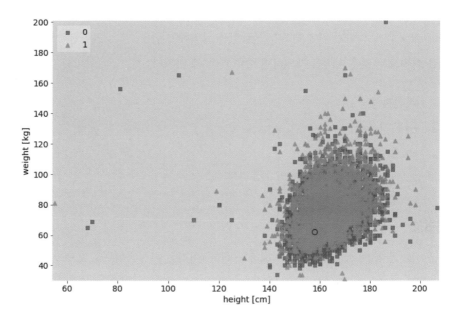

그림 2.3 몸무게와 키에 대한 의사 결정 영역 및 테스트 케이스 #2872

그림 2.3에서는 의사 결정 경계가 확인되지 않는다. 다른 모든 변수가 위험도가 낮은 값
으로 일정하게 유지된다면 height와 weight의 조합은 CVD를 예측하기에 충분하지 않기
때문이다. 그런데 하나의 계란형 영역에 주로 위치한 주황색 삼각형에 패턴이 있음을 알
수 있다. 즉, height가 증가하면 weight도 증가될 것으로 예상되지만 본질적으로 건강하
지 않은 weight라는 개념은 height에 따라 선형적으로 증가하는 개념이 아니라는 흥미로
운 통찰력을 제공한다.

사실 거의 2세기 동안 이 관계는 **체질량지수**BMI, Body Mass Index라는 이름으로 수학적으로 이해돼왔다.

$$\text{BMI} = \frac{\text{weight}_{kg}}{\text{height}_m^2}$$

BMI에 대해 더 논의하기 전에 반드시 복잡성을 고려해야 한다. 해석을 어렵게 만드는 복잡성을 가져오는 것은 차원을 제외하면 주로 다음 세 가지다.

- 비선형성
- 상호 작용성
- 비단조성

비선형성

y = a + bx와 같은 선형방정식은 이해하기 쉽다. 이것은 가산적이므로 모델 y의 결과로부터 각 항 a 및 bx의 효과를 쉽게 분리하고 정량화할 수 있다. 많은 모델 클래스는 수학적으로 통합된 선형방정식을 갖고 있다. 이런 방정식을 사용해 데이터를 모델에 적합시키고 모델을 설명할 수 있다.

하지만 학습에 비선형성을 도입하기 때문에 본질적으로 비선형인 모델 클래스도 있다. 딥러닝 모델의 경우에는 시그모이드sigmoid와 같은 비선형 활성화 함수를 사용하기 때문에 그렇다. 그러나 로지스틱 회귀는 가산적이기 때문에 **일반화 선형 모델**GLM, Generalized Linear Model로 간주된다. 즉, 모델의 결과는 가중치가 곱해진 입력과 매개변수의 합이다. GLM에 대해서는 3장, '머신러닝 해석의 과제'에서 더 논의할 것이다.

그러나 모델이 선형인 경우에도 변수 간의 관계가 선형이 아닌 경우에는 성능 및 해석 가능성이 저하될 수 있다. 이런 경우에 할 수 있는 일은 다음 접근 방식 중 하나를 택하는 것이다.

- 비선형 피처 관계에 훨씬 더 잘 맞는 비선형 모델 클래스를 사용해 모델 성능을 향상시킬 수 있다. 3장에서 더 자세히 살펴보겠지만 이는 해석을 더 어렵게 만들 수 있다.
- 도메인 지식을 적용한 피처 엔지니어링을 통해 피처를 "선형화"한다. 예를 들어 다른 피처에 대해 기하급수적으로 증가하는 피처가 있는 경우 해당 피처에 로그를 사용한 새 변수를 디자인할 수 있다. CVD 예측의 경우 BMI가 키와 함께 몸무게를 이해하는 더 좋은 방법이라는 것을 알고 있다. 무엇보다 이것은 임의로 만들어낸 피처가 아니라 해석하기가 더 쉽다. 데이터셋의 복사본을 만들고, 그 안에 BMI 피처를 엔지니어링하고, 이 추가 피처로 모델을 학습시키고, 로컬 모델 해석을 수행해 이를 증명할 수 있다. 다음 코드는 바로 이 작업을 수행한다.

```
X2 = cvd_df.drop(['cardio'], axis=1).copy()
X2["bmi"] = X2["weight"] / (X2["height"]/100)**2
X2_train, X2_test,__,_ = train_test_split(X2, y,\
  test_size=0.15, random_state=9)
```

이 새로운 피처를 설명하기 위해 다음 코드를 사용해 몸무게와 키 모두에 대한 BMI 플롯을 그린다.

```
fig, axs = plt.subplots(1,3, figsize=(15,4))
axs[0].scatter(X2["weight"], X2["bmi"], color='black', s=2)
axs[0].set_xlabel('weight [kg]')
axs[0].set_ylabel('bmi')
axs[1].scatter(X2["height"], X2["weight"], color='black', s=2)
axs[1].set_xlabel('height [cm]')
axs[1].set_ylabel('weight [kg]')
axs[2].scatter(X2["bmi"], X2["height"], color='black', s=2)
axs[2].set_xlabel('bmi')
axs[2].set_ylabel('height [cm]')
```

```
plt.subplots_adjust(top = 1, bottom=0, hspace=0.2,
                    wspace=0.3) plt.show()
```

앞의 코드는 그림 2.4를 출력한다.

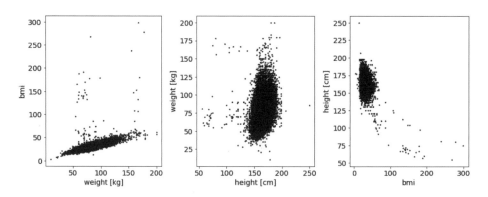

그림 2.4 몸무게, 키 및 bmi 간의 이변량 비교

그림 2.4에서 알 수 있듯이 height와 weight 사이, 심지어 bmi와 height 사이보다 bmi와 weight 사이에 더 명확한 선형 관계가 있다.

다음 코드를 사용해 추가 피처가 있는 새 모델을 적합시킨다.

```
log_model2 = sm.Logit(y_train, sm.add_constant(X2_train))
```
```
log_result2 = log_model2.fit()
```

이제 테스트 케이스 #2872가 ap_hi를 bmi와 비교할 때 양성 의사 결정 영역에 있는지 확인해보자.

```
filler_feature_values2 = {0: 1, 1: 60, 2: 1, 3: 165, 4:
57, 5: 110, 6: 70, 7: 1, 8: 1, 9: 0, 10:0, 11:1, 12:20
```
```
}
```
```
filler_feature_ranges2 = {0: 1, 1: 35, 2: 2, 3: 120, 4:
150, 5: 140, 6: 70, 7: 3, 8: 3, 9: 2, 10:2, 11:2, 12:250
```

```
}

X2_highlight = np.reshape(\
np.concatenate(([1],X2_test.iloc[2872].to_numpy())),
          (1, 13))
fig, ax = plt.subplots(1,1, figsize=(12,8))
mldatasets.create_decision_plot(X2_test, y_test,
  log_result2, [5, 12], ['ap_hi [mmHg]', 'bmi'],\
  X2_highlight, filler_feature_values2,\
  filler_feature_ranges2, ax=ax)
plt.show()
```

앞의 코드는 다음 그림 2.5와 같이 의사 결정 영역을 표시한다.

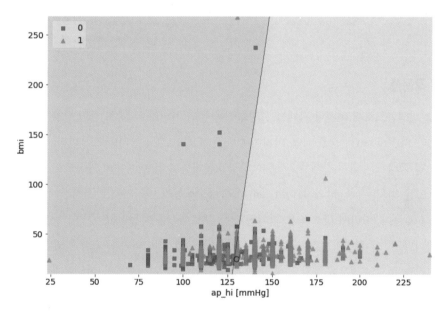

그림 2.5 ap_hi 및 bmi에 대한 의사 결정 영역과 테스트 케이스 #2872

그림 2.5는 테스트 케이스 #2872에 해당하는 동그라미가 양성 의사 결정 영역에 있기 때문에 ap_hi 및 bmi가 CVD에 대한 양성 예측을 설명하는 데 도움이 될 수 있음을 보여준

다. 한 가지 주의할 것은 기록된 최고 BMI는 204이며, 비정상적인 bmi 이상치가 있다면 데이터셋에 잘못된 몸무게나 키가 있을 수 있다는 것이다.

> **이상치의 문제는 무엇인가?**
>
> 이상치는 영향력이 크거나 레버리지가 높을 수 있으므로 이런 이상치가 포함된 데이터로 학습하면 모델에 영향을 미친다. 그렇지 않더라도 해석을 더 어렵게 만들 수 있다. 이상치가 변칙적인 경우라면 2장의 시작 부분에서 혈압에 대해 했던 것처럼 제거해야 한다. 그리고 때때로 다른 피처와의 관계 속에서만 변칙적인 것으로 인식되기 때문에 잘 보이지 않게 숨어 있을 수 있다. 어쨌든 이상치가 문제가 되는 실제적인 이유는 앞의 예와 같이 플롯을 "축소시켜" 적합된 것처럼 보이게 해 중요한 의사 결정 경계를 인식하지 못하게 하는 것이다. 그리고 더 심각한 것은 데이터에 대한 신뢰를 잃게 만들어 해당 데이터로 학습된 모델에 대한 신뢰를 손상시킨다. 이런 종류의 문제는 실제 데이터에서도 예상되는 것이다. 편의를 위해 2장에서는 수행하지 않았지만 데이터를 철저히 탐색하고, 결측치와 이상치를 처리하고, 여러 데이터 관리 작업으로 모든 프로젝트를 시작하는 것이 중요하다.

상호 작용성

bmi를 생성함으로써 비선형 관계를 선형화했을 뿐만 아니라 두 피처 간의 상호 작용도 생성했다. 따라서 bmi는 상호 작용 피처이며 이는 도메인 지식을 기반으로 한다. 그러나 많은 모델 클래스는 피처 간에 모든 종류의 상호관계를 순열을 이용해 자동으로 수행한다. 결국 모든 피처는 height와 weight, ap_hi와 ap_lo 등과 마찬가지로 서로간에 잠재적인 관계를 갖는다. 따라서 상호 작용 피처를 찾는 프로세스를 자동화하는 것이 항상 나쁜 것은 아니다. 사실 절대적으로 필요할 수도 있다. 이것은 데이터가 구조화돼 있지 않은 많은 딥러닝 문제의 경우에 해당되며, 모델 학습 작업의 일부는 모델을 이해하기 위해 잠재적 관계를 찾는 것이다.

하지만 구조화된 데이터의 경우에는 상호 작용이 모델 성능에 중요할 수도 있지만 모델에 잠재적으로 불필요한 복잡성을 추가하고 아무 의미도 없는 잠재적 관계, 즉 거짓된 관계나 거짓된 상관성을 찾음으로써 해석 가능성을 손상시킬 수 있다.

비단조성

변수는 종종 피처와 목표변수 사이에 의미 있고 일관된 관계를 갖는다. age가 증가할수록 CVD의 위험(cardio)이 증가한다는 것을 알고 있다. 특정 나이에 도달했을 때 이 위험도가 감소하는 시점은 없다. 위험의 증가 속도가 느려질 수는 있지만 감소하지는 않는다. 이것을 **단조성**monotonicity이라고 하며, 단조성 피처는 전체 영역에서 항상 증가하거나 항상 감소한다.

주의할 것은 모든 선형 관계는 단조성이지만 모든 단조성 관계가 반드시 선형인 것은 아니라는 점이다. 직선일 필요가 없기 때문이다. 머신러닝의 일반적인 문제는 모델이 도메인 전문 지식으로 인해 기대하는 단조 관계에 대해 알지 못한다는 것이다. 그리고는 데이터의 잡음과 누락으로 인해 예상치 못한 오르내림이 있는 방식으로 모델을 학습한다.

가상의 예를 제시해보겠다. 57~60세에 대해 가용한 데이터가 부족해 이 범위에 대한 몇 가지 사례가 CVD에 대해 음성이었기 때문에 CVD 위험이 감소할 것으로 예상되는 이 구간을 모델이 학습한다고 생각해보자. 로지스틱 회귀와 같은 일부 모델 클래스는 본질적으로 단조성이 있기 때문에 문제가 없을 수 있지만 다른 많은 모델 클래스에서는 문제가 될 수 있다. 이에 관해서는 12장, '해석 가능성을 위한 단조성 제약조건과 모델 튜닝'에서 더 자세히 살펴볼 것이다.

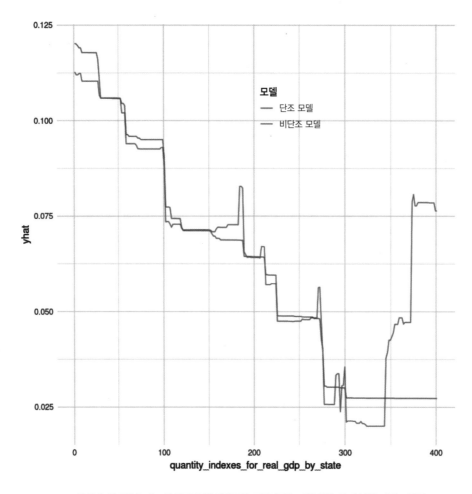

그림 2.6 목표변수 yhat과 단조성 및 비단조성 모델에 있는 예측변수 간의 부분 의존도 플롯

그림 2.6은 한 예제에서 가져온 **부분 의존도 플롯**PDP, Partial Dependence Plot이다. 풀컬러 버전은 본문 819쪽을 참고하기 바란다. PDP는 4장, '피처 중요도와 피처 영향력'에서 더 자세히 살펴볼 개념이지만, 여기서 이해를 위해 중요한 부분은 피처 quantity_indexes_for_real_gdp_by_state가 증가함에 따라 예측값 yhat은 감소해야 한다는 것이다. 선으로 알수 있듯이 단조성 모델에서는 예측값이 지속적으로 감소하지만, 비단조성 모델에서는 감소하면서 들쭉날쭉한 봉우리가 생기다가 맨 끝에서 증가한다.

▌ 미션 완료

미션의 첫 번째 부분은 심혈관 질환의 위험 요인을 파악하는 것으로, 로지스틱 회귀 모델에 따라 상위 네 가지 위험 요인이 수축기 혈압(ap_hi), age, cholesterol, weight라고 결정했으며 이 중 age는 바꿀 수 없는 값이다. 하지만 수축기 혈압(ap_hi)는 해석을 위해 이완기 혈압(ap_lo)에 의존하기 때문에 그 자체만으로는 의미가 없다는 것도 알게 됐다. weight와 height도 마찬가지다. 피처 간의 상호 작용이 해석에서 중요한 역할을 하며, 선형이든 단조성이든 각 피처와 목표변수와의 관계도 마찬가지임을 배웠다. 더 나아가 데이터는 사실을 나타내는 것일 뿐 틀릴 수도 있다. 즉, 변칙적인 이상치를 처리하지 않은 채로 두면 모델을 편향시킬 수 있음을 발견했다.

편향의 또 다른 원인은 데이터 수집 방법이다. 결국 모델의 상위 피처가 모두 객관적이고 검사로 인한 피처인 이유가 있을 것이다. 흡연과 음주가 더 중요한 요인이 되지 않은 이유는 무엇일까? 이와 관련된 표본 편향이 있는지 확인하려면 더 신뢰할 수 있는 다른 데이터셋과 비교해 해당 데이터셋이 음주자와 흡연자를 잘 표현하지 못하는지 여부를 확인해야 한다. 또는 '오랜 기간 담배를 피운 적이 있는지'가 아니라 '현재 담배를 피우는지' 묻는 질문에서 편향이 도입됐을 수도 있다.

해결할 수 있는 또 다른 유형의 편향은 배제 편향이다. 즉, 모델이 묘사하려는 진실을 설명하는 정보가 데이터에서 누락될 수 있다. 예를 들어 의학 연구를 통해 CVD 위험을 증가시키는 수축기 단독 고혈압과 같은 혈압 문제가 당뇨병, 갑상선 기능항진증, 동맥경화, 비만 등과 같은 기저 질환에 의해 유발된다는 것을 알고 있다. 예제 데이터에서 도출할 수 있는 이런 조건 중 유일한 것은 비만이며 다른 조건은 도출할 수 없다. 모델의 예측을 잘 해석하려면 관련된 모든 피처가 있어야 한다. 그렇지 않으면 설명할 수 없는 공백이 생긴다. 피처를 추가해도 별 차이가 없을 수도 있지만 10장, '해석 가능성을 위한 피처 선택과 피처 엔지니어링'에서 살펴볼 내용이 바로 그것이다.

미션의 두 번째 부분은 모델의 개별 예측을 해석하는 것이었다. 여기서는 플롯으로 의사결정 영역을 표현함으로써 충분히 할 수 있었다. 간단한 방법이지만 이것은 특히 피처의 수가 적고 서로 많은 상호 작용을 하는 경향이 있는 상황에서는 많은 제한이 있다. 6장, '로컬 모델 독립적 해석 방법론'과 7장, '앵커와 반사실적 설명'에서 더 나은 로컬 해석 방법론을 다룰 것이다. 그러나 의사 결정 영역 플롯은 의사 결정 경계를 둘러싼 많은 개념을 설명하는 데 도움이 된다.

▍정리

2장을 읽은 후에는 두 가지 모델 해석 방법론인 피처 중요도와 의사 결정 경계에 대해 알아야 한다. 또한 모델 해석 방법론의 종류와 범위 그리고 머신러닝에서 해석 가능성에 영향을 미치는 세 가지 요소에 대해서도 살펴봤다. 이후 장들에서 이런 기본 개념을 계속 언급할 것이다. 머신러닝 실무자에게는 해석 문제를 극복하기 위해 활용할 수 있는 도구를 발견하는 것이 매우 중요하다. 3장에서는 이 주제에 대해 더 깊이 파고들 것이다.

▍더 읽을거리

- Molnar, Christoph. Interpretable Machine Learning. A Guide for Making Black Box Models Explainable, 2019: https://christophm.github.io/interpretable-ml-book/.
- Mlextend Documentation. Plotting Decision Regions. http://rasbt.github.io/mlxtend/user_guide/plotting/plot_decision_regions/.

03

머신러닝 해석의 과제

3장에서는 회귀와 분류 모두에서 머신러닝 해석에 사용되는 전통적인 방법론에 대해 논의할 것이다. 여기에는 RMSE, R-제곱, AUC, ROC 곡선과 같은 모델 성능 평가 방법론과 혼동 행렬confusion matrix에서 파생된 많은 메트릭이 포함된다. 또한 해석 목적으로 활용할 수 있는 몇 가지 차원 축소 시각화 기술을 살펴볼 것이다. 그다음에 이런 전통적인 방법론의 한계를 알아보고 "화이트박스" 모델을 본질적으로 해석 가능하게 만드는 것과 화이트박스 모델을 항상 사용할 수 없는 이유를 설명할 것이다. 이 질문에 답하기 위해 필요한 예측 성능과 모델 해석 가능성 사이의 절충에 대해서도 생각해볼 것이다. 마지막으로 EBM 및 skope-rules와 같이 이 사이에서 타협하지 않는 새로운 "글래스박스" 모델을 살펴볼 것이다.

다음은 3장에서 다룰 주요 주제다.

- 전통적인 모델 해석 방법론을 살펴본다.
- 전통적인 모델 해석 방법론의 한계를 이해한다.
- 본질적으로 해석 가능한 화이트박스 모델을 살펴본다.
- 성능과 해석 가능성 사이의 절충을 이해한다.
- 새로운 해석 가능한 모델인 글래스박스 모델을 발견한다.

기술 요구 사항

2장, '해석 가능성의 주요 개념'에서부터 `mldatasets` 라이브러리를 이용해 데이터셋을 로드한다. 이 라이브러리 설치 방법에 대한 지침은 '들어가며'에 있다. `mldatasets` 외에도 3장의 예제에서는 `pandas`, `numpy`, `sklearn`, `rulefit`, `cvae`, `interpret`, `statsmodels`, `matplotlib`, `skope-rules` 등의 라이브러리도 사용한다. 3장의 코드는 다음 링크(https://github.com/PacktPublishing/Interpretable-Machine-Learning-with-Python/tree/master/Chapter03)에 있다.

미션

데이터 과학 컨설턴트인 당신이 2019년 1월 초 텍사스주 포스워스^{Forth Worth}에 있는 회의실에 있다고 상상해보라. 여기서 세계 최대 항공사 중 하나인 **아메리칸 에어라인**^{AA, American Airline}의 경영진이 **정시운항률**^{OTP, On-Time Performance}에 대해 브리핑하고 있다. OTP는 항공기 운항 시간 엄수에 대해 널리 인정받는 핵심 성능 지표다. OTP는 예정된 도착 시간의 15분 이내에 도착한 항공편의 비율로 측정된다. AA는 3년 연속 80%를 조금 넘는 OTP를 달성한 것으로 나타났으며, 이는 받아들일 만하고 이전보다 훨씬 좋아졌지만 여전히 세계 9위, 북미 5위다. 내년 광고에서 이를 자랑하기 위해 그들은 가장 큰 경쟁자를 제치고 적어도 북미에서는 1위를 달성하길 열망한다.

재정적인 면에서는 지연으로 인해 항공사에 약 20억 달러에 가까운 비용이 발생한 것으로 추산되며, 이는 경쟁업체와 비슷한 수준으로 25~35%만 줄여도 상당한 비용을 절감할 수 있다. 또한 수천만 시간의 손실로 인해 승객들에게도 그만큼의 비용이 들었을 것으로 추산된다. 지연을 줄이면 고객 만족도가 높아져 티켓 판매 증가로 이어질 수 있다.

당신의 미션은 국내 항공편의 지연을 예측할 수 있는 모델을 만드는 것이다. 이 모델에서 얻고자 하는 바는 다음과 같다.

- 2018년 국내선 도착 지연에 가장 큰 영향을 미친 요인을 파악한다.
- 2019년에는 항공사로 인한 지연을 이런 요인 중 일부를 완화하기에 충분한 정확도로 예측한다.

그러나 모든 지연이 동등하게 발생하는 것은 아니다. **국제 항공 운송 협회**IATA는 14(과잉 판매, 예약 오류)에서 75(항공기 제빙, 얼음/눈 제거, 서리 방지)에 이르는 80개 이상의 지연 코드를 갖고 있다. 일부는 예방할 수 있지만 다른 일부는 피할 수 없는 것이다.

항공사 경영진은 현재로서는 극단적인 날씨, 보안 이슈, 항공 교통 관제 이슈 등과 같이 통제할 수 없는 이벤트로 인한 지연을 예측하는 것에는 관심이 없다고 말했다. 또한 동일한 항공기를 사용하는 이전 항공편이 늦게 도착해 발생하는 지연은 근본 원인이 아니기 때문에 관심이 없다. 그렇지만 그들은 혼잡한 허브hub 공항이 피할 수 있는 지연에 영향을 미치는지 알고 싶어 한다. 결국 비행 일정이나 비행 속도, 심지어 게이트 선택과 관련해 허브가 할 수 있는 일이 있기 때문이다. 국제선 항공편이 이따금 국내선 항공편에 영향을 미친다는 사실을 이해하면서도 규모가 큰 로컬 시장을 먼저 공략하기를 희망하고 있다.

경영진은 2018년 AA 국내선 항공편에 대한 미국 교통부 산하 교통통계국의 데이터셋을 제공했다.

접근법

신중하게 고려해 회귀 문제와 분류 문제로 접근하기로 결정했다. 따라서 분 단위로 지연 시간을 예측하는 모델과 항공편이 15분 이상 지연됐는지 여부를 분류하는 모델을 생성한다. 해석의 경우, 이 둘을 모두 사용하면 더 다양한 방법을 활용할 수 있고 그에 따라 해석을 확장할 수 있다. 또한 차원 축소는 해석 가능성을 더욱 풍부하게 만들 수 있다. 따라서 다음 단계를 통해 이 예제에 접근한다.

1. 다양한 회귀 방법론으로 지연 시간 예측
2. 다양한 분류 방법론으로 항공편의 지연 여부 분류
3. 차원 축소 방법론으로 지연된 항공편 시각화

'전통적인 모델 해석 방법론' 절의 이 단계들은 3장의 나머지 절에 산재한 결론으로 이어진다.

준비

이 예제의 코드는 깃허브 페이지(https://github.com/PacktPublishing/Interpretable-Machine-Learning-with-Python/blob/master/Chapter03/FlightDelays.ipynb)에서 찾을 수 있다.

라이브러리 로드

이 예제를 실행하려면 다음 라이브러리를 설치해야 한다.

- `mldatasets`: 데이터셋 로드
- `pandas`, `numpy`: 데이터 조작
- `sklearn`, `rulefit`, `cvae`, `statsmodels`, `interpret`, `skope-rules`: 모델 적합 및 성능 메트릭 계산

- matplotlib, seaborn: 시각화

다음과 같이 이 라이브러리들을 로드한다.

```
import math

import mldatasets

import pandas as pd

import numpy as np

from sklearn.pipeline import make_pipeline

from sklearn.preprocessing import PolynomialFeatures,
StandardScaler

from sklearn.model_selection import train_test_split

from sklearn import metrics, linear_model, tree, naive_bayes,\
  neighbors, ensemble, neural_network, svm, decomposition,\
  manifold

from rulefit import RuleFit

import statsmodels.api as sm

from interpret.glassbox import ExplainableBoostingClassifier

from interpret import show

from interpret.perf import ROC

import matplotlib.pyplot as plt

import seaborn as sns

from cvae import cvae

from skrules import SkopeRules
```

데이터의 이해 및 준비

다음과 같이 데이터를 로드한다.

```
aad18_df = mldatasets.load("aa-domestic-delays-2018")
```

약 900,000개의 레코드와 23개의 칼럼이 있어야 한다. 다음과 같이 하면 로드된 내용을 볼 수 있다.

```
aad18_df.info()
```

출력은 다음과 같다.

```
<class 'pandas.core.frame.DataFrame'>
RangeIndex: 899527 entries, 0 to 899526
Data columns (total 23 columns):
FL_NUM                  899527 non-null int64
ORIGIN                  899527 non-null object
DEST                    899527 non-null object
PLANNED_DEP_DATETIME    899527 non-null object
CRS_DEP_TIME            899527 non-null int64
DEP_TIME                899527 non-null float64
DEP_DELAY               899527 non-null float64
DEP_AFPH                899527 non-null float64
DEP_RFPH                899527 non-null float64
TAXI_OUT                899527 non-null float64
WHEELS_OFF              899527 non-null float64
      :           :  :  :
WEATHER_DELAY           899527 non-null float64
NAS_DELAY               899527 non-null float64
SECURITY_DELAY          899527 non-null float64
LATE_AIRCRAFT_DELAY     899527 non-null float64
dtypes: float64(17), int64(3), object(3)
memory usage: 157.8+ MB
```

모든 칼럼에 null 값이 없기 때문에 모든 것이 제대로 돼 있는 것 같다.

데이터 딕셔너리

데이터 딕셔너리를 살펴보자.

일반적인 피처:

- **FL_NUM**: 항공편 번호
- **ORIGIN**: 출발지 공항 코드(IATA)
- **DEST**: 목적지 공항 코드(IATA)

출발 관련 피처:

- **PLANNED_DEP_DATETIME**: 비행이 계획된 날짜와 시간
- **CRS_DEP_TIME**: 예정된 출발 시간
- **DEP_TIME**: 실제 출발 시간
- **DEP_AFPH**: 예정된 출발 시간과 실제 출발 시간 사이의 간격 동안 출발지 공항에서 발생한 실제 시간당 항공편 수. 30분 완충 시간이 고려된 값. 이 피처는 이륙하는 동안 출발지 공항이 얼마나 혼잡했는지 알려준다.
- **DEP_RFPH**: 상대적 시간당 항공편 수는 출발지 공항에서 해당 월, 요일, 시간에 발생한 시간당 항공편 수의 중앙값에 대한 실제 시간당 항공편 수의 비율이다. 이 피처는 이륙하는 동안 출발지 공항이 '상대적으로' 얼마나 혼잡했는지 알려준다.
- **TAXI_OUT**: 출발지 공항 게이트에서 출발한 후 이륙하기까지의 경과 시간
- **WHEELS_OFF**: 기체의 바퀴가 지면을 떠나는 시점

비행 관련 피처:

- **CRS_ELAPSED_TIME**: 계획된 비행 시간
- **PCT_ELAPSED_TIME**: 계획된 비행 시간 대비 실제 비행 시간의 비율. 비행기의 상대 속도를 측정
- **DISTANCE**: 두 공항 사이의 거리

도착 관련 피처:

- **CRS_ARR_TIME**: 예정된 도착 시간
- **ARR_AFPH**: 예정된 도착 시간과 실제 도착 시간 사이의 간격 동안 목적지 공항에서 발생한 실제 시간당 항공편 수. 30분 완충 시간이 고려된 값. 이 피처는 착륙하는 동안 목적지 공항이 얼마나 혼잡했는지 알려준다.
- **ARR_RFPH**: 상대적 시간당 항공편 수는 목적지 공항에서 해당 월, 요일, 시간에 발생한 시간당 항공편 수의 중앙값에 대한 실제 시간당 항공편 수의 비율이다. 이 피처는 착륙하는 동안 목적지 공항이 '상대적으로' 얼마나 혼잡했는지 알려준다.

지연 관련 피처:

- **DEP_DELAY**: 출발 시 총 지연 시간(분)
- **ARR_DELAY**: 도착 시 총 지연 시간(분). 이 시간은 다음 중 일부 또는 전체로 나눠질 수 있다.
    a) **CARRIER_DELAY**: 정비 또는 승무원 문제, 항공기 청소, 수하물 적재, 연료 보급 등 항공사가 통제할 수 있는 상황으로 인한 지연 시간(분)
    b) **WEATHER_DELAY**: 실제 또는 예측된 중요 기상 조건으로 인한 지연 시간(분)
    c) **NAS_DELAY**: 극단적이 아닌 기상 조건, 공항 운영, 교통 체증, 항공 교통 관제와 같은 국가 항공 시스템에 의해 요구된 지연 시간(분)
    d) **SECURITY_DELAY**: 공항 터미널 또는 중앙홀의 대피, 보안 위반으로 인한 항공기 재탑승, 검색 장비 결함, 또는 검색 구역에서 29분 이상의 긴 대기줄로 인한 지연 시간(분)
    e) **LATE_AIRCRAFT_DELAY**: 동일한 항공기가 이전 비행에서 늦게 도착한 것으로 인한 지연 시간(분)

데이터 준비

우선 **PLANNED_DEP_DATETIME**의 데이터 타입은 datetime이어야 한다.

```
aad18_df['PLANNED_DEP_DATETIME'] =\
                pd.to_datetime(aad18_df['PLANNED_DEP_DATETIME'])
```

항공편의 정확한 날짜와 시간은 중요하지 않지만 특정 수준에서만 알 수 있는 날씨와 계절 패턴 때문에 월과 요일이 중요할 수 있다. 또한 경영진은 주말과 겨울이 지연에 특히 나쁜 영향을 미친다고 언급했다. 따라서 월과 요일 피처를 만들 것이다.

```
aad18_df['DEP_MONTH'] = aad18_df['PLANNED_DEP_DATETIME'].
dt.month
```

```
aad18_df['DEP_DOW'] = aad18_df['PLANNED_DEP_DATETIME'].
dt.dayofweek
```

그다음에는 PLANNED_DEP_DATETIME 칼럼이 필요하지 않으므로 다음과 같이 삭제한다.

```
aad18_df = aad18_df.drop(['PLANNED_DEP_DATETIME'], axis=1)
```

출발지 공항과 도착지/목적지 공항이 허브인지 여부는 필수다. 2019년 AA는 샬럿, 시카고-오헤어, 댈러스/포트워스, 로스앤젤레스, 마이애미, 뉴욕-JFK, 뉴욕-라과디아, 필라델피아, 피닉스-스카이하버, 워싱턴-내셔널 등 10개의 허브를 갖고 있다. 따라서 IATA 코드를 사용해 어떤 ORIGIN 및 DEST 공항이 AA 허브인지 인코딩할 수 있다. 그러면 매우 상세한 코드인 FL_NUM, ORIGIN, DEST 칼럼을 제거할 수 있다.

```
# IATA 코드를 이용해 10개의 허브 리스트를 만든다.
hubs = ['CLT', 'ORD', 'DFW', 'LAX', 'MIA', 'JFK', 'LGA',\
        'PHL', 'PHX', 'DCA']
# ORIGIN 또는 DEST가 허브인지 여부를 나타내는 불리언 시리즈를 생성한다.
is_origin_hub = aad18_df['ORIGIN'].isin(hubs)
is_dest_hub = aad18_df['DEST'].isin(hubs)
# 불리언 시리즈를 사용해 ORIGIN_HUB 및 DEST_HUB를 설정한다.
aad18_df['ORIGIN_HUB'] = 0
```

```
aad18_df.loc[is_origin_hub, 'ORIGIN_HUB'] = 1
```

```
aad18_df['DEST_HUB'] = 0
```

```
aad18_df.loc[is_dest_hub, 'DEST_HUB'] = 1
```

```
# 불필요한 칼럼을 제거한다.
```

```
aad18_df = aad18_df.drop(['FL_NUM', 'ORIGIN', 'DEST'], axis=1)
```

이 모든 작업 후에도 유용한 피처가 상당히 많지만 목표 피처는 아직 결정하지 못했다. 이 목적을 수행할 수 있는 두 개의 칼럼이 있다. 이유에 관계없이 지연된 시간인 ARR_DELAY 와 항공사의 귀책이 될 수 있는 지연 시간인 CARRIER_DELAY가 있다. 예를 들어 항공사의 정의에 따라 15분 이상 지연된 다음 항공편들을 살펴보자.

```
aad18_df.loc[aad18_df['ARR_DELAY'] > 15, \
             ['ARR_DELAY','CARRIER_DELAY']].head(10)
```

앞의 코드는 그림 3.1을 출력한다.

	ARR_DELAY	CARRIER_DELAY
8	168	136
16	20	5
18	242	242
19	62	62
22	19	19
26	26	0
29	77	77
32	19	19
33	18	1
40	36	16

그림 3.1 도착 지연이 15분 이상인 관측치 샘플

그림 3.1에서 지연 중 하나인 #26은 항공사의 책임이 전혀 아니다. 또한 #8, #16, #33, #40 의 4건은 항공사의 부분 책임이었고, 이 중에 2건인 #8, #40은 항공사 사정으로 15분 이상 지연됐다. 나머지는 전적으로 항공사의 잘못이었다. 총 지연 시간이 유용한 정보이기

는 하지만 항공사 경영진은 항공사로 인한 지연에만 관심이 있으므로 ARR_DELAY를 버릴 수 있다. 더구나 이것을 버려야 하는 더 중요한 이유가 있는데, 항공사의 책임이 아니라는 것을 빼면 거의 동일한 지연이므로 당면한 과제가 지연을 예측하는 것이라면 이를 사용할 수 없다. 오늘의 뉴스를 예측하기 위해 약간 편집된 오늘의 신문을 사용하는 것과 같다. 이와 같은 이유로 ARR_DELAY를 제거하는 것이 좋다.

```
aad18_df = aad18_df.drop(['ARR_DELAY'], axis=1)
```

마지막으로 이제 목표 피처만 y로, 나머지는 모두 X로 지정할 수 있다. 그다음에 y와 X를 학습 및 테스트 데이터셋으로 분할한다. 목표 피처 y는 회귀에서 그대로 사용되므로 y_train_reg 및 y_test_reg로 분할한다. 그러나 분류에 대해서는 이 레이블을 15분 이상 늦었는지 여부를 나타내는 이진 피처 버전으로 만들고 y_train_class 및 y_test_class라는 이름으로 명명한다. 재현성을 위해 고정된 random_state를 설정하는 것에 주의하라.

```
rand = 9
y = aad18_df['CARRIER_DELAY']
X = aad18_df.drop(['CARRIER_DELAY'], axis=1).copy()
X_train, X_test, y_train_reg, y_test_reg = train_test_split(X,\
  y, test_size=0.15, random_state=rand)
y_train_class = y_train_reg.apply(lambda x: 1 if x > 15 else 0)
y_test_class = y_test_reg.apply(lambda x: 1 if x > 15 else 0)
```

피처들이 목표 피처인 CARRIER_DELAY와 얼마나 선형적으로 상관돼 있는지 조사하기 위해 피어슨 상관계수를 계산하고, 상관관계가 양인지 음인지에는 관심이 없기 때문에 이 계수를 절댓값으로 바꾸고 내림차순으로 정렬한다.

```
corr = aad18_df.corr()
abs(corr['CARRIER_DELAY']).sort_values(ascending=False)
```

출력에서 알 수 있듯이 하나의 피처 DEP_DELAY만 높은 상관관계를 갖는다. 다른 피처들은 그렇지 않다.

CARRIER_DELAY	1.000000
DEP_DELAY	0.703935
ARR_RFPH	0.101742
LATE_AIRCRAFT_DELAY	0.083166
DEP_RFPH	0.058659
ARR_AFPH	0.035135
DEP_TIME	0.030941
NAS_DELAY	0.026792
:	:
WEATHER_DELAY	0.003002
SECURITY_DELAY	0.000460
Name: CARRIER_DELAY, dtype: float64	

그러나 이것은 일대일 기반의 선형 상관관계다. 비선형 관계가 없다거나 함께 상호 작용하는 여러 피처가 목표 피처에 영향을 미치지 않는다는 것을 의미하지 않는다. 다음 절에서 이에 대해 더 논의할 것이다.

▌ 전통적인 모델 해석 방법론

가능한 한 많은 모델 클래스와 해석 방법론을 탐색하기 위해 데이터를 회귀 및 분류 모델에 적합시킬 뿐만 아니라 차원 축소 방법론도 사용할 것이다.

다양한 회귀 방법론으로 지연된 시간 예측

회귀 방법론을 비교하고 대조하기 위해 먼저 reg_models라는 딕셔너리를 만든다. 각 모델은 그 자체도 딕셔너리이며 model 속성은 모델을 생성하는 함수다. 이 구조는 나중에 적합된 모델과 해당 메트릭을 저장하기 위해 사용된다. 이 딕셔너리에 있는 모델 클래스들은 다양한 모델 계열을 대표하고 나중에 논의할 중요한 개념을 설명하기 위해 선택됐다.

```python
Reg_models = {
    # 일반화 선형 모델(GLMs)
    'linear':{'model': linear_model.LinearRegression()},
    'linear_poly':{'model':
        make_pipeline(PolynomialFeatures(degree=2),
        linear_model.LinearRegression(fit_intercept=False))
    'linear_interact':{'model':
        make_pipeline(PolynomialFeatures(interaction_only=True),
        linear_model.LinearRegression(fit_intercept=False))},
    'ridge':{'model': linear_model.\
        RidgeCV(alphas=[1e-3, 1e-2, 1e-1, 1])},
    # 트리
    'decision_tree':{'model': tree.\
        DecisionTreeRegressor(max_depth=7, random_state=rand)},
    # RuleFit
    'rulefit':{'model': RuleFit(max_rules=150, rfmode='regress',
                                random_state=rand)},
    # 최근접 이웃
    'knn':{'model':neighbors.KNeighborsRegressor(n_neighbors=7)},
    # 앙상블
    'random_forest':{'model':ensemble.\
        RandomForestRegressor(max_depth=7, random_state=rand)},
    # 신경망
    'mlp':{'model':neural_network.\
                MLPRegressor(hidden_layer_sizes=(21,),\
                        max_iter=500, \
                        early_stopping=True,\
```

```
                          random_state=rand)}
}
```

이 모델들을 데이터를 적합시키기 전에 하나씩 간략하게 설명한다.

- linear: **선형회귀**는 이 책에서 논의한 첫 번째 모델 클래스였다. 선형회귀는 좋든 나쁘든 데이터에 대해 몇 가지 가정을 한다. 그중 가장 중요한 것은 예측이 X 피처의 선형 결합이어야 한다는 가정이다. 피처 간의 비선형 관계 및 상호 작용을 발견할 가능성을 제한한다.

- linear_poly: **다항회귀**polynomial regression는 다항 피처를 추가해 선형회귀를 확장한다. 이 예제에서는 degree=2로 표시된 것처럼 다항 차수가 2이므로 2차식이다. 즉, 모든 피처가 예를 들어 DEP_FPH와 같은 단항식 외에도 DEP_FPH2과 같은 2차식 그리고 해당 피처와 나머지 21개의 모든 피처에 대한 상호 작용 항을 갖는다. 즉, DEP_FPH의 경우 나머지 피처에 대해 DEP_FPH * DISTANCE, DEP_FPH * DELAY 등과 같은 상호 작용 항이 생성된다.

- linear_interact: **다항회귀 모델**과 같지만 2차항이 없다. interaction_only=True가 지시하는 대로 상호 작용만 가능하다. 피처가 2차항과 더 잘 맞는 관계를 갖고 있다고 믿을 이유가 없기 때문에 유용하다. 아마도 영향을 미치는 것은 다른 피처와의 상호 작용일 것이다.

- ridge: **릿지회귀**ridge regression는 선형회귀의 변형이다. **최소제곱법**OLS, Ordinary Least Squares라고 하는 선형회귀 이면에 있는 방법론이 오차를 줄이고 모델을 피처에 적합시키는 데 매우 효과적이지만 이는 과적합을 고려하지 않고 수행된다. 여기서의 문제는 OLS가 모든 피처를 동등하게 취급하기 때문에 변수가 추가될수록 모델이 점점 더 복잡해진다는 것이다. 과적합이라는 단어에서 알 수 있듯이 결과 모델은 학습 데이터에 너무 잘 적합돼 편향은 최소지만 분산은 최고가 된다. 이 편향과 분산 사이에는 균형 지점이 있으며, 이 지점에 도달하는 한 가지 방법은 너무 많은 피처를 도입함으로써 추가되는 복잡성을 줄이는 것이다. 선형회귀 자체에서는

그렇게 할 수 없다. 여기서 친숙한 **정규화**^{regularization}와 함께 릿지회귀가 등장한다. 결과에 기여하지 않는 계수를 L2 **노름**^{norm}이라고 하는 페널티를 통해 축소시킴으로써 이를 수행한다. 이 예제에서는 여러 개의 정규화 강도(alphas)를 테스트하는 교차 검증 버전의 릿지(RidgeCV)를 사용한다.

- decision_tree: **의사 결정 트리**는 이름에서 바로 알 수 있다. 데이터셋을 각각의 가지^{branch}로 분할해 분기를 형성하는 피처에 대해 "테스트"가 수행되는 트리 구조다. 가지가 분기를 멈추면 잎^{leaf}이 되고, 모든 잎에는 분류를 위해 클래스를 할당하거나 회귀를 위해 고정된 값을 할당하는 의사 결정이 있다. 트리가 클수록 학습 데이터에 더 잘 적합되기 때문에 과적합을 방지하기 위해 이 트리의 깊이를 max_depth=7로 제한했다.

- rule_fit: RuleFit은 규칙 기반으로 피처 상호 작용을 포함하도록 확장된 정규화된 선형회귀다. 규칙은 의사 결정 트리를 순회하면서 형성되는데, 잎을 무시하고 이 잎을 향하는 가지들을 순회하면서 피처 상호 작용을 발견한다. 릿지처럼 정규화를 사용하지만 L2 노름 대신 L1 노름을 사용하는 **라쏘 회귀**^{lasso regression}를 사용한다. 결과적으로 쓸모없는 피처는 계수가 L2에서와 같이 0으로 수렴하는 것이 아니라 0이 된다. 여기서는 규칙을 150개로 제한했으며(max_rules=150), 이는 분류에도 사용될 수 있기 때문에 rfmode='regress' 속성을 지정해 이것이 회귀 문제임을 RuleFit에 알린다. 여기에 사용된 다른 모델들과 달리 이것은 사이킷런^{scikit-learn} 모델이 아니며 크리스토프 몰나르^{Christoph Molnar}가 논문을 적용해 만든 것이다.

- knn: **k-최근접 이웃**^{kNN, k-Nearest Neighbors}은 서로 가까운 데이터포인트는 유사하다는 가정에 기반한 방법론이다. 즉, 가장 근접한 이웃들은 예측값과 비슷해야 하며 실제로 이는 나쁜 추측이 아니므로 예측하려는 지점에서 가장 가까운 데이터포인트들을 가져와 이를 기반으로 예측을 도출한다. 이 예제에서 n_neighbors=7이므로 $k = 7$이다. kNN은 학습 데이터를 단순히 기억하기 때문에 **사후 학습기**^{lazy learner}라고도 하는 **인스턴스 기반 머신러닝 모델**이다. 추론하는 동안 학습 데이터를

사용해 포인트들의 유사성을 계산하고 이를 기반으로 예측을 생성한다. kNN은 학습 데이터를 사용해 수식, 매개변수, 계수, 또는 편향/가중치를 학습한 다음 추론에서 이를 활용해 예측하는 모델 기반 머신러닝 또는 **사전 학습기**eager learner의 반대 개념이다.

- **random_forest**: 무작위 데이터 샘플과 무작위 피처 조합에 대해 학습된 의사 결정 트리가 하나가 아닌 수백 개라고 상상해보라. **랜덤 포레스트**random forest는 이렇게 무작위로 생성된 의사 결정 트리의 평균을 사용해 최상의 트리를 만든다. 덜 효과적인 모델을 병렬로 학습하고 평균화 프로세스를 사용해 결합하는 이런 개념을 **배깅**bagging이라고 한다. 일반적으로 **약한 학습기**weak learner라고 부르는 여러 개의 모델들을 하나의 **강한 학습기**strong learner로 결합하는 **앙상블**ensemble 기법이다. 앙상블 기법에는 배깅 외에도 **부스팅**boosting과 **스태킹**stacking이라는 다른 기법도 있다. 배깅이 깊을수록 트리가 분산을 줄이는 데 더 효과적이며 여기서는 max_depth=7 을 사용한다.

- **mlp**: **다층 퍼셉트론**multi-layer perceptron은 "단순한" 순차 신경망이며 비선형 활성화 함수activation function, 확률적 경사하강법stochastic gradient descent, 역전파backpropagation 등을 사용한다. 활성화 함수는 MLPRegressor의 경우 기본적으로 ReLU를 사용한다. 이 예제에서는 첫 번째이자 유일한 은닉 계층에 21개의 뉴런을 사용하므로 hidden_layer_sizes=(21,)로 지정하고, 500에포크epoch 동안 학습을 실행하며(max_iter=500), 검증 점수가 향상되지 않으면 학습을 조기 종료한다(early_stopping=True).

이런 모델 중 일부가 익숙하지 않더라도 걱정하지 말라. 3장의 뒷부분이나 이 책의 뒷부분에서 더 자세히 다룰 것이다. 또한 이런 모델 중 일부는 어딘가에 무작위 프로세스를 갖고 있다는 것에 주의하라. 재현성을 보장하기 위해 random_state를 설정한다. 이것은 항상 설정하는 것이 좋으며, 그렇지 않으면 매번 무작위로 설정돼 결과를 재현하기 어렵다.

이제 모델 딕셔너리 reg_models을 반복 처리해 학습 데이터에 적합시키고, 예측을 하고,

이 예측의 품질을 나타내는 두 가지 메트릭을 계산한다. 그리고 나중에 사용하기 위해 적합된 모델, 테스트 예측, 메트릭 등을 딕셔너리에 저장한다. rulefit은 넘파이 배열만 허용하므로 다른 모델들과 같은 방식으로 fit할 수 없다. 또한 rulefit과 mlp는 다른 모델보다 학습이 더 오래 걸려 몇 분이 소요될 수 있다.

```python
for model_name in reg_models.keys():
  if model_name != 'rulefit':
    fitted_model = reg_models[model_name]['model'].\
                          fit(X_train, y_train_reg)
  else:
    fitted_model = reg_models[model_name]['model'].\
      fit(X_train.values, y_train_reg.values, X_test.columns)

  y_train_pred = fitted_model.predict(X_train.values)
  y_test_pred = fitted_model.predict(X_test.values)
  reg_models[model_name]['fitted'] = fitted_model
  reg_models[model_name]['preds'] = y_test_pred
  reg_models[model_name]['RMSE_train'] =\
    math.sqrt(metrics.mean_squared_error(y_train_reg, y_train_pred))
  reg_models[model_name]['RMSE_test'] =\
    math.sqrt(metrics.mean_squared_error(y_test_reg, y_test_pred))
  reg_models[model_name]['R2_test'] =\
    metrics.r2_score(y_test_reg, y_test_pred)
```

이제 딕셔너리를 데이터프레임으로 변환하고 메트릭을 정렬해 색상으로 구분해 표시할 수 있다.

```python
reg_metrics = pd.DataFrame.from_dict(reg_models,\
  'index')[['RMSE_train', 'RMSE_test', 'R2_test']]
reg_metrics.sort_values(by='RMSE_test').style.\
```

```
background_gradient(cmap='viridis', low=1, high=0.3,
                    subset=['RMSE_train', 'RMSE_test']).\
background_gradient(cmap='plasma', low=0.3, high=1,
                    subset=['R2_test'])
```

앞의 코드는 그림 3.2를 출력한다. 구현 시 주피터 노트북에서는 색상 코딩이 작동하지 않으므로 주의하라.

	RMSE_train	RMSE_test	R2_test
mlp	3.18388	3.23262	0.987614
linear_poly	6.21339	6.33494	0.952433
random_forest	5.37769	6.35627	0.952112
linear_interact	6.45271	6.55931	0.949004
decision_tree	6.54292	7.53014	0.932791
linear	7.81963	7.88287	0.926347
ridge	7.92769	7.98758	0.924377
rulefit	8.8205	9.015	0.903672
knn	7.36014	9.26012	0.898362

그림 3.2 예제 모델의 회귀 메트릭

그림 3.2의 메트릭을 해석하려면 일반적으로 그리고 이 회귀의 컨텍스트에서 이 메트릭이 의미하는 바를 먼저 이해해야 한다.

- **RMSE: 평균 제곱근 오차**^{Root Mean Square Error}는 잔차의 표준편차로 정의된다. 이것은 잔차를 제곱한 값의 제곱근을 관측치 수, 이 예제에서는 항공편 수로 나눈 것이다. 예측이 평균적으로 실제와 얼마나 떨어져 있는지 알려주며, **홀드아웃** 테스트셋에 대한 예측이 가능한 한 실제값과 비슷하기를 원하기 때문에 값이 작을수록 좋다. 또한 모델이 얼마나 잘 일반화되는지 알기 위해 학습 데이터셋에 대한 RMSE도 포함했다. 테스트 오차가 학습 오차보다 높을 것으로 예상했겠지만 그다지 크지는 않다. random_forest와 같은 경우에는 일부 매개변수를 조정해야 할 필요가 있다. 즉 트리의 최대 깊이를 줄이고, **추정기**^{estimator}라고 부르는 트리의 수를 늘리

고, 사용할 최대 피처 수를 줄이는 트릭을 수행해야 한다. kNN에서는 k를 조정할 수 있지만 **사후 학습기**라는 특성 때문에 학습 데이터에 과적합될 것으로 생각된다.

- 어쨌든 성능이 최악인 모델의 테스트 RMSE가 10 미만이고, 약 절반이 7.5 미만의 테스트 RMSE를 가지며, 지연 시간의 임곗값이 15분이기 때문에 평균적으로 항공기 지연을 효과적으로 예측할 수 있다.

linear보다 훨씬 앞서서 linear_poly는 두 번째이고 linear_interact는 네 번째로 성능이 뛰어난 모델이다. 이는 비선형성 및 상호 작용성이 더 나은 예측 성능에 중요한 요소임을 시사한다.

- **R2: R-제곱**은 **결정계수**coefficient of determination라고도 한다. 이것은 모델에서 예측변수 X 피처에 의해 설명될 수 있는 목표변수 y의 분산의 비율로 정의된다. 이것은 전체 중에서 모델에 의해 설명될 수 있는 변동성의 비율이 어느 정도인지에 대한 질문에 답한다. 그리고 앞의 그림에서 알 수 있듯이 클수록 좋다. 이 모델은 피어슨 상관계수에 의해 입증된 것처럼 중요한 X 피처를 포함하는 것으로 보인다. 만약 이 R2 값이 낮으면 비행 기록, 터미널 조건 심지어 항공사 경영진이 현재는 관심이 없다고 말한 외부적인 영향과 국제선 항공편 등과 같은 추가 피처를 도입하는 것이 도움이 될 것이다. 이들이 설명되지 않는 분산의 공백을 채울 수도 있다.

분류에서도 좋은 메트릭을 얻을 수 있는지 확인해보자.

다양한 분류 방법론으로 항공편 지연 여부 분류

회귀에서 했던 것처럼 분류 방법론을 비교하기 위해 먼저 class_models라는 딕셔너리를 생성한다. 각 모델도 딕셔너리이며 model 속성은 모델을 생성하는 함수다. 이 구조는 나중에 적합된 모델과 메트릭을 저장하기 위해서도 사용된다. 이 딕셔너리에 있는 모델 클래스들은 다양한 모델 계열을 대표하고 나중에 논의할 중요한 개념을 설명하기 위해 선택됐다. 이들 중 일부는 회귀에 사용된 것과 동일한 방법론이 분류에도 적용되기 때문에 친숙해 보일 것이다.

```python
Class_models = {
    # 일반화 선형 모델(GLMs)
    'logistic':{'model': linear_model.LogisticRegression()},
    'ridge':{'model': linear_model.\
        RidgeClassifierCV(cv=5,\
                          alphas=[1e-3, 1e-2, 1e-1, 1],\
                          class_weight='balanced')},
    # 트리
    'decision_tree':{'model': tree.\
        DecisionTreeClassifier(max_depth=7,\
                               random_state=rand)},
    # 최근접 이웃
    'knn':{'model':neighbors.KNeighborsClassifier(\
           n_neighbors=7)},
    # 나이브 베이즈
    'naive_bayes':{'model': naive_bayes.GaussianNB()},
    # 앙상블
    'gradient_boosting':{'model':ensemble.\
        GradientBoostingClassifier(n_estimators=210)},
    'random_forest':{'model':ensemble.\
        RandomForestClassifier(max_depth=11,\
                class_weight='balanced', random_state=rand)},
    # 신경망
    'mlp':{'model': make_pipeline(StandardScaler(),
        neural_network.MLPClassifier(hidden_layer_sizes=(7,),\
                                    max_iter=500,
                                    early_stopping=True,
                                    random_state=rand))}
}
```

이 모델들을 데이터에 적합시키기 전에 하나씩 간략하게 설명한다.

- logistic: **로지스틱 회귀**는 2장, '해석 가능성의 주요 개념'에서 소개했다. **선형회귀**와 동일한 장단점을 갖는다. 예를 들어 피처 상호 작용은 수동으로 추가해야 한다. 다른 분류 모델과 마찬가지로 0과 1 사이의 확률을 반환하는데, 이 값은 1에 가까울수록 **양의 클래스**positive class와 일치할 가능성이 있음을 나타내고 0에 가까울수록 **양의 클래스**와 일치할 가능성이 없음을 나타내므로 **음의 클래스**negative class와 일치할 가능성이 높다. 당연히 0.5가 클래스 사이에서 결정하기 위해 사용되는 임곗값이지만 반드시 그래야 하는 것은 아니다. 이 책의 뒷부분에서 살펴보겠지만 임곗값을 조정하는 해석상 또는 성능상의 이유가 있다. 이것은 이진 분류 문제이므로 '지연됨과 지연되지 않음'을 양/음으로 선택하지만, 이 방법론은 다중 클래스 분류로 확장될 수 있으며 이를 **다항 분류**multinomial classification라고 한다.

- ridge: **릿지 분류**ridge classification는 **릿지회귀**에 사용된 것과 동일한 정규화 기법을 활용하지만 분류에 적용된다. 목푯값을 음의 클래스는 −1로 변환하고 양의 클래스는 1을 유지한 상태로 릿지회귀를 수행한다. 본질적으로 이는 위장된 회귀이며 −1과 1 사이의 값을 예측한 다음 0 또는 1 척도로 다시 변환한다. 회귀를 위한 RidgeCV와 마찬가지로 RidgeClassifierCV도 교차 검증을 사용한다. 먼저 데이터를 서로 다른 동일한 크기의 집합으로, 이 경우에는 5개의 집합으로 분할한다(cv=5). 그런 다음 한 번에 하나씩 피처를 제거해 평균적으로 5개 집합 모두에서 해당 피처가 없을 때의 모델 성능을 확인한다. 큰 차이를 만들지 않는 피처는 정규화 강도를 페널티로 받으며, 여러 정규화 강도(alphas)를 각각 테스트해 최적의 강도를 찾는다. 모든 정규화 기법의 요점은 두드러지지 않는 피처의 영향을 최소화해 불필요한 복잡성으로 인한 학습을 억제하는 것이다.

- decision_tree: **단순한 의사 결정 트리**는 회귀와 분류 작업에 모두 사용할 수 있기 때문에 **CART**Classification And Regression Tree라고도 한다. 두 작업에 대해 동일한 아키텍처를 갖고 있지만 가지를 "분할"하는 위치를 결정하기 위해 사용되는 알고리듬은 약간 다르게 작동한다. 여기서는 트리의 깊이를 7로 설정했다.

- knn: kNN은 최근접 이웃의 목표 피처 또는 레이블^{label}을 평균해 회귀에서 사용하는 것 대신 가장 빈번한 레이블, 즉 최빈값을 선택하게 함으로써 분류에도 적용될 수 있다. 또한 여기서는 분류를 위한 최근접 이웃의 수(n_neighbors)인 k를 7로 사용한다.

- naive_bayes: **가우시안 나이브 베이즈**^{Gaussian Naïve Bayes}는 나이브 베이즈 분류기 중 하나이며, 일반적으로는 그렇지 않지만 피처가 서로 독립적이라고 가정하기 때문에 나이브라고 부른다. 이 가정이 정확하지 않은 경우 예측 능력이 극적으로 저하된다. 이 방법론은 한 클래스의 조건부 확률은 해당 클래스의 확률 곱하기 클래스에 주어진 피처의 확률이라는 **조건부 확률에 대한 베이즈 정리**^{Bayes' theorem}에 기반하기 때문에 베이즈라는 이름이 붙었다. 또한 가우시안 나이브 베이즈는 연속값이 **가우시안 분포**라고도 하는 정규분포를 따른다는 또 다른 가정을 한다.

- gradient_boosting: 랜덤 포레스트와 마찬가지로 **그래디언트 부스트 트리**^{gradient boosted tree}도 앙상블 기법이지만 **배깅** 대신 부스팅을 활용한다. **부스팅**은 병렬이 아닌 순차적으로 작동하며, 약한 학습기를 반복적으로 학습해 그것의 강점을 강한 학습기로 통합하는 동시에 다른 약한 학습기를 수용해 그들의 약점을 해결한다. 앙상블과 부스팅은 하나의 모델 클래스로 수행될 수도 있지만, 여기서는 많은 의사 결정 트리를 사용했다. 이 예제에서는 트리 수를 210개로 제한했다(n_estimators=210).

- random_forest: **랜덤 포레스트**는 회귀 트리가 아닌 분류 트리를 사용한다는 점 외에는 회귀와 동일하다.

- mlp: 회귀와 동일한 **다층 퍼셉트론**이지만 출력 계층은 기본적으로 **로지스틱 함수**를 사용해 확률을 생성한 다음에 임곗값 0.5를 기준으로 1 또는 0으로 변환한다. 또다른 차이점은 이진 분류는 최적의 결과를 얻기 위해 필요한 뉴런의 수가 더 적은 경향이 있기 때문에 첫 번째이자 유일한 은닉 계층에서 7개의 뉴런을 사용한다(hidden_layer_sizes=(7,)).

이 모델 중 일부는 class_weight='balanced'로 클래스에 대해 균형 가중치를 사용한다는 것에 주의하라. 여기서는 **불균형 데이터 분류**imbalanced classification 작업 때문에 매우 중요하다. 즉, 이 데이터에 음의 클래스가 양의 클래스보다 훨씬 많음을 의미한다. 학습 데이터에서 이를 확인할 수 있다.

```
y_train_class[y_train_class==1].shape[0] / y_train_class.
shape[0]
```

출력은 다음과 같다.

```
0.061283264255549
```

보다시피 학습 데이터에서 양의 클래스는 전체의 6%에 불과하다. 이 불균형을 설명할 수 있는 모델은 더 공정한 결과를 얻을 것이다. 클래스 불균형을 설명하는 방법은 다양하며 이에 관해서는 11장, '편향 완화 및 인과관계 추론 방법론'에서 더 자세히 논의하겠지만, 여기서 사용한 class_weight='balanced'는 클래스 빈도에 반비례하는 가중치를 적용해 수적으로 열세인 양의 클래스에 유리함을 제공한다.

분류 모델 학습 및 평가

이제 모델 딕셔너리인 class_models의 각 항목을 반복적으로 학습 데이터에 적합시키고, 확률을 출력하지 않는 ridge를 제외한 나머지 모델에서 확률과 클래스를 모두 예측한다. 그다음에 이 예측의 품질로 5개의 메트릭을 계산한다. 마지막으로 적합된 모델, 테스트 예측, 메트릭 등을 나중에 사용할 수 있도록 딕셔너리에 저장한다. gradient_boosting은 다른 모델들보다 학습이 더 오래 걸리기 때문에 다음 코드를 실행하는 동안 커피를 한잔 할 수 있다. 다음을 실행하는 것은 몇 분 정도 걸릴 수 있다.

```
for model_name in class_models.keys():
  fitted_model = class_models[model_name]['model'].\
                        fit(X_train, y_train_class)
```

```
y_train_pred = fitted_model.predict(X_train.values)

if model_name == 'ridge':

  y_test_pred = fitted_model.predict(X_test.values)

else:

  y_test_prob =fitted_model.predict_proba(X_test.values)[:,1]

  y_test_pred = np.where(y_test_prob > 0.5, 1, 0)

class_models[model_name]['fitted'] = fitted_model

class_models[model_name]['probs'] = y_test_prob

class_models[model_name]['preds'] = y_test_pred

class_models[model_name]['Accuracy_train'] =\

  metrics.accuracy_score(y_train_class, y_train_pred)

class_models[model_name]['Accuracy_test'] =\

  metrics.accuracy_score(y_test_class, y_test_pred)

class_models[model_name]['Recall_train'] =\

  metrics.recall_score(y_train_class, y_train_pred)

class_models[model_name]['Recall_test'] =\

  metrics.recall_score(y_test_class, y_test_pred)

if model_name != 'ridge':

  class_models[model_name]['ROC_AUC_test'] =\

    metrics.roc_auc_score(y_test_class, y_test_prob)

else:

  class_models[model_name]['ROC_AUC_test'] = 0

class_models[model_name]['F1_test'] =\

  metrics.f1_score(y_test_class, y_test_pred)

class_models[model_name]['MCC_test'] =\

  metrics.matthews_corrcoef(y_test_class, y_test_pred)
```

이제 딕셔너리를 데이터프레임으로 변환하고 메트릭을 정렬한 후 색상으로 구분해 표시
한다.

```
class_metrics = pd.DataFrame.from_dict(class_models,\
  'index')[['Accuracy_train', 'Accuracy_test',\
           'Recall_train', 'Recall_test',\
           'ROC_AUC_test', 'F1_test', 'MCC_test']]
class_metrics.sort_values(by='ROC_AUC_test', ascending=False).\
  style.background_gradient(cmap='plasma', low=0.3, high=1,
    subset=['Accuracy_train', 'Accuracy_test']).\
  background_gradient(cmap='viridis', low=1, high=0.3,\
                 subset=['Recall_train', 'Recall_test',\
                        'ROC_AUC_test', 'F1_test', 'MCC_test'])
```

앞의 코드는 그림 3.3을 출력한다.

	Accuracy_train	Accuracy_test	Recall_train	Recall_test	ROC_AUC_test	F1_test	MCC_test
mlp	0.998364	0.99851	0.984826	0.986444	0.999909	0.987819	0.987027
gradient_boosting	0.991725	0.991662	0.89293	0.893851	0.998885	0.929223	0.925619
decision_tree	0.983297	0.982895	0.856969	0.852215	0.994932	0.859182	0.85011
random_forest	0.938783	0.937879	0.997546	0.990559	0.992844	0.661333	0.677145
logistic	0.9786	0.978381	0.743923	0.742677	0.971935	0.807953	0.800067
knn	0.97289	0.965123	0.680667	0.607722	0.948387	0.680906	0.668176
naive_bayes	0.925115	0.925561	0.279126	0.274268	0.811872	0.310922	0.275073
ridge	0.890447	0.891255	0.777002	0.77802	0	0.466998	0.463706

그림 3.3 각 모델의 분류 메트릭

그림 3.3의 메트릭을 해석하려면 일반적으로 그리고 이 분류의 컨텍스트에서 각 메트릭이 의미하는 바를 먼저 이해해야 한다.

- **정확도**accuracy: 정확도는 분류 작업의 성능을 측정하는 가장 단순한 방법이며 모든 예측 대비 올바른 예측의 백분율이다. 이진 분류 작업에서는 TP^True Positive와 TN^True Negative의 수를 더한 값을 모든 예측의 수로 나눠 이를 계산한다. 회귀 메트릭과 마찬가지로 과적합인지 확인하기 위해 학습과 테스트 모두에 대한 정확도를 측정할 수 있다.

- **재현율**recall: 정확도가 훌륭한 메트릭처럼 들리더라도 이 예제의 경우는 재현율이 훨씬 더 적합하다. 그 이유는 예를 들어 꽤 좋게 들리는 94%의 정확도를 가질 수 있지만 이는 항상 지연이 없을 것으로 예측한다는 의미다. 즉, 높은 정확도를 얻는다 해도 수가 적은 클래스인 지연을 정확하게 예측하지 못한다면 의미가 없다. $TP/(TP+FN)$인 재현율은 **민감도** 또는 **TPR**True Positive Rate이라고도 하며, 이 숫자는 올바른 결과가 얼마나 많이 반환됐는지로 해석할 수 있다. 즉, 이 경우엔 실제 지연 대비 예측된 지연의 비율이다. TP와 관련된 또 다른 좋은 메트릭은 **정밀도**precision이며, 이는 예측된 샘플이 얼마나 올바른지를 나타내는 $TP/(TP+FP)$이다. 이 경우엔 예측된 지연 대비 실제 지연의 비율이다. 불균형 클래스의 경우 둘 다 사용하는 것이 좋지만 *FP* 및 *FN*에 대한 선호도에 따라 정밀도보다 재현율을 선호하거나 그 반대인 경우도 있다.

- ROC-AUC: ROC는 'Receiver Operating Characteristic'의 약자로 신호와 잡음을 분리하도록 설계됐다. ROC가 하는 일은 재현율 또는 TPR을 y축에, **FPR**False Positive Rate을 x축에 놓고 그 비율을 그리는 것이다. **AUC**는 **곡선 아래의 면적**Area Under the Curve을 나타내며, 0~1 사이의 숫자로 분류기의 예측 능력을 평가한다. 1은 완벽함을 의미하고, 0.5가 동전 던지기 정도의 성능을 의미하며, 그보다 낮은 값은 예측 결과를 뒤집으면 오히려 더 나은 예측을 할 수 있다는 의미다. 이를 설명하기 위해 AUC 메트릭이 가장 낮은 모델인 나이브 베이즈 모델에 대한 ROC 곡선을 생성해보자.

```
plt.tick_params(axis = 'both', which = 'major',\
                labelsize = 12)
fpr, tpr, _ = metrics.roc_curve(y_test_class,
              class_models['naive_bayes']['probs'])
plt.plot(fpr, tpr, label='ROC curve (area = %0.2f)'%\
         class_models['naive_bayes']['ROC_AUC_test'])
plt.plot([0, 1], [0, 1], 'k-') # 동전 던지기 확률선
```

```
plt.xlabel('False Positive Rate', fontsize = 14)

plt.ylabel('True Positive Rate', fontsize = 14)

plt.xlim([0.0, 1.0])

plt.ylim([0.0, 1.0])

plt.legend(loc="lower right")
```

위의 코드는 그림 3.4를 출력한다. 대각선은 면적의 절반을 나타낸다. 즉, 동전 던지기와 같은 예측 성능을 갖는 지점이다.

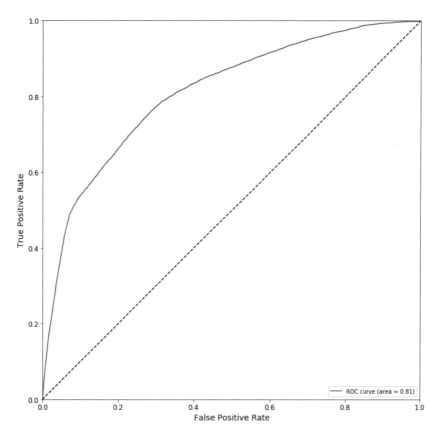

그림 3.4 나이브 베이즈에 대한 ROC 곡선

- **F1**: F1 점수는 2TP/(2TP+FP+FN)과 같이 계산되기 때문에 정밀도와 재현율의 조화 평균이라고도 한다. 여기에는 TP의 비율과 관련된 정밀도 및 재현율 메트릭이 모두 포함돼 있으므로 데이터셋이 불균형하면서 정밀도나 재현율을 선호하지 않을 때 사용하기 좋다.
- **MCC**: **매튜 상관계수**^{Matthews correlation coefficient}는 생물통계학에서 가져온 메트릭이다. 클래스의 비율을 고려해 *TP*, *FN*, *TN*, *FP*를 공정하게 취급해 높은 점수를 생성할 수 있는 능력이 있기 때문에 데이터 과학 커뮤니티에서 인기를 얻고 있다. 이것은 불균형 분류 과제에 최적이다. 지금까지 사용된 다른 모든 메트릭과 달리 0~1 범위가 아니라 예측과 실제 사이의 완전한 불일치인 −1에서 완전한 일치인 1 사이의 값이다. 중간점 0은 무작위 예측과 동일하다.

이 예제의 분류 메트릭은 대부분이 96%의 정확도와 75%의 재현율을 넘어 매우 우수하다. 그러나 재현율이 전부가 아니다. 예를 들어 RandomForest는 가중치를 이용한 클래스 균형화로 인해 가장 높은 재현율을 얻었지만 F1 및 MCC는 저조해 정밀도가 그다지 좋지 않음을 보여준다.

릿지 분류도 같은 설정인데 F1 점수가 너무 낮으므로 정밀도가 낮은 것이다. 이것은 이 가중치 기법이 본질적으로 잘못됐음을 의미하지는 않지만 종종 더 많은 제어가 필요함을 의미한다. 이 책은 공정성과 정확성, 정확성과 신뢰성, 신뢰성과 타당성 사이에서 균형을 이루기 위한 기법을 다룰 것이다. 이것은 많은 메트릭과 시각화가 필요한 작업이다. 이 연습에서 중요한 점은 하나의 메트릭으로 전체 이야기를 설명할 수 없으며, 해석은 가장 관련성이 높고 충분하게 완전한 이야기를 전달하는 것이라는 점이다.

이제 이 이야기를 완성하기 위해 몇 가지 차원 축소 방법을 시도할 것이다.

차원 축소 방법으로 지연된 항공편 시각화

문제에 대한 시각화와 해석이 항상 분명한 것은 아니다. 복잡성으로 인해 찾기도 어렵고 설명하거나 시각화하기는 훨씬 더 어려운 피처 간의 잠재적인 관계를 머신러닝을 통해 처리하는 경우가 많다. 이것을 시각화할 때 이런 복잡성을 줄이는 효과적인 방법 중 하나는 식별 가능한 이름은 없지만 의미를 도출할 수 있는 식별 가능한 통찰력을 줄 수 있는 표현을 추출하는 데 도움이 되는 차원 축소 방법론을 사용하는 것이다.

차원 축소 방법론을 비교하고 대조하기 위해 먼저 dimred_methods라는 딕셔너리를 만든다. 각 방법론도 딕셔너리이며 method 속성은 차원 축소 방법론을 생성하는 함수다. 이 구조는 나중에 축소된 데이터를 저장하거나 cvae의 경우 적합된 모델을 저장하기 위해 사용된다. 이 딕셔너리에 있는 방법론들은 나중에 논의할 중요한 개념을 설명하기 위해 다양한 계열을 대표하는 것으로 선택했다.

이런 방법론 중 일부는 리소스 집약적 특성을 갖고 있기 때문에 이 예제에서는 원본 데이터셋에서 9개의 칼럼만 추출한 축약 버전의 학습 데이터셋(X_train_abbrev)과 테스트 데이터셋(X_test_abbrev)을 사용한다. 또한 무작위로 생성된 인덱스(sample_idx)를 사용해 테스트 데이터셋에서 10%만 샘플링해 사용한다. 이 인덱스는 무작위로 선택된 관측치를 나타내는 숫자들의 배열일 뿐이다. 작업할 리소스를 늘리고 싶으면 sample_size를 더 높은 비율로 자유롭게 변경하면 된다.

```python
X_train_abbrev = X_train.iloc[:,[0, 1, 2, 4, 8, 9, 11, 17, 20]]
X_test_abbrev = X_test.iloc[:,[0, 1, 2, 4, 8, 9, 11, 17, 20]]
np.random.seed(rand)
sample_size = 0.1
sample_idx = np.random.choice(X_test.shape[0],\
    math.ceil(X_test.shape[0]*sample_size), replace=False)
dimred_methods = {
    # 분해
    'pca':{'method': decomposition.PCA(n_components=3,\
```

```
                                    random_state=rand)},
# 매니폴드 러닝(Manifold Learning)
't-sne':{'method': manifold.TSNE(n_components=3,\
                                    random_state=rand)},
# VAE(Variational Autoencoders)
'vae':{'method': cvae.CompressionVAE(X_train_abbrev.values,\
        dim_latent=3, tb_logging=False)}
}
```

이런 방법들을 데이터에 적용하기 전에 하나씩 간략하게 설명한다.

- pca: **주성분 분석**PCA, Principal Component Analysis은 차원 축소의 가장 오래된 기술 중 하나이며 일반적으로 데이터의 공분산 행렬에 대한 **고윳값 분해**eigenvalue decomposition를 통해 수행된다. 여기에서 살펴보는 다른 모델들과 달리 계산 속도가 빠르다. 고윳값 분해는 직교 벡터를 찾는 과정이며, 이는 기하학적으로 서로 멀리 떨어져 있음을 의미한다. 이는 PCA가 데이터의 차원을 서로 상관성이 없는 차원으로 축소할 수 있도록 하기 위함이다. 고유 벡터를 **주방향**principal direction이라고 하기 때문에 주성분이라는 이름이 붙었다. 가장 큰 분산을 갖는 방향이 가장 중요하다는 가정을 통해 정보를 잃지 않으려고 노력하면서 데이터를 더 적은 차원에 투영함으로써 데이터를 줄이기 때문에 의미가 있다.

- t-sne: t-SNE\ :sup:`t-distributed Stochastic Neighbor Embedding`은 차원 축소의 새로운 방법론이며 PCA와 달리 비선형이므로 비선형성을 캡처하기에 좋다. 또한 PCA와 달리 t-SNE의 수학적 이론은 선형대수가 아닌 확률이다. **쿨백-라이블러 발산**Kullback-Leibler divergence을 이용한 거리 측정을 통해 고차원 입력 데이터와 저차원의 표현이라는 두 분포의 유사성 차이를 최소화한다. 서로 다른 점을 최대한 멀리 배치하는 PCA와 달리 t-SNE는 유사한 점을 가깝게 배치한다.

- vae: VAEVariational AutoEncoder는 높은 차원의 데이터를 인코딩한 다음 낮은 차원에서 높은 차원으로 다시 디코딩하는 방법을 배우는 딥러닝 방법론이다. 신경망에

서 선형대수를 사용하고 확률 분포 간의 **쿨백-라이블러 발산**을 측정하므로 PCA와 t-SNE의 요소를 모두 갖고 있다. 물론 여러 면에서 다르다. VAE는 원본 데이터와 재구성된 데이터 사이의 재구성 오차를 최소화하지만 t-SNE처럼 세분화된 수준에서 유사한 지점 간의 거리를 유지하지 않는다. PCA 및 t-SNE와 달리 VAE는 저차원과 고차원 간의 가역성을 제공하고 새로운 데이터를 생성할 수도 있다.

모든 방법론에 대해 데이터를 3개의 구성 **요소**(n_components=3) 또는 **차원**(dim_latent=3)으로 줄인다. 또한 vae는 단순한 차원 축소 방법이 아니라 머신러닝 모델 클래스이므로 먼저 데이터를 학습한다. 따라서 다른 것과 달리 이 효과를 위해 축약된 학습 데이터 X_train_abbrev를 사용한다.

이제 딕셔너리 dimred_methods을 반복 처리해 각 방법론으로 차원 축소를 수행한다. vae의 경우 적합된 모델이 존재한다. 마지막으로 vae에 대한 축소된 데이터와 적합된 모델을 나중에 사용할 수 있도록 딕셔너리에 저장한다. 이 방법론 중 두 가지는 각각 몇 분 정도 소요되므로 시간이 걸리더라도 걱정하지 말라.

```
for method_name in dimred_methods.keys():
  if method_name != 'vae':
    lowdim_data = dimred_methods[method_name]['method'].\
      fit_transform(X_test_abbrev.values[sample_idx])
  else:
    fitted_model= dimred_methods[method_name]['method'].train()
    lowdim_data = fitted_model.\
      embed(X_test_abbrev.values[sample_idx])
    dimred_methods[method_name]['fitted'] = fitted_model
  dimred_methods[method_name]['lowdim'] = lowdim_data
```

이제 추출된 저차원 데이터로 무엇을 할 수 있을까? 우선 시각화할 수 있다.

여기서 할 수 있는 깔끔한 시각화는 x, y, z의 3차원을 한 번에 하나씩 2차원 플롯으로 그리고 각 클래스를 다른 색상으로 표시하는 것이다. 이것은 위, 옆, 앞의 다른 각도에서 3차원을 보는 것과 같다. 이를 위해 저차원 데이터를 가져와 y_labels에 색상을 지정해 3개의 차원을 플롯으로 그리는 plot_3dim_decomposition 함수를 활용할 것이다. 지연되지 않음 0, 지연됨 1로 코딩된 실제 y 값이 레이블이 될 수 있지만, 범례를 표시할 수 있도록 플롯에 사용할 딕셔너리인 y_names를 생성한다.

```
y_names = {0:'Not Delayed', 1:'Delayed'}
```

이제 샘플링된 y_test_class에 대해 PCA의 저차원 데이터의 플롯을 그려보자.

```
mldatasets.plot_3dim_decomposition(dimred_methods['pca']
  ['lowdim'], y_test_class.values[sample_idx], y_names)
```

그림 3.5에서 **지연된 것**Delayed을 어떤 부분에서는 지연되지 않은 것과 분리할 수 있음을 알 수 있으며, 이는 일부 차원을 다른 차원과 비교할 때 더 명확해진다. 풀컬러 버전은 본문 819쪽을 확인하기 바란다.

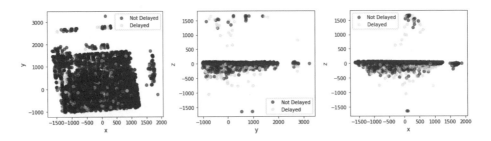

그림 3.5 각각 2차원으로 플롯되고 레이블을 색상으로 구분한 3개의 주성분이 있는 PCA

t-SNE와 VAE에 대해서도 동일한 작업을 수행한다.

```
mldatasets.plot_3dim_decomposition(dimred_methods['t-sne']
['lowdim'], y_test_class.values[sample_idx], y_names)
mldatasets.plot_3dim_decomposition(dimred_methods['vae']
['lowdim'], y_test_class.values[sample_idx], y_names)
```

앞의 코드는 각각 t-SNE 및 VAE에 대해 그림 3.6 및 그림 3.7을 출력한다.

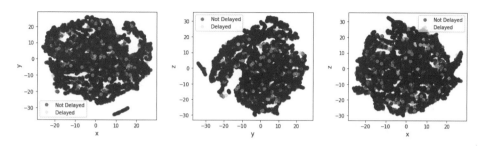

그림 3.6 각각 2차원으로 플롯되고 레이블을 색상으로 구분한 3개의 구성 요소가 있는 t-SNE

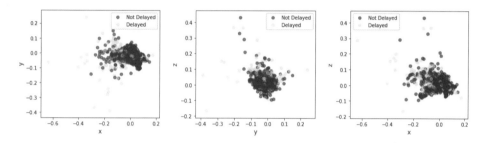

그림 3.7 각각 2차원으로 플롯되고 레이블을 색상으로 구분한 3개의 차원이 있는 VAE

그림 3.6에서 t-SNE는 매우 조밀해 지연이 현저한 클러스터를 발견할 수 없으며, 그림 3.7의 VAE를 보면 보라색의 대부분이 집중된 영역에서는 클러스터를 식별하기가 어렵다. 그림 3.6과 3.7의 풀컬러 버전은 본문 820쪽을 참고하기 바란다. 이런 초기 단계에서 알 수 있듯이 이런 기법을 사용해 클래스가 가장 집중된 영역을 식별할 수 있다. 하지만 이것이 전부일까?

차원 축소를 활용할 수 있는 방법은 여러 가지가 있다. 그중 일부는 완전히 시각적이고, 나머지는 피처 선택 및 피처 엔지니어링, 이상 감지 심지어 중간 단계를 이해하기 위해 사용하는 모델링을 위해 사용할 수도 있다.

그러나 지금은 시각화에만 집중해 모델을 디버깅하는 데 사용할 것이다. 예를 들어 실제 이진 클래스 대신 각 관측치에 대한 분류 오류(*FP, FN*) 또는 분류 성공(*TP, TN*)을 표시할 경우 특정 모델에서 대부분의 예측 오류가 어디에 있는지 시각화할 수 있다. 이를 위해 실제 레이블과 모델 예측값을 가져와 분류 오류 배열(error_vector)을 반환하는 encode_classification_error_vector 함수를 사용할 것이다. error_labels는 플롯의 범례를 위한 딕셔너리다. 그다음에 이것을 동일한 plot_3dim_decomposition 함수에 연결할 수 있다. 이것을 사용해 적합시킨 분류기 중 가장 성능이 낮은 릿지 분류기의 분류 오류를 시각화할 수 있다.

```
y_test_class_samp = y_test_class.values[sample_idx]
y_test_pred_samp = class_models['ridge']['preds'][sample_idx]
error_vector, error_labels =\
    encode_classification_error_vector(y_test_class_samp,\
                                       y_test_pred_samp)
```

이제 3차원 축소 방법론을 모두 사용해 이 분류 오류를 시각화한다.

```
mldatasets.plot_3dim_decomposition(dimred_methods['pca']
['lowdim'], error_vector, error_labels)
mldatasets.\
    plot_3dim_decomposition(dimred_methods['t-sne']['lowdim'],\
                            error_vector, error_labels)
mldatasets.plot_3dim_decomposition(dimred_methods['vae']
['lowdim'], error_vector, error_labels)
```

126

앞의 코드는 그림 3.8을 출력한다. 풀컬러 버전은 본문 820쪽을 참고하기 바란다.

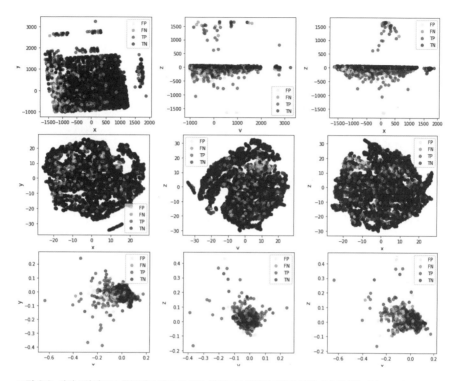

그림 3.8 각각 2차원으로 플롯되고 분류 오류를 색상으로 구분한 3개의 구성 요소가 있는 PCA, t-SNE, VAE

그림 3.8을 통해 모든 차원 축소 기법에 대해 FP 및 FN이 현저하게 나타나는 "약한" 영역을 식별할 수 있다. 이 영역을 더 깊이 파고들어 차원 축소를 위한 다양한 피처 조합을 시도해 차이가 있는지 확인하거나 또는 피처에 어떤 변환을 수행할 수도 있다. 패턴을 표현하는 표현력에 있어서 3차원이 부족하다고 생각되면 더 많은 차원을 시도해보라. 거기에 탐색할 것이 더 많이 있을 것이다.

차원 축소 기법이 데이터셋의 본질을 포착한다면 이것을 학습하지 않는 이유는 무엇인가? 어떤 경우에는 말이 될 수도 있지만 x, y, z는 본질적으로 의미가 없으며, 의미는 해석에 필수불가결하기 때문이다. 그러나 모델이 잘 분류하지 못하는 클러스터에서 의미를 찾을 수 있으며 이는 모든 모델로 확장될 수 있다. 실제로 예제의 모든 모델에서 일관되게 FP

또는 FN이 나타나는 위치가 어디인지 묻고 답할 수 있다. 이런 일이 발생하는 클러스터를 찾아 이에 대한 통찰력을 모델에 통합할 수 있다.

시각화를 사용해 모델을 검토하는 것은 차원 축소 방법론에만 국한되지 않는다. 3장의 뒷부분에서 다루겠지만 일부 모델 클래스는 시각화하기 쉽다.

이제 지금까지 살펴본 전통적인 방법론의 몇 가지 한계를 알아볼 것이다.

▍ 전통적인 모델 해석 방법론의 한계

간단히 말해서 전통적인 해석 방법론은 모델에 대해 다음과 같은 표면적인 질문만 다룬다.

- 전체적으로 잘 수행됐는가?
- 하이퍼파라미터의 어떤 변화가 예측 성능에 영향을 미치는가?
- 피처와 예측 성능 사이에서 어떤 잠재적 패턴을 찾을 수 있는가?

모델이 잘 작동하는지 뿐만 아니라 왜, 어떻게 작동하는지 이해하려는 경우에 이런 질문은 매우 제한적이다.

이런 이해의 차이로 인해 모델에 즉시 드러나지 않는 예상치 못한 문제가 발생할 수 있다. 일단 배포된 모델은 정적이 아니라 동적이라는 점을 고려해야 한다. 배포된 모델은 그것을 학습시킬 때 "연구실"에서 했던 것과 전혀 다른 도전에 직면한다. 이 모델들은 성능 문제뿐만 아니라 과소하게 나타나는 클래스의 불균형 또는 적대적 공격 등의 보안 문제와 같은 편향 이슈에 직면할 수 있다. 실제 환경에서 피처가 변경됐음을 알게 되면 동일한 피처 집합으로 단순히 재학습하는 대신 새로운 피처를 추가해야 할 수도 있다. 그리고 모델에 문제가 되는 가정이 있는 경우 전체 파이프라인을 다시 검토해야 할 수도 있다. 하지만 애초에 이런 문제들이 존재한다는 것을 어떻게 파악할 수 있는가? 바로 이때 모델에 대해 더 깊이 파고들고 더 구체적인 질문에 답하기 위해 도움이 되는 완전히 새로운 해석 도구가 필요하다. 이런 도구는 1장, '해석, 해석 가능성, 설명 가능성: 왜 이 모두가 중요한

가?'에서 논의했던 **공정성, 책임성, 투명성**^{FAT}을 진정으로 설명할 수 있는 해석을 제공한다.

▌본질적으로 해석 가능한 화이트박스 모델

앞에서 이미 "화이트박스" 모델 계열의 각각을 대표하는 모델 클래스에 학습 데이터를 적합시켰다. 이 절의 목적은 이 모델들이 왜 본질적으로 해석 가능한지를 정확히 보여주는 것이다. 앞에서 적합시킨 모델을 사용해 그 이유를 설명할 것이다.

일반화 선형 모델

GLM은 모든 통계 분포에 대한 모델을 갖고 있는 모델 클래스의 한 계열이다. **선형회귀**가 목표 피처와 잔차는 정규분포를 갖는다고 가정하는 것처럼 **로지스틱 회귀**는 베르누이 분포를 가정한다. 푸아송 분포에 대한 **푸아송 회귀** 그리고 다항 분포에 대한 다항 반응 모델과 같이 모든 분포에 대한 GLM이 있다. 목표변수의 분포 및 데이터가 다양한 GLM의 가정 중 어떤 것을 충족하는지 여부에 따라 사용할 GLM을 선택한다. 기초가 되는 분포 외에도 GLM을 단일 계열로 묶는 이유는 모두 선형 예측변수를 갖고 있다는 사실이다. 즉, 목표변수 $\hat{y}$는 수학적으로 X 피처의 가중치 합으로 표현될 수 있으며, 여기서 가중치는 계수 b 또는 β라고 부른다. 다음은 모든 GLM이 공유하는 간단한 공식인 선형 예측 함수다.

$$\hat{y} = \beta X$$

동일한 공식을 공유하기는 하지만 각 모델은 선형 예측 함수와 GLM 통계 분포의 평균 사이에 연결을 제공하는 연결 함수가 각각 다르다. 이는 계수 b와 입력 데이터 X 사이의 선형 결합을 유지하면서 결과 모델 공식에 약간의 비선형성을 추가할 수 있게 해주지만, 이것이 혼란의 원인이 될 수 있다. 그래도 선형 결합 때문에 선형이라고 한다.

GLM에 대한 변형도 많이 있다. 예를 들어 **다항회귀**는 피처에 대해 다항 함수를 사용하는 선형회귀이고, **릿지회귀**는 L2 정규화를 사용하는 선형회귀이다. 3장의 예제에서는 필요하지 않기 때문에 이 절에서는 모든 GLM을 다루지 않을 것이지만 모두 그럴듯한 유스 케이스를 갖고 있다.

덧붙여서 **GAM**^{Generalized Additive Models}이라는 유사한 개념도 있는데, 이것은 피처와 계수의 선형 결합을 필요로 하지 않고 그 대신 여러 구간으로 나눠진 피처에 각각 적용되는 임의의 함수들에 선형적으로 의존하는 GLM이다. GAM도 해석 가능하지만 일반적이지 않으며, 대개 특정 유스 케이스에 맞게 조정된다.

선형회귀

1장, '해석, 해석 가능성, 설명 가능성: 왜 이 모두가 중요한가?'에서는 하나의 X 피처만 갖는 단순 선형회귀 공식을 다뤘다. 다중 선형회귀는 이것이 확장돼 여러 개의 피처를 가지므로

$$\hat{y} = \beta_0 + \beta_1 X_1$$

대신에 다음과 같이 될 수 있다.

$$\hat{y} = \beta_0 + \beta_1 X_1 + \beta_2 X_2 \ldots + \beta_n X_n$$

여기서 n은 피처의 수, β_0는 절편이다. 선형대수 덕분에 이것을 다음과 같이 간단한 행렬 곱셈으로 표현할 수 있다.

$$\hat{y} = \beta X$$

최적의 계수 b를 얻기 위해 사용되는 방법론인 **OLS**는 잘 연구되고 이해된 방법론이다. 또한 계수 외에도 각 계수에 대한 신뢰 구간을 추출할 수 있다. 모델의 정확성은 입력 데이터가 **선형성**, 정규성, 독립성, 다중공선성 결여, 등분산성^{homoscedasticity} 등을 충족하는지 여

부에 따라 다르다. 지금까지 선형성에 대해서는 꽤 많이 논의했으므로 나머지를 간략하게 설명한다.

- **정규성**은 각 피처가 정규분포를 따르는 특성이다. 이것은 Q–Q 플롯, 히스토그램, 또는 **콜모고로프–스미르노프**Kolmogorov-Smirnov 검정 등으로 테스트할 수 있으며, 비정규성은 비선형 변환을 통해 보정할 수 있다. 피처가 정규분포를 따르지 않으면 계수의 신뢰 구간이 유효하지 않게 된다.
- **독립성**은 데이터셋의 각 관측치들이 서로 독립적인 것을 말한다. 관측치가 독립적이지 않으면 결과 해석에 영향을 미칠 수 있다. 3장의 예제 데이터가 동일한 항공편에 대해 여러 개의 행을 갖는다면 이 가정을 위반하고 결과를 이해하기 어렵게 만들 수 있다. 이것은 중복된 항공편 번호를 찾는 것으로 테스트할 수 있다.
- **다중공선성**은 없는 것이 바람직하다. 그렇지 않으면 계수가 정확하지 않기 때문이다. 다중공선성은 피처가 서로 높은 상관관계를 갖고 있을 때 발생한다. 이것은 **상관 행렬, 허용 오차 측정**tolerance measure 또는 **분산 팽창 계수**VIF, Variance Inflation Factor 등으로 테스트할 수 있으며, 상관관계가 높은 피처 중 하나를 제거해 보정할 수 있다.
- **등분산성**은 1장, '해석, 해석 가능성, 설명 가능성: 왜 이 모두가 중요한가?'에서 간략하게 논의했으며, 잔차 또는 오차가 회귀선 전체에서 거의 비슷하게 분포된 것을 의미한다. 이것은 **골드펠드–퀀트**Goldfeld-Quandt 검정으로 테스트할 수 있으며, 등분산성이 없는 상태인 이분산성heteroscedasticity은 비선형 변환을 통해 보정할 수 있다. 이 가정은 실제로도 종종 위반된다.

3장의 예제에서는 수행하지 않았지만 선형회귀를 주로 사용하려는 경우 데이터를 선형회귀 모델에 적합시키기 전에 항상 이런 가정을 테스트하는 것이 좋다. 이 책은 **정규성**과 **등분산성** 같은 특정 모델 클래스의 가정을 충족시키는 방법을 탐구하는 것보다 모델 독립적 해석 및 딥러닝 해석 방법론 탐구에 더 가깝기 때문에 이를 수행하는 방법에 대해서는 자세히 설명하지 않는다. 그러나 2장, '해석 가능성의 주요 개념'의 대부분에서 해석을 위해 중요한 특성들을 다뤘으며 **비선형성, 비단조성, 상호 작용성**이라는 특성에 대해서는 계속 알아볼 것이다. 예측에 사용된 모델 클래스에 상관없이 피처 간의 선형성 및 상관관계는 여전히 중요하기 때문에 이에 대한 테스트 작업은 수행할 것이다. 그리고 이것은 선형회귀에 사용되는 방법론에서 쉽게 테스트할 수 있는 특성이다.

해석

그렇다면 선형회귀 모델은 어떻게 해석해야 할까? 쉽다. 계수와 절편을 얻으면 된다. 이예제에서 적합시킨 후 저장한 사이킷런 모델은 다음과 같은 속성을 포함하고 있다.

```
coefs_lm = reg_models['linear']['fitted'].coef_
intercept_lm = reg_models['linear']['fitted'].intercept_
print('coefficients:%s' % coefs_lm)
print('intercept:%s' % intercept_lm)
```

출력은 다음과 같다.

```
coefficients: [ 4.54955677e-03 -5.25032459e-03 8.94123625e-
01 1.25274473e-01 -6.46799581e-04 ...]
intercept: -37.860211953237275
```

이제 다음과 같은 공식을 알게 됐다.

```
^y = -37.86 + 0.0045X1 + -0.0053X2 + 0.894X3 + ...
```

이 공식은 모델이 글로벌하게 해석될 수 있는 방법에 대해 약간의 직관을 제공한다. 모델의 각 계수를 해석하는 것은 1장, '해석, 해석 가능성, 설명 가능성: 왜 이 모두가 중요한가?'의 단순 선형회귀 예제에서 했던 것처럼 다중 선형회귀에 대해서도 수행할 수 있다. 계수는 가중치 역할을 하지만 피처의 종류에 따라 다양한 이야기를 해준다. 해석을 좀 더쉽게 할 수 있도록 계수를 각 피처 이름과 함께 데이터프레임에 넣는다.

```
coef_df = pd.DataFrame({'feature':X_train.columns.values.
tolist(), 'coef': coefs_lm})
```
```
coef_df
```

앞의 코드는 그림 3.9의 데이터프레임을 출력한다.

	feature	coef
0	CRS_DEP_TIME	0.00454956
1	DEP_TIME	-0.00525032
2	DEP_DELAY	0.894124
3	TAXI_OUT	0.125274
4	WHEELS_OFF	-0.0006468
5	CRS_ARR_TIME	-0.000369914
6	CRS_ELAPSED_TIME	-0.0126273
7	DISTANCE	0.000676793
8	WEATHER_DELAY	-0.906354
9	NAS_DELAY	-0.674053
10	SECURITY_DELAY	-0.917398
11	LATE_AIRCRAFT_DELAY	-0.929841
12	DEP_AFPH	-0.0152963
13	ARR_AFPH	0.000548174
14	DEP_MONTH	-0.039835
15	DEP_DOW	-0.0182132
16	DEP_RFPH	-0.469474
17	ARR_RFPH	0.373844
18	ORIGIN_HUB	-1.02909
19	DEST_HUB	-0.394899
20	PCT_ELAPSED_TIME	45.0116

그림 3.9 선형회귀 피처의 계수

그림 3.9의 계수를 사용해 피처를 해석하는 방법은 다음과 같다.

- **연속형 피처**: 다른 모든 피처가 동일하게 유지된다고 가정할 때 목적지 공항의 상대적 시간당 항공편 수인 ARR_RFPH가 1 단위 증가할 때마다 예상 지연 시간은 0.373844분 증가한다는 것을 알 수 있다.
- **이진 피처**: ORIGIN_HUB의 경우 출발지 공항이 허브인지 아닌지의 차이는 계수

−1.029088로 표현된다. 즉, 음수이므로 다른 모든 피처가 동일하게 유지된다고 가정할 때 출발지 공항이 허브이면 지연이 1분 이상 줄어든다.

- **범주형 피처**: 범주형 피처는 없지만 범주형 피처였을 수도 있고 실제로 그랬어야 하는 서수형 피처가 있다. 예를 들어 DEP_MONTH 및 DEP_DOW는 각각 1~12 및 0~6의 정수다. 이들이 서수로 처리되는 경우 선형회귀의 선형적인 특성으로 인해 월의 증가/감소가 결과에 영향을 미친다고 가정된다. 요일도 마찬가지다. 그러나 그 영향은 미미하다. 만약 이 피처를 디미^{dummy} 또는 원−핫 인코딩^{one-hot encoding} 피처로 처리했다면 금요일이 토요일이나 수요일보다 항공편 지연에 더 취약한지 또는 10월과 6월보다 7월이 더 많이 지연되는지 측정할 수 있다. 이것은 순서와 관련이 없기 때문에 순서대로 모델링할 수 없다. 즉, 이것은 비선형이다.

- DEP_FRIDAY 및 DEP_JULY라는 피처가 있다고 가정해보자. 이것들은 이진 피처로 처리되며 금요일이나 7월에 출발하는 것이 모델에 어떤 영향을 미치는지 정확하게 알려줄 수 있다. 일부 피처는 범주형에 적합한 후보임에도 불구하고 피처가 의도적으로 서수형 또는 연속형으로 유지돼 올바르게 보정되지 않으면 모델 해석의 표현력에 어떤 영향을 미칠 수 있는지 보여준다. 출발 날짜와 시간이 지연에 어떤 영향을 미쳤는지 항공사 경영진에게 더 자세히 알려주는 것이 좋을 것이다. 또한 이 사례에서는 아니지만 어떤 사례에서는 이와 같이 간과된 피처가 선형회귀 모델의 성능에 큰 영향을 미칠 수 있다.

절편 −37.86은 피처가 아니지만 의미가 있다. 모든 피처가 0인 경우 예측은 어떻게 될까? 실제로는 타당한 이유가 있는 경우가 아니라면 모든 피처가 0이 되는 상황은 발생하지 않는다. 1장, '해석, 해석 가능성, 설명 가능성: 왜 이 모두가 중요한가?'의 예제에서 누군가의 키가 0일 거라고 예상하지 않는 것처럼 이 예제에서도 비행 거리가 0일 거라고 예상하지는 않을 것이다. 그러나 평균이 0이 되도록 피처를 표준화^{standardization}했다면 모든 피처가 평균값인 경우 예상된 예측값은 절편 값으로 해석을 하게 될 것이다.

피처 중요도

계수는 피처 중요도를 계산하기 위해서도 활용될 수 있다. 아쉽게도 사이킷런의 선형회귀는 β 계수의 표준오차standard error를 출력하지 않기 때문에 이를 수행하기에는 부족하다. 중요도에 따라 피처 순위를 정하기 위해 필요한 것은 β를 해당 표준오차로 나누는 것이다. 이 결과를 t-통계량이라고 한다.

$$t_{\beta_i} = \frac{\beta_i}{SE(\beta_i)}$$

그다음에 이 값의 절댓값을 가져와 높은 값에서 낮은 값 순으로 정렬한다. 계산하기는 쉽지만 표준오차가 필요하다. 절편과 사이킷런에서 반환된 계수를 선형대수를 사용해 리버스 엔지니어링할 수도 있다. 하지만 선형회귀 모델을 다시 적합시키는 것이 훨씬 쉬울 것이다. 이번에는 t가 포함된 모든 통계가 요약되는 statsmodels 라이브러리를 사용한다. statsmodels의 선형회귀 모델 이름이 OLS인데, 이는 OLS가 데이터 적합을 위한 수학적 방법론의 이름이기 때문이다.

```
linreg_mdl = sm.OLS(y_train_reg, sm.add_constant(X_train))
linreg_mdl = linreg_mdl.fit()

linreg_mdl.summary()
```

앞의 코드는 그림 3.10을 출력한다.

OLS Regression Results

Dep. Variable:	CARRIER_DELAY	R-squared:	0.921
Model:	OLS	Adj. R-squared:	0.921
Method:	Least Squares	F-statistic:	4.251e+05
Date:	Wed, 02 Sep 2020	Prob (F-statistic):	0.00
Time:	13:32:20	Log-Likelihood:	-2.6574e+06
No. Observations:	764597	AIC:	5.315e+06
Df Residuals:	764575	BIC:	5.315e+06
Df Model:	21		
Covariance Type:	nonrobust		

	coef	std err	t	P>|t|	[0.025	0.975]
const	-37.8618	0.125	-301.763	0.000	-38.108	-37.616
CRS_DEP_TIME	0.0045	7.24e-05	62.872	0.000	0.004	0.005
DEP_TIME	-0.0053	9.19e-05	-57.116	0.000	-0.005	-0.005
DEP_DELAY	0.8941	0.000	2951.056	0.000	0.894	0.895
DEP_AFPH	-0.0153	0.000	-47.725	0.000	-0.016	-0.015
DEP_RFPH	-0.4696	0.017	-27.353	0.000	-0.503	-0.436
TAXI_OUT	0.1253	0.001	104.120	0.000	0.123	0.128
WHEELS_OFF	-0.0006	6.7e-05	-9.646	0.000	-0.001	-0.001
CRS_ELAPSED_TIME	-0.0126	0.001	-19.132	0.000	-0.014	-0.011
PCT_ELAPSED_TIME	45.0113	0.117	384.073	0.000	44.782	45.241
DISTANCE	0.0007	8.02e-05	8.429	0.000	0.001	0.001
CRS_ARR_TIME	-0.0004	2.18e-05	-16.939	0.000	-0.000	-0.000
ARR_AFPH	0.0005	0.000	1.651	0.099	-0.000	0.001
ARR_RFPH	0.3739	0.013	28.386	0.000	0.348	0.400
WEATHER_DELAY	-0.9064	0.001	-995.366	0.000	-0.908	-0.905
NAS_DELAY	-0.6741	0.001	-829.129	0.000	-0.676	-0.672
SECURITY_DELAY	-0.9174	0.005	-167.857	0.000	-0.928	-0.907
LATE_AIRCRAFT_DELAY	-0.9298	0.001	-1827.018	0.000	-0.931	-0.929
DEP_MONTH	-0.0397	0.003	-15.019	0.000	-0.045	-0.034
DEP_DOW	-0.0180	0.004	-4.005	0.000	-0.027	-0.009
ORIGIN_HUB	-1.0291	0.027	-38.589	0.000	-1.081	-0.977
DEST_HUB	-0.3949	0.026	-15.041	0.000	-0.446	-0.343

Omnibus:	211121.387	Durbin-Watson:	2.001
Prob(Omnibus):	0.000	Jarque-Bera (JB):	24359701.834
Skew:	0.098	Prob(JB):	0.00
Kurtosis:	30.651	Cond. No.	5.69e+04

그림 3.10 statsmodels 선형회귀 요약

그림 3.10에서 알 수 있듯이 풀어야 할 것이 꽤 많다. 이 책에서는 **t-통계량**이 피처가 서로 얼마나 중요한지 알려줄 수 있다는 점을 제외한 다른 것은 다루지 않을 것이다. 계수 b가 0, 즉 피처가 모델에 영향을 미치지 않는다고 가정하는 경우 0에서 t-통계량까지의 거리가 귀무 가설을 기각하는 데 도움이 된다는 더 적절한 또 다른 통계적 해석이 있다. 이

것이 t-통계량의 오른쪽에 있는 **p-값**이 하는 일이다. t가 0에 가장 가까운 **ARR_AFPH**의 경우 유일하게 0.05보다 높은 p-값을 갖는다는 것은 우연이 아니다. 이 가설 테스트 방법에 따르면 0.05 미만의 모든 항목이 통계적으로 유의하기 때문에 이 **ARR_AFPH** 피처는 중요하지 않은 수준이다.

피처의 순위를 지정하기 위해 statsmodels 요약에서 데이터프레임을 추출해보자. 그다음에 절편 const는 피처가 아니므로 삭제한다. 피처를 이해하려면 피처 이름이 필요하므로 이 피처 배열을 데이터프레임으로 변환한다. 그다음에 names 데이터프레임을 summary 데이터프레임과 concat한다. 마지막으로 t-통계량의 절댓값으로 새 칼럼을 만들고 그에 따라 정렬한다. t-통계량의 절댓값이 p-값과 어떻게 반비례하는지 보여주기 위해 이 칼럼들을 색상으로 구분한다.

```
summary_df = linreg_mdl.summary2().tables[1]
summary_df = summary_df.drop(['const']).reset_index().\
rename(columns={'index':'feature'})
summary_df['t_abs'] = abs(summary_df['t'])
summary_df.sort_values(by='t_abs', ascending=False).style.\
    background_gradient(cmap='plasma_r', low=0, high=0.1,\
                        subset=['P>|t|']).\
    background_gradient(cmap='plasma_r', low=0, high=0.1,\
                        subset=['t_abs'])
```

위의 코드는 그림 3.11을 출력한다.

	feature	Coef.	Std.Err.	t	P>|t|	[0.025	0.975]	t_abs
2	DEP_DELAY	0.894124	0.000302981	2951.09	0	0.89353	0.894717	2951.09
11	LATE_AIRCRAFT_DELAY	-0.929841	0.000508937	-1827.03	0	-0.930839	-0.928844	1827.03
8	WEATHER_DELAY	-0.906354	0.000910567	-995.373	0	-0.908138	-0.904569	995.373
9	NAS_DELAY	-0.674053	0.000812964	-829.13	0	-0.675646	-0.67246	829.13
20	PCT_ELAPSED_TIME	45.0116	0.117195	384.076	0	44.7819	45.2413	384.076
10	SECURITY_DELAY	-0.917398	0.00546544	-167.855	0	-0.928111	-0.906686	167.855
3	TAXI_OUT	0.125274	0.00120321	104.117	0	0.122916	0.127633	104.117
0	CRS_DEP_TIME	0.00454956	7.23674e-05	62.8675	0	0.00440772	0.00469139	62.8675
1	DEP_TIME	-0.00525032	9.19302e-05	-57.1121	0	-0.0054305	-0.00507014	57.1121
12	DEP_AFPH	-0.0152963	0.000320506	-47.7256	0	-0.0159245	-0.0146681	47.7256
18	ORIGIN_HUB	-1.02909	0.0266686	-38.5879	0	-1.08136	-0.976818	38.5879
17	ARR_RFPH	0.373844	0.0131708	28.3844	3.89612e-177	0.34803	0.399658	28.3844
16	DEP_RFPH	-0.469474	0.0171688	-27.3446	1.50325e-164	-0.503124	-0.435824	27.3446
6	CRS_ELAPSED_TIME	-0.0126273	0.000659852	-19.1366	1.3093e-81	-0.0139206	-0.011334	19.1366
5	CRS_ARR_TIME	-0.000369914	2.18388e-05	-16.9384	2.4083e-64	-0.000412717	-0.00032711	16.9384
14	DEP_MONTH	-0.039835	0.00264082	-15.0844	2.08773e-51	-0.045011	-0.0346591	15.0844
19	DEST_HUB	-0.394899	0.0262564	-15.0401	4.07781e-51	-0.44636	-0.343437	15.0401

그림 3.11 t-통계량의 절댓값으로 정렬된 선형회귀 요약 테이블

그림 3.11에서 피처 중요성에 대해 특히 흥미로운 점은 서로 다른 종류의 지연이 상위 6개 중 5개를 차지한다는 것이다. 물론 이것은 선형회귀가 다른 비선형 효과들을 교란시키기 때문일 수도 있고, 아니면 여기서 좀 더 살펴봐야 할 것이 있기 때문일 수도 있다. 특히 statsmodels 요약의 Warnings 부분은 다음과 같이 경고한다.

"[2] 조건수(condition number)가 5.69e+04로 크다. 이는 강한 다중공선성 또는 다른 수치적인 문제가 있음을 나타낼 수 있다."

뭔가 이상하다. 하지만 일단은 나중에 더 살펴볼 것이다.

릿지회귀

릿지회귀는 3장 앞부분에서 설명했듯이 L2 노름을 사용해 페널티를 주며, 라쏘Lasso 및 엘라스틱넷ElasticNet과 함께 정규화된 회귀의 하위 계열이다. 정규화를 통해 관련 없는 피처의 관련성을 적게 만들어 잡음을 일부 제거하기 때문에 **희소 선형 모델**sparse linear model이라

고도 한다. 여기서의 희소성은 복잡성이 감소하면 분산이 작아지고 일반화가 향상된다는 것을 의미한다.

이 개념을 설명하기 위해 선형회귀에 대한 피처 중요도 테이블인 그림 3.11을 살펴보자. t_abs 칼럼이 다른 색으로 시작하고 그 전체가 동일한 노란색 음영으로 표시된 것을 바로 알 수 있다. 신뢰 구간의 변동성 때문에 t-값의 절댓값은 비교를 위해 사용할 수 없으며, 상위 피처가 하위의 10개 피처보다 수백 배 더 관련성이 높다고 말할 수 없다. 그러나 관련성이 없고 교란 가능성이 있어서 잡음이 발생할 수 있는 지점이 있는 다른 피처보다 중요 피처가 더 의미가 있음을 나타낸다. 피처의 작은 하위 집합이 모델의 결과에 큰 영향을 미치는 경향이 있는지에 대한 충분한 연구가 있다. 이를 **"희소성 원칙에 베팅한다**bet on sparsity principle"[1]고 한다. 이것이 사실인지 아닌지에 상관없이 데이터에 정규화를 적용해 이 이론을 테스트해보는 것이 좋으며, 특히 데이터가 매우 넓게 많은 피처를 갖고 있거나 다중공선성을 나타내는 경우에는 더욱 그렇다. 이런 정규화된 회귀 기법은 피처 선택 프로세스에 통합되거나 어떤 피처가 필수적인지 이해하는 데 도움이 될 수 있다.

릿지회귀는 분류 문제에 적용할 수 있음을 앞에서 간단히 언급했다. 학습 데이터의 레이블을 −1에서 1까지의 척도로 변환해 −1~1 사이의 값을 예측하도록 한 다음 이것을 다시 0~1 사이의 척도로 변환한다. 릿지 분류도 데이터에 적합시키기 위해 정규화된 선형회귀를 사용하므로 동일한 방식으로 해석될 수 있다.

해석

릿지회귀는 선형회귀와 같은 방식으로 글로벌과 로컬 모두로 해석될 수 있으며, 이는 모델이 한 번 적합되면 차이가 없기 때문이다. 공식은 동일하다.

$$\hat{y} = \beta^{ridge} X$$

---

1 "bet on sparsity"에 대해서는 다음 자료(http://faculty.bscb.cornell.edu/~bien/simulator_vignettes/lasso.html)를 참조하라. — 옮긴이

하지만 적용할 축소량 또는 페널티의 크기를 제어하는 매개변수로 인해 페널티를 받았기 때문에 β^{ridge} 계수는 다르다.

적합된 모델에서 릿지 계수를 추출하고 선형회귀 계수와 함께 데이터프레임에 나란히 배치해 계수를 빠르게 비교할 수 있다.

```
coefs_ridge = reg_models['ridge']['fitted'].coef_

coef_ridge_df =\

  pd.DataFrame({'feature':X_train.columns.values.tolist(),
                'coef_linear': coefs_lm, 'coef_ridge': coefs_ridge})

coef_ridge_df.style.\

  background_gradient(cmap='viridis_r', low=0.3, high=0.2,
                      axis=1)
```

그림 3.12에서 알 수 있듯이 계수는 약간 다르며 어떤 것은 더 낮고 어떤 것은 더 높다.

	feature	coef_linear	coef_ridge
0	CRS_DEP_TIME	0.00454956	0.00501961
1	DEP_TIME	-0.00525032	-0.00441738
2	DEP_DELAY	0.894124	0.894292
3	TAXI_OUT	0.125274	0.125165
4	WHEELS_OFF	-0.0006468	0.000232365
5	CRS_ARR_TIME	-0.000369914	-0.00189765
6	CRS_ELAPSED_TIME	-0.0126273	-0.0125826
7	DISTANCE	0.000676793	0.0021406
8	WEATHER_DELAY	-0.906354	-0.906168
9	NAS_DELAY	-0.674053	-0.67396
10	SECURITY_DELAY	-0.917398	-0.917398
11	LATE_AIRCRAFT_DELAY	-0.929841	-0.929537
12	DEP_AFPH	-0.0152963	-0.0154111
13	ARR_AFPH	0.000548174	0.000532269
14	DEP_MONTH	-0.039835	-0.0398301
15	DEP_DOW	-0.0182132	-0.018213
16	DEP_RFPH	-0.469474	-0.469473
17	ARR_RFPH	0.373844	0.373847
18	ORIGIN_HUB	-1.02909	-1.02909
19	DEST_HUB	-0.394899	-0.394898
20	PCT_ELAPSED_TIME	45.0116	45.0116

그림 3.12 선형회귀 계수와 릿지회귀 계수 비교

140

릿지회귀 교차 검증이 최적이라고 간주하는 λ 매개변수, 즉 사이킷런의 alpha 값은 저장하지 않았다. 그러나 어떤 매개변수가 가장 좋은지 알아내기 위해 약간의 실험을 할 수 있다. 각 릿지 모델에 100에서 1013 사이, 즉 1에서 10,000,000,000,000 사이의 가능한 100개의 알파 값을 반복적으로 처리해 데이터를 적합시킨 다음 계수를 배열에 추가한다. 이때 배열에서 한 계수가 나머지 계수보다 훨씬 커서 축소 효과를 시각화하기가 어려워졌기 때문에 이를 제외했다.

```python
num_alphas = 100
alphas = np.logspace(0, 13, num_alphas)
alphas_coefs = []
for alpha in alphas:
    ridge = linear_model.Ridge(alpha=alpha).fit(X_train,\
                                                 y_train_reg)
    alphas_coefs.append(np.concatenate((ridge.coef_[:8],\
                                        ridge.coef_[9:])))
```

이제 계수의 배열을 사용해 알파 값에 따른 계수의 변화를 플롯으로 그릴 수 있다.

```python
plt.gca().invert_xaxis()
plt.tick_params(axis = 'both', which = 'major')
plt.plot(alphas, alphas_coefs)
plt.xscale("log")
plt.xlabel('Alpha')
plt.ylabel('Ridge coefficients')
plt.grid()
plt.show()
```

앞의 코드는 그림 3.13을 출력한다.

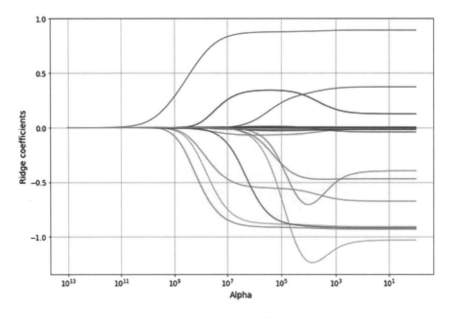

그림 3.13 alpha 하이퍼파라미터 대 릿지회귀 계수

그림 3.13에서 주목해야 할 것은 알파가 클수록 정규화가 높아진다는 것이다. 이것이 알파가 1012일 때 모든 계수가 0으로 수렴되는 이유이며, 알파가 작아질수록 모든 계수가 발산되면서 다소 안정화되는 지점에 도달하는 이유다. 이 경우 이 지점은 약 102 지점이다. 이 그림을 보는 또 다른 방법은 모든 계수가 0에 가까울 때는 정규화가 너무 강력해 모든 피처가 목표변수와 관련이 없음을 의미한다. 하지만 충분히 분기되고 안정화되면 정규화는 모든 피처를 관련성 있게 만들어 목적을 상실한다. 그래서 이제 코드로 돌아가면 *RidgeCV*에서 알파에 대해 alphas=[1e-3, 1e-2, 1e-1, 1]로 선택했음을 알 수 있다. 앞의 그림에서 알 수 있듯이 알파가 1 이하에 이르렀을 때 계수는 여전히 약간 변동하고 있지만 이미 안정화돼 있다. 이것으로 릿지가 선형회귀보다 더 좋은 성능을 발휘하지 못한 이유를 설명할 수 있다. 일반적으로 정규화된 모델이 그렇지 않은 모델보다 더 좋은 성능을 보일 것이라고 기대하지만 하이퍼파라미터가 적절하지 못한 경우라면 그렇지 않다.

> **해석과 하이퍼파라미터**
>
> 잘 튜닝된 정규화는 잡음을 제거해 해석 가능성을 높이는 데 도움이 될 수 있다. 하지만 RidgeCV에 대해 선택된 알파는 다음 요점을 전달하기 위해 의도적으로 선택됐다. 즉, 정규화는 하이퍼파라미터를 올바르게 선택한 경우에만 작동할 수 있다. 정규화 하이퍼파라미터 튜닝이 자동인 경우에는 방법론이 데이터셋에 최적이어야 한다.

피처 중요도

이것은 선형회귀와 같지만 사이킷런 모델에서 추출할 수 없는 계수의 표준오차가 다시 필요하며, 이를 위해 statsmodels의 fit_regularized 메서드를 사용할 수 있다.

다항회귀

다항회귀는 피처가 더 높은 차수의 항을 갖도록 확장된 선형회귀 또는 로지스틱 회귀의 특별한 경우다. 3장의 연습에서는 다항 선형회귀만 수행했으므로 이 변형에 대해서만 논의할 것이다. 그러나 적용 방법은 유사하다.

2개의 피처가 있는 다중 선형회귀는 다음과 같다.

$$\hat{y} = \beta_0 + \beta_1 X_1 + \beta_2 X_2$$

그러나 다항회귀에서는 모든 피처가 더 높은 차수의 항과 모든 피처 간의 상호 작용을 갖도록 확장된다. 따라서 피처가 2개인 경우를 2차식으로 확장하면 선형회귀 공식은 다음과 같다.

$$\hat{y} = \beta_0 + \beta_1 X_1 + \beta_2 X_2 + \beta_3 X_1^2 + \beta_4 X_1 X_2 + \beta_5 X_2^2$$

추가 피처, 고차 항 그리고 상호 작용이 있다는 점을 제외하고는 여전히 모든 면에서 선형회귀다. 다항식 확장을 하나 또는 몇 개의 피처로만 제한할 수 있지만 모든 피처에 대해 이를 수행하는 PolynomialFeatures를 사용했다. 따라서 21개의 피처가 여러 번 곱해졌다.

적합된 모델에서 계수를 추출하고 넘파이 배열의 shape 프로퍼티를 사용해 얼마나 많은 계수가 생성됐는지 반환할 수 있다. 이 값은 생성된 피처의 수다.

```
reg_models['linear_poly']['fitted'].\
  get_params()['linearregression'].coef_.shape[0]
```

253을 출력한다. 상호 작용 항만 있는 다항회귀 버전에서도 동일한 작업을 수행할 수 있다.

```
reg_models['linear_interact']['fitted'].\
  get_params()['linearregression'].coef_.shape[0]
```

위 코드는 232를 출력한다. 이렇게 생성된 대부분의 다항식 항은 모든 피처 간의 상호 작용이다.

해석 및 피처 중요도

다항회귀는 선형회귀와 정확히 동일한 방식으로 글로벌 및 로컬로 해석될 수 있다. 이 경우 253개의 선형 결합된 항이 있는 공식을 이해하는 것은 실용적이지 않으므로 2장, '해석 가능성의 주요 개념'에서 정의한 글로벌 전체적 해석을 잃게 된다. 그러나 여전히 다른 모든 범위에서 해석될 수 있으며 선형회귀의 많은 속성을 유지한다. 예를 들어 모델은 가산적이므로 피처의 효과를 쉽게 분리할 수 있다. 또한 선형회귀에 사용되는 것과 동일한 많은 동료 검토 및 테스트를 거친 통계 방법론을 사용할 수 있다. 예를 들어 t-통계량, p-값, 신뢰 구간, R-제곱뿐만 아니라 적합성 평가, 잔차 분석, 선형 상관, 분산 분석 등을 위해 사용되는 많은 테스트를 사용할 수 있다. 모델을 테스트하고 해석하기 위해 통계적으로 입증된 이 풍부한 방법론들이 대부분의 모델 클래스에서 신뢰할 수 있는 것은 아니다. 불행하게도 그중 많은 것은 선형회귀와 몇 가지 특별한 경우에 대해서 모델 종속적이다.

또한 항이 너무 많기 때문에 여기서는 피처 중요도 관련 작업을 수행하지 않는다. 그래도 statsmodels 라이브러리를 사용해 선형회귀와 동일한 방식으로 다항회귀에 대한 피처의 순위를 정할 수 있다. 핵심은 PolynomialFeatures에 의해 생성된 피처의 순서를 파악해 피처 이름 칼럼에 따라 이름을 지정하는 것이다. 이 작업이 끝나면 어떤 2차항 또는 어떤 상호 작용이 중요한지 알 수 있다. 이것은 이 피처들이 비선형성을 갖고 있는지 또는 다른 피처에 크게 의존하는지 여부를 알려줄 수 있다.

로지스틱 회귀

2장, '해석 가능성의 주요 개념'에서 로지스틱 회귀와 그에 대한 해석 및 피처 중요성을 논의했다. 3장의 분류 예제의 컨텍스트에서 이 모델이 정확히 해석 가능한 이유를 뒷받침하기 위해 여기서는 약간만 확장할 것이다. 적합된 로지스틱 회귀 모델에는 선형회귀 모델과 마찬가지로 계수와 절편이 있다.

```
coefs_log = class_models['logistic']['fitted'].coef_
intercept_log = class_models['logistic']['fitted'].intercept_
print('coefficients:%s' % coefs_log)
print('intercept:%s' % intercept_log)
```

출력은 다음과 같다.

```
coefficients:  [[-6.31114061e-04 -1.48979793e-04  2.01484473e-
01  1.32897749e-01 1.31740116e-05 -3.83761619e-04 -7.60281290e-
02  ..]]
intercept: [-0.20139626]
```

하지만 이 계수가 특정 예측 $\hat{y}^{(i)}$에 대한 공식에 나타나는 방식은 완전히 다르다.

$$P(\hat{y}^{(i)} = 1) = \frac{e^{\beta_0 + \beta_1 X_1^{(i)} + \beta_2 X_2^{(i)} \ldots + \beta_n X_n^{(i)}}}{1 + e^{\beta_0 + \beta_1 X_1^{(i)} + \beta_2 X_2^{(i)} \ldots + \beta_n X_n^{(i)}}}$$

$\hat{y}^{(i)} = 1$, 즉 양의 클래스일 확률은 β 계수와 피처의 선형 결합의 지수를 포함하는 로지스틱 함수로 표현된다. 지수의 존재는 모델로부터 추출된 계수가 로그 오즈log-odds인 이유를 설명하며, 그렇기 때문에 계수를 분리하기 위해서는 방정식의 양쪽에 로그를 적용해야 한다.

해석

각 계수를 해석할 때는 피처에서의 단위 증가를 제외하면 선형회귀와 동일하다. 로지스틱 회귀에서는 다른 모든 피처가 동일한 경우 한 피처의 단위 증가는 해당 계수의 지수로 표현되는 값만큼 양의 클래스가 될, 즉 여기서는 지연될 오즈^{odds}를 높인다. 2장, '해석 가능성의 주요 개념'에서 논의된 세테리스 파리부스 가정을 기억하라. 지수 $e\beta$는 오즈가 아닌 로그 오즈의 증가를 나타내기 때문에 각 계수에 적용돼야 한다. 로그 오즈를 해석에 통합하는 것 외에도 선형회귀 해석에서 연속형, 이진값, 범주형 변수에 대해 얘기했던 것과 동일한 것이 로지스틱 회귀에도 적용된다.

피처 중요도

아쉽게도 아직 통계학 커뮤니티에서는 로지스틱 회귀에 대한 피처 중요도를 가장 잘 얻는 방법에 대한 합의가 없다. 모든 피처를 우선적으로 표준화하는 방법, 의사^{pseudo} R^2 방법, 한 번에 한 피처에 대한 ROC-AUC 방법, 부분 카이제곱$^{chi-squared}$ 통계, 각 피처의 표준편차에 계수를 곱하는 가장 단순한 방법 등이 있다. 이 모든 방법을 다루지는 않겠지만 피처 중요도를 일관되고 신뢰성 있게 계산하는 것은 화이트박스 모델을 비롯한 대부분의 모델 클래스에 대한 문제라는 점에 주의해야 한다. 이에 관해서는 4장, '피처 중요도와 피처 영향력'에서 더 자세히 알아볼 것이다. 로지스틱 회귀의 경우 가장 널리 사용되는 방법은 학습 전에 모든 피처를 표준화하는 것이다. 즉, 중심이 0이 되도록 하고 이것을 표준편차로 나눈다. 하지만 이것은 이점도 있지만 계수 해석을 더 어렵게 만들기 때문에 여기서는 이 작업을 수행하지 않으며, 다음과 같이 2장, '해석 가능성의 주요 개념'에서 활용한 각 피처의 표준편차에 계수를 곱하는 다소 거친 방법을 사용한다.

```
stdv = np.std(X_train, 0)
abs(coefs_log.reshape(21,) * stdv).sort_values(ascending=False)
```

앞의 코드는 다음을 출력한다.

DEP_DELAY	8.918590
CRS_ELAPSED_TIME	6.034794
DISTANCE	5.309037
LATE_AIRCRAFT_DELAY	4.985519
NAS_DELAY	2.387845
WEATHER_DELAY	2.155292
TAXI_OUT	1.311593
SECURITY_DELAY	0.383242
ARR_AFPH	0.320974
: :	
WHEELS_OFF	0.006806
PCT_ELAPSED_TIME	0.003410
dtype: float64	

이것으로 피처의 중요도를 아주 잘 근사할 수 있다. 선형회귀와 마찬가지로 지연 피처의 순위가 상당히 높다는 것을 알 수 있다. 상위 피처 8개 내에 지연 피처 5개가 있다. 사실 이는 더 살펴봐야 할 부분이다. 이에 관해서는 다른 화이트박스 방법론에 대해 논의하면서 더 자세히 살펴볼 것이다.

의사 결정 트리

의사 결정 트리는 알고리듬으로 전환되기 전에도 아주 오랫동안 사용해왔다. 의사 결정 트리를 이해하는 데는 수학적 능력이 거의 필요하지 않으며, 이해하기 쉬운 낮은 장벽 때문에 아주 단순한 표현으로도 매우 잘 해석할 수 있다. 그러나 실제로는 많은 종류의 의사 결정 트리가 있으며 대부분의 경우에 부스팅, 배깅, 스태킹 등의 **앙상블 방법**을 사용하거나 PCA 또는 기타 임베딩을 활용하기 때문에 해석하기 어렵다. 앙상블이 아닌 의사 결정 트리도 깊어지면 매우 복잡해질 수 있다. 의사 결정 트리는 복잡성과는 별도로 데이터 및 예측에 대한 중요한 통찰력을 얻기 위해 항상 마이닝될 수 있으며, 회귀 및 분류 작업 모두에 사용될 수 있다.

CART 의사 결정 트리

CART^{Classification and Regression Trees} 알고리듬은 대부분의 유스 케이스에서 선택되는 "기본적인" 군더더기 없는 의사 결정 트리다. 앞에서 언급했듯이 대부분의 의사 결정 트리는 화이트박스 모델이 아니지만, CART는 수학 공식으로 표현되고 트리를 가지와 잎으로 세분화하는 일련의 규칙을 통해 시각화되고 출력되기 때문에 화이트박스 모델이다.

수학 공식은 다음과 같다.

$$\hat{y} = \sum_{m=1}^{M} \mu_m \, I\{x \in R_m\}$$

이 공식이 의미하는 것은 항등함수 I에 따라 x가 하위 집합 R_m에 있으면 1을 반환하고 그렇지 않으면 0을 반환한다는 것이다. 이 함수는 하위 집합 R_m에 있는 모든 요소의 평균인 μ_m에 의해 곱해진다. 따라서 x가 리프 노드^{leaf node} R_k에 속하는 하위 집합에 있으면 예측 $\hat{y}_i = \mu_k$이다. 즉, 예측은 하위 집합 R_k의 모든 요소의 평균이다. 이것이 회귀 작업에서 발생하는 일이며, 이진 분류에서는 항등함수 I에 곱하기 위한 μ_m이 없다.

모든 의사 결정 트리 알고리듬의 핵심에는 하위 집합을 생성하는 방법이 있다. CART의 경우 **지니 계수**^{Gini index}라는 것을 사용해 두 개의 가지를 최대한 다르게 재귀적으로 분할한다.

해석

의사 결정 트리는 시각화를 통해 글로벌 및 로컬로 해석될 수 있다. 7개의 계층을 모두 생성할 수 있지만 텍스트가 너무 작아 인식할 수 없기 때문에 여기서는 최대 깊이를 2로 설정했다(max_depth=2). 이 방법의 한계 중 하나는 깊이가 3 또는 4를 넘으면 시각화하는 것이 복잡해질 수 있다는 것이다. 그러나 언제든 프로그램적으로 트리의 가지를 순회해 한 번에 일부 가지만 시각화할 수 있다.

```
fig, axes = plt.subplots(nrows = 1, ncols = 1,\
                        figsize = (16,8), dpi=600)
tree.plot_tree(class_models['decision_tree']['fitted'],\
  feature_names=X_train.columns.values.tolist(),\
  filled = True, max_depth=2)
fig.show()
```

앞의 코드는 그림 3.14의 트리를 출력한다. 트리를 보면 첫 번째 분기는 DEP_DELAY 값이 20.5 이하를 기준으로 의사 결정 트리를 분할한다는 것을 알 수 있다. 또한 해당 결정을 알려주는 지니 계수와 함께 samples로 관측치, 데이터포인트 또는 행의 수를 알려준다. 잎에 도달할 때까지 이 가지를 지나갈 수 있다. 이 트리에서는 하나의 리프 노드만 보이며 가장 왼쪽에 있다. 이것은 분류 트리이므로 value = [629167, 0]는 이 리프 노드에 있는 모든 629,167개의 샘플이 0(지연되지 않음)으로 분류됐음을 알 수 있다.

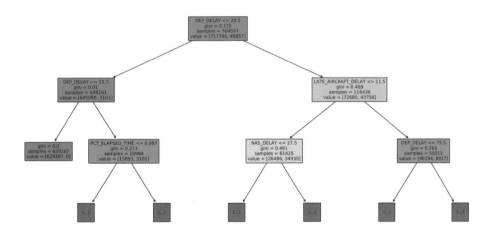

그림 3.14 예제 모델의 시각화된 의사 결정 트리

지니 계수 및 샘플 크기와 같은 세부 정보는 없지만 트리를 더 잘 시각화할 수 있는 또 다른 방법은 모든 분기 및 모든 노드의 클래스에서 내린 의사 결정을 출력하는 것이다.

```
text_tree = tree.\
  export_text(class_models['decision_tree']
['fitted'], feature_names=X_train.columns.values.tolist())
print(text_tree)
```

출력은 다음과 같다.

```
|--- DEP_DELAY <= 20.50
|   |--- DEP_DELAY <= 15.50
|   |   |--- class: 0
|   |--- DEP_DELAY > 15.50
|   |   |--- PCT_ELAPSED_TIME <= 0.99
|   |   |   |--- PCT_ELAPSED_TIME <= 0.98
|   |   |   |   |--- PCT_ELAPSED_TIME <= 0.96
|   |   |   |   |   |--- CRS_ELAPSED_TIME <= 65.50
|   |   |   |   |   |   |--- PCT_ELAPSED_TIME <= 0.94
|   |   |   |   |   |   |   |--- class: 0
|   |   |   |   |   |   |--- PCT_ELAPSED_TIME > 0.94
|   |   |   |   |   |   |   |--- class: 0
|   |   |   |   |   |--- CRS_ELAPSED_TIME > 65.50
|   |   |   |   |   |   |--- PCT_ELAPSED_TIME <= 0.95
|   |   |   |   |   |   |   |--- class: 0
|   |   |   |   |   |   |--- PCT_ELAPSED_TIME > 0.95
|   |   |   |   |   |   |   |--- class: 0
|   |   |   |   |--- PCT_ELAPSED_TIME > 0.96
|   |   |   |   |   |--- CRS_ELAPSED_TIME <= 140.50
|   |   |   |   |   |   |--- DEP_DELAY <= 18.50
```

150

```
|   |   |   |   |   |   |   |--- class: 0
|   |   |   |   |   |   |--- DEP_DELAY > 18.50
|   |   |   |   |   |   |   |--- class: 0
|   |   |   |   |   |--- CRS_ELAPSED_TIME > 140.50
|   |   |   |   |   |   |--- DEP_DELAY <= 19.50
|   |   |   |   |   |   |   |--- class: 0
|   |   |   |   |   |   |--- DEP_DELAY > 19.50
|   |   |   |   |   |   |   |--- class: 0
|   |   |   |--- PCT_ELAPSED_TIME > 0.98
|   |   |   |   |--- DEP_DELAY <= 18.50
|   |   |   |   |   |--- DISTANCE <= 326.50
|   |   |   |   |   |   |--- LATE_AIRCRAFT_DELAY <= 0.50
|   |   |   |   |   |   |   |--- class: 1
|   |   |   |   |   |   |--- LATE_AIRCRAFT_DELAY > 0.50
|   |   |   |   |   |   |   |--- class: 0
|   |   |   |   |   |--- DISTANCE > 326.50
|   |   |   |   |   |   |--- DEP_DELAY <= 17.50
|   |   |   |   |   |   |   |--- class: 0
|   |   |   |   |   |   |--- DEP_DELAY > 17.50
|   |   |   |   |   |   |   |--- class: 0
|   |   |   |   |--- DEP_DELAY > 18.50
|   |   |   |   |   |--- LATE_AIRCRAFT_DELAY <= 1.50
|   |   |   |   |   |   |--- DISTANCE <= 1358.50
|   |   |   |   |   |   |   |--- class: 1
|   |   |   |   |   |   |--- DISTANCE > 1358.50
|   |   |   |   |   |   |   |--- class: 0
|   |   |   |   |   |--- LATE_AIRCRAFT_DELAY > 1.50
|   |   |   |   |   |   |--- class: 0
|   |--- PCT_ELAPSED_TIME > 0.99
```

```
|   |   |   |--- LATE_AIRCRAFT_DELAY <= 1.50
|   |   |   |--- … (goes on for 6 more pages!)
```

의사 결정 트리로 할 수 있는 일은 훨씬 더 많으며 사이킷런은 트리를 탐색할 수 있는 API를 제공한다.

피처 중요도

CART 의사 결정 트리에서 피처 중요도를 계산하는 것은 매우 간단한다. 시각화에서 알 수 있듯이 일부 피처는 의사 결정에 더 자주 나타나며, 이전 노드와 비교해 지니 계수의 전반적인 감소에 얼마나 기여했는지에 따라 가중치가 부여된다. 트리 전체에서 지니 계수의 상대적 감소의 모든 합계가 집계되며, 각 피처의 기여도는 이 감소에 대한 백분율이다.

```
dt_imp_df = pd.DataFrame({'feature':X_train.columns.values.
  tolist(),
  'importance': class_models['decision_tree']['fitted'].\
               feature_importances_}).\
               sort_values(by='importance', ascending=False)
dt_imp_df
```

앞의 코드에 의해 출력된 `dt_imp_df` 데이터프레임은 그림 3.15와 같다.

	feature	importance
2	DEP_DELAY	0.527482
11	LATE_AIRCRAFT_DELAY	0.199153
20	PCT_ELAPSED_TIME	0.105381
8	WEATHER_DELAY	0.101649
9	NAS_DELAY	0.0627577
10	SECURITY_DELAY	0.00199756
7	DISTANCE	0.000993382
6	CRS_ELAPSED_TIME	0.000280958
3	TAXI_OUT	0.000238682
4	WHEELS_OFF	3.46469e-05
12	DEP_AFPH	3.10537e-05
5	CRS_ARR_TIME	0
1	DEP_TIME	0
13	ARR_AFPH	0
14	DEP_MONTH	0
15	DEP_DOW	0
16	DEP_RFPH	0
17	ARR_RFPH	0
18	ORIGIN_HUB	0
19	DEST_HUB	0
0	CRS_DEP_TIME	0

그림 3.15 의사 결정 트리의 피처 중요도

마지막 피처 중요도 도표인 그림 3.15는 지연 관련 피처에 대한 의심을 높인다. 이것들은 다시 상위 6개 중 5개를 차지했다. 다섯 가지 모두가 모델에 큰 영향을 미칠 수 있을까?

목표 피처인 CARRIER_DELAY는 다른 모든 피처인 독립변수에 종속되기 때문에 종속변수라고 한다. 통계적인 관계가 인과 관계를 의미하지는 않지만 어떤 독립변수가 종속변수에 그럴듯하게 영향을 미칠 수 있는지에 대한 이해를 바탕으로 피처를 선택하길 원한다. 출발 지연 DEP_DELAY는 제거된 피처인 도착 지연에 영향을 미치므로 CARRIER_DELAY에 영향을 준다. 마찬가지로 LATE_AIRCRAFT_DELAY는 동일 비행기의 이전 항공편이 몇 분 늦게 도착한 경우 이것은 현재 항공편이 이륙하기 전에 알려지며, 지연의 위험 요인이 되지만 그 원인이 현재 항공편이 아니기 때문에 예측변수로서 의미가 있다. 비록 교통통계국 웹사이트에서 이런 지연을 별개의 범주로 표시하는 방식으로 정의하고 있지만, 지연 중 일부는 항공편이 출발하고 나서 결정될 수 있다. 예를 들어 비행 중 지연을 예측할 때 악천후가 아직 발생하지 않은 경우 WEATHER_DELAY를 기반으로 예측할 수 있을까? 보안 문제가 아직 발생하지 않은 경우 SECURITY_DELAY를 기반으로 예측할 수 있을까? 이 피처들을 포함하는 것이 CARRIER_DELAY의 가능성을 배제하는 이유가 될 수 있기 때문에 이 질문들에 대한 대답을 해서는 안 되며, 이는 종속변수의 날짜가 미리 지정한 개별 범주인 경우에만 작동해야 한다. 결론을 내리기 전에 항공사 경영진과 상의해 각 지연 범주가 일관되게 설정되고 가설에 기반해 항공기 조종실이나 항공사 지휘 센터에서 액세스할 수 있는 타임라인을 결정할 필요가 있다. 이 피처들을 모델에서 강제로 제거하더라도 처음 30분의 비행 로그 또는 과거 날씨 패턴과 같은 다른 데이터가 의미 있는 방식으로 공백을 채울 수 있다. 해석은 항상 데이터와 머신러닝 모델에서 직접적으로 추론되는 것이 아니라 도메인 전문가와 긴밀히 협력해 추론된다. 그러나 때때로 도메인 전문가도 당신을 잘못 인도할 수 있다. 실제로 3장의 시작 부분에서 엔지니어링한 모든 시간 기반 메트릭과 DEP_DOW, DEST_HUB, ORIGIN_HUB 등의 범주형 피처에 대한 또 다른 통찰이 있었다. 이것들은 일관되게 모델에 거의 또는 전혀 영향을 미치지 않는 것으로 나타났다. 항공사 경영진이 요일, 허브 여부, 허브의 혼잡도 등에 대한 중요성을 암시했음에도 불구하고 데이터를 엔지니어링하기 전에 상관관계를 찾고 데이터를 더 탐색했어야 했다. 그러나 쓸모없는 피처를 설계했더라도 화이트박스 모델을 사용해 그 영향을 평가하는 것은 도움이 된다. 데이터 과학에서 실무자는 종종 성능이 좋은 머신러닝 모델과 마찬가지로 시행착오를 통해 학습한다.

RuleFit

RuleFit은 모든 피처에 대해 정규화된 계수를 얻기 위한 여러 LASSO 선형회귀들이 하이브리드된 모델 클래스이며 이를 의사 결정 규칙과 병합한다. 이 규칙도 또한 LASSO를 사용해 정규화한다. 이런 **의사 결정 규칙**은 의사 결정 트리를 순회하며 피처 간의 상호 작용 효과를 찾고 모델에 미치는 영향을 기반으로 계수를 할당함으로써 추출된다. 3장에서는 그래디언트 부스트 의사 결정 트리를 사용해 구현한다.

3장에서 의사 결정 규칙을 명시적으로 다루지는 않았지만 이는 본질적으로 해석 가능한 모델의 또 다른 계열이다. 이 코드 작성 당시 스케이터^{Skater}의 **베이지안 규칙 리스트**^{BRL,} Bayesian Rule List라고 하는 의사 결정 규칙을 지원하는 유일한 파이썬 라이브러리가 아직 실험 단계에 있었기 때문에 포함하지 않았다. 어쨌든 의사 결정 규칙의 이면에 있는 개념은 매우 비슷하다. 그들은 의사 결정 트리에서 피처 상호 작용을 추출하지만 리프 노드를 버리지 않으며, 계수를 할당하는 대신 리프 노드의 예측값을 사용해 규칙을 구성한다. 마지막 규칙은 ELSE문과 같은 포괄적인 규칙이다. RuleFit과 달리 BRL은 IF−THEN−ELSE문과 매우 유사하기 때문에 순차적으로만 이해할 수 있으며, 주요 장점이다.

해석 및 피처 중요도

RuleFit에 대해 알아야 할 모든 것을 단일 데이터프레임(rulefit_df)에 넣을 수 있다. 그다음에 계수가 0인 규칙을 제거한다. 라쏘는 릿지와 달리 계수 추정치가 0으로 수렴한다. 데이터프레임을 중요도에 따라 내림차순으로 정렬해 어떤 피처 또는 규칙의 형태로 된 어떤 피처 상호 작용이 중요한지 확인할 수 있다.

```
rulefit_df = reg_models['rulefit']['fitted'].get_rules()
rulefit_df = rulefit_df[rulefit_df.coef !=0].\
  sort_values(by="importance", ascending=False)
rulefit_df
```

`rulefit_df` 데이터프레임에 있는 규칙은 그림 3.16과 같이 볼 수 있다.

	rule	type	coef	support	importance
129	LATE_AIRCRAFT_DELAY <= 222.5 & WEATHER_DELAY <= 166.0 & DEP_DELAY > 344.0	rule	207.246	0.0016835	8.49625
80	DEP_DELAY > 477.5 & LATE_AIRCRAFT_DELAY <= 333.5	rule	170.948	0.00112233	5.72377
53	WEATHER_DELAY > 255.0 & DEP_DELAY > 490.5	rule	-333.579	0.000187056	4.56188
11	LATE_AIRCRAFT_DELAY	linear	-0.383065	1	4.48841
2	DEP_DELAY	linear	0.162592	1	4.25384
46	LATE_AIRCRAFT_DELAY <= 198.0 & DEP_DELAY > 788.0 & DEP_DELAY > 341.5	rule	-95.8115	0.00149645	3.70359
57	DEP_DELAY > 1206.0	rule	254.29	0.000187056	3.47755
84	DEP_DELAY > 300.0 & DEP_DELAY > 576.5 & LATE_AIRCRAFT_DELAY <= 158.5	rule	121.199	0.000748223	3.31401
64	DEP_DELAY > 880.5	rule	102.969	0.000748223	2.81552
147	DEP_DELAY > 37.5 & DEP_DELAY <= 370.5	rule	-9.13357	0.898429	2.7591
52	LATE_AIRCRAFT_DELAY <= 19.5 & DEP_DELAY > 849.0 & DEP_DELAY > 66.5 & NAS_DELAY > 43.5	rule	-41.4699	0.00430228	2.71422
63	WEATHER_DELAY <= 61.0 & DEP_DELAY <= 849.0 & LATE_AIRCRAFT_DELAY <= 19.5 & DEP_DELAY > 270.0 & NAS_DELAY <= 43.5 & DEP_DELAY > 66.5	rule	99.0067	0.000748223	2.70718
153	WEATHER_DELAY <= 61.0 & DEP_DELAY <= 849.0 & LATE_AIRCRAFT_DELAY <= 19.5 & NAS_DELAY <= 43.5 & DEP_DELAY > 109.0 & DEP_DELAY > 66.5 & DEP_DELAY <= 270.0	rule	29.733	0.00598578	2.29348
169	WEATHER_DELAY > 61.0 & DEP_DELAY <= 849.0 & LATE_AIRCRAFT_DELAY <= 19.5 & NAS_DELAY <= 43.5 & DEP_DELAY > 66.5	rule	-45.9107	0.00224467	2.17271
162	DEP_DELAY > 117.0 & WEATHER_DELAY <= 10.0 & DEP_DELAY <= 225.0 & LATE_AIRCRAFT_DELAY <= 56.5 & DEP_DELAY > 459.0 & DEP_DELAY > 68.5 & NAS_DELAY <= 66.0	rule	28.4973	0.00467639	1.9442
38	LATE_AIRCRAFT_DELAY <= 32.5 & NAS_DELAY <= 40.5 & DEP_DELAY <= 491.5 & DEP_DELAY > 57.5 & DEP_DELAY <= 245.5 & WEATHER_DELAY <= 20.0	rule	12.1724	0.0226337	1.81044
51	DEP_DELAY <= 20.5 & DEP_DELAY <= 68.5 & DEP_DELAY <= 459.0	rule	-4.56733	0.846053	1.64834

그림 3.16 RuleFit의 규칙

그림 3.16에 보이는 것처럼 모든 RuleFit 피처는 `type`을 갖는다. `type`이 `linear`인 것들은 선형회귀 계수처럼 해석된다. `type=rule`인 것은 선형회귀 모델에서 이진 피처처럼 취급된다. 예를 들어 `WEATHER_DELAY > 255.0 & DEP_DELAY > 490.5` 규칙이 `true`이면 계수 `-333.579026`이 예측에 적용된다. 규칙은 상호 작용 효과를 캡처하므로 상호 작용 항을 수동으로 모델에 추가하거나 일부 비선형 방법론을 사용해 찾을 필요가 없다. 더구나 이해하기 쉬운 방식으로 이를 수행한다. 다른 모델을 선택한 경우에도 RuleFit을 사용해 피처 상호 작용에 대한 이해를 높일 수 있다.

최근접 이웃

최근접 이웃은 비지도 방법론^{unsupervised method}에 포함되는 모델 계열이다. 이들 모두는 데이터포인트 간의 근접성을 사용해 예측을 산출한다. 이 모든 방법론 중에서 지도학습인 kNN과 그 사촌인 반지름 최근접 이웃^{Radius Nearest Neighbors}만이 어느 정도 해석을 할 수 있다.

k-최근접 이웃

kNN의 아이디어는 간단하다. 한 데이터포인트에 대해 학습 데이터 중에서 가장 가까운 k개의 포인트를 취해 그들의 레이블(y_train)을 사용해 예측을 한다. 분류 작업이면 모든 레이블의 최빈값이고, 회귀 작업이면 모든 레이블의 평균이다. "적합된 모델"이란 단지 k와 분류인 경우 클래스 목록과 같은 매개변수 그리고 학습 데이터의 집합에 불과하기 때문에 사후 학습기다. 추론할 때까지는 별로 하는 일이 없다. 추론할 때가 되면 사전 학습기처럼 모델로부터 학습한 매개변수, 가중치/편향, 계수 등을 추출하는 대신 바로 학습 데이터를 직접 활용한다.

해석

kNN은 적합되는 모델이 없으므로 글로벌 모듈러 또는 글로벌 전체적 해석 가능성을 가질 수 없기 때문에 로컬 해석 가능성만 갖는다. 분류 작업의 경우 2장, '해석 가능성의 주요 개념'에서 논의한 의사 결정 경계 및 의사 결정 영역을 사용해 이에 대한 이해를 시도할 수 있다. 그래도 항상 로컬 인스턴스를 기반으로 한다.

테스트 데이터셋의 로컬 포인트를 해석하기 위해 인덱스를 사용해 데이터프레임에서 추출한다. 여기서는 항공편 #721043을 이용할 것이다.

```
print(X_test.loc[721043,:])
```

출력은 다음과 같다.

CRS_DEP_TIME	655.000000
DEP_TIME	1055.000000

DEP_DELAY	240.000000
TAXI_OUT	35.000000
WHEELS_OFF	1130.000000
CRS_ARR_TIME	914.000000
CRS_ELAPSED_TIME	259.000000
DISTANCE	1660.000000
WEATHER_DELAY	0.000000
NAS_DELAY	22.000000
SECURITY_DELAY	0.000000
LATE_AIRCRAFT_DELAY	221.000000
DEP_AFPH	90.800000
ARR_AFPH	40.434783
DEP_MONTH	10.000000
DEP_DOW	4.000000
DEP_RFPH	0.890196
ARR_RFPH	1.064073
ORIGIN_HUB	1.000000
DEST_HUB	0.000000
PCT_ELAPSED_TIME	1.084942
Name: 721043, dtype: float64	

항공편 #721043에 대한 y_test_class 레이블에서 이 코드가 1을 출력하기 때문에 지연됐음을 알 수 있다.

```
print(y_test_class[721043])
```

그러나 예제의 kNN 모델은 이 코드를 0으로 출력하기 때문에 지연되지 않을 것으로 예측했다.

```
print(class_models['knn']['preds'][X_test.index.\
get_loc(721043)])
```

예측은 배열로 출력되므로 인덱스 721043을 사용해 항공편 #721043에 대한 예측에 액세스할 수 없다는 것의 주의하라. 이를 조회하기 위해서는 get_loc을 사용해 테스트 데이터셋에서 이 인덱스의 순차적인 위치를 사용해야 한다.

지연되지 않을 것으로 예측되는 이유를 알아보기 위해 모델에 저장된 kneighbors를 사용해 이 데이터포인트의 최근접 이웃 7개를 찾을 수 있다. 이를 위해서는 데이터를 재구성해야 하는데, kneighbor는 학습 데이터셋의 형태인 $(n, 21)$로 된 데이터를 받아들이기 때문이다. 여기서 n은 관측치의 수다. 이 경우엔 단일 데이터포인트에 대한 최근접 이웃만 원하기 때문에 n=1이다. 또한 X_test.loc[721043,:]에 의한 출력은 (21,1)의 형태를 가지므로 이를 뒤집어야 한다.

```
print(class_models['knn']['fitted'].\
  kneighbors(X_test.loc[721043,:].values.reshape(1,21), 7))
```

kneighbors는 두 개의 배열을 출력한다.

```
(array([[143.3160128 , 173.90740076, 192.66705727,
211.57109221,
        243.57211853, 259.61593993, 259.77507391]]),
 array([[105172, 571912, 73409, 89450, 77474, 705972,
706911]]))
```

첫 번째 배열은 테스트 데이터포인트로부터 가장 가까운 7개의 학습 포인트 각각에 대한 거리다. 두 번째 배열은 학습 데이터에서 이 각 데이터포인트의 위치 인덱스다.

```
print(y_train_class.iloc[[105172, 571912, 73409, 89450, 77474,\
                          705972, 706911]])
```

출력은 다음과 같다.

3813	0
229062	1
283316	0
385831	0
581905	1
726784	1
179364	0
Name: CARRIER_DELAY, dtype: int64	

7개의 최근접 포인트에서 가장 흔한 클래스가 0(지연되지 않음)이므로 예측이 최빈값을 반
영한다고 말할 수 있다. k를 늘리거나 줄여 이것이 유지되는지 확인할 수 있다. 덧붙이면
이진 분류에서는 동점이 없도록 홀수 k를 선택하는 것이 좋다. 또 다른 중요 측면은 최근
접 데이터포인트를 선택하기 위해 사용되는 거리 측정법이다. 어떤 것을 사용하고 있는
지 쉽게 알 수 있다.

```
print(class_models['knn']['fitted'].effective_metric_)
```

출력은 euclidean으로 유클리드 거리를 나타내며, 이 예제에 적합하다. 대부분의 피처가
연속형이기 때문에 **실수 벡터 공간**에서는 유클리드가 최적이다. minkowski, seuclidean,
mahalanobis 등과 같은 다른 거리 측정법을 테스트할 수도 있다. 대부분의 피처가 이진 및
범주형이면 정수값 벡터 공간이다. 따라서 hamming이나 canberra와 같이 이 공간에 적합
한 알고리듬으로 거리를 계산해야 한다.

피처 중요도

피처 중요도는 결국 글로벌 모델 해석 방법이고 kNN은 하이퍼-로컬 특성을 가지므로
kNN 모델에서는 피처 중요도를 도출할 방법이 없다.

160

나이브 베이즈

GLM과 마찬가지로 **나이브 베이즈**는 다양한 통계 분포에 맞게 조정된 모델이 있는 모델 클래스 계열이다. 그러나 목표 피처 y가 특정한 분포를 갖는다는 GLM의 가정과 달리 모든 나이브 베이즈 모델은 X 피처가 해당 분포를 갖는다고 가정한다. 더 중요한 것은 조건부 확률에 대한 베이즈 정리를 기반으로 했기 때문에 확률을 출력하므로 오직 분류기로만 사용된다는 것이다. 나이브 베이즈는 모델에 영향을 미치는 각 피처의 확률을 독립적으로 취급하며 이는 강력한 가정이다. 이것이 이 모델이 나이브^{naïve}, 즉 순진하다고 부르는 이유다. 베르누이 분포에 대해서는 **베르누이 나이브 베이즈**가 있고, 다항 분포에 대해서는 **다항 분포 나이브 베이즈**가 있으며, 가장 일반적인 것은 가우시안 나이브 베이즈다.

가우시안 나이브 베이즈

베이즈 정리는 다음 공식으로 정의된다.

$$P(A|B) = \frac{P(B|A)P(A)}{P(B)}$$

즉, B가 참일 때 A가 발생할 확률을 알기 위해 A가 참일 때 B의 조건부 확률에 A가 발생할 확률을 곱한 후 이것을 B가 발생할 확률로 나눈다. 머신러닝 분류기의 컨텍스트에서 이 공식은 다음과 같이 다시 쓸 수 있다.

$$P(y|X) = \frac{P(X|y) \cdot P(y)}{P(X)}$$

여기서 원하는 것은 X가 참일 때 y의 확률이기 때문이다. 그러나 X에는 하나 이상의 피처가 있으므로 다음과 같이 확장할 수 있다.

$$P(y|x_1, x_2, \dots x_n) = \frac{P(x_1|y)P(x_2|y)\dots P(x_n|y) \cdot P(y)}{P(x_1)P(x_2)\dots P(x_n)}$$

예측값 $\hat{y}$를 계산하려면 각 클래스 C_k에 대한 확률, 즉 지연 확률 대 지연되지 않을 확률을 계산한 후 서로 비교해 가장 높은 확률을 가진 클래스를 선택해야 한다.

$$\hat{y} = P(y|X) = \underset{C_k}{\mathrm{argmax}} P(y = C_k) \prod_{i=1}^{n} P(x_i|y = C_k)$$

class prior라고 부르는 각 클래스별 확률 $P(y = C_k)$에 대한 계산은 비교적 간단하다. 사실 적합된 모델은 이것을 class_prior_라는 속성에 저장하고 있다

```
print(class_models['naive_bayes']['fitted'].class_prior_)
```

출력은 다음과 같다.

```
array([0.93871674, 0.06128326])
```

당연히 항공사로 인한 지연은 6%만 발생하기 때문에 이것이 발생할 주변확률^{marginal probability}은 미미하다.

그다음에 이 공식에는 각 피처가 한 클래스에 속할 조건부 확률 $P(x_i|y = C_k)$의 곱인 $\prod_{i=1}^{n}$이 있다. 이 예제에서는 이진 클래스이므로 서로 반비례하기 때문에 여러 클래스의 확률을 계산할 필요가 없다. 따라서 다음과 같이 C_k를 1로 바꿀 수 있다.

$$\hat{y} = P(y = 1|X) = P(y = 1) \prod_{i=1}^{n} P(x_i|y = 1)$$

1을 사용한 이유는 여기서 예측하려는 것이 지연 가능성이기 때문이다. 또한 $P(x_i|y = 1)$은 모델의 가정된 분포에 따라 달라지는, 이 경우에는 가우스 분포에 따른 공식이다.

$$P(x_i|y = 1) = \frac{1}{\sqrt{2\pi\sigma_i^2}} e^{-\frac{(x_i - \theta_i)^2}{2\sigma_i^2}}$$

이 공식을 가우스 분포의 확률밀도^{probability density}라고 한다.

해석 및 피처 중요도

그렇다면 공식에서 이 **시그마**(σ_i)와 **세타**(θ_i)는 무엇일까? 이것은 각각 y=1일 때 x_i 피처의 분산과 평균을 말한다. 이를 통해 직관적으로 알 수 있는 것은 피처가 각 클래스에 대해서 다른 분산과 평균을 갖기 때문에 분류를 할 수 있다는 것이다. 이는 이진 분류 작업이므로 두 클래스 모두에 대해 σ_i와 θ_i를 계산할 수 있다. 다행히 적합된 모델에는 이 값이 저장돼 있다.

```
print(class_models['naive_bayes']['fitted'].sigma_)
```

두 개의 배열이 출력되며, 첫 번째는 음의 클래스에 해당되고 두 번째는 양의 클래스에 해당된다. 배열에는 해당 클래스에 대한 21개 피처 각각에 대한 분산, 즉 시그마가 포함돼 있다.

```
array([[2.50123026e+05, 2.61324730e+05, ..., 1.13475535e-02],
       [2.60629652e+05, 2.96009867e+05, ..., 1.38936741e-02]])
```

모델에서 평균, 즉 세타를 추출할 수도 있다.

```
print(class_models['naive_bayes']['fitted'].theta_)
```

앞의 코드는 또한 각 클래스에 대해 하나씩 두 개의 배열을 출력한다.

```
array([[1.30740577e+03, 1.31006271e+03, ..., 9.71131781e-01],
       [1.41305545e+03, 1.48087887e+03, ..., 9.83974416e-01]])
```

이 두 배열이 나이브 베이즈 결과를 디버그하고 해석하기 위해 필요한 전부다. 이 배열을 사용해 x_i 피처가 양의 클래스에 주어졌을 때의 조건부 확률 $P(x_i|y=1)$을 계산할 수 있기 때문이다. 이 확률을 사용해 글로벌 수준에서 중요도에 따라 피처의 순위를 정하거

나 로컬 수준에서 특정 예측을 해석할 수 있다.

나이브 베이즈는 스팸 필터링 및 추천 시스템과 같은 좋은 유스 케이스가 있는 빠른 알고리듬이지만 독립성 가정은 대부분의 상황에서 성능을 방해한다. 성능 얘기가 나왔으니 이 주제를 해석 가능성의 컨텍스트에서 살펴보자.

▌성능과 해석 가능성 사이의 균형

이전에 이 주제에 대해 간략하게 다뤘지만 높은 성능에는 종종 복잡성이 필요하고 복잡성은 해석 가능성을 저해한다. 2장, '해석 가능성의 주요 개념'에서 살펴본 것과 같이 이 복잡성은 주로 비선형성, 비단조성, 상호 작용성이 원인이다. 모델에 복잡성이 추가되면 데이터셋의 피처 수와 피처 특성에 따라 복잡성이 가중되며, 이는 그 자체로 복잡성의 원인이 되기도 한다.

특수한 모델 속성

다음의 특수 속성은 모델을 더욱 쉽게 해석하는 데 도움이 될 수 있다.

핵심 속성: 설명 가능성

1장, '해석, 해석 가능성, 설명 가능성: 왜 이 모두가 중요한가?'에서 모델의 내부를 살펴보고 모든 부분이 일관된 방식으로 예측을 도출하는 방법을 대부분 직관적으로 이해할 수 있다는 것이 어떻게 설명 가능성과 해석 가능성을 구분하는지에 대해 논의했다. 이 속성은 **투명성**transparency 또는 **반투명성**translucency이라고도 한다. 모델은 투명성 없이도 해석할 수 있지만 "내부"에서 무슨 일이 일어나고 있는지 이해할 수 없기 때문에 인간의 의사 결정을 해석하는 것과 같은 방식으로만 해석이 가능하다. 이것을 사후post-hoc 해석 가능성이라고 하며 몇 가지 예외를 제외하고 이 책이 주로 초점을 맞춘 해석 가능성이다. 즉, 선형회귀와 나이브 베이즈로 수행한 것처럼 통계 및 확률 이론에 기반한 모델의 수학 공식을 활용하거나, 의사 결정 트리 또는 RuleFit에 있는 일련의 규칙과 같이 인간이 해석할 수 있는 구조로 시각화함으로써 모델이 이해되는 경우 이 중 어느 것도 실질적으로 가능하지 않은 다른 머신러닝 모델 클래스보다 훨씬 더 해석 가능성이 높다는 것을 알 수 있다. 화이트박스 모델은 이 점에서 항상 우위에 있으며, 1장, '해석, 해석 가능성, 설명 가능성: 왜 이 모두가 중요한가?'에 열거된 것처럼 화이트박스 모델이 필수인 유스 케이스가 많이 있다. 그러나 화이트박스 모델을 사용하지 않더라도 데이터가 저차원이라면 이것은 항상 해석에 도움이 될 수 있다. 즉 설명 가능성이 있는 한 다른 속성은 지켜지지 않아도 상관없기 때문에 설명 가능성은 핵심 속성이다. 설명 가능성이 있다면 그것이 없는 것보다 더 해석하기 쉬울 것이다.

교정 속성: 정규화

3장에서 정규화는 너무 많은 피처의 도입으로 인해 추가된 복잡성을 완화하고 모델의 성능뿐만 아니라 해석 가능성도 향상시킬 수 있다는 것을 배웠다. 일부 모델은 RuleFit이나 그래디언트 부스트 트리와 같이 학습 알고리듬에 정규화를 통합한다. 다른 모델들은 다층 퍼셉트론이나 선형회귀와 같이 정규화를 통합할 수 있는 능력이 있고 어떤 것들은 kNN과 같이 정규화를 포함할 수 없다. 정규화는 다양한 형태로 제공된다. 의사 결정 트리에는 중요하지 않은 분기를 제거해 복잡성을 줄이는 데 도움이 되는 가지치기^{pruning}라는 방법이 있다. 신경망에는 학습 중에 계층에서 신경망 노드의 연결을 무작위로 끊는 드롭아웃 ^{dropout}이라는 기법이 있다. 정규화는 아주 해석하기 어려운 모델이라도 복잡성을 줄여 해석 가능성을 향상시키는 데 도움이 될 수 있기 때문에 교정 속성이다.

성능 평가

앞에서 살펴본 모든 화이트박스 모델과 몇 가지 블랙박스 모델에 대한 성능을 확인했다. 블랙박스 모델이 대부분의 메트릭에서 상위를 차지했으며 대부분의 유스 케이스에서도 일반적으로 그렇다.

어떤 모델 클래스가 해석 가능성이 더 좋은지 알아내는 것은 과학적이지는 않지만 그림 3.17에 보이는 표는 가장 바람직한 속성을 가진 모델별로 정렬됐다. 즉, 해석 가능성이 좋은 모델은 비선형성, 비단조성, 상호 작용성을 도입하지 않는다. 물론 설명 가능성 자체는 핵심적인 속성이며, 그에 상관없이 정규화는 도움이 될 수 있다. 속성 평가가 어려운 경우도 있다. 예를 들어 다항회귀는 선형 모델로 구현되지만 비선형 관계에 적합하며, 이로 인해 다른 것들과 색깔이 다르다. 12장, '해석 가능성을 위한 단조성 제약조건과 모델 튜닝'에서 살펴보겠지만 일부 라이브러리는 그레디언트 부스드 트리 및 신경망에 단조성 제약을 추가할 수 있게 해준다. 그러나 3장에서 사용한 블랙박스 방법론은 단조성 제약조건을 지원하지 않는다. 그림 3.17의 풀컬러 버전은 본문 821쪽을 참고하기 바란다.

작업 칼럼은 회귀 또는 분류에 사용되는지 여부를 말한다. 그리고 성능 순위 칼럼은 이 모델이 회귀일 경우 RMSE, 분류일 경우 ROC-AUC 기준의 순위를 보여주며, 순위는 숫자가 낮을수록 좋은 것이다. 단순화를 위해 여기서는 성능 평가에 하나의 메트릭만 사용했지만 성능에 대한 논의는 그보다 더 미묘한 점이 있다는 것에 주의해야 한다. 주의해야 할 또 한 가지는 릿지회귀가 예제에서는 낮은 성능을 보였지만 이것은 이전 절에서 설명한 것처럼 일부러 잘못된 하이퍼파라미터를 사용했기 때문이다.

화이트 박스	모델 클래스	해석 가능성을 증가시키는 속성					작업		성능 순위	
		설명 가능성	선형성	단조성	비상호 작용	정규화	회귀	분류	회귀	분류
✔	선형회귀	●	●	●	●	●	✔	✘	6	
✔	정규화된 회귀	●	●	●	●	●	✔	✔	7	8
✔	로지스틱 회귀	●	○	●	●	●	✘	✔		5
✔	가우시안 나이브 베이즈	●	●	●	●	●	✘	✔		7
✔	다항회귀	○	○	●	○	●	✔	✔	2	
✔	RuleFit	●	●	●	●	●	✔	✔	8	
✔	의사 결정 트리	●	●	○	●	●	✔	✔	5	3
✔	k-최근접 이웃	○	●	●	●	●	✔	✔	9	6
✘	랜덤 포레스트	●	●	●	●	●	✔	✔	3	4
✘	그래디언트 부스트 트리	●	●	●	●	●	✔	✔		2
✘	다층 퍼셉트론	●	●	●	●	●	✔	✔	1	1

그림 3.17 3장에서 살펴본 여러 화이트박스 모델과 블랙박스 모델의 해석 가능성 및 성능 평가표

다섯 가지 속성 모두를 준수하기 때문에 선형회귀가 해석 가능성의 표준인 이유를 쉽게 알 수 있다. 또한 입증되지 않은 증거이지만 상위권 모델 대부분이 블랙박스 모델이라는 것

166

을 즉시 알 수 있다. 이것은 우연이 아니다. 신경망과 그래디언트 부스트 트리 이면에 있는 수학은 최고의 메트릭을 달성하는 데 매우 효율적이다. 하지만 빨간 점이 암시하듯이 모델을 해석하기 어렵게 만드는 모든 속성을 갖고 있기 때문에 가장 큰 장점인 복잡성이 해석 가능성에서는 약점이 된다.

앞으로 많은 방법론을 화이트박스 모델에 적용하는 법을 배우게 될 것이지만, 이것이 바로 블랙박스 모델이 이 책의 주요 관심사인 이유다. 4장에서 9장으로 구성된 2부에서는 해석을 지원하는 모델 독립적 방법론 및 딥러닝 종속적인 방법론을 논의할 것이다. 그리고 10장에서 14장이 포함된 3부에서는 해석 가능성을 높이기 위해 모델과 데이터셋을 튜닝하는 방법을 논의할 것이다.

해석과 실행 속도

예측 성능이 주목해야 할 유일한 성능은 아니다. 지금까지 이 책에서는 성능에 대해 논의하면서 실행 속도 또는 계산 시간의 중요성을 직접적으로 다루지 않았다. 예측 성능은 일반적으로 해석 가능성과 실행 속도 모두에 반비례한다. 블랙박스 모델이 더 잘 예측하는 경향이 있는 것처럼 화이트박스 모델은 블랙박스 모델보다 해석하기 쉽고 더 빠르다. 이것은 종종 학습할 때뿐만 아니라 추론할 때도 그렇다. 이 문제는 상당한 억지력을 발휘했다. 딥러닝 방법론이 반세기 이상 존재했지만 리소스 제약으로 인해 실제로 등장한 것은 불과 10년 전이다. 그렇다면 왜 지금은 효과적이 됐는가? 데이터 과학자, 데이터 엔지니어, 머신러닝 엔지니어들이 모델의 복잡성, 데이터셋의 크기, 예측 성능을 개선하기 위한 하이퍼파라미터 튜닝의 사용 등을 늘리며 그 경계를 지속적으로 확장하고 있기 때문이다. 따라서 학습에는 더 많은 리소스가 요구되지만 추론은 빠르게 할 수 있다. 추론이 느린 모델은 비용 대비 효과적이지 않거나 대기 시간이 너무 길어 실시간 추론이 필요한 많은 유스 케이스에서는 실용적이지 않다. 따라서 예측 성능과 실행 성능 사이에는 절충이 필요하다. AI 연구원들이 모델 해석 가능성에 대한 경계를 넓히는 동안 그림 3.18과 같이 예측 성능, 실행 속도, 해석 가능성 사이에서의 균형이 모두 고려되는 경우가 있을 것이다. 높은 예측 성능을 유지하면서 해석 가능성이 높아지면 실행 속도 성능이 크게 저하될 수 있다. 다음 절에서 검토할 글래스박스 모델의 경우도 마찬가지지만, 누가 알겠는가? 언젠가는 원하는 것이 나올지도 모른다.

	화이트박스	글래스박스	블랙박스
해석 가능성	높음	약간 높음	낮음
예측 성능	중간	높음	높음
실행 속도 성능	높음	낮음	중간

그림 3.18 화이트박스, 블랙박스, 글래스박스 모델을 비교한 표 또는 적어도 이들에 대해 지금까지 알려진 것

▌최신의 해석 가능한 글래스박스 모델

최근에는 **편향-분산 절충**bias-variance trade-off으로 알려진 과소적합과 과대적합 사이에서의 최적점을 찾기에 충분한 복잡성을 가지면서도 적절한 수준의 설명 가능성을 유지하는 새로운 모델을 만들기 위해 산업계와 학계에서 상당한 노력이 이뤄지고 있다.

이 설명에 맞는 많은 모델이 있지만 대부분은 특정 유스 케이스를 위한 것이고, 아직 제대로 테스트 되지 않았거나, 또는 이제 라이브러리를 릴리스했거나 코드를 오픈소스로 제공하고 있다. 그중 주목을 받고 있는 두 가지 범용 제품을 지금부터 살펴볼 것이다.

설명 가능한 부스팅 머신

설명 가능한 부스팅 머신EBM, Explainable Boosting Machine은 마이크로소프트의 InterpretML 프레임워크의 일부로, 이 책의 뒷부분에서 사용할 많은 모델 독립적 방법론을 포함하고 있다.

EBM은 선형 모델과 비슷하지만 다음과 같이 앞에서 언급한 **GAM**을 활용한다.

$$\hat{y} = g(E[y]) = \beta_0 + f_1(x_1) + f_2(x_2) + \ldots + f_j(x_j)$$

개별 함수 f_1부터 f_p는 스플라인 함수spline function를 사용해 각 피처에 적합된다. 그다음에 연결 함수 g는 GAM을 사용해 분류 또는 회귀와 같은 다양한 작업을 수행하거나 예측을 다양한 통계 분포로 조정한다. GAM은 화이트박스 모델인데 EBM을 글래스박스 모델로

168

만드는 것은 무엇일까? EBM은 배깅과 그래디언트 부스팅을 통합해 모델의 성능을 향상시킨다. 부스팅은 낮은 학습률^{learning rate}을 사용해 한 번에 하나의 피처씩 학습이 수행된다. 또한 실용적으로 상호 작용 항을 자동으로 찾아 해석 가능성을 유지하면서 성능을 향상시킨다.

$$\hat{y} = g(E[y]) = \beta_0 + \sum f_j(x_j) + \sum f_{ji}(x_j, x_i)$$

적합이 완료돼도 이 공식은 복잡한 비선형 공식들로 구성된 것이므로 글로벌 전체적 해석은 실현 가능하지 않을 수 있다. 그러나 각 피처 또는 피처 쌍별 상호 작용 항의 효과가 가산적이기 때문에 쉽게 분리할 수 있어서 글로벌 모듈러 해석은 가능하다. 수학 공식이 모든 예측을 디버깅하는 데 도움을 줄 수 있다는 점을 고려하면 로컬 해석도 마찬가지로 쉽다.

EBM의 단점은 이 "한 번에 하나의 피처만 사용하는" 접근 방식, 피처의 차수에 영향을 주지 않는 낮은 학습률 그리고 스플라인 적합 방법론 때문에 그래디언트 부스트 트리나 신경망보다 훨씬 느릴 수 있다는 것이다. 그러나 병렬화할 수 있으므로 리소스가 충분하고 코어나 머신이 여러 개인 환경에서는 훨씬 더 빠르다. 한두 시간 정도 결과를 기다리지 않으려면 차원 축소했을 때와 같이 X_train 및 X_test의 축약 버전을 사용하는 것이 좋다. 여기서는 DEP_DELAY, LATE_AIRCRAFT_DELAY, PCT_ELAPSED_TIME, WEATHER_DELAY, NAS_DELAY, SECURITY_DELAY, DISTANCE, CRS_ELAPSED_TIME 등과 같이 가장 중요한 것으로 밝혀진 8개 피처에 대해서 화이트박스 모델을 사용한다. 이 피처들을 feature_samp 배열에 배치하고, X_train과 X_test 해당하는 데이터프레임은 이 피처들만 포함하는 하위 집합을 생성해 사용한다. 여기서는 sample2_size를 10%로 설정했지만, 처리하기에 충분한 리소스가 있다고 생각되면 그에 따라 조정하라.

```
# 데이터셋의 새로운 축약 버전을 만든다
feature_samp = ['DEP_DELAY', 'LATE_AIRCRAFT_DELAY',\
                'PCT_ELAPSED_TIME', 'DISTANCE', 'WEATHER_DELAY',\
```

```
                      'NAS_DELAY', 'SECURITY_DELAY', 'CRS_ELAPSED_TIME']
X_train_abbrev2 = X_train[feature_samp]
X_test_abbrev2 = X_test[feature_samp]
# 관측치 중에서 샘플링
np.random.seed(rand)
sample2_size = 0.1
sample2_idx = np.random.choice(X_train.shape[0],
   math.ceil(X_train.shape[0]*sample2_size), replace=False)
```

EBM을 학습시키려면 ExplainableBoostingClassifier( )를 인스턴스화한 다음 모델을 학습 데이터에 적합시키면 된다. 차원 축소 때와 마찬가지로 sample2_idx를 사용해 데이터의 일부를 샘플링한다.

```
ebm_mdl = ExplainableBoostingClassifier()
ebm_mdl.fit(X_train_abbrev2.iloc[sample2_idx],
            y_train_class.iloc[sample2_idx])
```

글로벌 해석

글로벌 해석은 매우 간단한다. 탐색할 수 있는 explain_global 대시보드를 제공한다. 먼저 피처 중요도 플롯이 로드되며, 개별 피처를 선택해 각 피처에서 학습한 내용을 그래프로 표시할 수 있다.

```
show(ebm_mdl.explain_global())
```

앞의 코드는 그림 3.19와 같은 대시보드를 생성한다.

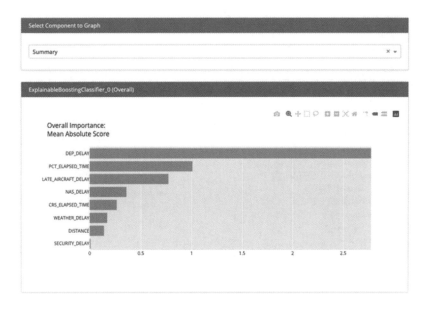

그림 3.19 EBM의 글로벌 해석 대시보드

로컬 해석

로컬 해석은 explain_local로 해석하고자 하는 특정 예측을 선택한다는 점을 제외하면 글로벌 해석과 같은 대시보드를 사용한다. 이 경우에는 잘못 예측된 #76을 선택했다. 6장, '로컬 모델 독립적 해석 방법론'에서 배우게 될 LIME과 비슷한 이 플롯은 예측을 이해하는 데 도움이 된다.

```
ebm_lcl = ebm_mdl.explain_local(X_test_abbrev2.iloc[76:77],\
    y_test_class[76:77], name='EBM')
show(ebm_lcl)
```

글로벌 대시보드와 유사하게 앞의 코드는 다음과 같이 그림 3.20의 대시보드를 생성한다.

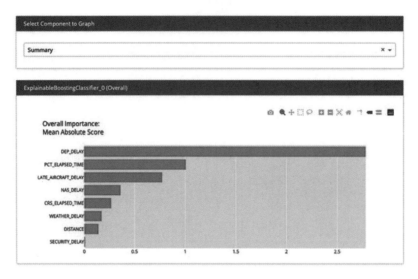

그림 3.20 EBM의 로컬 해석 대시보드

성능

ROC-AUC로 측정한 성능에서 EBM은 상위 2개 분류 모델에서 달성한 것과 그리 멀지 않으며, 10배 더 많은 학습 및 테스트 데이터로 진행하면 더 좋아질 것으로 기대할 수 있다.

```
ebm_perf = ROC(ebm_mdl.predict_proba).\
            explain_perf(X_test_abbrev2.iloc[sample_idx],
                y_test_class.iloc[sample_idx], name='EBM')
show(ebm_perf)
```

그림 3.21에서 앞의 코드로 생성된 성능 대시보드를 확인할 수 있다. 성능 대시보드는 모델 독립적이기 때문에 한 번에 여러 모델을 비교할 수 있다. 데이터 탐색에 사용할 수 있는 네 번째 대시보드도 있다.

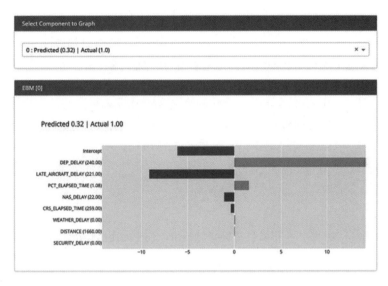

그림 3.21 EBM의 성능 대시보드 중 하나

Skoped Rules

Skoped Rules는 RuleFit과 마찬가지로 트리 앙상블에서 규칙을 추출하고 L1 정규화 (LASSO)도 적용한다. 하지만 그래디언트 부스트 트리 대신 랜덤 포레스트를 사용하고 선형회귀 계수를 통합하지 않는다. 그 대신 이진 규칙만 사용하지만 이는 정밀도와 재현율 조건이 참인 경우에만 적용되며, 가중치는 랜덤 포레스트에서 사용되는 OOB[out of bag] 점수에 비례한다. OOB는 검증 정확도와 비슷하지만 무작위로 선택된 의사 결정 트리 하위 집합을 사용한다. 정밀도와 재현율에 중점을 두고 있기 때문에 Skoped Rules는 해석 가능성을 유지하면서도 불균형 데이터셋에 적합시킬 수 있다.

모델을 적합시키기 위해 SkopeRules를 인스턴스화하고 모델을 학습 데이터에 fit시킨다. 느려질 수 있기 때문에 EBM에서 사용했던 것과 동일한 sample2_idx를 사용하므로 그다지 많은 시간이 걸리지는 않는다. 고맙게도 n_jobs=-1은 모든 프로세서 코어를 활용하도록 지시한다. 여러 매개변수가 성능에 영향을 줄 수 있다. n_estimators는 의사 결정 트리의 수이고, max_depth는 트리의 깊이를 지정한다. 동시에 precision_min 및 recall_min은 규칙을 선택하기 위한 최소한의 정밀도와 재현율이다. random_state는 재현성을 위한 것이다. EBM과 마찬가지로 이 모델의 학습은 몇 분 정도 걸릴 수 있다.

```
sr_mdl = SkopeRules(n_estimators=200, precision_min=0.2,\
  recall_min=0.01, n_jobs=-1, random_state=rand,\
  max_depth=7, feature_names=X_train_abbrev2.columns)
sr_mdl.fit(X_train_abbrev2.iloc[sample2_idx],\
          y_train_class.iloc[sample2_idx])
```

다음 코드에서는 각 항공편의 지연될 확률이 score_top_rules에 의해 반환되며, 이 확률에 임곗값 0.5를 기준으로 설정한 np.where를 사용해 예측을 생성한다.

```
sr_y_test_prob = sr_mdl.\
  score_top_rules(X_test_abbrev2.iloc[sample_idx])
sr_y_test_pred = np.where(sr_y_test_prob > 0.5, 1, 0)
```

글로벌 해석

rules_ 속성은 각 규칙을 갖고 있는 튜플 리스트가 있다. 다음과 같이 생성된 규칙의 수를 알 수 있다.

```
print(len(sr_mdl.rules_))
```

출력 결과로 1,517개의 규칙이 생성된 것을 알 수 있지만 알고리듬이 정밀도와 재현율을 사용하는 방식 때문에 이 규칙이 항상 고려되는 것은 아니다. 오히려 추론을 느리게 만든다. 규칙은 성능에 따라 정렬돼 있다. 생성된 규칙 중 가장 성능이 좋은 5가지를 살펴보자.

```
print(sr_mdl.rules_[0:5])
```

출력은 다음과 같다.

```
[('DEP_DELAY > 39.5 and LATE_AIRCRAFT_DELAY <= 12.5 and
WEATHER_DELAY <= 12.0 and NAS_DELAY <= 27.5 and SECURITY_DELAY
<= 16.5', (0.9579037047855509, 0.473168360197772934, 4)),
 ('DEP_DELAY > 39.5 and LATE_AIRCRAFT_DELAY <= 11.5 and
WEATHER_DELAY <= 12.0 and NAS_DELAY <= 27.5 and SECURITY_DELAY
<= 8.5', (0.9594577495919502, 0.47085055043737395, 10)),
 ('DEP_DELAY > 39.5 and LATE_AIRCRAFT_DELAY <= 12.5 and
WEATHER_DELAY <= 12.5 and NAS_DELAY <= 27.5 and SECURITY_DELAY
<= 16.5', (0.9569012547735952, 0.4712520150456744, 2)),
 ('DEP_DELAY > 39.5 and LATE_AIRCRAFT_DELAY <= 11.5 and
WEATHER_DELAY <= 12.0 and NAS_DELAY <= 29.5 and SECURITY_DELAY
<= 16.5', (0.9564531654942614, 0.4705427055644734, 4)),
 ('DEP_DELAY > 39.5 and LATE_AIRCRAFT_DELAY <= 11.5 and
WEATHER_DELAY <= 12.0 and NAS_DELAY <= 27.5 and SECURITY_DELAY
<= 16.5', (0.9599182584158368, 0.46956357202280874, 12))]
```

리스트를 아래로 내려가면서 보면 각 IF문이 참인 경우 양의 클래스를 나타내므로 모델에서 가장 중요한 것이 무엇인지 이해할 수 있다.

로컬 해석

모델 종속적인 로컬 예측 방법 하나를 살펴보자. 76번째 항공편은 지연됐지만 이에 대한 예측은 '지연되지 않음'이었다.

```
print('actual: %s, predicted: %s' %\
    (y_test_class.iloc[76], sr_y_test_pred[76]))
```

출력은 다음과 같다.

```
actual: 1, predicted: 0
```

입력 샘플의 비정상 점수anomaly score를 알려주는 의사 결정 함수를 활용할 수 있다. 이 점수는 이진 규칙의 가중합이며, 여기서 각 가중치는 각 규칙의 정밀도다. 따라서 점수가 낮을수록 양의 클래스일 가능성이 높고 null이면 확실한 양의 클래스다.

```
print(sr_mdl.decision_function(X_test_abbrev2.iloc[76:77]))
```

결과는 0 또는 null에 전혀 가깝지 않은 18.23이다.

성능

학습 데이터의 10%로 학습하고 테스트 데이터의 10%만 평가한 것을 감안하면 성능은 나쁘지 않다. 특히 재현율 점수는 상위 3위 안에 들었다.

```
print('accuracy: %.3g, recall: %.3g, roc auc: %.3g, f1: %.3g,
mcc: %.3g' %\
 (metrics.accuracy_score(y_test_class.iloc[sample_idx],\
                     sr_y_test_pred),
 metrics.recall_score(y_test_class.iloc[sample_idx],\
                     sr_y_test_pred),
 metrics.roc_auc_score(y_test_class.iloc[sample_idx],\
                     sr_y_test_prob),
 metrics.f1_score(y_test_class.iloc[sample_idx],\
                 sr_y_test_pred),
 metrics.matthews_corrcoef(y_test_class.iloc[sample_idx],\
                     sr_y_test_pred)))
```

앞의 코드는 다음 메트릭을 출력한다.

```
accuracy: 0.969, recall: 0.981,
 roc auc: 0.989, f1: 0.789, mcc: 0.787
```

▌미션 완료

미션은 예방 가능한 지연을 충분히 정확하게 예측할 수 있는 모델을 학습시킨 후 이 모델을 통해 지연에 영향을 미치는 요인을 파악해 OTP를 개선하는 것이었다. 회귀 모델은 평균적으로 RMSE 기준으로 임곗값인 15분보다 훨씬 낮게 지연을 예측했다. 그리고 대부분의 분류 모델은 50%보다 훨씬 높은 F1 점수를 달성했다. 그중 하나는 98.8%에 도달했다. 모든 화이트박스 모델에서 지연에 영향을 미치는 요인을 찾았으며, 그중 일부는 상당히 잘 수행됐다. 여쨌든 대성공이었던 것 같다.

하지만 아직 축하하기엔 이르다. 높은 메트릭에도 불구하고 이 미션은 실패했다. 해석 방법론을 통해 모델이 대부분 잘못된 이유로 정확하다는 것을 깨달았다. 이런 깨달음은 모델은 잘못된 이유로 쉽게 정확도가 높을 수 있다는 교훈을 뒷받침하며, 따라서 "왜?"라는 질문은 성능이 좋지 않을 때만이 아니라 항상 해야 한다. 그리고 해석 방법론을 사용하는 것은 바로 그 질문을 하는 방법이다.

그런데 미션이 실패했는데 이 절에서 미션 완료라고 하는 이유는 무엇일까? 좋은 질문이다.

바로 비밀 미션이 있었다. 힌트는 3장의 제목이다. 그 목적은 노골적인 미션 실패를 통해 일반적인 해석의 어려움을 배우는 것이었다. 만약 이를 놓쳤다며 3장에서 발견한 해석 과제는 다음과 같다.

- 전통적인 모델 해석 방법론은 모델에 대해 표면 수준의 질문만 다룬다. 잘못된 이유로 모델의 정확도가 높다는 것을 발견하기 위해 모델 종속적 글로벌 해석 방법론에 의존해야 했다.
- 가정은 증거 없이 가정된 정보이기 때문에 모든 머신러닝 프로젝트를 탈선시킬 수 있다. 머신러닝 워크플로우 전반에 걸쳐 의사 결정 사항을 도메인 전문가와 긴밀히 협의하는 것이 중요하지만 때로는 그들이 당신을 잘못 인도할 수도 있다는 것에 주의하라. 데이터와 해당 데이터에 대해 사실이라고 가정하는 것 사이에 불일치가 있는지 확인하라. 이런 문제를 찾아 바로잡는 것이 해석 가능성의 핵심이다.

- 많은 모델 클래스, 심지어 화이트박스 모델에서도 일관적이고 신뢰성 있게 피처 중요도를 계산하는 것에 문제가 있다.
- 모델 튜닝도 성능을 향상시킬 수 있지만 해석하기 어려운 모델로 이어질 수 있다. 정규화 모델은 과적합을 낮추면서도 해석하기 쉽다. 12장, '해석 가능성을 위한 단조성 제약조건과 모델 튜닝'에서 과적합 문제 해결을 위한 방법을 다룰 것이다. 피처 선택과 피처 엔지니어링도 동일한 효과를 낼 수 있으며, 이는 10장, '해석 가능성을 위한 피처 선택과 피처 엔지니어링'에서 확인할 수 있다.
- 예측 성능과 해석 가능성 사이에는 절충이 필요하며 이 절충은 실행 속도까지 확장된다. 이런 이유로 이 책은 원하는 예측 성능과 합리적인 실행 속도를 갖지만, 해석 가능성 측면에서 약간의 도움이 필요한 블랙박스 모델에 초점을 맞추고 있다.

이런 과제에 대해 알게 됐다면 축하한다. 미션 완료!

▌ 정리

3장을 읽은 후에는 해석 가능성에 대한 몇 가지 전통적인 방법론과 그들의 한계를 이해해야 한다. 본질적으로 해석 가능한 모델에 대해 배웠고, 회귀 및 분류 모두에 대해 모델을 사용하고 해석하는 방법에 대해 배웠다. 또한 성능 및 해석 가능성 사이의 절충과, 그 안에서 절충을 하지 않는 일부 모델에 대해 학습했다. 또한 피처 선택 및 피처 엔지니어링, 하이퍼파라미터, 도메인 전문가, 실행 속도 등과 관련된 많은 실제적인 해석 과제를 발견했다. 다음 4장에서는 모델에 대한 피처의 효과를 측정하기 위한 다양한 해석 방법론에 대해 자세히 살펴볼 것이다.

▌ 데이터셋 소스

- United States Department of Transportation Bureau of Transportation Statistics. (2018). Airline On-Time Performance Data. Originally retrieved from https://www.transtats.bts.gov.

▌ 더 읽을거리

- Friedman, J., & Popescu, B. (2008). Predictive Learning via Rule Ensembles. The Annals of Applied Statistics, 2(3), 916-954. http://doi.org/10.1214/07-AOAS148

- Hastie, T., R. Tibshirani, and M. Wainwright. 2015. Statistical Learning with Sparsity: The Lasso and Generalizations. Chapman & Hall/Crc Monographs on Statistics & Applied Probability. Taylor & Francis

- Thomas, D.R., Hughes, E. & Zumbo, B.D. On Variable Importance in Linear Regression. Social Indicators Research 45, 253-275 (1998). https://doi.org/10.1023/A:1006954016433

- Nori, H., Jenkins, S., Koch, P., & Caruana, R. (2019). InterpretML: A unified framework for machine learning interpretability. arXiv preprint https://arxiv.org/pdf/1909.09223.pdf

- Hastie, T and Tibshirani, R. Generalized additive models: some applications. Journal of the American Statistical Association, 82(398):371-386, 1987. http://doi.org/10.2307%2F2289439

해석 방법론 마스터하기

2부에서는 모델 독립적인 방법론과 딥러닝 방법론을 사용해 모델을 해석하는 방법을 살펴볼 것이다.

2부는 다음 장을 포함한다.

- **4장**, 피처 중요도와 피처 영향력
- **5장**, 글로벌 모델 독립적 해석 방법론
- **6장**, 로컬 모델 독립적 해석 방법론
- **7장**, 앵커와 반사실적 설명
- **8장**, 컨볼루션 신경망 시각화
- **9장**, 다변량 예측 및 민감도 분석을 위한 해석 방법론

04

피처 중요도와 피처 영향력

1부에서는 머신러닝 해석의 개념, 과제, 목적 등을 소개했다. 4장은 모델을 진단하고 모델의 근간이 되는 데이터를 이해하기 위해 사용되는 다양한 방법론을 살펴보는 두 번째 부분의 시작이다. 해석 방법론이 답하는 가장 큰 질문 중 하나는 다음과 같다. "모델에 가장 중요한 피처는 무엇이며 어떻게 중요한가?" 정확히 말하면 해석 방법론은 전반적인 피처 중요도와 피처가 개별적으로 또는 서로 결합돼 모델의 결과에 미치는 영향력을 밝힐 수 있다. 4장에서는 이런 질문에 접근하기 위한 이론적이고 실용적인 기반을 제공할 것이다.

4장에서는 먼저 몇 가지 사이킷런 모델의 고유 매개변수를 사용해 가장 중요한 피처를 도출할 것이다. 그다음에 이런 결과가 얼마나 일관성이 없는지 깨닫고 **순열 피처 중요도**PFI, Permutation Feature Importance를 사용해 직관적이고 신뢰성 있게 피처의 순위를 추출하는 방법을 살펴볼 것이다. 또한 예측에 대한 단일 피처의 한계 효과를 이해하기 위해 **부분 의존**

도 플롯^{PDP, Partial Dependence Plots}을 생성하고 해석하는 방법을 배울 것이다. 마지막으로 피처가 변경될 때 예측에 대한 변동성을 설명하기 위한 **개별 조건부 기대치**^{ICE, Individual Conditional Expectation} 플롯에 대해 살펴볼 것이다.

다음은 이 4장에서 다룰 주요 주제다.

- 모델 결과에 대한 피처의 영향력 측정
- PFI 실습
- PDP 해석
- ICE 플롯 설명

▌ 기술 요구 사항

4장의 예제에서는 `mldatasets`, `pandas`, `numpy`, `sklearn`, `matplotlib`, `PDPbox` 등의 라이브러리를 사용한다. 이 라이브러리를 설치하는 방법에 대한 지침은 이 책의 '들어가며'에 있다. 4장의 코드는 다음 링크(https://github.com/PacktPublishing/Interpretable-Machine-Learning-with-Python/tree/master/Chapter04)에 있다.

▌ 미션

이런 고정 관념을 들어봤을 것이다. 첫째 아이는 책임감이 강하고 권위적이다. 막내는 버릇이 없고 근심 걱정이 없다. 그리고 둘째/중간 아이는 질투심이 있고 내성적이다. 이것은 저명한 심리학자들이 데이터 과학 컨설팅 기업을 통해 수행한 출생 순서가 성격에 미치는 영향에 대한 몇 가지 소규모 경험적 연구를 통해 밝힌 것이다. 심리학자들은 오픈소스 프로젝트인 'Psychometrics Project'를 통해 40,000개 이상의 온라인 설문 데이터셋을 확보했다. 이 설문은 온라인으로 제출됐으나 심리학자들은 이런 규모의 연구를 수행한 적이 없기 때문에 미지의 영역이었다. 이런 이유로 그들은 머신러닝에 정통한 제3자가 새로운 시각으로 문제에 접근하기를 원한다. 그들이 알고자 하는 바는 설문의 답과 출생 순서 사이의 관계에 대한 것이며, 또한 그들의 경험적 연구에 사용할 수 있는 질문이 있는지 또는 온라인 설문이 처음부터 신뢰할 수 있는 방법인지 결정하는 것이다. 당신의 회사는 이런 의문을 밝혀내는 것에 동의했다.

성격과 출생 순서

한 세기가 훨씬 넘는 기간 동안 형제자매 간의 역학 그리고 어느 정도까지는 주로 출생 순서에 따라 정의되는 양육 방식이 어떻게 다양한 성격 특성에 영향을 미치는지에 대한 이론들이 퍼졌다. 이런 이론의 대부분은 첫째 아이를 더 높은 지능과 연관 지은 영국인 프랜시스 골턴Francis Galton(1874)에서 시작해 막내와 질투를 연관 지은 네덜란드인 브램 분크Bram Buunk(1997)의 연구에 이르기까지 주로 "서구" 국가에서 연구됐다. 최근의 보다 미묘한 연구들은 성별, 나이 차이, 사회 경제적 상태 등을 성격 차이의 요인으로 고려하고 있다. 그럼에도 불구하고 이런 이론은 널리 합의된 경우가 거의 없다. 또한 문화가 양육 방식과 형제자매 간의 역학에 영향을 미치는 것으로 알려져 있어 서구의 이론은 다른 지역 문화에 잘 통하지 않는다.

반면에 개인을 개별 범주와 척도로 그룹화하기 위한 설문지를 사용해 성격을 평가하는 일련의 심리 측정 방법론이 있었다. 이 데이터셋에는 이런 방법론 중 하나인 IPIPInternational Personality Item Pool의 "빅 5Big Five" 테스트에 대한 답변도 포함돼 있다. "빅 5" 테스트는 심리학에서 성격 평가에 대해 널리 인정되는 모델이다. 또한 이 데이터셋에는 출생 순서와 관련된 특성을 찾기 위해 특별히 설계된 26개의 질문도 포함돼 있으며, 연구자는 정확한 출생 순서가 아니라 다음 세 가지 범주에만 관심이 있다.

- **첫째 아이**: 참가자는 둘 이상의 자녀 중 첫째다.
- **중간 아이**: 참가자는 둘 이상의 자녀 중 첫째도 막내도 아니다.
- **막내 아이**: 참가자는 둘 이상의 자녀 중 막내다.

원래의 데이터셋에는 전 세계에 걸친 자료가 포함돼 있으나, 질문이 영어로 돼 있기 때문에 연구원들은 특히 영어를 주로 사용하는 국가에 집중할 것을 요청했다. 그들은 질문이 문화적으로 편향되지 않았는지 확인할 수 없다.

▌접근법

당면한 과제는 설문 답변과 기술적, 인구통계학적 정보 중 어떤 피처가 출생 순서에 가장 영향을 미치는지 그리고 이런 목적을 위해 사용할 수 있는지 여부를 찾는 것이다. 이를 수행하는 한 가지 방법은 출생 순서를 예측하는 분류 모델을 생성해 다음과 같은 것을 수행하는 것이다.

- 모델의 고유 매개변수를 사용해 모델에 가장 큰 영향을 미치는 피처를 찾는다. 이 개념을 피처 중요도라고 하며 이는 글로벌 모듈러 해석 방법론이다. 이것은 2장, '해석 가능성의 주요 개념'에서 설명했지만 4장에서 더 자세히 다룰 것이다.
- PFI라고 하는 보다 신뢰성 있는 순열 기반 방법론을 사용해 피처 중요도를 탐색한다.
- PDP를 사용해 가장 중요한 피처가 결과에 미치는 한계 효과를 살펴본다. 이를 통해 어떤 피처 값이 예측과 가장 큰 상관관계가 있는지 알 수 있다.
- ICE 플롯을 사용해 개별 피처가 모델의 예측에 미치는 영향을 좀 더 세분화해 시각화한다.

자, 이제 시작해보자.

▌ 준비

이 예제의 코드는 깃허브 페이지(https://github.com/PacktPublishing/Interpretable-Machine
-Learning-with-Python/blob/master/Chapter04/BirthOrder.ipynb)에서 찾을 수 있다.

라이브러리 로드

이 예제를 실행하려면 다음 라이브러리를 설치해야 한다.

- mldatasets: 데이터셋 로드
- pandas, numpy: 데이터 조작
- sklearn(사이킷런): 데이터 분할 및 모델 적합
- matplotlib, pdpbox: 해석을 시각화

다음 코드를 사용해 먼저 모든 라이브러리를 로드해야 한다.

```
import math
import mldatasets
import pandas as pd
import numpy as np
from sklearn.pipeline import make_pipeline
from sklearn.preprocessing import StandardScaler
from sklearn.model_selection import train_test_split
from sklearn import metrics, linear_model, tree,\
    discriminant_analysis, ensemble, neural_network, inspection
import matplotlib.pyplot as plt
from pdpbox import pdp
```

이제 데이터 준비 및 단계 이해를 계속 진행할 수 있다.

데이터 이해 및 준비

다음과 같이 데이터를 birthorder_df라고 하는 데이터프레임에 로드한다.

```
birthorder_df = mldatasets.load("personality-birthorder",\
                                prepare=True)
```

prepare=True는 주요 영어권 국가 필터링 및 범주형 인코딩과 같은 데이터 준비 작업을 수행한다. 이 설정을 사용하면 시간을 절약할 수 있다. 약 26,000개의 레코드와 97개의 칼럼이 있어야 한다. print(birthorder_df.shape)를 사용해 예상한 대로 (25813, 97)을 반환하는지 확인할 수 있다.

데이터 딕셔너리

특정 성격 질문과 관련된 것이 너무 많기 때문에 데이터 딕셔너리의 모든 칼럼을 여기에서 설명하지는 않을 것이다. 하지만 이 특정 설문에 대해 궁금하다면 다음 링크(https://www.kaggle.com/lucasgreenwell/firstborn-personality-scale-responses)에 있는 FBPS-ValidationData-Codebook.txt라는 파일에서 관련 정보를 찾을 수 있다.

여기서는 데이터 딕셔너리의 심리적 질문 76개, 인구통계 항목 6개, 기술적 피처 5개에 대한 간략한 개요만 제공한다.

데이터 딕셔너리에서 심리적 특징과 관련된 설문의 답변은 다음과 같다.

- Q1, Q2, ..., Q26: 서수형. 출생 순서 연구의 26개 질문에 대한 답변. 1 = 비동의 ~ 3 = 중립 ~ 5 = 동의, 0 = 무응답까지의 5점 리커트 척도Likert scale 기반
- EXT1, EXT2, ..., EXT10; EST1, EST2, ... EST10; AGR1, AGR2, ... AGR10; CSN1, CSN2, ... CSN10; OPN1, OPN2, ... OPN10: 서수형. IPIP "빅 5" 설문지. 50개의 질문으로 구성돼 있다. 1 = 비동의 ~ 3 = 중립 ~ 5 = 동의, 0 = 무응답까지의 5점 리커트 척도

데이터 딕셔너리의 인구통계학적 피처는 다음과 같다.

- age: 서수형. 참가자의 연 나이
- engnat: 이진 값. 영어가 모국어인지 여부. 1 = 예, 2 = 아니요
- gender: 범주형. 성별. 남성, 여성, 기타, 정의되지 않음
- birthn: 서수형. 부모가 낳은 총 자녀 수. 1 ~ 10, 11 = 기타
- country: 범주형. 참가자의 국가. 2자리 코드
- birthorder: 서수형. 목표변수인 출생 순서. 1: 첫째, 2: 중간, 3: 막내

데이터 딕셔너리의 기술적 피처는 다음과 같다.

- source: 범주형. 사용자가 HTTP 기반으로 성격 테스트에 도달한 방법. 1 = 구글에서 직접, 2 = 웹사이트 첫 페이지, 3 = 기타
- screensize: 서수형. 테스트에 사용된 화면 크기. 2 = 600픽셀 이상, 1 = 그보다 작음
- introelapse: 연속형. 성격 테스트 랜딩 페이지에서 보낸 시간(초)
- testelapse: 연속형. 성격 테스트 본문에 소요된 시간(초)
- endelapse: 연속형. 성격 테스트 종료 페이지에서 보낸 시간(초)

데이터 딕셔너리의 피처가 87개로 데이터셋의 총 칼럼 수인 97이 아니라는 것을 금세 알았겠지만, 이것은 세 가지 범주형 피처가 이미 원-핫 인코딩을 사용해 인코딩됐기 때문이다. 이 프로세스는 각 범주에 대한 개별 피처를 생성해 머신러닝 모델에 표현되도록 함으로써 풍부한 표현과 정확성을 높인다. 범주형으로 인코딩한다는 것은 또한 독립적으로 해석할 수도 있음을 의미한다.

데이터 준비

대부분의 데이터 준비가 자동으로 수행됐으므로 이제 데이터를 학습/테스트 데이터셋으로 분할하기만 하면 된다. 그러나 먼저 이 실습 전체에서 random_state로 사용할 상수인

rand를 초기화한다. 그다음에 출생 순서 칼럼을 y로 정의하고 그 외 모든 것을 X로 정의한 후, 다음 코드에 나와 있는 것처럼 train_test_split을 사용해 이 데이터셋을 학습 및 테스트 데이터셋으로 분할한다.

```
rand = 9
y = birthorder_df['birthorder']
X = birthorder_df.drop(['birthorder'], axis=1).copy()
X_train, X_test, y_train, y_test = train_test_split(X, y,\
                                   test_size=0.33, random_state=rand)
```

모든 데이터 이해 및 준비 단계를 완료했으므로 이제 개요에서 언급한 주제로 넘어갈 수 있다.

▌ 결과에 대한 피처의 영향력 측정

이 실습에서는 학습 데이터를 의사 결정 트리, 그래디언트 부스트 트리, 랜덤 포레스트, 로지스틱 회귀, 다층 퍼셉트론, **선형 판별 분석**LDA, Linear Discriminant Analysis 등의 여섯 가지 모델 클래스에 적합시킨다. 처음 다섯 가지에 대해서는 3장, '머신러닝 해석의 과제'에서 설명했으므로 여기서는 마지막 모델에 대해서만 설명한다.

- lda: LDA는 매우 다재다능한 방법론이다. LDA는 선형회귀가 정규성과 등분산성에 대해 갖고 있는 것과 동일한 가정을 한다. 하지만 이것은 차원 축소로부터 비롯되며 비지도학습인 **주성분 분석**PCA과 밀접한 관련이 있다. LDA가 하는 일은 **클래스 간 분산**between-class variance이라고 하는 각 클래스의 평균과 **클래스 내 분산**within-class variance이라고 하는 각 클래스 내부의 분산 사이의 거리를 계산하는 것이다. 그다음에 클래스 간 거리를 최대화하고 클래스 내 거리를 최소화하는 방식으로 데이터를 저차원 공간에 투영한다. 3개 이상의 피처가 있는 경우 클래스 분리성이라

190

는 개념을 상상하기 어렵지만 모든 데이터포인트를 2차원으로 축소했다고 가정해보자. 그러면 클래스들이 서로 충분히 분리되게 하는 방식으로 데이터포인트를 구성해 이 2차원 공간에 투영할 수 있다. 클래스 간의 분산이 최대가 되도록 그들 사이에 선을 그을 수 있으며, 동시에 클래스 내의 분산이 최소화되도록 각 클래스 내의 포인트들을 더 가깝게 만들 수 있다. LDA는 분류 작업 외에도 차원 축소 및 클래스 분리 시각화에 사용할 수 있다.

이제 사이킷런 모델들을 파이썬 딕셔너리 class_models에 배치하고 다음과 같이 동일한 딕셔너리 구조를 이용해 각 모델에 대한 학습, 평가, 결과 저장 등을 반복 처리한다.

```python
class_models = {
    'decision_tree':{'model': tree.\
        DecisionTreeClassifier(max_depth=6, random_state=rand,\
            class_weight='balanced')},
    'gradient_boosting':{'model':ensemble.\
        GradientBoostingClassifier(n_estimators=200,\
            max_depth=4, subsample=0.5,\
            learning_rate=0.05)},
    'random_forest':{'model':ensemble.\
        RandomForestClassifier(max_depth=11, n_estimators=300,\
            max_features='sqrt', random_state=rand)},
    'logistic':{'model': linear_model.\
        LogisticRegression(multi_class='ovr', solver='lbfgs',\
            class_weight='balanced', max_iter=500)},
    'lda':{'model':discriminant_analysis.\
        LinearDiscriminantAnalysis(n_components=2)},
    'mlp':{'model':make_pipeline(StandardScaler(),
        neural_network.MLPClassifier(hidden_layer_sizes=(11,),\
            early_stopping=True, random_state=rand,\
```

```
                validation_fraction=0.25, max_iter=500))}
}
```

각 모델은 특정한 이유로 이미 튜닝된 하이퍼파라미터를 갖고 있다. 예를 들어 LDA는 2차원으로 차원 축소를 수행하는데(n_components=2), 이는 3개의 클래스가 있고 차원은 클래스의 수를 초과하거나 같아서는 안 되며, 1차원은 96개 피처의 분산을 캡처하기에 충분하지 않기 때문이다.

클래스가 균등하게 분포돼 있지 않기 때문에 일부 모델은 학습 중 클래스 빈도에 반비례하는 가중치를 적용하는 class_weight='balanced'를 사용했다. 이것은 수가 적은 클래스의 정밀도와 재현율을 향상시키는 데 도움이 된다.

로지스틱 회귀는 다섯 가지 solver를 제공한다. 각 solver는 비용함수인 NLL^negative log likelihood을 최소화하기 위해 매개변수의 가중치를 찾는 방식이 서로 다르다. 여기서 사용하는 것은 L-BFGS^Limited-memory Broyden-Fletcher-Goldfarb-Shanno라고 부르는 것이다(solver='lbfgs'). 효율성 때문에 선택됐으며 다른 이유는 없다. max_depth, n_estimators, subsample, learning_rate, max_features 등과 같은 나머지 매개변수는 과적합을 방지하기 위해 선택됐다.

다음으로 class_models 딕셔너리의 모든 모델을 반복 처리한다. 학습 데이터에 모델을 fit시키고 predict를 사용해 학습 데이터셋과 테스트 데이터셋 모두에 대한 예측을 수행한다. 그다음에 데이터셋에 적합된 모델을 저장한 후 정확도^Accuracy, 재현율^Recall, 정밀도^Precision, F1 점수, **매튜 상관계수**^MCC 등과 같은 여러 성능 메트릭을 사용한다. 3장, '머신러닝 해석의 과제'에서 이런 메트릭을 다뤘지만 이번에는 다중 클래스 분류 문제이므로 클래스 빈도에 따라 메트릭에 가중치를 주기 위해 average='weighted'를 사용한다. 예를 들어 Recall_score 메트릭은 전체에 대해 하나가 아닌 각 클래스에 대해 하나씩, 즉 3개를 산출하므로 가중 평균을 수행하는 것이다.

코드는 다음과 같다.

```python
for model_name in class_models.keys():
    fitted_model = class_models[model_name]['model'].\
        fit(X_train, y_train)
    y_train_pred = fitted_model.predict(X_train)
    y_test_pred = fitted_model.predict(X_test)
    class_models[model_name]['fitted'] = fitted_model
    class_models[model_name]['preds'] = y_test_pred
    class_models[model_name]['Accuracy_train'] =\
        metrics.Accuracy_score(y_train, y_train_pred)
    class_models[model_name]['Accuracy_test'] =\
        metrics.Accuracy_score(y_test, y_test_pred)
    class_models[model_name]['Recall_train'] =\
        metrics.Recall_score(y_train, y_train_pred,
                            average='weighted')
    class_models[model_name]['Recall_test'] =\
        metrics.Recall_score(y_test, y_test_pred,
                            average='weighted')
    class_models[model_name]['Precision_train'] =\
        metrics.Precision_score(y_train, y_train_pred,\
                            average='weighted')
    class_models[model_name]['Precision_test'] =\
        metrics.Precision_score(y_test, y_test_pred,
                            average='weighted')
    class_models[model_name]['F1_test'] =\
        metrics.f1_score(y_test, y_test_pred, average='weighted')
    class_models[model_name]['MCC_test'] =\
        metrics.matthews_corrcoef(y_test, y_test_pred)
```

class_models 딕셔너리에 모든 메트릭이 저장되면 from_dict를 사용해 이 딕셔너리를 데이터프레임으로 변환할 수 있다. sort_values를 사용해 MCC를 기준으로 이 데이터프레임을 정렬한 다음 색상 코딩을 적용하기 위해 style.background_gradient를 사용한다.

```
class_metrics = pd.DataFrame.\
  from_dict(class_models, 'index')[['Accuracy_train',\
    'Accuracy_test', 'Recall_train', 'Recall_test',
    'Precision_train', 'Precision_test', 'F1_test',\
    'MCC_test']]
with pd.option_context('display.Precision', 3):
  html = class_metrics.sort_values(by='MCC_test',\
      ascending=False).style.background_gradient(\
      cmap='plasma', low=0.43, high=0.63,\
      subset=['Accuracy_train', 'Accuracy_test']).\
    background_gradient(cmap='viridis', low=0.63, high=0.43,\
                 subset=['F1_test'])
html
```

위의 코드는 그림 4.1에 표시된 테이블을 출력한다.

	Accuracy_train	Accuracy_test	Recall_train	Recall_test	Precision_train	Precision_test	F1_test	MCC_test
decision_tree	0.497	0.464	0.497	0.464	0.541	0.494	0.441	0.246
gradient_boosting	0.625	0.496	0.625	0.496	0.637	0.490	0.482	0.232
logistic	0.496	0.493	0.496	0.493	0.498	0.494	0.491	0.231
mlp	0.522	0.494	0.522	0.494	0.517	0.485	0.480	0.223
lda	0.501	0.492	0.501	0.492	0.500	0.489	0.477	0.201
random_forest	0.912	0.484	0.912	0.484	0.921	0.478	0.447	0.198

그림 4.1 분류 모델의 성능 메트릭

그림 4.1에서 테스트 정확도가 그리 인상적이지 않지만 정확도를 올바르게 해석하려면 **널 오류율**null error rate이라고도 하는 NIR[No Information Rate]을 살펴봐야 한다.

NIR을 구체적으로 설명하기 위해 이미지 분류 문제에서 데이터셋의 85%가 개 이미지이고 나머지 15%가 고양이 이미지로 구성돼 있다고 가정해보자. 따라서 개는 다수의 클래스다. 게으른 분류기는 모든 이미지가 개라고 예측할 수 있으며 그래도 85%의 정확도를 달성할 수 있다. NIR은 모든 관측치가 다수 클래스에 속한다고 게으른 예측을 했을 때 얻을 수 있는 정확도다. NIR 계산은 다수 클래스의 관측치 수(y_train[y_train==1].shape[0])를 총 관측치의 수(y_train.shape[0])로 나누면 된다.

```
print('NIR: %.4f' %\
      (y_train[y_train==1].shape[0]/y_train.shape[0]))
```

앞의 코드는 다음을 출력해야 한다.

```
NIR: 0.4215
```

그러므로 이 수치 이상의 정확도를 달성하기 위해 노력해야 하는데, 모든 결과 모델의 정확도가 그리 크게 차이 나지 않는다. 모델이 예측 성능 향상을 위해 튜닝됐다는 점을 감안하면 이는 실망스러운 결과이지만 그것이 이 실습의 초점은 아니다. NIR을 넘어서는 것이 중요하며, 그렇지 않으면 모델이 "게으른" 추측보다 나을 것이 없다. 그렇다면 데이터의 품질과 가설의 타당성은 말할 것도 없고 모델의 복잡성, 정규화 방법, 피처 선택 등에 대해 의문을 가져야 한다. 하지만 여기서 하려고 하는 것은 변수들 사이의 잠재적인 관계를 발굴하는 모델의 능력을 활용해 설문 답변과 출생 순서 사이의 점들을 연결할 수 있도록 돕는 것이다.

어쨌든 정확도가 중요한 유일한 지표는 아니다. 재현율, 정밀도, F1 점수 등도 갖고 있다. 이것들도 특별히 인상적이지는 않지만 FN^False Negative이나 FP^False Positive에 대한 선호가 없기 때문에 정밀도와 재현율은 여기서 동등한 가치를 갖는다. 따라서 이 두 값이 비슷하다는 것은 좋은 일이다. 의사 결정 트리만 이 둘 사이에 큰 차이가 있다. 나머지 모델의 경우 F1 점수는 정밀도와 재현율의 조화 평균이기 때문에 당연히 비슷하다. 반면에 MCC는 예제 모델이 무작위 예측과 완벽한 예측 사이에서 약 20% 정도에 위치한다고 알려주면서 예측 성능을 매우 잘 묘사한다. MCC는 예측이 모두 틀린 경우 −1, 모두 맞는 경우 1이고, 0이면 무작위 예측과 같다는 것을 기억하라.

주목해야 할 또 다른 사항은 이런 각 메트릭에서 테스트셋에 대한 값과 비교해 학습셋에 대한 값의 차이는 모델이 얼마나 과적합됐는지 알려준다는 것이다. gradient_boosting 및 random_forest와 같이 너무 많이 과적합되지 않으면서 테스트 정확도를 최대화하는 최적의 지점을 찾는 것은 어려울 때가 많다. 이런 모델을 만들고자 한다면 세심한 주의를 기울일 필요가 있지만 이 실습의 목표는 아니다. 이 예제의 목표는 이 모델들을 지식 발견의 도구로 활용하는 것이다.

트리 기반 모델의 피처 중요도

모델 중에 세 가지 모델이 가장 쉽다. 앙상블 모델을 포함한 모든 트리 기반 모델의 경우 각 노드에 대한 불순도 감소의 가중치 합을 사용해 피처 중요도가 계산된다. 노드 불순도는 분기를 분할하는 방법을 결정하기 위해 사용하는 메트릭 중 하나다. 이는 각 노드가 단일 클래스에 얼마나 속하는지 알려주며, 데이터가 균등하게 분할될 때인 100% 불순도에서 모두 단일 클래스에 속할 때인 0%까지의 범위이다. 세 모델 모두의 피처 중요도를 얻으려면 적합된 모델에서 feature_importances_ 속성을 참조하면 된다. 다음과 같이 의사 결정 트리(dt_imp_df), 그래디언트 부스트 트리(gb_imp_df), 랜덤 포레스트(rf_imp_df) 모델에 대한 피처 중요도를 피처 이름과 함께 데이터프레임으로 저장한다.

```
dt_imp_df = pd.DataFrame({ 'name': X_train.columns,\
  'dt_imp': class_models['decision_tree']['fitted'].\
    feature_importances_})
gb_imp_df = pd.DataFrame({ 'name': X_train.columns,\
  'gb_imp': class_models['gradient_boosting']['fitted'].\
    feature_importances_})
rf_imp_df = pd.DataFrame({ 'name': X_train.columns,\
  'rf_imp': class_models['random_forest']['fitted'].\
```

```
feature_importances_})
```

96개의 피처가 있으며, 세 가지 모델에 대한 각 피처 중요도는 트리 구조의 차이로 인해 동일한 척도가 아니다. 피처 중요도를 상대적인 값으로 해석해 한 피처를 다른 피처들과는 비교하지만 다른 모델들과는 비교하지 않는 것이 좋다. 따라서 이 중요도의 값 대신 순위를 사용해 비교할 수 있다. 판다스의 rank 함수를 사용해 각 모델에서 피처 중요도 값의 순위를 계산하고 이를 데이터프레임으로 저장한다. 피처가 정렬되지 않은 상태로 제공되기 때문에 피처의 순서를 변경하지 않은 채 이 작업을 수행한다.

코드는 다음과 같다.

```
dt_rank_df = pd.DataFrame({'dt_rank': dt_imp_df['dt_imp'].\
  rank(method='first', ascending=False).astype(int)})
gb_rank_df = pd.DataFrame({'gb_rank': gb_imp_df['gb_imp'].\
  rank(method='first', ascending=False).astype(int)})
rf_rank_df = pd.DataFrame({'rf_rank': rf_imp_df['rf_imp'].\
  rank(method='first', ascending=False).astype(int)})
```

이제 각 피처 중요도 데이터프레임을 각 순위 데이터프레임과 연결하고, 이 모두를 tree_ranks_df로 병합한다. 모든 순위에 대한 평균(avg_rank)을 계산하고 이를 기준으로 정렬하면 가장 중요한 피처를 먼저 볼 수 있다.

코드는 다음과 같다.

```
tree_ranks_df = pd.merge(\
  pd.merge(\
    pd.concat((dt_imp_df, dt_rank_df), axis=1),\
    pd.concat((gb_imp_df, gb_rank_df), axis=1), 'left'),\
    pd.concat((rf_imp_df, rf_rank_df), axis=1), 'left')
tree_ranks_df['avg_rank'] = (tree_ranks_df['dt_rank'] +\
```

```
                                        tree_ranks_df['gb_rank'] +\
                                        tree_ranks_df['rf_rank'])/3
tree_ranks_df.sort_values(by='avg_rank')
```

앞의 코드는 그림 4.2에 표시된 데이터프레임을 생성한다.

	name	dt_imp	dt_rank	gb_imp	gb_rank	rf_imp	rf_rank	avg_rank
28	birthn	0.851533	1	0.371305	1	0.198748	1	1
82	testelapse	0.0137081	3	0.0335579	2	0.0275725	2	2.33333
26	age	0.00667898	7	0.030532	3	0.0248301	3	4.33333
0	Q1	0.0253401	2	0.0236222	6	0.0159306	6	4.66667
81	introelapse	0.00505607	9	0.0297233	4	0.0224896	5	6
12	Q13	0.0080825	4	0.014516	7	0.0113429	8	6.33333
⋮	⋮	⋮	⋮	⋮	⋮	⋮	⋮	⋮
90	country_GB	0	91	0.000755431	91	0.00194744	90	90.6667
92	country_NZ	0	93	0.00103713	90	0.000736748	91	91.3333
84	gender_undefined	0	87	0.000316311	94	0.000302447	94	91.6667
91	country_IE	0	92	0.000596172	92	0.000499432	93	92.3333

그림 4.2 트리 기반 모델의 피처 중요도

그림 4.2에서 알 수 있듯이 의사 결정 트리(dt_rank), 그래디언트 부스트 트리(gb_rank), 랜덤 포레스트(rf_rank) 모델의 피처 중요도 순위 사이에는 몇 가지 유사점이 있으며, 특히 뒤의 두 개가 그렇다. 실제로 중요도 측정값은 동일한 척도가 아니므로 대신 순위 비교 접근 방식을 사용했다. 다른 접근 방식은 중요도 측정값을 최소-최대 척도min-max scale로 변환해 가장 낮은 값이 0이고 가장 높은 값이 1이 되도록 하는 것이지만, 이것은 중요도에 있어서 피처 간의 상대적인 거리를 더 많이 드러내는 반면, 순서에 대해서는 그렇지 않다. 지금은 순서에 더 관심이 있다.

트리 기반 모델의 피처 중요도 방법은 모델 종속적이면서 불순도 기반이다. 불순도는 본질적으로 더 높은 카디널리티를 갖는 피처에 편향되기 때문에 이것도 단점이 된다. 카디널리티가 높은 피처는 고유한 값이 더 많은 피처다. 예를 들어 이 예제의 데이터셋에서 나이는 72개의 서로 다른 값이 있는 반면에 다른 모든 질문은 5개 또는 6개의 고윳값을 가지며, County_GB 및 gender_undefined와 같은 국가 및 성별 관련 항목은 이진 값이므로 두 개의 고윳값을 갖는다. 이런 편향 때문에 다른 어떤 질문보다 age가 더 중요한 이유가 있는지 그리고 다른 질문들이 이진 피처보다 더 중요한지 궁금해해야 한다.

로지스틱 회귀의 피처 중요도

2장과 3장에서 로지스틱 회귀의 피처 중요도를 이미 다뤘다. 적합된 로지스틱 회귀 모델에는 계수가 있으며 이 계수는 어떤 피처가 더 중요한지에 대한 유용한 단서가 될 수 있음을 배웠다. 그런데 이번엔 반전이 있다. 다음과 같이 적합된 모델에 대한 coef_ 속성의 shape를 출력해보자.

```
print(class_models['logistic']['fitted'].coef_.shape)
```

출력은 다음과 같다.

```
(3, 96)
```

세 개의 계수 집합이 있다. 왜 그럴까?

이 모델은 하나가 아니라 3개의 분류기가 하나를 이루고 있기 때문에 3개의 계수 집합을 갖는다. 모델 정의로 돌아가면 multi_class='ovr'이라고 표시된 곳을 볼 수 있다. OvR은 One-vs-Rest의 약자이며 내부적에서 하는 일은 첫째, 중간, 막내 아이 클래스를 각각 독립적으로 예측하는 것이다. 즉, 각각 고유한 이진 분류 문제로 처리한다. 그다음에 각 관측치의 각 클래스에 대한 예측 확률을 비교해 가장 확률이 높은 것을 예측 클래스로 정한다. OvR로 인해 세 개의 계수 집합을 갖게 되며, 이 계수는 각 클래스를 예측하는 데 중요한 피처만 알려줄 수 있다.

2장, '해석 가능성의 주요 개념'에서 설명한 대로 로지스틱 회귀의 계수는 다른 모든 피처가 동일하게 유지되는 경우 해당 클래스가 양의 경우와 일치할 때 한 피처의 추가 단위에 의해 증가되는 로그 오즈다. 이 예제에서는 각 클래스에 대한 예측에 해당하는 세 개의 계수 집합이 있다. 따라서 첫 번째 계수 집합은 참가자가 첫째 아이인 경우 모든 피처의 각 추가 단위에 대한 로그 오즈의 증가량을 알려준다. 음수이면 각 추가 단위에 대한 로그 오즈의 감소를 나타낸다.

여기서는 모델을 정규화된 데이터에 적합시키지 않았기 때문에 모든 피처는 서로 다른 척도를 가지며, 이것이 이 모델을 설명하기 위해 각 계수에 표준편차를 곱해 피처 중요도를 추정하는 이유다. 3장, '머신러닝 해석의 과제'에서는 이것이 근사치일 뿐이며, 로지스틱 회귀 분석에 대한 피처 중요도를 얻는 최선의 방법에 대한 합의가 아직 없음을 얘기했다. 그래서 먼저 표준편차(stdv)를 계산하고, 그다음에 새 데이터프레임 lr_imp_df를 만든다. 여기서 각 클래스의 계수에 표준편차를 곱해 이를 피처 이름 옆에 배치한다.

코드는 다음과 같다.

```python
stdv = np.std(X_train, 0)
lr_imp_df = pd.DataFrame({\
  'name': X_train.columns,\
  'first_coef_norm':
    class_models['logistic']['fitted'].coef_[0] * stdv,\
  'middle_coef_norm':
    class_models['logistic']['fitted'].coef_[1] * stdv,\
  'last_coef_norm':
    class_models['logistic']['fitted'].coef_[2] * stdv}).\
  reset_index(drop=True)
```

각 피처가 모델에 미치는 영향을 추정하기 위해 데이터셋에서 각 클래스가 표현되는 정도인 priors로 표준화된 계수에 가중치를 줄 수 있다. 다행히도 LDA 적합 모델은 priors_ 속성으로 저장한다. 이를 class_priors 변수에는 다음과 같이 저장한다.

```
class_priors = class_models['lda']['fitted'].priors_
print(class_priors)
```

class_priors 배열에서 알 수 있듯이 첫째는 전체 참가자의 42%, 중간 아이는 24%, 막
내는 나머지 34%를 구성한다. 이 배열과 계수의 절댓값을 사용해 가중 평균을 생성하고
coef_weighted_avg에 저장한다. 다음 코드에서는 로그 오즈의 증가 또는 감소 여부에는
관심이 없고 단지 그 크기에만 관심이 있기 때문에 이 가중 평균에 대해 절댓값을 사용
한다.

```
lr_imp_df['coef_weighted_avg'] =\
  (abs(lr_imp_df['first_coef_norm']) * class_priors[0]) +\
  (abs(lr_imp_df['middle_coef_norm']) * class_priors[1]) +\
  (abs(lr_imp_df['last_coef_norm']) * class_priors[2])
```

방금 생성한 가중 평균은 피처 중요도의 근사치일 뿐이며, 중요도가 가장 높은 것에서 가장
낮은 순서로 정렬할 수 있다. 다음과 같이 sort_values를 사용해 정렬하고, background_
gradient로 계수 칼럼에 색상을 지정해 각 칼럼 내 값의 차이를 더 쉽게 이해할 수 있도
록 한다.

```
lr_imp_df.\
  sort_values(by='coef_weighted_avg', ascending=False).style.\
  background_gradient(cmap='viridis', low=-0.1, high=0.1,\
  subset=['first_coef_norm', 'middle_coef_norm',
'last_coef_norm'])
```

위의 코드는 그림 4.3에 표시된 데이터프레임을 생성한다.

	name	first_coef_norm	middle_coef_norm	last_coef_norm	coef_weighted_avg
28	birthn	-0.412945	1.3538	-0.0132044	0.499431
26	age	0.0552764	-0.0265002	-0.149019	0.0804694
0	Q1	0.110523	0.0224566	-0.00631052	0.0540604
12	Q13	0.0793163	-0.0382582	-0.000743793	0.0427518
15	Q16	0.0604051	-0.0542339	-0.000581668	0.0385124
19	Q20	-0.0609848	0.0508594	0.0015853	0.0382996
39	EST1	0.0498431	-0.0622704	0.00411372	0.0371717
3	Q4	0.044028	-0.0576418	-0.000594055	0.0324218
59	CSN1	0.0316447	-0.0699186	0.00127486	0.0303448
	⋮	⋮	⋮	⋮	⋮
90	country_GB	-2.218e-05	-0.00138172	4.47252e-05	0.000352116
91	country_IE	-0.00014727	0.000314903	7.59173e-07	0.000136968
92	country_NZ	7.70629e-05	-0.000394417	5.52904e-06	0.000127852
87	gender_other	7.0736e-05	0.000394679	-8.67944e-06	0.000126324
84	gender_undefined	5.65254e-05	-9.94834e-05	-3.80303e-07	4.75334e-05

그림 4.3 로지스틱 회귀 모델의 피처 중요도

그림 4.3에서 피처의 순서는 어떤 피처가 맨 위에 있는지(관련성 높음) 혹은 어떤 피처가 맨 아래에 있는지(관련성 없음) 그리고 그 사이에 무엇이 있는지(다소 관련성 있음) 만큼 중요하지 않다. 각 클래스의 계수에 대해서는 그것이 양수인지 음수인지 그리고 크기가 어느 정도인지에 따라 해석할 수 있다. 예를 들어 birthn은 첫째 아이 클래스가 양일 경우와 음의 상관관계가 있다는 것을 알 수 있다. 이는 직관적으로 이해가 된다. 가족의 자녀 수가 많을수록 그중 한 명이 첫째 아이일 가능성은 낮아진다. 막내의 경우에도 마찬가지다. 자녀의 수가 증가함에 따라 중간 아이일 오즈만 증가한다. age가 증가할수록 막내일 오즈는 낮아진다. 예전에는 가족 수가 많았기 때문에 의미가 있지만, age가 증가할 때 첫째 아이일 오즈가 증가하는 이유는 분명하지 않다. 더 깊이 조사하려면 다른 도구가 필요하다.

또한 질문1(Q1) "나는 무지하게 많은 책을 읽었다"와 질문13(Q13) "나는 주변 사람들을 지배한다"에 동의하면 참가자가 첫째 아이일 오즈가 증가한다. 또한 질문20(Q20) "나는 다른 사람의 칭찬은 필요 없다"에 대한 동의는 중간 아이일 오즈를 높인다. 개별적으로 적합했음에도 불구하고 클래스가 대부분 서로 반대임을 알 수 있으며, 당연히 한 피처에 대한 세 클래스의 계수가 모두 양수이거나 모두 음수인 경우는 거의 없다.

이 모델 종속적 피처 중요도 방법론은 모든 클래스에 대해 모든 피처의 중요도를 전체적으로 평가하기 때문에 그다지 신뢰할 수 없다. 또한 모델이 로지스틱 회귀이므로 피처 간의 다중공선성이 거의 또는 전혀 없다거나 로그 오즈의 선형 관계와 같이 데이터에 대해 사실이 아닐 수 있는 몇 가지 가정을 하고 있다. 하지만 이런 가정이 어느 정도 맞다면 OvR 로지스틱 회귀의 장점은 클래스 간 분리에 있다. 각 피처가 각 클래스와 어떻게 관련되는지 독립적으로 검토할 수 있다.

LDA의 피처 중요도

OvR 로지스틱 회귀와 마찬가지로 LDA도 모든 피처에 대해 세 개의 계수 집합을 추출한다. 다음과 같이 shape를 확인하라.

```
print(class_models['lda']['fitted'].coef_.shape)
```

(3, 96)을 출력해야 한다. 차이점은 이 계수가 갖는 의미에 있다. 이들은 클래스의 분리 가능성에 대해서 각 피처가 얼마나 중요한지 알려준다. 계수의 절댓값이 클수록 해당 피처가 해당 클래스를 분리하는 데 도움이 된다. 반면 계수의 절댓값이 작을수록 피처가 클래스 분리성에 기여하지 않음을 나타낸다. 결국 LDA는 PCA와 유사하지만 피처를 상관성이 아닌 분리성으로 분해한다.

이 계수를 살펴보기 위해 새 데이터프레임 lda_imp_df를 만들어 각 클래스의 계수에 표준편차를 곱한 값을 피처의 이름과 함께 다음과 같이 배치한다.

```
lda_imp_df = pd.DataFrame({\
  'name': X_train.columns,\
  'first_coef_norm': class_models['lda']['fitted'].\
                  coef_[0] * stdv,\
  'middle_coef_norm': class_models['lda']['fitted'].\
                  coef_[1] * stdv,\
  'last_coef_norm': class_models['lda']['fitted'].\
                  coef_[2] * stdv}).\
reset_index(drop=True)
```

이제 로지스틱 회귀와 동일한 작업을 수행하고 class_priors 변수를 사용해 계수의 절댓값의 가중 평균(coef_weighted_avg)를 생성한다. 과학적으로 정확하지 않지만 표를 정렬해 가장 중요한 피처에 대한 대략적인 이해를 얻을 수 있다는 유일한 목적으로 이 작업을 수행한다.

코드는 다음과 같다.

```
lda_imp_df['coef_weighted_avg'] =\
  (abs(lda_imp_df['first_coef_norm']) * class_priors[0]) +\
  (abs(lda_imp_df['middle_coef_norm']) * class_priors[1]) +\
  (abs(lda_imp_df['last_coef_norm']) * class_priors[2])
```

이제 가중 평균(coef_weighted_avg)을 사용해 다음과 같이 로지스틱 회귀와 동일한 방식으로 피처를 정렬하고 색상을 지정한다.

```
lda_imp_df.\
  sort_values(by='coef_weighted_avg', ascending=False).style.\
  background_gradient(cmap='viridis', low=-0.1, high=0.1,\
  subset=['first_coef_norm', 'middle_coef_norm', 'last_coef_norm'])
```

앞의 코드에 의해 생성된 그림 4.4를 보면 로지스틱 회귀의 상위 10개에 있었던 피처 중 많은 것이 LDA에서도 상위 10개에 포함돼 있음을 알 수 있다. 또한 중간 아이는 다른 클래스보다 birthn과 훨씬 더 연관돼 있는 반면에 다른 두 클래스는 예측에 도움이 되는 피처가 균형을 이루고 있는 것처럼 클래스 간의 패턴도 로지스틱 회귀와 유사한 것을 볼 수 있다.

출력은 다음과 같다.

	name	first_coef_norm	middle_coef_norm	last_coef_norm	coef_weighted_avg
28	birthn	-0.315215	1.00305	-0.307128	0.475483
0	Q1	0.0899109	-0.0122606	-0.102456	0.0757905
12	Q13	0.0564803	-0.0337293	-0.0462968	0.0476102
51	AGR3	-0.0392475	-0.00558213	0.0523123	0.0357299
15	Q16	0.0395618	-0.0363935	-0.0235674	0.0333487
6	Q7	-0.00407858	0.0644172	-0.0396745	0.0305362
24	Q25	-0.0350918	0.0343628	0.01946	0.0295807
16	Q17	0.034915	-0.00978912	-0.036297	0.0294317
77	OPN9	-0.0326552	0.0447374	0.00925253	0.0275268
33	EXT5	-0.000968246	0.0064997	-0.00331607	0.0030811
85	gender_male	0.00272646	-0.00239968	-0.00169943	0.00229827
81	introelapse	-0.00168655	0.00484121	-0.00127851	0.00229491
36	EXT8	-0.000826513	-0.00324433	0.00327175	0.00223465
7	Q8	-0.000763955	0.0039999	-0.00183324	0.0018961

그림 4.4 LDA 모델의 피처 중요도

OvR 로지스틱 회귀와 마찬가지로 LDA 피처 중요도도 모델 종속적이고 LDA 모델이 갖는 가정이라는 단점이 있다. LDA는 피처와 다변량 정규성 사이에 다중공선성이 거의 또는 전혀 없다고 가정한다. 즉, 피처는 각 클래스에 대해서 정규분포를 따른다고 가정한다. 또한 각 피처가 각 클래스와 어떻게 관련되는지 관찰할 수 있다는 OvR 로지스틱 회귀와 동일한 장점을 공유한다. 그러나 LDA는 가정 위반에 대해 더 견고하므로 잡음이 많은 데이터에 사용할 수 있다. 그러나 이런 경우에는 **2차 판별 분석**^{QDA, Quadratic Discriminant Analysis}이 더 좋다. QDA는 LDA와 유사하지만 정규성 가정을 하지 않고 선형이 아닌 2차 의사 결정 경계로 클래스를 분할한다.

다층 퍼셉트론의 피처 중요도

신경망에는 다른 모델 클래스와 같이 피처 중요도를 쉽게 결정하는 데 도움이 되는 고유한 속성이 없다. 이 단일 은닉계층 예제의 경우에도 다음 코드에 보이는 것처럼 가 계층에 해당하는 두 개의 가중치 행렬이 있기 때문에 더 복잡해진다.

```
print(class_models['mlp']['fitted'][1].coefs_[0].shape)
print(class_models['mlp']['fitted'][1].coefs_[1].shape)
```

두 배열의 형태는 다음과 같다.

```
(96, 11)
(11, 3)
```

각 행렬에 있는 가중치는 서로에 의해 증폭되거나 감소될 수 있기 때문에 오해의 소지가 있다. 이 두 행렬을 함께 내적한 후 전치하면 로지스틱 회귀 및 LDA에 사용한 각 피처 및 클래스 조합에 해당하는 친숙한 (96, 3) 형태를 갖게 된다. 그러나 이것은 가중치가 순방향 전파 동안 예측하기 위해 사용되는 방식이 아니다. 우선, 이 행렬 연산의 사이와 이후에는 relu 및 softmax와 같은 비선형 활성화 함수가 있다. 학습이 정규화된 데이터로 수행됐다고 가정할 경우 가중치 절댓값 곱의 합과 절댓값 없는 가중치 곱의 합을 취하자는 제안이 있었다. 가중치와 정규화를 포함하는 좀 더 정교한 방식이 있지만 이는 은닉 계층 활성화 함수의 효과를 무시한다.

결론은 신경망의 고유 매개변수로부터 피처 중요도를 추출하는 방법에 대한 합의가 없다는 것이다. 이 책의 뒷부분에서 배우게 되겠지만 신경망에는 본질적으로 해석 가능한 다른 측면이 있다. 예를 들어 8장, '컨볼루션 신경망 시각화'의 돌출 맵, 9장, '다변량 예측 및 민감도 분석을 위한 해석 방법론'의 통합 그래디언트 등이 있다.

다른 모든 모델에 대한 피처 중요도를 얻기 위해 고유 매개변수를 활용할 수 있었지만 사용된 방법에는 일관성이 없었다. 따라서 모델의 차이뿐만 아니라 방법론의 차이로 인해서도 결과가 달라진다. 그렇다면 모델의 피처 중요도 계산에서 신뢰할 수 있는 방법은 무엇이 있을까? 이것은 PFI라고 하며 다음 절에서 살펴볼 것이다.

▌ PFI 실습

순열 피처 중요도^{PFI}의 개념은 모델 종속적 피처 중요도 방법론보다 훨씬 설명하기 쉽다. 이 방법은 각 피처의 값을 뒤섞었을 때 예측오차의 증가를 측정한다. PFI에 대한 이론은 피처가 목표변수와 관계가 있는 경우 셔플링^{shuffling}은 이 관계를 방해하고 오차를 증가시킨다는 논리를 기반으로 한다. 반면 피처가 목표변수와 강한 관계가 없는 경우 예측오차는 크게 증가하지 않는다. 그러므로 셔플링을 한 후에 오차가 가장 많이 증가하는 것을 기준으로 피처의 순위를 정하면 어떤 피처가 모델에 중요한지 알게 될 것이다.

PFI는 모델 독립적인 방법론일 뿐만 아니라 테스트 데이터셋과 같이 사전에 보지 못한 데이터와 함께 사용할 수 있다는 엄청난 장점을 갖는다. 이 예제의 경우 랜덤 포레스트와 그래디언트 부스트 트리는 과적합됐기 때문에 고유 매개변수에서 파생된 피처 중요도는 그다지 신뢰할 수 없다. 즉, 학습 데이터에서 학습한 것에 따라 모델이 무엇을 중요하게 생각하는지는 알려주지만 여기에 사전에 보지 못한 데이터를 도입하면 무엇이 가장 중요한지 알려주지 못한다.

크리스토프 몰나르^{Christoph Molnar}는 그의 책 『Interpretable Machine Learning』(Lulu.com, 2020)에서 일반화 가능한 예측 성능에 대한 피처의 개별적인 기여보다는 학습된 모델의 각 피처에 대한 의존도에 대해 더 많이 알려줄 수 있기 때문에 학습 데이터를 활용하는 것에 찬성하는 주장을 펼쳤다. 하지만 이 책은 앞의 것에 더 관심이 있으며, 따라서 앞으로 테스트 데이터셋을 사용할 것이다.

모든 모델에 대한 순열 중요도를 계산하기 위해 class_models 딕셔너리를 다시 활용해 적합된 각 모델에 대해 사이킷런의 permutation_importance 함수를 호출해 PFI를 계산한다. permutation_importance 함수의 주요 매개변수는 적합된 모델(fitted_model), 데이터셋의 피처(X_test)와 레이블(y_test)이다. 또한 피처가 순열된 후 정확도 감소를 기준으로 비교하기 위해 사용할 예측오차 메트릭으로서 scoring='Accuracy'를 정의한다.

코드는 다음과 같다.

```
for model_name in class_models.keys():
  fitted_model = class_models[model_name]['fitted']
  permutation_imp = inspection.permutation_importance(\
    fitted_model, X_test, y_test, n_jobs=-1,\
    scoring='Accuracy', n_repeats=8, random_state=rand)
  class_models[model_name]['importances_mean'] =\
    permutation_imp.importances_mean
```

PFI는 피처를 두 번 이상 섞은 다음 예측오차를 평균을 내기 때문에 재현성을 위해 random_state뿐만 아니라 피처를 섞는 횟수(n_repeats=8)도 필수로 정의해야 한다. PFI는 시스템의 모든 프로세서를 활용해 병렬로 수행할 수 있다(n_jobs=-1). 마지막으로 각 모델에 대한 PFI가 수행되면 예측오차의 평균(importances_mean)을 저장한다.

이제 각 모델에 대해 계산된 평균 중요도를 가져와 다음 코드와 같이 각 피처의 이름과 함께 새 데이터프레임인 perm_imp_df에 넣는다.

```
perm_imp_df = pd.DataFrame({\
  'name': X_train.columns,\
  'dt_imp': class_models['decision_tree']['importances_mean'],\
  'gb_imp': class_models['gradient_boosting']
                        ['importances_mean'],\
  'rf_imp': class_models['random_forest']['importances_mean'],\
```

```
  'log_imp': class_models['logistic']['importances_mean'],\
  'lda_imp': class_models['lda']['importances_mean'],\
  'mlp_imp': class_models['mlp']['importances_mean']}).\
reset_index(drop=True)
```

perm_imp_df 데이터프레임을 정렬하기 위해 다음과 같이 avg_imp라고 하는 새 칼럼에
6개 모델 모두의 중요도를 평균한 값을 넣는다.

```
perm_imp_df['avg_imp'] = (perm_imp_df['dt_imp'] +
  perm_imp_df['gb_imp'] + perm_imp_df['rf_imp'] +
  perm_imp_df['log_imp'] + perm_imp_df['lda_imp'] +
  perm_imp_df['mlp_imp'])/6
```

이제 perm_imp_df의 값을 반올림 처리하고, avg_imp를 기준으로 정렬해 perm_imp_
sorted_df라는 새 데이터프레임에 저장한다. 다음과 같이 색상 코딩을 적용해 출력한다.

```
perm_imp_sorted_df = perm_imp_df.round(5).\
  sort_values(by='avg_imp', ascending=False)
perm_imp_sorted_df.style.\
  background_gradient(cmap='viridis_r', low=0,
  high=0.2, subset=['dt_imp', 'gb_imp', 'rf_imp',
                    'log_imp', 'lda_imp', 'mlp_imp'])
```

위의 코드는 그림 4.5에 표시된 데이터프레임을 생성한다.

	name	dt_imp	gb_imp	rf_imp	log_imp	lda_imp	mlp_imp	avg_imp
28	birthn	0.1385	0.10735	0.07604	0.11818	0.08199	0.11172	0.10563
0	Q1	0.00832	0.00688	0.00428	0.00509	0.01103	0.0093	0.00749
26	age	0.00107	0.00327	0.00496	0.00713	-0.00122	0.00183	0.00284
12	Q13	0.00098	-0.00252	-6e-05	0.00428	0.00235	0.00499	0.00167
3	Q4	0	0.00274	0.00163	0.00178	0.0006	0.00214	0.00148
16	Q17	0.00119	-0.00201	0.00255	0.00122	0.00179	0.00273	0.00124
51	AGR3	0.00032	-7e-05	-0.00156	0.00109	0.00339	0.0039	0.00118
24	Q25	0	-6e-05	-0.00087	0.00106	0.00112	0.00465	0.00098
30	EXT2	0	0.00073	0.00161	0.00075	-0.00076	0.00348	0.00097
	:	:	:	:	:	:	:	:
69	OPN1	0.00015	-0.00035	-0.00175	-0.00062	-0.00018	0.00088	-0.00031
21	Q22	0	-0.00279	-0.00025	0.00019	-0.00207	0.00242	-0.00042
79	source	0	-0.00048	6e-05	0.00094	-0.00135	-0.0017	-0.00042
25	Q26	0.00126	-0.00144	-0.00216	0.00015	-0.00211	0.0007	-0.0006
22	Q23	0	-0.00169	-0.00012	-7e-05	-0.0017	-0.00028	-0.00064

그림 4.5 모든 모델에 대한 테스트 PFI

그림 4.5는 4장에서 적합된 모든 모델의 테스트 데이터셋에 대한 PFI를 보여준다. 이는 모델들이 본질적으로 birthn에 대한 의존도가 높을 뿐만 아니라 그다음으로 중요한 피처 보다 훨씬 더 중요함을 확인시켜준다. 사실 birthn은 모델에 매우 중요하므로 각 모델의 테스트 정확도에서 예측오차의 평균 증가분, 즉 이 경우 정확도의 감소분에 해당하는 이 값을 빼면 정확도가 NIR 아래로 떨어질 것이다. 이것은 모든 모델에 대한 테스트 정확도를 저장하는 class_models 딕셔너리에서 Accuracy_test 속성을 가져온 후 정렬된 중요도 데이터프레임(perm_imp_sorted_df)에서 첫 번째 행의 처음 6개 값을 빼면 충분히 증명할 수 있다. 코드는 다음과 같다.

```
pd.DataFrame.\
    from_dict(class_models, 'index')[['Accuracy_test']] -\
    perm_imp_sorted_df.iloc[0,1:7].to_numpy().reshape((6,1))
```

위의 코드로 생성된 그림 4.6에서 볼 수 있듯이, birthn의 PFI를 제하면 어떤 모델도 NIR

인 0.4215보다 정확도가 높지 않다.

	Accuracy_test
decision_tree	0.325639
gradient_boosting	0.388483
random_forest	0.40958
logistic	0.383053
lda	0.409265
mlp	0.37977

그림 4.6 birthn의 PFI를 뺀 모든 모델의 테스트 정확도

의미 있는 수준의 **다중공선성**이 없다고 가정하면 이 단일 피처의 압도적인 영향력은 모든 심리적 질문들이 출생 순서를 예측하기에 충분하지 않음을 의미한다. 안타깝게도 모델이 어느 정도 성능을 발휘하게 만드는 것은 인구통계학적 질문 중 하나이며, 이는 확실히 연구원들이 예상한 것은 아니다. 하지만 이 결론이 이 실습에서 배울 것이 없음을 의미하진 않는다. 어떤 피처가 모델을 작동시키는지 이해하는 것보다 모델 해석에는 더 많은 것이 있다. 왜 그런가? 모델이 잘못된 이유로 작동하는 경우에도 모델에서 배울 것은 여전히 있다. 이를 위해 `birthn`이 왜 그렇게 영향력이 있으며 나머지 피처로부터 배울 것이 있는지 더 깊이 파고들어야 한다. PDP와 ICE 플롯과 같이 다음 절에서 살펴볼 방법은 특정 피처와 목표변수 및 다른 피처와의 관계를 이해하는 데 도움이 된다.

PFI의 단점

모델 해석 기법 중 드물지 않게 사용되는 PFI의 주요 단점은 이 방법이 서로 상관관계를 갖는 피처의 영향을 파악하지 못한다는 것이다. 다시 말해, 다중공선성이 피처 중요도를 능가한다. 하나의 피처를 섞을 때 이 피처와 상관관계가 있는 피처가 섞이지 않은 상태로 남아 상대적으로 오차 비율이 변경되지 않을 수 있으며, 이는 연관된 피처들의 클러스터가 실제보다 낮은 중요도를 갖게 된다는 것을 의미한다. 이 문제를 다루기 위한 전략이 있는데, 이는 12장, '해석 가능성을 위한 단조성 제약조건과 모델 튜닝'에서 논의할 것이다.

▌ PDP 해석

부분 의존도 플롯^{PDP}은 해당 피처에 대해 가능한 모든 (또는 보간된) 값 전체에 걸쳐 예측에 대한 피처의 한계 효과를 전달한다. 이는 피처의 영향과 목표변수와의 관계를 선형, 지수, 단조 등의 특성으로 시각화할 수 있는 글로벌 모델 해석 방법론이다.

모델에 대한 상호 작용의 효과를 설명하기 위해 두 개의 피처를 포함하도록 확장할 수도 있다. 피처 플롯은 예측된 결과 또는 이 결과의 상대적인 변화를 y축에 표시하고, 피처의 가능한 모든 값을 x축에 표시한다. 플롯에 그려진 선은 모든 관측치에 대해서 피처의 값을 x축의 한 값으로 변경하고 이 단일 피처가 변경된 경우의 예측을 평균해 y축 좌표를 얻음으로써 계산된다.

PDP의 한 변형은 y축에서 모든 관측치에 대한 기댓값을 빼서 한계 효과를 기댓값에 집중시킨다. 또 다른 PDP 변형은 히스토그램 또는 러그 플롯^{rug plot}으로 피처의 분포를 보여준다. PDP의 선은 평균으로 계산되는데, 피처가 드물게 분포된 플롯 영역에서는 평균을 신뢰할 수 없기 때문에 이것은 문제가 된다.

먼저 해석하려는 피처의 이름(feature_names)과 해당 피처의 레이블(feature_labels)의 두 리스트를 다음과 같이 만들어 x축에 레이블과 제목으로 표시할 것이다.

```
feature_names = ['birthn', 'Q1', 'Q13', 'age']
feature_labels = ['# of Births', 'Question #1', 'Question #13',
'Age']
```

이제 각 피처 이름을 반복 처리할 때 PDPbox의 **pdp_isolate** 함수에 적합된 모델(model), 데이터셋(dataset), 모든 피처 칼럼의 이름(model_features), x축에 나타낼 피처(feature) 등을 사용해 모든 PDP 평균을 계산해 **pdp_feat_df** 데이터프레임에 저장한다.

적합된 모델의 경우 처음 4개의 중요 피처에 대한 평균 PFI에 가장 가까운 모델이 없기 때문에 여기서는 그래디언트 부스트 트리를 사용한다. 그러나 모델에 따라 평균적으로 피처가 목표변수와 어떻게 다양한 관계를 갖는지 확인할 수 있다. 일부는 들쭉날쭉하고, 일부는 매끄럽고, 일부는 선형이다.

dataset에는 PFI에 사용한 것과 같은 이유로 테스트 데이터셋을 사용한다. 한 가지 주의할 것은 이 함수의 dataset은 피처와 레이블이 같이 있는 전체 데이터셋을 요구하는데, 앞에서 이를 X_test와 y_test로 분할했기 때문에 판다스의 concat 함수를 사용해 병합해야 한다는 것이다. 데이터프레임이 만들어지면 플롯으로 그리기만 하면 되는데 PDPbox는 pdp_plot이라는 Matplotlib 플롯을 생성하는 함수를 갖고 있다. 이 함수는 앞에서 생성한 데이터프레임을 받는 pdp_isolate_out과 함께 다음과 같은 몇 가지 그래픽 매개변수를 사용한다.

- center=True: 가장 높거나 가장 낮은 값을 기준으로 y축을 생성한다.
- x_quantile=True: x축 눈금의 간격이 분위수를 따르도록 한다. PDPbox에는 피처의 분포를 보여주는 히스토그램이나 러그 플롯이 포함돼 있지 않으므로 이는 희소 분포 또는 균일하지 않은 분포를 갖는 것과 관련된 해석 문제를 극복하는 좋은 방법이다.
- ncols=3: 세 개의 클래스를 모두 한 행에 배치한다.
- plot_lines=True: 관측치 샘플에 해당하는 선을 그린다.
- frac_to_plot=100: 100개의 샘플링된 관측치를 그리도록 지시한다.
- feature_name: x축에 있는 피처의 레이블이다.

다음 코드는 네 가지 피처에 대해 pdp_isolate으로 데이터프레임을 생성한 후 이를 통해 PDP를 그린다.

```
for i in range(len(feature_names)):
  pdp_feat_df = pdp.pdp_isolate(\
    model=class_models['gradient_boosting']['fitted'],\
    dataset=pd.concat((X_test, y_test), axis=1),
    model_features=X_test.columns,\
    feature=feature_names[i])
```

```
fig, axes = pdp.pdp_plot(\

  pdp_isolate_out=pdp_feat_df, center=True,\
  x_quantile=True,\

  ncols=3, plot_lines=True, frac_to_plot=100,\
  figsize=(15,6), feature_name=feature_labels[i])
```

앞의 코드는 그림 4.7 ~ 4.10에 표시된 플롯을 생성한다. 다음 그림 4.7을 살펴보자.

자녀 수 피처에 대한 PDP
고유한 그리드 포인트의 수: 5

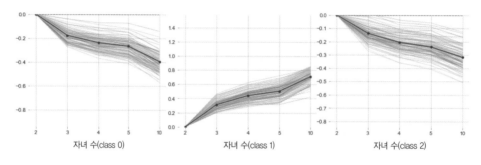

그림 4.7 birthn에 대한 PDP

그림 4.7은 로지스틱 회귀의 피처 중요도에서 알게된 것을 시각적으로 표현해준다. 풀컬러 버전은 본문 821쪽을 참고하기 바란다. 첫째 아이(class 0)와 막내 아이(class 2)의 확률은 자녀 수(birthn)가 증가함에 따라 지속적으로 감소한다. 중간 아이(class 1)의 확률은 반대 방향으로 진행되며, 두 자녀일 경우에는 중간 아이가 있을 수 없기 때문에 거의 0%에서 시작한다. 이 모든 것이 합리적이다. 얇은 선들이 평균인 두꺼운 선을 얼마나 일관되게 따르는지를 보면 이것이 모든 클래스 예측에서 거의 변동이 없는 강력한 피처임을 알 수 있다.

그림 4.8을 살펴보자. 풀컬러 버전은 본문 821쪽을 참고하기 바란다.

질문 #1 피처에 대한 PDP
고유한 그리드 포인트의 수: 6

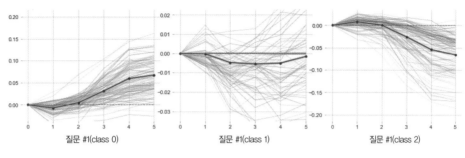

그림 4.8 Q1에 대한 PDP

그림 4.8은 Q1 "나는 무지하게 많은 책을 읽었다"에 대한 리커트 척도에 해당하며, 첫째 아이의 경우 N/A(0)와 비동의(1) 사이에서는 확률이 감소하지만 이후에는 변화 없음을 의미하는 0점을 넘어서 중립(3)을 지나면서 확실히 증가한다. 막내 아이에 대해 Q1은 정반대의 효과를 갖는다. 중간 아이의 경우에는 가는 선으로 표시된 샘플링된 관측치가 여기저기로 퍼져 있는 것을 볼 수 있어서 더 흥미롭다. 따라서 이것을 곧이 곧대로 받아들이면 안 되지만 굵은 선인 평균을 보면 3 이후의 첫째 아이와 3 이전의 막내가 혼합된 것으로 보인다. 다시 말해서 Q1에 대한 완전한 비동의와 완전한 동의는 모두 중간 아이가 이 두 극단으로 빠질 확률이 더 높음을 암시한다.

다음으로 그림 4.9를 살펴보자. 풀컬러 버전은 본문 822쪽을 참고하기 바란다.

질문 #13 피처에 대한 PDP
고유한 그리드 포인트의 수: 6

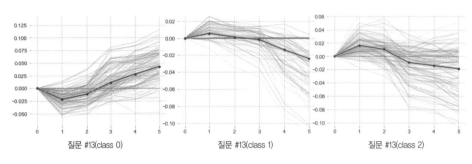

그림 4.9 Q13에 대한 PDP

그림 4.9에서 Q13 "나는 주변 사람들을 지배한다"에 대한 PDP는 Q1의 첫째 및 막내 아이에 대한 결과와 유사하지만 리커트 척도의 비동의 쪽은 Q1보다 더 뚜렷하고 반대편인 동의 쪽은 약간 덜하다. Q1보다 Q13에서 중간 아이의 양가감정이 훨씬 적어서 이 클래스는 동의 수준이 높을수록 가능성이 적어진다.

다음으로 그림 4.10을 살펴보자. 풀컬러 버전은 본문 822쪽을 참고하기 바란다.

나이 피처에 대한 PDP
고유한 그리드 포인트의 수: 10

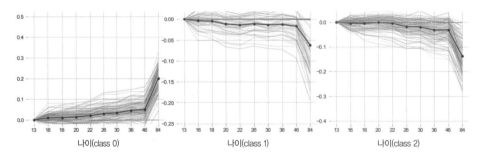

그림 4.10 age에 대한 PDP

그림 4.10은 age 피처에 대한 PDP이다. 첫째 아이가 될 확률은 평균적으로 age가 많아 질수록 천천히 그리고 지속적으로 증가한다는 것을 알 수 있다. 이렇게 해석할 수도 있지 만 예전에는 가족이 더 많았기 때문에 논리적인 설명을 찾기 어렵고, 아마도 나이가 많아 질수록 확률이 낮아질 것이라고 예상했을 것이다. 고맙게도 분위수가 단서를 제공하고 있 다. 16~22세의 눈금 표시는 2년 간격이지만 그 이후 이 간격은 4, 6, 10 그리고 마지막으 로 38로 늘어난다. 이는 age 분포가 오른쪽으로 치우쳐 있음을 의미하며, 이것이 반드시 나쁜 것은 아니지만 클래스 내에서 분포가 각 나이 그룹에 따라 고르지 않음을 말해준다.

이 가설을 증명하기 위해 먼저 age와 birthorder를 데이터프레임(birthorder_abbrev_df) 으로 추출한다. 그다음에 판다스의 cut 함수를 활용해 분위수의 동일 나이 그룹으로 인 덱스를 설정한다. 이제 먼저 이 나이 그룹 인덱스와 함께 birthorder로 그룹핑한 시리즈 (agegroup_birthorder_counts_s)를 저장하고, 인덱스로 그룹핑한 시리즈(agegroup_counts_s) 를 저장한다. 이제 전체 나이 그룹 및 출생 순서 집계를 나이 그룹 집계로 나눠 백분율을 갖는 시리즈(agegroup_pct_birthorder_s)를 생성할 수 있다. 마지막으로 unstack( )을 사용 해 시리즈를 데이터프레임으로 변환하고, plot.bar 함수를 사용할 때 stacked=True로 설 정하면 다음과 같은 막대 차트를 그릴 수 있다.

```
birthorder_abbrev_df = birthorder_df[['age', 'birthorder']]
birthorder_abbrev_df.set_index(pd.cut(\
  birthorder_abbrev_df['age'],\
  [12, 16, 18, 20, 22, 26, 30, 36, 46, 88]), inplace=True)
agegroup_birthorder_counts_s = birthorder_abbrev_df.\
  groupby([birthorder_abbrev_df.index, 'birthorder']).size()
agegroup_counts_s =\
  birthorder_abbrev_df.groupby(\
    birthorder_abbrev_df.index)['birthorder'].count()
agegroup_pct_birthorder_s =\
  agegroup_birthorder_counts_s.div(agegroup_counts_s,\
```

```
   axis=0, level=0)

agegroup_pct_birthorder_s.unstack().plot.bar(stacked=True,\

  figsize=(15,8))
```

앞의 코드는 그림 4.11에 표시된 플롯을 생성한다.

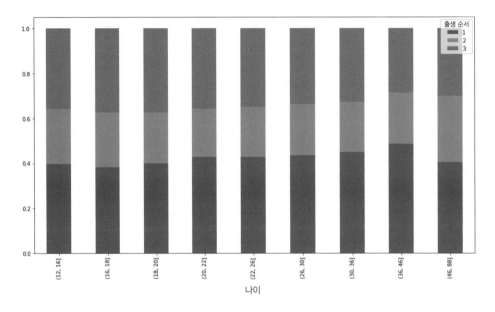

그림 4.11 동일한 크기로 조정된 나이 그룹별 class priors

그림 4.11은 각 클래스(birthorder)가 나이 그룹에 따라 어떻게 표현되는지 보여준다. 별거 아닌 것 같지만 16세부터 46세까지 첫째 아이(클래스 1)의 비율은 38%에서 거의 49%로 급증한 반면, 막내(클래스 3)의 비율은 38%에서 29%로 떨어졌다. 한편 중간 아이(클래스 2)은 3% 변동에 그쳤다. 인구통계에 대해 알고 있는 것과는 반대다. 이 나이대에 걸쳐 지난 75년 동안 대표적인 나라들에서 가족당 평균 자녀 수는 최소 2명이 감소했고, 최근 50년 동안 거의 1명이 감소했기 때문이다. 이론적으로는 나이가 많을수록 첫째나 막내 아이가 될 가능성이 줄어들어야 하는 반면, 중간 아이가 될 가능성은 높아져야 함을 의미한다.

218

그럴듯한 가설은 첫째 아이인 사람이 이런 온라인 설문에 참여할 가능성이 점점 높아졌기 때문에 첫째 아이가 높은 나이 그룹에서 과도하게 표현됐고 모델이 이런 편향을 받아들였다는 것이다. 편향이 있든 없든 간에 이 클래스 불균형을 처리해야 한다. 11장, '편향 완화 및 인과관계 추론 방법론'에서 인구통계 데이터에서 클래스 불균형을 줄이고 이로 인해 발생하는 모델 편향을 줄이는 방법을 살펴볼 때 편향에 대해 더 자세히 다룰 것이다.

상호 작용 PDP

PDP는 한 번에 여러 피처에 대해 적용할 수도 있으며, 이는 두 피처의 상호 작용이 목표 변수와 관련되는 방식을 조사하는 데 유용하다.

이번에도 PDPbox를 사용해 PDP 상호 작용 플롯을 생성할 것이다. pdp_interact 함수는 pdp_isolate와 매우 유사하며 feature가 피처의 리스트라는 점을 제외한 모든 매개 변수가 동일하다. 피처로 birthn 및 Q1을 선택했으며, 병렬 계산을 위해 모든 프로세서를 활용하는 n_jobs=-1 매개변수도 있다. pdp_interact는 pdp_birthn_Q1_df 데이터프레임을 출력한다. 이제 pdp_interact_plot으로 플롯을 그린다. pdp_interact_plot 함수에서도 pdp_plot과 유사한 매개변수를 볼 수 있다. 예를 들어 이전 단계에서 생성된 데이터프레임을 취하는 pdp_interact_out은 pdp_isolate_out과 유사하다. feature_names는 feature_name과 비슷하지만 단일 레이블이 아닌 피처 레이블의 리스트를 사용한다. plot_type='grid'는 그리드를 생성하도록 지시하며, 이 옵션은 birthn 및 Q1과 같은 낮은 카디널리티 또는 서수형 피처에 적당하다.

코드는 다음과 같다.

```
pdp_birthn_Q1_df = pdp.pdp_interact(\
  model=class_models['random_forest']['fitted'],\
  dataset=pd.concat((X_test, y_test), axis=1),\
  model_features=X_test.columns,
  features=['birthn','Q1'],\
```

```
  n_jobs=-1)
fig, axes = pdp.pdp_interact_plot(\
  pdp_interact_out=pdp_birthn_Q1_df,\
  plot_type='grid',\
  x_quantile=True, ncols=2, figsize=(15,15),\
  feature_names=['# of Births','Question #1'])
```

앞 코드의 결과로 출력된 그림 4.12에서 색상으로 구분된 그리드를 통해 자녀 수(birthn)
가 작아지고 Q1에 대한 동의가 증가함에 따라 첫째 아이(class 0)의 평균 확률이 증가하는
것을 알 수 있다. 막내 아이(class 2)의 경우 자녀 수에 대해서는 첫째와 동일하지만, Q1에
대해서는 정확히 반대다. 이런 상호 작용은 마치 각 피처에 대해 개별 PDP를 결합한 것과
같기 때문에 놀랄 일은 아니다. 그러나 중간 아이(class 1)의 경우 Q1 차트는 약간 모호하
지만 한 피처가 다른 피처의 평균 효과를 어떻게 상쇄할 수 있는지 주목하라. 중간 아이의
경우 Q1이 birthn과 상호 작용하는 것을 보면 확률은 거의 한 방향으로 움직이며 birthn
피처와 함께 증가한다.

그림 4.12는 다음과 같다. 풀컬러 버전은 본문 823쪽을 참고하기 바란다.

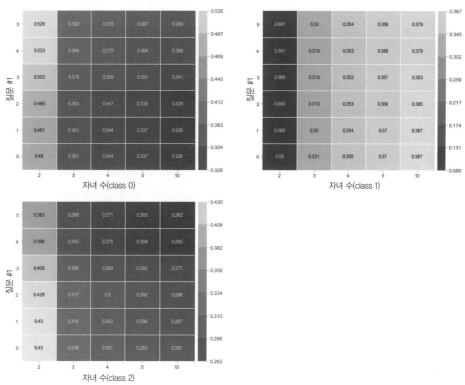

그림 4.12 자녀 수 및 질문 #1에 대한 그리드 상호 작용 PDP

PDPbox에는 contour라는 또 다른 유형의 PDP 상호 작용 플롯이 있으며 이것은 높은 카디널리티 또는 연속형 피처에 적합하므로 이번에는 age와 테스트에 걸린 시간인 testelapse를 사용한다. 플롯을 출력하는 코드는 features, feature_names, plot_type을 제외하면 이전 코드와 정확히 동일하다.

코드는 다음과 같다.

```
pdp_age_testelapse_df = pdp.pdp_interact(\
  model=class_models['random_forest']['fitted'],\
  dataset=pd.concat((X_test, y_test), axis=1),\
  model_features=X_test.columns,\
  features=['age','testelapse'],\
  n_jobs=-1)
fig, axes = pdp.pdp_interact_plot(\
  pdp_interact_out=pdp_age_testelapse_df,\
  plot_type='contour', x_quantile=True, ncols=2,\
  figsize=(15,15),\
  feature_names=['Age','Time taking test (seconds)'])
```

앞의 코드는 그림 4.13을 생성한다. 그림 4.13의 풀컬러 버전은 본문 824쪽을 참고하기
바란다.

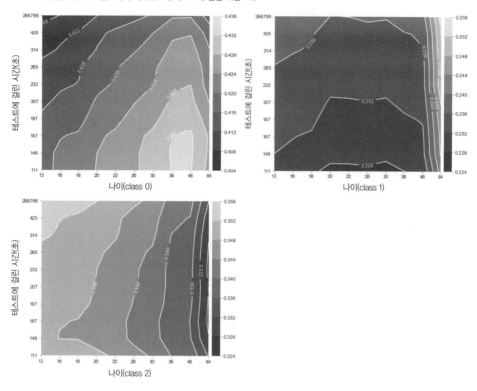

그림 4.13 age와 testelapse에 대한 등고선 상호 작용 PDP

그림 4.13은 테스트에 소요된 시간이 감소하고 나이가 증가할수록 첫째 아이(class 0)의 확률이 증가하므로 설문자가 나이가 많고 검사를 빨리 끝냈다면 그는 첫째 아이일 가능성이 높다. 막내 아이(class 2)는 다소 반대다. 설문자가 젊지만 느리다면 그는 막내 아이일 가능성이 더 커진다. 중간 아이(class 1)는 한 방향으로 더 많이 증가한다. 즉, age가 46세 이상이면 나이가 많을수록 확률이 빠르게 증가하지만 testelapse의 증가는 아주 약간의 가능성만 증가시킨다.

PDP의 단점

PDP의 주요 단점은 한 번에 최대 2개의 피처만 표시할 수 있고 서로 연관될 수 있는 두 피처의 독립성을 가정한다는 것이다. 독립성 문제를 해결하기 위해 5장에서 **누적 지역 효과** ALE, Accumulated Local Effect 플롯을 다룰 것이다.

이 절에서 배운 것처럼 PDP는 평균적으로 피처가 목표변수와 어떻게 연관되는지 확인할 때 유용하다. 하지만 이 관계를 세분화해 즉, 평균이 아닌 개별 관측치에 대한 시각화는 어떻게 해야 할까? 이 평균이라는 집계가 PDP의 또 다른 단점이며, 정확히 이 부분을 위해 다음 절에서 다룰 ICE 플롯이 필요하다.

▌ ICE 플롯

개별 조건부 기대치ICE 플롯은 다음 질문에 대한 답이다. "내 PDP 플롯이 피처-목표변수 관계의 분산을 모호하게 하면 어떻게 해야 하는가?" 실제로 한 피처가 모델의 예측과 어떤 관련이 있는지 이해하려고 할 때 평균을 내면 많은 것을 잃을 수 있다. 개별 피처에 대한 PDP 플롯을 자세히 살펴보면 평균인 굵은 선에서 멀리 떨어져 있을 뿐만 아니라 일반적인 방향조차 따르지 않는 가는 선들이 많다. 이 다양한 선들이 추가적인 통찰력을 제공할 수도 있다. 그러나 이 가는 선들은 ICE 플롯을 사용해 더 많은 작업을 수행할 수 있다.

ICE 플롯에는 모든 데이터셋이 포함될 수 있지만 플롯에 선이 많으면 계산 비용이 많이 들고 더 중요한 것이 무엇인지 제대로 인식하기 어려울 수 있다. 따라서 데이터셋을 샘플링하거나 선을 투명하게 그리는 것이 좋다.

여기서는 두 가지 접근 방식을 모두 사용할 것이며, 먼저 데이터셋을 샘플링한다. 재현성을 위해 우선 np.random.seed로 랜덤 시드를 설정한 다음, 데이터셋의 10%로 sample_size를 설정하고, ICE 플롯에 표시될 데이터를 가리키는 인덱스를 무작위로 선택해 sample_idx로 저장한다. 그다음에 샘플링된 관측치를 새 데이터프레임(X_test_samp)에 저장한다.

코드는 다음과 같다.

```
np.random.seed(rand)

sample_size = 0.1

sample_idx = np.random.choice(X_test.shape[0],
    math.ceil(X_test.shape[0]*sample_size), replace=False)

X_test_samp = X_test.iloc[sample_idx,:]
```

파이썬에서 기본적으로 사용하는 ICE 구현은 회귀 문제에 유용한 predict 함수를 사용한다. 이를 분류에 적용하면 결국엔 가능한 세 가지 클래스 중 하나로 가는 직선들이 서로 겹치게 된다. 이를 해결하기 위해 예측된 확률을 반환하는 predict_proba를 대신 사용할 수 있다. 그러나 이것은 세 개의 예측된 확률 집합을 반환하므로 구현은 이것을 이해할 수 없다. 이를 위해서 다음과 같이 클래스당 하나씩 자체적인 predict 함수를 만들 것이다.

```
def predict_prob_first_born(test_df):
  return class_models['random_forest']['fitted'].\
        predict_proba(test_df)[:,0]
def predict_prob_middle_child(test_df):
  return class_models['random_forest']['fitted'].\
        predict_proba(test_df)[:,1]
def predict_prob_last_born(test_df):
  return class_models['random_forest']['fitted'].\
        predict_proba(test_df)[:,2]
```

세 개의 predict_prob 함수를 보면 알 수 있듯이 random_forest에 적합된 모델과 함께 ICE를 설명하기 위해 테스트 데이터셋을 사용하고 있다. 이제 이 데이터셋에 대해 mldatasets의 plot_data_vs_ice 함수를 사용해 ICE 플롯을 계산하고 그릴 수 있다. x축에는 가장 중요한 피처인 birthn를 사용한다. 이것을 더 재미있는 실습으로 만들기 위해 Q1에 대한 답변에 따라 선의 색을 다르게 할 것이다.

이를 위해 다음과 같이 Q1의 범례로 사용할 리커트 척도를 딕셔너리(legend_key)로 먼저 생성한다.

```
legend_key = {0:'N/A', 1:'비동의', 2:'약간 비동의',
              3:'중립', 4:'약간 동의', 5:'동의'}
```

그다음에 plot_data_vs_ice 함수를 사용해 플롯을 생성한다. 개인적으로 pycebox 라이 브러리를 사용해 ICE 플롯을 그릴 수 있다. 이 책의 초점은 해석에 있기 때문에 이 라이 브러리를 직접 활용하는 방법에 대한 자세한 내용은 다루지 않겠지만 다음 링크(https://github.com/AustinRochford/PyCEbox/)에서 이 라이브러리의 튜토리얼을 확인할 수 있다.

plot_data_vs_ice 함수에서 요구하는 처음 두 인수는 예측 함수와 y축에 넣을 레이블이 다. 레이블은 predict 함수로 예측되는 것과 관련이 있다. 또한 예측에 사용되는 데이터 인 X, x축에 표시할 피처(feature_name), 해당 피처의 레이블(feature_label)이 필요하다. 색상 코딩(color_by)을 사용할 피처와 이 피처에 대한 범례(legend_key)를 지정할 수 있다.

먼저 다음과 같이 첫째 아이에 대한 예측 확률 플롯을 생성한다.

```
mldatasets.plot_data_vs_ice(predict_prob_first_born,\
                    'Probability of Firstborn',\
                    X=X_test_samp,\
                    feature_name='birthn',\
                    feature_label='# of Births',\
                    color_by='Q1',\
                    legend_key=legend_key)
```

앞의 코드는 그림 4.14 및 그림 4.15에 표시된 플롯을 생성한다. 그림 4.14의 풀컬러 버전 은 본문 822쪽을 참고하기 바란다.

첫 번째 플롯은 다음과 같다.

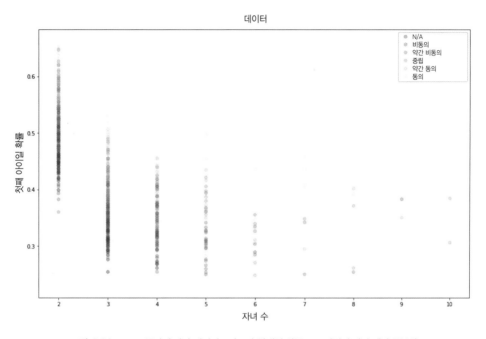

그림 4.14 birthn 증가에 따라 데이터포인트가 첫째일 확률, Q1 답변에 따라 색상 구분함

그림 4.15는 각 관측치에 대해 x축의 `birthn` 값에 따라 나온 그림 4.14의 점들을 연결한 것임을 알 수 있다. 또한 ICE 플롯의 선은 첫째 아이에 대한 `birthn`과 `birthorder` 사이의 관계에 있는 변동을 보여준다. 코드 실행을 통해 표시되는 색상 구분으로 해석이 풍부해 진다. 보라색과 파란색 선의 대부분은 불규칙하고 단조롭지 않으며 전반적으로 확률이 낮은 경향이 있는 반면, 노란색과 녹색은 더 일관되면서 확률이 높다는 것을 알 수 있다. "나는 무지하게 많은 책을 읽었다"라는 Q1에 동의하지 않을수록 `birthn`이 첫째 아이를 예측 하는 데 있어 신뢰성이 떨어지는 것으로 보인다.

그림 4.15는 다음과 같다. 풀컬러 버전은 본문 823쪽을 확인하기 바란다.

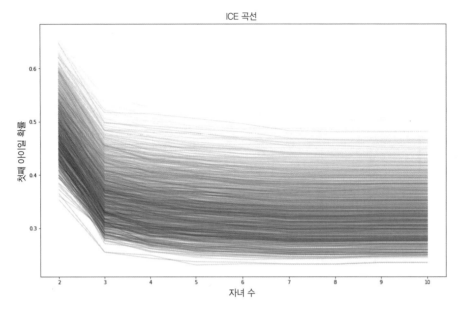

그림 4.15 birthn 증가에 따른 첫째 아이 ICE 플롯, Q1 답변에 따라 색상을 구분함

이제 다음과 같이 plot_data_vs_ice 함수의 처음 두 인수만 바꾼 코드로 middle_child에 대해 동일한 작업을 수행할 수 있다.

```
mldatasets.plot_data_vs_ice(predict_prob_middle_child,\
                    'Probability of Middle Child',\
                    X=X_test_samp,\
                    feature_name='birthn',\
                    feature_label='# of Births',\
                    color_by='Q1',\
                    legend_key=legend_key)
```

앞의 코드는 그림 4.14와 그림 4.15를 생성한 것처럼 두 개의 플롯을 생성한다. 그중 두 번째 것이 그림 4.16이다. 풀컬러 버전은 본문 824쪽을 참고하기 바란다.

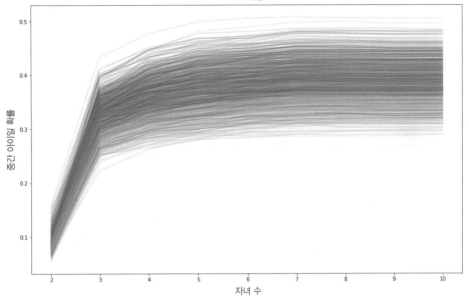

그림 4.16 birthn 증가에 따른 중간 아이 ICE 플롯, Q1 답변에 따라 색상을 구분함

그림 4.16에서 중간 아이에 대한 ICE 플롯의 선들은 첫째에 대한 것보다 더 일관성이 있다. 모든 선은 2에서 3으로 갈 때 갑자기 증가하고, 3부터 6까지는 부드럽게 증가하다가 그다음에는 정체된다. Q1의 진술에 더 많이 동의할수록 나이에 상관없이 중간 아이일 가능성이 적어짐을 암시한다.

마지막으로 다른 두 클래스에 대해 했던 것과 마찬가지로 막내에 대해서도 동일한 작업을 수행한다.

```python
mldatasets.plot_data_vs_ice(predict_prob_last_born,\
                'Probability of Lastborn',\
                X=X_test_samp,\
                feature_name='birthn',\
                feature_label='# of Births',\
                color_by='Q1',\
                legend_key=legend_key)
```

앞 코드의 결과인 그림 4.17은 다음과 같다. 풀컬러 버전은 본문 825쪽을 참고하기 바란다.

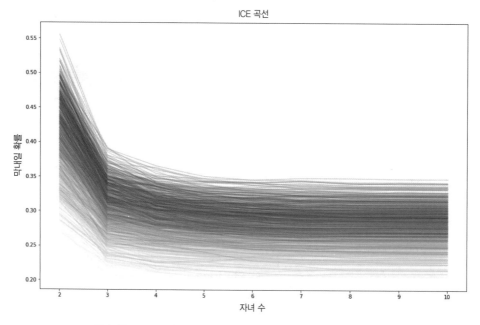

그림 4.17 birthn 증가에 따른 막내 아이 ICE 플롯, Q1 답변에 대해 색상 구분함

그림 4.17의 막내일 확률에 대한 ICE 플롯은 첫째 아이보다 훨씬 더 많은 변동이 있다. 그러나 첫째 아이와 마찬가지로 Q1에 대한 동의가 적을수록 선이 더 불규칙해지기는 하지만, 첫째 아이와 달리 Q1에 대한 동의는 birthn에 관계없이 일관적으로 낮은 확률을 보인다.

ICE의 단점

PDP와 마찬가지로 ICE 곡선은 피처의 독립성을 가정하므로 동일한 단점을 공유한다. 더구나 ICE에서는 두 개의 연속형 피처 또는 카디널리티가 높은 피처를 상호 작용할 수 없다. 예를 들어 Q1에 대해 색상 코드이 가능했던 것은 가능한 값이 6개였기 때문이다. 또 다른 단점은 피처와 목표변수 사이의 평균 관계를 확인하기가 어렵지만 이것은 PDP 플롯의 용도다.

궁극적으로 ICE 플롯이 탁월한 것은 관계의 집합적인 특성이 아니라 변동성에서 단서를 찾는 것이다.

▍ 미션 완료

미션은 40,000개의 설문 데이터셋에서 머신러닝이 무엇을 발견할 수 있는지 결정하는 것이었다. 심리학자들은 연구를 진행하는 데 이 데이터를 사용하는 것이 신뢰할 만한지 알고 싶어 했다. 또한 머신러닝 해석이 결과에 가장 큰 영향을 미치는 피처와 피처의 값을 보여줄 수 있는지 알고 싶어 했다.

또한 심리학자들은 PDP를 사용해 중간 아이의 비율이 나이와 함께 증가해야 하기 때문에 나이 분포와 출생 순서 사이에 약간의 불일치가 있음을 발견했다. 모델링이 실제 시나리오에서 작동하려면 학습 데이터는 실세계의 분포와 일치해야 한다. 그렇다고 모든 것을 잃은 것은 아니다. 이런 분포는 균형을 조정해 수정 조치를 취할 수 있다. 연구 목적을 위해 데이터의 신뢰성을 높이려면 더 큰 데이터를 사용해야 한다. 다만 온라인에서 익명으로 진행되는 설문이기 때문에 거짓말이 만연할 수 있으므로 오차 범위를 적절히 설정해야 한다.

투명성 부분에 있어서는 PFI에 따르면 자녀 수(birthn)가 지금까지 가장 중요한 피처였다. 그러나 이 실습은 출생 순서와 일관되게 상관관계를 갖는 Q1 "나는 무지하게 많은 책을 읽었다" 및 Q13 "나는 주변 사람들을 지배한다"와 같은 질문을 식별했고, ICE 플롯에서 그 영향력을 검증하는 데 성공했다. 또한 PDP를 사용해 나이와 설문에 소요된 시간(testelapse) 사이의 흥미로운 상호 작용을 발견했다. 나이에 따른 분포 문제가 해결되면 아마도 이것은 더 분명해질 것이다.

정리

4장을 읽은 후에는 모델의 고유 매개변수를 사용해 피처의 중요도를 조사하는 것의 단점을 파악해야 한다. 또한 다음 질문에 답할 수 있어야 한다. "중요도에 따라 피처의 순위를 정하고 예측에 대한 영향력을 시각화하는 유용한 모델 독립적 방법론은 무엇인가?" 5장에서는 4장에서 만난 몇 가지 문제를 극복하는 훨씬 더 강력한 글로벌 모델 독립적 방법론을 논의할 것이다.

데이터셋 소스

- Open—Source Psychometrics Project. (2019). Raw data from online personality tests. https://openpsychometrics.org/_rawdata/

더 읽을거리

- Klecka, W. R. (1980). Discriminant Analysis. Quantitative Applications in the Social Sciences Series, No. 19. Thousand Oaks, CA: Sage Publications.
- Cardell, N. S., Joerding, W. and Li, Y. (1994). Why some feedforward networks cannot learn some polynomials. Neural Computation, 6, 763–768. https://doi.org/10.1162/neco.1994.6.4.761
- Boger, Z. and Guterman, H. (1997). Knowledge extraction from artificial neural network models, IEEE Systems, Man, and Cybernetics Conference, Orlando, FL. https://doi.org/10.1109/ICSMC.1997.633051
- Molnar, C. (2019). Interpretable Machine Learning. A Guide for Making Black Box Models Explainable. https://christophm.github.io/interpretable-ml-book/

05

글로벌 모델 독립적 해석 방법론

4장, '피처 중요도와 피처 영향력'에서는 순열 피처 중요도가 모델 결과에 미치는 영향력에 따라 피처의 순위를 정하기 위해 모델 고유의 매개변수를 활용하는 것보다 더 나은 대안임을 설명했다. 또한 부분 의존도 플롯^{PDP}과 개별 조건부 기대치^{ICE} 플롯을 사용해 모델의 결과가 피처 값과 피처의 상호 작용을 통해 어떻게 변하는지 조사하는 방법도 살펴봤다. 그러나 이 두 글로벌 모델 독립적 방법론은 매우 인기가 있음에도 불구하고 공선성을 갖는 피처에 민감하다는 공통점을 갖고 있다.

5장에서는 매우 견고한 통계를 기반으로 다중공선성의 영향을 대부분 완화하도록 설계된 두 가지 글로벌 모델 독립적 방법론을 계속 살펴볼 것이다. 첫 번째는 SHAP$^{SHapley\ Additive\ exPlanations}$으로, 대부분 연합 게임 이론에서 파생된 섀플리 값$^{Shapley\ value}$의 수학적 원리를 따른다. 두 번째는 **누적 지역 효과**$^{ALE,\ Accumulated\ Local\ Effects}$ 플롯으로 조건부 주변 분포를 사용해 PDP보다 더 나은 대안을 제공한다. 마지막으로 블랙박스 모델을 설명하는 또 다른 일반적인 방법은 화이트박스 모델을 통해 블랙박스 모델을 근사하는 것이며, 올바르게 선택한다면 매우 정확하고 효율적인 해석 도구가 될 수 있는 **글로벌 대체 모델**global surrogates이라는 광범위한 주제를 꺼낼 것이다.

5장에서 다룰 주요 주제는 다음과 같다.

- 섀플리 값 소개
- SHAP 요약 플롯 및 의존도 플롯 해석
- ALE 플롯 탐색
- 글로벌 대체 모델로 블랙박스 모델 설명

▌ 기술 요구 사항

5장의 예제에서는 mldatasets, pandas, numpy, sklearn, tensorflow, xgboost, rulefit, matplotlib, seaborn, scipy, shap, alepython 등의 라이브러리를 사용한다. 이 라이브러리를 설치하는 방법에 대한 지침은 이 책의 '들어가며'에 있다. 5장의 코드는 다음 링크(https://github.com/PacktPublishing/Interpretable-Machine-Learning-with-Python/tree/master/Chapter05)에 있다.

▌ 미션

에너지 효율성은 지출을 줄이거나 오염 물질을 줄이길 원하는 소비자에게 중요한 관심사다. 따라서 정책 입안자, 규제기관, 환경운동가, 공중보건 공무원, 에너지 소비 제품 제조업체의 관심사이기도 하다. 2019년 미국에서만 운송 부문이 총 에너지 소비의 28%를 차지했으며 그중 절반 이상을 승용차가 차지하고 있다(https://www.eia.gov/energyexplained/

use-of-energy/transportation.php 참조). 그리고 지난 10년 동안 전기차가 증가했지만 그 전기의 대부분은 여전히 화석연료 발전소에서 나온다. 궁극적으로 이는 연료의 종류에 상관없이 모든 승용차가 탄소 발자국을 갖고 있음을 의미한다.

이 실습에서는 자동차 안전에 초점을 맞추고 있는 미국의 비영리 소비자단체가 사기 판매 감시에서 에너지 효율성으로 관심을 옮기고 있다고 가정한다. 지난 수십 년 동안 제정된 안전법은 품질 관리 및 규제를 개선함으로써 제조업체의 책임을 크게 줄여왔다. 안전은 여전히 우려 사항이지만 그 대부분은 난폭 운전과 열악한 대기 환경 때문이다. 기계적 고장은 모든 자동차 충돌의 2~3%에 불과하다. 브레이크, 서스펜션, 변속기, 타이어 등과 같은 차량 또는 부품 제조업체에 기인하는 경우는 아주 드물다. 이 비영리단체는 자동차 대리점의 사기 및 차별 관행을 억제하는 데 매우 성공적이었다고 자랑한다. 젊은 세대가 환경과 자원을 모두 의식한다는 사실을 깨닫고 **갤런당 마일**MPG, Miles Per Gallon로 측정할 수 있는 연료 효율성, 즉 연비를 주장함으로써 소비자와의 관련성을 유지하길 원한다. 이 수치는 높을수록 더 효율적이다. 다행스럽게도 미국 에너지부는 1984년부터 미국의 모든 차량에 대해 이 수치를 기록하고 있다(https://www.fueleconomy.gov/feg/ws/ 참조). 비영리단체는 자신들이 발간하는 책자를 통해 지난 수십 년 동안 다양한 변수가 MPG에 어떤 영향을 미쳤는지 설명하고 싶어 한다. 이 단체의 데이터 과학자들은 가장 중요한 연비 예측변수를 찾아 사람이 해석할 수 있는 방식으로 설명하고자 한다.

▌접근법

수천 개의 차량 모델이 포함된 데이터셋을 제공받았다. 여기에는 각 모델에 대한 일반 정보, 엔진, 오염 물질, 구동계, 섀시, 기술 관련 정보가 포함된다. MPG에 대한 예측변수를 찾기 위해 가설 검정, 상관 분석 그리고 GLM 등의 본질적으로 해석 가능한 모델과 같은 검증된 통계 방법론을 활용해 데이터에 대한 이해를 얻을 수도 있다. 하지만 사례별로 올바른 통계 방법론을 사용하고 있는지 확인해야 하고 데이터가 기본 가정을 충족하는지도 확인해야 한다. 그리고 그 모든 것에도 불구하고 본질적으로 해석 가능한 모델들은 결과를 뒷받침할 충분한 예측 정확도가 부족할 것이다. 많은 실무자들이 이 고전적인 접근 방식을 신뢰한다. 그러나 이 책은 블랙박스 모델이 기존 접근 방식보다 데이터에서 더 많은 지식을 더 안정적이고 효율적으로 추출할 수 있다는 관점을 갖고 있다. 해석 가능한 머신러닝은 이를 위한 도구들을 제공한다.

이를 위해 응용통계학 수업에서 가르치지 않는 다음과 같은 방법을 사용할 것이다.

1. 모든 피처가 null이 없이 모두 숫자를 갖도록 준비한다.
2. 블랙박스 모델을 사용해 이 피처로 MPG를 잘 예측할 수 있는지 확인한다. 이 예제에서는 신경망과 XGBoost를 사용한다.
3. 테스트 데이터셋을 평가해 과적합되지 않았는지 확인한다.
4. SHAP를 사용해 모델이 어떻게 결론에 도달했는지 이해한다.
5. 이변량 연관성을 추가로 조사하고 잘못된 상관관계와 시스템적인 편향을 제거하기 위해 몇 가지 통계 검정을 수행한다.
6. ALE 플롯으로 모델에 대한 피처의 효과를 탐색한다.
7. 글로벌 대체 모델을 사용해 모델의 기본 규칙을 더 자세히 이해한다.

자, 이제 시작해보자.

▌ 준비

이 예제의 코드는 깃허브 페이지(https://github.com/PacktPublishing/Interpretable-Machine-Learning-with-Python/blob/master/Chapter04/BirthOrder.ipynb)에서 찾을 수 있다.

라이브러리 로드

이 예제를 실행하려면 다음 라이브러리를 설치해야 한다.

- mldatasets: 데이터셋 로드
- pandas, numpy: 데이터 조작
- sklearn, tensorflow, xgboost, rulefit: 데이터 분할 및 모델 적합
- scipy: 통계 검정 수행
- matplotlib, seaborn, shap, alepython: 해석을 시각화

먼저 다음 모든 라이브러리를 로드해야 한다.

```
import math
import os
import mldatasets
import pandas as pd
import numpy as np
from sklearn.model_selection import train_test_split
from sklearn import metrics, tree
import as tf
import tensorflow_docs as tfdocs
import tensorflow_docs.plots
import xgboost as xgb
from rulefit import RuleFit
from scipy import stats
import matplotlib.pyplot as plt
import seaborn as sns
import shap
from alepython import ale_plot
```

print(tf.__version__) 명령으로 텐서플로TensorFlow의 정확한 버전이 로드됐는지 확인한

다. 2.0 이상이어야 한다.

데이터 이해 및 준비

이제 데이터를 fueleconomy_df라는 데이터프레임에 로드한다. 피처를 자동으로 준비하도록 하기 위해 prepare=True를 사용한다.

```
fueleconomy_df = mldatasets.load("vehicle-fueleconomy",\
                                prepare=True)
```

43,000개 이상의 레코드와 84개의 칼럼이 있어야 한다. info( )를 통해 확인할 수 있다.

```
fueleconomy_df.info( )
```

출력을 확인하라. 모든 피처는 누락된 값이 없는 숫자이며, prepare=True를 사용했기 때문에 범주형 피처는 이미 원-핫 인코딩으로 변환됐다.

데이터 딕셔너리

25개의 피처가 있지만 범주형 피처의 원-핫 인코딩으로 인해 84개의 칼럼이 됐으며, 피처는 일반 3개, 엔진 6개, 오염 물질 3개, 구동계 3개, 섀시 7개, 전자계 2개 그리고 목표 피처가 1개다. 데이터 딕셔너리에 대한 요약은 다음과 같다.

다음은 일반 범주의 피처다.

- make: 범주형 – 차량의 브랜드 또는 제조업체. 약 140개
- model: 범주형 – 차량의 모델. 약 4,000개 이상
- year: 서수형 – 모델 연식. 1984 ~ 2021

다음은 엔진 피처다.

- fuelType: 범주형 – 엔진에서 사용하는 기본 연료 유형
- cylinders: 서수형 – 엔진의 실린더 수. 2 ~ 16. 일반적으로 실린더가 많을수록 마력이 높아진다.
- displ: 연속형 – 엔진 배기량. 0.6 ~ 8.4 리터
- eng_dscr: 텍스트 – 하나 이상의 코드가 연결된 엔진에 대한 설명. 코드는 링크 (https://www.fueleconomy.gov/feg/findacarhelp.shtml#engine) 참조
- phevBlended: 이진값 – PHEV는 Plug-In-Hybrid Vehicle의 약자이며 Blended는 차량이 배터리로 구동되고 연료는 보조임을 의미한다. 이 값이 참이면 충전 소진 모드charge depleting mode[1]를 사용한다.
- atvType: 범주형 – 엔진에서 사용하는 대체 연료의 유형 또는 기술. 8 종류

다음은 오염 물질 관련 피처다.

- co2TailpipeGpm: 연속형 – CO_2 배출량. 그램/마일
- co2: 연속형 – CO_2 배출량. 그램/마일. 2013년 이후 모델의 경우 EPA 테스트를 기반으로 한다. 그 이전 연도의 경우 CO_2는 EPA 배출 계수를 사용해 추정된다. −1=사용 불가
- ghgScore: 서수형 – EPA GHG 점수. 0~10, −1=사용 불가

다음음 구동계 피처다.

- drive: 범주형 – 차량의 구동축 유형. 7 종류
- trany: 범주형 – 대부분 "{type}, {speed}-spd" 형식의 변속기 설명. 여기서 type은 Manual 또는 Automatic만 가능
- trans_dscr: 텍스트 – 하나 이상의 코드가 연결된 변속기에 대한 설명. 코드는 링크 (https://www.Fueleconomy.gov/feg/findacarhelp.shtml#trany) 참조

---

1 충전 소진 모드는 하이브리드 차량에서 충전된 전기 에너지를 소비해 운행하는 모드를 말하며, 반대로 충전 유지 모드는 배터리를 충전하는 동안 화석 연료를 소비해 운행하는 모드를 말한다. – 옮긴이

다음은 섀시 피처다.

- VClass: 범주형 – 차량 유형. 34종류
- pv4: 연속형 – 4도어 실내 부피. 입방 피트
- lv4: 연속형 – 4도어 트렁크 부피. 입방 피트
- pv2: 연속형 – 2도어 실내 부피. 입방 피트
- lv2: 연속형 – 2도어 트렁크 부피. 입방 피트
- hpv: 연속형 – 해치백 실내 부피. 입방 피트
- hlv: 연속형 – 해치백 트렁크 부피. 입방 피트

다음은 전자계 피처다.

- startStop: 범주형 – 정차시 엔진을 자동으로 끄는 시작/정지 기술 포함 여부 Y = 예, N = 아니요, 공백 = 구형 차량
- tCharger: 범주형 – 터보 차저 포함 여부. T = 예, 공백 = 그 외

다음은 목표 피처다.

- comb08: 연속형 – 결합 MPG. 전기 및 CNG 차량의 경우 이 수치는 MPGe(갤런당 가솔린 등가 마일)이다.

이제 데이터를 살짝 봤으니 모델링을 위해 데이터를 준비하고 모델을 적합시킬 수 있다.

데이터 준비

info( ) 요약에서 알 수 있듯이 null 데이터는 남아 있지 않다. 범주형 인코딩으로 처리된 많은 칼럼이 있으며, make와 model을 제외한 모든 칼럼은 숫자 또는 불리언이다. 이 두 칼럼은 제거할 것이다. 데이터셋이 거의 다 준비됐다. 이제 데이터셋을 학습, 테스트, 검증 데이터셋으로 분할하기만 하면 된다. 이를 위해 먼저 목표 피처만 y에 넣고 make와 model을 제외한 나머지는 모두 X에 넣은 후, X와 y를 학습(85%) 및 테스트(15%)로 분할

한 다음, X_train과 y_train을 다시 학습(80%) 및 검증(20%) 데이터셋으로 분할한다. 평소와 같이 재현성을 보장하기 위해 random_state에 사용할 랜덤 시드 rand를 정의하는 것이 중요하다.

```
rand = 9
y = fueleconomy_df['comb08']
X = fueleconomy_df.drop(['comb08','make','model'], axis=1).
copy()
X_train, X_test, y_train, y_test =\
    train_test_split(X, y, test_size=0.15, random_state=rand)
X_train, X_val, y_train, y_val =\
    train_test_split(X_train, y_train, test_size=0.2,\
                    random_state=rand)
```

이제 모델링 및 평가 단계를 진행할 수 있다.

심층 신경망 모델링 및 성능 평가

모델 결과의 불일치는 해석의 어려움으로 인해 더 커지기 때문에 재현성은 매우 중요하다. 그러나 신경망의 재현성은 보장하기 어렵기로 악명이 높으며 확률적 특성을 고려할 때 어느 정도 일관된 결과를 갖도록 시드를 설정하는 것이 훨씬 더 중요하다. 다음 코드는 텐서플로 2.0 이상에서 작동한다.

```
os.environ['PYTHONHASHSEED']=str(rand)
tf.random.set_seed(rand)
np.random.seed(rand)
```

각각 64개의 은닉 노드가 있는 2개의 은닉 계층을 갖는 순차 신경망(Sequential)을 생성할 것이다. 케라스Keras에서는 입력 계층 Input, 은닉 계층(Dense(64)), 출력 계층(Dense(1))을 추가하기만 하면 된다. 입력 계층과 첫 번째 은닉 계층 사이에 정규화 계층 Normalization

을 추가한다. 이 계층은 모든 피처를 평균이 0이고 표준편차가 1이 되도록 정규화한다. 이 단계는 일반적으로 별도의 전처리 단계에서 수행되지만 모델 파이프라인 또는 모델 자체가 이 단계를 처리하도록 하면 더 깨끗한 코드와 향상된 안정성 등 많은 이점을 얻을 수 있다. 모델(fitted_nn_model) 구축 후 손실함수[loss]와 평균제곱오차[MSE]를 메트릭으로 사용해 (metrics=['mse']) 컴파일한다. 매우 낮은 학습률(lr=0.0005)을 갖는 Adam 옵티마이저를 사용한다. 이렇게 하면 학습이 느려지지만 이 하이퍼파라미터 값으로 인해 더 낮은 MSE로 수렴된다. summary( )를 사용해 모든 계층의 형태와 매개변수를 출력할 수 있다.

```
fitted_nn_model = tf.keras.Sequential([
  tf.keras.Input(shape=[len(X_train.keys())]),
  tf.keras.layers.experimental.preprocessing.Normalization(),
  tf.keras.layers.Dense(64, activation='relu'),
  tf.keras.layers.Dense(64, activation='relu'),
  tf.keras.layers.Dense(1)
])
fitted_nn_model.compile(loss='mean_squared_error',\
  optimizer=tf.keras.optimizers.Adam(lr = 0.0005),
  metrics=['mse'])
fitted_nn_model.summary()
```

출력은 다음과 같다.

```
Model: "sequential"
_____
Layer (type)              Output Shape            Param #
=============================================================
normalization (Normalization (None, 81)           163
_____
dense (Dense)               (None, 64)            5248
```

242

```
-----------------------------------------------------------------
dense_1 (Dense)              (None, 64)              4160
-----------------------------------------------------------------
dense_2 (Dense)              (None, 1)               65
=================================================================
Total params: 9,636
Trainable params: 9,473
Non-trainable params: 163
-----------------------------------------------------------------
```

네트워크는 700에서 1,300에포크^{epoch} 사이의 어디쯤에서 수렴해야 한다. 고정된 에포크 값을 목표로 하는 대신 3,000으로 설정하고 fit 함수에서 콜백^{callback}으로 조기 종료를 구현할 수 있다. 이 EarlyStopping 콜백은 검증 손실^{validation loss}을 모니터링해 지난 200에포크 동안(patience) 성능이 최솟값(min_delta=0.0001) 이상으로 개선됐는지 확인한다. 또한 검증 손실이 가장 최선인 에포크의 가중치를 저장한다(restore_best_weights=True). 모델을 적합시킬 때 학습 히스토리(nn_history)를 저장할 수 있다.

```python
es = \
tf.keras.callbacks.EarlyStopping(monitor='val_loss',mode='min',
                                 verbose=1, patience=200,\
                                 min_delta=0.0001,\
                                 restore_best_weights=True)
nn_history = fitted_nn_model.fit(\
  X_train.astype(float), y_train.astype(float),\
  epochs=3000, batch_size=128,\
  validation_data=(X_val.astype(float),\
  y_val.astype(float)), verbose=1,\
  callbacks=[es])
```

tensorflow_docs 라이브러리는 학습 히스토리를 위해 특별히 설계된 HistoryPlotter와 함께 제공되며, 이를 사용하면 한두 줄의 코드로 히스토리를 그릴 수 있기 때문에 환상적이다.

```
nn_plotter = tfdocs.plots.HistoryPlotter(smoothing_std=2)
nn_plotter.plot({'Early Stopping': nn_history}, metric="mse")
plt.show()
```

앞의 코드는 그림 5.1을 출력한다. 이 그림은 750에포크 이후 검증 MSE가 최솟값 부근에서 맴돌아 조기 종료가 실행된 것을 보여준다.

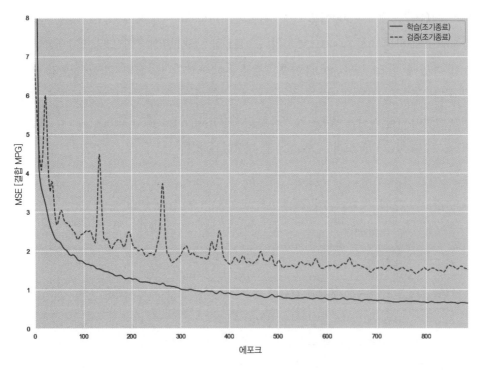

그림 5.1 학습 및 검증 MSE에 대한 신경망의 학습 히스토리

244

이제 예측 성능을 평가해보자. 언제든지 Model.evaluate 함수를 사용해 적합된 모델이 테스트 데이터셋에 대해 얼마나 잘 예측하는지 확인할 수 있으며, 이 모델은 손실함수와 메트릭으로 모두 MSE를 사용하고 있다. 하지만 여기서는 MSE 대신 해석하기 쉬운 RMSE를 사용한다. RMSE를 계산하려면 Model.predict 함수를 실행해 학습 데이터셋과 테스트 데이터셋 모두에 대한 예측을 하고, 그다음에 사이킷런의 mean_squared_error를 squared=False 옵션과 함께 사용해 둘 다에 대한 RMSE를 얻을 수 있다. 또한 모델이 설명하는 변동성을 백분율로 알려주는 메트릭인 R-제곱도 사용한다.

```python
y_train_nn_pred =\
  fitted_nn_model.predict(X_train.astype(float))
y_test_nn_pred =\
  fitted_nn_model.predict(X_test.astype(float))
RMSE_nn_train = metrics.mean_squared_error(y_train,\
                                            y_train_nn_pred,\
                                            squared=False)
RMSE_nn_test = metrics.mean_squared_error(y_test,\
                                           y_test_nn_pred,\
                                           squared=False)
R2_nn_test = metrics.r2_score(y_test, y_test_nn_pred)
print('RMSE_train: %.4f\tRMSE_test: %.4f\tr2: %.4f' %\
      (RMSE_nn_train, RMSE_nn_test, R2_nn_test))
```

학습 및 테스트 데이터셋에 대한 RMSE 점수는 서로 근접해 있어서 과적합이 최소화됐으며, 1 미만의 RMSE는 평균적으로 예측된 결합 MPG와 관측치의 결합 MPG의 차이가 1 MPG 이하임을 의미하기 때문에 매우 우수하다. 또한 99%의 R-제곱은 모델이 압도적으로 변동성의 대부분을 설명함을 의미한다.

```
RMSE_train: 0.7012    RMSE_test: 0.7878    r2: 0.9907
```

또한 관측치 대비 예측된 y(결합 MPG)를 회귀선으로 플롯을 그려 모델이 얼마나 잘 적합됐는지 시각화할 수 있다. 이를 위해 seaborn의 regplot 함수를 사용할 수 있으며, 이 함수는 플롯을 단 한 줄의 코드로 그릴 수 있다. 각 데이터포인트가 투명도 30%('alpha':0.3)의 녹색점(color="g")인 산점도로 표현되게 하고, 각 축의 레이블 및 글꼴 크기도 사용자 정의한다.

```
sns.regplot(x=y_test, y=y_test_nn_pred, color="g",\
            scatter_kws={'alpha':0.3})
plt.ylabel('Predicted Combined MPG', fontsize=14)
plt.xlabel('Observed Combined MPG (comb08)', fontsize=14)
```

앞의 코드는 그림 5.2를 출력한다.

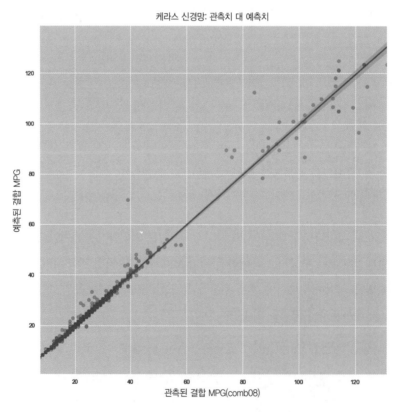

그림 5.2 신경망 모델에 대한 회귀선이 표시된 관측 MPG 대 예측 MPG 산점도

그림 5.2의 플롯은 모델이 실제 결합 MPG를 얼마나 잘 예측하는지 보여준다. 왼쪽 하단 사분면에서 점들이 회귀선과 가장 가까우며 이는 값이 낮을수록 모델이 더 잘 예측할 수 있음을 나타낸다. 오른쪽 상단보다 왼쪽 하단 사분면에 점들이 더 많다는 것을 고려하면 당연한 결과다. 이제 XGBoost 모델의 학습을 진행해볼 것이다.

XGBoost 모델링 및 성능 평가

XGBoost는 4장에서 사용한 앙상블 방법론인 사이킷런의 `GradientBoostingRegressor`와 매우 유사하게 그래디언트 부스트 의사 결정 트리를 구현하는 라이브러리다. 그러나 사이킷런은 원래의 그래디언트 부스팅 알고리듬을 따르지만 XGBoost는 더 빠르고 확장 가능하며 예측 성능을 높이고 잠재적으로 과적합의 가능성을 낮추는 등의 여러 최적화를 구현하고 있다.

XGBoost의 공식 구현에서는 효율성을 높이기 위해 다음과 같이 DMatrix 객체에 데이터를 저장해야 한다.

```
dtrain = xgb.DMatrix(X_train, label=y_train)
dval = xgb.DMatrix(X_val, label=y_val)
dtest = xgb.DMatrix(X_test, label=y_test)
```

이 실습에서는 자동으로 데이터를 DMatrix 객체로 변환하는 XGBoost의 사이킷런 래퍼를 사용한다. 이는 많은 모델 독립적 해석 방법론이 `fit(X, y)` 및 `predict(X)`와 같이 사이킷런에서 대중화된 템플릿을 따르는 함수를 사용하기 때문이다. 여기서 X와 y는 일반적으로 넘파이 배열, 판다스 데이터프레임으로 된 배열 또는 희소 행렬이다. 그러나 DMatrix는 완전히 다른 데이터 유형이기 때문에 XGBoost는 이런 기대를 따르지 않는다. 그렇더라도 해석 방법론은 모델의 고유 매개변수에 의존하지 않기 때문에 기술적으로는 여전히 모델 독립적이다. 그러나 실제로는 사이킷런 래퍼가 여기서 수행하는 것처럼 중간 역할을 하는 클래스를 작성해야 한다. 유일한 단점은 XGBoost 라이브러리는 래퍼에서 사용할 수 없는 많은 매개변수를 갖고 있다는 것이다. 다행히 이 경우에는 많은 것을 사용할 필요가 없었다. 트리의 최대 깊이(max_depth)를 7로, 학습률(learning_rate)을 0.6으로 설정하고, 제곱 오차를 최소화하는 회귀(reg:squarederror)로 objective를 설정한 다음 4개의 작업을 병렬로 실행(n_jobs)하기만 하면 된다. 다음과 같이 학습 데이터셋과 검증 데이터셋을 모두 사용해 RMSE를 평가하도록 모델을 적합시키는 것은 쉽다.

```
fitted_xgb_model = xgb.XGBRegressor(max_depth=7,\
  learning_rate=0.6,\
  n_jobs=4, objective='reg:squarederror',
  random_state=rand, n_estimators=50).\
  fit(X_train, y_train, eval_metric='rmse',\
  eval_set=[(X_train, y_train),(X_val, y_val)])
```

모델이 적합되면 matplotlib를 사용해 학습 히스토리를 그릴 수 있다. 이 히스토리는 딕셔너리를 반환하는 evals_result() 함수를 사용해 적합된 XGBoost 모델로부터 추출할 수 있다. eval_set에 두 개의 데이터셋을 배치했기 때문에 이 딕셔너리는 validation_0 및 validation_1이라는 두 개의 항목을 갖는다. 첫 번째는 학습 데이터에 대한 평가이고 두 번째는 검증 데이터에 대한 평가다.

```
plt.plot(fitted_xgb_model.evals_result()['validation_0']
['rmse'])
plt.plot(fitted_xgb_model.evals_result()['validation_1']
['rmse'])
plt.ylabel('RMSE [Combined MPG]', fontsize=14)
plt.xlabel('Round', fontsize=14)
plt.legend(['Train', 'Val'], loc='upper right')
```

그림 5.3에서 알 수 있듯이 모델은 검증 RMSE가 0.75를 향해 빠르게 수렴한다. 학습과 검증 RMSE 사이의 차이는 하이퍼파라미터를 조정해 좁힐 수 있지만 상대적으로 약간의 과적합을 보인다. 하지만 과적합 해결이 이 모델에 대한 주요 관심사는 아니며, 모델이 보지

못한 데이터에 대해서 오류는 여전히 낮게 유지된다.

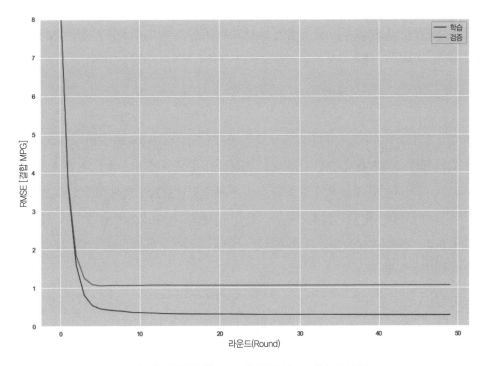

그림 5.3 학습 및 검증 RMSE에 대한 XGBoost 학습 히스토리

신경망에서 했던 것처럼 이것이 사실인지 확인하기 위해 테스트 데이터셋에 대해 평가해 보자.

```
y_train_xgb_pred = fitted_xgb_model.predict(X_train)

y_test_xgb_pred = fitted_xgb_model.predict(X_test)

RMSE_xgb_train = metrics.mean_squared_error(y_train,\
  y_train_xgb_pred, squared=False)

RMSE_xgb_test = metrics.mean_squared_error(y_test,\
  y_test_xgb_pred, squared=False)

R2_xgb_test = metrics.r2_score(y_test, y_test_xgb_pred)

print('RMSE_train: %.4f\tRMSE_test: %.4f\tr2: %.4f' %\
```

```
            (RMSE_xgb_train, RMSE_xgb_test, R2_xgb_test))
```

테스트와 학습 RMSE 모두 지금이 훨씬 더 낮고 R–제곱은 이미 꽤 좋은 신경망보다 훨씬
더 높다. 이 모델의 예측 성능은 글로벌 모듈러 해석에 사용하기에 충분하다.

```
  RMSE_train: 0.2974    RMSE_test: 0.6809    r2: 0.9930
```

해석과 관련해서 대부분의 트리 기반 모델과 마찬가지로 XGBoost도 피처 중요도 특성
을 갖고 있다. XGBoost는 피처 중요도를 계산하기 위해 피처가 트리에 나타나는 빈도
(weight), 피처로 인한 평균 오차 감소량(gain), 피처로 인한 분할에 의해 영향을 받는 관측
치의 수(cover)라는 세 가지 알고리듬을 사용한다. importance_type="weight"가 기본값
이다. plot_importance를 위한 다음 코드를 사용해 세 가지를 모두 시도해보고 얼마나 다
른지 확인할 수 있다.

```
sns.set()
fig, ax = plt.subplots(figsize=(12, 8))
xgb.plot_importance(fitted_xgb_model, max_num_features=12,\
                    ax=ax, importance_type="weight")
plt.show()
```

앞의 코드는 XGBoost에서 피처 중요도를 계산하는 여러 방법 중 하나를 나타내는 그림
5.4를 출력한다. 이 세 가지 중에서 어느 것을 믿어야 할까? 이 모든 방법에 대한 상위 피
처를 고려하면 공통된 피처를 찾을 수 있으며, 이런 피처가 모델에서 진정으로 가장 큰 차
이를 만드는 피처를 나타낼 가능성이 높다.

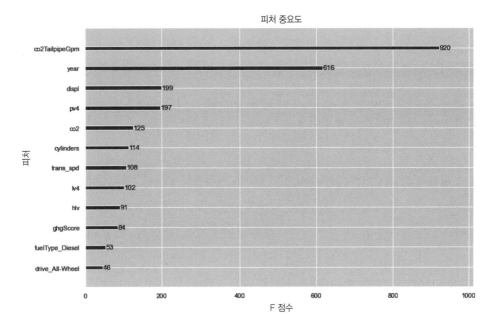

그림 5.4 XGBoost에서 weight를 사용해 계산한 피처 중요도

하지만 얼마나 많은 차이가 만들어지고 어떤 상황에서 만들어지고 있는지 정량화하고 싶다. 이를 위해서는 통계적 기반이 있으면서 신뢰할 수 있는 모델 독립적인 방법론을 사용하는 것이 이상적이다. 바로 섀플리 값$^{Shapley\ values}$이 이 조건을 충족시킨다.

▌ 섀플리 값 소개

이 책의 여러 장에서는 한 가지 특별한 방법론인 SHAP을 반복적으로 살펴볼 것이다. 따라서 수학적 기초와 그 이면의 특성에 대한 개요를 지금 파악하는 것이 좋다. 이를 농구에 비유해 설명할 예정이다.

당신의 팀 선수가 코트에 입장 또는 퇴장하거나 팀이 득점할 때마다 확성기가 알려주는 농구 경기에서 당신은 눈을 가리고 있다고 상상해보라. 확성기가 누가 득점했는지 알려주지 않으면 눈을 가린 상태이므로 당신은 누가 득점했는지 또는 누가 도움을 줬는지조차 알 수 없다. 선수들은 번호로만 지칭되고 당신은 누가 누군지 모른다. 그들은 좋은 선수일 수도 있고 나쁜 선수일 수도 있다. 언제가 됐든지 최선의 추측은 마지막으로 합류한 사람이 좋든 나쁘든 최근 결과와 관련이 있으리라는 것이다. 따라서 시간이 지남에 따라 어떤 선수가 더 나은 결과와 가장 상관관계가 있고 어떤 선수가 반대 효과가 있거나 전혀 없는지 파악하기 시작할 것이다.

만약 여러 번의 경기에서 다른 순서로 입장하는 선수들의 가능한 모든 조합과 각 선수가 참가할 때 모든 점수 차이를 평균할 수 있다면 어떨까? 그러면 한 게임에서는 정확하지 않더라도 많은 게임에서는 누가 가장 가치 있는 선수인지 더 잘 알 수 있다. 협력 게임 이론이라고도 하는 연합 게임 이론에서 선수의 다양한 조합은 **연합**coalition이고, 점수 차이는 **한계 기여도**marginal contribution이며, 섀플리 값은 많은 시뮬레이션에서 이 기여도의 평균이다. 모델의 경우 피처는 선수, 피처들의 여러 하위 조합은 선수들의 연합, 예측오차의 차이는 한계 기여도이며, 모델이 블랙박스이거나 적어도 블랙박스로 취급되기 때문에 눈을 가리고 있는 것이다.

모델에 대한 섀플리 값 계산과 관련된 수학은 집합과 계승factorial을 포함하기 때문에 농구 비유보다 훨씬 더 복잡해지며, 섀플리 값을 머신러닝에 적용한 논문에서 설명하는 모든 알고리듬의 세부 사항을 여기서는 다루지 않을 것이다. 그러나 이는 간단하고 직관적으로 설명될 수 있다. 모든 피처의 완전한 연합을 갖고 있고, 평가하려고 하는 피처를 뺀 나머지 피처들의 가능한 모든 하위 집합을 갖고 있다. 보상payoff이라고도 부르는 피처의 기여도는 회귀의 경우 예측오차의 감소, 분류의 경우 확률의 증가다. 따라서 특정 피처 및 피처 하위 집합에 대한 섀플리 값을 계산할 때는 하위 집합에 해당 피처를 추가할 때의 기여도를 계산한다. 가능한 모든 하위 집합에 대해서는 피처 하위 집합을 무작위로 추출할 확률에 따라 가중치가 부여된다. 그리고 이 가중치가 적용된 기여도는 가능한 모든 하위 집합을 통틀어 합산돼 섀플리 값이 된다. 본질적으로 섀플리 값은 가능한 모든 하위 집합에 대한 한 피처의 평균 한계 기여도다.

실제로 섀플리 값에 대한 계산 시간은 피처가 증가함에 따라 기하급수적으로 증가하므로 무차별 대입 접근 방식은 매우 리소스 집약적이다. 계산을 최소화하기 위한 몇 가지 전략이 있다. 가장 일반적인 방법은 확률 분포에서 무작위로 추출하는 **몬테카를로 샘플링**Monte Carlo sampling을 사용해 가능한 피처의 하위 집합 중 일부만 샘플링하는 것이다. 또한 게임에서는 선수를 제거할 수 있지만 학습된 모델에서는 피처를 제거할 수 없다. 그렇다면 피처가 있는 모델과 없는 모델의 성능을 어떻게 나타내야 할까? 순열 중요도는 피처를 섞음으로써 이를 수행하지만 섀플리 알고리듬은 그 대신 전체 데이터셋에서 피처에 대해 예상되는 기댓값을 계산한다. 피처의 값을 가장 잘 추측할 수 있고 합리적인 가정이기 때문에 의미가 있다. 이것은 완벽하지는 않지만 피처의 기여도를 비교하기 위한 기준선 역할만 한다. 일관성이 핵심인 것이다.

일관성에 대해 말하자면 피처 중요도 방법론으로서 섀플리 값을 이상적으로 만드는 연합 게임 이론에서 파생된 몇 가지 속성이 있다.

- 더미dummy: 피처 i가 한계값에 기여하지 않는 경우 $\text{Shapley}_i = 0$이다.
- 대체 가능성substitutability: 주어진 두 피처 i와 j가 가능한 모든 하위 집합에 대해 동등하게 기여하는 경우 $\text{Shapley}_i = \text{Shapley}_j$이다.
- 가산성additivity: 모델 p가 하위 모델 k개의 앙상블인 경우 하위 모델에서 피처 i의 기여도는 합산돼야 한다. $\text{Shapley}_i^p = \sum_{n=1}^{k} \text{Shapley}_j^n$
- 효율성efficiency: 마찬가지로 모든 섀플리 값은 예측과 기댓값의 차이로서 합산돼야 한다.

이 책을 쓸 당시에는 파이썬에 "순수한" 섀플리 값 구현이 없었다. R 구현조차도 샘플링을 사용해 계산 시간을 줄이고 있다. 그러나 파이썬에서 가장 널리 사용되는 구현인 SHAP은 일부 트리 기반 모델 클래스의 고유 매개변수와 딥러닝 모델뿐만 아니라 모델 독립적 접근 방식을 위한 선형 대체 모델을 활용하는 더 많은 지름길을 이용한다.

SHAP 요약 플롯 및 의존도 플롯 해석

SHAP은 대부분의 수학적 특성을 고수하면서 섀플리 값을 근사하는 방법론 또는 설명자 explainer의 모음이다. 논문에서는 이 값을 SHAP 값이라고 부르지만 이 책에서 SHAP은 섀플리와 상호 호환적으로 사용된다. 그러나 SHAP의 저자들이 그 속성에 약간의 자유를 줬다는 점에 유의해야 한다. 예를 들어 일부 설명자는 더미 속성을 준수하지 않고 배경 데이터를 활용해 결측값을 시뮬레이션한다. 이런 문제에도 불구하고 SHAP은 다른 견고한 속성들에 기반을 두고 있기 때문에 4장, '피처 중요도와 피처 영향력'에서 살펴본 대안보다 낫다.

SHAP은 섀플리 값에 느슨하게 기반한 세 가지 속성을 갖는다.

- **로컬 정확도**: 섀플리의 효율성 속성과 동일하다.
- **일관성**: 섀플리의 가산성과 대체 가능성을 포함하며, 이론상으로 더미도 포함한다.
- **누락**: 피처가 누락된 경우 해당 피처의 섀플리 값은 0임을 의미한다. 이것은 실제로 피처가 상수일 때만 필요한 온전성 검사 속성이다.

많은 설명자들이 근사를 효율적으로 수행하기 위해 여러 해석 방법론을 통합한다. 이런 이유로 네 개의 설명자는 통합된 방법론을 통해 모델의 구조나 매개변수를 호출해 활용하기 때문에 모델에 독립적이다(그림 5.5). 이 알고리듬에 대한 세부 사항은 주요 SHAP 논문인 「모델 예측 해석을 위한 통합적 접근법A Unified Approach to Interpreting Model Predictions」뿐만 아니라 트리 기반 모델을 위해 작성된 논문으로 나중에 TreeExplainer로 이름이 변경된 TreeSHAP에서도 논의되고 있다. 그 외에도 딥러닝 프레임워크를 위한 두 가지 방법론이 있는데 **DeepLift**는 텐서플로/케라스에서 작동하며, **기대 그래디언트**Expected Gradients는 파이토치PyTorch에서 작동한다. 그리고 사이킷런의 선형 모델에서만 작동하는 것도 있다. 이런 모델 종속적인 설명자 외에도 KernelExplainer, SamplingExplainer 등의 여러 모델 독립적 설명자가 있다.

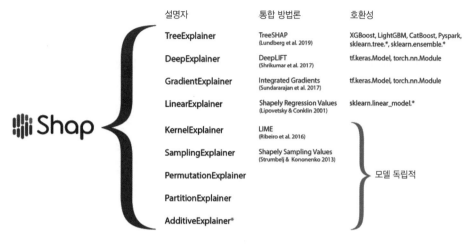

설명자	통합 방법론	호환성
TreeExplainer	TreeSHAP (Lundberg et al. 2019)	XGBoost, LightGBM, CatBoost, Pyspark, sklearn.tree.*, sklearn.ensemble.*
DeepExplainer	DeepLIFT (Shrikumar et al. 2017)	tf.keras.Model, torch.nn.Module
GradientExplainer	Integrated Gradients (Sundararajan et al. 2017)	tf.keras.Model, torch.nn.Module
LinearExplainer	Shapely Regression Values (Lipovetsky & Conklin 2001)	sklearn.linear_model.*
KernelExplainer	LIME (Ribeiro et al. 2016)	
SamplingExplainer	Shapely Sampling Values (Strumbelj & Kononenko 2013)	모델 독립적
PermutationExplainer		
PartitionExplainer		
AdditiveExplainer*		

그림 5.5 SHAP 설명자 요약

이제 그림 5.5의 주요 SHAP 설명자를 각각 간략하게 소개한다.

- TreeExplainer는 XGBoost, 랜덤 포레스트, CART 의사 결정 트리 등의 트리 기반 앙상블 모델의 SHAP 값을 효율적으로 근사하도록 특별히 설계됐다. 한계 기댓값 대신 조건부 기댓값 함수를 사용하기 때문에 영향을 미치지 않는 피처에 0이 아닌 다른 값을 할당하므로 섀플리의 더미 속성을 위반할 수 있다. 4장, '피처 중요도와 피처 영향력'에서 살펴본 바와 같이 이것은 피처들이 공선성을 갖고 있을 때 영향을 받는다.

- DeepExplainer는 딥러닝 모델에서만 작동하며 통합 방법론은 DeepLIFT이다. 이 방법론은 단순한 전제를 갖고 있는데, 이는 참조 "중립" 입력값 또는 기준선^{baseline}이 제공될 때 피처의 중요성이 출력의 차이에서 기인할 수 있다는 것이다. 이 기준 입력은 무엇이든 될 수 있지만 피처가 없음을 나타낼 수도 있다. 안전한 경로 및 SHAP 라이브러리에서 선택한 경로는 데이터셋의 피처별 평균을 사용하는 것이다. 그다음 역전파 동안 기준선이 차감되면 $(y - y_{baseline} / x - x_{baseline})$ 각 계층의 승수를 출력에 대한 입력으로 정의한다. 연쇄 법칙$^{chain\ rule}$이 그래디언트에 적용되는 것처럼 승수에도 적용된다. 특정 인스턴스에 대한 피처 중요도는 입력과

기준선 간의 차이에 승수에 대해 역전파 동안 생성된 부분적인 "기울기"를 곱한 것이다. 그다음에 SHAP은 이 출력을 가져와 SHAP 속성에 맞게 조정한다.

- GradientExplainer는 한 지붕 아래에 여러 통합 방법론을 갖고 있지만 주요 방법론은 **통합 그래디언트**Integrated Gradients에서 파생한 **기대 그래디언트**Expected Gradients와 SmoothGrad이다. 이에 관해서는 8장, '컨볼루션 신경망 시각화'에서 설명할 것이기 때문에 여기서는 자세히 설명하지 않는다. 나중에 배우겠지만 DeepLIFT와 마찬가지로 통합 그래디인드는 피처의 누락을 나타내는 기준선을 사용하며, 출력과 입력 사이의 기준선에 통합된다. SHAP 라이브러리는 적분을 기댓값으로 재구성하는 기대 그래디언트라고 하는 유사한 개념을 사용한다. 그다음에 배경 데이터셋을 이 기댓값에 대한 샘플링 참조값으로 사용해 SHAP 값과 매우 비슷하게 합산되는 속성으로 수렴하는 그래디언트들의 결합 기댓값을 산출한다.

- LinearExplainer는 지도학습 모델에서의 섀플리 값에 대한 첫 번째 논문에서 영감을 받은 매우 기초적인 설명자다. 이는 사이킷런 선형 모델에서만 제한적으로 사용된다.

- KernelExplainer는 가장 인기 있는 모델 독립적 방법론이며 LIME을 기반으로 한다. 이에 관해서는 6장, '로컬 모델 독립적 해석 방법론'에서 자세히 설명할 것이다. 적합된 가중치 선형 모델처럼 LIME과 동일한 단계를 따르지만, 섀플리 샘플 연합을 사용하고 SHAP 값을 계수로 반환하는 다른 커널을 사용한다. 또한 샘플 연합을 만들면서 누락 피처를 무작위 데이터로 대체하기 때문에 더미 속성에 문제가 있으며 따라서 피처 공선성에 대한 문제를 갖는다. 이에 대해서도 6장 '로컬 모델 독립적 해석 방법론'에서 좀 더 논의할 것이다.

- SamplingExpainer는 섀플리 값을 근사할 때 샘플링 접근 방식을 도입한 첫 번째 논문에 전적으로 기반을 두고 있으며 또한 모델 독립적이다. 하지만 피처 독립성을 가정한다. 이 설명자는 예를 들어 희소 데이터에 요구되는 광범위한 배경 데이터셋이 있는 경우 KernelExplainer에 대한 상당히 좋은 대안이다.

- PermutationExplainer는 무차별 대입 섀플리 값 근사에 가장 가깝다. 모든 피처를

순방향 및 역방향으로 순열해 계산한다. 한 번 수행되면 최대 2차 상호 작용에 대한 SHAP 값을 캡처하지만 더 높은 충실도를 달성하기 위해 더 많이 실행할 수도 있다.

- PartitionExplainer는 피처의 계층 구조를 정의하는 트리에서 SHAP 값을 계산한다. 이는 많은 피처들이 특정 그룹 또는 범주에 속하거나 상관관계가 높은 피처가 있는 경우에 권장된다.

- AdditiveExplainer는 임의의 예측 함수를 허용하기 때문에 모델 독립적이지만 모델이 GAM^{Generalized Additive Model}이 아닌 경우 실패한다.

5장에서는 케라스 모델에는 GradientExplainer를 사용하고 XGBoost 모델에는 TreeExplainer를 사용할 것이다. 하지만 이들은 모델 독립적인 설명자가 아니다. 5장, '글로벌 모델 독립적 해석 방법론'에서 왜 이것을 사용하는가? 모든 설명자는 테이블, 이미지, 텍스트 데이터셋에 대한 모든 모델 클래스 및 유스 케이스를 집합적으로 다룰 수 있기 때문에 전체로서의 SHAP은 모델 독립적이다. 여기서 더 중요한 것은, 이들은 거의 같은 방식으로 초기화될 수 있고 해석에 사용할 수 있는 일관된 플롯들을 갖고 있다는 것이다. 5장에서는 이 플롯 중 세 가지를 해석하는 방법을 살펴볼 것이다. 6장에서는 KernelExplainer와 DeepExplainer를 사용해 다른 SHAP 플롯을 살펴볼 것이다.

해석을 시작하기 전에 먼저 두 가지 간단한 단계를 수행해야 한다. 경우에 따라 까다로울 수 있으므로 자세히 설명한다.

1. **설명자 초기화**: SHAP 설명자의 첫 번째 단계는 초기화다. TreeExplainer는 적합된 트리 기반 모델(fitted_xgb_model)만 있으면 된다.

```
shap_xgb_explainer = shap.TreeExplainer(fitted_xgb_model)
```

반면 GradientExplainer에는 배경 데이터셋이 필요하다. 샘플을 취하거나 shap. kmeans(data, K)를 사용해 요약할 수 있다. np.choice를 사용해 150개를 샘플링한다. 테스트 데이터셋에서 150개의 샘플을 선택했으며 당연히 81개의 피처를 갖고 있는 것을 print(background.shape)로 확인해야 한다. 그다음에 설명자를 초기화하기 위해 모델(fitted_nn_model)과 배경 데이터를 연결한다. 텐서플로에서 작동하도록 판다스 데이터프레임을 부동소수점 배열로 변환하는 것에 주의하라.

```
background = \
  X_train.iloc[np.random.choice(X_train.shape[0], 150,\
                                replace=False)]
print(background.shape)
shap_nn_explainer =
  shap.GradientExplainer(fitted_nn_model,\
                    background.astype(float).values)
```

SHAP 설명자를 초기화하면 SHAP 값을 계산할 수 있다.

2. **SHAP 값 계산**: 모든 설명자는 shap_values 함수를 갖고 있으며, 이 함수는 피처의 차원과 일치하는 한 관측치의 수에 상관없이 피처에 대한 SHAP 값을 계산한다. XGBoost 모델의 학습 및 테스트 데이터셋에 대해 이 작업을 수행한다. 4장, '피처 중요도와 피처 영향력'에서 살펴본 바와 같이 모델이 학습 데이터셋 대비 테스트 데이터셋에 대해 어떻게 수행되는지 해석하는 것은 다양한 이점을 제공할 수 있다. 그리고 모델이 이전에 본 적이 없는 데이터에서 무엇을 찾아내는지 이해하는 데 관심이 있으며, 두 가지를 비교해 일관적인지 확인하는 것이 좋다.

```
shap_xgb_values_train = \
  shap_xgb_explainer.shap_values(X_train)
print(shap_xgb_values_train.shape)
shap_xgb_values_test = \
  shap_xgb_explainer.shap_values(X_test)
print(shap_xgb_values_test.shape)
```

258

앞의 코드는 학습((29389, 81)) 및 테스트 데이터셋((6484, 81))의 차원과 일치하는 튜플을 출력해야 한다. 즉, 각 관측치의 각 피처에 대해 하나의 SHAP 값이 있어야 한다. 다른 모델 해석 방법론과 달리 SHAP에서 파생된 값은 후속적인 적합이나 후처리 없이 모든 종류의 글로벌 및 로컬 해석에 사용할 수 있을 정도로 세분화돼 있다.

이제 테스트 데이터셋에 대한 신경망의 SHAP 값을 계산하고 `shap_values`에 의해 반환된 객체의 타입을 출력해보자. 이 객체는 배열이 아니라 리스트라는 점에 유의하라. 이론적으로 분류기와 같은 다중 출력 모델만 리스트를 생성하지만 단일 출력 회귀 신경망 모델도 리스트를 반환한다. 이 경우 찾고 있는 SHAP 값은 리스트의 첫 번째 항목(`shap_nn_values_test[0]`)이다.

```
shap_nn_values_test =\
    shap_nn_explainer.shap_values(X_test.astype(float).values)
print(type(shap_nn_values_test))
print(shap_nn_values_test[0].shape)
```

앞의 코드는 신경망 모델과 테스트 데이터셋에 대한 SHAP 값의 차원((6484, 81))을 출력해야 한다.

SHAP 요약 플롯 생성

SHAP 값으로 할 수 있는 첫 번째 일은 summary_plot 인스턴스를 생성하는 것이다. 첫 번째 매개변수는 SHAP 값이며 이를 생성하는 데 사용되는 데이터가 뒤따르고, 플롯 유형(`plot_type`)은 옵션이다. 학습과 테스트에 대한 XGBoost 요약 플롯을 그려서 비교할 수 있다.

```
shap.summary_plot(shap_xgb_values_train, X_train,
                  plot_type="dot")
```

```
shap.summary_plot(shap_xgb_values_test, X_test,
                  plot_type="dot")
```

앞의 코드는 그림 5.6의 플롯을 출력한다. 위에서부터 아홉 번째 피처까지 매우 유사하고 어느 정도 일관성이 있음을 알 수 있다. 피처는 중요도에 따라 위에서 아래로 순위가 매겨진다. 그리고 0 위치의 세로선은 이런 피처의 영향을 부정과 긍정으로 구분한다. 모든 피처에 대해 양쪽에 점이 있으며 점의 값은 해당 피처가 모델에 부정적인(왼쪽 방향) 또는 긍정적인(오른쪽 방향) 영향을 미치는 정도를 나타낸다.

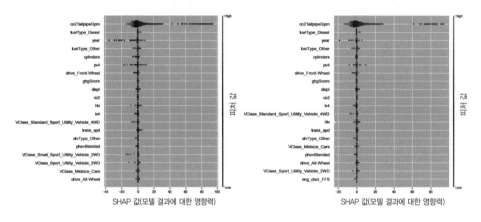

그림 5.6 학습 데이터(왼쪽)와 테스트 데이터(오른쪽)에 대한 XGBoost 모델의 SHAP의 요약 플롯

가장 왼쪽에 있는 점이 year에 속하므로 year가 낮은 결합 MPG와 가장 많은 상관관계가 있음을 알 수 있다. 하지만 year의 점 대부분의 값이 중간 영역에 집중돼 있기 때문에 이것은 이상치이기도 하다. 점은 색상 코딩돼 있으므로 피처 값에 대해 높음, 중간, 낮음 속성을 알 수 있다. 예를 들어 이 이상치의 값들은 모두 연도의 중간 값임을 알 수 있다. 즉, 1984년부터 2021년까지의 37년의 기간에 대해 그 중간은 1996~2009년이다. 그 시기는 유가가 가장 쌌던 해 그리고 금융 위기와 사상 최고의 유가로 미국 경제 호황이 끝나던 시기에 해당하기 때문에 의미가 있다. 이 시대에는 연료를 많이 소모하는 대형 스포츠 유틸리티 차량SUV이 일반적이었다.

다음으로 신경망 SHAP 값에 대한 summary_plot을 출력해 XGBoost와 비교할 수 있다.

```
shap.summary_plot(shap_nn_values_test[0], X_test,\
                  plot_type="dot")
```

위의 코드는 그림 5.7을 출력한다. 첫 번째 피처인 co2TailpipeGpm은 XGBoost와 일치한 다. 높은 값은 음의 상관관계가 있고 낮은 값은 양의 상관관계가 있어 양 극단 사이에 거의 완벽한 기울기를 생성한다. 대부분의 값은 중간에 분포돼 있다. 그 외의 다른 피처들이 동일한 순서를 갖지 않는다는 것은 놀랄 일은 아니다. year는 전체적으로 XGBoost 모델보다 덜 중요할 뿐만 아니라 year에 의해 매우 부정적인 영향을 받는 예측도 없는 것 같다.

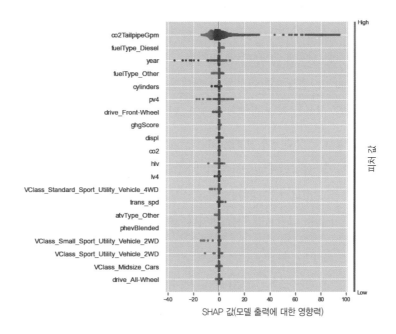

그림 5.7 테스트 데이터에 대한 신경망 모델의 SHAP 요약 플롯

그림 5.6과 그림 5.7의 차이점은 모델이 결과를 예측하기 위해 예측변수에 대해 다른 것을 학습했기 때문일 수 있다. 같은 학급의 두 학생에게 배운 내용을 바탕으로 질문에 대한 답을 설명해 달라고 하는 것과 같다. 좋은 학생이라고 가정하면 그들의 설명은 질문과 답

을 연결한다는 점에서 의미가 있을 것이다. 그들의 추론엔 동일한 요소가 많이 포함되지만 우선순위가 서로 다르면서도 상호 연결된다. 결국 이 학생들은 서로 다른 사람이기 때문에 다르게 추론한다. 한 학생보다 두 학생에게서 배우는 것이 더 낫기 때문에 이 실습에서는 두 가지 모델을 사용하고 있다.

상호 작용 이해하기

블랙박스 모델의 피처 상호 작용은 복잡한 일이지만 충분히 깊이 파고들면 상호 작용 방식과 이유에 대한 몇 가지 답을 찾을 수 있다. 여기서는 두 가지 머신러닝 모델로부터 배우기 때문에 두 가지 모두에서 통찰력을 얻을 수 있을 것이다. 81개 피처 사이에서는 수천 개의 가능한 이변량 상호 작용이 있다. 그러나 모델 출력에 대한 평균 영향력의 대부분은 첫 번째 피처에 있다. 다른 상위 4개 또는 5개 피처는 그보다 훨씬 뒤처져 있다. summary_plot을 plot_type="bar"로 변경하면 이것을 더 쉽게 확인할 수 있다. 이 최상위 피처 중에서 가장 두드러진 상호 작용을 찾을 가능성이 매우 높다.

이를 위해 XGBoost의 상위 5개 피처(co2TailpipeGpm, fuelType_Diesel, year, cylinders, ghgScore)와 신경망에서는 2번째로 중요하지만 XGBoost에서는 7번째로 중요한 피처(co2) 사이의 상호 작용을 살펴보자. 이 피처들의 리스트(top_feature_l)를 만들고 여기에 반응 변수 comb08을 추가한다. 그다음에 학습 데이터에서 이 피처들만 추출한 데이터프레임을 top_df로 저장한다.

```
top_features_l = ['comb08'] + ['co2TailpipeGpm',\
    'fuelType_Diesel','co2', 'year', 'ghgScore', 'cylinders']
top_df = fueleconomy_df.loc[X_train.index, top_features_l]
```

그러면 이 데이터프레임(top_df)에 있는 피처들 간의 스피어만Spearman 상관계수를 히트맵으로 시각화할 수 있다. 이 방법은 두 피처 사이의 단조성을 측정한다. 상관계수는 관계의 강도와 방향을 모두 나타내는 −1~1 사이의 숫자를 출력한다. 양 극단에 가장 가까운 값은 부정적이든 긍정적이든 상관관계가 가장 강하고 0에 가까운 값은 가장 약하다. 스피어만 상관계수는 단조적인 선형 관계를 나타낼 수 있다. 이 방법은 추가로 조사할 상호 작용의 우선순위를 정하는 좋은 출발점이지만 단조적이지 않은 비선형 관계가 이 방법에 의해 관계가 강한 것으로 간주되지 않도록 주의해야 한다. 포물선 곡선은 분명히 중요한 관계가 있음에도 불구하고 단조적이지 않기 때문에 스피어만 계수가 0이다.

```
corrs = stats.spearmanr(top_df).correlation
mask = np.zeros_like(corrs)
mask[np.triu_indices_from(mask)] = True
ax = sns.heatmap(
  corrs, vmin=-1, vmax=1, center=0, mask=mask, square=True,\
  cmap=sns.diverging_palette(20, 220, n=200),\
  xticklabels=top_df.columns, yticklabels=top_df.columns
)
```

위의 코드는 그림 5.8을 출력한다. cylinder와 co2TailpipeGpm이 반응변수(comb08)와 가장 큰 단조 상관관계를 가지며 둘 다 음수임을 알 수 있다. 나머지 피처들은 약한 양의 단조 상관관계를 갖는다.

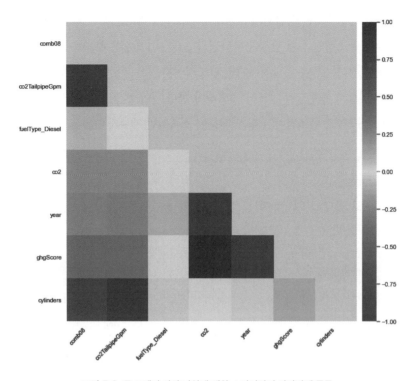

그림 5.8 두 모델의 상위 피처에 대한 스피어만의 상관관계 플롯

spearmanr을 사용해 상관관계를 검증하는 가설 검정의 p-값을 추출할 수도 있다. 통계적으로 더 엄밀하기 위해 fuelType_Diesel은 이진 피처이기 때문에 그 대신 점-이연point-biserial 상관계수를 사용할 수도 있다. 점-이연 상관계수는 스피어만과 유사하지만 양분되는 변수인지 연속형 변수인지의 차이이다. 전자는 단조성을 가정하진 않지만 테스트할 수 있는 다른 가정을 한다. 여기서 그와 관련된 세부 사항을 다루진 않겠지만 일반적으로 이런 종류의 관계에 대한 좀 더 강력한 지표다.

```
print('spearman\tco2TailpipeGpm→comb08\tcorr: %.3f
    \tp-val: %.4f' %\
    (stats.spearmanr(X_train.co2TailpipeGpm.values,\
                top_df.comb08.values)))
```

```
print('point-biserial\tfuelType_Diesel→comb08\tcorr: %.3f

    \tp-val: %.4f' %\

    (stats.pointbiserialr(top_df.fuelType_Diesel.values,\

                          top_df.comb08.values)))
print('spearman\tco2→comb08\t\tcorr: %.3f\tp-val: %.4f' %\

    (stats.spearmanr(X_train.co2.values,\

            top_df.comb08.values)))
print('spearman\tyear→comb08\t\tcorr: %.3f\tp-val: %.4f' %\

    (stats.spearmanr(X_train.year.values,\

            top_df.comb08.values)))
print('spearman\tghgScore→comb08\t\tcorr: %.3f\tp-val: %.4f' %\

    (stats.spearmanr(top_df.ghgScore.values,\

            top_df.comb08.values)))
print('spearman\tcylinders→comb08\tcorr: %.3f\tp-val: %.4f' %\

    (stats.spearmanr(X_train.cylinders.values,\

            top_df.comb08.values)))
```

앞의 코드는 다음을 출력한다. 0.05 미만의 p-값은 모두 상관관계에 대한 가설이 유효함을 말해준다.

```
spearman     co2TailpipeGpm→comb08  corr: -0.994      p-val:
0.0000

point-biserial  fuelType_Diesel→comb08 corr: 0.062  p-val:
0.0000

spearman     co2→comb08      corr: 0.223 p-val: 0.0000

spearman     year→comb08     corr: 0.255 p-val: 0.0000

spearman     ghgScore→comb08     corr: 0.374 p-val: 0.0000

spearman     cylinders→comb08     corr: -0.785     p-val: 0.0000
```

스피어만 상관계수 히트맵은 몇 가지 흥미로운 방향을 제시하고 있다.

- XGBoost의 SHAP 값에 따르면 cylinders는 네 번째로 중요한 피처이지만 목표 변수 및 co2TailpipeGpm과 높은 단조 상관관계가 있으며, ghgScore와도 약간의 상관관계가 있는 것으로 보인다.
- 신경망의 SHAP 값에 따르면 co2 피처는 상위 5위 안에 있지만 XGBoost에서 2위 인 fuelType_Diesel보다 스피어만 상관계수가 더 높다. 왜 그런 걸까?
- 신경망은 ghgScore를 더 중요시하는 것 같으며, 상관계수 히트맵에서도 이 ghgScore는 co2와 year에 대한 상관계수가 높게 나왔다. 이 세 가지 피처 사이에 뭔가가 있는 것 같다.

이런 피처 상호 작용을 조사하는 좋은 방법은 scipy로 상관관계를 측정하면서 SHAP 의 존도 플롯을 사용하는 것이다. 또한 여기서 발견한 것을 데이터와 비교하기 위해 산점도 를 그릴 것이다.

SHAP 의존도 플롯

SHAP 의존도 플롯의 y축은 피처에 대한 SHAP 값이고 x축은 피처의 값이다. 즉, x축에 표시된 값이 모델 결과에 미치는 영향이 y축에서 어떻게 변하는지를 보여준다.

단일 함수(dependence_plot)로 의존도 플롯을 출력한다. 피처의 이름(co2TailpipeGpm) 또 는 인덱스, SHAP 값(shap_xgb_values_test) 그리고 해당 데이터(X_test)만 있으면 된다. 옵션으로 상호 작용 항(interaction_index)을 지정할 수 있다. 플롯을 더 크게 만든(fig. set_size_inches(12,8)) 다음에 plt.show( )를 사용해 플롯을 보여주기 때문에 플롯을 즉 시 표시하지 않는다(show=False). 또한 점에 투명도(alpha=0.3)를 설정하면 점들이 적은 영 역에서 점을 더 쉽게 식별할 수 있다. 그리고 나서 이전과 같이 상호 작용에 대해 스피어 만 상관계수를 출력한다. 그다음에 다른 의존도 플롯을 그릴 것인데, 이번에는 ghgScore 와 cylinders에 대한 플롯을 그린다. cylinders는 서수형 피처이므로 x_jitter=0.4로 설정하면 그 분포를 더 잘 이해하는 데 도움이 되며, 만약 지터^{jitter}가 없으면 SHAP 값이 0인 모든 6기통 차량이 단일 점으로 표시된다는 점에 주의하라.

```
shap.dependence_plot("co2TailpipeGpm", shap_xgb_values_test,\
                     X_test, interaction_index="cylinders",\
                     show=False, alpha=0.3)
fig = plt.gcf()
fig.set_size_inches(12,8)
plt.show()
print('spearman\tcylinders→co2TailpipeGpm\tcorr: %.3f\
    \tp-val: %.4f' %
    (stats.spearmanr(X_train.cylinders.values,\
                     X_train.co2TailpipeGpm.values)))


shap.dependence_plot("cylinders", shap_xgb_values_train,\
                     X_train, interaction_index="ghgScore",\
                     show=False, x_jitter=0.4, alpha=0.3)
fig = plt.gcf()
fig.set_size_inches(12,8)
plt.show()
print('spearman\tghgScore→cylinders\tcorr: %.3f\tp-val: %.4f' %
    (stats.spearmanr(top_df.ghgScore.values,\
                     top_df.cylinders.values)))
```

위의 코드는 그림 5.9 및 그림 5.10을 출력한다. 오른쪽의 색상 구분은 상호 작용 항의 값과 관련된다. 첫 번째 플롯은 cylinders의 증가가 co2TailpipeGpm의 증가와 상관관계가 있으며, 결과적으로 co2TailpipeGpm 값이 높을수록 SHAP 값이 낮아지는 상관관계가 있음을 보여준다. 스피어만 상관계수는 이 상호 작용의 단조적인 특성을 확인해준다. 두 번째 플롯은 해석하기 어렵지만 ghgScore가 높을수록 실린더 수가 적고 SHAP 값은 약간 높아지는 상관관계가 있음을 보여준다.

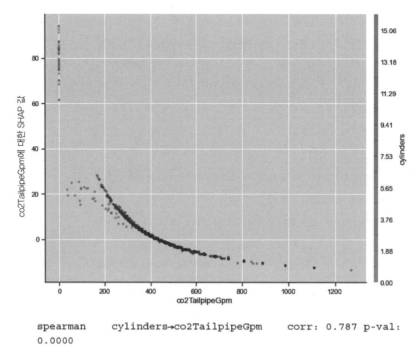

spearman   cylinders→co2TailpipeGpm   corr: 0.787 p-val: 0.0000

그림 5.9 cylinders와 co2TailpipeGpm의 상호 작용을 나타내는 XGBoost 모델 및 통계치에 대한 SHAP 의존도 플롯

그림 5.9의 플롯은 cylinders가 co2TailpipeGpm과 매우 완벽하게 정렬돼 강력한 상관관계에도 불구하고 모델에서 필요하지 않음을 나타낸다. 즉, cylinders는 ghgScore와의 상호 작용 항으로 사용되는 것을 제외하고는 많은 부분에서 co2TailpipeGpm과 중복된다.

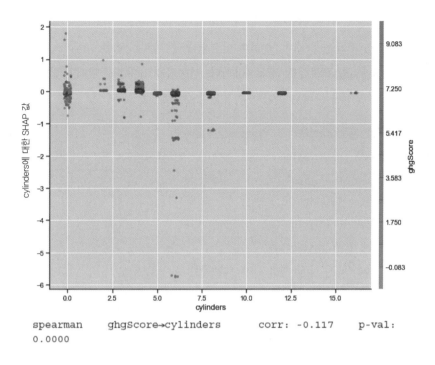

spearman   ghgScore→cylinders   corr: -0.117   p-val:
0.0000

그림 5.10 ghgScore와 cylinders의 상호 작용을 나타내는 XGBoost 모델 및 통계치에 대한 SHAP 의존도 플롯

그림 5.10에서 ghgScore가 높을 때 SHAP 값이 매우 낮거나 매우 높은 이상치가 있음에 주의하라. 이런 이상치는 cylinders가 특정 값일 때 나타난다. 예를 들어 모델은 cylinders가 0이고 ghgScore가 5를 넘으면 결과에 미치는 영향이 더 높아야 한다는 것을 학습했을수 있다.

SHAP의 플롯은 모델이 데이터로부터 학습한 내용을 시각적으로 표현한 것이다. 그러나의심이 가는 경우 언제든지 그 출처인 데이터로 직접 이동할 수 있다. 4장, '피처 중요도와 피처 영향력'에서도 ICE 플롯과 산점도 플롯을 나란히 생성했다. 그 예제는 모델이 학습한 것을 ICE 플롯으로 시각적으로 나타내 모델이 산점도에 있는 "그 점들을 연결했다"고 말할 수 있게 해준다.

이제 co2TailpipeGpm 및 목표변수 comb08에 대해 cylinders를 산점도를 표시해 동일한 작업을 수행할 수 있다. 이 플롯은 모델이 말하지 않거나 우리가 확인하지 못한 것을 알려줄 수 있다. 다음 코드는 두 개의 regplot 산점도를 출력한다. Seaborn의 regplot은 선형 회귀선으로 데이터를 표시하기 위해 사용한다. 선형성을 기대하진 않지만 방향이나 추세를 표시하기 위해 선을 그리는 것이 종종 유용할 수 있다.

```python
fig, axs = plt.subplots(1, 2, figsize = (13,6))
sns.regplot(x=X_train.cylinders, y=X_train.co2TailpipeGpm,\
            ax=axs[0], scatter_kws={'alpha':0.3},\
            line_kws={'color':'g'})
axs[0].set_ylabel('Tailpipe CO2 in grams/mile',\
                  fontsize=13)
axs[0].set_xlabel('Cylinders', fontsize=13)
sns.regplot(x=X_train.cylinders, y=y_train, ax=axs[1],\
            marker="+",\
            scatter_kws={'alpha':0.3}, line_kws={'color':'g'})
axs[1].set_ylabel('Combined MPG (comb08)', fontsize=13)
axs[1].set_xlabel('Cylinders', fontsize=13)
```

위의 코드는 그림 5.11을 출력한다. cylinders와 co2TailpipeGpm은 양의 상관관계가 있는 반면, cylinders와 comb08은 음의 상관관계가 있음을 확인할 수 있다.

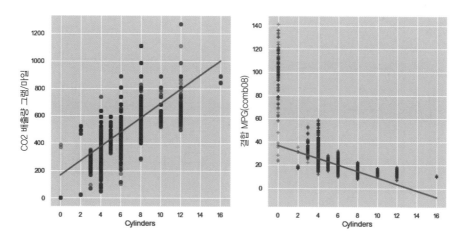

그림 5.11 co2TailpipeGpm 및 목표변수가 cylinders와 갖는 관계를 보여주는 산포도

이제 cylinders에 대해 했던 것처럼 co2와 상호 작용하는 co2TailpipeGpm에 대한 depende
nce_plot을 생성해보자.

```
shap.dependence_plot("co2TailpipeGpm", shap_nn_values_test[0],\
                    X_test, alpha=0.3,\
                    interaction_index="co2", show=False)
fig = plt.gcf()
fig.set_size_inches(12,8)
plt.show()
print('spearman\tco2→co2TailpipeGpm\tcorr: %.3f\tp-val: %.4f'%
    (stats.spearmanr(X_train.co2.values, \
                    X_train.co2TailpipeGpm.values)))
```

앞의 코드로 출력된 그림 5.12는 co2의 중간 값에서 높은 값은 co2TailpipeGpm과 양의
단조 상관관계를 갖지만, 이상하게도 낮은 co2 값은 연결되지 않음을 보여준다. 이 점들
은 여기저기에 퍼져 있다. 스피어만 계수는 이런 이유로 음의 단조 상관관계를 나타낸다.

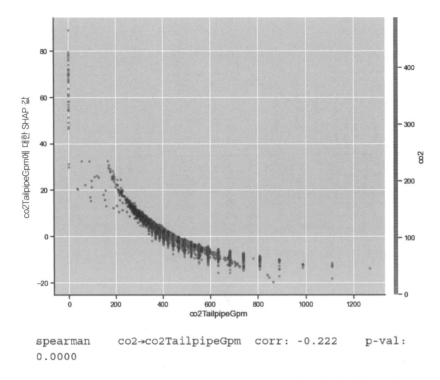

spearman   co2→co2TailpipeGpm   corr: -0.222   p-val:
0.0000

그림 5.12 co2와 co2TailpipeGpm의 상호 작용을 나타내는 신경망 모델 및 통계치에 대한 SHAP 의존도 플롯

다시 말하지만 regplot을 사용해 데이터를 플로팅하면 상호 작용으로 어떤 일이 일어나고 있는지 밝힐 수 있다. co2TailpipeGpm 및 comb08에 대해 co2의 상호 작용을 플롯으로 그려보자.

```
fig, axs = plt.subplots(1, 2, figsize = (13,6))
sns.regplot(x=X_train.co2, y=X_train.co2TailpipeGpm,\
          ax=axs[0],\
          scatter_kws={'alpha':0.3}, line_kws={'color':'g'})
axs[0].set_ylabel('Tailpipe CO2 in grams/mile \
          (co2TailpipeGpm)', fontsize=13)
axs[0].set_xlabel('Tailpipe CO2 in grams/mile (co2)',\
```

```
                        fontsize=13)
sns.regplot(x=X_train.co2, y=y_train, ax=axs[1],\
            marker="+",\
            scatter_kws={'alpha':0.3}, line_kws={'color':'g'})
axs[1].set_ylabel('Combined MPG (comb08)', fontsize=13)
axs[1].set_xlabel('Tailpipe CO2 in grams/mile (co2)',
                        fontsize=13)
```

위의 코드는 그림 5.13을 출력한다. co2=-1인 경우를 제외하고 대부분 co2와 co2Tailpipe Gpm이 동일함을 보여준다. 이를 확인하기 위해 X_train[X_train.co2TailpipeGpm != X_train.co2].co2로 셀을 추출하면 값이 동일하지 않은 co2의 판다스 시리즈가 출력된다. 더 깊이 파고들면 −1 값은 모두 2013년 이전의 것임을 알게 될 것이다. 이 발견은 데이터 딕셔너리에 기록된 내용을 고려하면 놀라운 일은 아니다. 실제로 co2는 co2TailpipeGpm 이지만 정보가 누락됐다. co2는 의미가 없어야 하지만 신경망은 이것이 목표변수와 강한 상관관계가 있기 때문에 중요하다는 것을 발견한 것 같다. 즉, −1인 데이터를 제거하면 그림 5.13의 두 플롯에서 회귀선에 어떤 일이 발생할지 상상해보라.

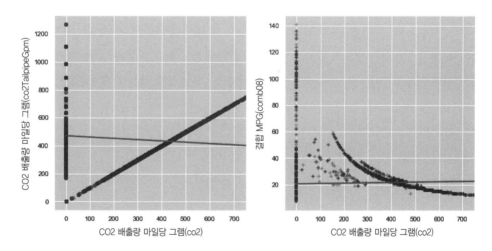

그림 5.13 co2TailpipeGpm 및 목표변수가 co2와 갖는 관계를 보여주는 산포도

co2가 co2TailpipeGpm이긴 하지만 누락된 값이 있다면 신경망은 이를 관련이 없는 것으로 간주해야 하지 않을까?

아마도 ghgScore와 year는 이 질문에 대한 답을 담고 있을 것이다. 따라서 이전에 했던 것처럼 이 피처 사이에 몇 가지 dependency_plot을 출력해보자.

```
shap.dependence_plot("co2", shap_nn_values_test[0], X_test,\
                    alpha=0.3, interaction_index="ghgScore",\
                    x_jitter=10)
print('spearman\tghgScore→co2\tcorr: %.3f\tp-val: %.4f' %
     (stats.spearmanr(top_df.ghgScore.values,
                    top_df.co2.values)))
shap.dependence_plot("ghgScore", shap_nn_values_test[0],\
                    X_test, alpha=0.3,\
                    interaction_index="year", x_jitter=0.4)
print('spearman\tghgScore→year\tcorr: %.3f\tp-val: %.4f' %
     (stats.spearmanr(top_df.ghgScore.values,
                    top_df.year.values)))
```

위의 코드는 그림 5.14 및 그림 5.15를 출력한다. 첫 번째 플롯에서 co2가 증가함에 따라 ghgScore가 감소하는 경향이 있고 SHAP 값이 증가하는 것을 알 수 있다. cylinders와 마찬가지로 이상치가 있지만 co2=-1일 때를 제외하면 co2는 상호 작용 피처와 관련이 된다.

274

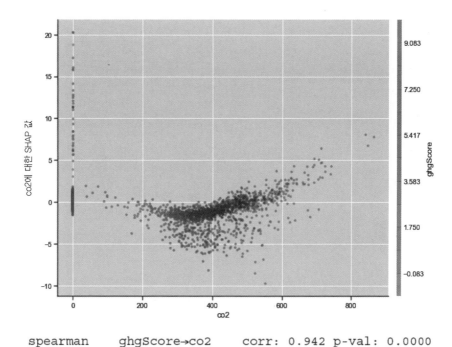

spearman　　　ghgScore→co2　　　corr: 0.942 p-val: 0.0000

그림 5.14 co2와 ghgScore의 상호 작용을 나타내는 신경망 모델 및 통계치에 대한 SHAP 의존도 플롯

반면, 그림 5.15는 year의 모든 중하위 값이 −1의 ghgScore 값을 갖고 있음을 보여준다. 이 피처는 co2와 같이 "사용할 수 없는" 값으로 가득 차 있는 것 같다. 또한 year가 증가함에 따라 SHAP 값은 약간 감소하지만 그 분산은 극적으로 감소한다.

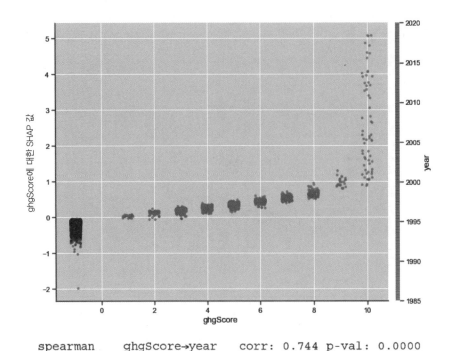

spearman   ghgScore→year   corr: 0.744 p-val: 0.0000

그림 5.15 year와 ghgScore의 상호 작용을 나타내는 신경망 모델 및 통계치에 대한 SHAP 의존도 플롯

무슨 일이 일어나고 있는지 더 잘 이해하기 위해 가장 중요한 피처(co2TailpipeGpm)와 목표 변수에 대한 ghgScore를 플롯으로 확인한다.

```
fig, axs = plt.subplots(1, 2, figsize = (13,6))
sns.regplot(x=X_train.ghgScore, y=X_train.co2TailpipeGpm,\
            ax=axs[0],
            scatter_kws={'alpha':0.3}, line_kws={'color':'g'})
axs[0].set_ylabel('Tailpipe CO2 in grams/mile
(co2TailpipeGpm)', fontsize=13)
axs[0].set_xlabel('EPA GHG Score (ghgScore)', fontsize=13)
sns.regplot(x=X_train.ghgScore, y=y_train, ax=axs[1],
            marker="+",\
```

```
                    scatter_kws={'alpha':0.3}, line_kws={'color':'g'})
axs[1].set_ylabel('Combined MPG (comb08)', fontsize=13)
axs[1].set_xlabel('EPA GHG Score (ghgScore)', fontsize=13)
```

앞의 코드는 그림 5.16의 한 쌍의 플롯을 출력한다. 이 플롯은 ghgScore가 −1인 경우를
제외하고 co2TailpipeGpm과 얼마나 완벽하게 정렬되는지 보여준다. 이 점수는 가용하지
않던 2013년 이전을 제외하고는 배기관 배출로부터 파생된 공식에 의한 것일 가능성이 높
다. 그러나 모델에서 ghgScore의 유일한 목적은 상호 작용 피처일 뿐이다.

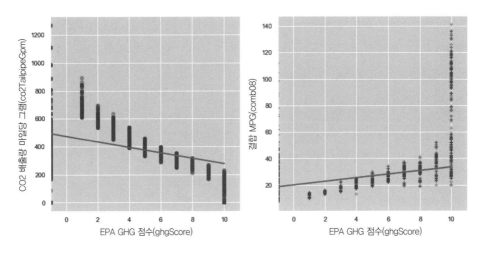

그림 5.16 co2TailpipeGpm 및 목표변수가 ghgScore와 갖는 관계를 보여주는 산포도

다음 절에서는 피처들 간의 상호 작용 효과를 조사할 때 유용한 또 다른 플롯을 살펴볼 것
이다.

SHAP 영향력 플롯

다음 6장, '로컬 모델 독립적 해석 방법론'에서 이에 대해 더 자세히 살펴보겠지만 지금은
일반적으로 단일 예측을 설명할 때 영향력 플롯^{force plot}을 사용한다는 것만 알면 충분하다.

영향력 플롯은 연속체로 표현되며 파란색 피처는 예측을 음의 방향으로 미는 힘을 나타내고 빨간색 피처는 예측을 양의 방향으로 미는 힘을 나타낸다. 이 경우 양의 영향력은 높은 결합 MPG(comb08)를 나타내고 음의 영향력은 낮은 값을 의미한다.

로컬 해석을 수직적으로 나란히 쌓으면 이 개념을 글로벌 해석에 사용할 수 있다. SHAP의 영향력 플롯은 둘 이상의 SHAP 값과 관측치를 force_plot에 제공해 이 작업을 수행한다. 이 플롯은 둘 이상의 플롯을 갖는 동적 대시보드이기 때문에 렌더링 속도가 느리다. 플롯을 빠르게 생성하기 위해 테스트 데이터셋의 샘플을 사용한다. 테스트 데이터셋에서 5%(sample_test_size)만 인덱스(sample_test_idx)를 사용해 무작위로 선택한다. 동적 대시보드이므로 force_plot을 실행하기 전에 shap.initjs() 명령으로 자바스크립트를 초기화해야 한다. 영향력 플롯은 expected_value를 요구하는데, 이 경우 목표변수의 평균이며 그 뒤에 SHAP 값과 테스트 데이터를 넣는다.

```
sample_test_size = 0.05
sample_test_idx = np.random.choice(X_test.shape[0],
  math.ceil(X_test.shape[0]*sample_test_size),\
  replace=False)
shap.initjs()
shap.force_plot(shap_xgb_explainer.expected_value,\
                shap_xgb_values_test[sample_test_idx],\
                X_test.iloc[sample_test_idx])
```

위의 코드는 다음의 대시보드를 생성한다. 초기 화면에서 모든 관측치는 약 21MPG인 기댓값을 중심으로 유사성에 따라 클러스터링돼 있다. 파란색은 MPG를 아래쪽으로 미는 영향력이고 빨간색은 위쪽으로 미는 영향력이다. 물론 영향력은 특정 피처의 값이며 차트 위로 마우스를 가져가면 무엇인지 알려준다. 그림 5.17에 보이는 첫 번째 스크린샷에서 이를 확인할 수 있다. 그러나 이 초기 화면은 너무 복잡해 유용하지 않으므로 상단의 드롭다운을 사용해 피처별로 평균 효과를 필터링 및 정렬하거나, 왼쪽의 드롭다운을 사용해 다른 피처와 상호 작용하는 방식을 살펴볼 수 있다. 그림 5.17의 두 번째 스크린샷은

co2TailpipeGpm에 대한 평균 효과가 2013년 이후에 높아지는 경향을 보여준다. 2001년과 2012년 두 해에 증가를 보이기도 했다.

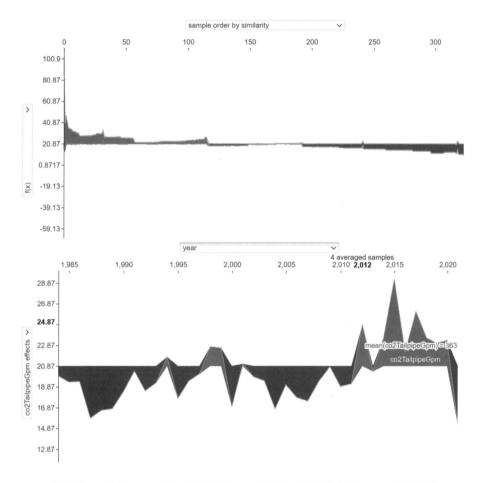

그림 5.17 co2TailpipeGpm에 대한 효과를 표현하는 SHAP 영향력 플롯. 모든 피처는 유사도에 따라 클러스터링된다. 결과는 year에 따라 필터링되고 정렬된다.

SHAP 의존도 플롯과 상호 작용 시각화는 아름답지만 다른 플롯보다 해석하기 어려울 수 있다. 때로는 하나나 두 개의 피처가 함께 목표변수에 대해 상호 작용하는 방식에 대한 일반적인 방향성을 보여줌으로써 어떤 본질을 포착하고 싶을 때가 있다. 이럴 때 ALE 플롯을 사용한다.

▌ 누적 지역 효과 플롯

누적 지역 효과[ALE] 플롯은 편향되지 않으며 훨씬 빠르다는 점을 제외하면 4장, '피처 중요도와 피처 영향력'에서 배운 PDP와 유사하다. 편향되지 않았다는 것은 피처들이 서로 상관성이 없다는, 즉 서로 독립적이라는 사실일 경우가 거의 없는 가정을 하지 않음을 의미한다. 이미 봤듯이 co2와 ghgScore는 co2TailpipeGpm에서 파생된 것이다. 따라서 −1(사용 불가)인 경우를 제외하면 대부분 중복된다. 그렇다면 이 효과를 혼동하는 해석 방법론을 어떻게 믿을 수 있을까?

고맙게도 SHAP은 유의미한 기댓값을 기반으로, 심지어 대부분의 경우 공선성을 가진 피처도 고려해 시뮬레이션을 수행하기 때문에 SHAP의 속성은 일관성을 갖는다. PDP는 피처의 독립성을 가정해 의미가 있는지에 관계없이 모든 피처 값에 걸쳐 예측의 평균을 만든다.

반면 ALE 플롯은 피처의 효과를 계산할 때 데이터의 분포를 고려해 합리적인 접근 방식을 취한다. 피처를 동일한 크기의 간격, 일반적으로 분위수로 분할해 이를 수행한다. 그다음 각 구간에서, 즉 각 지역에서 예측이 평균적으로 얼마나 변화되는지 계산한다. 그리고는 모든 구간에 대한 이 효과를 합산 즉, 누적한다. 효과는 평균을 기준으로 하므로 0이 중심이다. 이 단순함이 ALE의 천재성을 흐리게 한다. 구간별 차이의 평균은 도함수이고 그 누적은 잘 보이지 않는 적분이다. 여기서 수학적 세부 사항을 다루지는 않겠지만 결과적으로 한 피처의 효과가 다른 피처와 분리된다.

이 책을 쓸 당시에 ALE 플롯을 위한 패키지(https://github.com/blent-ai/ALEPython)는 데이터프레임 형식의 데이터를 요구했다. 이 요구 사항으로 인해 이 플롯은 신경망 모델과 호환되지 않는다. 그래서 실습에는 XGBoost 모델을 사용할 것이다. 하지만 신경망 모델을 사용하고 싶다면 모델을 추상화하고 판다스 데이터프레임을 넘파이로 변환하는 래퍼 클래스를 만들어 이 문제를 극복할 수 있다. 많은 모델 독립적 해석 방법론 라이브러리는 모든 모델 클래스와 호환되도록 하기 위해 애쓰고 있으므로 그것을 "적합"시키려면 트릭에 의존해야 한다. 그리고 이 라이브러리들은 14장, '머신러닝 해석 가능성, 그다음 단계는?'에서 논의할 표준화가 돼 있지 않아 더 쉬운 구현과 광범위한 채택을 방해한다.

이제 for 루프를 사용해 여러 상위 피처 각각에 대해 ALE 플롯을 작성한다. ale_plot 함수는 매우 간단하다. 첫 번째 인수는 모델(fitted_xgb_model)이다. 그다음에 판다스 데이터 프레임(X_test)이 오고 그 뒤에는 플롯을 그릴 피처의 배열이 온다. 구간으로 사용할 분위수의 개수인 bins를 옵션으로 설정할 수 있다. 또 다른 옵션으로 **몬테카를로 샘플링**(monte_carlo) 사용이 권장되지만 처리 속도를 늦춘다. 이것을 true로 설정하면 많은 복제 시뮬레이션(monte_carlo_rep)이 생성되며, 이들은 데이터로부터 일정한 비율(monte_carlo_ratio)로 무작위 추출된 샘플을 가져와 ALE를 계산한다. 각 복제 시뮬레이션은 플롯에서 가는 파란선으로 나타난다. 이것의 기반이 되는 아이디어는 테스트 데이터셋과 유사한 분포로 추출한 검증 데이터셋에서 ALE 플롯이 얼마나 달라지는지 확인하는 것이다.

```
for feature_name in ['co2TailpipeGpm', 'co2', 'ghgScore',\
                     'year', 'cylinders']:
  ale_plot(
    fitted_xgb_model, X_test, [feature_name], bins=10,\
    monte_carlo=True, monte_carlo_rep=50,\
monte_carlo_ratio=0.4
  )
  plt.show()
```

앞의 코드는 5개의 ALE 플롯을 출력한다. 그림 5.18은 그중 하나로 테스트 데이터셋에 따라 ghgScore가 XGBoost 모델에 미치는 영향을 나타낸다. 완전히 분리된 이 값은 −0.05~0.30MPG 범위의 작은 영향을 미친다. ALE가 자체적으로 −1이 정보를 전달하지 않는다는 것을 인식하기 때문에 −1의 값은 플롯에 표시되지 않는다.

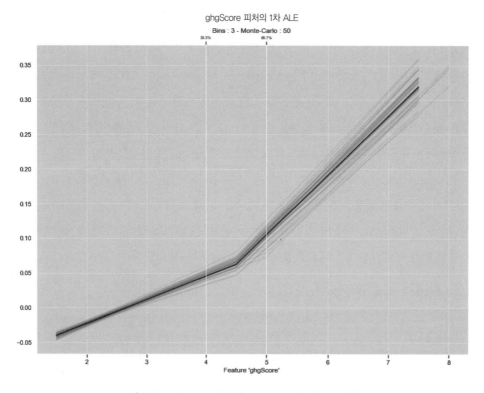

그림 5.18 XGBoost 모델에서의 ghgScore에 대한 ALE 플롯

다음은 한 번에 두 가지 피처에 대한 ALE 플롯을 출력한다. 분위수가 2차원으로 작동하고 이 2차원에서 효과를 누적해 색상 구분된 등고선 플롯을 출력한다는 점을 제외하고는 동일한 방식으로 계산된다. 이번에는 피처의 쌍에 대해 반복 처리한다. ale_plot의 세 번째 인수에는 두 가지 피처를 사용할 수 있지만 몬테카를로 시뮬레이션은 사용할 수 없다.

```
for interaction in [['co2TailpipeGpm', 'co2'],\
                    ['co2TailpipeGpm', 'ghgScore'],\
                    ['cylinders', 'co2TailpipeGpm'],\
                    ['year', 'co2TailpipeGpm']]:
    ale_plot(fitted_xgb_model, X_test, interaction,\
             bins=[10,10])
```

```
plt.show( )
```

앞의 코드는 4개의 ALE 상호 작용 플롯을 출력한다. 처음 세 개는 1MPG 미만의 무시할 수 있는 상호 작용 효과를 보여준다. 마지막 것이 그림 5.19이다. year와 co2TailpipeGpm 사이의 매우 큰 상호 작용 효과를 보여주며, 특히 1985년에서 2004년 사이에 300 미만의 CO2 배출량(co2TailpipeGpm)과 결합해 부정적인 영향을 미친다.

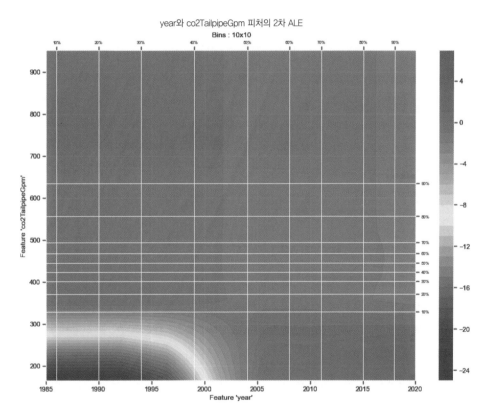

그림 5.19 year와 co2TailpipeGpm 간의 ALE 상호 작용 플롯

모델이 해당 기간 동안의 co2TailpipeGpm은 신뢰해서는 안 된다는 것을 학습했고 가장 낮은 값에 페널티를 부여하는 경향이 있음이 밝혀졌다. 이것은 데이터 품질 문제이거나

co2TailpipeGpm이 계산된 방식이 수년에 걸쳐 변경돼 고르지 못한 경우일 수도 있다.

다른 수단으로는 해석하기 너무 어려운 머신러닝 모델에 대한 통찰력을 근간이 되는 의사 결정 논리를 설명해주는 규칙 등으로 추출하려는 경우 어떻게 하면 좋을까? 또는 모델에 대한 피처의 크기와 방향을 포착하는 계수를 추출하려면 어떻게 해야 할까? 본질적으로 해석 가능한 모델에는 이런 요소가 내장돼 있지만 대부분은 성능이 더 좋은 블랙박스 모델을 선호한다. 이를 위한 절충안은 글로벌 대체 모델을 사용하는 것이다. 다음 절에서 이를 살펴볼 것이다.

▍글로벌 대체 모델

대체 모델surrogate model은 지나치게 많이 사용되는 용어다. 이 용어는 공학, 통계학, 경제학, 물리학 등에서 메타모델, 수학적 최적화, 시뮬레이션 등의 컨텍스트에서 사용된다.

머신러닝 해석 방법론의 컨텍스트에서 **글로벌 대체 모델**은 일반적으로 블랙박스 모델의 예측값을 통해 학습하는 화이트박스 모델을 나타낸다. 3장, '머신러닝 해석의 과제'에서 했던 것처럼 화이트박스 모델의 고유 매개변수로부터 통찰력을 추출하기 위해 이 작업을 수행한다. 대체 모델을 사용하는 또 다른 방법은 블랙박스 모델을 사용해 액세스할 수는 없지만 예측치를 갖고 있는 다른 모델을 근사하고 평가하는 것이다. 7장, '앵커와 반사실적 설명'에서 이에 대해 논의할 것이지만 이런 종류의 대체 모델에 대해서는 **프록시 모델**proxy model이라는 용어를 선호한다.

글로벌 대체 모델을 만드는 것은 멋진 라이브러리가 필요 없다. 3장, '머신러닝 해석의 과제'에서 살펴본 모든 화이트박스 모델을 사용할 수 있다. 그렇긴 하지만 TREPAN과 같이 대체 모델로 사용하도록 설계된 일부 모델도 있다. 스케이터Skater 라이브러리에는 사용 가능한 구현들이 있으며(https://oracle.github.io/Skater/reference/interpretation.html#tree-surrogates-using-decision-trees), 그중 하나가 **베이지안 규칙 리스트 분류기**BRLC, Bayesian Rule List Classifier인데, 분류 작업에서만 작동한다는 점을 제외하면 3장, '머신러닝 해석의 과제'

의 RuleFit과 매우 유사하다.

앞에서 사용한 신경망 모델로부터 이 실습을 통해 몇 가지 규칙과 계층 구조를 추출하려고 한다. 따라서 의사 결정 트리와 RuleFit을 사용하는 것이 합리적이다. 의사 결정 트리는 계층 구조를 이해하는 데 도움이 되며 RuleFit은 규칙을 이해하는 데 필요하다.

대체 모델 적합

첫 번째 단계는 대체 모델을 적합시키는 것이다. 유일한 차이점은 학습 데이터의 y로서 신경망 모델의 예측치를 사용한다는 것이다. `DecisionTreeRegressor`를 적합시킨 후 `predict`를 실행해 학습 및 테스트 데이터에 대한 예측을 얻는다.

```
fitted_dt_surrogate =\
  tree.DecisionTreeRegressor(max_depth=7, random_state=rand).\
    fit(X_train, y_train_nn_pred)
y_train_dt_pred = fitted_dt_surrogate.predict(X_train)
y_test_dt_pred = fitted_dt_surrogate.predict(X_test)
```

RuleFit에 대해서도 동일한 작업을 수행할 수 있다. RuleFit의 `fit` 함수는 넘파이 float 포맷의 데이터를 요구한다.

```
fitted_rf_surrogate = RuleFit(max_rules=150, rfmode='regress',\
                              random_state=rand, tree_size=8).\
  fit(X_train.astype(float).values,\
    np.array(y_train_nn_pred).squeeze(),\
    X_train.columns)
y_train_rf_pred = \
  fitted_rf_surrogate.predict(X_train.astype(float).values)
y_test_rf_pred = \
  fitted_rf_surrogate.predict(X_test.astype(float).values)
```

각 대체 모델이 신경망 모델에 얼마나 잘 적합됐는지 그리고 과적합이 얼마나 있는지 측정하기 위해 대체 모델에서 예측을 얻는다.

대체 모델 평가

대체 모델의 예측이 신경망 모델의 예측에서 너무 멀리 떨어져 있으면 어떤 해석도 유용하지 않다. 또한 너무 많이 과적합되면 신경망 모델이 학습 데이터에만 잘 근사되고 테스트 데이터에는 근사되지 않으며, 이런 경우는 대체 모델을 사용하지 않아야 함을 의미한다.

먼저 RMSE와 R-제곱 값을 계산해 의사 결정 트리를 평가해보자.

```
# 의사 결정 트리가 신경망의 예측을
# 얼마나 잘 복제하는지 측정한다.
RMSE_dt_nn_train =\
  metrics.mean_squared_error(y_train_nn_pred,\
                             y_train_dt_pred, squared=False)
RMSE_dt_nn_test =\
  metrics.mean_squared_error(y_test_nn_pred,\
                             y_test_dt_pred, squared=False)
R2_dt_nn_test = metrics.r2_score(y_test_nn_pred,\
                             y_test_dt_pred)
# 모든 메트릭 출력
print('RMSE_train: %.4f\tRMSE_test: %.4f\tr2: %.4f' %\
                (RMSE_dt_nn_train, RMSE_dt_nn_test,\
                 R2_dt_nn_test))
```

위의 코드는 다음을 출력한다.

```
RMSE_train: 0.5036   RMSE_test: 0.5518   r2: 0.9952
```

R-제곱이 높고 RMSE의 차이가 과적합을 나타내지 않으면 이제 RuleFit을 실행해본다.

```
# RuleFit이 신경망의 예측을
# 얼마나 잘 복제하는지 측정한다.
RMSE_rf_nn_train =\
  metrics.mean_squared_error(y_train_nn_pred,\
                             y_train_rf_pred, squared=False)
RMSE_rf_nn_test =\
  metrics.mean_squared_error(y_test_nn_pred,\
                             y_test_rf_pred, squared=False)
R2_rf_nn_test = metrics.r2_score(y_test_nn_pred,\
                             y_test_rf_pred)
# 모든 메트릭 출력
print('RMSE_train: %.4f\tRMSE_test: %.4f\tr2: %.4f' %\
                 (RMSE_rf_nn_train, RMSE_rf_nn_test,\
                 R2_rf_nn_test))
```

위의 코드는 다음 결과를 출력한다.

```
RMSE_train: 0.8211    RMSE_test: 0.6416    r2: 0.9935
```

RuleFit은 테스트를 통과했다. 의사 결정 트리보다 메트릭이 좋지 않지만 그래도 좋은 편이다. 다음으로 해석을 위해 글로벌 대체 모델을 사용해보자.

대체 모델 해석

3장에서 배운 것처럼 계층 구조를 시각화하기 위해 의사 결정 트리의 트리를 그릴 수 있다.

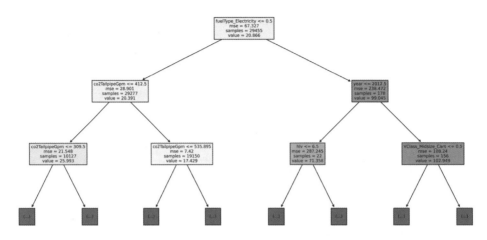

그림 5.20 깊이 2까지의 의사 결정 트리 대체 모델 구조

신경망 모델에는 이것과 유사한 구조가 없다. 그럼에도 예측을 높은 수준으로 복제할 수 있다면 fuelType_Electricity가 가장 중요한 피처 중 하나는 아니지만 종합적으로는 출발점으로서 중요하다는 것을 의미한다. 그리고 실제로 의사 결정 트리는 문제에 가장 잘 접근하는 방법을 파악하기 위해 유용할 수 있다. 예를 들어 전기 자동차와 화석 연료 자동차의 두 가지 모델을 만드는 것이 합리적일 수 있다. 더 깊이 파고들려면 3장, '머신러닝 해석의 과제'에서 다룬 tree.export_tree를 사용하거나 사이킷런의 API로 트리를 탐색할 수 있다.

RuleFit의 경우 get_rules()를 사용해 규칙을 추출하고 계수가 0인 규칙을 필터링한 다음 importance를 기준으로 정렬한다.

```
rulefit_df = fitted_rf_surrogate.get_rules()
rulefit_df = rulefit_df[rulefit_df.coef != 0]
rulefit_df.sort_values(by="importance", ascending=False)
```

위의 코드는 그림 5.21을 출력한다. 선형 타입인 co2TailpipeGpm이 가장 중요한 피처인 반면 규칙 타입 fuelType_Electricity > 0.5가 두 번째이고, fuelType_Electricity >

0.5가 포함되는 더 긴 규칙이 뒤따른다. 그렇다면 왜 앞에서는 fuelType_Electricity의 중요성에 대해 알아보지 못했을까?

	rule	type	coef	support	importance
4	co2TailpipeGpm	linear	-0.034222	1.000000	3.865460
90	fuelType_Electricity > 0.5	rule	18.393562	0.006206	1.444470
104	co2TailpipeGpm <= 367.0 & fuelType_Electricity > 0.5 & ghgScore > 4.5	rule	20.776127	0.003546	1.235005
148	atvType_EV > 0.5 & pv4 > 42.0	rule	15.512440	0.003546	0.922113
193	eng_dscr_PFI > 0.5 & displ <= 0.300000011920292896	rule	12.607181	0.005319	0.917024
14	fuelType_Diesel	linear	2.967849	1.000000	0.488102
96	hpv > 45.0 & co2TailpipeGpm <= 28.5	rule	7.200693	0.003546	0.428034
127	co2TailpipeGpm > 124.0 & trans_spd > 0.5 & atvType_Other > 0.5 & cylinders > 1.5 & co2TailpipeGpm <= 408.5 & co2TailpipeGpm <= 302.5	rule	-7.168212	0.003546	0.426103
215	co2TailpipeGpm <= 250.53571319580078 & co2TailpipeGpm <= 320.5 & co2TailpipeGpm <= 410.5 & co2TailpipeGpm > 40.5	rule	3.457322	0.015071	0.421223
146	VClass_Small_Sport_Utility_Vehicle_2WD <= 0.5 & co2TailpipeGpm <= 45.5	rule	7.574405	0.002660	0.390100

그림 5.21 RuleFit 대체 모델의 상위 10개 규칙

SHAP 및 ALE 플롯은 피처에 대한 흥미로운 통찰력과 함께 목표변수와 피처 간의 관계를 보여줬다. 그러나 XGBoost와 신경망은 그 복잡성으로 인해 다른 용어로 잘 추출될 수 있는 단순한 진리를 숨기며, 이는 오직 화이트박스 모델을 통해서만 블랙박스 모델의 예측을 설명할 수 있다.

> **노트**
>
> 대체 모델에서 발견한 것은 원래의 모델에 대해서만 결정적일 수 있으며, 모델을 학습하는 데 사용된 데이터에 대해서는 그렇지 않다.

원래 모델과 대체 모델로부터 데이터에 대해 배울 것이 더 많다. 예를 들어 ALE 플롯을 사용해 RuleList의 상위 규칙에 있는 모든 상호 작용을 조사하거나 또는 각 피처, 특히 유망해 보이는 fuelType_Electricity에 대한 의존도 플롯을 보면서 의사 결정 트리를 탐색할 수도 있다.

▌ 미션 완료

미션은 데이터셋의 잠재적인 예측변수가 수년 동안 연비에 어떤 영향을 미쳤는지 이해하는 것이었다. 지금까지 가장 중요한 연비 예측변수가 오염 물질과 관련된 것이며 그램/마일 단위의 CO_2 배출량(co2TailpipeGpm)을 두드러진 변수로 판단했다. 오염 물질과 연료의 비효율성은 매년 감소하고 있다. 마찬가지로 이 둘은 실린더 수가 증가할 때와 디젤 엔진(fuelType_Diesel)일 때 증가한다. 이 중 어느 것도 지난 수십 년 동안 자동차의 발전에 대해 알고 있는 사람들에게는 놀라운 일이 아니다.

그러나 새롭게 밝혀진 통찰력도 몇 가지 있었다. 예를 들어 SHAP 의존도 플롯(그림 5.12 및 5.14)은 co2 및 ghgScore 피처가 중복되는 이유를 이해하는 데 도움이 됐다. 그리고 상호 작용 ALE 플롯(그림 5.19)에 표현된 것과 같이 2004년 이전에는 co2TailpipeGpm에 약간의 데이터 품질 문제가 있을 수 있으며, 이는 추가 조사가 필요하다. 글로벌 대체 모델은 다른 해석 방법론에서는 볼 수 없는 계층을 통한 통찰력을 추출했다. 종합적으로는 전기 엔진 관련 피처들(fuelType_Electricity, atvType_EV)과 변속기 피처들(trany_Manual, trans_spd)이 중요하지 않은 것처럼 보이지만 의사 결정 트리(그림 5.20)와 RuleFit의 규칙(그림 5.21)에서는 상위에 나타난다. 계층 구조는 이 피처들이 MPG를 예측할 때 좋은 초기 분할 지점임을 보여준다.

몇 가지 훌륭한 발견과 흥미로운 플롯을 얻었다. 따라서 이것을 미션 완료라고 부를 수 있다. 그럼에도 불구하고 해석을 하다 보면 좋은 답변과 함께 좋은 질문도 종종 나온다. 이제 토끼굴 아래로 계속 나아가 그것이 어디로 이어지는지 살펴볼 수 있다. 예를 들어 중복 피처를 제거한 다음에 화석 연료 자동차 및 전기 자동차에 대해 별도의 모델을 학습시켜 MPG 및 MPGe(갤런당 가솔린 등가 마일)에 개별적으로 영향을 미치는 요인을 학습하는 것이다. 두 가지 모두에 대한 SHAP 플롯을 생성해 주요 피처를 나란히 놓으면 좀 더 매력적인 스토리를 만드는 데 도움이 될 수 있다.

▌정리

5장을 읽은 후에는 섀플리 값과 이 값을 SHAP 라이브러리에 연결하는 방법을 이해해야 한다. 또한 ALE 플롯이 PDP보다 더 나은 대안 방법론임을 배웠다. 마지막으로 글로벌 대체 모델을 활용해 블랙박스 모델에 대해 자세히 살펴보는 방법을 이해해야 한다.

6장에서는 로컬 대체 모델인 LIME과 SHAP를 사용한 로컬 해석 방법론을 살펴볼 것이다.

▌더 읽을거리

- Shapley, Lloyd S. (1953). "A value for n-person Games". In Kuhn, H. W.; Tucker, A. W. (eds.). Contributions to the Theory of Games. Annals of Mathematical Studies. 28. Princeton University Press. pp. 307–317. https://doi.org/10.1515/9781400881970-018

- Lundberg, S., & Lee, S. (2017). A Unified Approach to Interpreting Model Predictions. Advances in Neural Information Processing Systems, 30. https://arxiv.org/abs/1705.07874 (documentation for SHAP: https://github.com/slundberg/shap)

- Lundberg, S.M., Erion, G., & Lee, S. (2018). Consistent Individualized Feature Attribution for Tree Ensembles. ICML Workshop. https://arxiv.org/abs/1802.03888

- Shrikumar, A., Greenside, P., & Kundaje, A. (2017). Learning Important Features Through Propagating Activation Differences. https://arxiv.org/abs/1704.02685

- Sturmfels, P., Lundberg, S., & Lee, S. (2020). Visualizing the Impact of Feature Attribution Baselines. Distill. https://www.doi.org/10.23915/distill.00022

- Apley, D.W. & Zhu, J. (2019). Visualizing the Effects of Predictor Variables in Black Box Supervised Learning Models. arXiv: Methodology. https://arxiv.org/abs/1612.08468.

06

로컬 모델 독립적 해석 방법론

앞의 두 장에서는 글로벌 해석 방법론만 다뤘다. 6장에서는 단일 예측 또는 그룹 예측이 이뤄진 이유를 설명하기 위한 로컬 해석 방법론을 설명한다. SHAP^{SHAPley Additive exPlanations}의 KernelExplainer를 활용하는 방법과 LIME^{Local Interpretable Model-agnostic Explanations}이라는 로컬 해석을 위한 또 다른 방법론을 다룰 것이다. 또한 테이블 데이터와 텍스트 데이터 모두에서 이런 방법론을 사용하는 방법을 살펴볼 것이다.

6장에서 다룰 주요 주제는 다음과 같다.

- SHAP의 KernelExplainer를 활용해 SHAP 값으로 로컬 해석
- LIME 소개
- 자연어 처리^{NLP}에 LIME 사용
- NLP에 SHAP 사용

- SHAP과 LIME 비교

기술 요구 사항

6장의 예제에서는 mldatasets, pandas, numpy, sklearn, nltk, lightgbm, rulefit, matplotlib, seaborn, shap, lime 등의 라이브러리를 사용한다. 이 라이브러리를 설치하는 방법에 대한 지침은 이 책의 '들어가며'에 있다. 6장의 코드는 다음 링크(https://github.com/PacktPublishing/Interpretable-Machine-Learning-with-Python/tree/master/Chapter06)에 있다.

미션

초콜릿을 좋아하지 않는 사람은 없을 것이다. 초콜릿은 10명 중 9명이 좋아하고 약 10억 명이 매일 먹는 세계적으로 사랑받는 음식이다. 초콜릿이 소비되는 한 가지 인기 있는 형태는 초콜릿 바다. 그러나 보편적으로 사랑받는 것이라도 매력적이지 않은 방식으로 사용될 수 있기 때문에 초콜릿 바는 숭고한 것에서부터 평범한 것 그리고 완전히 불쾌한 것까지 다양하다. 또한 초콜릿의 맛은 코코아나 첨가물의 품질에 의해 결정되며 이국적인 풍미와 결합돼 새로운 맛을 내기도 한다.

탁월함에 집착하는 프랑스의 한 초콜릿 제조업체가 당신에게 연락했다. 그들에게 문제가 있다. 그들의 모든 초콜릿 바는 비평가들에게 높은 평가를 받았지만 비평가들은 매우 특별한 미각을 갖고 있다. 그리고 비평가들이 좋아하는 일부 초콜릿 바의 매출은 설명할 수 없을 정도로 저조하지만 포커스 그룹과 시식회에서의 일반인들은 그 바를 좋아하는 것 같아서 그들은 매출이 시장 조사와 일치하지 않는 이유에 대해 의아해한다. 그들은 초콜릿을 잘 아는 애호가들이 평가한 초콜릿 바 데이터셋을 찾았고 이 평가는 그들의 매출과 일치했다. 편견 없는 의견을 얻기 위해 그들은 당신의 전문 지식을 필요로 한다.

데이터셋에 대해 얘기하면 맨해튼 초콜릿 협회^{Manhattan Chocolate Society}의 회원들은 소비자를 교육하고 초콜릿 제조업체가 고품질의 초콜릿을 생산하도록 영감을 주기 위해 2007년부터 고급 초콜릿을 시식하고 평가하기 위한 목적으로만 모임을 갖고 있다. 이후로 2,200개 이상의 초콜릿 바에 대한 데이터를 수집했으며, 회원들은 다음 척도로 평가했다.

- 4.0 ~ 5.00 = 훌륭함
- 3.5 ~ 3.99 = 적극 추천
- 3.0 ~ 3.49 = 추천
- 2.0 ~ 2.99 = 실망
- 1.0 ~ 1.99 = 불쾌

이 등급은 향, 외관, 질감, 풍미, 뒷맛과 전반적인 의견에 대한 규정으로부터 나오며, 등급이 매겨진 초콜릿 바는 카카오의 풍미를 감상하는 것이 목적이므로 대부분 다크 초콜릿이다. 등급 외에도 맨해튼 초콜릿 협회 데이터셋에는 코코아 원두가 재배된 국가, 바에 첨가된 성분, 소금 첨가 여부 그리고 초콜릿 바를 설명하는 단어와 같은 많은 특성이 포함돼 있다.

목표는 초콜릿 제조업체의 바 중 하나가 '훌륭함'으로 평가됐지만 잘 팔리지 않는 반면에 매출이 인상적인 다른 바는 '실망'으로 평가되는 이유를 이해하는 것이다.

▌ 접근법

각 초콜릿 바가 있는 그대로 평가되는 이유를 설명하기 위해 로컬 모델 해석 방법론을 사용하기로 결정했다. 고객사는 자신의 초콜릿 바가 임곗값인 '적극 추천' 이상이기를 원하기 때문에 데이터셋을 준비해 분류 모델을 학습시킨 후 초콜릿 바 등급이 '적극 추천' 이상인지 예측한다. 두 가지 모델을 학습할 것인데 하나는 테이블 형식 데이터에 대한 모델이고 다른 하나는 초콜릿 바를 설명하는 단어들에 대한 NLP 모델이다. 이를 위해서 각각 SVM^{Support Vector Machine}과 LightGBM^{Light Gradient Boosting Machine}을 사용할 것이다. 이 블랙박스 모델을 사용해본 적이 없더라도 걱정하지 말라. 쉽게 설명할 것이다. 모델이 학습된 이후에 재미있는 부분이 나온다. 두 가지 로컬 모델 독립적 해석 방법론을 활용해 특정 초콜릿 바가 '적극 추천'보다 낮은 이유를 파악할 수 있을 것이다. 여기서 사용할 방법론은 SHAP과 LIME이며, 이 둘을 결합하면 고객에게 더 풍부한 설명을 해줄 수 있을 것이다. 그다음에 두 방법론을 비교하면서 장단점을 파악할 것이다.

█ 준비

이 예제의 코드는 다음 링크(https://github.com/PacktPublishing/Interpretable-Machine-Learning-with-Python/blob/master/Chapter06/ChocoRatings.ipynb)에서 찾을 수 있다.

라이브러리 로드

이 예제를 실행하려면 다음 라이브러리를 설치해야 한다.

- mldatasets: 데이터셋 로드
- pandas, numpy, nltk: 데이터 조작
- sklearn, lightgbm: 데이터 분할 및 모델 적합
- matplotlib, seaborn, shap lime: 해석을 시각화

먼저 다음의 모든 라이브러리를 로드해야 한다.

```
import math
import mldatasets
import pandas as pd
import numpy as np
import re
import nltk
from nltk.probability import FreqDist
from sklearn.model_selection import train_test_split
from sklearn.pipeline import make_pipeline
from sklearn import metrics, svm
from sklearn.feature_extraction.text import TfidfVectorizer
import lightgbm as lgb
import matplotlib.pyplot as plt
import seaborn as sns
import shap
import lime
import lime.lime_tabular
from lime.lime_text import LimeTextExplainer
```

다음과 같이 불용어 처리를 위한 stopwords와 punkt 토크나이저^{tokenizer}는 로드하기 전에 먼저 다운로드해야 한다.

```
nltk.download('stopwords')
nltk.download('punkt')
from nltk.corpus import stopwords
from nltk.tokenize import word_tokenize
```

데이터 이해 및 준비

다음과 같이 chocolateratings_df라고 하는 데이터프레임에 데이터를 로드한다.

```
chocolateratings_df = mldatasets.load("chocolate-bar-ratings")
```

2,200개 이상의 레코드와 18개의 칼럼이 있어야 한다. 다음과 같이 데이터프레임의 내용을 간단하게 확인할 수 있다.

```
chocolateratings_df
```

그림 6.1에 표시된 출력은 예상과 일치한다.

	company	company_location	review_date	country_of_bean_origin	cocoa_percent	rating	counts_of_ingredients	beans	cocoa_butter	va
0	5150	U.S.A	2019	Madagascar	76.000000	3.750000	3	have_bean	have_cocoa_butter	have_not_va
1	5150	U.S.A	2019	Dominican republic	76.000000	3.500000	3	have_bean	have_cocoa_butter	have_not_va
2	5150	U.S.A	2019	Tanzania	76.000000	3.250000	3	have_bean	have_cocoa_butter	have_not_va
3	A. Morin	France	2012	Peru	63.000000	3.750000	4	have_bean	have_cocoa_butter	have_not_va
4	A. Morin	France	2012	Bolivia	70.000000	3.500000	4	have_bean	have_cocoa_butter	have_not_va
:	:	:	:	:	:	:	:	:	:	:
2219	Zotter	Austria	2014	Blend	80.000000	2.750000	4	have_bean	have_cocoa_butter	have_not_va
2220	Zotter	Austria	2017	Colombia	75.000000	3.750000	3	have_bean	have_cocoa_butter	have_not_va
2221	Zotter	Austria	2018	Belize	72.000000	3.500000	3	have_bean	have_cocoa_butter	have_not_va
2222	Zotter	Austria	2018	Congo	70.000000	3.250000	3	have_bean	have_cocoa_butter	have_not_va
2223	Zotter	Austria	2018	Blend	75.000000	3.000000	3	have_bean	have_cocoa_butter	have_not_va

2224 rows × 14 columns

그림 6.1 초콜릿 바 데이터셋의 내용

데이터 딕셔너리

데이터 딕셔너리는 다음과 같이 구성돼 있다.

- company: 범주형. 초콜릿 바 제조업체. 500개 이상
- company_location: 범주형. 제조 국가. 66개 국가

- review_date: 연속형. 초콜릿 바가 평가된 연도. 2006~2020년
- country_of_bean_origin: 범주형. 코코아 원두를 수확한 국가. 62개국
- cocoa_percent: 연속형. 초콜릿 바의 코코아 함량 퍼센트(%)
- rating: 연속형. 맨해튼 초콜릿 협회에서 부여한 등급. 1~5
- counts_of_ingredients: 연속형. 재료의 개수
- beans: 이진값. 코코아 원두가 들어갔는가?(have_bean 또는 have_not_bean)
- cocoa_butter: 이진값. 코코아 버터가 들어갔는가?(have_cocoa_butter 또는 have_not_cocoa_butter)
- vanilla: 이진값. 바닐라가 들어갔는가?(have_vanilla 또는 have_not_vanilla)
- lecithin: 이진값. 레시틴이 들어갔는가?(have_lecithin 또는 have_not_lecithin)
- salt: 이진값. 소금이 들어갔는가?(have_salt 또는 have_not_salt)
- sugar: 이진값. 설탕이 들어갔는가?(have_sugar 또는 have_not_sugar)
- sweetener_without_sugar: 이진값. 설탕이 아닌 감미료가 들어갔는가?(have_sweetener_without_sugar 또는 have_not_sweetener_without_sugar)
- first_taste: 텍스트. 첫 번째 맛을 설명하는 단어들
- second_taste: 텍스트. 두 번째 맛을 설명하는 단어들
- third_taste: 텍스트. 세 번째 맛을 설명하는 단어들
- fourth_taste: 텍스트. 네 번째 맛을 설명하는 단어들

데이터를 살펴봤으니 이제 데이터를 준비해 모델링 및 해석 작업을 수행할 수 있다.

데이터 준비

해야 할 첫 번째 일은 별도로 처리할 수 있도록 텍스트 피처를 따로 분리하는 것이다. 먼저 텍스트 피처들로 tastes_df라는 데이터프레임을 생성하고 그다음에 이것들을 chocolaterating_df에서 삭제한다. 그 후에 다음 코드처럼 head와 tail을 사용해 tastes_df를 살펴볼 수 있다.

```
tastes_df = chocolateratings_df[['first_taste','second_taste',
                                 'third_taste','fourth_taste']]
```

```
chocolateratings_df = chocolateratings_df.\
  drop(['first_taste', 'second_taste', 'third_taste',
      'fourth_taste'], axis=1)
```

```
tastes_df.head(90).tail(10)
```

위의 코드는 그림 6.2에 표시된 데이터프레임을 생성한다.

	first_taste	second_taste	third_taste	fourth_taste
80	oily	vegetal	nutty	cocoa
81	oily	vanilla	melon	cocoa
82	rich	sour	mild smoke	nan
83	fruity	sour	nan	nan
84	high roast	high astringnet	nan	nan
85	smokey	savory	nan	nan
86	sandy	roasty	nutty	nan
87	roasty	brownie	nutty	nan
88	red wine	rich cocoa	long	nan
89	creamy	fruit	cocoa	nan

그림 6.2 맛 관련 칼럼에는 상당히 많은 null 값이 있다.

이제 범주형 피처를 인코딩해보자. company_location 및 country_of_bean_origin에 너무 많은 국가가 있으므로 임곗값을 설정한다. 예를 들어 국가가 전체의 3.333%(74행) 미만인 경우 이를 Other 범주로 묶어서 인코딩을 한다. make_dummies_with_limits 함수를 사용하면 이 작업을 쉽게 수행할 수 있으며 코드는 다음과 같다.

```
chocolateratings_df =\
  mldatasets.make_dummies_with_limits(chocolateratings_df,
      'company_location', 0.03333)
```

```
chocolateratings_df =\
  mldatasets.make_dummies_with_limits(chocolateratings_df,
      'country_of_bean_origin', 0.03333)
```

300

다음 코드를 사용해 모두가 동일한 값(have_bean)을 갖는 beans 칼럼을 삭제하고, 나머지 모든 이진값 피처를 1과 0으로 바꾼다.

```
chocolateratings_df = chocolateratings_df.\
                    drop(['beans'], axis=1)
binary_features = ['cocoa_butter', 'vanilla', 'lecithin',
                'salt', 'sugar', 'sweetener_without_sugar']
chocolateratings_df[binary_features] =\
  chocolateratings_df[binary_features].\
  apply(lambda x: np.where(x.str.contains('not'), 0, 1))
```

이제 tastes_df의 내용을 처리할 때 보고 싶은 것은 대부분 맛을 의미하거나 적어도 맛을 떠올리게 하는 형용사라는 점에 유의해야 한다. 따라서 and, of, with 등과 같은 일반적인 단어인 불용어는 안전하게 버릴 수 있으므로 다음과 같이 nltk에서 영어 불용어 리스트를 로드한다.

```
stop = stopwords.words('english')
```

tastes_df의 내용을 살펴보면 불용어 외에도 모델에 노이즈를 줄 수 있는 다른 요소를 찾을 수 있다. &와 같은 구두점, overly와 같은 부사, astringnet와 같은 철자 오류, full body와 같은 형용사-명사 조합까지 찾을 수 있을 것이다. 이것들은 제거되거나 또는 단일 형용사로 대체될 수 있다. 정규표현식을 사용해 이 모든 작업을 한 번에 수행할 수 있다. 이를 위해 먼저 다음과 같이 단어 대체에 사용할 딕셔너리(trans_dict)를 만들고 정규표현식에서 compile한다.

```
trans_dict = {'?':'','&':'', 'overly intense':'intensest',
  'overly sweet':'sweetest', 'overly tart':'tartest',
  'sl. bitter':'bitterness', 'sl. burnt':'burntness',
  'sl. sweet':'sweetness', 'sl. dry':'dryness',
  'sl. chalky':'chalkiness', 'sl. Burnt':'burntness',
```

```
    'hints fruit':'fruitiness', 'hint fruit':'fruitiness',
    'high acid':'acidic', 'high acidity':'acidic',
    'moderate acidity':'acid', 'high roast':'roast',
    'astringcy':'astringent', 'astringnet':'astringent',
    'full body':'robust', 'astringency':'astringent',
    'high astringent':'acidic', 'rich cocoa':'rich',
    'mild bitter':'bitterish', 'fruit long':'fruit',
    'base cocoa':'basic', 'basic cocoa':'basic', '-like':'',
    'smomkey':'smokey', 'true':'real', '(n)':'', '/':' ',
    '-':' ',' +':' ' }
trans_regex = re.\
    compile("|".join(map(re.escape, trans_dict.keys( ))))
```

다음 코드는 모든 null 값을 빈 문자열로 바꾼 다음 tastes_df의 모든 칼럼을 결합해 단일 시리즈로 생성한다. 그다음에 선행 및 후행 공백을 제거하고 모든 텍스트를 소문자로 변환한다. 이 작업에 사용되는 두 개의 apply 인스턴스가 있는데, 첫 번째는 모든 정규표현식 대체를 수행하고 두 번째는 불용어를 제거한다. 코드는 다음과 같다.

```
tastes_s = tastes_df.replace(np.nan, '', regex=True).\
    agg(' '.join, axis=1).str.strip().str.lower().\
    apply(lambda s: trans_regex.sub(lambda match:\
        trans_dict[match.group(0)], s)).\
    apply(lambda s: ' '.join([word for word in s.split()
                        if word not in (stop)]))
```

그러고 나면 앞 코드의 결과가 다음과 같이 대부분이 맛 관련 형용사인 판다스 시리즈 (tastes_s)임을 확인할 수 있다.

```
print(tastes_s)
```

예상대로 이 시리즈는 다음과 같이 chocolateratings_df 데이터프레임과 길이가 같다.

0	cocoa blackberry robust
1	cocoa vegetal savory
2	rich fatty bready
3	fruity melon roasty
4	vegetal nutty
	...
2221	muted roasty accessible
2222	fatty mild nuts mild fruit
2223	fatty earthy cocoa
Length: 2224, dtype: object	

그러면 다음 코드를 사용해 고유한 구절이 몇 개인지 알아보자.

```
print(np.unique(tastes_s).shape)
```

다음 출력으로 중복되는 구절이 50개 미만임을 알 수 있으므로 구절로 토큰화하는 것은 좋은 생각이 아니다.

```
(2178,)
```

두 단어의 시퀀스인 바이그램bi-grams 또는 단어를 논리적인 부분으로 나눈 하위 단어 subwords로 토큰화하는 등 여기서 취할 수 있는 접근 방법은 많다. 첫 번째 단어는 첫 번째 맛과 관련이 있기 때문에 순서가 약간 중요하지만 데이터셋이 너무 작고, 특히 third_taste와 fourth_taste에는 null이 너무 많아서 단어 순서에서 의미를 도출할 수 없다. 이것이 모든 "맛"을 함께 연결해 서로 간의 구분을 제거하는 것이 좋은 선택인 이유다.

주목해야 할 또 다른 사항은 단어가 대부분 형용사라는 것이다. 부사를 제거하기 위해 약간의 노력을 기울였지만 "fruity" 및 "nutty"와 같은 형용사뿐만 아니라 "fruit" 및 "nuts"와 같은 일부 명사가 여전히 존재한다. 초콜릿 바를 평가한 비평가가 "fruity"가 아니라 "fruit"

을 사용해 다른 의미를 표현했는지 확신할 수 없다. 그러나 이것이 확실하다면 "fruit", "fruity", "fruitiness" 등의 모든 인스턴스를 일관된 "fru"(어간) 또는 "fruiti"(어근)로 바꾸기 위해 **어간 추출**stemming이나 **어근 추출**lemmatization을 수행할 수 있다. 형용사 변형이 많지만 어쨌든 구절에서 그렇게 흔하지 않기 때문에 여기서는 신경 쓰지 않을 것이다.

먼저 word_tokenize로 토큰화하고 FreqDist를 사용해 빈도를 계수해 가장 일반적인 단어를 찾는다. 그 결과로 나오는 tastewords_fdist 딕셔너리를 데이터프레임(tastewords_df)에 넣을 수 있다. 74개 이상의 인스턴스가 있는 단어만 리스트(commontastes_l)에 저장한다. 코드는 다음과 같다.

```
tastewords_fdist = FreqDist(word for word in
                   word_tokenize(tastes_s.str.cat(sep=' ')))
tastewords_df = pd.DataFrame.from_dict(tastewords_fdist,\
              orient='index').rename(columns={0:'freq'})
commontastes_l = tastewords_df[tastewords_df.freq > 74].\
              index.to_list()
print(commontastes_l)
```

commontastes_l에 대한 다음 출력에서 알 수 있듯이 가장 일반적인 단어들은 spice와 spicy를 제외한 대부분이 서로 다르다.

```
['cocoa', 'rich', 'fatty', 'roasty', 'nutty', 'sweet', 'sandy',
 'sour', 'intense', 'mild', 'fruit', 'sticky', 'earthy',
 'spice', 'molasses', 'floral', 'spicy', 'woody', 'coffee',
 'berry', 'vanilla', 'creamy']
```

이 리스트를 사용해 테이블 데이터셋을 개선할 수 있는 방법은 이 일반적인 단어들을 이진 피처로 바꾸는 것이다. 즉, "일반적인 맛"(commontastes_l) 각각에 대한 칼럼이 있고 초콜릿 바의 "맛"에 각 단어가 포함된 경우 해당 칼럼의 값은 1이고 그렇지 않으면 0이 된다. 다행히 두 줄의 코드로 이 작업을 수행할 수 있다. 먼저 맛에 대해 텍스트로 된 시리즈(tastes_s)를 사용해 새 칼럼을 만든다. 그다음 make_dummies_from_dict 함수를 사용해 다음과 같이 새 칼럼의 내용에 각 "일반적인 맛"이 있는지 찾아 더미 피처를 생성한다.

```
chocolateratings_df['tastes'] = tastes_s
chocolateratings_df =\
  mldatasets.make_dummies_from_dict(chocolateratings_df,
    'tastes', commontastes_l)
```

이제 피처 엔지니어링이 완료됐으므로 info( )를 사용해 다음과 같이 데이터프레임을 확인할 수 있다.

```
chocolateratings_df.info( )
```

출력을 보면 company를 제외한 모든 피처가 null이 아닌 숫자 피처를 갖는다. 500개가 넘는 기업이 있으므로 이 피처의 **범주형 인코딩**은 복잡하며, 대부분의 기업을 Other로 묶는 것이 좋지만 많은 관측치를 대표하는 소수의 기업에 대해 편향이 발생할 가능성이 높다. 따라서 이 칼럼은 완전히 제거하는 것이 좋다. 출력은 다음과 같다.

```
<class 'pandas.core.frame.DataFrame'>
RangeIndex: 2224 entries, 0 to 2223
Data columns (total 46 columns):
 #   Column                Non-Null Count   Dtype
---  ------                --------------   -----
 0   company               2224 non-null    object
 1   review_date           2224 non-null    int64
 2   cocoa_percent         2224 non-null    float64
 3   rating                2224 non-null    float64
 4   counts_of_ingredients 2224 non-null    int64
 : :            :    :       :
 43  tastes_berry          2224 non-null    int64
```

```
44   tastes_vanilla              2224 non-null   int64
45   tastes_creamy               2224 non-null   int64
dtypes: float64(2), int64(30), object(1), uint8(13)
memory usage: 601.7+ KB
```

모델링을 위해 데이터를 준비하는 마지막 단계는 이 실습 전체에서 사용할 무작위 시드인
상수 rand를 초기화하는 것으로 시작된다. 그다음에 rating 칼럼 값이 3.5보다 크거나 같
으면 1로, 그렇지 않으면 0으로 변환한 후 이 값을 y로 정의한다. X는 company를 제외한
다른 모든 피처다. 그 후에 다음 코드와 같이 X와 y를 train_test_split을 사용해 학습 및
테스트 데이터셋으로 분할한다.

```
rand = 9
y = chocolateratings_df['rating'].\
  apply(lambda x: 1 if x >= 3.5 else 0)
X = chocolateratings_df.drop(['rating','company'], axis=1).\
  copy()
X_train, X_test, y_train, y_test = train_test_split(X, y,\
  test_size=0.33, random_state=rand)
```

테이블 데이터에 대한 테스트 및 학습 데이터셋 외에 NLP 모델에서도 동일한 y 레이블
을 사용할 수 있도록 train_test_split으로 분리한 데이터셋과 일치하는 텍스트 전용 피
처 데이터셋이 필요하다. 이를 위해 다음과 같이 X_train 및 X_test의 인덱스를 사용해
tastes_s를 분할해 NLP 버전의 시리즈를 생성한다.

```
X_train_nlp = tastes_s[X_train.index]
X_test_nlp = tastes_s[X_test.index]
```

좋다. 이제 모든 준비가 완료됐다. 그러면 모델링 및 해석을 시작해보자.

▌ SHAP의 KernelExplainer 활용해 SHAP 값으로 로컬 해석

앞으로 계속 사용할 SVC^{Support Vector Classifier} 모델을 먼저 살펴본다.

C-SVC 모델 학습

SVM은 최적의 초평면^{hyperplane}, 즉 분할 경계를 찾기 위해 고차원 공간에서 작동하는 일련의 모델 클래스 계열이며, 각 클래스 사이에서 마진^{margin}이 최대가 되도록 클래스를 분리하려고 한다. 서포트 벡터^{support vector}는 분할 초평면인 의사 결정 경계에서 가장 가까운 데이터포인트이며, 따라서 이것이 제거될 경우 의사 결정 경계가 바뀐다. 최적의 초평면을 찾기 위해 SVM은 **힌지 손실**^{hinge loss}이라는 비용함수와 고차원 공간에서 적은 비용으로 연산을 수행하는 **커널 트릭**^{kernel trick}을 사용한다. 초평면은 선형 분리성을 제시하지만 항상 선형 커널로 제한되는 것은 아니다.

여기서 사용할 사이킷런 구현은 C-SVC라고 부른다. 이 SVC는 C라고 하는 L2 정규화 매개변수를 사용하고 기본적으로 비선형인 **방사형 기저 함수**^{RBF, Radial Basis Function}라는 커널을 사용한다. RBF의 **감마**^{gamma} 하이퍼파라미터는 커널에서 각 학습 샘플의 영향 반경을 정의하지만 반비례하는 방식이다. 따라서 낮은 감마 값은 반경을 증가시키고 높은 값은 반경을 감소시킨다.

SVM 계열에는 분류를 위한 여러 변형과 SVR^{Support Vector Regression}을 이용하는 회귀 클래스도 포함된다. SVM 모델의 가장 큰 장점은 관측치 수에 비해 피처 수가 많을 때, 심지어 피처가 관측치보다 압도적으로 많은 경우에도 효과적이고 효율적으로 작동하는 경향이 있다는 것이다. 또한 과적합되거나 불안정해지지 않으면서도 데이터에서 잠재적인 비선형 관계를 잘 찾는 경향이 있다. 그러나 SVM은 대규모 데이터셋에 대한 확장성이 좋지 않으며 하이퍼파라미터를 조정하기가 어렵다.

이제 seaborn의 플롯 스타일을 set( )으로 활성화해서 사용할 것이기 때문에 6장의 다른 플롯을 위해 나중에 복원할 수 있도록 원래의 matplotlib 설정(rcParams)을 먼저 저장한다. SVC에 대해 주의할 점은 선형 대수를 사용하기 때문에 기본적으로 확률을 생성하지 않는다는 것이다. 그러나 probability=True로 설정하면 사이킷런 구현은 교차 검증을 사용한 다음 SVC의 점수를 확률로 생성하기 위해 로지스틱 회귀 모델을 적합시킨다. 이 실습에서는 gamma=auto를 사용하며, 이는 피처 수 분의 1, 즉 1/44로 설정됨을 의미한다. 항상 그렇듯이 재현성을 위해 random_state 매개변수를 설정하는 것이 좋다. 모델을 학습 데이터에 적합시킨 다음 코드와 같이 evaluate_class_mdl을 사용해 모델의 예측 성능을 평가할 수 있다.

```
orig_plt_params = plt.rcParams
sns.set()
svm_mdl = svm.SVC(probability=True, gamma='auto',\
                  random_state=rand)
fitted_svm_mdl = svm_mdl.fit(X_train, y_train)
y_train_svc_pred, y_test_svc_prob, y_test_svc_pred =\
  mldatasets.evaluate_class_mdl(fitted_svm_mdl, X_train,\
                                X_test, y_train, y_test)
```

위의 코드는 그림 6.3을 출력한다.

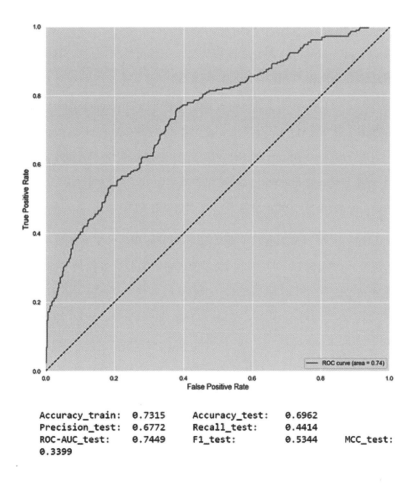

```
Accuracy_train:    0.7315    Accuracy_test:    0.6962
Precision_test:    0.6772    Recall_test:      0.4414
ROC-AUC_test:      0.7449    F1_test:          0.5344    MCC_test:
0.3399
```

그림 6.3 SVC 모델의 예측 성능

그림 6.3을 보면 머신러닝 모델에 대한 이 도전적인 영역에서 작은 불균형 데이터셋인 것을 고려하면 달성한 성능은 그리 나쁘지 않다. 어쨌든 AUC 곡선은 동전 던지기 확률인 점선보다 위에 있고, MCC는 안전하게 0보다 높다. 더 중요한 것은 정밀도가 재현율보다 훨씬 높으며, 형편없는 초콜릿 바를 '적극 추천'으로 오분류하는 데 따르는 가상의 비용을 생각하면 이는 매우 좋은 결과다. 이 실습에서는 위음성false negatives보다 위양성false positives이 적은 것을 선호하기 때문에 재현율보다는 정밀도를 선호한다.

KernelExplainer를 사용한 SHAP 값 계산

무차별 대입에 의한 SHAP 값 계산은 매우 리소스 집약적이기 때문에 SHAP 라이브러리는 통계적으로 유효한 많은 지름길을 사용한다. 5장, '글로벌 모델 독립적 해석 방법론'에서 배웠듯이 이 지름길은 의사 결정 트리 구조를 활용하는 것(TreeExplainer)에서부터 신경망의 다양한 활성화 함수에 이르기까지, 기준선을 사용하는 것(DeepExplainer)에서 신경망의 그래디언트(GradientExplainer)에 이르기까지 다양하다. 이런 지름길을 사용하면 설명자가 특정 모델 클래스로 제한되기 때문에 모델 독립성이 매우 떨어진다. 그러나 SHAP에는 KernelExplainer라는 진정한 모델 독립적 설명자가 있다.

KernelExplainer는 두 가지 지름길을 갖고 있다. 연합을 위해서 모든 피처 순열의 하위 집합을 샘플링하며, 연합의 크기에 따라 가중치를 사용해 SHAP 값을 계산한다. 이 첫 번째 방식은 계산 시간을 줄이기 위해 추천되는 기법이다. 두 번째 방식은 6장의 뒷부분에서 다룰 LIME의 가중치 체계에서 가져온 것으로 SHAP 개발자는 이 체계가 섀플리 속성을 따르도록 했다. 그러나 연합에서 "누락된" 피처의 경우 백그라운드 학습 데이터셋의 피처 값에서 무작위 샘플링하기 때문에 섀플리 값의 **더미**^{dummy} 속성을 위반한다. 더 중요한 것은 **순열 피처 중요도**^{PFI}와 마찬가지로 다중공선성이 있는 경우 개연성이 낮은 인스턴스에 너무 많은 가중치를 준다는 것이다. 이 치명적인 결함에도 불구하고 KernelExplainer는 섀플리 값의 다른 모든 이점을 갖고 있으며 LIME의 주요 장점 중 하나를 갖고 있다.

KernelExplainer를 사용하기 전에 분류 모델의 경우 클래스의 수만큼 여러 개의 SHAP 값 리스트가 생성된다는 것을 유의해야 한다. 인덱스를 사용하면 각 클래스에 대해 액세스할 수 있다. 이 인덱스는 모델에 의해 제공하는 순서로 돼 있기 때문에 예상한 순서가 아닌 경우 혼란이 생길 수 있다. 따라서 다음 명령을 실행해 모델의 클래스 순서를 확인하는 것이 중요하다.

```
svm_mdl.classes_
```

출력은 예상한 대로 '적극 추천 아님'은 인덱스 0이고 '적극 추천'은 인덱스가 1임을 나타낸다. '적극 추천'이 여기서 예측하려고 하는 것이기 때문에 후자의 SHAP 값에 관심이 있다.

```
array([0, 1])
```

KernelExplainer는 모델의 예측 함수(fitted_svm_mdl.predict_proba)와 배경 학습 데이터의 일부(X_train_summary)를 취한다. KernelExplainer는 계산을 최소화하기 위해 요약된 데이터를 사용할 수 있다. 한 가지 방식은 배경 학습 데이터로 전체 데이터를 사용하는 대신 **k-평균**k-means을 사용해 데이터를 요약하는 것이다. 또 다른 방식은 학습 데이터의 샘플을 사용하는 것이다. 여기서는 10개 데이터에 대한 k-평균 클러스터링을 사용하도록 선택했다. 설명자를 초기화하고 난 후 테스트 데이터셋의 샘플(nsamples=200)을 사용해 SHAP 값을 얻을 수 있다. 적합 시에는 L1 정규화(l1_reg)를 사용한다. 이때 관련이 있는 피처가 20개인 지점까지 정규화하라고 설정했다. 마지막으로 summary_plot을 사용해 클래스 1에 대한 SHAP 값을 표시할 수 있다. 코드는 다음과 같다.

```
np.random.seed(rand)
X_train_summary = shap.kmeans(X_train, 10)
shap_svm_explainer =\
  shap.KernelExplainer(fitted_svm_mdl.predict_proba,
                      X_train_summary)
shap_svm_values_test = shap_svm_explainer.shap_values(X_test,\
  nsamples=200, l1_reg="num_features(20)")
shap.summary_plot(shap_svm_values_test[1], X_test,\
              plot_type="dot")
```

위의 코드는 그림 6.4와 같은 플롯을 출력한다. 6장의 초점은 로컬 모델 해석이지만 모델의 결과가 직관적인지 확인하기 위해 글로벌 형식으로 시작하는 것이 중요하다. 직관적이지 않다면 아마도 뭔가 잘못됐을 것이다.

출력은 다음과 같다. 풀컬러 버전은 본문 825쪽을 참고하기 바란다.

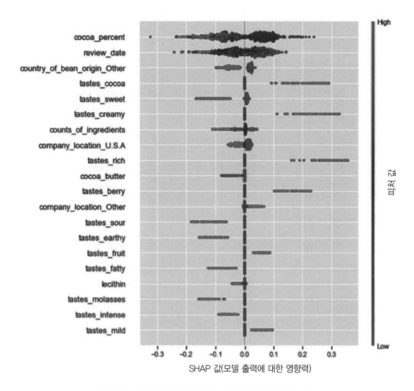

그림 6.4 SHAP의 요약 플롯을 사용한 글로벌 모델 해석

그림 6.4에서 빨간색으로 표시된 높은 코코아 함량(cocoa_percent)은 '적극 추천'이 될 가능성의 감소와 상관관계가 있지만 보라색인 중간 정도의 함량은 '적극 추천'의 가능성을 증가시키는 경향이 있음을 알 수 있다. 이 발견은 진한 초콜릿이 덜 진한 초콜릿보다 후천적으로 익혀진 맛이기 때문에 직관적으로 이해가 된다. 파란색의 낮은 코코아 함량은 전체에 흩어져 있어 추세가 나타나지 않지만 데이터가 많지 않기 때문일 수 있다. 반면에 review_date를 보면 초기에는 '적극 추천'이었을 가능성이 높음을 시사한다. 0의 양쪽에 빨간색과 보라색의 음영이 뚜렷하게 나타나기 때문에 여기서는 추세를 파악하기 어렵다. 5장, '글로벌 모델 독립적 해석 방법론'에서 사용된 것과 같은 의존도 플롯이 이 목적

에 더 적합할 것이다. 그러나 이진 피처는 높은 값과 낮은 값, 즉 1과 0이 모델에 미치는 영향을 시각화하는 것이 매우 쉽다. 예를 들어 cocoa, creamy, rich, berry 등의 맛이 있는 초콜릿은 추천될 가능성이 높아지지만 sweet, earthy, sour, fatty 등의 맛은 그 반대다. 마찬가지로 미국에게는 미안하지만 초콜릿이 미국에서 제조된 경우 '적극 추천'이 될 확률은 감소한다.

의사 결정 플롯을 이용한 그룹 예측에 대한 로컬 해석

로컬 해석의 경우 한 번에 한 지점을 시각화하지 않아도 되며 한 번에 여러 지점을 해석할 수 있다. 핵심은 데이터포인트들을 적절하게 비교할 수 있는 몇 가지 컨텍스트를 제공하는 것이며, 너무 많으면 구별하기 힘들다. 일반적으로 이상치 또는 특정 기준을 충족하는 이상치를 찾는다. 이 실습에서는 다음과 같이 당신의 고객이 생산한 초콜릿 바만 선택한다.

```
sample_test_idx = X_test.index.\
    get_indexer_for([5,6,7,18,19,21,24,25,27])
```

섀플리의 한 가지 좋은 점은 가산적인 특성이며 이는 쉽게 확인해볼 수 있다. 계산에 사용된 기댓값에 모든 SHAP 값을 더하면 예측값을 얻을 수 있다. 물론 이것은 분류 문제이므로 예측값은 확률이다. 따라서 불리언 배열을 얻으려면 확률이 0.5보다 큰지 확인해야 한다. 다음 코드를 실행해 이 불리언 배열이 모델의 테스트 데이터셋에 대한 예측(y_test_svc_pred)과 일치하는지 확인할 수 있다.

```
expected_value = shap_svm_explainer.expected_value[1]
y_test_shap_pred =\
    (shap_svm_values_test[1].sum(1) + expected_value) > 0.5
print(np.array_equal(y_test_shap_pred, y_test_svc_pred))
```

일치해야 하고, 그렇게 됐다. 다음 결과로 확인할 수 있다.

```
True
```

SHAP의 의사 결정 플롯에는 위음성(FN)을 두드러지게 만드는 데 사용할 수 있는 highlight 기능이 있다. 이제 다음과 같이 샘플 관측치 중 어떤 것이 FN인지 살펴보자.

```
FN = (~y_test_shap_pred[sample_test_idx]) &
    (y_test.iloc[sample_test_idx] == 1).to_numpy()
```

이제 플롯 스타일을 기본 matplotlib 스타일로 재설정하고 decision_plot을 생성한다. 이 함수는 expected_value, SHAP 값, 플롯에 나타내려는 항목의 실제값을 취한다. 옵션으로 다음 코드와 같이 강조 표시하려는 항목의 불리언 배열을 제공할 수 있으며(highlight) 해당 관측치는 점선으로 표시된다. 이 경우에는 위음성(FN)을 표시한다.

```
sns.reset_orig()
plt.rcParams.update(orig_plt_params)
shap.decision_plot(expected_value,\
  shap_svm_values_test[1][sample_test_idx],\
  X_test.iloc[sample_test_idx], highlight=FN)
```

그림 6.5는 각 관측치를 단일 색상의 선으로 보여준다. 각 선의 색은 피처의 값이 아니라 모델의 출력값을 나타낸다. KernelExplainer에서 predict_proba를 사용했기 때문에 이 것은 확률이지만 그렇지 않다면 SHAP 값을 표시했을 것이며, 이 값이 상단의 x축을 칠 때 갖는 예측값이다. 피처는 플롯된 관측치에 대한 중요도 순으로 정렬되며 각 피처에 따라 선이 좌우로 증가 및 감소됨을 알 수 있다. 값이 얼마나 다른지 어떤 방향으로 향하는지는 결과에 대한 피처의 기여도에 따라 다르다. 회색 직선은 클래스의 기댓값을 나타내며 선형 모델의 절편과 같다. 실제로 모든 선은 이 값에서 시작하므로 플롯을 아래에서 위로 읽는 것이 가장 좋다.

출력은 다음과 같다.

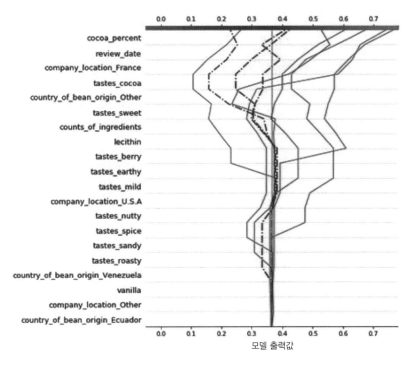

그림 6.5 SHAP을 사용한 예측 샘플에 대한 로컬 모델 해석, 위음성을 강조한다.

그림 6.5에는 점선으로 표시된 세 개의 위음성이 있다. 이 플롯을 통해 어떤 피처가 가장 왼쪽으로 치우치게 만드는지, 즉 무엇이 부정적인 예측으로 만드는지 쉽게 시각화할 수 있다. 예를 들어 가장 왼쪽의 위음성은 lecithin이 나올 때까지는 기댓값 라인의 오른쪽에 있었지만 그 이후에 company_location_France까지 계속 감소했으며 review_date는 '적극 추천'의 가능성을 높였지만 충분하지 않았다. county_of_bean_origin_Other가 오분류 중 두 개에 대해 가능성을 감소시킨 것을 알 수 있다. 이는 자체 피처를 갖지 못한 50개 이상의 국가 중 하나일 수 있기 때문에 이 의사 결정은 불공정할 수 있다. 아마도 함께 그룹화된 이 국가들의 원두 사이에는 많은 차이가 있을 것이다.

의사 결정 플롯은 단일 관측치를 분리할 수도 있다. 이렇게 하면 점선 옆에 각 피처의 값을 출력한다. 다음과 같이 진양성[TP] 관측치 #696에 대한 의사 결정 플롯을 작성해보자.

```
shap.decision_plot(expected_value,
                   shap_svm_values_test[1][696],
                   X_test.iloc[696], highlight=0)
```

위의 코드는 그림 6.6을 출력한다.

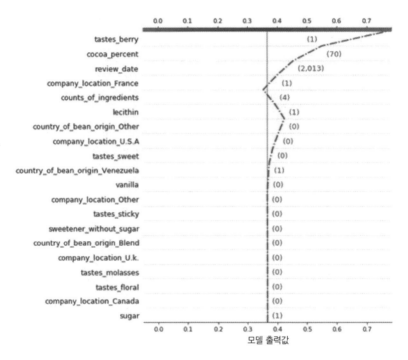

그림 6.6 SHAP을 사용한 단일 진양성 예측 샘플에 대한 로컬 모델 해석

그림 6.6에서 lecithin과 counts_of_ingredients가 '적극 추천' 가능성을 위험에 빠뜨릴 수 있는 지점까지 줄인 것을 볼 수 있다. 다행히 그 위의 피처인 company_location_France=1, cocoa_percent=70, tastes_berry=1 등이 모두 호의적이기 때문에 확실히 오른쪽으로 방향을 틀었다.

영향력 플롯을 사용한 단일 예측에 대한 로컬 해석

고객사인 초콜릿 제조업체에서 비교하기를 원하는 두 개의 초콜릿 바가 있다. 초콜릿 바 #5의 등급은 '훌륭함'이고 #24는 '실망'이다. 둘 다 테스트 데이터셋에 있다. 이들을 비교하는 한 가지 방법은 데이터프레임에 값을 나란히 배치해 정확히 어떻게 다른지 이해하는 것이다. 다음과 같이 등급, 실제 레이블 y, 예측 레이블 y_pred 등을 이 관측치의 값에 연결한다.

```
eval_idxs = (X_test.index==5) | (X_test.index==24)
X_test_eval = X_test[eval_idxs]
eval_compare_df = pd.concat([\
    chocolateratings_df.iloc[X_test[eval_idxs].index].rating,\
    pd.DataFrame({'y':y_test[eval_idxs]}, index=[5,24]),\
    pd.DataFrame({'y_pred':y_test_svc_pred[eval_idxs]},\
    index=[24,5]),\
    X_test_eval], axis=1).transpose()
eval_compare_df
```

위의 코드는 그림 6.7과 같은 데이터프레임을 생성한다. 이 데이터프레임에서 y=y_pred이기 때문에 오분류가 아님을 확인할 수 있다. 오분류는 왜 사람들이 한 초콜릿 바를 다른 초콜릿 바보다 더 좋아하는지 이해하기 위한 모델 해석을 신뢰할 수 없게 만들 수 있다. 그다음에 피처를 검사해 차이점을 확인한다. 예를 들어 review_date의 차이가 2년임을 알 수 있다. 또한 '훌륭함' 등급의 원두는 베네수엘라산이고, '실망' 등급의 원두는 대표성이 떨어지는 다른 국가산이다. '훌륭한' 초콜릿 바는 berry 맛이 났고 '실망'스러운 것은 earthy 맛이었다.

관측치는 다음과 같다.

	5	24
rating	4.00	2.75
y	1.00	0.00
y_pred	1.00	0.00
review_date	2013.00	2015.00
cocoa_percent	70.00	70.00
counts_of_ingredients	4.00	4.00
cocoa_butter	1.00	1.00
vanilla	0.00	0.00
lecithin	1.00	1.00
salt	0.00	0.00
sugar	1.00	1.00
sweetener_without_sugar	0.00	0.00
company_location_Canada	0.00	0.00
company_location_France	1.00	1.00
⋮	⋮	⋮
country_of_bean_origin_Other	0.00	1.00
country_of_bean_origin_Peru	0.00	0.00
country_of_bean_origin_Venezuela	1.00	0.00
⋮	⋮	⋮
tastes_earthy	0.00	1.00
⋮	⋮	⋮
tastes_berry	1.00	0.00
tastes_vanilla	0.00	0.00
tastes_creamy	0.00	0.00

그림 6.7 관측치 #5와 #24. 피처 차이는 노란색으로 강조 표시했다.

영향력 플롯은 모델과 평가자의 의사 결정에 영향을 준 요소에 대한 완전한 이야기를 제공하고 소비자가 선호하는 것에 대한 단서를 제공한다. force_plot을 생성하려면 관심 클래스에 대한 기댓값(expected_value), 관심 관측치에 대한 SHAP 값 및 실제값이 필요하다. 다음 코드는 관측치 #5에 대한 것이다.

```
shap.force_plot(expected_value,\
                shap_svm_values_test[1][X_test.index==5],\
                X_test[X_test.index==5], matplotlib=True)
```

앞의 코드는 그림 6.8과 같은 플롯을 출력한다. 이 영향력 플롯은 review_date, cocoa_percent, tastes_berry 등이 예측에서 어느 정도의 영향력을 갖는지 나타내며, 반대 방향으로 영향력을 미치는 것으로 보이는 유일한 피처는 counts_of_ingredients이다.

출력은 다음과 같다.

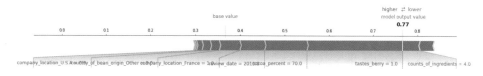

그림 6.8 관측치 #5(훌륭함)에 대한 영향력 플롯

다음으로 관측치 #24의 영향력 플롯과 비교해보자.

```
shap.force_plot(expected_value,\
                shap_svm_values_test[1][X_test.index==24],\
                X_test[X_test.index==24], matplotlib=True)
```

위의 코드는 그림 6.9와 같은 플롯을 출력한다. tastes_earthy와 country_of_bean_origin_Other가 모델에 의해 매우 부정적인 속성으로 간주된 것을 쉽게 알 수 있다. 그 결과는 대부분 초콜릿 맛에서 "berry" 대 "earthy"의 차이로 설명될 수 있다. 이 발견에도 원두의 원산지는 조사가 더 필요하다. 실제 원산지 국가가 낮은 등급과 상관관계가 없을 가능성이 있다.

출력은 다음과 같다.

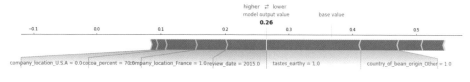

그림 6.9 관측치 #24(실망)에 대한 영향력 플롯

이 절에서는 LIME에서 가져온 몇 가지 트릭을 사용하는 KernelExplainer에 대해 설명했다. 그렇다면 LIME은 무엇인가? 다음 절에서 살펴볼 것이다.

▎LIME

지금까지 다룬 모델 독립적 해석 방법론들은 전체적으로 모델의 출력을 그 입력과 조화시키려는 시도다. 이 방법론들에서 어떻게 그리고 왜 X가 y_pred가 되는지에 대한 좋은 아이디어를 얻으려면 먼저 데이터가 필요하다. 그다음에 이 데이터의 여러 변형을 입력해 모델에서 나오는 출력을 평가하는 시뮬레이션을 수행한다. 때로는 글로벌 대체 모델을 활용해 점들을 연결하기도 한다. 이런 프로세스에서 학습된 모델을 사용해 피처의 영향력, 상호 작용, 또는 의사 결정을 글로벌 수준에서 정량화하는 피처의 중요도, 점수, 규칙, 또는 값 등을 산출한다. SHAP과 같은 방법론은 로컬 수준에서도 이런 정량화를 할 수 있다. 하지만 이런 값이 로컬에서 관측된다 하더라도 글로벌에서 정량화된 것이 로컬에서는 적용되지 않을 수도 있다. 이런 이유로 LIME과 같이 오직 로컬 해석만을 위해 피처의 로컬 효과를 정량화하는 또 다른 접근법이 필요하다.

LIME 개요

LIME은 단일 예측을 설명하기 위해 로컬 대체 모델들을 학습시킨다. 이것은 해석하려는 데이터포인트를 요구하는 것으로 시작된다. 또한 블랙박스 모델과 샘플 데이터셋을 함께 제공해야 한다. 그다음에 이 블랙박스 모델로 작은 변화를 준 데이터셋 버전들에 대한 예측을 수행해 선택한 데이터포인트에 가까운 포인트들이 더 높은 가중치로 샘플링되도록 하는 체계를 만든다. 선택한 데이터포인트 주변의 이 영역을 인접 지역^{neighborhood}이라고 한다. 그다음에 이 인접 지역에서 샘플링된 포인트들과 블랙박스 예측을 사용해 가중치가 적용된 "본질적으로 해석 가능한 대체 모델"을 학습시킨다. 마지막으로 대체 모델을 해석한다.

위 문단에는 설명해야 할 키워드가 많지만 우선 다음과 같이 정의할 수 있다.

- **선택한 데이터포인트**: LIME은 해석하고자 하는 인스턴스로서 데이터포인트, 행, 또는 관측치를 요구한다. 이들은 동일한 개념에 대한 다른 단어일 뿐이다.
- **섭동**^{perturbation}: LIME은 범주형 피처의 경우에는 학습 데이터셋 분포로부터, 연속

형 피처의 경우에는 정규분포로부터 끌어내 섭동시킨 새로운 샘플로 시뮬레이션을 수행한다.

- **가중치 체계**: LIME은 인접 지역의 반경을 정의하고 가장 먼 지점과 가장 가까운 지점에 대해 가중치를 부여하는 방식을 결정하기 위해 지수 평활 커널exponential smoothing kernel을 사용한다.

- **유사도**: LIME은 테이블 및 이미지 데이터에 대해서는 유클리드 거리를 사용하고, 텍스트에 대해서는 코사인 유사도를 사용한다. 이런 고차원 피처 공간은 상상하기 어렵지만 여러 차원에 대해 점 사이의 거리를 계산해 특정한 점과 가까운 점들을 찾을 수 있다.

- **본질적으로 해석 가능한 대체 모델**: LIME은 가중치가 적용된 릿지 정규화 희소 선형 모델을 사용한다. 그러나 데이터포인트에 가중치를 부여할 수 있는 한, 어떠한 본질적으로 해석 가능한 모델이라도 사용할 수 있다. 이 아이디어의 배경지식은 두 부분이다. 각 피처가 예측에 얼마나 영향을 미치는지 알려주는 계수와 같은 신뢰할 수 있는 고유 매개변수를 생성할 수 있는 모델이 필요하다. 또한 선택한 포인트와 가까운 데이터포인트는 관련성이 더 높기 때문에 더 많이 고려돼야 한다.

LIME을 뒷받침하는 통찰력은 k-NN과 매우 유사하며 서로 가까이 있는 점들은 레이블이 동일하지는 않지만 비슷할 것으로 예상할 수 있기 때문에 인접 지역에 있는 점들은 공통점을 갖는다는 것이다. 분류기에 의한 의사 결정 경계로 인해 가까이 있는 점들이 나눠질 수 있으므로 이는 매우 순진한 가정이 될 수 있다.

최근접 이웃 계열의 다른 모델 클래스인 **반지름 최근접 이웃**Radius Nearest Neighbors과 유사하게 LIME은 반경에 따른 거리를 고려해 각 포인트에 가중치를 부여하며, 이 작업은 데이터 수에 따라 기하급수적으로 증가된다. 그러나 LIME은 모델 클래스가 아니라 해석 방법론이므로 유사점은 거기서 멈춘다. 인접 지역 내에서 예측에 대해 "투표"를 하는 것이 아니라 LIME은 모든 복잡한 모델이 로컬에서 선형이라고 가정하기 때문에 그리고 이것은 모델 클래스가 아니므로 대체 모델이 하는 예측은 중요하지 않기 때문에 가중치 대체 희소 선형 모델Weighted Surrogate Sparse Linear Model을 적합시킨다. 사실 대체 모델은 계수만 있으면 되기 때문에 데이터를 맞추듯이 적합시킬 필요가 없다. 물론 잘 맞아떨어지면 해석의 충실도가 더 높아지겠지만 말이다.

LIME은 테이블 형식, 이미지, 텍스트 데이터에 대해 작동하며 일반적으로 로컬 충실도가 높기 때문에 로컬 수준에서 모델 예측을 아주 잘 근사할 수 있다. 그러나 이것은 올바르게 선택된 커널 폭과 로컬 선형성이 유지된다는 가정을 기반으로 인접 지역이 올바르게 정의됐는지 여부에 달려 있다.

LimeTabularExplainer를 사용한 단일 예측에 대한 로컬 해석

단일 예측을 설명하려면 먼저 LimeTabularExplainer에 넘파이 2D 배열의 샘플 데이터셋 (X_test.values), 피처 이름 리스트(X_test.columns), 처음 세 피처를 제외한 범주형 피처 그리고 클래스 이름을 제공해 초기화해야 한다. 샘플 데이터셋만 있어도 되지만 이해할 수 있는 해석이 될 수 있게 하려면 피처와 클래스의 이름을 제공하는 것이 좋다. LIME에 범주형 피처(categorical_features)를 지정하는 것은 범주형 피처를 연속형 피처와 다르게 취급하기 때문에 테이블 데이터의 경우에 매우 중요하며, 이를 지정하지 않으면 로컬 대체 모델이 제대로 적합되지 않을 수도 있다. 로컬 대체 모델에 큰 영향을 줄 수 있는 또 다른 매개변수는 kernel_width이다. 이것은 인접 지역의 지름을 정의해 무엇이 로컬로 간주되는지에 대한 질문에 답한다. 이 매개변수는 기본값이 있지만 이 값은 인스턴스에 적합한 해석을 산출할 수도, 산출하지 않을 수도 있다. 설명을 최적화하기 위해 인스턴스별로 이 매개변수를 조정할 수 있다. 코드는 다음과 같다.

```
lime_svm_explainer =\
  lime.lime_tabular.LimeTabularExplainer(X_test.values,\
    feature_names=X_test.columns,\
    categorical_features=list(range(3,44)),\
    class_names=['Not Highly Recomm.', 'Highly Recomm.'])
```

인스턴스화된 설명자에서 이제 explain_instance를 사용해 관측치 #5에 로컬 대체 모델을 적합시킨다. 또한 모델의 분류 함수(predict_proba)를 사용하고, 피처 수를 8개로 제한한다(num_features=8). 반환된 "설명"을 show_in_notebook으로 즉시 시각화할 수 있다. 동시에 predict_proba 매개변수는 로컬 대체 모델에 따라 가장 가능성이 높은 클래스를 보여주는 플롯도 포함하는지 확인한다. 코드는 다음과 같다.

```
lime_svm_explainer.\
  explain_instance(X_test[X_test.index==5].values[0],\
    fitted_svm_mdl.predict_proba,\
    num_features=8).show_in_notebook(predict_proba=True)
```

위의 코드는 그림 6.10에 표시된 출력을 제공한다. 로컬 대체 모델에 따르면 70 이하의 cocoa_percent 값은 berry 맛과 마찬가지로 유리한 속성이다. sour, sweet, molasses 맛이 없는 경우 이 모델에서 유리하게 작용한다. 그러나 rich, creamy, cocoa 맛의 부족은 그 반대로 작용하지만 '적극 추천 아님'으로 평가하기에는 충분하지 않다.

출력은 다음과 같다. 풀컬러 버전은 본문 826쪽을 참고하기 바란다.

그림 6.10 관측치 #5(훌륭함)에 대한 LIME의 설명

그림 6.10을 생성한 코드를 약간 수정해 다음과 같이 관측치 #24에 대해 동일한 플롯을 생성할 수 있다.

```
lime_svm_explainer.\
    explain_instance(X_test[X_test.index==24].values[0],\
                        fitted_svm_mdl.predict_proba,\
                        num_features=8).\
    show_in_notebook(predict_proba=True)
```

그림 6.11에서 로컬 대체 모델이 관측치 #24를 '적극 추천 아님'으로 생각하는 이유를 명확하게 볼 수 있다. 풀컬러 버전은 본문 826쪽을 참고하기 바란다.

그림 6.11 관측치 #24(실망)에 대한 LIME의 설명

그림 6.11의 #24 설명과 그림 6.10의 #5 설명을 비교하면 문제가 명확해진다. 두 가지 설명을 구별하는 것은 단일 피처인 tastes_berry이다. 물론 상위 8개 피처로 제한했으므로 아마도 그 외에 영향을 주는 피처가 더 있을 수 있다. 그러나 상위 8개 피처에 가장 큰 차이를 만드는 피처가 포함될 것으로 예상할 수 있다.

SHAP에 따르면 tastes_earthy=1이 #24 초콜릿 바의 실망스러운 특성을 글로벌하게 설명하지만 이는 직관적이지 않은 것 같다. 그래서 좀 더 조사를 하니 관측치 #5와 #24는 상대적으로 유사해 같은 인접 지역에 있음이 밝혀졌다. 이 인접 지역에는 berry 맛이 나는 초콜릿 바가 많이 있으며 earthy 맛이 나는 초콜릿 바는 거의 없다. 하지만 이를 두드러진 피처로 간주할 만큼 earthy가 충분하지 않았기 때문에 '적극 추천'인 것과 아닌 것의 차이는 적어도 국소적으로 더 자주 구별되는 다른 피처에 기인한 것으로 보인다. 그 이유는 두 가지다. 로컬 인접 지역이 너무 작을 수도 있고, 단순성을 감안하면 선형 모델이 편향–분산 트레이드오프에서 편향의 끝에 있을 수도 있다. 이런 편향은 tastes_berry와 같은 일부 피처가 tastes_earthy보다 상대적으로 더 자주 나타날 수 있다는 사실 때문에 더 악화된다. 바로 이 문제를 해결하는 데 사용할 수 있는 접근 방식을 다음 절에서 다룰 것이다.

▍ NLP에 LIME 사용하기

6장의 시작 부분에서 NLP를 위해 모든 "맛" 관련 칼럼의 정리된 내용을 학습 및 테스트 데이터셋으로 따로 보관했다. 다음과 같이 NLP에 대한 테스트 데이터셋을 엿볼 수 있다.

```
print(X_test_nlp)
```

출력은 다음과 같다.

```
1194                roasty nutty rich
77       roasty oddly sweet marshmallow
121             balanced cherry choco
411              sweet floral yogurt
1259          creamy burnt nuts woody
                    ...
327         sweet mild molasses bland
1832          intense fruity mild sour
464             roasty sour milk note
2013           nutty fruit sour floral
1190          rich roasty nutty smoke
Length: 734, dtype: object
```

어떤 머신러닝 모델도 텍스트를 데이터로서 처리할 수 없으므로 숫자 형식으로 변환, 즉 벡터화해야 한다. 이를 위해 사용할 수 있는 기술은 많다. 이 실습의 경우 각 구절에서 단어의 위치나 의미에는 관심이 없다. 하지만 상대적인 발생 빈도에 관심이 있다. 결국 이것이 바로 앞 절에서 발견한 이슈다.

이런 이유로 TF-IDF^Term Frequency-Inverse Document Frequency는 각 용어term 또는 단어가 각 문서 document, 이 경우에는 각 구절에 나타나는 빈도를 평가하기 위한 것이기 때문에 이상적인 방법이라고 할 수 있다. 그러나 각 단어는 모든 구절, 즉 전체 말뭉치corpus에 대한 빈도에 따라 가중치가 부여된다. 사이킷런의 **TfidfVectorizer**를 사용해 TF-IDF 방식으로 데이터셋을 쉽게 벡터화할 수 있다. 그러나 TD-IDF 점수를 만들어야 하는 경우에는 변환된 학습 및 테스트 데이터셋이 각 용어에 대해 일관된 점수를 갖기 때문에 학습 데이터셋에만 적합하다. 코드는 다음과 같다.

```
vectorizer = TfidfVectorizer(lowercase=False)
X_train_nlp_fit = vectorizer.fit_transform(X_train_nlp)
X_test_nlp_fit = vectorizer.transform(X_test_nlp)
```

TF-IDF 점수가 어떻게 생겼는지 살펴보기 위해 모든 피처 이름을 데이터프레임의 한 칼럼에 배치하고 단일 관측치에 대한 각각의 점수를 다른 칼럼에 배치할 수 있다. **Tfidf Vectorizer**는 scipy 희소 행렬을 생성하므로 todense( )를 사용해 넘파이 행렬로 변환한 다음 asarray( )를 사용해 넘파이 배열로 변환해야 한다. 이 데이터프레임을 TD-IDF 점수에 따라 내림차순으로 정렬할 수 있다. 코드는 다음과 같다.

```
pd.DataFrame({'taste': vectorizer.get_feature_names(),\
              'tf-idf': np.asarray(X_test_nlp_fit[X_test_nlp.\
                        index==5].todense())[0]}).\
    sort_values(by='tf-idf', ascending=False)
```

앞의 코드는 그림 6.12와 같은 데이터프레임을 출력한다.

	taste	tf-idf
305	raspberry	0.59
259	nut	0.49
265	oily	0.46
64	caramel	0.45
274	papaya	0.00
:	:	:
135	edge	0.00
134	easy	0.00
133	easter	0.00
415	yogurt	0.00

416 rows × 2 columns

그림 6.12 관측치 #5에 있는 단어에 대한 TF-IDF 점수

그림 6.12에서 알 수 있듯이 TD-IDF 점수는 0에서 1 사이의 정규화된 값이며 중요하지 않은 단어는 낮은 값을 갖는다. 흥미롭게도 raspberry 때문에 테이블 데이터셋의 관측치 #5는 tastes_berry=1이 된다는 것을 깨달았다. 이 실습에서 사용한 범주형 인코딩은 단어 전체가 일치하는지 여부에 상관없이 berry의 발생을 찾았다. 라즈베리는 일종의 베리이고 라즈베리는 자체 이진값 칼럼을 가진 일반적인 맛 중 하나가 아니기 때문에 이는 문제가 되지 않는다.

이제 NLP 데이터셋을 벡터화했으므로 모델링을 진행할 수 있다.

LightGBM 모델 학습

XGBoost와 마찬가지로 LightGBM은 부스트 트리 앙상블 및 히스토그램histogram 기반 분할을 활용하는 매우 인기 있고 성능이 좋은 또 다른 그래디언트 부스팅 프레임워크다. 주요 차이점은 분할을 위한 알고리듬에 있다. LightGBM은 **그래디언트 기반 단측 샘플링**GOSS, Gradient-based One-Side Sampling을 사용하고 **배타적 피처 번들링**EFB, Exclusive Feature Bundling을 통해 희소 피처를 묶는 반면, XGBoost는 보다 엄격한 **가중 분위수 스케치**Weighted Quantile Sketch 및 **희**

소성 인식 분기 검색^{Sparsity-aware Split Finding}을 사용한다. 또 다른 차이점은 트리가 구축되는 방식으로 XGBoost는 **깊이 우선**^{depth-first 또는 level-wise}이고 LightGBM은 트리의 잎으로 향하는 **최적 우선**^{best-first 또는 leaf-wise}이다. 당면한 주제를 벗어날 수 있기 때문에 여기서는 이런 알고리듬이 어떻게 작동하는지에 대한 세부 사항을 다루지 않을 것이다. 그러나 GOSS 덕분에 LightGBM은 일반적으로 XGBoost보다 훨씬 빠르며, GOSS 분할 근사로 인해 예측 성능을 잃을 수 있지만 최적 우선 접근 방식으로 예측 성능의 일부를 다시 얻는다. 한편, **설명 가능한 부스팅 머신**^{EBM, Explainable Boosting Machine}은 LightGBM이 희소 행렬인 X_train_nlp_fit과 같은 희소 피처를 효율적이고 효과적으로 학습할 수 있게 해준다. 이것이 이 실습에 LightGBM을 사용하는 이유다.

LightGBM 모델을 학습하기 위해 먼저 트리의 최대 깊이(max_depth), 학습률(learning_rate), 적합시킬 부스트 트리의 수(n_estimators), objective를 이진 분류로 그리고 마지막으로 재현성을 위한 random_state를 설정해 모델을 초기화한다. 벡터화된 NLP 학습 데이터셋(X_train_nlp_fit)과 SVM 모델에 사용된 동일한 레이블(y_train)을 사용해 fit 함수로 모델을 학습시킨다. 학습이 끝나면 SVM에서 사용한 evaluate_class_mdl을 통해 평가할 수 있다. 코드는 다음과 같다.

```
lgb_mdl = lgb.LGBMClassifier(max_depth=13, learning_rate=0.05,\
  n_estimators=100, objective='binary', random_state=rand)
fitted_lgb_mdl = lgb_mdl.fit(X_train_nlp_fit, y_train)
y_train_lgb_pred, y_test_lgb_prob, y_test_lgb_pred =\
  mldatasets.evaluate_class_mdl(fitted_lgb_mdl,X_train_nlp_fit,
    X_test_nlp_fit, y_train, y_test)
```

앞의 코드는 다음과 같이 그림 6.13을 생성한다.

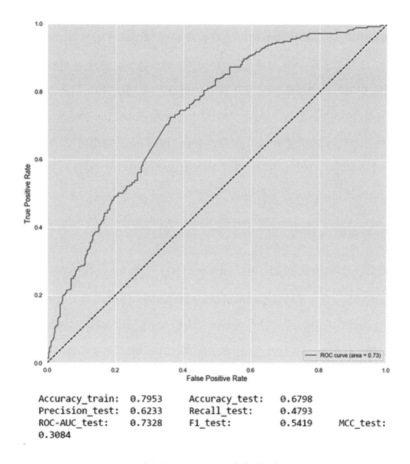

그림 6.13 LightGBM 모델의 예측 성능

LightGBM(그림 6.13)이 달성한 성능은 SVM(그림 6.3)보다 약간 낮지만 여전히 동전 던지기 확률선 위에서 유지된다. 재현율보다 정밀도를 선호하는 SVM에 대한 의견은 이 모델에도 적용된다.

LimeTextExplainer를 사용한 단일 예측에 대한 로컬 해석

LIME으로 블랙박스 모델 예측을 해석하려면 predict_proba와 같은 모델의 분류기 함수를 지정해야 하며, 이 함수를 사용해 인스턴스의 인접 지역에서 섭동된 데이터로 예측을 수행한 다음 그 예측으로 선형 모델을 학습시킨다. 인스턴스는 숫자 형식 즉, 벡터화돼야 한다. 그러나 임의의 텍스트를 제공하고 즉시 벡터화할 수 있다면 더 쉬울 것이다. 이것이 바로 파이프라인이 할 수 있는 일이다. 사이킷런의 make_pipeline 함수를 사용해 데이터를 변환하는 추정기와 그 뒤를 이어 데이터 적합을 하는 추정기를 정의할 수 있다. 다음 코드와 같이 이 경우에는 데이터 변환을 위한 vectorizer와 여기서 변환된 데이터를 사용하는 LightGBM 모델(lgb_mdl)을 결합한다.

```
lgb_pipeline = make_pipeline(vectorizer, lgb_mdl)
```

LimeTextExplainer를 초기화하는 것은 매우 간단한다. 모든 매개변수는 옵션이지만 클래스 이름을 지정하는 것이 좋다. LimeTabularExplainer와 마찬가지로 kernel_width 매개변수는 인접 지역의 크기를 정의하기 때문에 중요할 수 있으며 최적은 아니지만 인스턴스에 따라 조정할 수 있는 기본값이 있다. 코드는 다음과 같다.

```
lime_lgb_explainer = LimeTextExplainer(class_names=['Not Highly
Recomm.', 'Highly Recomm.'])
```

LimeTextExplainer로 인스턴스를 설명하는 것은 LimeTabularExplainer로 설명하는 것과 유사하다. 차이점은 파이프라인(lgb_pipeline)을 사용하는 것이며, 파이프라인이 알아서 변환할 수 있기 때문에 첫 번째 매개변수에 제공하는 데이터가 텍스트라는 점이 다르다. 코드는 다음과 같다.

```
lime_lgb_explainer.\
  explain_instance(X_test_nlp[X_test_nlp.index==5].values[0],\
    lgb_pipeline.predict_proba, num_features=4).\
  show_in_notebook(text=True)
```

그림 6.14의 LIME 텍스트 설명자에 따르면 LightGBM 모델은 caramel이라는 단어 때문에 관측치 #5에 대해 '적극 추천'을 예측한다. 적어도 로컬 인접 지역에 따르면 raspberry는 요인이 아니다.

출력은 다음과 같다. 풀컬러 버전은 본문 826쪽을 참고하기 바란다.

그림 6.14 관측치 #5(훌륭함)에 대한 LIME 텍스트 설명

이제 이전에 했던 것처럼 관측치 #5에 대한 해석과 #24에 대한 해석을 대조해보자. 다음과 같이 5를 24로 바꿔 동일한 코드를 사용하면 된다.

```
lime_lgb_explainer.\
  explain_instance(X_test_nlp[X_test_nlp.index==24].values[0],\
                   lgb_pipeline.predict_proba, num_features=4).\
  show_in_notebook(text=True)
```

그림 6.15에 따르면 burnt wood earthy choco 맛으로 묘사된 관측치 #24는 earthy와 burnt라는 단어 때문에 '적극 추천 아님'으로 예측된 것을 알 수 있다.

출력은 다음과 같다. 풀컬러 버전은 본문 826쪽을 참고하기 바란다.

그림 6.15 관측치 #24(실망)에 대한 LIME 텍스트 설명

임의의 텍스트를 벡터화할 수 있는 파이프라인을 사용하고 있으므로 재미있는 것을 해보자. 먼저 모델이 선호할 것으로 예상되는 형용사 구절을 시도한 다음 호의적이지 않은 형용사 구절을 시도하고, 마지막으로 모델이 익숙하지 않은 단어를 사용해보자.

```
lime_lgb_explainer.explain_instance(\
  'creamy rich complex fruity',\
  lgb_pipeline.predict_proba, num_features=4).
  show_in_notebook(text=True)
lime_lgb_explainer.explain_instance(\
  'sour bitter roasty molasses',
  lgb_pipeline.predict_proba, num_features=4).
  show_in_notebook(text=True)
lime_lgb_explainer.explain_instance(\
  'nasty disgusting gross stuff', \
  lgb_pipeline.predict_proba, num_features=4).
  show_in_notebook(text=True)
```

그림 6.16에서 모델은 해당 단어가 매우 호의적이거나 비호의적임을 알고 있기 때문에 'creamy rich complex fruity' 및 'sour bitter roasty molasses'에 대한 설명이 정확하다. 이 단어들은 로컬 수준에서도 충분히 인식될 정도로 일반적이다.

출력은 다음과 같다. 풀컬러 버전은 본문 827쪽을 참고하기 바란다.

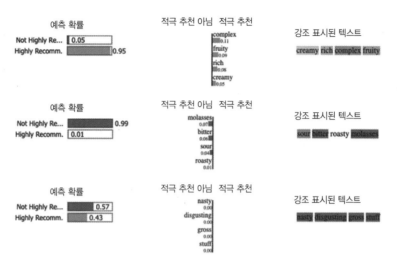

그림 6.16 학습/테스트 데이터셋에 없는 임의의 구절은 해당 단어가 말뭉치에 있는 한 LIME으로 쉽게 설명할 수 있다.

그러나 'nasty disgusting gross stuff'에 대한 '적극 추천 아님'이란 예측이 단어와 관련 있다고 생각하는 것은 오산이다. LightGBM 모델은 이전에 이런 단어를 본 적이 없으므로 이 예측은 '적극 추천 아님'이 다수의 클래스인 것과 더 관련이 있다고 생각하는 것이 좋은 추측이며, 이 구절에 대한 희소 행렬은 모두 0이다. 따라서 LIME은 인접 지역에서 점을 거의 발견하지 못했을 가능성이 높으며 LIME의 로컬 대체 모델의 계수 0은 이를 반영한다.

▌ NLP에 SHAP 사용하기

대부분의 SHAP 설명자는 테이블 형식의 데이터를 사용해 작업한다. DeepExplainer는 텍스트를 다룰 수 있지만 딥러닝 모델로 제한되며, 8장, '컨볼루션 신경망 시각화'에서 살펴보겠지만 KernelExplainer를 포함해 그중 세 가지는 이미지를 다룬다. 사실 SHAP의 KernelExplainer는 범용의 진정한 모델 독립적 방법론으로 설계됐지만 NLP에 대해서는 권장되지 않는다. 그 이유는 이해하기 쉽다. 속도가 느리며, NLP 모델은 처리할 피처가 수천 개까지는 아니지만 수백 개로 훨씬 더 많고 매우 복잡한 경향이 있다. 이 실습의 경우 단어 순서는 중요하지 않고, 수백 개의 피처가 있지만 상위 100개의 단어가 대부분의 관측치에 있기 때문에 KernelExplainer가 작동할 수 있다.

느린 속도 외에도 넘어야 할 몇 가지 기술적인 장애가 있다. 그중 하나는 KernelExplainer가 파이프라인과 호환되지만 단일 예측값을 다시 요구한다는 것이다. LightGBM은 '적극 추천 아님'과 '적극 추천'의 각 클래스에 대해 하나씩 2개의 예측을 반환한다. 이 문제를 해결하기 위해 predict_proba 함수를 사용해 '적극 추천'에 대한 예측만 반환하는 람다 함수(predict_fn)를 만들 수 있다. 코드는 다음과 같다.

```
predict_fn = lambda X: lgb_mdl.predict_proba(X)[:,1]
```

두 번째 기술적 장애는 SciPy 희소 행렬에 대한 SHAP의 비호환성이며, 설명자를 위해 희소 행렬인 벡터화된 테스트 데이터로부터 샘플링이 필요하다. 이 문제를 해결하기 위해 SciPy 희소 행렬 형식의 데이터를 넘파이 행렬로 변환한 다음 데이터프레임(X_test_nlp_samp_df)으로 변환할 수 있다. 속도 저하를 극복하기 위해 앞에서 사용한 것과 동일한 kmeans 트릭을 사용할 수 있다. 장애를 극복하기 위한 수정을 제외하면 다음 코드는 SVM 모델로 수행된 SHAP 코드와 동일하다.

```
X_test_nlp_samp_df = pd.DataFrame(shap.\
  sample(X_test_nlp_fit, 50).todense())
shap_lgb_explainer =\
  shap.KernelExplainer(predict_fn,\
    shap.kmeans(X_train_nlp_fit.todense(), 10))
shap_lgb_values_test =\
  shap_lgb_explainer.shap_values(X_test_nlp_samp_df,\
                      l1_reg="num_features(20)")
shap.summary_plot(shap_lgb_values_test, X_test_nlp_samp_df,\
              plot_type="dot",\
              feature_names=vectorizer.get_feature_names())
```

그림 6.17에 있는 SHAP의 요약 플롯을 사용하면 글로벌하게 creamy, rich, cocoa, fruit, spicy, nutty, berry라는 단어가 모두 모델이 '적극 추천'을 예측하는 데 긍정적인 영향을 미침을 알 수 있다. 반면 sweet, sour, earthy, hammy, sandy, fatty는 반대의 효과를 갖는다. 이런 결과는 테이블 데이터와 로컬 LIME 해석을 통해 이전 SVM 모델에서 배운 것을 감안할 때 완전히 예상치 못한 결과는 아니다. SHAP 값은 희소 행렬의 샘플로부터 도출되며, 따라서 여기에서 세부 정보가 누락될 수도 있고 특히 과소 표현된 피처의 경우 부분적으로 부정확할 수도 있다. 그러므로 특히 플롯의 아래쪽 절반은 결론을 비판적으로 받아들여야 한다. 해석 충실도를 높이려면 샘플 크기를 늘리는 것이 가장 좋지만 KernelExplainer의 속도가 느리기 때문에 고려해야 할 사항이다.

출력은 다음과 같다.

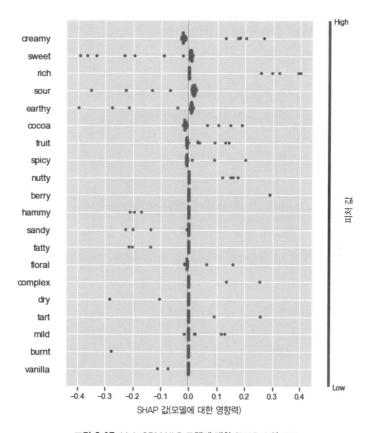

그림 6.17 LightGBM NLP 모델에 대한 SHAP 요약 도표

SHAP 값을 글로벌하게 검증했으므로 이제 이를 영향력 플롯으로 로컬 해석에 사용할 수 있다. LIME과 달리 임의의 데이터를 사용할 수 없다. SHAP은 이전에 SHAP 값을 생성한 데이터포인트로 제한된다. 예를 들어 다음과 같이 테스트 데이터셋 샘플에서 18번째 관측치를 사용한다.

```
print(shap.sample(X_test_nlp, 50).to_list()[18])
```

앞의 코드는 다음 구설을 출력한다.

```
woody earthy medicinal
```

X_test_nlp_samp_df 데이터프레임에는 벡터화된 표현이 포함돼 있기 때문에 18번째 관측치에 표현된 단어가 무엇인지 확인하는 것이 중요하다. 이 데이터프레임에서 18번째 관측치의 행은 다음 코드와 같이 이 관측치에 대한 SHAP 값 및 클래스에 대한 기댓값과 함께 영향력 플롯을 생성하는 데 사용된다.

```
shap.force_plot(shap_lgb_explainer.expected_value,\
                shap_lgb_values_test[18,:],\
                X_test_nlp_samp_df.iloc[18,:],\
                feature_names=vectorizer.get_feature_names())
```

그림 6.18은 'woody earthy medicinal'에 대한 영향력 플롯이다. earthy와 woody는 '적극 추천'에 반대되는 예측에 대해 큰 비중을 갖고 있다. medicinal이라는 단어는 영향력 플롯에 등장하지 않으며, 대신 creamy와 cocoa가 없는 것을 부정적인 요인으로 보여준다. 상상할 수 있듯이 medicinal이라는 단어는 초콜릿 바를 설명하는 데 자주 사용되는 단어가 아니며 샘플링된 데이터셋에도 단 하나의 관측치만 있었다. 따라서 가능한 연합에 대한 평균 한계 기여도는 크게 줄어들 것이다.

출력은 다음과 같다.

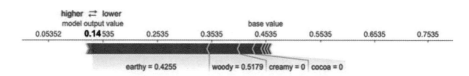

그림 6.18 샘플링된 테스트 데이터셋의 18번째 관측치에 대한 SHAP 영향력 플롯

다음과 같이 다른 것을 시도해보자.

```
print(shap.sample(X_test_nlp, 50).to_list()[9])
```

9번째 관측치는 다음 구절이다.

```
intense spicy floral
```

이 관측치에 대한 `force_plot` 생성은 18을 9로 바꾸는 것만 다르고 이전과 동일하다. 이 코드를 실행하면 그림 6.19에 표시된 출력이 생성된다.

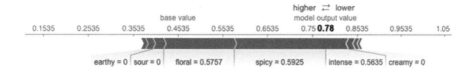

그림 6.19 샘플링된 테스트 데이터셋의 9번째 관측치에 대한 SHAP 영향력 플롯

그림 6.19에서 알 수 있듯이 구절의 모든 단어가 영향력 플롯에 등장한다. floral과 spicy 는 '적극 추천'을 향하고 intense는 반대 방향을 향한다. 이제 SHAP을 사용한 테이블 데이터와 NLP를 위한 해석을 모두 수행하는 방법을 알게 됐다. 이것을 LIME과 비교해보자.

SHAP과 LIME 비교

지금쯤 눈치챘겠지만 SHAP과 LIME 모두 한계도 있지만 장점도 있다. SHAP은 게임 이론에 근거하고 섀플리 값을 근사하므로 SHAP 값은 의미가 있다. SHAP 값은 가산성, 효율성, 대체 가능성과 같은 훌륭한 속성에 대해서는 일관성을 갖지만 섀플리 값의 더미 속성은 위반한다. SHAP은 항상 가산되며 이를 위해 매개변수를 조정할 필요가 없다. 그러나 글로벌 해석에 더 적합하며 가장 모델 독립적인 설명자 중 하나인 KernelExplainer는 매우 느리다. KernelExplainer는 또한 무작위 값을 사용해 누락된 값을 처리하는데, 이는 가능성이 낮은 관측치에 너무 많은 가중치를 줄 수 있다.

LIME은 빠르고 모델 독립적이며 모든 종류의 데이터에 적용할 수 있다. 그러나 엄격하고 일관된 원칙에 근거한 것이 아니라 인접 지역의 데이터는 비슷하다는 가정을 한다. 이 때문에 최적의 인접 지역 크기를 정의하기 위해 까다로운 매개변수 조정이 필요할 수 있으며, 오직 로컬 해석에만 적합하다.

미션 완료

미션은 고객의 초콜릿 바 중 하나가 '훌륭함' 등급인 반면 다른 초콜릿 바는 '실망' 등급인 이유를 이해하는 것이었다. 머신러닝 모델의 해석을 통해 다음 결론에 도달했다.

- 테이블 데이터 모델에 대한 SHAP에 따르면 '훌륭함'인 초콜릿 바는 berry 맛과 70% 정도의 코코아 비율 덕분에 이 등급을 받았다. 반면에 '실망'인 바에 대한 평가는 대부분 earthy 맛과 원두의 원산지(Other) 때문이다. 평가 날짜가 작은 역할을 하지만 특정 기간(2013~2015)에 평가된 초콜릿 바가 유리했던 것 같다.
- LIME으로 cocoa_percent<=70이 바람직한 특성이며 berry, creamy, cocoa, rich 맛은 호의적인 반면 sweet, sour, molasses 맛에는 호의적이지 않음을 확인했다.
- 테이블 데이터 모델을 사용한 두 방법론의 공통점은 맛과 관련되지 않은 많은 속

성에도 불구하고 맛 관련 피처가 가장 두드러진다는 것이다. 따라서 NLP 모델을 통해 각 초콜릿 바를 설명하는 데 사용된 단어를 해석하는 것이 적절하다.

- LIMETextExplainer에 따르면 '훌륭함' 등급의 바는 'oily nut caramel raspberry'라는 구절로 표현되며, 그중 caramel은 긍정적이고 oily는 부정적이다. 다른 두 단어는 중립적이다. 반면에 '실망' 등급의 바는 'burnt wood earthy choco'로 표현됐는데, burnt와 earthy는 비호의적이며 나머지 두 개는 호의적이다.
- 테이블 데이터와 NLP 해석에서 맛 사이의 불일치는 berry만큼 일반적이지 않은 raspberry를 포함해 표현의 빈도가 낮은 맛의 존재 때문이다.
- NLP 모델에 대한 SHAP의 글로벌 설명에 따르면 creamy, rich, cocoa, fruit, spicy, nutty, berry는 모델이 '적극 추천'을 예측하는 데 긍정적인 영향을 미친다. 반면에 sweet, sour, earthy, hammy, sandy, fatty 맛은 반대의 효과를 갖는다.

맨해튼 초콜릿 협회 회원들에 의해 평가된 초콜릿 바의 특성과 맛이 덜 매력적이라고 여겨지는 사항을 이용해 고객사는 초콜릿 바에 변화를 가함으로써 더 많은 소비자에게 어필할 수 있다. 만약 해당 그룹이 그들의 타깃 소비자를 대표한다는 가정이 맞다면 말이다.

earthy 및 burnt와 같은 단어는 초콜릿 바와 연관시키기에 호의적인 단어가 아니지만 caramel은 호의적이라는 것은 꽤 명백하다고 주장할 수 있다. 따라서 머신러닝 없이도 이 결론에 도달할 수 있을 것이다. 하지만 첫째, 데이터가 알려주지 않은 결론은 의견일 뿐이고 둘째, 컨텍스트가 전부다. 게다가 인간은 수천 개의 레코드 중 하나라는 점을 고려하면 컨텍스트에서 한 점을 객관적으로 배치하는 데 항상 의존할 수는 없다.

로컬 모델 해석은 모델이 모든 예측을 수행하는 방법과 연결돼 있기 때문에 하나의 예측에 대한 설명일 뿐만 아니라 더 중요하게는 유사한 점들, 즉 로컬 인접 지역에 대한 예측을 수행하는 방법과 연결돼 있다. 7장에서는 로컬에서 찾을 수 있는 공통점(앵커)과 모순(반사실)을 살펴봄으로써 로컬 인접 지역에 있다는 것이 무엇을 의미하는지 살펴볼 것이다.

▌정리

6장을 읽은 후에는 SHAP의 `KernelExplainer`를 사용하는 방법과 로컬 해석을 수행하기 위한 의사 결정 플롯 및 영향력 플롯의 사용법을 알아야 한다. 또한 테이블 데이터와 텍스트 데이터 모두에 대해 LIME의 인스턴스 설명자를 사용해 동일한 작업을 수행하는 방법을 알아야 한다. 마지막으로 SHAP의 `KernelExplainer`와 LIME의 장단점을 이해해야 한다. 7장에서는 "X 조건이 충족되면 Y가 결과다"와 같이 모델의 결정에 대해 좀 더 인간이 이해할 수 있는 설명을 만드는 방법을 배울 것이다.

▌데이터셋 소스

- Brelinski, Brady (2020). Manhattan Chocolate Society. http://flavorsofcacao. com/mcs_index.html

▌더 읽을거리

- Platt, J. C. (1999). Probabilistic Outputs for Support Vector Machines and Comparisons to Regularized Likelihood Methods. Advances in Large Margin Classifiers, MIT Press. https://www.cs.colorado.edu/~mozer/ Teaching/syllabi/6622/papers/Platt1999.pdf
- Lundberg, S. & Lee, S. (2017). A Unified Approach to Interpreting Model Predictions. Advances in Neural Information Processing Systems, 30. https://arxiv.org/abs/1705.07874 (documentation for SHAP: https://github. com/slundberg/shap)
- Ribeiro, M. T., Singh, S. & Guestrin, C. (2016). "Why Should I Trust You?":

Explaining the Predictions of Any Classifier. Proceedings of the 22nd ACM SIGKDD International Conference on Knowledge Discovery and Data Mining. http://arxiv.org/abs/1602.04938

- Ke, G., Meng, Q., Finley, T., Wang, T., Chen, W., Ma, W., Ye, Q. & Liu, T. (2017). LightGBM: A Highly Efficient Gradient Boosting Decision Tree. Advances in Neural Information Processing Systems vol. 30, pp. 3149–3157. https://papers.nips.cc/paper/6907-lightgbm-a-highly-efficient-gradient-boosting-decision-tree

07

앵커와 반사실적 설명

이전 장들에서는 최신의 글로벌 및 로컬 모델 해석 방법론을 통해 모델의 결정을 피처와 피처 간의 상호 작용에 귀속시키는 방법을 배웠다. 그러나 이런 방법으로 의사 결정 경계를 정의하거나 해석하기가 항상 쉬운 것은 아니다. 모델 해석 방법론에서 인간이 해석할 수 있는 규칙을 도출할 수 있다면 좋지 않을까? 7장에서는 인간이 해석할 수 있도록 해주는 몇 가지 분류 전용 로컬 모델 해석 방법론을 다룰 것이다. 먼저 **앵커**anchor라는 범위 규칙scoped rule을 사용해 "조건 X가 충족되면 그 결과는 Y다"와 같은 문장으로 복잡한 모델을 설명하는 방법을 배울 것이다. 그다음에 "조건 Z가 충족되지 않으면 Y는 그 결과가 아니다"와 같은 형식을 따르는 **반사실적 설명**counterfactual explanation을 탐색할 것이다. 마지막으로 "조건 X는 충족되고 조건 Z는 충족되지 않은 경우 Y가 그 결과다"와 같이 앵커와 반사실을 결합하는 대조적 설명 방법론CEM, Contrastive Explanation Methods을 살펴볼 것이다.

7장에서 다룰 주요 주제는 다음과 같다.

- 앵커 설명에 대한 이해
- 반사실적 설명에 대한 탐색
- 대조적 설명 방법론과의 비교

▌ 기술 요구 사항

7장의 예제에서는 `mldatasets`, `pandas`, `numpy`, `sklearn`, `catboost`, `tensorflow`, `rulefit`, `matplotlib`, `seaborn`, `alibi`, `shap`, `witwidget` 등의 라이브러리를 사용한다. 이 라이브러리를 설치하는 방법에 대한 지침은 이 책의 '들어가며'에 있다. 7장의 코드는 다음 링크(https://github.com/PacktPublishing/Interpretable-Machine-Learning-with-Python/tree/master/Chapter07)에 있다.

▌ 미션

미국에서는 지난 20년 동안 민간기업과 비영리단체에서 범죄 위험 평가 도구를 개발해왔으며, 그 대부분이 통계 모델을 사용한다. 많은 주에서 수많은 교도소 수감자를 더 이상 감당할 수 없게 되면서 이런 도구가 대중화됐고, 교도소 시스템의 모든 단계에서 판사와 가석방위원회가 사용하고 있다. 그러나 이 도구들은 종종 의사 결정을 이끄는 것 이상의 일을 한다. 그들은 이것이 정확하다고 가정하기 때문에 사법제도 결정권자를 위해 이 도구를 만든다. 하지만 더 나쁜 것은 평가가 어떻게 이뤄졌는지 그들도 정확히 알지 못한다는 것이다. 위험도는 일반적으로 화이트박스 모델로 계산하지만 실제로는 특허 등록이 된 블랙박스 모델을 사용한다. 예측 성능도 9개 도구에서 AUC 점수의 중앙값이 $0.57{\sim}0.74$로 비교적 낮다. 그럼에도 불구하고 타당성과 편향은 특히 그것을 구매하는 형사 사법기관에 의해 거의 조사되지 않는다.

전통적인 통계 방법론이 여전히 형사 사법 모델의 표준이지만 성능을 개선하기 위해 일부 연구자들은 더 큰 데이터셋을 사용하고 랜덤 포레스트와 같은 더 복잡한 모델을 활용할 것을 제안해왔다. 다른 나라에서는 〈마이너리티 리포트Minority Report〉나 〈블랙 미러Black Mirror〉와 같은 공상과학소설에서 차용했으나 그와는 거리가 먼 빅데이터와 머신러닝을 통해 반사회적이거나 심지어는 반애국적인 행동을 할 가능성에 따라 점수를 매기는 것이 이미 현실이다.

점점 더 많은 AI 솔루션들이 데이터로 우리의 삶을 바꾸는 예측을 하고자 함에 따라 공정성은 적절하게 평가돼야 하며, 모든 윤리적이고 실제적인 의미에 대해 적절하게 논의돼야 한다. 1장, '해석, 해석 가능성, 설명 가능성: 왜 이 모두가 중요한가?'에서 머신러닝 해석에서 공정성이 얼마나 필수적인 개념인지 다뤘다. 모든 모델에서 공정성을 평가할 수 있지만 공정성은 인간 행동과 관련된 경우 매우 까다롭다. 인간의 심리적, 신경학적, 사회학적 요인 사이의 역학 관계는 매우 복잡하다. 범죄 행위를 예측한다는 컨텍스트에서 모델에 다른 어떤 것을 포함시키는 것이 공정하지 않을 수도 있으며 그것들이 어떻게 상호 작용하는지 알 수 없기 때문에 결국 이것은 범죄의 잠재적인 원인이 무엇인지로 귀결된다.

정량적 범죄학자들은 여전히 범죄와 그 근본 원인을 가장 잘 예측할 수 있는 요인에 대해 논의하고 있다. 또한 이런 요인으로 인해 범죄자를 비난하는 것이 윤리적인지 논쟁하고 있다. 다행히 인종, 성별, 국적과 같은 인구통계학적 특성은 더 이상 범죄 위험 평가에 사용되지 않는다. 그렇다고 이런 방법들이 더 이상 인종적으로 편향되지 않았다는 것을 의미하진 않는다. 학자들은 그 문제를 인식하고 해결책을 제안하고 있다.

7장에서는 가장 널리 사용되는 범죄 위험 평가 도구 중 하나에서 인종적 편향을 조사할 것이다. 이 주제의 민감한 특성을 감안할 때 범죄 위험 평가 도구에 대해, 머신러닝과 공정성이 이 도구와 어떻게 연결되는지 약간의 컨텍스트를 제공하는 것이 중요하다. 더 자세히 다루진 않겠지만 머신러닝이 구조적인 불평등과 불공정한 편향을 어떻게 영속시킬 수 있는지 이해하는 데 컨텍스트가 얼마나 중요한지는 과소평가될 수 없다.

이제 7장의 미션을 소개한다.

재범 위험 평가의 부당한 편향

한 저널리스트가 어떤 흑인 피고인이 재판을 기다리는 동안 구금된 경위에 관한 기사를 작성하고 있다. COMPAS^{Correctional Offender Management Profiling for Alternative Sanction}라 부르는 도구는 그에게 재범 위험이 있다고 봤다. **재범**^{recidivism}이란 누군가가 또 다시 범죄 행위를 하는 경우를 말한다. 그리고 이 도구의 점수는 그가 재판 전에 너무 많이 구금돼 다른 변론이나 증언도 고려하고 있지 않다고 판사에게 확신을 줬다. 그는 여러 달 동안 감옥에 갇혀 있다가 재판에서 무죄 판결을 받았다. 재판 후 5년이 넘는 시간이 흘렀지만 그는 어떤 범죄도 저지르지 않았다. 따라서 그의 재범에 대한 예측은 위양성^{false positive}이라고 할 수 있다.

저널리스트는 데이터 과학으로 이 특정 사례에 부당한 편향이 있었는지 확인하고 싶어 당신에게 연락했다. COMPAS 위험 평가는 137개의 질문을 사용해 계산된다(https://www.documentcloud.org/documents/2702103-Sample-Risk-Assessment-COMPAS-CORE.html). 여기에는 다음과 같은 질문이 포함된다.

- "감찰관의 관찰을 기반으로 하면 이 사람이 갱단원으로 의심되거나 인정됩니까?"
- "지난 12개월 동안 얼마나 자주 이사했습니까?"
- "겨우 버틸 수 있을 정도의 돈만 있는 경우가 얼마나 자주 있습니까?"
- "나는 내 인생에서 슬픔을 느껴본 적이 없다"와 같은 심리 측정 질문들로, 4장, '피처 중요도와 피처 영향력'에서 본 것과 같은 리커트^{LIKERT} 척도다.

인종이 질문 중 하나는 아니지만 이런 질문 중 많은 부분이 인종과 관련이 있을 수 있다. 말할 것도 없이 어떤 경우에는 사실보다 의견이 더 문제일 수 있으므로 편견이 생기기 쉽다.

이 데이터는 공개적으로 사용할 수 없기 때문에 이 저널리스트는 137개의 답변된 질문은 물론 COMPAS 모델도 제공할 수 없다. 그러나 플로리다주의 동일한 카운티의 모든 피고인에 대한 인구통계학적 데이터 및 재범 데이터가 있다.

접근법

다음을 수행하기로 결정했다.

- **프록시 모델**proxy model **학습**: 원래의 COMPAS 피처나 모델이 없지만 레이블에 해당하는 COMPAS 점수가 있기 때문에 모든 것을 잃지는 않았다. 또한 이 레이블에 모델을 연결할 수 있는 이 문제와 관련된 피처를 갖고 있다. 프록시 모델을 통해 COMPAS 모델을 근사함으로써 이 모델의 불공정성을 평가할 수 있다. 7장에서는 프록시로 CatBoost 모델과 신경망 모델을 사용할 것이다.

- **앵커 설명**: 이 방법론을 사용하면 의사 결정 경계가 있는 곳을 알려주는 앵커라고 하는 일련의 규칙을 사용해 프록시 모델이 특정 예측을 만들어내는 이유에 대한 통찰력을 얻을 수 있다. 피고가 재범을 할 것으로 잘못 예측한 이유를 알고 싶기 때문에 의사 결정 경계는 7장의 미션과 관련이 있다. 이는 원래의 모델에 대한 대략적인 경계이지만 어느 정도는 진실을 담고 있다.

- **반사실적 설명**: 앵커의 반대 개념으로 유사한 데이터포인트가 의사 결정 경계의 반대쪽에 있는 이유를 이해하는 것이며, 이는 특히 불공정에 대한 주제를 논의할 때 두드러진다. 여기서는 편향되지 않는 방법을 사용해 반대 사실을 찾은 다음 What-If 도구WIT를 사용해 반대 사실과 공정성을 좀 더 탐색할 것이다.

- **대조적 설명 방법론**CEM: 앵커 및 반사실적 설명을 보완하기 위해 CEM을 사용한다. 이 방법론은 다른 두 가지와 유사하지만 피고가 재범 위험이 높다고 판단하게 되는 최소 요건에 대한 이해를 제공할 수 있으며, 공정성뿐만 아니라 공정성을 실현하는 데 필요한 신뢰성에 대해서도 어느 정도 조명해볼 수 있다.

▌ 준비

이 예제의 코드는 다음 링크(https://github.com/PacktPublishing/Interpretable-Machine-Learning-with-Python/blob/master/Chapter07/Recidivism_part1.ipynb)에서 찾을 수 있다.

라이브러리 로드

7장의 예제를 실행하려면 다음 라이브러리를 설치해야 한다.

- mldatasets: 데이터셋 로드
- pandas, numpy: 데이터 조작
- sklearn, catboost, tensorflow: 데이터 분할 및 모델 적합
- matplotlib, seaborn, alibi, shap, witwidget: 해석을 시각화

먼저 다음 모든 라이브러리를 로드해야 한다.

```
import math
import mldatasets
import pandas as pd
import numpy as np
from sklearn.model_selection import train_test_split
from sklearn import metrics
from catboost import CatBoostClassifier
import tensorflow as tf
from tensorflow import keras
from tensorflow.keras import layers
import matplotlib.pyplot as plt
import seaborn as sns
from alibi.utils.mapping import ohe_to_ord, ord_to_ohe
from alibi.explainers import AnchorTabular
```

```
from alibi.explainers import CEM
from alibi.explainers import CounterFactualProto
import shap
import witwidget
from witwidget.notebook.visualization import WitWidget,\
WitConfigBuilder
```

print(tf.__version__) 명령으로 올바른 버전의 텐서플로를 로드했는지 확인한다. 2.0 이상이어야 한다. 또한 즉시 실행^{eager execution} 모드를 비활성화해야 하며 다음 명령으로 확인할 수 있다. False로 출력돼야 한다.

```
tf.compat.v1.disable_eager_execution()
print('Eager execution enabled:', tf.executing_eagerly())
```

데이터 이해 및 준비

다음과 같이 데이터를 recidivism_df라고 하는 데이터프레임에 로드한다.

```
recidivism_df = mldatasets.load("recidivism-risk",
                                prepare=True)
```

약 15,000개의 레코드와 23개의 칼럼이 있어야 한다. info()로 이를 확인할 수 있다.

```
recidivism_df.info()
```

출력이 다음과 같은지 확인하라. 모든 피처는 누락된 값이 없는 숫자이며 범주형 피처는 이미 원-핫 인코딩돼 있다.

```
<class 'pandas.core.frame.DataFrame'>
Int64Index: 14788 entries, 0 to 18315
Data columns (total 23 columns):
 #   Column                  Non-Null Count  Dtype
---  ------                  --------------  -----
 0   age                     14788 non-null  int8
 1   juv_fel_count           14788 non-null  int8
 2   juv_misd_count          14788 non-null  int8
 3   juv_other_count         14788 non-null  int64
 4   priors_count            14788 non-null  int8
 5   is_recid                14788 non-null  int8
 6   sex_Female              14788 non-null  uint8
 7   sex_Male                14788 non-null  uint8
 8   race_African-American   14788 non-null  uint8
 9   race_Asian              14788 non-null  uint8
 10  race_Caucasian          14788 non-null  uint8
 11  race_Hispanic           14788 non-null  uint8
 12  race_Native American    14788 non-null  uint8
 13  race_Other              14788 non-null  uint8
 14  c_charge_degree_(F1)    14788 non-null  uint8
 15  c_charge_degree_(F2)    14788 non-null  uint8
 16  c_charge_degree_(F3)    14788 non-null  uint8
 17  c_charge_degree_(F7)    14788 non-null  uint8
 18  c_charge_degree_(M1)    14788 non-null  uint8
 19  c_charge_degree_(M2)    14788 non-null  uint8
 20  c_charge_degree_(MO3)   14788 non-null  uint8
 21  c_charge_degree_Other   14788 non-null  uint8
 22  compas_score            14788 non-null  int64
dtypes: int64(2), int8(5), uint8(16)
```

```
memory usage: 649.9 KB
```

데이터 딕셔너리

피처는 9개뿐이지만 범주형 인코딩으로 인해 22개의 칼럼이 된다.

- age: 연속형. 피고의 나이
- juv_fel_count: 연속형. 청소년기 중범죄 횟수(0~2)
- juv_misd_count: 연속형. 청소년기 경범죄 횟수(0~1)
- juv_other_count: 연속형. 중범죄도 경범죄도 아닌 청소년기 유죄 판결 횟수 (0~1)
- priors_count: 연속형. 이전에 저지른 범죄 횟수(0~13)
- is_recid: 이진값. 피고가 2년 이내에 재범을 했는가?(예: 1, 아니요: 0)
- sex: 범주형. 피고의 성별
- race: 범주형. 피고의 인종
- c_charge_degree: 범주형. 피고가 현재 기소되고 있는 정도. 미국은 형사 범죄를 '중범죄, 경범죄, 위반'으로 분류하며 가장 심각한 것부터 가장 낮은 것 순으로 정렬한다. 이는 1단계(가장 심각한 범죄)에서 3단계를 거쳐 5단계(낮은 심각도의 범죄)로 세분화된다. 그러나 이것은 연방 범죄에 대한 표준이며 주 차원에서 주법에 맞게 조정된다. 중범죄의 경우 플로리다(http://www.dc.state.fl.us/pub/scoresheet/cpc_manual.pdf)에서는 범죄의 심각도를 10(가장 심각)~1(최소)로 결정하는 시스템이 있다. 이 피처에 대한 범주는 중범죄의 경우 F, 경범죄의 경우 M으로 시작한다. 그다음에 각 중범죄 및 경범죄의 심각도에 해당하는 숫자가 표시된다.
- compas_score: 이진값. COMPAS는 피고에게 "낮음", "중간", "높음"으로 위험도 점수를 매긴다. 실제로 "중간"은 종종 의사 결정자들에 의해 "높음"으로 취급되므로 이 피처는 '1: 중간/높은 위험, 0: 낮은 위험'의 이진 피처로 변환됐다.

혼동 행렬로 예측 편향 조사

데이터셋에는 두 개의 이진 피처가 있다. 첫 번째는 COMPAS의 재범 위험 예측값(compas_score)이다. 두 번째(is_recid)는 피고가 체포된 지 2년 이내에 재범을 저질러 실제로 발생한 실제 사실이다. 학습 레이블에 대한 일반적인 모델의 예측과 마찬가지로 이 두 피처를 사용해 혼동 행렬을 생성할 수 있다. 사이킷런의 confusion_matrix 함수로 혼동 행렬(cf_matrix)을 생성하고, 그다음에 여기에 heatmap을 적용한다. **진음성**TN, True Negatives, **위양성**FP, False Positives, **위음성**FN, False Negatives, **진양성**TP, True Positives을 개수가 아닌 간단한 나눗셈(cf_matrix /np.sum(cf_matrix))으로 사용해 백분율로 표시한다. heatmap의 다른 매개변수는 형식 지정을 위한 것이다.

```
cf_matrix = metrics.confusion_matrix(recidivism_df.is_recid,\
    recidivism_df.compas_score)
sns.heatmap(cf_matrix/np.sum(cf_matrix), annot=True,
    fmt='.2%', cmap='Blues', annot_kws={'size':16})
```

앞의 코드는 그림 7.1을 출력한다. 오른쪽 상단의 FP는 모든 예측의 거의 5분의 1에 해당하며, 왼쪽 하단의 FN까지 더하면 오분류는 1/3 이상을 차지한다.

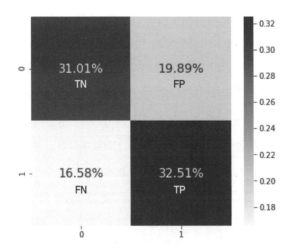

그림 7.1 예측된 재범 위험(compas_score)과 실제 사실(is_recid) 사이의 혼동 행렬

그림 7.1은 COMPAS 모델의 예측 성능이 그다지 좋지 않음을 알려주며, 특히 형사 사법 의사 결정권자가 중간 또는 높은 위험 평가를 액면 그대로 받아들이고 있다고 가정하면 매우 좋지 않다. 또한 FP와 FN이 비슷한 비율로 발생하고 있음을 알 수 있다. 그럼에도 불구하고 혼동 행렬과 같은 단순한 시각화는 모집단의 하위 그룹 간의 예측 차이를 모호하게 한다. 역사적으로 미국 형사 사법제도에서 다르게 취급돼 온 두 하위 그룹 간의 격차를 빠르게 비교할 수 있다. 이를 위해 먼저 데이터프레임에서 백인(recidivism_c_df)과 아프리카계 미국인(recidivism_aa_df)의 두 가지를 추출한다. 그다음에 각 데이터프레임에 대한 혼동 행렬을 생성해 나란히 보여줄 수 있다.

```
recidivism_c_df =\
    recidivism_df[recidivism_df['race_Caucasian'] == 1]
recidivism_aa_df =\
    recidivism_df[recidivism_df['race_African-American'] == 1]
_ = mldatasets.\
    compare_confusion_matrices(recidivism_c_df.is_recid,\
                               recidivism_c_df.compas_score,\
                               recidivism_aa_df.is_recid,\
                               recidivism_aa_df.compas_score,\
                               'Caucasian','African-American',\
                               compare_fpr=True)
```

위의 코드는 그림 7.2를 생성한다. 얼핏 보면 백인의 혼동 행렬을 90도 뒤집어 아프리카계 미국인의 혼동 행렬을 만든 것 같은 느낌이지만, 그럼에도 백인에게 불공정이 적다는 것을 알 수 있다. FP와 TN의 차이에 주목하라. 아프리카계 미국인 피고에 대한 결과는 TN보다 FP가 될 가능성이 절반 이상이지만 백인에 대해서는 그 반대다. 다시 말해 재범을 하지 않은 흑인 피고 중 절반 이상이 재범할 위험이 있는 것으로 예측된다.

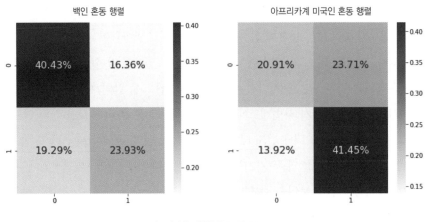

아프리카계 미국인 FPR: 53.1%
백인 FPR: 28.8%
FPR 비율: 1.84%

그림 7.2 데이터셋에서 아프리카계 미국인과 백인 사이의 예측된 재범 위험(compas_score)과
실제 사실(is_recid)에 대한 혼동 행렬 비교

플롯을 보고 눈으로 확인하는 대신 이 두 측정값 사이의 비율인 FPR$^{False\ Positive\ Rate}$을 계산할 수 있다($FP / (FP + TN)$). 두 그룹의 FPR을 비교하고 상대적인 차이를 조사하기 위해 두 값을 나눌 수 있다. 두 FPR 간의 비율이 클수록 더 많은 불공정이 존재하며, 이는 한 그룹이 더 자주 재범 가능성이 높다고 잘못 분류됨을 의미한다.

데이터 준비

모델링 및 해석으로 넘어가기 전에 마지막 단계가 있다.

데이터를 로드할 때 prepare=True로 설정했기 때문에 이제 데이터를 학습 및 테스트로 분할하기만 하면 된다. 평소와 같이 모든 결과를 재현할 수 있도록 무작위 시드를 설정하는 것이 중요하다. 그다음에 목표변수(compas_score)를 y로 설정하고 실제 사실인 is_recid를 제외한 다른 모든 피처로 X를 설정한다. 마지막으로 y와 X를 이전과 같이 학습 및 테스트 데이터셋으로 분할한다.

```
rand = 9
np.random.seed(rand)
tf.random.set_seed(rand)
y = recidivism_df['compas_score']
X = recidivism_df.drop(['compas_score', 'is_recid'], axis=1).
copy()
X_train, X_test, y_train, y_test = train_test_split(X, y,\
  test_size=0.2, random_state=rand)
```

모델링

이제 7장 전체에서 사용할 몇 가지 모델을 빠르게 살펴볼 것이다.

5장, '글로벌 모델 독립적 해석 방법론'에서 다룬 글로벌 대체 모델^{surrogate model}과 마찬가지로 프록시 모델^{proxy model}은 블랙박스 모델의 출력을 모방하는 도구다. 그러면 이 둘은 같은 것인가? surrogate와 proxy는 머신러닝에서 종종 같은 의미로 사용되는 용어다. 그러나 의미론상으로 대체 모델은 치환^{substitution}과 관련이 있고 프록시는 표현^{representation}과 더 관련이 있다. 따라서 정확한 본래의 학습 데이터를 갖고 있지 않다는 것을 구별하기 위해 이것을 프록시 모델이라고 부른다. 즉 본래의 모델을 대체할 수 없기 때문에 본래의 모델을 근사해 표현할 뿐이다. 같은 이유로 대체 모델을 사용한 해석이 단순한 모델에서 더 잘 작동하는 것과는 달리 프록시 모델은 복잡성으로 학습 데이터에서의 차이를 만회할 수 있으므로 복잡한 모델이 적합하다.

첫 번째는 CatBoost 분류기다. CatBoost는 효율적인 부스트 앙상블 트리 방법론이다. GOSS^{Gradient-based One-Side Sampling} 대신 MVS^{Minimal Variance Sampling}라는 새로운 기술을 사용한다는 점을 제외하면 LightGBM과 유사하다. LightGBM과 달리 안정적으로 균형을 잡는 방식으로 트리를 생성한다. 범주형 피처를 자동으로 인코딩할 수 있기 때문에 CatBoost라고 하며, 범주형 피처 및 클래스 불균형을 편향 없이 처리해 과적합을 해결하는 데 특히 좋다. 자세한 내용은 다루지 않겠지만 이런 이유로 이 실습에서 선택했다.

트리 기반 모델 클래스이기 때문에 CatBoostClassifier에 대해 최대 깊이인 depth 값을 지정할 수 있다. 상대적으로 높은 learning_rate 값을 설정하고, iterations은 기본값이 1,000이지만 더 낮게 설정한다. 모델에서 fit을 한 후에 evaluate_class_mdl을 사용해 결과를 평가한다.

```
cb_mdl = CatBoostClassifier(iterations=500, learning_rate=0.5,\
                            depth=8)
fitted_cb_mdl = cb_mdl.fit(X_train, y_train, verbose=False)
y_train_cb_pred, y_test_cb_prob, y_test_cb_pred =\
  mldatasets.evaluate_class_mdl(fitted_cb_mdl,\
    X_train, X_test, y_train, y_test)
```

그림 7.3은 CatBoost 모델에 대한 evaluate_class_mdl의 출력이다.

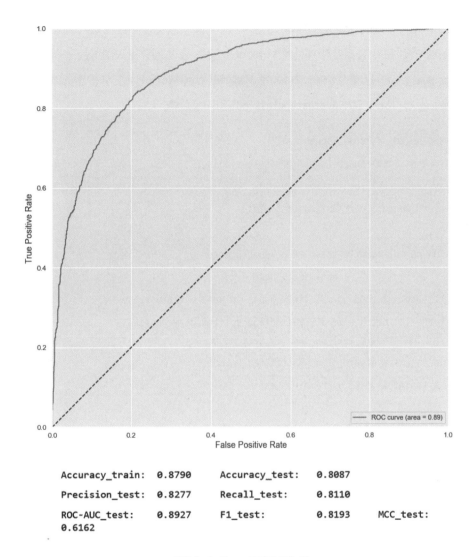

```
Accuracy_train:    0.8790     Accuracy_test:    0.8087

Precision_test:    0.8277     Recall_test:      0.8110

ROC-AUC_test:      0.8927     F1_test:          0.8193     MCC_test:
0.6162
```

그림 7.3 CatBoost 모델의 예측 성능

공정성의 관점에서 보면 죄가 있는 사람을 거리에 두는 것보다 무고한 사람을 감옥에 가두는 것이 더 불공평하기 때문에 FN보다 FP에 더 관심이 있다. 따라서 재현율보다 더 높은 정밀도를 추구해야 한다. 그림 7.3에서 이를 확인할 수 있으며 ROC 곡선, ROC-AUC, MCC 등도 괜찮은 것을 알 수 있다.

두 번째로는 순차신경망을 적합해보자. 먼저 7개의 노드를 갖는 하나의 은닉 계층(layers. Dense)과 이진 분류 문제이기 때문에 sigmoid를 갖는 출력 계층을 포함하는 순차 신경망 (keras.Sequential)을 생성한다. 그다음에 모델에서 compile과 fit을 사용한다. 마지막으로 예측을 평가하기 위해 evaluate_class_mdl을 사용한다.

```python
fitted_nn_mdl = keras.Sequential([
  tf.keras.Input(shape=[len(X_train.keys())]),
  layers.Dense(7, activation='relu'),
  layers.Dense(1, activation='sigmoid')
])
fitted_nn_mdl.compile(loss='mean_squared_error',
                      optimizer='adam')
nn_history = fitted_nn_mdl.fit(X_train.values, y_train.values,\
  epochs=12, batch_size=32, validation_split=0.2, verbose=0)
y_train_nn_pred, y_test_nn_prob, y_test_nn_pred =\
  mldatasets.evaluate_class_mdl(fitted_nn_mdl,\
    X_train, X_test, y_train, y_test)
```

그림 7.4는 위 코드의 출력을 보여준다.

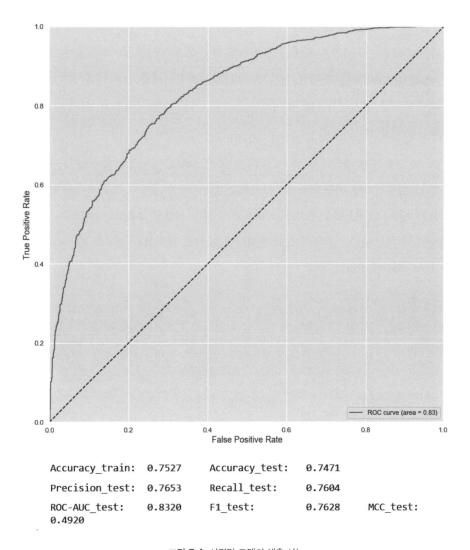

```
Accuracy_train:    0.7527     Accuracy_test:     0.7471

Precision_test:    0.7653     Recall_test:       0.7604

ROC-AUC_test:      0.8320     F1_test:           0.7628     MCC_test:
0.4920
```

그림 7.4 신경망 모델의 예측 성능

관련이 있는 데이터를 사용해 실제 모델을 근사하는 프록시 모델임을 고려하면 두 모델의
예측 성능은 나쁘지 않다.

관심 인스턴스에 대해 알아보기

저널리스트가 부탁한 사건은 재범을 할 것으로 잘못 예측된 아프리카계 미국인 피고의 사례다. #5231이며 이 실습의 주요 관심 인스턴스다. 여기서의 초점은 인종적 편향이기 때문에 비슷하지만 다른 인종 사례와 비교하고 싶다. 이를 위해 사례 #10127(백인)과 #2726(히스패닉)을 찾았다.

세 가지 모두에 대한 데이터를 볼 수 있다. 7장 전체에서 이 사례들을 계속 언급할 것이므로 먼저 아프리카계 미국인(idx1), 히스패닉(idx2), 백인(idx3) 사례의 인덱스를 저장한다. 그다음에 이 인덱스로 테스트 데이터셋에서 하위 집합을 추출한다. 예측이 일치하는지 확인해야 하므로 이 하위 테스트 데이터셋을 실제 레이블(y_test)과 CatBoost 예측(y_test_cb_pred)에 연결한다.

```
idx1 = 5231
idx2 = 2726
idx3 = 10127
eval_idxs = X_test.index.isin([idx1, idx2, idx3])
X_test_evals = X_test[eval_idxs]
eval_compare_df = pd.concat([
  pd.DataFrame({'y':y_test[eval_idxs]},
              index=[idx3, idx2, idx1]),
  pd.DataFrame({'y_pred':y_test_cb_pred[eval_idxs]},
              index=[idx3, idx2, idx1]),
  X_test_evals], axis=1).transpose()
eval_compare_df
```

위의 코드는 그림 7.5의 데이터프레임을 생성한다. 예측이 실제 레이블과 일치함을 알 수 있으며 주요 관심 인스턴스는 재범 위험이 중간 또는 높음으로 예측된 유일한 사례였다. 인종 외에 다른 차이점은 c_charge_degree와 약간의 나이 차이뿐이다.

	10127	2726	5231
y	0	0	1
y_pred	0	0	1
age	24	23	23
:	:	:	:
priors_count	2	2	2
sex_Female	0	0	0
sex_Male	1	1	1
race_African-American	0	0	1
race_Asian	0	0	0
race_Caucasian	1	0	0
race_Hispanic	0	1	0
:	:	:	:
c_charge_degree_(F3)	0	1	0
c_charge_degree_(F7)	0	0	1
c_charge_degree_(M1)	1	0	0
:	:	:	:

그림 7.5 피처의 차이가 강조 표시된 세 관측치 #5231, #10127, #2726

7장에서는 이런 차이가 예측 차이를 생성하는 데 큰 역할을 했는지 주의 깊게 살펴볼 것이다. 여기서 다루는 모든 방법론은 어떤 것이 프록시 모델의 결과, 더 나아가 COMPAS 모델의 결론을 확정 짓거나 변경할 수 있는지에 대한 그림을 완성할 것이다. 이제 준비가 완료됐으니 해석 방법론을 적용해보자.

▌ 앵커 설명에 대한 이해

6장, '로컬 모델 독립적 해석 방법론'에서는 LIME이 관심 인스턴스의 인접 지역에 있는 섭동된 데이터셋에 대해 로컬 대체 모델, 특히 가중 희소 선형 모델을 학습시킨다는 것을 배웠다. 그 학습의 결과로 모델의 예측을 해석하는 데 도움이 될 수 있는 로컬 의사 결정 경계를 근사할 수 있다.

LIME과 마찬가지로 앵커도 모델 독립적인 섭동 기반 전략으로부터 파생된다. 하지만 앵커는 의사 결정 경계가 아닌 의사 결정 영역에 관한 것이다. 앵커는 인스턴스와 그 주변의 섭동된 인접 지역에 적용되는 의사 결정 규칙을 나열하기 때문에 범위 규칙이라고도 한다. 또한 이 인접 지역을 **섭동 공간**^{perturbation space}이라고 부른다. 중요한 개념 중 하나는 이 규칙이 적용되는 범위를 정밀도^{precision}라고 한다는 것이다.

관심 인스턴스 주위의 인접 지역을 상상해보자. 관심 인스턴스에 가까이 있는 점일수록 그 점과 유사한 예측을 가질 것으로 예상할 수 있다. 따라서 이런 예측을 정의하는 의사 결정 규칙이 있는 경우라면 인스턴스 주변의 영역이 작을수록 규칙이 더 정확해진다. 이 개념을 커버리지^{coverage}라고 부르며 이 값은 특정 정밀도를 산출하는 섭동 공간의 백분율이다.

LIME과 달리 앵커는 선택된 인스턴스에 대한 예측을 설명하기 위한 로컬 대체 모델을 적합시키지 않는다. 대신 MAB^{Multi-Armed Bandit} 알고리듬에서 파생된 KL-LUCB^{Kullback-Leibler divergence Lower and Upper Confidence Bounds} 알고리듬을 사용해 의사 결정 규칙의 가능한 후보를 탐색한다.

MAB는 미지의 모든 가능성을 탐색해 제한된 리소스에서 성과를 극대화하기 위한 강화 학습 알고리듬의 하나다. 이 알고리듬은 카지노의 슬롯머신 플레이어가 여러 대의 머신을 플레이해 수익을 극대화할 수 있는 방법을 탐색하는 것에서 시작됐다. 슬롯머신 플레이어를 가리키는 은어가 '외팔 강도^{one-armed bandit}'이기 때문에 이 알고리듬은 '다중팔 강도^{multi-armed bandit}'로 부른다. 그러나 플레이어는 어떤 머신이 가장 높은 수익을 낼지 모르고, 한 번에 모든 기계를 시도할 수 없으며, 자금은 유한하다. 이 트릭은 탐색(미지의 슬롯머신 시도)과 활용(이미 선호하는 이유가 있는 머신 사용) 사이에서 균형을 맞추는 방법을 배우는 것이다.

앵커에서 각 슬롯머신은 잠재적인 의사 결정 규칙이며, 수익은 어느 정도의 정밀도를 산출하는가에 있다. KL-LUCB 알고리듬은 분포들 간의 **쿨백-라이블러 발산**^{Kullback-Leibler divergence}을 기반으로 하는 신뢰 영역을 사용해 순차적이면서도 효율적으로 가장 높은 정밀도를 갖는 의사 결정 규칙을 찾는다.

alibi를 이용한 앵커 및 반사실적 설명 준비하기

alibi 라이브러리가 인간 친화적인 설명을 생성하도록 하기 위해서는 몇 가지를 먼저 수행해야 한다. 첫 번째는 예측과 관련된 것으로, 모델이 1 또는 0을 출력하는 것보다는 클래스 이름으로 출력하는 것이 예측을 이해하기 더 쉽다. 이를 위해 0이 음의 클래스 이름과 일치하고 1이 양의 클래스 이름과 일치하는 클래스 이름을 갖는 리스트가 필요하다.

```
class_names = ['Low Risk', 'Medium/High Risk']
```

그다음에 관심 인스턴스로 넘파이 배열을 만들고 출력해본다. 이를 alibi가 이해할 수 있도록 1차원 배열로 확장해야 한다(np.expand_dims)는 점에 주의하라.

```
X_test_eval = np.expand_dims(X_test.values[X_test.\
    index.get_loc(idx1)], axis=0)
print(X_test_eval)
```

위의 코드는 21개의 피처가 있는 배열을 출력하며 그중 12개는 원-핫 인코딩OHE, One-Hot Encoding 된 것이다.

```
[[23 0 0 0 2 0 1 1 0 0 0 0 0 0 0 0 1 0 0 0
  0]]
```

OHE가 있으면 인간 친화적인 설명을 만들 때 문제가 발생한다. 머신러닝 모델과 설명자 모두에게 각 OHE 피처는 서로 다른 별개의 피처다. 하지만 결과를 해석하는 인간에게 그것들은 본래 피처의 범주로 함께 묶여진다.

alibi 라이브러리는 이 문제를 다루기 위한 여러 유틸리티 함수를 갖고 있으며, 원-핫 인코딩된 인스턴스를 취해 서수 형식으로 변환해주는 ohe_to_ord가 그중 하나다. 이 함수를 사용하기 위해 먼저 범주형 변수가 피처에 있는 위치와 각 변수가 몇 개의 범주를 갖고 있는지 alibi에게 알려주는 딕셔너리(cat_vars_ohe)를 정의한다. 예를 들어 실습 데이터에서 성별은 인덱스 5에서 시작하고 두 개의 범주를 갖고 있으므로 cat_vars_ohe 딕셔너리는

'5: 2'로 시작한다. 이 딕셔너리가 있으면 ohe_to_ord는 인스턴스(X_test_eval)를 취해 서수 형식으로 출력할 수 있으며, 여기서 각 범주형 변수는 단일 피처가 된다. 설명자가 범주형 피처를 함께 매핑하기 위해서는 이 딕셔너리가 필요하기 때문에 이 유틸리티 함수는 알리바이[Alibi]의 반사실적 설명에서 매우 유용하다.

```
cat_vars_ohe = {5: 2, 7: 6, 13: 8}
print(ohe_to_ord(X_test_eval, cat_vars_ohe)[0])
```

위의 코드는 다음 배열을 출력한다.

```
[[23 0 0 0 2 1 0 3]]
```

서수 형식일 때 알리바이는 각 범주 이름과 피처 이름 리스트를 제공하는 딕셔너리를 필요로 할 것이다.

```
category_map = {
  5: ['Female', 'Male'],\
  6: ['African-American', 'Asian', 'Caucasian',\
      'Hispanic', 'Native American', 'Other'],\
  7: ['Felony 1st Degree', 'Felony 2nd Degree',\
      'Felony 3rd Degree', 'Felony 7th Degree',\
      'Misdemeanor 1st Degree', 'Misdemeanor 2nd Degree',\
      'Misdemeanor 3rd Degree', 'Other Charge Degree'] }
feature_names = ['age', 'juv_fel_count', 'juv_misd_count',\
                 'juv_other_count', 'priors_count',\
                 'sex', 'race', 'c_charge_degree']
```

그러나 알리바이의 앵커 설명은 실습 모델에 제공되는 데이터를 사용한다. 여기서는 OHE 데이터를 사용하고 있으므로 이 형식에 대한 범주 맵도 필요하다. 물론 OHE 피처는 모두 이진값이므로 각각 두 개의 범주만 있다.

```
category_map_ohe = {5: ['Not Female', 'Female'],\
  6: ['Not Male', 'Male'],\
  7:['Not African American', 'African American'],\
  8:['Not Asian', 'Asian'], 9:['Not Caucasian', 'Caucasian'],\
  10:['Not Hispanic', 'Hispanic'],\
  11:['Not Native American', 'Native American'],\
  12:['Not Other Race', 'Other Race'],\
  13:['Not Felony 1st Level', 'Felony 1st Level'],\
  14:['Not Felony 2nd Level', 'Felony 2nd Level'],\
  15:['Not Felony 3rd Level', 'Felony 3rd Level'],\
  16:['Not Felony 7th Level', 'Felony 7th Level'],\
  17:['Not Misdemeanor 1st Deg', 'Misdemeanor 1st Deg'],\
  18:['Not Misdemeanor 2nd Deg', 'Misdemeanor 2nd Deg'],\
  19:['Not Misdemeanor 3rd Deg', 'Misdemeanor 3rd Deg'],\
  20:['Not Other Charge Degree', 'Other Charge Degree']}
```

앵커 설명을 위한 로컬 해석

모든 알리바이 설명자는 predict 함수를 요구하므로 CatBoost 모델을 위해 predict_cb_
fn이라는 lambda 함수를 생성한다. 확률을 출력하는 분류기의 predict_proba를 사용하고
있음에 주의하라. 그다음에 OHE 데이터셋에 있는 피처 이름과 범주 맵(category_map_ohe)
을 제공해 AnchorTabular를 초기화한다. 초기화가 완료되면 학습 데이터에 적합시킨다.

```
predict_cb_fn = lambda x: fitted_cb_mdl.predict_proba(x)
anchor_cb_explainer = AnchorTabular(predict_cb_fn,\
  X_train.columns,\
  categorical_names=category_map_ohe)
anchor_cb_explainer.fit(X_train.values)
```

설명자를 사용하기에 앞서 앵커를 "찾았는지" 확인하는 것이 좋다. 즉, MAB 알고리듬이 예측을 설명하는 데 도움이 되는 의사 결정 규칙을 찾았는지 확인해야 한다. predictor 함수를 사용해 예측이 이 인스턴스에 대해 예상한 것과 동일한지 확인한다. 아프리카계 미국인 피고의 경우 idx1이다.

```
print('Prediction: %s' % class_names[anchor_cb_explainer.\
    predictor(X_test.loc[idx1].values)[0]])
```

위의 코드는 다음을 출력한다.

```
Prediction: Medium/High Risk
```

이제 explain 함수를 사용해 해당 인스턴스에 대한 설명을 생성할 수 있다. 정밀도 임곗값을 0.85로 설정하며, 이는 앵커된 관측치들에 대한 예측이 최소 85% 이상 관심 인스턴스와 동일할 것으로 예상한다는 것을 의미한다. explain 실행이 끝나면 앵커, 정밀도, 커버리지 등을 출력할 수 있다.

```
anchor_cb_explanation =\
  anchor_cb_explainer.explain(X_test.loc[idx1].values,\
                              threshold=0.85,
                              seed=rand)
print('Anchor: %s' % (' AND'.join(anchor_cb_explanation.
anchor)))
print('Precision: %.3f' % anchor_cb_explanation.precision)
print('Coverage: %.3f' % anchor_cb_explanation.coverage)
```

앞의 코드는 다음을 출력한다. age, priors_count, race_African-American 등이 정밀도 86%의 요인임을 알 수 있다. 인상 깊게도 이 규칙의 커버리지는 섭동 공간에 있는 모든 인스턴스의 거의 1/3에 적용된다.

```
Anchor: age <= 25.00 AND

  priors_count > 0.00 AND

  race_African-American = African American

Precision: 0.863

Coverage: 0.290
```

동일한 코드에서 정밀도 임곗값을 5% 정도 높여 시도해보자. 낮은 정밀도 임곗값으로 수행한 것과 동일한 세 개의 앵커가 처음에 생성되지만 거기에 다른 앵커들이 추가된다.

```
Anchor: age <= 25.00 AND

  priors_count > 0.00 AND

  race_African-American = African American AND

  c_charge_degree_(M1) = Not Misdemeanor 1st Deg AND

  c_charge_degree_(F3) = Not Felony 3rd Level AND

  race_Caucasian = Not Caucasian

Precision: 0.903

Coverage: 0.290
```

흥미롭게도 정밀도는 몇 퍼센트 포인트 증가했지만 커버리지는 동일하게 유지됐기 때문에 추가된 앵커는 유사한 섭동 데이터셋에 대해 더 높은 정확도를 갖는다. 이 정밀도 수준에서 아프리카계 미국인인 것은 앵커이지만 백인이 아니라는 것도 앵커이기 때문에 인종이 중요한 요인임을 확인할 수 있다. 또 다른 요인은 c_charge_degree이다. 이 설명은 차라리 경범죄 1단계 또는 중범죄 3단계로 기소되는 게 더 나았을 것임을 보여준다. 당연히 중범죄 7단계는 이 두 가지보다 더 심각한 죄다.

이제 신경망에 대한 블랙박스 앵커 설명자를 생성해보자. 한 가지 주의할 점은 네트워크의 predict 함수는 양의 클래스에 대한 단일 예측 세트를 출력하지만 여기서는 음의 클래스에 대한 것을 포함해 두 세트가 필요하기 때문에 lambda 함수가 다르다는 것이다. 이는 해결하기 쉽다. 두 클래스에 대한 확률의 합은 100%가 돼야 하므로 음의 클래스에 대한 확률은 1에서 양의 클래스 확률을 빼면 된다. 설명자를 초기화하고 적합시키는 등의 다른 것은 동일하다.

```python
predict_nn_fn = lambda x: np.concatenate((1 -\
  fitted_nn_mdl.predict(x), fitted_nn_mdl.predict(x)),
  axis=1)
anchor_nn_explainer = AnchorTabular(predict_nn_fn,\
  X_train.columns,\
  categorical_names=category_map_ohe)
anchor_nn_explainer.fit(X_train.values)
```

모델이 특정 예측을 한 이유를 이해하는 또 다른 방법은 정반대 예측을 한 유사한 데이터 포인트를 찾아 왜 그런 예측을 했는지 알아내는 것이다. 의사 결정 경계가 두 점 사이를 가로지르기 때문에 경계의 양쪽에서 의사 결정 설명을 대조하는 것은 도움이 된다. 이번에는 백인 피고인 idx3를 사용할 것이다.

```python
anchor_nn_explanation =\
  anchor_nn_explainer.explain(X_test.loc[idx3].values,\
                              threshold=0.85, seed=rand)
print('Anchor: %s' % (' AND'.join(anchor_nn_explanation.
anchor)))
print('Precision: %.3f' % anchor_nn_explanation.precision)
print('Coverage: %.3f' % anchor_nn_explanation.coverage)
```

위의 코드는 다음과 같은 앵커를 출력한다.

```
Anchor: priors_count <= 2.00 AND
  race_African-American = Not African American AND
  c_charge_degree_(F3) = Not Felony 3rd Level
Precision: 0.911
Coverage: 0.578
```

첫 번째 앵커는 priors_count <= 2.00이지만 경계 반대편의 처음 두 앵커는 age <= 25.00 와 priors_count > 0.00이다. 다시 말해서, 25세 이하의 아프리카계 미국인의 경우에 전과가 한 번이라도 있으면 그들을 재범 위험이 중간/높음으로 분류하기에 충분하다(86%의 정밀도). 반면 백인의 경우 전과가 2건을 넘지 않고 중범죄 3단계로 기소되지 않은 한 낮은 위험으로 예측된다(91%의 정밀도, 58%의 커버리지). 이런 의사 결정 규칙은 race에 따른 인종적 편향뿐만 아니라 다른 피처에도 이중 잣대를 적용하고 있음을 보여준다. 이중 잣대는 원칙적으로 상황이 같은데도 다른 규칙이 적용되는 것이다. 이 경우엔 priors_count에 대한 규칙이 다른 것과 백인에 대한 요인으로 age가 없는 것은 이중 잣대라고 할 수 있다.

이제 히스패닉 피고(idx2)의 경우에도 이중 잣대가 발견되는지 관찰해볼 수 있다. 이전과 동일한 코드를 실행하지만 idx3를 idx2로 바꾼다.

```
Anchor: priors_count <= 2.00 AND
  race_African-American = Not African American AND
  race_Hispanic = Hispanic
Precision: 0.908
Coverage: 0.578
```

히스패닉 피고에 대한 설명은 priors_count가 이중 잣대임을 확인시켜주며, 앵커의 하나는 '아프리카계 미국인이 아님'이고 다른 하나는 '히스패닉임'이기 때문에 race는 여전히 강력한 요인이다.

특정 모델의 의사 결정에 대해 앵커 설명은 '왜?'라는 질문에 답한다. 하지만 여기서는 관심 인스턴스가 왜 그쪽에 있지 않은지에 대한 답을 찾기 위해 의사 결정 경계를 넘었다. 그렇게 함으로써 '만약에?'라는 질문에 손을 댔다. 다음 절에서는 이 질문을 더 확장할 것이다.

▌ 반사실적 설명 탐색

반사실적 사고는 인간 추론의 필수적인 부분이다. 얼마나 많은 사람이 "내가 그 대신에 X 를 했다면 결과 y가 달라졌을 텐데"라는 말을 중얼거렸겠는가? 다르게 실행했다면 원하는 결과로 이어질 수 있는 한두 가지 방법은 항상 있기 마련이다.

머신러닝 결과에 이런 추론 방식을 적용해 반사실 클래스, 즉 반대 결과를 얻기 위해서는 무엇을 변경할 필요가 있는지 설명할 수 있는 인간 친화적인 설명을 만들 수 있다. 인간은 종종 형편없는 결과를 더 좋게 만드는 방법을 알고 싶어 한다. 예를 들어 거부된 대출 신청을 승인받거나, 심혈관 질환의 위험을 높은 수준에서 낮은 수준으로 낮추려면 어떻게 해야 할까? 하지만 이런 질문에 대한 답에는 커다란 변경 사항이 없는 게 좋다. 결과를 바꾸기 위해 필요한 최소한의 변경을 기대하기 때문이다.

공정성과 관련해 반사실적 추론은 특히 변경할 수 없거나 변경해서는 안 되는 요소가 연관된 경우에 중요한 해석 방법론이다. 예를 들어 동료와 정확히 같은 일을 하고 같은 수준의 경험을 갖고 있다고 할 경우, 동일한 급여를 받을 거라고 기대할 수 있을까? 당신과 당신의 배우자가 동일한 자산과 신용 기록을 공유하지만 신용 점수가 다르다면 그 이유가 궁금할 것이다. 이것이 성별, 인종, 나이, 또는 정치적 성향과 관련이 있을까? 보상이든 신용 등급이든 재범 위험 모델이든 비슷한 점수는 비슷한 결과를 내놓기를 바랄 것이다.

반사실을 찾는 것은 특별히 어렵지 않다. 해야 할 일은 결과가 바뀔 때까지 관심 인스턴스를 약간 변경하는 것이다. 그리고 데이터셋에 이미 그런 인스턴스가 있을 수도 있다.

실제로 이전 절에서 앵커로 조사한 세 가지 인스턴스는 결과가 같았던 백인과 히스패닉 사례의 관계를 제외하면 서로 반사실이 될 수 있을 정도로 충분히 가깝다고 말할 수 있다. 그러나 백인과 히스패닉 사례는 범죄 기록은 동일하지만 관심 인스턴스와 인종이 다른 데이터포인트를 찾아서 "선별"한 것이다. 아마도 인종을 제외한 대부분의 유사한 점을 비교함으로써 확인하고자 하는 것, 즉 인종이 모델의 의사 결정에 중요하다는 것을 확인하기 위해 범위를 제한했을 것이다.

이것은 선택 편향selection bias의 한 예다. 결국 반사실적 설명은 몇 가지 피처 변경에 초점을 두기 때문에 본질적으로 선택적이다. 그리고 몇 가지 피처만 가지고도 결과를 바꿀 수 있는 가능한 순열은 매우 많으며, 이는 단일 데이터포인트에 대해 수백 개의 반사실이 있을 수 있음을 의미한다. 그리고 이들 모두가 일관된 이야기를 하지는 않을 것이다. 이 현상을 **라쇼몽 효과**Rashomon effect라고 한다. 이것은 살인 미스터리를 다룬 유명한 일본 영화의 제목을 따서 명명됐다. 살인 미스터리에서 예상할 수 있듯이 목격자들은 일어난 일에 대해 서로 다른 해석을 한다. 그러나 한 명의 증인에게만 의존하기 어려운 것과 마찬가지로 한 명의 반대 증인에게도 의존할 수 없다. 훌륭한 탐정은 그들의 본능과 모순된다고 하더라도 범죄 현장과 관련된 모든 곳에서 단서를 찾도록 학습된 것과 마찬가지로 반사실이 말하기 원하는 것을 편하게 해준다고 해서 "선택"될 수는 없다.

다행히 편향되지 않은 방식으로 반사실 인스턴스를 찾는 알고리듬적인 방법이 있다. 일반적으로 이들은 다른 결과를 갖는 가장 가까운 점을 찾는 알고리듬이지만 점 사이의 거리를 측정하는 방법은 다양하다. 맨해튼 거리라고도 하는 L1 거리와 유클리드 거리라고도 하는 L2 거리가 있으며, 그 외에도 많다. 그러나 모든 피처의 척도scale가 동일하지 않기 때문에 거리를 정규화하는 문제도 있다. 그렇지 않으면 원-핫 인코딩된 피처와 같이 더 작은 척도의 피처에 대해 편향될 것이다. 선택할 수 있는 정규화 체계도 많다. 표준편차, **최소-최대 스케일링**min-max scaling, **중앙값 절대편차**median absolute deviation 등을 사용할 수 있다.

이 절에서는 반사실 탐지 방법을 설명하고 사용할 것이다. 그다음에 구글의 WIT를 살펴볼 것이다. WIT는 L1 및 L2 기반 반사실 탐지기를 갖고 있으며, 이는 데이터셋으로 제한되지만 다른 유용한 해석 피처로 이를 보완한다.

프로토타입을 통한 반사실적 설명

정교한 반사실 탐지 알고리듬은 다음과 같은 특성을 갖고 있다.

- **손실함수**: 관심 인스턴스와 가장 가까운 반사실을 찾는 데 최적화된 손실함수를

활용한다.

- **섭동**: 앵커와 마찬가지로 섭동 공간에서 작동하며, 가능한 한 적은 수의 피처만 변경한다. 반사실이 데이터셋의 실제 데이터포인트일 필요는 없다. 그러면 너무 제한적일 것이다. 반사실은 반드시 알려진 것이 아니라 가능한 것의 영역에 존재한다.

- **분포**: 그러나 반사실은 현실적이어야 하고 따라서 해석 가능해야 한다. 예를 들어 손실함수는 age < 0만으로도 모든 중간/높은 위험 인스턴스를 낮은 위험으로 결정하게 할 수 있다. 이것이 반사실이 데이터의 통계적 분포, 특히 클래스별 분포에 근접해야 하는 이유다. 또한 범주형 변수와 같은 작은 척도의 피처에 대해 편향돼서는 안 된다.

- **속도**: 실제 시나리오에서 유용할 만큼 충분히 빠르게 실행돼야 한다.

알리바이 라이브러리의 **프로토타입에 의해 유도되는 반사실**CounterFactualProto은 이런 모든 속성을 갖고 있다. **나이브 엘라스틱넷**Naïve Elastic-net이 하는 것(β L1 + L2)처럼 선형 조합으로서 L1(Lasso) 및 L2(Ridge) 정규화를 모두 포함하지만 오직 L1 항에만 가중치 β가 있는 손실함수를 갖는다. 이 알고리듬의 좋은 점은 분포를 파악하기 위해 선택적으로 오토인코더를 사용할 수 있다는 것이다. 3장, '머신러닝 해석의 과제'에서 **VAE**Variational AutoEncoder를 다뤘기 때문에 이것이 어떻게 작동하는지 다시 살펴보진 않을 것이다. 그러나 여기서 주의해야 할 중요한 것은 오토인코더는 일반적으로 학습 데이터의 압축된 표현을 학습하는 신경망이라는 것이다. 이 방법은 가장 가까운 프로토타입에 대한 것과 같은 오토인코더의 손실항을 통합한다. 즉, 프로토타입prototype은 반사실 클래스의 차원 축소된 표현을 말한다.

오토인코더를 사용할 수 없는 경우 알고리듬은 그 대신에 다차원 검색에 자주 사용되는 트리(k-d 트리)를 사용한다. 이 트리를 사용해 알고리듬은 클래스 분포를 효율적으로 캡처하고 가장 가까운 프로토타입도 선택한다. 일단 프로토타입이 있으면 섭동이 프로토타입에 의해 유도된다. 손실함수에 프로토타입 손실항을 통합하면 섭동의 결과가 반사실 클래스에 대한 분포 내에 있는 프로토타입에 충분히 근접하게 된다. 많은 모델링 클래스 및 해석 방법론은 연속형 피처와 범주형 피처를 다르게 처리하는 것의 중요성을 간과한다. CounterFactualProto는 범주형 변수의 범주 쌍별 거리를 계산하기 위해 MVDM^{Modified Value} Difference Metric과 ABDM^{Association-Based Distance Metric}이라는 두 가지 거리 메트릭을 사용할 수 있으며, 이 둘을 결합할 수도 있다. CounterFactualProto가 의미 있는 반사실을 탐색하는 또 다른 방법은 순열 피처를 미리 정의된 범위로 제한하는 것이다. 피처의 최솟값과 최댓값을 사용해 배열의 튜플(feature_range)을 생성할 수 있다.

```
feature_range =\
  (X_train.values.min(axis=0).reshape(1,21).\
    astype(np.float32),
   X_train.values.max(axis=0).reshape(1,21).\
    astype(np.float32))
print(feature_range)
```

앞의 코드는 두 개의 배열을 출력한다. 첫 번째 배열은 모든 피처의 최솟값이고 두 번째 배열은 최댓값이다.

```
(array([[18.,  0.,  0.,  0.,  0.,  0.,  0.,  0.,  0.,  0.,  0.,
 0.,  0.,
        0.,  0.,  0.,  0.,  0.,  0.,  0.,  0.]],
dtype=float32), array([[96., 20., 13., 11., 38.,  1.,  1.,  1.,
 1.,  1.,  1.,  1.,  1.,  1.,  1.,  1.,  1.]], dtype=float32))
```

이제 CounterFactualProto로 설명자를 인스턴스화할 수 있다. 인수로서 블랙박스 모델의 예측 함수(predict_nn_fn), 설명하려는 인스턴스의 형태(X_test_eval.shape), 최적화를 수행하기 위한 최대 반복 횟수(max_iterations), 섭동된 인스턴스에 대한 피처 범위(feature_range)가 필요하다. L1 손실(beta)에 적용할 가중치 β와 프로토타입 손실(theta)에 적용할 가중치 θ를 포함해 많은 하이퍼파라미터를 조정할 수 있다. 또한 오토인코더 모델이 제공되지 않을 경우 k-d 트리 사용 여부(use_kdtree)를 지정해야 한다. 설명자가 인스턴스화되면 이를 테스트 데이터셋에 적합시킨다. 범주형 피처에 대한 거리 메트릭(d_type)을

ABDM과 MVDM의 조합으로 지정한다.

```
cf_nn_explainer = CounterFactualProto(predict_nn_fn,\
  X_test_eval.shape, max_iterations=100,\
  feature_range=feature_range, beta=.1,\
  theta=5, use_kdtree=True )
cf_nn_explainer.fit(X_test.values, d_type='abdm-mvdm')
```

설명자로 설명을 작성하는 것은 앵커와 유사하다. explain 함수에 인스턴스(X_test_eval)를 전달하기만 하면 된다. 하지만 결과를 출력하는 것은 간단하지 않은데, 주로 원-핫 인코딩과 서수 간의 피처 변환 그리고 피처 간의 상호 작용 때문이다. 알리바이 문서(https://docs.seldon.io/projects/alibi/)에는 이를 수행하는 방법에 대한 자세한 예제가 있다. 여기서는 그 대신에 관심 인스턴스(X_test_eval), 설명(cf_nn_explanation), 클래스 이름(class_name), 원-핫 인코딩된 범주들의 위치(cat_vars_ohe), 범주 맵(category_map), 피처 이름(feature_names) 등을 사용해 이를 수행하는 describe_cf_instance라는 유틸리티 함수를 사용할 것이다.

```
cf_nn_explanation = cf_nn_explainer.explain(X_test_eval)
mldatasets.describe_cf_instance(X_test_eval,\
  cf_nn_explanation,\
  class_names, cat_vars_ohe, category_map, feature_names)
```

앞의 코드는 다음을 출력한다.

```
Instance Outcomes and Probabilities
-------------------------------------------------
        original:  Medium/High Risk
                   [0.46732193 0.53267807]
  counterfactual:  Low Risk
                   [0.50025815 0.49974185]
```

```
Categorical Feature Counterfactual Perturbations
------------------------------------------------
              sex:  Male --> Female
             race:  African-American --> Asian
    c_charge_degree:  Felony 7th Degree --> Felony 1st Degree


Numerical Feature Counterfactual Perturbations
------------------------------------------------
      priors_count:  2.00  -->  1.90
```

관심 인스턴스("original")가 '중간/높은 위험'이 될 확률은 53.26%이지만 반사실("counter factual")이 '낮은 위험'일 확률은 50.03%에 불과함을 출력에서 확인할 수 있다. 약간 반대편에 있는 반사실은 그것이 관심 인스턴스에 가장 가까움을 의미하기 때문에 우리가 보고싶은 것이다. 이 둘 사이에는 네 개의 피처 차이가 있으며 그중 세 개(sex, race, c_charge_degree)는 범주형이다. 네 번째는 priors_count로 이 피처가 이산형이라는 것을 설명자는 모르기 때문에 연속형으로 처리됐다. 어쨌든 이것은 단조적이어야 하며 따라서 더 적은 전과는 항상 더 낮은 위험을 의미해야 한다. 즉, 0.1 더 적은 전과가 위험을 줄이는 데 도움이 된다면 전체에 대해서도 그래야 하기 때문에 1.90을 1로 해석할 수도 있음을 의미한다.

CounterFactualProto의 출력에서 도출된 좀 더 강력한 통찰력은 두 가지 인구통계학적 피처가 가장 가까운 반사실에 존재한다는 것이다. 하나는 클래스의 통계 분포를 따르도록 설계된 방법론으로 발견된 것으로 특정 유형의 피처에 대해 편향되거나 선호되지 않는다. 그리고 반사실에 동양인 여성이 나타난 것은 백인 남성이 우대를 받는다는 이야기와 맞지 않기 때문에 놀라운 일이지만, race가 반사실에 나타났다는 것은 골치 아픈 일이다.

What-If 도구(WIT)를 사용한 반사실적 설명

구글의 WIT는 매우 다재다능한 도구다. 입력이나 준비가 거의 필요하지 않으며 주피터 노트북 또는 코랩^{Colab} 노트북에서 다음과 같은 세 개의 탭이 있는 대화형 대시보드로 열린다.

- **데이터포인트 편집기**^{Datapoint editor}: 데이터포인트를 시각화하기 위해 데이터포인트를 편집하고 그 예측을 설명한다.
- **성능**^{Performance}: 모든 회귀 및 분류 모델에 대한 상위 수준 모델의 성능 메트릭을 확인할 수 있다. 이진 분류의 경우 이 탭은 '성능 및 공정성^{Performance and Fairness}'으로 나타난다. 상위 수준 메트릭 외에도 데이터셋의 피처 기반 하위 집합 사이에서 예측 공정성을 비교할 수 있기 때문이다.
- **피처**^{Features}: 일반적인 피처 통계를 보여준다.

피처 탭은 모델 해석과 관련이 없으므로 이 절에서는 처음 두 개만 살펴볼 것이다.

WIT 구성

옵션으로 각 피처가 각 예측에 기여하는 정도를 설명하는 값인 속성^{attribution}을 생성함으로써 WIT에서의 해석을 풍부하게 만들 수 있다. 이 속성을 생성하기 위해 다른 방법을 사용할 수도 있지만 여기서는 SHAP을 사용할 것이다. 5장, '글로벌 모델 독립적 해석 방법론'에서 SHAP을 다뤘다. WIT 대시보드에서 CatBoost 모델을 해석할 것이기 때문에 가장 적합한 SHAP 설명자는 TreeExplainer이다. 참고로 DeepExplainer는 신경망에 대해서, KernelExplainer는 그 둘 모두에 대해서 작동한다. TreeExplainer를 초기화하기 위해서는 적합된 모델(fitted_cb_mdl)만 전달하면 된다.

```
shap_cb_explainer = shap.TreeExplainer(fitted_cb_mdl)
```

WIT에는 레이블을 포함한 데이터셋의 모든 피처가 필요하다. 테스트 데이터셋을 사용할 것이므로 X_test와 y_test를 병합할 수 있지만 이 둘에는 실제 사실 피처(is_recid)가 제외돼 있다. 이들을 모두 얻는 한 가지 방법은 테스트 데이터셋 인덱스(y_test.index)를 사용해 recidivism_df에서 추출하는 것이다. WIT는 또한 리스트 형식의 데이터(test_np)와 칼럼(cols_l)을 요구하므로 나중에 사용하기 위해 변수로 저장한다. 마지막으로 예측 및 속성에서 실제 사실(is_recid) 및 분류 레이블(compas_score)을 제거해야 하므로 이 칼럼들의 인덱스(delcol_idx)를 저장한다.

```
test_df = recidivism_df.loc[y_test.index]
test_np = test_df.values
cols_l = test_df.columns
delcol_idx = [cols_l.get_loc("is_recid"),\
              cols_l.get_loc("compas_score")]
```

WIT에는 사용자 정의 거리 메트릭 설정(set_custom_distance_fn), 숫자 대신 클래스 이름 표시(set_label_vocab), 사용자 정의 예측 함수 설정(set_custom_predict_fn), 두 모델을 비교하기 위한 두 번째 예측 함수(compare_custom_predict_fn) 등 대시보드를 사용자 정의할 수 있는 유용한 함수들이 있다.

여기서는 set_label_vocab과 사용자 정의 예측 함수로서 custom_predict_with_shap을 사용할 것이다. 이 함수는 examples_np 데이터셋을 가진 배열을 가져와 예측(preds)을 생성하기 위한 것이다. 그러나 먼저 대시보드에는 필요하지만 학습에는 사용되지 않는 피처(delcol_idx)를 제거해야 한다. 이 함수의 필수 출력은 predictions 키에 저장된 예측값을 갖는 딕셔너리다. 그러나 그와 함께 몇 가지 속성도 원하기 때문에 해당 딕셔너리에 attributions 키도 필요하다. 그러므로 SHAP 설명자를 사용해 넘파이 배열인 shap_values를 생성한다. 하지만 속성은 WIT 대시보드에서 이해할 수 있도록 딕셔너리들의 리스트여야 한다. 이를 위해 shap_output을 반복 처리해 각 관측치의 SHAP 값 배열을 딕셔너리(attrs)로 변환한 다음 이를 리스트(attributions)에 추가한다.

```
def custom_predict_with_shap(examples_np):
    # SHAP 값은 학습에 사용된 것과 동일한 피처만 있으면 된다.
    inputs_np = np.delete(np.array(examples_np), delcol_idx,
```

```
                               axis=1)
    # 모델의 클래스 예측을 가져온다.
    preds = predict_cb_fn(inputs_np)
    # 테스트 데이터를 사용해 딕셔너리 형식의 리스트로 변환된
    # SHAP 값을 생성한다.
    keepcols_l = [c for i, c in enumerate(cols_l)\
                 if i not in delcol_idx]
    shap_output = shap_cb_explainer.shap_values(inputs_np)
    attributions = []
    for shap in shap_output:
        attrs = {}
        for i, col in enumerate(keepcols_l):
            attrs[col] = shap[i]
        attributions.append(attrs)
    # 예측 함수는 딕셔너리에 predictions/attributions 속성을
    # 출력해야 한다.
    output = {'predictions': preds, 'attributions': attributions}
    return output
```

WIT 대시보드를 구축하기 전에 먼저 대시보드에서 관심 인스턴스를 찾으려면 WIT에 제공된 넘파이 배열 내에서 해당 인스턴스의 위치를 알아야 한다. WIT에는 데이터프레임처럼 인덱스가 없기 때문이다. 위치를 알기 위해 get_loc 함수에 인덱스를 제공한다.

```
print(y_test.index.get_loc(5231))
```

앞의 코드는 2910을 출력하며 이 숫자를 기록해둘 수 있다. WIT 대시보드를 구축하는 건 이제 매우 간단하다. 먼저 넘파이 형식의 테스트 데이터셋(test_np)과 피처 리스트(cols_l)로 WIT의 구성(WitConfigBuilder)을 초기화한다. 둘 다 tolist( )를 사용해 리스트로 변환한다. 그다음에 set_custom_predict_fn과 목표 피처(is_recid)로 사용자 정의 예측 함수를 설정하고 클래스 이름을 제공한다. 이번에는 실제로 일어난 일의 관점에서 공정성을 평가하기 위해 실제 사실을 사용할 것이다. 구성이 초기화되면 위젯(WitWidget)이 이를 통해 대시보드를 빌드한다. 옵션으로 높이^{height}를 제공할 수 있으며 기본값은 1,000픽셀이다.

```
wit_config_builder = WitConfigBuilder(\
  test_np.tolist(), feature_names=cols_l.tolist()
).set_custom_predict_fn(custom_predict_with_shap).\
  set_target_feature("is_recid").set_label_vocab(class_names)
WitWidget(wit_config_builder, height=800)
```

데이터포인트 편집기

그림 7.6에서 세 개의 탭이 있는 WIT 대시보드를 볼 수 있다. 풀컬러 버전은 본문 827쪽을 참고하기 바란다. 먼저 첫 번째 탭인 **데이터포인트 편집기**$^{\text{Datapoint editor}}$를 살펴보자. 왼쪽에는 **시각화**^{Visualize} 및 **편집**^{Edit} 창이 있고 오른쪽에는 데이터포인트나 부분 의존도 플롯을 표시할 수 있다. Datapoints 옵션을 선택하면 오른쪽 상단의 강조 표시된 A 영역에 있는 컨트롤을 사용해 다양한 방법으로 데이터포인트를 시각화할 수 있다. 그림 7.6에서는 다음과 같이 설정했다.

- Binning | X-axis: c_charge_degree_(F7)
- Binning | Y-axis: compas_score
- Color By: race_African-American
- 그 외 다른 것은 그대로 둔다.

이 설정으로 인해 모든 데이터포인트가 2행 2열로 깔끔하게 정리되고 아프리카계 미국인인지 여부에 따라 색상으로 구분된다. 오른쪽 열은 charge_degree가 중범죄 7단계 이상인 사람들이고, 위쪽 행은 '중간/높은 위험'의 COMPAS 점수를 가진 사람들이다. 오른쪽 상단을 클릭해 이 하위 그룹(B 영역)에서 데이터포인트 2910을 찾을 수 있다. 이것은 Edit 창(C 영역)에 나타난다. 흥미롭게도 이 데이터포인트에 대한 SHAP 속성의 값은 **age**가 **race_**

African-American보다 3배 더 높다. 그러나 인종은 여전히 나이 다음으로 중요하다. 또한 그 아래의 Infer 창에서 '중간/높은 위험'에 대한 예측 확률이 약 83%인 것을 볼 수 있다.

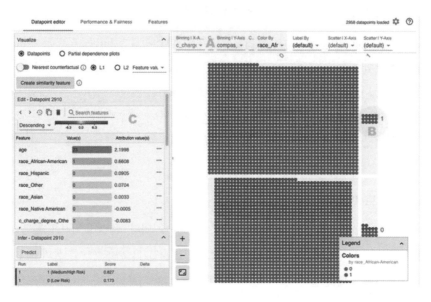

그림 7.6 관심 인스턴스가 있는 WIT 대시보드

WIT는 L1 또는 L2 거리를 사용해 가장 가까운 반사실을 찾을 수 있다. 그리고 피처 값이나 속성을 사용해 거리를 계산할 수 있다. 앞서 언급했듯이 WIT는 사용자 정의 거리 계산 함수를 구성에 추가할 수도 있다. 이제 Feature value에 대해서 'L2' 옵션을 선택해보자. 그림 7.7과 같이 이 옵션은 A 영역에 있다. 거리 메트릭을 선택하고 Nearest counterfactual을 활성화하면 반사실이 관심 인스턴스의 옆(B 영역)에 나란히 나타나고, 다음 그림과 같이 예측을 비교해준다(C 영역). 로컬 수준에서의 피처 중요도를 더 명확하게 이해하기 위해 Absolute attribution을 기준으로 피처를 정렬할 수 있다. 반사실은 나이가 겨우 3살 더 많고 전과(priors_count)가 2개가 아닌 0이지만, 이것만으로도 '중간/높은 위험'을 거의 5%로 줄이는 데 충분했다. 그림 7.7의 풀컬러 버전은 본문 828쪽을 참고하기 바란다.

그림 7.7 WIT에서 가장 가까운 반사실을 찾는 방법

관심 인스턴스와 반사실을 모두 선택된 상태로 유지하면서 다른 모든 데이터포인트들과 함께 시각화할 수도 있다. 이를 이용해 로컬 해석으로부터 통찰력을 얻고 글로벌 이해를 위한 컨텍스트를 만들 수 있다. 시각화 설정을 다음과 같이 변경해보자.

- Binning | X-axis: Inference label.
- Binning | Y-axis: (none).
- Scatter | X-axis: age.
- Scatter | Y-axis: priors_count.
- 그 외 다른 것은 그대로 둔다.

이 시각화의 결과는 그림 7.8과 같다. '낮은 위험'에서 점들이 priors_count가 낮은 쪽에 몰려 있는 경향을 알 수 있다. 풀컬러 버전은 본문 828쪽을 참고하기 바란다. 두 플롯은 모두 prior_count와 age가 약간의 상관관계가 있음을 보여주지만, 이는 '중간/높은 위험'에서 훨씬 더 두드러진다. 가장 흥미로운 점은 나이가 18~25세이고 priors_count가 3 이하인 범위에서 '중간/높은 위험'으로 간주되는 아프리카계 미국인 데이터포인트는 '낮은 위험'에 있는 아프리카계 미국인과 비해 높은 밀도를 보인다는 것이다. 낮은 age와 높은 prior_count는 다른 사람들보다 아프리카계 미국인에 대해서 위험을 증가시키고 있음을 시사한다.

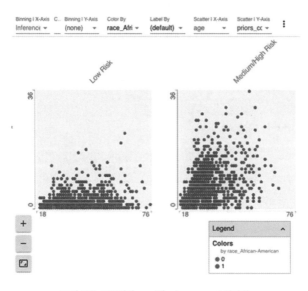

그림 7.8 WIT에서 age 대 priors_count 시각화

데이터포인트를 편집해 자체적인 반사실을 만들 수 있다. priors_count를 1로 줄이면 어떻게 될까? 이 질문에 대한 답은 그림 7.9에 나와 있다. 변경을 한 다음에 Infer 창에서 Predict 버튼을 클릭하면 Infer 창의 예측 기록 마지막에 항목이 추가된다. Run #2에서 위험이 거의 50% 감소해 약 33.5%가 됐음을 알 수 있다.

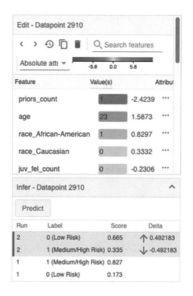

그림 7.9 WIT에서 priors_count를 줄이는 데이터포인트 편집 수행

그러면 나이가 2살 많아지고 전과가 2번이라면 어떻게 될까? 그림 7.10에서 Run #3는 '낮은 위험' 점수 안에 간신히 들어왔음을 보여준다.

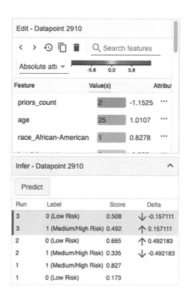

그림 7.10 WIT에서 age를 늘리는 데이터포인트 편집 수행

Datapoint editor 탭의 또 다른 기능은 4장, '피처 중요도와 피처 영향력'에서 다룬 'Partial Dependence Plots'이다. 이 라디오 버튼을 클릭하면 오른쪽 창이 그림 7.11과 같이 변경된다. 데이터포인트가 선택되면 기본적으로 PDP는 로컬이며, 이는 선택된 데이터포인트와 관련된 것임을 의미한다. 하지만 글로벌로 전환할 수 있다. 어떤 경우든 그림 7.11에서와 같이 'variation'으로 플롯을 정렬하는 것이 가장 좋다. 여기서는 age와 priors_count가 가장 큰 변동을 보인다. 흥미롭게도 둘 다 단조적이지 않으므로 말이 되지 않는다. 모델은 priors_count의 증가가 일괄적으로 위험을 증가시켜야 한다는 것을 학습해야 한다. age 감소도 마찬가지다. 학문적 연구에 따르면 범죄는 20대 중반에 정점을 찍는 경향이 있으며, 전과가 많을수록 재범 가능성도 높아진다. 이 두 변수 간의 관계도 잘 이해되고 있으므로 데이터 엔지니어링 및 단조 제약조건을 설정해 불공정을 일으키는 데이터의 모순을 학습하는 대신 모델이 알려진 현상과 일치하게 할 수 있다. 이것은 12장, '해석 가능성을 위한 단조성 제약조건과 모델 튜닝'에서 다룰 것이다.

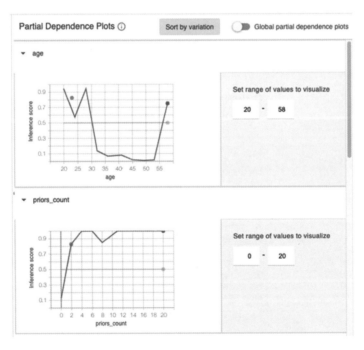

그림 7.11 age 및 priors_count에 대한 로컬 부분 의존도 플롯

이미 학습된 모델에서 공정성을 개선하기 위해 할 수 있는 일이 있을까? 실제로 있다. Performance & Fairness 탭이 도움이 될 수 있다.

성능 및 공정성

Performance & Fairness 탭을 클릭하면 왼쪽에 Configure와 Fairness 창이 있는 것을 볼 수 있다. 그리고 오른쪽에서 모델의 전체적인 성능을 탐색할 수 있다(그림 7.12). 이 창의 상단에는 'False Positives(%)', 'False Negatives(%)', 'Accuracy(%)', 'F1' 필드가 있다. 창을 확장하면 ROC 곡선, PR 곡선, 혼동 행렬, 평균 섀플리 값인 평균 속성 등이 표시된다. 지금까지 이 책에서는 PR 곡선을 제외한 모든 것을 직간접적으로 다뤘다. PR$^{Precision-Recall}$은 TPR 대비 FPR이 아닌 재현율 대비 정밀도를 표시한다는 점을 제외하면 ROC 곡선과 매우 유사하다. 이 플롯에서는 재현율이 감소함에 따라 정밀도가 감소할 것으로 예상된다. ROC와 달리 선이 x축에 가까울 때 동전 던지기 확률보다 더 나쁜 것으로 간주되며, 이것은 불균형 분류 문제에 가장 적합하다.

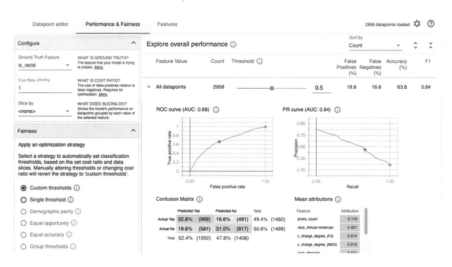

그림 7.12 Performance & Fairness 탭의 초기 화면

분류 모델은 관측치가 한 클래스 또는 다른 클래스에 있을 확률을 출력한다. 일반적으로 이 확률이 0.5 이상인 모든 관측치를 양의 클래스에 속한 것으로 간주한다. 그렇지 않으면 음의 클래스에 속한 것으로 예측한다. 이 임곗값을 분류 임곗값classification threshold이라고 하며 항상 표준인 0.5를 사용할 필요는 없다.

임곗값 조정을 수행하는 것이 적절한 경우도 많다. 가장 설득력 있는 이유 중 하나는 불균형 분류 문제다. 모델을 정확도만으로 성능 최적화하면 종종 재현율이나 정밀도가 좋지 않게 나오기 때문이다. 임곗값을 조정해 가장 관심 있는 메트릭을 개선시킬 수 있다.

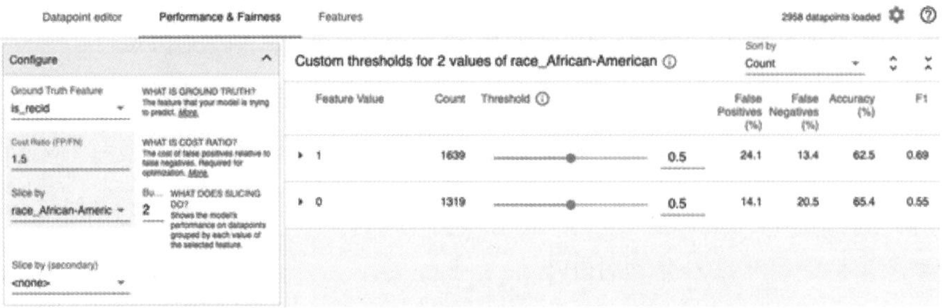

그림 7.13 race_African-American에 의한 슬라이싱 성능 메트릭

임곗값을 조정하는 또 다른 주요 이유는 공정성 때문이다. 이를 위해 데이터의 여러 조각에 대해 가장 중요한 메트릭을 조사해야 한다. 이 경우에는 'False Positives(%)'가 불공정을 가장 잘 평가할 수 있는 곳이다. 그림 7.13을 보라. Configure 창에서 race_African-American을 기준으로 데이터를 분할할 수 있으며, 그 오른쪽에서 7장 시작 부분에서 관찰한 내용을 볼 수 있다. 즉, 아프리카계 미국인의 FP가 다른 데이터 조각보다 상당히 높다. 이 문제를 해결하는 한 가지 방법은 **인구통계학적 동등성**Demographic parity 또는 **기회 균등**Equal opportunity과 같은 자동 최적화 방법을 사용하는 것이다. 이 중 하나를 사용하려면 Cost Ratio(FP/FN) 옵션을 조정해 FP가 FN보다 더 가치 있음을 최적화 프로그램에 알리는 것이 가장 좋다.

표의 내용:

Feature Value	Count	Threshold	False Positives (%)	False Negatives (%)	Accuracy (%)	F1
▸ 1	1639	0.78	14.7	24.4	60.9	0.61
▸ 0	1319	0.5	14.1	20.5	65.4	0.55

그림 7.14 race_African-American으로 슬라이싱된 데이터셋의 분류 임곗값 조정

그림 7.14와 같이 Custom thresholds 설정을 사용해 수동으로 임곗값을 조정할 수도 있다. 이 슬라이스의 경우 대략적인 FP 동등성을 원한다면 race_African-American=1일 때의 임곗값을 0.78로 사용해야 한다. 단점은 이 그룹에 대해 FN이 증가해 그쪽에서 동등성을 달성하지 못한다는 것이다. 비용 비율cost ratio은 FP의 14.7%가 FN의 24.4%를 정당화하는지 여부를 결정하는 데 도움이 되지만 이를 위해서는 관련된 평균 비용을 이해해야 한다. 이와 관련된 오즈odds 조정 방법은 11장, '편향 완화 및 인과관계 추론 방법론'에서 더 자세히 살펴볼 것이다.

이제 앵커와 반사실을 사용해 예측을 설명하는 방법을 이해했으므로, 이 두 가지를 결합하는 방법을 살펴볼 것이다.

CEM과의 비교

대조적 설명 방법론CEM은 앵커와 같이 존재하는 것과 반사실처럼 존재하지 않는 것을 사용해 예측을 설명하기 때문에 앵커 및 반사실적 설명과 유사하다. 존재하는 것을 PPPertinent Positive라고 하고, 존재하지 않는 것을 PNPertinent Negative이라고 한다. 차이점은 PP가 '최소한이지만 동일한 클래스를 예측할 수 있을 정도로 충분하게 존재하는 것'으로 여겨진다는 것이다. 마찬가지로 PN은 반대 클래스를 예측하기 위해 최소한이지만 충분히 없어야 하는 피처를 말한다. 따라서 CEM은 원하는 결과에 도달할 때까지 피처에서 빼기를 계속하기

때문에 연속형 및 서수형 피처에서 가장 잘 작동한다. 이런 이유로 CEM은 단조적이지 않은 연속형, 비서수형, 범주형, 또는 이진 피처를 처리하는 방법을 알지 못하는데, 실습 중인 재범 위험 데이터셋에는 이런 종류의 피처만 있다. 따라서 7장의 예제는 이상적인 CEM 유스 케이스에 해당되지 않는다. 8장에서 CEM에 대해 다룰 것이다. 지금은 이것을 앵커와 반사실에 연결하고 사용법을 간략하게 설명하는 것에 집중할 것이다.

CEM은 섭동 기반 전략, 엘라스틱넷 정규화 그리고 옵션으로 손실함수를 유도하는 오토인코더를 갖고 있다. 익숙한 이야기같지 않은가? `CounterFactualProto`는 CEM 논문을 기반으로 개발된 것이다. 그러나 CEM은 k-d 트리에 의지하지 않으므로 데이터셋이 상대적으로 작거나 잡음이 있는 경우 설명을 보다 현실적으로 만들기 위해 오토인코더를 사용하는 것이 좋다. 7장의 실습 데이터셋은 크지도 않고 잡음이 없지도 않다. 따라서 도움이 될 수 있는 간단한 오토인코더를 만들 것이다.

이전에 사용해본 적이 없다고 해도 오토인코더를 학습시키는 것은 생각보다 어렵지 않다. 모래시계처럼 생긴 신경망을 사용해 input_layer와 output_layer를 매칭시키는 것이 목표다. 이 계층들 사이에는 encoder와 decoder가 있으며, 이들은 bottleneck이라는 계층으로 수렴된다. 이 계층은 인코더의 출력이자 디코더의 입력이다. 요점은 데이터를 차원 감소된 bottleneck으로 압축해 input_layer와 output_layer 간의 재구성 오류를 줄이는 것이다.

```
input_layer = tf.keras.Input(shape=(21))

encoder = tf.keras.layers.Dense(10, activation='relu')
(input_layer)

bottleneck = tf.keras.layers.Dense(3, activation='relu')
(encoder)

decoder = tf.keras.layers.Dense(10, activation='relu')
(bottleneck)

output_layer = tf.keras.layers.Dense(21,\
  activation='linear')(decoder)
```

```
autoencoder_mdl = tf.keras.Model(input_layer, output_layer)
autoencoder_mdl.summary( )
```

앞의 코드는 이해하기 쉽도록 계층별로 오토인코더 모델을 빌드한다. summary( )를 보면
인코딩 과정에서 차원이 21에서 10을 거쳐 3으로 변하는 것을 알 수 있다. 당연히 디코딩
은 3에서 10, 21로 돌아간다.

```
--------------------------------------------------------------

Layer (type)              Output Shape              Param #
==============================================================

input_29 (InputLayer)     [(None, 21)]              0
--------------------------------------------------------------

dense_81 (Dense)          (None, 10)                220
--------------------------------------------------------------

dense_82 (Dense)          (None, 3)                 33
--------------------------------------------------------------

dense_83 (Dense)          (None, 10)                40
--------------------------------------------------------------

dense_84 (Dense)          (None, 21)                231
==============================================================

Total params: 524

Trainable params: 524

Non-trainable params: 0
--------------------------------------------------------------
```

그다음에 fit 함수의 첫 번째 인수(x)와 두 번째 인수가 X_train으로 동일하다는 점만 다
르며, 다른 모든 신경망 모델처럼 오토인코더를 컴파일하고 적합시킨다. 네트워크가 생성
할 것으로 기대하는 것은 학습 데이터에 가능한 한 가까운 어떤 것이다.

```
autoencoder_mdl.compile(loss='mean_squared_error',
                        optimizer='adam')
autoencoder_history = autoencoder_mdl.fit(X_train.values,\
  X_train.values, epochs=16,\
  batch_size=32,\
  validation_split=0.2, verbose=0)
```

PN을 생성하기 위해 다음과 같은 필수 인수로 CEM 함수를 실행한다.

- 예측 함수(predict_nn_fn)
- 모드('PN')
- 기대하는 출력의 형태(X_test_eval.shape)

이 인수 외에도 CounterFactualProto에서 했던 것처럼 피처 범위 및 최대 반복 횟수를 지정한다. 오토인코더(ae_model)를 사용하기 때문에 재구성을 위한 손실함수 관련 하이퍼파라미터인 gamma도 포함한다. 설명자가 초기화되면 학습 데이터에 적합시키고 explain으로 관심 인스턴스(X_test_eval)에 대한 설명을 만든다. 그다음에 원본 인스턴스와 PN 클래스를 출력한 다음 PN에 대한 피처 값과 예측 확률을 출력한다.

```
cem_nn_explainer_pn = CEM(predict_nn_fn, 'PN',\
  X_test_eval.shape, feature_range=feature_range,\
  gamma=100,\
  max_iterations=100, ae_model=autoencoder_mdl)
cem_nn_explainer_pn.fit(X_train.values, no_info_type='median')
cem_nn_explanation_pn = cem_nn_explainer_pn.explain(\
  X_test_eval, verbose=False)
print("%s -> %s" % (class_names[cem_nn_explanation_pn.X_pred],\
  class_names[cem_nn_explanation_pn.PN_pred]))
print("Probabilities: %s" %\
```

```
    predict_nn_fn(cem_nn_explanation_pn.PN)[0])
print("Values: %s" % cem_nn_explanation_pn.PN[0])
```

앞의 코드는 다음 출력을 생성한다. 관심 인스턴스에 대한 PN이 '낮은 위험(Low Risk)'으로 분류된 것을 알 수 있다. PN은 반사실과 마찬가지이므로 이것이 하나의 사례가 될 수 있음을 예상할 수 있다. 출력에는 PN의 피처 값도 포함되며, 확률은 PN이 50.11%의 확률로 간신히 '낮은 위험'이 됐음을 보여준다.

```
Medium/High Risk -> Low Risk
Probabilities: [0.50112426 0.49887577]
Values: [23.     0.    ...     0.45720586    ...    0. ]
```

PP는 PN과 똑같이 생성되므로 동일한 코드를 사용해 PN의 모든 인스턴스를 PP로 바꿀 수 있다.

```
cem_nn_explainer_pp = CEM(predict_nn_fn, 'PP',
  X_test_eval.shape, feature_range=feature_range,\
  gamma=100,\
  max_iterations=100, ae_model=autoencoder_mdl)
cem_nn_explainer_pp.fit(X_train.values, no_info_type='median')
cem_nn_explanation_pp = cem_nn_explainer_pp.explain(\
  X_test_eval, verbose=False)
print("%s -> %s" % (class_names[cem_nn_explanation_pp.X_pred],\
  class_names[cem_nn_explanation_pp.PP_pred]))
print("Probabilities: %s" %\
  predict_nn_fn(cem_nn_explanation_pp.PP)[0])
print("Values: %s" % cem_nn_explanation_pp.PP[0])
```

앞의 코드는 다음 출력을 생성한다.

```
Medium/High Risk -> Medium/High Risk
Probabilities: [0.29793483 0.70206517]
Values: [0. 0. 0 ... 0. 0. 0.]
```

출력에서 알 수 있듯이 PP는 예상대로 '중간/높은 위험'으로 분류된다. 그리고 확률도 70.2%이다. 하지만 PP에 대한 피처 값은 모두 0이다. PP는 최소한으로 그리고 충분히 존재하는 것을 찾는 데 모든 0이 여전히 '중간/높은 위험'으로 분류를 생성한다는 것을 발견했다. PP 값은 이 유스 케이스에서 그다지 직관적이지 않다.

모든 상황을 종합해보기 위해 관심 인스턴스(x), PN, PN에서 x를 뺀 것(PN-x) 그리고 PP에 대한 피처 값을 갖는 데이터프레임(salients_df)을 생성해보자. 그다음에 PP 및 PN에 0이 없는 피처만 표시한다.

```
salients_df = pd.DataFrame({'Feature': X_test.columns,\
  'x': cem_nn_explanation_pn.X[0],\
  'PN': cem_nn_explanation_pn.PN[0],\
  'PN-x': cem_nn_explanation_pn.PN[0]-\
        cem_nn_explanation_pn.X[0],\
  'PP': cem_nn_explanation_pp.PP[0]})
salients_df = salients_df[(salients_df.PP != 0) |\
                          (salients_df.PN != 0)]
salients_df
```

앞의 코드는 그림 7.15를 생성한다.

	Feature	x	PN	PN-x	PP
0	age	23	23.000000	0.000000	0.000000
4	priors_count	2	2.000000	0.000000	0.000000
5	sex_Female	0	0.397589	0.397589	0.000000
6	sex_Male	1	1.000000	0.000000	0.000000
7	race_African-American	1	0.457206	-0.542794	0.000000
16	c_charge_degree_(F7)	1	1.000000	0.000000	0.000000

그림 7.15 PN, PP, 관심 인스턴스를 비교하는 데이터프레임

그림 7.15에서 PN은 반사실로 해석될 수 있지만 누락된 사항에 주의를 기울인다. PN-x는 sex_Female 값이 크고 race_African-American 값이 작은 것을 정확하게 보여준다. CEM 에는 원-핫 인코딩 피처의 개념이 없으므로 sex_Male과 sex_Female이 상호 배타적 또는 이진값이라는 사실을 인식하지 못한다. 그럼에도 불구하고 PN에 따르면 이것에 의해 이해될 수 있는 것은 인종과 성별이 관심 인스턴스에 대한 의사 결정에 영향을 미친다는 것이다.

CEM은 일반적으로 충분히 존재해야 할 것을 명시함으로써 부재해야 할 것과 대조하기 때문에 대조적이다. 그러나 앞의 예제처럼 모든 값이 0인 PP는 의미가 없다. 그것은 빈 캔버스가 그림이 되기 위해서 존재해야 할 최소한의 것이라고 말하는 것과 같다. 그림 얘기가 나와서 하는 말이지만 PP의 계속해서 빼는 특성 때문에 이 유스 케이스는 CEM에 적합하지 않다. 그러나 이미지는 CEM을 위한 훌륭한 유스 케이스다. 각 피처는 연속형 값인 픽셀이며, 빛이나 원색의 부재 또는 존재로 해석될 수 있다. 8장, '컨볼루션 신경망 시각화'에서는 이미지로 학습된 신경망을 해석하는 방법을 살펴볼 것이다.

▌ 미션 완료

7장의 미션은 특정 피고인이 재범의 위험이 있는지 여부를 예측할 때 불공정한 편향이 있는지를 확인하는 것이었다. 여기서는 아프리카계 미국인 피고의 FPR이 백인 피고의 FPR보다 1.87배 높다는 것을 입증했다. 이 차이는 WIT를 통해 확인됐으며, 이것은 문제의 모델이 인종에 따라 양의 클래스를 잘못 분류할 가능성이 훨씬 더 높음을 나타낸다. 하지만이것은 글로벌 해석 방법이기 때문에 특정 피고에 대한 질문에는 대답하지 않는다. 덧붙여서, 11장, '편향 완화 및 인과관계 추론 방법론'에서는 불공정성에 대한 다른 글로벌 해석 방법론을 다룰 것이다.

모델이 문제의 피고에게 인종적으로 편향됐는지 확인하기 위해 앵커 및 반사실적 설명을 활용했다. 둘 다 설명의 주요 피처로 인종을 출력했다. 앵커는 비교적 높은 정밀도와 커버리지로 이를 수행했으며, 프로토타입에 의해 유도된 반사실은 가장 가까운 앵커가 다른 인종을 갖고 있음을 발견했다. 두 경우 모두 인종만이 설명의 유일한 피처는 아니었다. 설명 피처에는 priors_count, age, charge_degree, sex 중 일부 또는 모두가 포함된다. 인종race과 관련된 처음 세 가지 규칙들에 일관성이 없는 것은 이것이 이중 잣대임을 말하고, 성별sex이 포함된 것은 교차성을 시사한다. 이중 잣대는 규칙이 서로 다른 그룹에 불공정하게 적용되는 경우다. 교차성은 겹쳐지는 정체성이 어떻게 상호 연결된 차별 방식의 여러 가지 시스템을 생성하는지와 관련이 있다. 그러나 연구에 따르면 모든 인종에서 여성의 재범률이 낮다는 것을 알고 있다. 그럼에도 그들이 이 컨텍스트에서 필연적으로 특권을 누릴 수 있는 구조적 이점이 있는지 자문해야 한다. 눈에 보이는 것보다 더 정교한 역학관계가 있다. 결론은 인종과 상호 작용하는 다른 모든 요인들에도 불구하고 우리가 놓치고 있는 범죄학적 정보가 없다면, 그렇다. 이 특정 예측에는 인종적 편향이 존재한다.

정리

7장을 읽은 후에는 앵커를 활용하는 방법, 분류에 영향을 미치는 의사 결정 규칙을 이해하는 방법 그리고 예측된 클래스가 바뀌기 위해 변경해야 할 항목을 파악하는 반사실을 이해해야 한다. 또한 혼동 행렬과 구글의 WIT를 사용해 공정성을 평가하는 방법도 배웠다. 마지막으로 최소한의 존재와 부재를 통해 의사 결정을 설명는 CEM을 다뤘다. 8장에서는 CNN^{Convolutional Neural Networks}에 대한 해석 방법론을 살펴볼 것이다.

데이터셋 소스

- ProPublica Data Store. (2019). COMPAS Recidivism Risk Score Data and Analysis. Originally retrieved from https://www.propublica.org/datastore /dataset/compas-recidivism-risk-score-data-and-analysis

더 읽을거리

- Desmarais, S.L., Johnson, K.L., & Singh, J.P. (2016). Performance of recidivism risk assessment instruments in U.S. correctional settings. Psychol Serv;13(3):206-222. https://doi.org/10.1037/ser0000075

- Berk, R., Heidari, H., Jabbari, S., Kearns, M., & Roth, A. (2017). Fairness in Criminal Justice Risk Assessments: The State of the Art. Sociological Methods & Research.

- Angwin, J., Larson, J., Mattu, S., & Kirchner, L. (2016). Machine Bias. There is software that is used across the county to predict future criminals. https://www.propublica.org/article/machine-bias-risk-assessmentsin—criminal—sentencing

- Ribeiro, M.T., Singh, S., & Guestrin, C. (2018). Anchors: High—Precision Model—Agnostic Explanations. Proceedings of the AAAI/ACM Conference on AI, Ethics, and Society. https://doi.org/10.1145/3375627.3375830

- Rocque, M., Posick, C., & Hoyle, J. (2015). Age and Crime. The encyclopedia of crime and punishment, 1—8. https://doi.org/10.1002/9781118519639.wbecpx275

- Dhurandhar, A., Chen, P., Luss, R., Tu, C., Ting, P., Shanmugam, K., & Das, P. (2018). Explanations based on the Missing: Towards Contrastive Explanations with Pertinent Negatives. NeurIPS. https://arxiv.org/abs/1802.07623

08

컨볼루션 신경망 시각화

지금까지는 주로 테이블 형식 데이터를 다뤘으며, 6장, '로컬 모델 독립적 해석 방법론'에서는 텍스트 데이터를 다뤘다. 8장에서는 이미지, 특히 이미지 분류기를 학습시키는 CNN^{Convolutional Neural Network} 모델과 함께 작동하는 해석 방법론을 중점적으로 살펴볼 것이다. 일반적으로 딥러닝 모델은 블랙박스 모델의 전형으로 간주된다. 그러나 CNN의 장점 중 하나는 시각화를 매우 쉽게 할 수 있다는 것이며, 따라서 모델의 결과를 시각화할 뿐만 아니라 활성화^{activation}를 통한 학습 프로세스의 모든 단계를 시각화할 수도 있다. 블랙박스 모델에서 이렇게 각 단계를 해석할 수 있을 가능성은 매우 드물다. CNN이 학습하는 방법을 파악한 후에 돌출 맵^{Saliency Map} 및 Grad-CAM과 같은 최신의 그래디언트 기반 귀인 방법론^{gradient-based attribution methods}을 사용해 클래스의 '속성' 또는 '귀인^{attribution}'을 디버깅하는 방법을 살펴볼 것이다. 마지막으로 속성 디버깅 노하우를 폐쇄 민감도^{Occlusion Sensitivity}, LIME, CEM 등 섭동 기반 귀인 방법론^{perturbation-based attribution methods}으로 확장해

갈 것이다.

다음은 8장에서 다룰 주요 주제다.

- 전통적인 해석 방법론으로 CNN 분류기 평가
- 활성화 기반 방법론으로 학습 과정 시각화
- 그래디언트 기반 귀인 방법론으로 오분류 평가
- 섭동 기반 귀인 방법론으로 분류 이해

▎ 기술 요구 사항

8장의 예제에서는 mldatasets, pandas, numpy, sklearn, skimage, tensorflow, mat
plotlib, seaborn, cv2, tf-explain, tf-keras-vis, lime, alibi, shap 등의 라이브러
리를 사용한다. 이 라이브러리를 설치하는 방법에 대한 지침은 이 책의 '들어가며'에 있
다. 8장의 코드는 다음 링크(https://github.com/PacktPublishing/Interpretable-Machine-
Learning-with-Python/tree/master/Chapter08)에 있다.

▎ 미션

고객이 직접 구매를 처리할 수 있는 셀프 계산대는 1984년에 발명됐지만 세기가 바뀔 때
까지 슈퍼마켓 체인에 나타나지 않았다. 셀프 계산대가 소매업체와 고객 모두에게 제공하
는 많은 이점에도 불구하고 완벽과는 거리가 멀었다. 도둑질, 기계적 고장, 접근성 부족,
부적절한 고객 서비스 등 문제가 많았다.

지난 10년 동안 많은 기업들이 딥러닝으로 이런 문제를 해결하기 위해 분투했다. 예를 들
어 카메라는 신체의 자세, 제품의 움직임, 얼굴 표정 등을 모니터링할 수 있다. 좀도둑을
감지하거나 학습된 딥러닝 모델을 통해 자동으로 계산대를 낮춰 휠체어가 더 쉽게 접근

할 수 있도록 했다.

최근 트렌드 중 하나는 대부분의 선진국에서 편의점 체인이 빠르게 성장 중이라는 점이다. 편의점은 대부분의 상점이 문을 닫았을 때 오히려 문을 열어 수요를 따라잡으면서도 낮은 임금을 지불하고자 애쓰고 있다. 일본은 편의점이 오랫동안 소매업을 지배해왔고 급여가 상대적으로 높기 때문에 이런 것들을 쉽게 받아들여 이 트렌드에서 앞서 나가고 있다. 고객은 이런 형태의 소매점에서 연중무휴 24시간의 가용성뿐만 아니라 매우 빠른 계산을 기대한다. 그런데 셀프 계산대가 오히려 더 느릴 수 있기 때문에 전 세계적으로 편의점에서 채택되지 않았다. 하지만 이미 높은 수준의 성공을 거둔 일본의 일부 체인점에서는 셀프 계산대를 사용하고 있다.

아시아가 아닌 지역에 있는 대형 편의점 체인이 이런 성공을 재현하기 위해 일본에서 셀프 계산대 시스템을 구입했다. 이 회사의 간부들은 신이 났지만 이 시스템이 작동하려면 모든 품목에 바코드가 있어야 한다는 사실을 금세 깨달았으며, 이는 특히 한 가지 유형의 품목에서 문제가 되고 있다. 플라스틱 포장된 과일 구매를 꺼리지 않는 일본 소비자와 달리 이 체인이 운영되는 시장에서는 소비자가 포장된 과일을 신뢰하지 않는다. 플라스틱은 바코드 스티커가 벗겨지거나 손상되지 않도록 하는 데 필요하지만 불행히도 고객은 접착제로 과일에 직접 붙인 바코드 스티커를 좋아하지 않는다. 슈퍼마켓에서 하는 것처럼 과일 이름을 수동으로 입력하는 옵션이 있지만(그림 8.1 참조) 항목당 처리 속도가 최소 15초 느려지며 "편의점"에서는 이것이 허용되지 않는다.

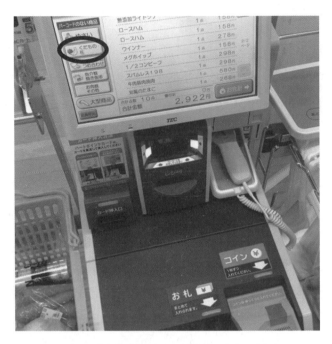

그림 8.1 '과일' 버튼이 강조 표시된 일본의 셀프 계산대

경영진은 셀프 계산대 시스템의 카메라를 활용해 고객이 과일 이름을 입력할 필요가 없이 자동으로 과일을 감지해야 한다고 결정했다. 이를 위해 포장 판매가 불가능한 16가지 과일과 채소를 선별하고 이를 분류하는 모델 개발을 위해 AI 컨설팅 업체에 비용을 지불했다. 이 회사는 99.9%의 엄청난 정확도라는 매우 유망한 결과를 가지고 돌아왔다. 도메인 지식이나 데이터를 요구하지 않았다는 점을 고려하면 매우 놀라운 것이다. 그러나 소매업체가 셀프 계산대를 사용해 테스트를 해보니 과일과 채소의 1/5에서 1/3 정도만 정확하게 분류되는 것을 알게 됐다. 경영진이 AI 컨설팅 업체에 논의하자 그들은 자신의 모델이 거의 완벽하며 보정이 필요한 것은 셀프 계산대 시스템의 카메라라고 주장했다.

모델에 대한 두 번째 의견과 정직한 평가를 얻기 위해 편의점 체인은 다른 AI 컨설팅 회사, 즉 당신을 찾아왔다.

┃ 접근법

어떤 한 가지 해석 방법론도 완벽하지 않으며, 심지어 최상의 시나리오에서도 이야기의 한 부분만 말할 수 있다. 따라서 다음과 같은 전통적인 해석 방법론을 사용해 먼저 모델의 예측 성능을 평가하기로 했다.

- ROC 곡선 및 ROC-AUC
- 혼동 행렬 및 그로부터 파생되는 모든 메트릭 - 정확도, 정밀도, 재현율, F1

그다음에 두 가지 활성화 기반 방법론을 사용해 모델을 검사한다.

- 중간 활성화Intermediate activation
- 활성화 극대화Activation maximization

그다음에 세 가지 그래디언트 기반 방법론으로 의사 결정을 평가한다.

- 돌출 맵
- Grad-CAM
- 통합 그래디언트

그다음에는 세 가지 섭동 기반 방법론을 사용한다.

- 폐쇄 민감도
- LIME
- CEM

그리고 마지막 보너스로 역전파 기반 방법론을 사용한다.

- SHAP의 DeepExplainer

이 과정이 끝났을 때는 모델이 제대로 작동하지 않는 이유와 함께 모델을 수정하는 방법도 이해하길 바란다. 또한 당신은 편의점 회사의 경영진에게 이 이야기를 전달하기 위해 많은 플롯을 생성해 활용할 수 있을 것이다.

▍ 준비

이 예제의 코드 중 '섭동 기반 귀인 방법론으로 분류 이해' 절 바로 앞까지의 코드는 다음 링크(https://github.com/PacktPublishing/Interpretable-Machine-Learning-with-Python/blob/master/Chapter08/FruitClassifier_part1.ipynb)에 있다.

해당 절 이후의 코드는 다음 링크(https://github.com/PacktPublishing/Interpretable-Machine-Learning-with-Python/blob/master/Chapter08/FruitClassifier_part2.ipynb)에 있다.

라이브러리 로드

8장의 예제를 실행하려면 다음 라이브러리를 설치해야 한다.

- mldatasets: 데이터셋 로드
- pandas, numpy, sklearn: 데이터 조작
- tensorflow: 모델 적합 및 예측
- matplotlib, seaborn, cv2, skimage, tf-explain, tf-keras-vis, lime, alibi, shap: 해석을 시각화

먼저 다음 라이브러리를 로드해야 한다.

```
import math

import os

import mldatasets

import pandas as pd

import numpy as np

from sklearn import preprocessing, metrics

import tensorflow as tf

from tensorflow import keras

from keras.utils.data_utils import get_file

import matplotlib.pyplot as plt

from matplotlib import cm

import seaborn as sns

import cv2

# 파트 1만 해당
from tf_explain.core.activations import ExtractActivations

from tf_keras_vis.activation_maximization import\

ActivationMaximization

from tf_keras_vis.saliency import Saliency

from tf_keras_vis.utils import normalize

from tf_keras_vis.gradcam import GradcamPlusPlus

from tf_explain.core.integrated_gradients import\

IntegratedGradients

# 파트 2만 해당
from skimage.segmentation import mark_boundaries

from tf_explain.core.occlusion_sensitivity import\

OcclusionSensitivity

import lime

from lime import lime_image
```

```
from alibi.explainers import CEM
```
```
import shap
```

다음 명령으로 올바른 버전의 텐서플로를 로드했는지 확인한다. 2.0 이상이어야 한다.

```
print(tf.__version__)
```

데이터 이해 및 준비

모델 학습에 사용된 데이터는 학술 연구에서 생성된 것이며 케글에 공개해놓았다(https://www.kaggle.com/moltean/fruits). 모터가 과일을 회전시키면서 카메라가 모든 각도와 하나 이상의 축에서 사진을 찍었기 때문에 이 데이터는 "Fruit 360"이라고 부른다. 흰 종이 위에서 일정한 조명으로 사진을 찍었으며 알고리듬을 이용해 배경을 흰색으로 바꿔 그림자가 남지 않도록 했다. Fruit 360 데이터셋은 100가지 이상의 과일 및 채소 클래스를 갖고 있다. 실습에서 로드할 데이터는 편의점 체인 경영진이 분류하고자 하는 16개의 클래스만 있다는 점을 제외하면 동일한 데이터셋이다. 또한 모델을 테스트하기 위해 매장에 있는 과일과 채소처럼 보이는 몇 장의 사진이 포함된 작은 검증 데이터셋도 포함돼 있다. 그들은 모델이 요구하는 크기의 검증 이미지뿐만 아니라 더 높은 해상도를 갖는 검증 이미지 원본도 제공했다.

각각 학습, 테스트, 검증, 원본 검증 데이터셋에 해당하는 네 개의 데이터셋을 다음과 같이 로드한다.

```
X_train, X_test, X_val, X_val_orig, y_train, y_test,\
y_val, y_val_orig =\
mldatasets.load("fruits-360", prepare=True)
```

다음 코드를 사용해 배열의 형태가 예상과 일치하는지 확인할 수 있다.

```
print('X_train:%s' % (X_train.shape,))
print('X_test:%s' % (X_test.shape,))
print('X_val:%s' % (X_val.shape,))
print('X_val_orig:%s' % (X_val_orig.shape,))
print('y_train:%s' % (y_train.shape,))
print('y_test:%s' % (y_test.shape,))
print('y_val:%s' % (y_val.shape,))
print('y_val_orig:%s' % (y_val_orig.shape,))
```

앞의 코드는 각 배열의 차원을 출력한다. 각 X 튜플의 첫 번째 숫자가 y 튜플과 일치함을 알 수 있다. y 튜플의 두 번째 숫자는 레이블이 아직 원-핫 인코딩되지 않고 텍스트 또는 서수 형식으로 돼 있음을 나타낸다. 그렇지 않으면 1 대신 16이었을 것이다. 또한 고해상도로 예상되는 원본 검증 데이터셋(X_val_orig)을 제외한 나머지는 모든 X 배열이 너비 100, 높이 100, 채널 3의 동일한 차원을 갖고 있음을 알 수 있다. 추론시에는 원본 검증 데이터셋이 필요 없기 때문에 모델의 차원 요구 사항을 충족하지 않아도 된다.

```
X_train:    (7872, 100, 100, 3)
X_test:     (2633, 100, 100, 3)
X_val:      (64, 100, 100, 3)
X_val_orig: (64, 400, 400, 3)
y_train:    (7872, 1)
y_test:     (2633, 1)
y_val:      (64, 1)
y_val_orig: (64, 1)
```

print(X_train[0])을 해보면 이미지가 빨강, 초록, 파랑을 표현하는 데 사용되는 숫자로 구성돼 있으며 그 최댓값이 255인 것을 알 수 있다. 효율성과 신뢰성을 위해 CNN은 일반적으로 각 값을 0~1 사이의 부동소수점 수로 변환해 학습시킨다. 이를 위해 다음과 같이 X_train, X_test, X_val 배열을 정규화해야 한다.

```
X_train = X_train.astype('float32')/255
X_test = X_test.astype('float32')/255
X_val = X_val.astype('float32')/255
```

수행해야 할 또 다른 전처리 단계는 y 레이블을 원-핫 인코딩OHE하는 것이다. 모델의 예측 성능을 평가하기 위해서 OHE 형식이 필요하기 때문이다. OneHotEncoder를 초기화한 후 학습 데이터(y_train)에 fit시킨다. 인코더에서 목록(fruits_l)으로 범주를 추출해 16가지 모두가 있는지 확인할 수 있다.

```
ohe = preprocessing.OneHotEncoder(sparse=False)
ohe.fit(y_train)
fruits_l = ohe.categories_[0].tolist()
print(fruits_l)
```

앞의 코드는 다음 리스트를 한다. 이미지가 들어 있는 폴더는 이 순서로 돼 있으므로 알파벳 순이어야 한다. 인코더가 이 순서를 사용했다고 가정하는 것이 일반적으로 안전한다. 그러나 이 가정이 잘못된 것이라면 모델 성능을 평가할 때 알 수 있다. 예를 들어 알파벳 역순으로 범주를 인코딩한 경우 클래스 예측도 역순으로 수행된다.

```
['Apple Golden', 'Apple Granny Smith', 'Apple Red', 'Avocado',
 'Banana', 'Clementine', 'Grapefruit Pink', 'Mango Red',
 'Nectarine', 'Onion Red', 'Onion White', 'Orange', 'Peach',
 'Pear', 'Pomegranate', 'Tomato']
```

재현성을 위해 항상 다음과 같이 랜덤 시드를 설정하라.

```
rand = 9
os.environ['PYTHONHASHSEED']=str(rand)
np.random.seed(rand)
```

```
tf.random.set_seed(rand)
```

재현성과 관련해 딥러닝에서 결정론은 매우 어렵고 종종 세션, 플랫폼, 아키텍처 등에 종속된다는 점이 인정받고 있다. NVIDIA GPU를 사용하는 경우에는 tensorflow-determinism이라는 라이브러리를 설치할 수 있으며 이는 다음 링크(https://github.com/NVIDIA/framework-determinism)에서 찾을 수 있다.

이제 데이터셋에 어떤 이미지가 있는지 살펴보자. 학습 데이터셋과 테스트 데이터셋이 매우 유사하다는 것을 알고 있으므로 테스트 데이터셋으로 시작한다. fruits_l의 모든 클래스에 대해 반복적으로 np.random.choice를 사용해 테스트 데이터셋에서 각 클래스에 대해 무작위로 이미지 하나를 선택할 수 있다. 각 이미지를 4×4 그리드에 배치하고 클래스 레이블을 표시한다.

```
plt.subplots(figsize=(10,10))
for f, fruit in zip([*range(len(fruits_l))], fruits_l):
  plt.subplot(4, 4, f+1)
  plt.title(fruits_l[f], fontsize=12)
  idx = np.random.choice(np.where(y_test[:,0]==fruit)[0], 1)[0]
  plt.imshow(X_test[idx], interpolation='spline16')
  plt.axis("off")
plt.show()
```

앞의 코드는 그림 8.2를 출력한다. 과일 가장자리 주변의 픽셀이 상당히 거칠게 돼 있음을 알 수 있다. 일부 과일은 다른 과일보다 어둡게 보이고, 일부 사진은 이상한 각도에서 촬영됐다.

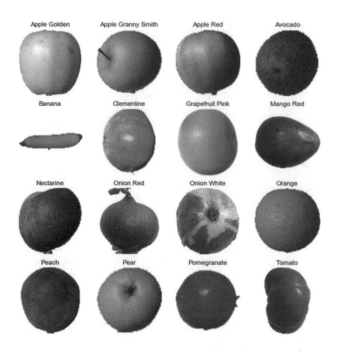

그림 8.2 테스트 데이터셋의 무작위 샘플

이제 검증 데이터셋에 대해 동일한 작업을 수행해 테스트/학습 데이터셋과 비교한다.
y_test를 y_val로 바꾸는 것 외에는 이전 코드와 동일하다.

```
plt.subplots(figsize=(10,10))
for f, fruit in zip([*range(len(fruits_l))], fruits_l):
  plt.subplot(4, 4, f+1)
  plt.title(fruits_l[f], fontsize=12)
  idx = np.random.choice(np.where(y_val[:,0]==fruit)[0], 1)[0]
  plt.imshow(X_val[idx], interpolation='spline16')
  plt.axis("off")
plt.show()
```

앞의 코드는 그림 8.3을 출력한다. 검증 데이터셋은 과일과 채소를 대부분 위쪽 및 측면 각도에서 찍었으며, 거친 픽셀이 적고 더 밝다는 것을 알 수 있다.

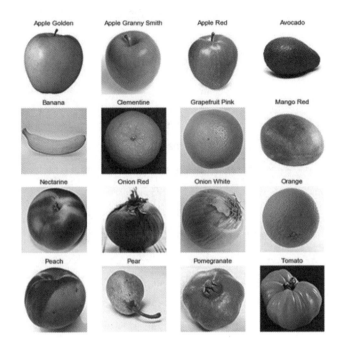

그림 8.3 검증 데이터셋의 무작위 샘플

8장에서는 CNN을 학습시킬 필요가 없다. 고맙게도 고객사가 학습된 모델을 제공했다.

CNN 모델 로드

모델을 빠르게 로드한 후 다음과 같이 요약을 출력할 수 있다.

```
model_path = get_file('CNN_fruits_final.hdf5', 'https://
github.com/PacktPublishing/Interpretable-Machine-Learning-with-
Python/blob/master/models/CNN_fruits_final.hdf5?raw=true')
```

```
cnn_fruits_mdl = keras.models.load_model(model_path)
```

```
cnn_fruits_mdl.summary()
```

앞의 코드는 다음 요약을 출력한다. 모델에 대해 알아야 할 거의 모든 것이 있다. 모델은 네 개의 컨볼루션 계층(Conv2D)과 그 뒤를 잇는 각각의 맥스 풀링 계층(MaxPooling2D)을 갖고 있다. 그다음에 정규화를 위한 첫 번째 드롭아웃(Dropout) 계층이 있고, 그 뒤에 Flatten 계층과 완전 연결 계층fully connected layer(Dense)을 갖는다. 마지막 출력 전에 Dropout 계층이 하나 더 있다. 당연히 최종 출력 계층은 각 클래스에 해당하는 16개의 뉴런을 갖는다.

```
Model: "CNN_fruits"
_____
Layer (type)                 Output Shape              Param #
=================================================================
conv2d_1 (Conv2D)            (None, 99, 99, 16)        208
_____
maxpool2d_1 (MaxPooling2D)   (None, 49, 49, 16)        0
_____
conv2d_2 (Conv2D)            (None, 48, 48, 32)        2080
_____
maxpool2d_2 (MaxPooling2D)   (None, 24, 24, 32)        0
_____
conv2d_3 (Conv2D)            (None, 23, 23, 64)        8256
_____
maxpool2d_3 (MaxPooling2D)   (None, 11, 11, 64)        0
_____
conv2d_4 (Conv2D)            (None, 10, 10, 128)       32896
_____
maxpool2d_4 (MaxPooling2D)   (None, 5, 5, 128)         0
_____
dropout_1 (Dropout)          (None, 5, 5, 128)         0
_____
flatten (Flatten)            (None, 3200)              0
```

410

```
---------------------------------------------------------------
dense_1 (Dense)              (None, 150)              480150
---------------------------------------------------------------
dropout_2 (Dropout)          (None, 150)              0
---------------------------------------------------------------
dense_2 (Dense)              (None, 16)               2416
===============================================================
Total params: 526,006
Trainable params: 526,006
Non-trainable params: 0
---------------------------------------------------------------
```

전통적인 해석 방법론으로 CNN 분류기 평가

다음과 같이 모델 자체의 evaluate 함수를 사용해 세 가지 데이터셋 모두에 대한 정확도를 쉽게 도출할 수 있다.

```
train_score = cnn_fruits_mdl.evaluate(X_train,
                                      ohe.transform(y_train),
                                      verbose=0)
test_score = cnn_fruits_mdl.evaluate(X_test,
                                     ohe.transform(y_test),
                                     verbose=0)
val_score = cnn_fruits_mdl.evaluate(X_val,
                                    ohe.transform(y_val),
                                    verbose=0)
print('Train accuracy:\t{:.1%}'.format(train_score[1]))
print('Test accuracy:\t{:.1%}'.format(test_score[1]))
print('Val accuracy:\t{:.1%}'.format(val_score[1]))
```

앞의 코드는 다음을 출력한다.

```
Train accuracy: 100.0%
Test accuracy:  99.9%
Val accuracy:   31.2%
```

실제로 최적의 하이퍼파라미터를 사용해 충분한 에포크 동안 모델을 학습하면 모델이 100%의 학습 정확도에 도달할 것으로 기대할 수 있다. 거의 완벽한 테스트 정확도는 이 두 데이터셋이 얼마나 다른지에 따라 달성하기 어려워진다. 이 테스트 데이터셋은 동일한 컬렉션으로부터 가져온 이미지 샘플이라는 것을 알기 때문에 이런 높은 정확도(99.9%)가 달성된 것이 특별히 놀랄 일은 아니다.

분류 모델이 비즈니스 환경에서 논의될 때 종종 일반 이해관계자는 정확도라는 한 가지 숫자에만 관심을 갖는다. 정확도가 논의를 주도하기 쉽지만 여기에는 훨씬 더 많은 뉘앙스가 있다. 예를 들어 실망스러운 검증 정확도(31.2%)는 많은 것을 의미할 수 있다. 이는 5개의 클래스는 완벽히 분류되지만 다른 모든 클래스는 그렇지 않거나, 또는 10개의 클래스가 절반이 잘못 분류되고 있음을 의미할 수도 있다. 무슨 일이 벌어지는지 알 수 없는 많은 가능성이 존재한다.

어쨌든 다중 클래스 분류 문제에서 50% 미만의 정확도가 생각만큼 나쁘지 않을 수도 있다. 16개의 클래스가 다소 균등하게 존재한다면 NIR[No Information Rate]이 약 7%일 가능성이 있으므로 31.2%는 그보다 훨씬 더 높다. 사실 100%가 되는 일은 거의 없다. 머신러닝 실무자가 이 검증 정확도만으로 판단한다면 이 모델은 개선할 수 있는 무언가를 학습하고 있음을 의미한다.

먼저 테스트 데이터셋과 evaluate_multiclass_mdl 함수를 사용해 모델을 평가할 것이다. 인수로는 모델(cnn_fruits_mdl), 테스트 데이터(X_test), 그에 해당하는 레이블(y_test), 클래스 이름(fruits_l), 원-핫 인코더(ohe) 등이 포함된다. 마지막으로 ROC 곡선은 완벽할 것이기 때문에 표시하지 않는다(plot_roc=False). 이 함수는 예측된 레이블과 확률을 반환하며, 이를 나중에 사용하기 위해 변수에 저장한다.

```
y_test_pred, y_test_prob =\

    mldatasets.evaluate_multiclass_mdl(cnn_fruits_mdl, X_test,\

                                       y_test, fruits_l, ohe,\

                                       plot_roc=False)
```

앞의 코드는 그림 8.4의 혼동 행렬과 각 클래스에 대한 성능 메트릭이 있는 그림 8.5를 모두 출력한다.

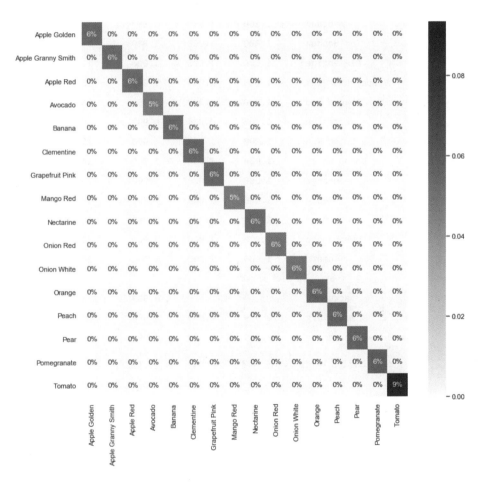

그림 8.4 테스트 데이터셋에 대한 혼동 행렬

그림 8.4의 혼동 행렬이 완벽한 분류를 보여주는 것 같지만 그림 8.5의 정밀도 및 재현율 분석을 보면 모델이 두 품종의 사과Apple, 천도복숭아Nectarine, 배Pear에 대해 문제가 있음을 알 수 있다.

	precision	recall	f1-score	support
Apple Golden	1.000	1.000	1.000	164
Apple Granny Smith	0.994	1.000	0.997	164
Apple Red	0.994	1.000	0.997	164
Avocado	1.000	1.000	1.000	143
Banana	1.000	1.000	1.000	166
Clementine	1.000	1.000	1.000	166
Grapefruit Pink	1.000	1.000	1.000	166
Mango Red	1.000	1.000	1.000	142
Nectarine	1.000	0.994	0.997	164
Onion Red	1.000	1.000	1.000	150
Onion White	1.000	1.000	1.000	146
Orange	1.000	1.000	1.000	160
Peach	1.000	1.000	1.000	164
Pear	1.000	0.994	0.997	164
Pomegranate	1.000	1.000	1.000	164
Tomato	1.000	1.000	1.000	246
accuracy			0.999	2633
macro avg	0.999	0.999	0.999	2633
weighted avg	0.999	0.999	0.999	2633

그림 8.5 테스트 데이터셋에 대한 거의 완벽한 예측 성능 메트릭

이제 검증 데이터셋에 대해 동일한 코드를 반복한다. 이번에는 ROC 곡선을 그릴 것이지만(plot_roc=True) 각 클래스당 데이터가 4개뿐이기 때문에 클래스 기준이 아닌 평균만 표시한다(plot_roc_class=False). 샘플 수가 적기 때문에 혼동 행렬에 백분율이 아닌 개수를 표시한다(pct_matrix=False).

```
y_val_pred, y_val_prob =\

  mldatasets.evaluate_multiclass_mdl(cnn_fruits_mdl, X_val,\

                         y_val, fruits_l, ohe,\

                         plot_roc=True,\

                         plot_roc_class=False,\

                         pct_matrix=False)
```

앞의 코드는 그림 8.6의 ROC 곡선, 그림 8.7의 혼동 행렬, 그림 8.8의 분류 성능 메트릭을 출력한다.

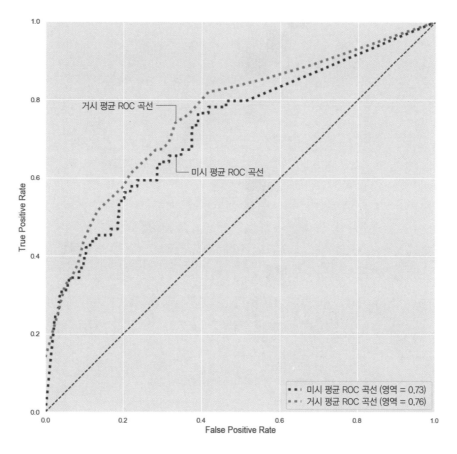

그림 8.6 검증 데이터셋에 대한 ROC 곡선

그림 8.6은 검증 데이터셋에 대한 거시 평균macro-average(분홍색 점선) 및 미시 평균micro-average(파란색 점선) ROC 곡선을 보여준다. 이 둘의 차이점은 계산 방법에 있다. 거시 평균은 각 클래스 별로 독립적으로 계산한 다음 평균을 낸다. 미시 평균은 각 클래스의 기여나 표현으로부터 기인하며, 일반적으로 미시 평균이 더 신뢰성 있다.

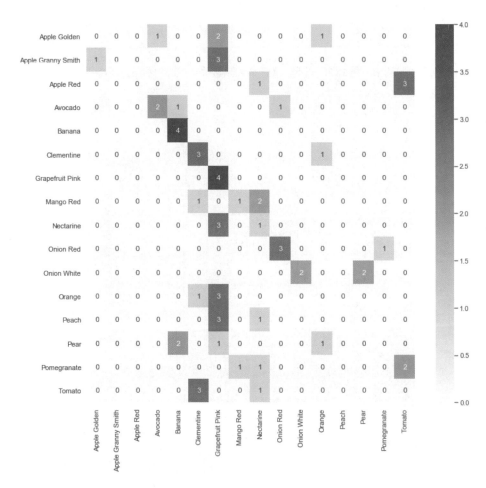

그림 8.7 검증 데이터셋에 대한 혼동 행렬

그림 8.7의 혼동 행렬을 보면 바나나Banana와 자몽Grapefruit Pink만 4개 모두 정확히 분류된 것을 것을 알 수 있다. 그런데 많은 과일이 바나나와 자몽, 특히 자몽으로 잘못 분류되고 있

416

다. 또한 모든 사과 품종과 토마토Tomato 등의 많은 과일이 제대로 분류되지 않는다. 다른 과일과 모양이나 색상이 비슷한 과일들의 경우 왜 이런 일이 일어나는지 이해할 수 있지만, 아보카도Avocado가 바나나 또는 양파Onion Red로 잘못 분류되는 이유는 무엇일까?

	precision	recall	f1-score	support
Apple Golden	0.000	0.000	0.000	4
Apple Granny Smith	0.000	0.000	0.000	4
Apple Red	0.000	0.000	0.000	4
Avocado	0.667	0.500	0.571	4
Banana	0.571	1.000	0.727	4
Clementine	0.375	0.750	0.500	4
Grapefruit Pink	0.211	1.000	0.348	4
Mango Red	0.500	0.250	0.333	4
Nectarine	0.143	0.250	0.182	4
Onion Red	0.750	0.750	0.750	4
Onion White	1.000	0.500	0.667	4
Orange	0.000	0.000	0.000	4
Peach	0.000	0.000	0.000	4
Pear	0.000	0.000	0.000	4
Pomegranate	0.000	0.000	0.000	4
Tomato	0.000	0.000	0.000	4
accuracy			0.312	64
macro avg	0.264	0.312	0.255	64
weighted avg	0.264	0.312	0.255	64

그림 8.8 검증 데이터셋에 대한 예측 성능 메트릭

검증 데이터셋에 대한 그림 8.8의 예측 성능 메트릭은 혼동 행렬에서 본 것과 일치한다. 자몽과 바나나는 재현율은 높지만 정밀도가 낮으며, 클래스의 절반은 둘 다 0%이다.

중점적으로 살펴볼 오분류

이제 중점적으로 살펴봐야 할 흥미로운 오분류를 발견했다.

- **자몽 위양성**FP: 검증 데이터셋의 64개 샘플 중 15개가 자몽으로 잘못 분류됐다. 거의 1/4이다. 모델이 다른 과일과 자몽을 쉽게 헷갈리는 이유는 무엇일까?
- **아보카도 위음성**FN: 아보카도는 배 모양이지만 그보다 더 어두운 색상이고 표면은 악어 같은 독특한 질감을 갖고 있다. 어떻게 이 과일이 잘못 분류될 수 있는지 짐작하기가 쉽지 않다.

그리고 이런 오분류를 이해하려면 동일한 과일에 대한 진양성TP도 함께 조사해야 한다.

앞으로의 시각화 작업을 위해 한 칼럼에는 실제 레이블(y_true), 다른 칼럼에는 예측 레이블(y_pred)이 있는 데이터프레임(preds_df)을 만든다. 그리고 이런 예측에 대해 모델이 얼마나 확신을 갖고 있는지 이해하기 위해 확률을 갖는 또 다른 데이터프레임(probs_df)을 만든다. 모든 샘플에 대해 모델이 가장 확신하는 과일이 무엇인지에 따라 칼럼을 정렬하기 위해 이런 확률들에 대한 합계 칼럼을 생성할 수 있다. 그다음에 과일의 절반만 분류된다는 것을 알고 있으므로 예측 데이터 프레임을 확률 데이터 프레임의 처음 8개 칼럼과 합칠 수 있다.

```python
preds_df = pd.DataFrame({'y_true':y_val[:,0],
                         'y_pred':y_val_pred})
probs_df = pd.DataFrame(y_val_prob*100).round(1)
probs_df.loc['Total']= probs_df.sum().round(1)
probs_df.columns = fruits_l
probs_df = probs_df.sort_values('Total', axis=1,
                                ascending=False)
probs_df.drop(['Total'], axis=0, inplace=True)
probs_final_df = probs_df.iloc[:,0:8]
preds_probs_df = pd.concat([preds_df, probs_final_df], axis=1)
```

이제 평가하길 원하는 예측 인스턴스를 색상으로 구분한 데이터프레임을 출력해보자. 한편에는 자몽 위양성이 있고 다른 한편에는 아보카도 위음성도 있다. 그러나 또한 진양성도 갖고 있다. 이것들 모두를 강조하지만 오분류와 관련된 것들에만 관심이 있다. 마지막으로 더 높은 확률을 더 쉽게 찾을 수 있도록 50% 이상의 모든 확률은 굵게 표시하고 0%의 모든 확률은 숨긴다.

```python
pd.set_option('precision', 1)
preds_probs_df.style.\
  apply(lambda x: ['background: lightgreen'\
      if (x[0] == x[1]) else '' for i in x], axis=1).\
  apply(lambda x: ['background: orange' if (x[0] != x[1] and\
      x[1]=='Grapefruit Pink') else '' for i in x], axis=1).\
  apply(lambda x: ['background: yellow' if (x[0] != x[1] and\
      x[0] == 'Avocado') else '' for i in x], axis=1).\
  apply(lambda x: ['font-weight: bold' if isinstance(i, float)\
      and i >= 50 else '' for i in x], axis=1).\
  apply(lambda x: ['color:transparent' if i == 0.0 else ''\
      for i in x], axis=1)
```

앞의 코드는 그림 8.9를 출력한다. 자몽의 위양성과 아보카도의 위음성뿐만 아니라 #36~#39의 자몽, #5와 #7의 아보카도와 같이 진양성도 하이라이트돼 있다.

	y_true	y_pred	Grapefruit Pink	Clementine	Banana	Nectarine	Tomato	Onion Red	Avocado	Orange
0	Pear	Banana			100.0					
1	Pear	Banana			100.0					
2	Pear	Orange	5.2							94.8
3	Pear	Grapefruit Pink	96.5		3.5					
4	Avocado	Onion Red						100.0		
5	Avocado	Avocado						0.1	99.9	
6	Avocado	Banana			100.0					
7	Avocado	Avocado							100.0	
8	Pomegranate	Tomato					100.0			
⋮	⋮	⋮	⋮	⋮	⋮	⋮	⋮	⋮	⋮	⋮
16	Apple Golden	Avocado							99.8	0.2
17	Apple Golden	Grapefruit Pink	100.0							
18	Apple Golden	Orange								100.0
19	Apple Golden	Grapefruit Pink	100.0							
20	Nectarine	Grapefruit Pink	100.0							
21	Nectarine	Nectarine				100.0				
22	Nectarine	Grapefruit Pink	100.0							
23	Nectarine	Grapefruit Pink	100.0							
24	Clementine	Clementine		100.0						
25	Clementine	Clementine	1.9	98.1						
26	Clementine	Clementine		100.0						
27	Clementine	Orange								100.0
28	Onion White	Pear								
29	Onion White	Pear								
30	Onion White	Onion White								
31	Onion White	Onion White	8.2		0.6					
32	Apple Granny Smith	Grapefruit Pink	100.0							
33	Apple Granny Smith	Apple Golden								
34	Apple Granny Smith	Grapefruit Pink	100.0							
35	Apple Granny Smith	Grapefruit Pink	92.7		7.2				0.1	
36	Grapefruit Pink	Grapefruit Pink	100.0							
37	Grapefruit Pink	Grapefruit Pink	100.0							
⋮	⋮	⋮	⋮	⋮	⋮	⋮	⋮	⋮	⋮	⋮
56	Orange	Clementine	38.7	61.3						
57	Orange	Grapefruit Pink	100.0							
58	Orange	Grapefruit Pink	51.8	48.2						
59	Orange	Grapefruit Pink	91.6	8.4						
60	Peach	Grapefruit Pink	100.0							
61	Peach	Grapefruit Pink	100.0							
62	Peach	Nectarine				0.1	99.9			
63	Peach	Grapefruit Pink	87.7				11.9			

그림 8.9 검증 데이터셋의 64개 샘플에 대한 실제 및 예측 레이블 그리고 예측 확률

다음 코드를 사용해 이런 인스턴스에 대한 인덱스를 리스트에 쉽게 저장할 수 있다. 그러면 나중에 이 리스트를 참조해 개별 예측 또는 리스트의 하위 집합을 평가해 전체 그룹에 대한 해석 작업을 수행할 수 있다. 위 그림에서 알 수 있듯이 다음과 같은 네 그룹에 대한 리스트가 있다.

```
avocado_FN_idxs = preds_df[(preds_df['y_true'] !=\
  preds_df['y_pred']) & (preds_df['y_true'] == 'Avocado')].\
  index.to_list()
avocado_TP_idxs = preds_df[(preds_df['y_true'] ==\
  preds_df['y_pred']) & (preds_df['y_true'] == 'Avocado')].\
  index.to_list()
grapefruit_FP_idxs = preds_df[(preds_df['y_true'] !=\
  preds_df['y_pred']) & (preds_df['y_pred'] ==\
  'Grapefruit Pink')].index.to_list()
grapefruit_TP_idxs = preds_df[(preds_df['y_true'] ==\
  preds_df['y_pred']) & (preds_df['y_pred'] ==\
  'Grapefruit Pink')].index.to_list()
```

모든 데이터가 전처리됐으므로 모델이 완전히 로드되고 디버깅할 예측 그룹이 나열된다. 이제 앞으로 나아갈 수 있다. 해석을 시작해보자.

█ 활성화 기반 방법론으로 학습 과정 시각화

활성화, 계층, 필터, 뉴런, 그래디언트, 컨볼루션convolution, 커널kernel 그리고 CNN을 구성하는 모든 요소에 대해 논의하기 전에 먼저 CNN의 메커니즘을 다시 간단히 살펴보자.

컨볼루션 계층은 CNN의 필수 구성 요소다. 상대적으로 작지만 전체 너비, 높이, 깊이에 특정 거리 또는 보폭stride마다 적용되는 학습 가능한 필터를 사용해 입력에 대해 합성곱을 적용한다. 그림 8.10을 보라. 과일 CNN의 경우 첫 번째 컨볼루션 계층에는 2×2 커널, 기본인 1×1 보폭, 제로 패딩zero padding을 사용하지 않는(padding=valid) 16개의 필터가 있다. 각 필터는 2차원 **활성화 맵**activation map 또는 **피처 맵**feature map을 생성한다. 이미지에서 활성화된 위치, 즉 특정 "피처"가 있는 위치를 나타내기 때문에 활성화 맵이라고 부른다. 여기서 말하는 피처는 프로세스의 후반에 있는 완전 연결 계층(dense)에서 학습된 가중치로 반영되는 추상 공간 표현이다. 입력 이미지에서 특정 패턴이 발견될 때 활성화 맵의 영역을 활성화하기 때문에 필터는 템플릿 매칭template matching이라고 할 수 있다.

그러나 dense 계층에 도달하기 전에 작동 가능한 크기가 될 때까지 필터의 차원을 줄여야 한다. 예를 들어 첫 번째 컨볼루션의 출력(99×99×16)을 평면화하면 피처가 거의 157,000개다. 이것을 완전 연결 계층으로 넘기기에는 너무 많다는 데 모두 동의할 것이다. 이 작업량을 처리하기에 충분한 뉴런을 사용하더라도 신경망이 이미지를 이해하기에 충분한 표현을 캡처하지 못했을 것이다.

이런 이유로 컨볼루션 계층은 종종 입력을 다운샘플링하는 풀링 계층과 쌍을 이루며, 이 경우에는 윈도우 또는 커널에서 최댓값을 취하는 **맥스 풀링**max pooling을 사용한다. 이 경우에 커널 크기가 2×2이기 때문에 4개의 클러스터에서 하나의 값을 취해 출력의 너비와 높이를 절반으로 줄인다. 계층의 시각적 표현은 다음 그림 8.10을 참조하라.

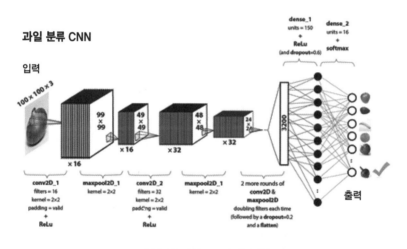

그림 8.10 과일 CNN의 아키텍처

또한 연속적으로 더 큰 표현을 캡처하기 위해 추가 컨볼루션 계층을 쌓았다. 필터의 너비와 높이가 작아질수록 학습된 표현은 더 커진다. 즉, 첫 번째 컨볼루션 계층은 질감과 같은 세부적인 것에 대한 것이고, 그다음 계층은 가장자리에 대한 것이고, 마지막 계층은 모양에 대한 것일 수 있다. 그다음에 컨볼루션 계층의 출력을 평면화해 그 이후에 있는 다층 퍼셉트론에 제공해야 한다.

다행스럽게도 평면화된 출력은 3,200개의 피처로 작업 가능한 크기다. 이 CNN에는 조밀 또는 완전 연결 계층이 2개밖에 없다. 첫 번째 완전 연결 계층에는 150개의 뉴런이 있고, 마지막 계층에는 소프트맥스softmax 활성화를 통해 각 클래스에 대해 0~1 사이의 확률을 출력하는 16개의 뉴런이 있다. 과일 CNN에는 학습을 정규화하는 데 도움이 되는 드롭아웃 계층도 포함돼 있다. 추론을 수행할 때 이 계층은 무시되기 때문에 여기서는 이를 완전히 무시할 것이다.

이 모든 것에 대해 완전히 명확하지 않더라도 초조해하지 말라. 다음 절에서는 네트워크가 어떻게 이미지 표현을 학습하거나 학습하지 않는지 활성화, 그래디언트, 섭동 등을 통해 시각적으로 보여줄 것이다.

중간 활성화

추론을 할 때 네트워크의 입력을 거친 이미지는 모든 단일 계층을 통과한 출력을 통해 예측을 산출한다. 하지만 순차적인 계층 구조의 장점 중 하나는 최종 계층뿐만 아니라 모든 계층의 출력을 추출할 수 있다는 것이다. **중간 활성화**intermediate activation는 단지 컨볼루션 계층 또는 풀링 계층의 출력일 뿐이다. 이것은 활성화 함수가 적용된 후 더 밝은 부분이 이미지의 피처로 매핑되기 때문에 활성화 맵이라고도 한다. 이 실습의 모델은 모든 컨볼루션 계층에서 ReLu를 사용하므로 특정 지점이 활성화된다. 풀링 계층은 단순히 컨볼루션 계층의 다운샘플링된 버전이기 때문에 여기서는 컨볼루션 계층의 중간 활성화에만 관심이 있다. 저해상도보다는 고해상도 버전을 보는 것이 낫지 않겠는가?

이제 여기서 할 일은 모든 컨볼루션 계층을 반복 처리해 각 계층에 대한 활성을 추출하는 것이다. 이를 위해 컨볼루션 계층의 이름(target_layers)을 리스트를 만들고, 다음과 같이 ExtractActivations( )로 설명자 explainer를 초기화한다.

```
target_layers = ['conv2d_1', 'conv2d_2', 'conv2d_3',
'conv2d_4']

explainer = ExtractActivations()
```

모든 목표 계층과 모든 아보카도 진양성 검증 샘플에 대해 반복적으로 각 계층과 샘플의 조합에 대한 활성화 맵을 생성한다. explain 함수를 사용해 이를 수행한다. 이 함수는 매우 특정한 형식으로 샘플 이미지를 취하는데 두 번째 요소로 None을 가진 튜플의 내부에는 이미지의 차원으로서 (1, 100, 100, 3)이 추가된다. 또한 모델(cnn_fruits_mdl)과 계층 이름(target_layer)이 필요하다. 이 함수는 계층의 모든 필터에 대한 활성화 맵을 출력한다 (viz_img). 이를 시각화하기 위해 원본 샘플 이미지(orig_img)와 해석 방법론에 의해 생성된 이미지(viz_img)를 나란히 배치하는 compare_img_pred_viz라는 함수를 사용할 것이다. 이 함수는 또한 샘플의 실제 레이블(y_true)과 예측된 레이블(y_pred)도 함께 사용한다. 옵션으로 이 예측에 대한 확률(probs_s)과 제목을 포함시킬 수 있다.

```
for target_layer in target_layers:
  for idx in avocado_TP_idxs:
    orig_img = X_val_orig[idx]
    viz_img = explainer.explain((np.array([X_val[idx]]), None),
                                cnn_fruits_mdl, target_layer)
    y_true = y_val[idx,0]
    y_pred = y_val_pred[idx]
    probs_s = probs_df.loc[idx]
    title = '{} Activations for Avocado #{}'.\
            format(target_layer, idx)
    mldatasets.compare_img_pred_viz(orig_img, viz_img,\
                                    y_true, y_pred, probs_s,
                                    title=title)
```

앞의 코드는 그림 8.11과 그림 8.12를 포함해 총 8개의 이미지를 생성한다. 그림 8.11에서 알 수 있듯이 첫 번째 컨볼루션 계층은 아보카도의 꺼끌꺼끌한 표면 질감과 윤곽을 포착하는 것 같다.

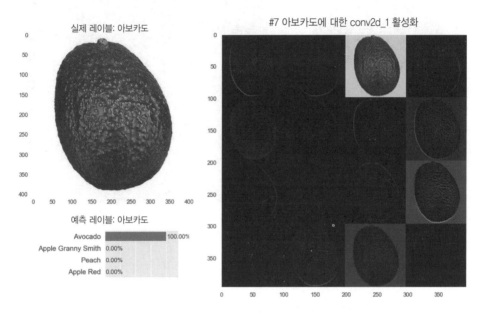

그림 8.11 #7 아보카도에 대한 첫 번째 컨볼루션 계층의 중간 활성화

그림 8.12는 네트워크가 두 번째 컨볼루션 계층에 의해 아보카도의 윤곽을 더 잘 이해하고 있으며, 밝은 영역은 깊이와 볼록한 모양을 잘 드러내고 있음을 보여준다.

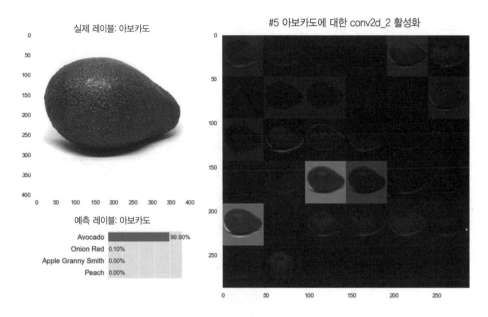

그림 8.12 #5 아보카도에 대한 두 번째 컨볼루션 계층의 중간 활성화

상황을 바꿔서 마지막 두 컨볼루션 계층의 자몽에 대한 중간 활성화를 해석해보자. 이를 위해서는 동일한 코드에서 avocado를 grapefruit으로 바꾸면 된다. 이 과일에는 4개의 진양성이 있으므로 총 16개의 설명이 산출된다. 이 수정된 코드는 그림 8.13 및 그림 8.14를 출력한다. 그림 8.13의 세 번째 컨볼루션 계층은 자몽의 모양과 이를 반영하는 하이라이트를 포착하는 것으로 보인다.

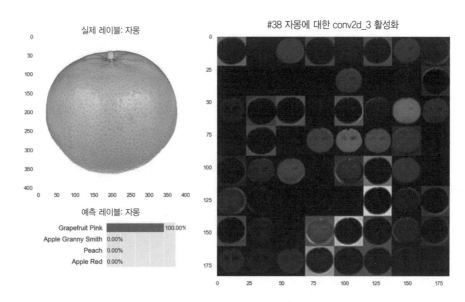

그림 8.13 #38 자몽에 대한 세 번째 컨볼루션 계층의 중간 활성화

그림 8.14에서 네 번째 컨볼루션 계층에 의한 활성화 맵에는 자몽의 둥근 모양 외에는 다른 세부 특징이 없음을 볼 수 있다.

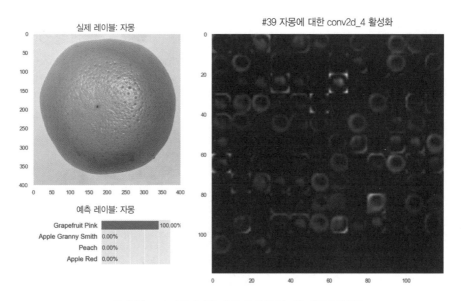

그림 8.14 #39 자몽에 대한 네 번째 컨볼루션 계층의 중간 활성화

중간 활성화를 추출하면 각 샘플에 대한 통찰력을 얻을 수 있다. 즉, 이것은 로컬 모델 해석 방법론이다. 그러나 글로벌에서 활성화가 어떻게 작동하는지 알고 싶다면 어떻게 해야 할까? 이것이 활성화 극대화로 할 수 있는 일이다.

활성화 극대화

글로벌 해석을 위해서 각 컨볼루션 계층의 필터에 대해 활성화 극대화를 수행할 수 있다. 이름에서 알 수 있듯 활성화를 극대화하는 것이다. 여기서는 이것을 **경사상승법**gradient ascent 으로 수행한다. 기억을 되살려보면 데이터에 대해 학습할 때는 입력이 레이블과 가능한 한 많이 일치하도록 최소의 손실을 달성하는 가중치를 찾기 위해 **경사하강법**gradient descent 을 활용했다. 활성화 극대화를 위해서는 그 반대인 경사상승법을 활용한다. 가중치를 일정하게 유지한 상태에서 각 필터가 최대로 반응하는 이미지를 찾을 때까지 입력 이미지를 수정한다.

먼저 두 개의 간단한 함수를 정의해야 한다. 하나는 모델을 수정하는 것이고, 다른 하나는 사용자 정의된 손실함수다. 중간 활성화 방법론과 마찬가지로 모델이 중간 계층에서 끝나는 것처럼 가장해야 하기 때문에 모델을 수정해야 한다. 중간 활성화와 달리 목표 계층의 활성화 함수를 선형으로 만든다. 컨볼루션 계층은 ReLu와 같은 비선형 활성화 함수를 가질 것으로 예상한다는 것에 주의하라. 손실함수는 단일 필터에 대한 손실을 반환하기 위해 필요하다.

```
def model_modifier(mdl):
  global target_layer
  target = mdl.get_layer(name=target_layer)
  new_mdl = tf.keras.Model(inputs=mdl.inputs,\
                          outputs=target.output)
  new_mdl.layers[-1].activation = tf.keras.activations.linear
  return new_mdl
```

```
def loss(output):
  global filter_num
  return output[…, filter_num]
```

이제 필요한 함수가 정의됐으므로 4개의 모든 목표 컨볼루션 계층을 반복 처리해 각각에 대해 16개의 필터가 있는 그리드를 생성할 수 있다. 첫 번째 계층은 16개의 필터를 갖지만 다른 계층에서는 np.random.choice를 사용해 무작위로 선택된다. 그다음에 모든 필터에 대해 반복적으로 각 필터를 극대화하는 이미지를 계산한다. 먼저 모델(cnn_fruits_mdl), 모델을 수정하는 함수(model_modifier) 그리고 원본 모델을 수정하지 않고 복제하라는 지시(clone=True)로 ActivationMaximization을 인스턴스화 한다. 그다음에 이미지를 생성하는 인스턴스화된 ActivationMaximization에 loss 함수를 전달한다.

```
# 각 계층에서 활성화 극대화 플롯을 생성할 필터의 수
num_filters = 16
# num_filters를 기반으로 이미지의 크기(너비 또는 높이)를 계산
gridsize = math.ceil(math.sqrt(num_filters))
# 각 목표 계층을 반복 처리
for target_layer in target_layers:
  # 계층의 모든 필터 중에서 인덱스를 무작위로 선택
  for layer in cnn_fruits_mdl.layers:
    if layer.name == target_layer:
      total_filters = layer.filters
  if total_filters == num_filters or total_filters<num_filters:
    filter_num_l = [*range(num_filters)]
  else:
    filter_num_l = list(np.random.choice(\
                 [*range(total_filters)], num_filters))
  # 각 무작위 필터에 대한 활성화 극대화 계산 및 플롯 작성
  fig = plt.figure(figsize=(10,10))
```

```
for f, filter_num in zip([*range(len(filter_num_l))],\
                         filter_num_l):
    plt.subplot(gridsize, gridsize, f+1)
    plt.title('Filter #{}'.format(filter_num), fontsize=12)
    activation_maximization = ActivationMaximization(\
                        cnn_fruits_mdl,\
                            model_modifier, clone=True)
    activation = activation_maximization(loss)
    plt.imshow(activation[0].astype(np.uint8),\
            interpolation='spline16')
    plt.axis("off")
fig.suptitle('{} Layer'.format(target_layer), fontsize=18,\
            weight='bold')
plt.subplots_adjust(bottom=0, top=0.92)
plt.show()
```

위의 코드는 그림 8.15 및 그림 8.16을 포함해 4개의 이미지를 출력한다. 그림 8.15에서 첫 번째 컨볼루션 계층은 색상 이외의 특정 패턴에는 반응하지 않는 것으로 보인다. 이것은 일반적인 템플릿이며 16개의 필터만 있기 때문에 아주 구체적이라고는 할 수 없다. 그림 8.15의 풀컬러 버전은 본문 829쪽을 참고하기 바란다.

그림 8.15 모델의 첫 번째 컨볼루션 계층에 대한 활성화 극대화

네트워크가 네 번째 컨볼루션 계층에 도달할 때까지 필터는 여러 종류의 물방울 무늬 패턴에 최대로 반응하는 것으로 보인다. 이 계층에는 128개의 필터가 있으므로 훨씬 더 구체적일 수 있다.

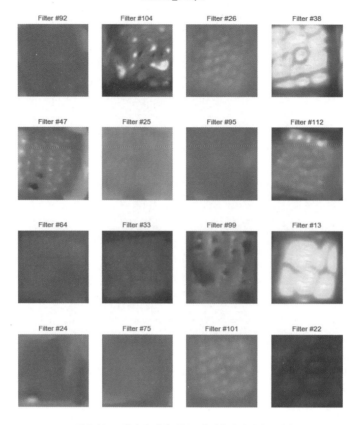

그림 8.16 모델의 네 번째 컨볼루션 계층의 활성화 극대화

과일과 채소의 경우 많은 과일이 동일한 모양과 패턴을 공유하기 때문에 활성화 극대화는 별로 유용하지 않다. 그러나 이것이 고양이와 개 분류기라면 각 클래스에 속하는 일부 패턴을 명확하게 구별할 수 있을 것이다. 여기서의 요점은 CNN에서 필터의 역할에 대한 이해를 제공하는 것이었다. 그림 8.16의 풀컬러 버전은 본문 829쪽을 참고하기 바란다.

다음으로 모델이 잘못 분류하는 이유를 이해하기 위해 그래디언트를 활용할 것이다.

그래디언트 기반 귀인 방법론으로 오분류 검증

그래디언트 기반 방법론은 CNN의 순방향 및 역방향 학습을 통해 각 분류에 대한 **속성 맵** attribution map을 계산한다. 이름에서 알 수 있듯이 이 방법론은 역전파에서 그래디언트를 활용해 속성 맵을 계산한다. 이 방법론은 샘플당 하나의 해석만 도출하기 때문에 로컬 해석 방법론이다. 참고로 여기서 말하는 속성 또는 귀인은 예측된 레이블이 이미지의 특정 영역으로 인해 도출된 것임을 의미한다. 학술 문헌에서는 종종 **민감도 맵**sensitivity map이라고도 한다.

해석을 시작하기 위해 먼저 검증 데이터셋(X_val)의 모든 오분류 샘플(X_misclass)로 배열을 만든다. 그래디언트 기반 방법론 중 다수는 속성 맵을 일괄적으로 계산할 수 있기 때문에 처리를 용이하게 해준다. 그다음에 오분류 배열의 형태를 출력해 17개 샘플이 모두 있는지 확인한다.

```
idxs = avocado_FN_idxs + grapefruit_FP_idxs
X_misclass = X_val[idxs]
print(X_misclass.shape)
```

이 방법론은 네트워크의 마지막에 있는 완전 연결 계층까지 순방향 학습한다. 이 마지막 계층은 각 클래스에 대한 확률을 출력한다는 것을 기억할 것이다. 각 샘플에 대해 예측된 클래스에 해당하는 가장 높은 확률을 알고 있다. 그러나 이 방법론은 클래스를 예측하기 전에 역방향 전파로 전환된다. 따라서 16개 클래스에 대한 출력 중 어느 것으로 손실을 계산해야 하는지 알려줘야 한다. 이를 위해서 사이킷런의 OrdinalEncoder를 이용해 샘플의 레이블을 서수로 인코딩할 것이다. 먼저 np.expand_dims를 사용해 레이블이 올바른 포맷인지 확인해야 하며, 모든 레이블이 인코딩되면 샘플로부터 해당 레이블을 하위 집합으로 만들어 쉽게 출력할 수 있는 리스트로 변환한다.

```
enc = preprocessing.OrdinalEncoder()
enc.fit(y_train)
```

```
y_val_pred_exp = np.expand_dims(np.array(y_val_pred),axis=1)
y_val_pred_enc = enc.transform(y_val_pred_exp)
labels_l = y_val_pred_enc[idxs].squeeze().astype(int).tolist()
print(labels_l)
```

앞의 코드는 다음 리스트를 출력한다.

```
[9, 4, 6, 6, 6, 6, 6, 6, 6, 6, 6, 6, 6, 6, 6, 6, 6]
```

리스트(labels_l)에 많이 나타나는 6은 일곱 번째 클래스에 해당하는 자몽이다. 실제로 17개 샘플 중 15개가 자몽 위양성이다.

다음으로 model_modifier 함수를 정의한다. 유일한 코드 수정은 마지막에 있는 완전 연결 계층의 활성화 함수를 선형으로 바꾸는 것이다. 여기서는 소프트맥스 활성화에 의해 생성된 확률에 관심이 없다. 소프트맥스는 모든 클래스에 대한 출력의 합이 1이 되도록 출력을 잠재적으로 수축시키기 때문이다. 지금은 나머지 클래스에는 관심이 없고 오직 예측된 클래스에만 관심이 있다. 그다음에 이 방법론은 역전파를 수행해 선형으로 활성화된 이 출력으로 여기에 기여한 이미지 부분을 추적한다.

```
def model_modifier(mdl):
  mdl.layers[-1].activation = tf.keras.activations.linear
  return mdl


def loss(output):
  global labels_l
  pos_l = [*range(len(labels_l))]
  output_l = []
  for p, l in zip(pos_l, labels_l):
    output_l.append(output[p][l])
  return tuple(output_l)
```

앞의 코드에서 loss 함수는 원래 모든 샘플 및 예측된 클래스 조합에 대한 손실값을 갖는 튜플을 반환해야 한다. 여기서는 관심 있는 손실만 출력하도록 모델의 원래 출력을 변환한다. 이제 첫 번째 그래디언트 기반 방법론을 학습해보자.

돌출 맵

단순 돌출 맵은 그래디언트의 절댓값에 의존한다. 최소한의 섭동으로 이 값에 따라 가장 크게 출력을 변화시키는 픽셀을 이미지에서 찾는 것이다. 이 단순 돌출 맵은 섭동을 수행하지 않으므로 이 가설을 검증하지 않으며, 절댓값을 사용하는 것은 반대되는 다른 증거를 찾는 것을 방지하기 위함이다.

이 첫 번째 돌출 맵 방법론은 당시에 매우 획기적이었고 다양한 방법론에 영감을 줬다. 일반적으로 이것을 다른 돌출 맵, 특히 SmoothGrad 돌출 맵과 구별하기 위해 "단순한 vanilla"이란 별명이 붙었다. SmoothGrad 돌출 맵은 샘플 이미지에 작은 무작위 섭동을 수행, 즉 잡음을 추가한다. 동일한 샘플 이미지의 다른 버전을 여러 번 생성한 다음 그래디언트를 계산한다. 그다음에 이 그래디언트를 평균해 돌출 맵을 훨씬 더 매끄럽게 만든다.

그러면 이것은 섭동 기반 방법론이 아닌가? 이 책에서는 SHAP에서 앵커에 이르기까지 이미 여러 섭동 기반 방법론을 다뤘는데 그 공통점은 출력에 미치는 영향을 측정하기 위해 입력을 섭동한다는 것이다. SmoothGrad는 출력에 대한 영향을 측정하지 않으며 단지 그래디언트에 관심이 있을 뿐이다.

잘못 분류된 모든 샘플에 대해 단순 돌출 맵과 SmoothGrad 돌출 맵을 모두 생성하는 것은 비교적 간단하다. 먼저 모델(cnn_fruits_mdl), 모델 수정 함수(model_modifier) 그리고 모델의 복사본 생성 여부(clone=True)를 제공해 Saliency 객체 인스턴스를 초기화한다. 그다음에 이 인스턴스를 사용해 단순 및 SmoothGrad 돌출 맵을 모두 생성할 수 있다. 맵을 생성하기 위해 인스턴스에 필요한 것은 loss 함수와 샘플(X_misclass)이며, 맵이 생성되면 출력이 0과 1 사이가 되도록 정규화한다. SmoothGrad는 생성할 잡음 샘플의 수

(smooth_samples=20)와 임의의 잡음 세기(smooth_noise=0.20)를 설정하는 것만 다르다.

```
saliency = Saliency(cnn_fruits_mdl,
                    model_modifier=model_modifier,
                    clone=True)
saliency_maps = saliency(loss, X_misclass)
saliency_maps = normalize(saliency_maps)
smoothgrad_saliency_maps = saliency(loss, X_misclass,
                                    smooth_samples=20,\
                                    smooth_noise=0.20)
smoothgrad_saliency_maps = normalize(smoothgrad_saliency_maps)
```

해석을 위해 샘플 이미지와 나란히 돌출 맵을 그릴 수 있다. matplotlib은 subplot 그리드를 사용해 이 작업을 쉽게 수행할 수 있다. 1×3 격자를 만들고 첫 번째 지점에 #0 샘플 이미지, 두 번째 지점에 단순 돌출 맵, 세 번째 지점에 SmoothGrad 맵을 배치한다. 생성된 돌출 맵은 흑백이지만 돌출 영역이 더 확실히 보이도록 색상 맵(cmap='jet')을 적용한다.

```
plt.subplots(figsize=(15,5))
plt.subplot(1, 3, 1)
plt.imshow(X_misclass[0])
plt.grid(b=None)
plt.title("Original Image")
plt.subplot(1, 3, 2)
plt.imshow(saliency_maps[0], cmap='jet')
plt.grid(b=None)
plt.title("Vanilla Saliency Map")
plt.subplot(1, 3, 3)
plt.imshow(smoothgrad_saliency_maps[0], cmap='jet')
plt.grid(b=None)
plt.title("SmoothGrad Saliency Map")
```

앞의 코드는 그림 8.17의 플롯을 출력한다.

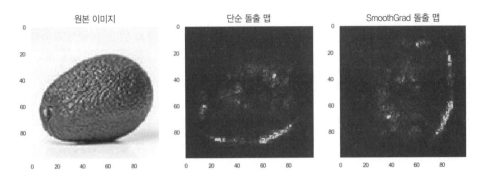

그림 8.17 양파로 잘못 분류된 아보카도의 돌출 맵

그림 8.17의 샘플 이미지는 분명히 아보카도이지만 `print(y_val_pred[idxs[0]])`를 실행하면 예측이 양파임을 알 수 있다. 단순 돌출 맵은 예측이 주로 사진의 피사계 심도^{depth-of-field}의 흐릿함, 특히 과일 가장자리 근처의 매끄러운 영역에 기인한 것으로 나타난다. 이 가장자리 영역은 또한 단순 돌출 맵의 밝은 파란색 영역 내에서 붉은 색조를 띠고 있다. 아마도 꼭지 주변의 일부 반점이 노란색으로 두드러져서 이것 때문에 모델이 양파와 비슷하다고 결정했음을 시사한다.

SmoothGrad 맵이 단순 돌출 맵과 얼마나 다른지 놀라게 될 것이다. 하지만 항상 그런 것은 아니며 종종 단지 더 매끄러운 버전일 뿐이다. 20% 잡음이 속성을 왜곡하거나 섭동된 20개의 샘플이 충분하지 않은 경우에 그럴 수 있다. 그러나 SmoothGrad가 실제 이야기를 더 정확하게 묘사할 수도 있기 때문에 여기서는 뭐라고 말하기 어렵다.

지금은 수행하지 않을 것이지만 `smooth_noise`와 `smooth_samples` 매개변수를 시각적으로 튜닝할 수 있다. 각각 5%와 80개, 또는 10%와 40개 등과 같은 일련의 조합으로 더 적은 잡음과 더 많은 샘플로 시도해 이들 사이에 공통점이 있는지 확인할 수 있다. 일관된 이야기를 최대한 명확하게 묘사하는 것이 도움이 될 것이다. SmoothGrad의 단점 중 하나는 최적의 매개변수를 정의해야 한다는 것이다.

어쨌든 그림 8.17의 SmoothGrad 돌출 맵을 액면 그대로 보면 아보카도의 불그스름한 영역이 단순 맵과 일치한다. 그러나 과일의 아래쪽 가장자리를 강조 표시하는 대신 SmoothGrad 맵은 상당히 흐린 오른쪽 가장자리를 강조 표시하고 있다. 이외에도 과일의 바깥쪽에서 두드러진 부분을 찾는다. 학습 데이터에는 흰색 배경만 있기 때문에 밝은 회색 배경이 모델을 혼란스럽게 한 것일 수 있다.

따라서 해석을 요약하면 학습 데이터에 좀 더 익은 불그스름한 껍질을 가진 아보카도의 부족, 피사계 심도의 흐릿함 그리고 흰색 배경이 아닌 데이터의 부족 등이 이런 오분류의 근본 원인이라고 할 수 있다. 이제 다른 방법론으로 이 내용을 더 살펴보자.

Grad-CAM

Grad-CAM에 대해 논의하려면 먼저 **클래스 활성화 맵**Class Activation Map의 약자인 CAM에 대해 논의해야 한다. CAM이 작동하는 방식은 마지막의 완전 연결 계층을 제외한 모든 계층을 제거하고 마지막 MaxPooling 계층을 GAPGlobal Average Pooling 계층으로 바꾸는 것이다. 예를 들어 이 실습의 경우는 다음과 같다.

1. 마지막 컨볼루션 계층은 10×10×128인 텐서tensor를 출력한다.
2. GAP는 이 텐서의 처음 두 차원을 평균화함으로써 차원을 줄여 1×1×128 텐서를 생성한다.
3. 그다음에 각 클래스에 해당하는 16개의 뉴런을 갖는 완전 연결 계층에 이 텐서를 제공한다.
4. CAM 모델을 다시 학습시킨 후 CAM 모델을 통해 샘플 이미지를 전달하면 마지막 계층(128×16 텐서)에서 가중치를 가져와 예측된 각 클래스(128×1 텐서)에 해당하는 값을 추출한다.
5. 그다음에 마지막 컨볼루션 계층의 출력(10×10×128)과 가중치 텐서(128×1)를 내적한다.
6. 이 가중합은 10×10×1 텐서를 산출한다.

7. 이중선형 보간법^{bilinear interpolation}을 사용해 이 텐서를 100×100×1로 확장하면 업샘플링된 클래스 활성화 맵이 된다.

CAM을 뒷받침하는 생각은 CNN이 본질적으로 컨볼루션 계층에서는 공간 정보가 유지되지만 슬프게도 완전 연결 계층에서는 손실된다는 것이다. 사실 마지막 컨볼루션 계층의 각 필터는 서로 다른 공간 위치에서의 시각적 패턴을 나타낸다. 여기에 가중치가 부여되면 전체 이미지에서 가장 두드러진 영역을 나타낸다. 하지만 CAM을 적용하려면 모델을 근본적으로 수정하고 다시 학습시켜야 하며, 일부 모델은 이렇게 하기 쉽지 않다.

이름에서 알 수 있듯이 Grad-CAM은 이와 유사한 개념이지만 모델 수정 및 재학습의 번거로움이 없으며 대신에 그래디언트, 특히 소프트맥스 바로 앞의 컨볼루션 계층의 활성화 맵과 관련된 클래스 점수의 그래디언트를 사용한다. 이런 그래디언트에 대해 글로벌 평균 풀링^{global average pooling}을 수행해 **뉴런 중요도 가중치**^{neuron importance weights}를 얻는다. 그다음에 이 가중치를 사용해 활성화 맵의 가중 선형 조합을 계산하고, 그다음에 ReLu가 뒤따른다. ReLu는 결과에 긍정적인 영향을 미치는 피처를 찾기 때문에 매우 중요하다. CAM과 마찬가지로 이미지의 크기와 일치하도록 이중선형 보간법을 사용해 업샘플링한다.

Grad-CAM에도 여러 번 발생하거나 예측된 클래스에 의해 대표되는 객체 전체를 식별하지 못하는 등의 몇 가지 단점이 있다. CAM과 마찬가지로 활성화 맵의 해상도는 최종 컨볼루션 계층의 차원에 의해 제한될 수 있으므로 업샘플링을 한다. 이런 이유로 픽셀 단위 그래디언트의 가중 평균을 계산해 문제를 해결하는 Grad-CAM++를 대신 사용할 것이다. 따라서 이것은 업샘플링이 필요하지 않은 활성화 맵을 생성한다.

CNN 해석 분야에서는 여전히 많은 논쟁이 진행 중이다. 학자들은 여전히 새롭고 더 나은 방법을 제시하고 있으며, 거의 완벽한 기술조차도 대부분의 유스 케이스에 대해서는 여전히 결함이 있다. CAM 계열에도 **Score-CAM** 및 **Eigen-CAM** 등과 같은 새로운 방법론이 많이 있다. 이 방법론들은 유사한 기능을 제공하지만 그래디언트에 의존하지 않으므로 불안정하고 종종 신뢰할 수 없다. 물론 그래디언트 기반이 아니기 때문에 여기에서 논의하지 않을 것이다. 그러나 유스 케이스에 적합한 방법을 찾기 위해 다른 방법론을 시도하는 것은 해가 되지 않을 것이다.

GradCam++ 맵 생성

이제 Grad-CAM++ 맵을 생성해보자. 돌출 맵과 코드는 유사하다. 먼저 동일한 매개변수를 사용해 GradCamPlusPlus 객체 인스턴스를 초기화한다. 일단 인스턴스화되면 어떤 계층이 끝에서 두 번째 계층인지 알려주는 것(penultimate_layer=-1)을 제외하고는 돌출 맵과 동일한 매개변수를 사용해 Grad-CAM++ 히트맵을 생성할 수 있다. 그다음에 앞에서 했던 것처럼 맵을 정규화한다.

```
gradcam = GradcamPlusPlus(cnn_fruits_mdl,\
                          model_modifier, clone=True)
gradcam_maps = gradcam(loss, X_misclass,\
                       penultimate_layer=-1)
gradcam_maps = normalize(gradcam_maps)
```

이제 모든 검증 데이터셋의 오분류 샘플에 대해 생성된 Grad-CAM++ 히트맵을 사용해 우선 히트맵을 표시하고, 그 히트맵과 샘플 이미지를 오버랩한 이미지를 나란히 표시한다. Matplotlib의 색상 맵 함수(cm.jet)를 사용해 흑백의 원본 속성 맵을 더욱 표현력 있는 히트맵으로 변환한다.

```
plt.subplots(figsize=(15,5))
plt.subplot(1, 3, 1)
plt.imshow(X_misclass[0])
plt.grid(b=None)
plt.title("Original Image")
plt.subplot(1, 3, 2)
heatmap = np.uint8(cm.jet(gradcam_maps[0])[…, :3] * 255)
plt.imshow(heatmap)
plt.grid(b=None)
```

```
plt.title("Grad-CAM++")
plt.subplot(1, 3, 3)
plt.imshow(X_misclass[0])
plt.imshow(heatmap, alpha=0.5)
plt.grid(b=None)
plt.title("Grad-CAM++ Overlayed")
```

앞의 코드는 그림 8.18을 생성하며, 위쪽 배경 거의 전체를 강하게 강조하고 있으며, 아보카도의 왼쪽 상단 영역과 줄기 꼭지를 제외한 아래쪽의 흐릿한 영역 사이에 그보다는 약한 벨트를 보여준다. 위의 두 돌출 맵과 약간 일치하는 유일한 영역은 아보카도의 아래쪽 끝부분이다. 배경이 SmoothGrad 돌출 맵에서 모델을 혼란스럽게 한다는 징후가 있었는데 이 히트맵이 이를 확인해주는 것으로 보인다.

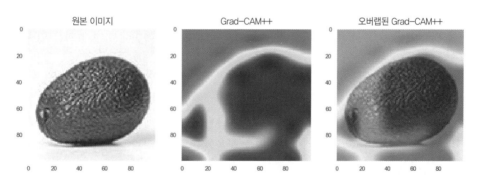

그림 8.18 양파로 잘못 분류된 아보카도에 대한 Grad-CAM++ 히트맵

통합 그래디언트

경로 통합 그래디언트 Path-Integrated Gradients라고도 하는 **통합 그래디언트**IG는 CNN에만 국한된 기술은 아니다. 기준선baseline과 실제 입력 사이의 모든 경로를 따라 평균화된 입력에 대한 출력의 그래디언트를 계산하기 때문에 모든 신경망 아키텍처에 적용할 수 있다. 이것은 컨볼루션 계층의 존재와 무관하다. 그러나 기준선을 정의할 필요가 있으며, 기준선은 균

일한 색상의 이미지처럼 부족한 신호를 전달해야 한다. 실제로 CNN의 경우 이 기준선은 0, 즉 모든 픽셀이 완전히 검은색인 이미지를 의미한다. 또한 이름이 **경로 적분**path integrals을 암시하지만 적분은 계산되지 않고 특정 수의 단계들에 대해 충분히 작은 간격으로 계산된 값이 합산돼 근사된다. CNN의 경우 이것은 미리 정의된 수의 단계에 해당하는 검은색 이미지가 될 때까지 입력 이미지를 변형해 점진적으로 어둡게 만든다는 것을 의미한다. 그 다음에 이런 변형들을 CNN에 제공하고 각각에 대한 그래디언트를 계산해 평균을 낸다. IG는 이미지들의 내적dot product에 그래디언트 평균을 곱한 값이다.

섀플리 값과 마찬가지로 IG는 견고한 수학적 이론에 기반을 둔다. 이 경우엔 선 적분Line Integrals을 위한 미적분학의 기본 정리다. 수학적 증명은 그 속성이 합산임을 보여준다. 다시 말해 IG에 의해 산출된 속성은 입력과 기준선 사이의 여러 다른 예측들을 합산한다. 완전성이라 부르는 이 특성 외에도 선형성 보존, 대칭성 보존, 민감도 등의 특성이 있다. 여기서는 이런 각 특성에 대해 설명하지 않는다. 그러나 일부 해석 방법론은 주목할 만한 수학적 특성을 충족시키는 반면 다른 해석 방법론은 실용적인 측면에서 그 효과를 입증함을 아는 것이 중요하다.

설명자 사용

IG의 경우 tf-explain이라는 라이브러리를 사용한다. 다른 것과 마찬가지로 먼저 설명자 객체 IntegratedGradients( )를 인스턴스화한다. 그러나 이것은 모든 설명을 일괄 처리하지 못하기 때문에 그 대신 모든 오분류 샘플에 대해 반복 처리하며, explain을 사용해 각 IG 히트맵을 독립적으로 생성한다. 모델을 수정할 필요는 없지만 특정 수의 단계(n_steps=25)를 정의해야 한다. 모든 반복 처리에서 나중에 참조할 수 있도록 리스트 (ig_maps)에 각 맵을 저장한다.

```
explainer = IntegratedGradients()
ig_maps = []
for i in range(len(labels_l)):
```

```
img = ([X_misclass[i]], None)

label = labels_l[i]

ig_map = explainer.explain(img, cnn_fruits_mdl, label,\
                           n_steps=25)

ig_maps.append(ig_map)
```

Grad-CAM++에서 수행한 것처럼 샘플 이미지를 IG 맵과 나란히 표시할 수 있으며, 이 맵을 다음 코드를 사용해 샘플 이미지와 오버랩시킨다.

```
plt.subplots(figsize=(15,5))

plt.subplot(1, 3, 1)

plt.imshow(X_misclass[0])

plt.grid(b=None)

plt.title("Original Image")

plt.subplot(1, 3, 2)

heatmap = np.uint8(cm.jet(ig_maps[0])[…, :3] * 255)

plt.imshow(heatmap)

plt.grid(b=None)

plt.title("Integrated Gradients Heatmap")

plt.subplot(1, 3, 3)

plt.imshow(X_misclass[0])

plt.imshow(heatmap, alpha=0.5)

plt.grid(b=None)

plt.title("Integrated Gradients Overlayed")
```

앞의 코드는 그림 8.19를 출력한다.

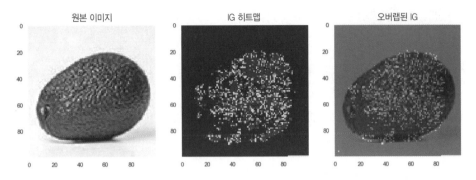

그림 8.19 양파로 잘못 분류된 아보카도에 대한 통합 그래디언트 히트맵

그림 8.19는 단순 돌출 맵에 의해 발견된 많은 영역, 특히 아보카도의 불그스름한 부분 또는 피사계 심도 흐림으로 인해 매끄러워 보이는 부분과 일치한다. 이것은 모델이 더 붉고 익은 종류가 아니라 녹갈색의 덜 익은 해스^{Hass} 아보카도로 학습됐기 때문에 양파로 착각한다는 가설을 더욱 확인시켜준다. 흐릿한 부분은 아보카도답지 않은 특징을 암시하므로 더 혼란스럽게 한다. Grad-CAM만 배경색에 대해 혼란스럽게 생각하는 것처럼 보이기 때문에 여전히 흰색이 아닌 배경이 결정적인 요인이라고는 말할 수 없다.

Grad-CAM과 IG를 폄하하는 사람들이 **DeepLift** 및 **LRP**^{Layer-wise Relevance Propagation}에서 파생된 것과 같이 그래디언트 사용을 피하는 다른 방법론을 만들었다. 이것들은 그래디언트 기반이 아니기 때문에 여기서 논의하지 않을 것이다. IG는 잘못된 귀인으로 이어질 수 있는 0 값 그래디언트 및 그래디언트의 불연속성을 고려한다고 해도 많은 이점이 있다. 이것은 모든 그래디언트 기반 방법론이 공유하는 일반적인 단점일 뿐이다. 특히 여기서 사용하는 **tf-explain** 라이브러리는 기준선을 0으로 정의하는데, 이는 매우 어두운 샘플 이미지를 사용할 때 문제가 될 수 있다. 따라서 기준선 튜닝을 허용하는 매개변수를 포함해야 한다. 고맙게도 단계의 수는 언제든지 증가시킬 수 있다. IG 논문 저자들은 20~300단계 정도는 모두 적분을 5% 이내로 근사한다고 제시하고 있다.

종합

이제 그래디언트 기반 귀인 방법론에 대해 배운 모든 것을 사용해 모든 오분류(아보카도 위음성 및 자몽 위양성)에 대한 이유를 살펴볼 것이다. 중간 활성화 맵과 마찬가지로 compare _img_pred_viz 함수를 활용해 더 높은 해상도의 샘플 이미지를 단순 돌출 맵, SmoothGrad, Grad-CAM++, IG의 네 가지 속성 맵과 나란히 배치한다. 이를 위해서는 먼저 모든 오분류의 위치와 인덱스에 대해 반복 처리해 모든 맵을 추출해야 한다. heatmap_overlay를 사용해 원본 이미지를 Grad-CAM++(map3) 및 IG 히트맵(map4)과 오버랩한 새 이미지를 생성한다. 마지막으로 네 개의 속성 출력을 하나의 이미지(viz_img)로 합친다. 이전에 했던 것처럼 실제 레이블(y_true), 예측된 레이블(y_pred), 확률을 갖는 시리즈(probs_s)를 추출해 생성할 플롯에 컨텍스트를 추가한다. for 루프는 17개의 플롯을 생성하지만 그중 3개만 살펴볼 것이다.

```
for pos, idx in zip([*range(len(idxs))], idxs):
  orig_img = X_val_orig[idx]
  map1 = np.uint8(cm.jet(saliency_maps[pos])[…, :3] * 255)
  map2 = np.uint8(cm.jet(smoothgrad_saliency_maps[pos])\
                 […, :3] * 255)
  map3 = mldatasets.heatmap_overlay(X_misclass[pos],\
    gradcam_maps[pos])
  map4 = mldatasets.heatmap_overlay(X_misclass[pos],\
                                    ig_maps[pos])
  viz_img = cv2.vconcat([cv2.hconcat([map1, map2]),
                                    cv2.hconcat([map3, map4])])
  y_true = y_val[idx,0]
  y_pred = y_val_pred[idx]
  probs_s = probs_df.loc[idx]
  title='Gradient-Based Attributions for Misclassification#{}'.\
        format(pos+1)
```

```
mldatasets.compare_img_pred_viz(orig_img, viz_img, y_true,\
                    y_pred, probs_s, title=title)
```

앞의 코드는 그림 8.20, 그림 8.21, 그림 8.22를 출력한다.

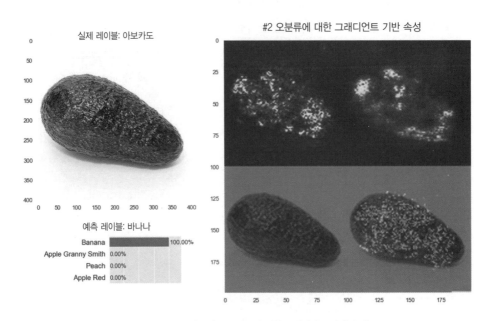

그림 8.20 #2 아보카도 오분류에 대한 그래디언트 기반 속성

그림 8.20에서 두 번째로 잘못 분류된 아보카도의 돌출 맵은 오분류를 일으킨 원인이 아보카도의 빛나는 어두운 영역임을 가리킨다. 학습 데이터의 바나나 이미지는 특히 끝쪽을 향해 광택이 나는 어두운 부분이 있는 반면, 아보카도 이미지는 갈색 부분이 있는 더 칙칙하고 짙은 녹색이다. IG의 경우 어두운 부분은 대부분 덮여 있지만 녹색 영역도 많다. Grad-CAM++는 이 경우에 작동하지 않았는데, 이는 그래디언트의 불안정성과 이 방법론이 그래디언트에 대한 의존도가 높기 때문일 수 있다.

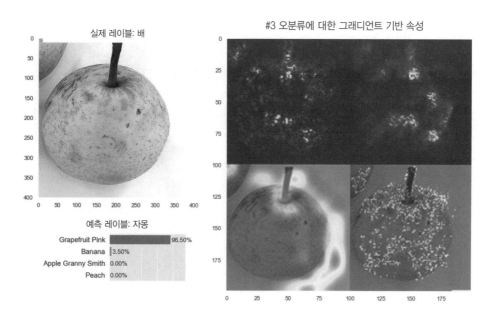

그림 8.21 #3 배 오분류에 대한 그래디언트 기반 속성

그림 8.21에서 줄기는 모델을 명확하게 혼란시키고 있다. 이는 학습 데이터의 배 이미지에는 어둡고 두드러진 줄기가 없다는 점을 고려하면 당연하다. 학습 데이터의 배들은 또한 노란 색조가 적고 더 순수한 녹색 톤이며 점들이 더 균일하게 퍼져 있다. 이런 이유로 모델이 바나나일 확률이 3.5%라는 말하는 것은 놀라운 일이 아니며, 바나나 역시 무작위적으로 퍼져 있는 검은 점들과 두드러진 어두운 줄기를 갖고 있다. IG는 반점들에 더 많은 가중치를 부여한 속성 맵을 생성하지만 돌출 맵과 다소 일치한다. 반면 Grad-CAM은 배경색에 대해 다시 한 번 혼란스러워하지만 줄기를 관심 영역으로서 성공적으로 식별한다.

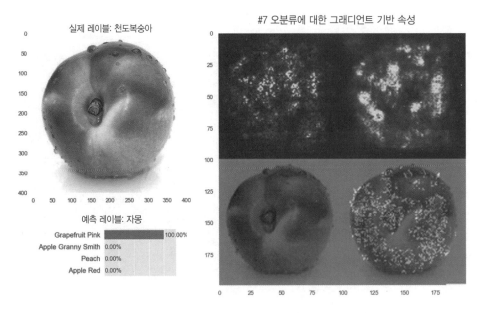

실제 레이블: 천도복숭아

예측 레이블: 자몽

Grapefruit Pink	100.00%
Apple Granny Smith	0.00%
Peach	0.00%
Apple Red	0.00%

#7 오분류에 대한 그래디언트 기반 속성

그림 8.22 #7 천도복숭아 오분류에 대한 그래디언트 기반 속성

마지막으로 그림 8.22는 천도복숭아에 물기가 있기 때문에 매우 흥미롭다. 편의점 관계자에 따르면 많은 과일이 개방형 냉장 진열장에 보관돼 있어 과일 표면에 물방울이 맺히는 현상이 발생한다. 따라서 물방울이 있는 과일은 실제 상황을 나타낸다. 아쉽게도 학습 데이터는 이것을 설명하지 않았기 때문에 모든 과일은 건조한 상태다. 앞 예와 마찬가지로 줄기가 혼란의 원인이 되지만 세 가지 방법론 모두 습기에 의해 생성된 약간의 물방울이나 광택이 있는 영역을 식별한다는 것을 알 수 있다.

또한 IG는 줄기도 잘 식별한다. 그런데 왜 그것이 자몽이라고 확신하는지 궁금해 해야 한다. 다시 말해, 모델이 자몽에 포함되거나 제외된다고 생각하는 속성은 모든 다른 샘플은 말할 것도 없고 천도복숭아(그림 8.22)와 배(그림 8.21) 이미지에 똑같이 묘사돼 있다. 다음에는 섭동 기반 귀인 방법론을 통해 모델이 아보카도와 자몽에 대해 학습한 내용을 알아내려고 시도할 것이다.

448

섭동 기반 귀인 방법론으로 분류 이해

이 절에 대한 코드는 다음 링크(https://github.com/PacktPublishing/Interpretable-Machine-Learning-with-Python/blob/master/Chapter08/FruitClassifier_part2.ipynb)에서 찾을 수 있다.

모든 준비 단계는 처음부터 반복된다. 그러나 코드 작성 시점에 대조적 설명 방법론으로 사용할 alibi 라이브러리가 텐서플로1 구성에 종속적이었기 때문에 텐서플로2 동작을 비활성화했다(tf.compat.v1.disable_v2_behavior()).

섭동 기반 방법론은 지금까지 이 책에서 이미 많이 다뤘다. SHAP, LIME, 앵커, 순열 피처 중요도 등을 포함해 그동안 다룬 많은 방법론들이 섭동 기반 전략을 사용한다. 입력 데이터에서 피처를 제거, 변경, 또는 일부를 숨긴 다음에 이를 사용해 예측을 수행하면 새로운 예측과 본래의 예측 간의 차이를 입력 데이터가 만들어내는 변화로 귀속시킬 수 있다는 것이 그 배경을 이루는 생각이다. 이런 전략은 글로벌 및 로컬 해석 방법론 모두에서 활용될 수 있다.

이제 진양성인 것만 선택해 단일 배열(X_tp)에 모두 모아 오분류 샘플에 대해 수행한 것과 동일한 작업을 수행한다. 이 배열의 형태를 출력하면 표준 너비, 높이, 채널(100×100×3)을 가진 6개의 샘플 이미지가 있음을 확인할 수 있다.

```
idxs = avocado_TP_idxs + grapefruit_TP_idxs
X_tp = X_val[idxs]
print(X_tp.shape)
```

마찬가지로 서수로 인코딩된 배열에서 레이블을 얻기 위해 오분류에 대해 했던 것과 동일한 작업을 수행할 수 있다.

```
labels_l = y_val_pred_enc[idxs].squeeze().\
                        stype(int).tolist()
```

```
print(labels_l)
```

앞의 코드는 다음 리스트를 출력한다.

```
[3, 3, 6, 6, 6, 6]
```

예상대로 처음 두 개는 아보카도(클래스 #3)이고 뒤쪽 네 개는 자몽(클래스 #6)이다.

폐쇄 민감도

폐쇄 민감도는 비교적 단순한 방법이다. 이것이 하는 일은 회색 패치를 통합해 샘플 입력 이미지의 일부를 가리는 것이다. 이 패치가 놓이는 모든 지점에서 대상 클래스에 대한 확률의 차이로 민감도 맵이 생성된다. 민감도 맵은 샘플 이미지와 동일한 차원을 갖도록 보간된다.

맵을 생성하기 위해 먼저 폐쇄 민감도 설명자(OcclusionSensitivity( ))를 초기화한 다음 각 샘플 이미지에 대해 반복 처리하면서 explain을 사용해 각 이미지에 대한 맵을 생성한다. 이미지, 모델(cnn_fruits_mdl), 레이블, 패치 크기만 넣으면 된다. 한 번에 가려지는 영역을 여기서는 3×3 패치로 정의했다. 패치가 클수록 분류 확률에 더 많은 영향을 미칠 수 있지만 작은 패치는 가장 큰 영향을 미치는 특정 영역을 정확히 찾아낼 수 있다.

```
explainer = OcclusionSensitivity( )
os_maps = []
for i in range(len(labels_l)):
  img = ([X_tp[i]], None)
  label = labels_l[i]
  os_map = explainer.explain(img, cnn_fruits_mdl, label, 3)
  os_maps.append(os_map)
```

폐쇄 민감도 맵을 모두 리스트(os_maps)에 추가한 후 앞의 예제들과 같이 시각화할 수 있다.

```python
plt.subplots(figsize=(15,5))
plt.subplot(1, 3, 1)
plt.imshow(X_tp[2])
plt.grid(b=None)
plt.title("Original Image")
plt.subplot(1, 3, 2)
plt.imshow(os_maps[2])
plt.grid(b=None)
plt.title("Occlusion Sensitivity")
plt.subplot(1, 3, 3)
plt.imshow(X_tp[2])
plt.imshow(os_maps[2], alpha=0.5)
plt.grid(b=None)
plt.title("Occlusion Sensitivity Overlayed")
```

앞의 코드는 그림 8.23을 출력한다. 자몽의 왼쪽 상단에 있는 매끄럽고 덜 밝은 영역이 긍정적인 분류에 가장 큰 영향을 미치는 것으로 나타난다. 그러면 이 패치의 중요성은 무엇일까?

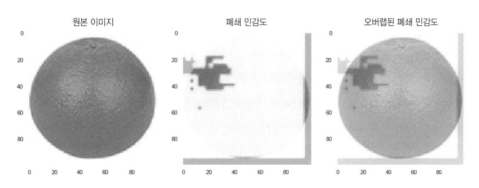

그림 8.23 자몽 진양성 검증 데이터셋에 대한 폐쇄 민감도 맵

학습 데이터셋에서 임의의 자몽을 선택하고 검증 데이터셋에 대해 했던 것처럼 폐쇄 민감
도 맵을 생성하는 다음 코드로 간단한 실험을 해보자.

```python
idx = np.random.choice(np.where(y_train[:,0] ==\
                'Grapefruit Pink')[0], 1)[0]
os_map_train = explainer.explain(([X_train[idx]], None),\
                                cnn_fruits_mdl, label, 5)
plt.subplots(figsize=(15,5))
plt.subplot(1, 3, 1)
plt.imshow(X_train[idx])
plt.grid(b=None)
plt.title("Original Image")
plt.subplot(1, 3, 2)
plt.imshow(os_map_train)
plt.grid(b=None)
plt.title("Occlusion Sensitivity")
plt.subplot(1, 3, 3)
plt.imshow(X_train[idx])
plt.imshow(os_map_train, alpha=0.5)
plt.grid(b=None)
plt.title("Occlusion Sensitivity Overlayed")
```

플롯은 다음 그림 8.24와 같다. 무작위로 다른 학습 이미지에 대해 시도할 수 있으며, 왼
쪽 상단 패치와 같은 것이 거의 동일하게 자몽에서 중요하다는 것을 확인하게 될 것이다.
자몽이 구형의 과일이고 모든 사진에서 조명이 일관되게 반사돼 하이라이트는 항상 중앙
에서 살짝 왼쪽 상단에 생긴다. 이 조명은 과일의 바닥과 오른쪽에 회색 그림자를 만든다.
양쪽에 있는 막대는 모델이 여기에서 회색 블록에 반응하는 방식을 나타내는데, 이 색상
이 그림자 색상에 얼마나 가까운지 고려하면 혼란스럽다.

452

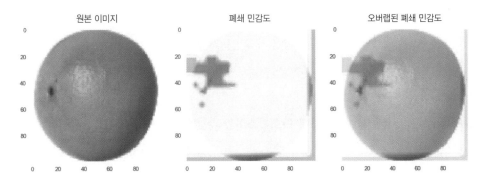

그림 8.24 자몽 진양성 학습 데이터셋에 대한 폐쇄 민감도 맵

폐쇄 민감도에 사용되는 회색 정사각형 패치는 이미지의 구성 요소가 반드시 정사각형일 필요도 없고, 회색이 이미지의 내용과 대비시키기에 가장 좋은 색상이 아닐 수도 있기 때문에 임의적이다. 이제 이미지를 다르게 분할하지만 회색 전략은 그대로 사용하는 또 다른 방법론을 살펴볼 것이다.

LIME의 ImageExplainer

'로컬 해석 가능한 모델 독립적 설명LIME**'**은 이미 6장, '로컬 모델 독립적 해석 방법론'에서 다뤘지만 테이블 형식 및 텍스트 데이터에 대한 설명자만 살펴봤다. 이제 이미지 설명자를 살펴볼 것이다. 원리는 아주 비슷하다. 마찬가지로 섭동 전략과 희소 선형 모델을 사용해 가장 중요한 피처를 식별한다.

그러나 이 경우에 피처는 테이블 설명자에서의 칼럼이나 텍스트 설명자에서의 단어가 아니라 **슈퍼픽셀**superpixel이다. 슈퍼픽셀은 문자 그대로의 픽셀이 아니라 회색으로 표시되거나 표시되지 않은 이미지의 전체 세그먼트다. 이 세그먼트들은 알고리듬적으로 계산된다. 기본적으로 lime 패키지는 Quickshift라는 알고리듬을 사용하지만 여기서는 사이킷런의 이미지 분할 방식(skimage.segmentation)을 사용할 것이다.

LIME의 장점은 예측된 클래스와 양 또는 음의 상관관계가 있는 피처를 알려주는 선형 계수를 유도한다는 것이다. 이 경우에는 계수가 통계적으로 유의하지 않기 때문에 중립 영역에 있는 많은 세그먼트와 그렇지 않은 세그먼트가 있을 수 있다.

1) 설명자 초기화 및 생성

LimeImageExplainer를 매우 쉽게 인스턴스화할 수 있다. 그리고 나서 각 샘플에 대해 explain_instance 함수를 사용해 설명을 생성한다. 샘플 이미지(X_tp[i])와 모델의 예측 함수(cnn_fruits_mdl.predict)가 매개변수에 포함된다. 옵션인 다른 많은 매개변수가 있지만 이 유스 케이스에서는 기본값이 적합하다.

```
explainer = lime_image.LimeImageExplainer()
lime_expl = []
for i in range(len(labels_l)):
  explanation = explainer.\
    explain_instance(X_tp[i].astype('double'),
                     ccn_fruits_mdl.predict)
lime_expl.append(explanation)
```

2) 설명자로부터 이미지와 마스크 추출

단일 설명을 보려면 get_image_and_mask를 사용해 이미지와 해당 이미지에 대한 마스크를 추출해야 한다. 이 작업은 다음과 같이 두 번 수행한다. 처음에는 hide_rest=True와 함께 positive_only=True로 설정해 이미지에서 예측을 긍정적으로 설명하지 않는 부분을 회색으로 표시한다(img_hide). 다음에는 positive_only=False로 설정해 전체 이미지를 반환하면서 긍정적 영역과 부정적 영역을 모두 강조 표시한다(img_show). 마지막으로 설명에서 top_labels 속성을 사용해 각 세그먼트에 대한 계수를 갖는 딕셔너리(dict_heatmap)를 추출한 다음 이 계수를 세그먼트 인덱스가 있는 100×100 배열의 세그먼트에 적용한다. 이 작업의 결과가 LIME 계수 히트맵이다.

```
# 상관이 없는 세그먼트를 숨긴 설명
img_hide, mask_hide = lime_expl[2].\
    get_image_and_mask(lime_expl[2].top_labels[0],\
                       positive_only=True, num_features=10,\
                       hide_rest=True)
img_hide = mark_boundaries(img_hide / 2 + 0.5, mask_hide)
# 긍정적/부정적 예측이 표시된 모든 세그먼트가 있는 설명
img_show, mask_show = lime_expl[2].\
    get_image_and_mask(lime_expl[2].top_labels[0],\
                       positive_only=False, num_features=10)
img_show = mark_boundaries(img_show / 2 + 0.5, mask_show)
# 세그먼트에 의한 히트맵 설명
dict_heatmap =\
    dict(lime_expl[2].local_exp[lime_expl[2].top_labels[0]])
heatmap = np.vectorize(dict_heatmap.get)(lime_expl[2].segments)
```

3) 설명 시각화

이제 세 가지 설명 즉, 회색의 상관 없는 부분, 식별된 긍정적/부정적 세그먼트, 히트맵을 모두 비교하는 1x3 서브플롯 그리드를 만든다.

```
plt.subplots(figsize=(15,5))
plt.subplot(1, 3, 1)
plt.imshow(img_hide)
plt.grid(b=None)
plt.title("Irrelevant Segments Hidden")
plt.subplot(1, 3, 2)
plt.imshow(img_show)
plt.grid(b=None)
```

```
plt.title("Positive/Negative Overlayed")
plt.subplot(1, 3, 3)
plt.imshow(heatmap, alpha=0.5, cmap='RdBu')
plt.grid(b=None)
plt.title("LIME Heatmap")
```

앞의 코드는 그림 8.25를 출력한다.

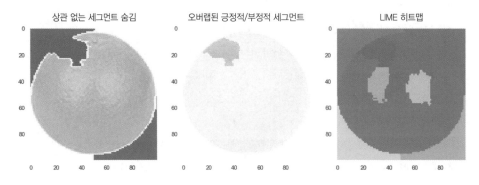

그림 8.25 자몽 분류에 대한 LIME 설명을 다양한 방법으로 시각화

그림 8.25의 첫 번째 이미지에서 오른쪽 하단 부분과 과일의 세그먼트가 일부 포함된 왼쪽 상단 부분은 자몽으로 분류되는 데 중요하지 않다는 것을 알 수 있다. 두 번째 이미지에서 이 영역들이 빨간색으로 강조 표시되지도 않았기 때문에 이들은 부정적으로도 중요하지 않다는 것을 알 수 있다. 하지만 과일의 거의 전체가 녹색으로 강조 표시돼 이 세그먼트가 분류와 양의 상관관계가 있음을 나타낸다. 마지막 이미지로 이 녹색 영역들은 히트맵에서 똑같이 중요하지 않다는 것을 알 수 있다. 즉, 조명이 반사된 두 개의 하이라이트가 과일의 아래쪽 절반보다 덜 중요하다는 것을 알 수 있다. 또한 첫 번째 이미지(img_hide)에서 회색으로 표시된 자몽의 왼쪽 상단 영역은 실제로 인접 모서리 및 오른쪽 하단 모서리와 함께 음의 상관관계가 있지만 그 정도는 낮다. 이 히트맵은 짙은 빨간색 톤이 실제 표현하는 것보다 많이 부정적이라고 암시할 수 있기 때문에 그 크기에 대해 오해를 줄 수 있다. dict_heatmap의 계수를 출력하면 가장 큰 음수 계수는 −0.04이지만 가장 높은 양수

계수는 약 0.17임을 알 수 있다. 이 차이는 두 번째 이미지(img_show)에서 빨간색으로 표시된 영역이 없는 이유를 설명한다.

CEM

대조적 설명 방법론CEM은 이미 7장, '앵커와 반사실적 설명'에서 다뤘다. 하지만 CEM은 테이블 형식의 데이터에 항상 유용하지 않으며, 피처 즉 픽셀 값이 항상 연속형이고 낮은 값과 높은 값이 빛이나 기본 색상 등의 부재와 존재를 나타내는 이미지 분류에 특히 적합하다.

여기서 CEM이 어떻게 작동하는지 다시 설명하지 않겠지만, 기억해야 할 중요한 점은 다른 클래스를 예측하기에 최소한이지만 충분히 없어야 하는 피처인 PN[Pertinent Negative]을 생성할 수 있다는 것이다. 반대로 동일한 클래스를 예측하기에 최소한이지만 충분히 존재해야 하는 PP[Pertinent Positive]를 생성할 수도 있다. 이를 염두에 두고 바로 시작해보자.

옵션이지만 CEM에서 적극 권장되는 첫 번째 단계는 7장, '앵커와 반사실적 설명'에서 했던 것처럼 손실함수를 유도하기 위해 **오토인코더**[autoencoder]를 학습시키는 것이다. encoder, decoder 그리고 그 사이에 bottleneck 계층이 있다. 그러나 여기서는 컨볼루션, 풀링, 업샘플링 계층만 사용할 것이다. bottleneck은 입력의 차원을 24분의 1로 줄이며, 핵심은 출력이 가능한 한 입력과 일치하도록 모델을 학습시키는 것이다.

```
input_layer = tf.keras.layers.Input(shape=(100, 100, 3))
encoder = tf.keras.layers.Conv2D(16, (3, 3), activation='relu',
padding='same')(input_layer)
encoder = tf.keras.layers.Conv2D(16, (3, 3), activation='relu',
padding='same')(encoder)
encoder = tf.keras.layers.MaxPooling2D((2, 2),
padding='same')(encoder)
bottleneck = tf.keras.layers.Conv2D(1, (3, 3), activation=None,
padding='same')(encoder)
```

```
decoder = tf.keras.layers.Conv2D(16, (3, 3), activation='relu',
padding='same')(bottleneck)
decoder = tf.keras.layers.UpSampling2D((2, 2))(decoder)
decoder = tf.keras.layers.Conv2D(16, (3, 3), activation='relu',
padding='same')(decoder)
output_layer = tf.keras.layers.Conv2D(3, (3, 3),
activation=None, padding='same')(decoder)
autoencoder_mdl = tf.keras.Model(input_layer, output_layer)
autoencoder_mdl.summary()
```

앞의 코드는 계층별로 오토인코더 모델을 빌드한다. 이 모델에 대한 summary( )를 보면 인코딩 과정에서 차원이 100×100×3에서 50×50×16 그리고 50×50×1로 어떻게 변하는지 알 수 있다. 당연히 디코딩에서는 50×50×1에서 50×50×16 그리고 100×100×3으로 되돌아간다.

```
Model: "model"
_____
Layer (type)                 Output Shape              Param #
=================================================================
input_1 (InputLayer)         [(None, 100, 100, 3)]     0
_____
conv2d (Conv2D)              (None, 100, 100, 16)      448
_____
conv2d_1 (Conv2D)            (None, 100, 100, 16)      2320
_____
max_pooling2d (MaxPooling2D) (None, 50, 50, 16)        0
_____
conv2d_2 (Conv2D)            (None, 50, 50, 1)         145
_____
conv2d_3 (Conv2D)            (None, 50, 50, 16)        160
_____
```

```
up_sampling2d (UpSampling2D)    (None, 100, 100, 16)     0
_____
conv2d_4 (Conv2D)              (None, 100, 100, 16)     2320
_____
conv2d_5 (Conv2D)              (None, 100, 100, 3)      435
================================================================
Total params: 5,828
Trainable params: 5,828
Non-trainable params: 0
_____
```

그다음에 오토인코더를 컴파일하고 적합시키는 것은 fit 함수의 첫 번째 인수(x)와 두 번째 인수(y)가 동일한 X_train이라는 점을 제외하면 모든 신경망 모델과 동일한 프로세스다. 네트워크를 학습시키는 코드는 다음과 같다.

```
autoencoder_mdl.compile(loss='mse', optimizer='adam')
autoencoder_history = autoencoder_mdl.fit(X_train, X_train,\
  epochs=5, batch_size=32,\
  verbose=1,\
  validation_data=(X_test, X_test))
```

이제 7개의 학습 이미지를 무작위로 선택하고 동일한 이미지의 디코딩된 버전을 표시해모델이 학습 데이터를 얼마나 잘 재현하는지 확인해보자. 디코딩된 버전을 생성하려면 샘플 학습 이미지를 오토인코더의 predict 함수에 제공하면 된다.

```
n = 7
rand_idxs = np.random.choice([*range(len(y_test))], n)
decoded_imgs = autoencoder_mdl.predict(X_test[rand_idxs])
plt.figure(figsize=(14, 4))
```

```
for i in range(n):
  ax = plt.subplot(2, n, i + 1)
  plt.imshow(X_test[rand_idxs[i]])
  ax.get_xaxis().set_visible(False)
  ax.get_yaxis().set_visible(False)
  ax = plt.subplot(2, n, i + n + 1)
  plt.imshow(decoded_imgs[i])
  ax.get_xaxis().set_visible(False)
  ax.get_yaxis().set_visible(False)
```

앞의 코드는 그림 8.26을 출력한다. 디코딩된 버전은 원본보다 더 흐릿하고 칙칙한 것을 알 수 있다. 전반적인 충실도는 상당히 좋다.

그림 8.26 원본 학습 이미지와 학습된 오토인코더의 디코딩된 이미지

7장, '앵커와 반사실적 설명'에서 했던 것처럼 CEM 설명자 객체를 PN에 대해 한 번, PP에 대해 다시 한 번 인스턴스화한다. 이번에는 예측 함수 대신 모델을 사용하고, 입력 모양을 (1, 100, 100, 3)으로 정의하고, 피처의 범위를 (0.0, 1.0)으로 정의하는데 모델은 이 범위의 부동소수점 수만을 입력으로 예상하기 때문이다. 그 외에는 모든 것이 이전과 동일하다.

```
cem_pn = CEM(cnn_fruits_mdl, 'PN', (1,) + X_train.shape[1:],\
             feature_range=(0.0, 1.0), max_iterations=100,\
             ae_model=autoencoder_mdl, gamma=100, c_init=1.)
```

```
cem_pn.fit(X_train, no_info_type='median')
        cem_pp = CEM(cnn_fruits_mdl, 'PP', (1,) + X_train.shape[1:],\
        feature_range=(0.0, 1.0), max_iterations=100,\
        ae_model=autoencoder_mdl, gamma=100, c_init=0.5,\
        beta=0.1)
cem_pp.fit(X_train, no_info_type='median')
```

이제 설명자 객체가 인스턴스화됐으므로 for 루프를 통해 각 샘플에 대해 하나씩 두 개의
설명자로 설명을 생성할 수 있다. 두 경우 모두 이미지와 예측을 생성할 수 있다. PP 또는
PN을 찾지 못할 수도 있기 때문에 예측이 None이면 이미지는 생성되지 않는다. 이 경우
에는 np.ones를 사용해 PP 또는 PN이 없음을 나타내는 빈 이미지와 예측된 클래스를 나
타내는 빈 문자열을 만든다. 반복 처리하면서 예측 및 해당 이미지를 리스트에 추가한다.

```
cem_pn_preds = []
cem_pn_imgs = []
cem_pp_preds = []
cem_pp_imgs = []
for i in range(len(labels_l)):
  pn_explanation = cem_pn.explain(np.array([X_tp[i]]))
  if pn_explanation.PN_pred is not None:
    cem_pn_preds.append(fruits_l[pn_explanation.PN_pred])
    cem_pn_imgs.append(pn_explanation.PN[0])
  else:
    cem_pn_preds.append("")
    cem_pn_imgs.append(np.ones(X_train.shape[1:4]))
  pp_explanation = cem_pp.explain(np.array([X_tp[i]]))
  if pp_explanation.PP_pred is not None:
    cem_pp_preds.append(fruits_l[pp_explanation.PP_pred])
    norm_img = (pp_explanation.PP[0] -\
```

```
                pp_explanation.PP[0].min()) /\
                (pp_explanation.PP[0].max() -\
                pp_explanation.PP[0].min())
        cem_pp_imgs.append(norm_img)
    else:
        cem_pp_preds.append("")
        cem_pp_imgs.append(np.ones(X_train.shape[1:4]))
```

이전과 마찬가지로 진양성 검증 이미지 샘플을 가져와 이것을 설명과 비교할 것이다. 이번에는 PN 및 PP 설명이 이미지 옆에 있다.

```
plt.subplots(figsize=(15,5))
plt.subplot(1, 3, 1)
plt.imshow(X_tp[0])
plt.grid(b=None)
plt.title('Original:'+fruits_l[labels_l[0]])
plt.subplot(1, 3, 2)
plt.imshow(cem_pn_imgs[0])
plt.grid(b=None)
plt.title('PN:'+cem_pn_preds[0])
plt.subplot(1, 3, 3)
plt.imshow(cem_pp_imgs[0])
plt.grid(b=None)
plt.title('PP:'+cem_pp_preds[0])
```

앞의 코드는 그림 8.27을 출력한다.

그림 8.27 아보카도 진양성 검증 데이터셋에 대한 CEM의 PN과 PP

CEM 방법론은 이 샘플에 대해 PN과 PP를 모두 찾았지만 항상 그런 것은 아니다. PN의 경우 녹색 아보카도 전체에 흩어져 있는 약간의 빨간 픽셀이 분류를 양파로 전환하는 데 필요한 전부였다. 그리고 PP 설명에 따르면 약간의 녹색 점이 있는 칠흑 같은 이미지는 아보카도에 해당한다. 이런 기이한 결과는 모델의 예측 능력과 신뢰성에 의문을 제기한다. 모델이 PN 이미지를 양파로, PP 이미지를 아보카도로 결정한 것에 대해 의심스럽다면 이 이미지를 모델의 predict 함수에 다시 제공해 각각에 대한 확률과 예측 클래스를 출력하기만 하면 된다.

```python
pp_pred = cnn_fruits_mdl.predict(np.array([cem_pn_imgs[0]]))[0]
print('PP Probs:%s' % pp_pred)
print('PP Pred:%s' % fruits_l[pp_pred.argmax()])
pn_pred = cnn_fruits_mdl.predict(np.array([cem_pp_imgs[0]]))[0]
print('PN Probs:%s' % pn_pred)
print('PN Pred:%s' % fruits_l[pn_pred.argmax()])
```

앞의 코드는 다음을 출력한다.

PP Probs:	[0. 0. 0. 0.155 0. 0. 0. 0. 0. **0.845** 0. 0. 0. 0. 0. 0. 0.]
PP Pred:	Onion Red
PN Probs:	[0. 0. 0. 1. 0. 0. 0. 0. 0. 0. 0. 0. 0. 0. 0. 0. 0. 0.]
PN Pred:	Avocado

실제로 PN에 묘사된 붉은 반점들이 있는 아보카도는 양파에 해당할 뿐만 아니라 모델에서 84.5%의 확실성을 나타낸다. 그리고 약간의 녹색과 보라색 반점이 있는 검은색 캔버스는 아보카도에 해당할 뿐만 아니라 100% 확실하다. 13장, '적대적 견고성'에서 이 문제에 대해 깊이 있게 다룰 것이지만 이것은 모델 신뢰성의 부족뿐만 아니라 이 분류기는 의도치 않게 섭동에 매우 쉽게 속는다는 적대적 견고성 부족을 나타낸다. 최소한이지만 충분한 의도적인 섭동으로 CEM은 모델을 속일 수 있음을 보여준다.

종합

이제 섭동 기반 귀인 방법론에 대해 배운 모든 것을 사용해 아보카도와 자몽에서 모든 진양성 분류에 대한 이유를 살펴볼 것이다. 이전과 마찬가지로 compare_img_pred_viz 함수를 활용해 폐쇄 민감도, LIME, PN, PP 등의 네 가지 속성 맵과 함께 고해상도 샘플 이미지를 나란히 배치한다. 먼저 모든 분류 샘플의 위치와 인덱스에 대한 반복 처리를 통해 모든 맵을 추출해야 한다. heatmap_overlay를 사용해 폐쇄 민감도 히트맵(map1)과 원본 이미지를 오버랩해 새 이미지를 생성한다는 점에 주의하라. 마지막에 네 개의 속성 출력을 단일 이미지(viz_img)로 연결한다. 이전에 했던 것처럼 실제 레이블(y_true), 예측된 레이블(y_pred), 확률(probs_s)을 추출해 생성할 플롯에 컨텍스트를 추가한다. for 루프는 6개의 플롯을 생성하지만 그중 2개만 설명한다.

```
for pos, idx in zip([*range(len(idxs))], idxs):

  orig_img = X_val_orig[idx]

  map1 = mldatasets.heatmap_overlay(X_tp[pos],\
                                    os_maps[pos]/255)

  img_show, mask_show = lime_expl[pos].\
    get_image_and_mask(lime_expl[pos].top_labels[0],\
                       psitive_only=False,\
                       num_features=10)

  map2 = np.uint8(mark_boundaries(img_show / 2 + 0.5,\
                 mask_show)[…, :3] * 255)

  map3 = np.uint8(cem_pn_imgs[pos][…, :3] * 255)

  map4 = np.uint8(cem_pp_imgs[pos][…, :3] * 255)

  viz_img = cv2.vconcat([
    cv2.hconcat([map1, map2]),
    cv2.hconcat([map3, map4])
  ])

  y_true = y_val[idx,0]

  y_pred = y_val_pred[idx]

  probs_s = probs_df.loc[idx]

  title='Perturbation-Based Attributions #{} (PN:{}, PP:{})'.\
        format(pos+1, cem_pn_preds[pos], cem_pp_preds[pos])

  mldatasets.compare_img_pred_viz(orig_img, viz_img, y_true,\
                                  y_pred, probs_s, title=title)
```

앞의 코드는 그림 8.28과 그림 8.29를 포함해 여러 설명을 출력한다. 그림 8.28에서 폐쇄 민감도에 따르면 과일 상단의 작은 패치와 약간 그늘진 하단의 끝부분이 예측에 가장 큰 영향을 미치는 것으로 보인다. 그러나 LIME은 아보카도의 대부분을 녹색으로 표시하지만 오른쪽 상단 모서리는 빨간색으로 강조 표시한다. 학습 데이터의 아보카도를 보면 조명이 밝은 오른쪽 상단 모서리가 모델에 의해 아보카도의 특징이 아니라고 설명되는 이유가 더 명확해진다. 학습 이미지들에서 조명은 항상 이 면을 훨씬 더 어둡게 만들었다. 또한 동일한 학습 이미지들에서 상단 중앙 부분이 일관되게 조명이 밝고 녹색인 것을 분명히 알 수 있다. 학습 이미지들에서 하단 끝부분은 검증 샘플과 같이 훨씬 더 어둡다. 마지막에 있는 PP는 녹색과 보라색 점이 흩어져 있는 두 개의 마주 보는 곡선이 있는 회색 배경을 반환한다. 모델을 너무 쉽게 속일 수 있다는 사실 외에 너무 많은 의미를 도출하는 건 의미가 없다. 견고한 모델은 아보카도와 훨씬 더 유사하게 보이는 것을 반환할 것이다.

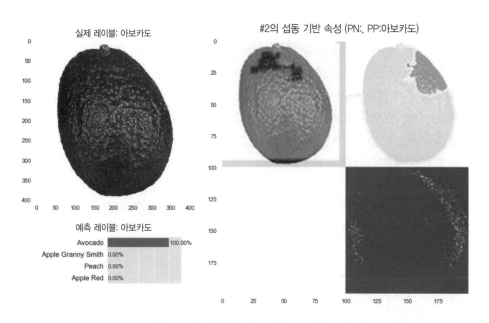

그림 8.28 #2 아보카도 분류에 대한 섭동 기반 속성

그림 8.29에서 폐쇄 민감도는 다른 모든 자몽에서와 유사한 패치를 보여준다. 이전과 동일한 결론이 적용되는데, 이 모델은 밝은 노란색 표면에 약간 더 어두운 점이 있고 그림자가 없고 조명이 반사된 하이라이트가 없는 것이 오직 자몽만의 특징이라고 학습했다. 오렌지, 사과, 복숭아, 천도복숭아와 같은 다른 과일에 대한 학습 이미지를 보면 반사가 적어 원래보다 훨씬 칙칙하게 보인다. 학습 데이터셋에 있어서 일관적이지 않은 조명과 더 다양한 과일 이미지가 견고한 모델을 생성하기 위한 더 나은 전략일 수 있다.

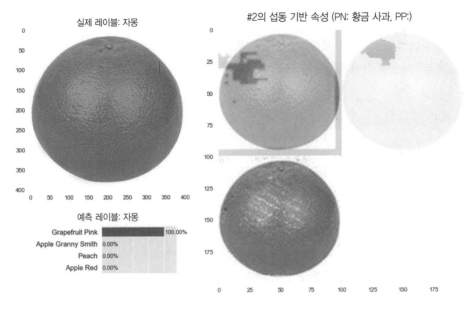

그림 8.29 #6 자몽 분류에 대한 섭동 기반 속성

그림 8.29에서 LIME의 경우 대부분의 이미지가 녹색으로 강조 표시돼 예측 클래스와 양의 상관관계를 갖는다. 그러나 왼쪽 상단의 모서리는 빨간색으로 강조돼 있다. LIME은 Quickshift 분할 알고리듬을 사용해 이 세그먼트를 생성하지만 모델이 전체 세그먼트를 클래스의 특성으로 식별할 필요는 없다. 이 세그먼트를 폐쇄 민감도의 패치와 비교하면 어느 부분이 음의 상관관계의 원인일 가능성이 있는지 알 수 있다. 패치에서 배경과 겹치는 부분이 범인이다. 여기에서 가설은 회색 블록이 가장 매끄럽고 조명이 밝은 영역에 붙어 있는 것은 구형 과일의 특징이 아니라는 것이다. PN의 경우 거의 모든 곳에서 잡음이 발생하기 때문에 모델이 배경에 대해 얼마나 혼란스러워 하는지 알 수 있다. PN을 통해 알 수 있는 한 가지 경향은 배경이 더 희고 깨끗할수록 과일에 잡음이 더 집중된다는 것이다. 이런 경향은 모델이 흰색 배경만 있는 이미지로 학습됐기 때문에 과일이 어디서 시작되고 끝나는지 모델이 이해하지 못하고 있음을 시사한다.

보너스: SHAP의 DeepExplainer

아직 살펴보지 않았지만 CNN에 적용할 수 있는 또 하나의 중요한 방법론은 바로 SHAP 이다. 5장, '글로벌 모델 독립적 해석 방법론'에서 SHAP에 대해 처음 배웠고 그 이후로 모든 장에서 그것을 조금씩 활용했다. 각각의 해석 방법론은 이야기의 한 측면을 알려주며 또한 SHAP은 매우 유용한 도구이기 때문에 SHAP을 8장에 포함하지 않는 것은 태만이다. 섀플리 값은 섭동 기반이지만 여기서 사용할 SHAP의 DeepExplainer는 **DeepLIFT** 알고리듬^{Deep Learning Important FeaTures}을 기반으로 하며, DeepLIFT는 그래디언트 기반도 아니고 섭동 기반도 아니기 때문에 위의 섭동 기반 방법론에 포함시키지 않았다. 이것은 역전파 기반^{backpropagation-based} 접근 방식이다. 여기서 다시 설명하지는 않겠지만 IG 및 섀플리 값 등과 같이 DeepLIFT는 완전성을 위해 설계됐으며, 따라서 주목할 만한 수학적 이론을 기반으로 한다. shap 라이브러리는 DeepLIFT 출력을 섀플리 값에 근접하도록 조정한다.

DeepLIFT와 섀플리 값을 조화시키는 근사치를 만드는 데 도움이 되는 것이 바로 배경 샘플^{background samples}이다. 이를 위해 먼저 학습 데이터에서 100개의 무작위 샘플 이미지를 수집한다. 그다음에 이 배경 샘플 배열의 형태를 출력해 (100, 100, 100, 3)인지 확인한다.

```
background = X_train[np.random.choice(X_train.shape[0], 100,\
                     replace=False)]
print(background.shape)
```

그다음에 모델(cnn_fruits_mdl)과 배경 샘플(background)로 **DeepExplainer**를 초기화한다. 그리고 나서 설명자로부터 진양성(X_tp)에 대한 shap_values를 추출한다.

```
explainer = shap.DeepExplainer(cnn_fruits_mdl, background)
shap_values = explainer.shap_values(X_tp)
```

SHAP 값이 계산되면 shap.image_plot(shap_values, X_tp)를 사용해 플롯을 생성할 수 있다. 하지만 이것은 6개 샘플과 16개 클래스를 갖는 이미지 그리드를 생성한다. 이를 통해서는 이미지의 어떤 영역이 한 클래스 또는 다른 클래스를 가장 잘 나타내는지 알기 어렵다. 이 경우 처음 7개 클래스만 중요하므로 shap.image_plot(shap_values[0:7], X_tp)으로 플롯을 생성할 수 있다. 또는 모델이 아보카도와 자몽은 혼동하지 않기 때문에 다음과 같은 값을 사용해 단일 칼럼으로 표시할 수 있다.

```
shap.image_plot(shap_values[3] + shap_values[6], X_tp)
```

앞의 코드는 그림 8.30을 출력한다. 이 결과는 놀랍다. 일반적으로 이 모델은 과일 주변의 영역을 과일의 특징으로 식별하는 것 같다. 그러나 더 어둡거나 더 밝은 영역, 특히 아보카도에서의 그림자 및 첫 번째 자몽의 오른쪽 반사 하이라이트는 파란색으로 강조 표시된다.

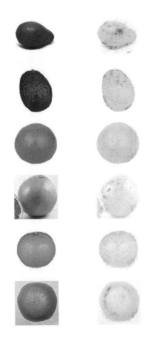

그림 8.30 모든 진양성 검증 샘플에 대한 SHAP 값

▌ 미션 완료

미션은 편의점 체인의 과일 분류 모델에 대한 객관적인 평가를 제공하는 것이었다. 샘플에서 벗어난 검증 이미지에 대한 예측 성능은 형편없었다. 거기서 멈출 수도 있었지만 그러면 더 좋은 모델을 만드는 방법을 몰랐을 것이다.

예측 성능 평가는 여러 해석 방법론을 사용해 정확한 분류뿐만 아니라 특정 오분류를 도출하는 데 중요한 역할을 했다. 이를 위해 활성화, 그래디언트, 섭동, 역전파 기반 방법론을 포함해 포괄적인 해석 방법론을 실행했다. 모든 방법론을 통한 일치된 의견은 모델에 다음과 같은 문제가 있다는 것이었다.

- 과일과 배경의 차별화 부족
- 서로 다른 과일 클래스가 몇 가지 색조를 공유한다는 것을 파악
- 반사 하이라이트 및 그림자와 같은 혼란스러운 조명 조건이 특정 과일의 특성으로 식별됨
- 물방울과 같은 습기 조건에서 혼란이 발생
- 각 과일의 줄기, 껍질의 질감, 반점 등과 같은 고유한 특징을 식별할 수 없음

또한 CEM은 모델은 적대적 공격에 대해 전혀 견고하지 않음을 보여준다.

이런 문제를 해결하기 위해 모델은 편의점의 실제 조건을 반영하는 더 다양한 데이터셋을 사용해 처음부터 다시 학습해야 한다. 다양한 배경, 다양한 조명 조건, 젖은 과일, 심지어 손, 장갑, 가방 등에 의해 부분적으로 가려진 과일 등을 예로 들 수 있다. 또한 과일 품종과 숙성도 등 상점에서 지속적으로 판매되는 품목의 특성을 반영해야 한다. 이런 데이터셋이 컴파일되면 각도, 밝기, 대비, 채도, 색조 등을 변형한 모든 종류의 변형으로 데이터 증강을 수행해 모델을 더욱 견고하게 만드는 것이 중요하다. 또한 CEM이 식별한 문제를 해결하기 위해 모델을 스트레스 테스트하기 위해 할 수 있는 일은 훨씬 더 많다. 이에 관해서는 13장, '적대적 견고성'에서 다룰 것이다.

▌ 정리

8장을 읽은 후에는 CNN 분류기의 예측 성능을 좀 더 철저하게 평가하기 위해 전통적인 해석 방법론을 활용하는 방법과 활성화 기반 방법론으로 CNN의 학습 프로세스를 시각화하는 방법을 이해해야 한다. 또한 그래디언트 기반 및 섭동 기반 귀인 방법론을 사용해 오분류 및 진양성을 비교하고 대조하는 방법을 이해해야 한다. 9장에서는 다변량 시계열과 민감도 분석을 위한 해석 방법론을 살펴볼 것이다.

▌ 데이터셋 및 이미지 소스

- Baron, Karl (photographer). (2003, March 26). Local Daiei got a self-checkout [digital image]. CC 2.0 License: https://www.flickr.com/photos/82365211@N00/9244253015.

- Muresan, H., and Oltean, M. (2017). Fruit recognition from images using deep learning. Acta Universitatis Sapientiae, Informatica, 10, 26 − 42: https://arxiv.org/abs/1712.00580.

- Oltean, M. (2020). Fruits 360: https://www.kaggle.com/moltean/fruits (CC BY-SA 4.0).

▌ 더 읽을거리

- Smilkov, D., Thorat, N., Kim, B., Viégas, F., and Wattenberg, M. (2017). SmoothGrad: Removing noise by adding noise. ArXiv, abs/1706.03825: https://arxiv.org/abs/1706.03825.

- Chattopadhyay, A., Sarkar, A., Howlader, P., and Balasubramanian, V.

(2018). Grad—CAM++: Generalized Gradient—Based Visual Explanations for Deep Convolutional Networks. 2018 IEEE Winter Conference on Applications of Computer Vision (WACV), 839—847: https://arxiv.org/abs/1710.11063.

- Sundararajan, M., Taly, A., and Yan, Q. (2017). Axiomatic Attribution for Deep Networks. Proceedings of Machine Learning Research, pp. 3319—3328, International Convention Centre, Sydney, Australia: https://arxiv.org/abs/1703.01365.

- Zeiler, M.D., and Fergus, R. (2014). Visualizing and Understanding Convolutional Networks. In European conference on computer vision, pp. 818—833: https://arxiv.org/abs/1311.2901.

- Shrikumar, A., Greenside, P., and Kundaje, A. (2017). Learning Important Features Through Propagating Activation Differences: https://arxiv.org/abs/1704.02685.

09

다변량 예측 및
민감도 분석을 위한 해석 방법론

지금까지 이 책을 통해 지도 학습 모델을 해석하는 데 사용할 수 있는 다양한 방법론을 배웠다. 이 방법론들은 가장 영향력 있는 예측변수와 그들 사이에 숨겨진 상호 작용을 밝히는 동시에 모델을 평가하는 데 매우 효과적일 수 있다. 그러나 지도학습이라는 용어에서 알 수 있듯이 이러한 방법론은 알려진 샘플의 분포를 기반으로 해당 샘플과 그에 대한 순열만 활용할 수 있다. 그런데 이런 샘플이 과거를 나타내는 경우에는 상황이 복잡해질 수 있다. 노벨 물리학상 수상자 닐스 보어^{Niels Bohr}는 "예측은 매우 어렵다. 특히 미래에 관한 것이라면 더욱 그렇다"라는 유명한 말을 했다.

실제 시계열상에서 데이터포인트가 움직이는 것을 보면 최상의 시나리오에서는 예측 가능한 패턴으로 리드미컬하게 춤추는 것처럼 보이기도 한다. 댄서가 비트에 맞춰 움직이는 것처럼 반복되는 움직임 또는 빈도는 주기적 패턴에 기인한 것일 수도 있고, 볼륨 또는 진

폭의 점진적인 변화도 예측 가능한 추세에 기인한 것일 수 있다. 하지만 공급업체의 공급
망 지연으로 하루의 판매 수치가 예상치 못하게 하락하는 것과 같이 데이터포인트의 움직
임에는 항상 누락된 퍼즐 조각이 있기 때문에 이 춤은 필연적으로 오해를 불러일으킬 수
밖에 없다. 설상가상으로 10년에 한 번, 한 세대에 한 번, 또는 평생에 한 번 댄서가 발작
을 일으킨 것처럼 시계열의 움직임을 근본적으로 인식할 수 없게 만드는 예기치 않은 재
앙도 있다. 예를 들어 2020년에는 좋든 나쁘든 모든 곳의 판매 예측이 COVID-19로 인
해 무용지물이 됐다.

이를 극단적인 이상치 이벤트라고 부를 수 있지만 모델은 거의 전적으로 일어날 수 있는
사건에 대해 학습됐기 때문에 이런 중대한 이벤트를 예측하도록 구축되지 않았음을 인식
해야 한다. 가능성은 희박하지만 중대한 사건을 예측하지 못하는 것은 확실성이나 신뢰
구간에 대해 논의하지 않은 채 예측 모델을 처음부터 그렇게 많이 신뢰해서는 안 되는 이
유다.

9장에서는 LSTM^{Long Short-Term Memory} 모델을 사용한 다변량 예측 문제를 살펴볼 것이다. 먼
저 전통적인 해석 방법론으로 모델을 평가한 후 8장, '컨볼루션 신경망 시각화'에서 배운
통합 그래디언트 방법론을 사용해 모델의 로컬 속성을 생성할 것이다. 여기서 중요한 점
은 LSTM의 학습 과정과 한계를 더 잘 이해하는 것이다. 그다음에 글로벌 및 로컬 해석을
위해 예측을 근사하는 방법들과 SHAP의 KernelExplainer를 사용할 것이다. 마지막으로
"예측과 불확실성은 본질적으로 연결돼 있으므로" 민감도 분석^{sensitivity analysis}은 입력에 대
한 모델 출력의 불확실성을 측정하도록 설계된 일련의 방법론이기 때문에 이는 미래 예
측을 위한 시나리오에서 매우 유용하다. 9장에서는 민감도 분석 중 인자 우선순위화^{factor}
^{prioritization}를 사용하는 **모리스 방식**^{Morris Method}과 비용 민감도가 포함된 인자 고정^{factor fixing}을
사용하는 **소볼 방식**^{Sobol method} 두 가지를 살펴볼 것이다.

다음은 9장에서 다룰 주요 주제다.

- 전통적인 해석 방법론으로 시계열 모델 평가
- 통합 그래디언트로 LSTM의 속성 생성

- SHAP의 KernelExplainer를 사용해 글로벌 및 로컬 속성을 계산
- 인자 우선순위화로 영향력 있는 피처 식별
- 인자 고정 방식으로 불확실성 및 비용 민감도 정량화

▌ 기술 요구 사항

9장의 예제에서는 `mldatasets`, `pandas`, `numpy`, `sklearn`, `statsmodels`, `tensorflow`, `matplotlib`, `seaborn`, `alibi`, `distython`, `shap`, `SALib` 등의 라이브러리를 사용한다. 이 라이브러리를 설치하는 방법에 대한 지침은 이 책의 '들어가며'에 있다. 9장의 코드는 다음 링크(https://github.com/PacktPublishing/Interpretable-Machine-Learning-with-Python/tree/master/Chapter09)에 있다.

▌ 미션

고속도로 교통 체증은 전 세계의 도시가 앓고 있는 문제다. 도로와 주차 인프라가 충분하지 않은 개발 도상국에서 인당 자동차 수가 꾸준히 증가함에 따라 교통 체증은 놀라운 수준으로 증가하고 있다. 미국은 2019년에 1,000명당 838대로 인당 자동차 수가 세계에서 가장 높았다. 이런 이유로 혼잡도가 15% 이상인 전 세계 381개 도시 중에 미국의 도시들이 62개를 차지한다.

미니애폴리스는 이 임곗값을 최근에 넘었고 계속 상승하고 있는 도시 중 하나다. 다음 그림을 참조하라. 대도시권에서는 혼잡도 50% 이상을 극도로 심각하게 여기지만, 15~25%의 중간 수준은 심각한 혼잡이 올 것이라는 경고 신호다. 교통을 방해하지 않으면서 인프라를 개선하기 위해서는 비용이 많이 들기 때문에 혼잡도가 25%에 도달하면 이를 되돌리기가 어렵다. 최악의 정체 지점 중 하나는 쌍둥이 도시 미니애폴리스와 세인트 폴 사이를

관통하는 94번 주간 고속도로(I-94)인데, 통근자들이 이동 시간을 줄이려고 함에 따라 대체 경로들도 혼잡해진다. 이를 알고 있는 두 도시의 시장들은 고속도로 확장을 위해 연방 자금을 일부 확보했다.

그림 9.1 미니애폴리스의 2019년 탐탐 교통 지표(TomTom traffic index)

두 시장은 연임에 성공하기 위한 공동의 성과물로서 완공된 확장 도로를 선전할 수 있기를 원한다. 그러나 그들은 시끄럽고 먼지 나고 교통에 방해가 되는 확장 공사가 통근자들에게 큰 골칫거리가 될 수 있다는 것과, 건설 프로젝트를 거의 보이지 않게 조용히 하지 않으면 정치적으로 역효과를 낼 수도 있다는 사실을 잘 알고 있다. 그러므로 건설사가 최대한 다른 곳에서 미리 조립한 후 통행량이 적은 시간대에 이를 조립하도록 규정했으며, 이 시간대의 통행량은 시간당 1,500대 미만이다. 건설사는 또한 한 번에 고속도로의 한 방향에서만 작업할 수 있으며 작업할 때는 차선의 절반만 차단할 수 있다. 이런 규정을 준수하도록 하기 위해 그들은 건설사가 도로를 4분의 1만 차단했어도 이 임계치가 넘어가면 차량당 15달러의 벌금을 부과할 것이다.

또한 건설 인력이 현장에 있는 상태에서 고속도로의 시간당 가용 통행량의 절반이 넘어가면 하루에 5,000달러의 벌금을 부과한다. 이를 적용할 경우 일반적인 피크 시간 동안 도로를 차단하면 시간당 67,000달러에 더해 5,000달러의 일일 벌금이 추가된다. 지역 당국은 교통량을 모니터링하기 위해 도로에 **자동 교통 기록 장치**^{ATR, Automated Traffic Recorder}를 사용할 뿐만 아니라 공사를 위해 차선이 차단될 때 지역 교통 경찰을 파견할 것이다.

2년에 걸친 건설 프로젝트로 계획됐다. 첫해에는 I-94의 서쪽 방향 차선이 확장되고 두 번째 해에는 동쪽 방향 차선이 확장될 것이다. 공사는 5월부터 10월까지만 진행할 것인데 이 기간 동안은 눈으로 인해 공사가 지연될 가능성이 적기 때문이다. 나머지 기간 동안 그들은 선조립물 제작에 집중할 것이다. 주말에 후한 시간 외 수당을 지급하기로 노동조합과 협상했기 때문에 건설사는 평일에만 공사를 하려고 할 것이다. 따라서 주말 공사는 상당한 지연이 있는 경우에만 발생한다. 또한 노조는 5월부터 10월까지 동일한 요율로 공휴일에 근무하기로 합의했다.

건설사는 위험을 감수하고 싶지 않다. 따라서 I-94 고속도로의 교통량을 예측할 뿐만 아니라 더 중요한 사항으로 불확실성을 만들고 비용을 증가시킬 수 있는 인자를 파악하기 위한 모델이 필요하다. 건설사는 이를 위해 머신러닝 전문가를 고용했다. 바로 당신이다.

건설사가 제공하는 ATR 데이터에는 2018년 9월까지 시간별 교통량뿐만 아니라 각 시간대의 날씨 데이터도 포함돼 있다. 도로 확장을 먼저 시작하는 서쪽 방향 차선에 대한 데이터로만 구성돼 있다. 또한 2015년 이후 피크 시간대 혼잡도가 크게 악화되면서 교통 혼잡은 통근자들에게 일상이 됐다. 따라서 건설사는 모델을 학습시킬 때 3년치 데이터로 충분하다고 생각한다.

▌ 접근법

거의 2년 반(2015년 10월~2018년 3월) 분량의 데이터로 양방향 LSTM 모델을 학습시켰다. 테스트를 위해 최근 13주(2018년 7월~9월) 그리고 검증을 위해 그 이전 13주(2018년 4월~6월)의 데이터를 분리했다. 테스트 및 검증 데이터셋이 고속도로 확장 프로젝트의 예상 조건(5월~10월)과 일치하기 때문에 이는 의미가 있다. 이런 조건들을 나타내는 데이터만 활용하는 다른 데이터 분할 체계를 사용하는 것도 고려했지만 학습 데이터를 크게 줄이고 싶지 않았으며, 나중에 겨울 시즌 예측에 필요할 수도 있다. 룩백 윈도우look-back window 또는 슬라이딩 윈도우sliding window는 시계열 모델이 한 번에 액세스할 수 있는 과거 데이터의 양을 정의한다. 모델이 순방향 학습 시 룩백 윈도우의 크기는 672시간, 즉 4주로 정했는데 이는 모델이 일별/주별 주기성뿐만 아니라 여러 주에 걸쳐 관측될 수 있는 추세 및 패턴을 학습할 수 있기 때문이다. 또한 168시간, 즉 1주의 룩백을 사용해 백업으로 다른 모델을 학습시켰다. 고객의 기대에 부응하기 위해 다음과 같이 단계를 설명했다.

1. RMSE, 회귀 플롯, 혼동 행렬 등을 사용해 모델의 예측 성능과 이보다 더 중요 사항인 오차가 어떻게 분포되는지를 평가할 것이다.

2. 통합 그래디언트를 사용해 의사 결정에 대한 각 모델의 경로를 시각화하면 최선의 모델링 전략을 취했는지 확인할 수 있으며, 이것은 모델을 선택하는 데 도움이 될 수 있다.

3. SHAP의 KernelExplainer와 예측 근사 방법론을 사용해 선택한 모델에서 어떤 피처가 중요한지에 대한 글로벌 및 로컬 범위의 이해를 이끌어낼 것이다.

4. 모리스 민감도 분석을 사용해 특정 인자 즉, 피처가 출력 변동을 얼마나 유발할 수 있는지에 따라 순위를 매겨 '인자의 우선순위'를 식별할 것이다.

5. 소볼 민감도 분석을 사용해 영향을 미치지 않는 인자를 결정하는 데 도움이 되는 '인자 고정'을 계산할 것이다. 이것은 입력 인자들의 기여도와 출력 변동성에 대한 상호 작용을 정량화할 수 있다. 이를 통해 어떤 불확실한 요소가 잠재적인 벌금과 비용에 가장 큰 영향을 미칠 수 있는지 파악해 분산 기반 비용 민감도 분석을 할 수 있다.

▎ 준비

이 예제의 코드는 다음 링크(https://github.com/PacktPublishing/Interpretable-Machine-Learning-with-Python/blob/master/Chapter09/Traffic.ipynb)에서 찾을 수 있다.

라이브러리 로드

이 예제를 실행하려면 다음 라이브러리를 설치해야 한다.

- mldatasets: 데이터셋 로드

- pandas, numpy: 데이터 조작

- tensorflow: 모델 로드

- statsmodels, sklearn, matplotlib, seaborn, alibi, distython, shap, SALib: 해석 생성 및 시각화

먼저 다음 라이브러리를 로드해야 한다.

```
import math
import os
import mldatasets
import pandas as pd
import numpy as np
import tensorflow as tf
from tensorflow import keras
from tensorflow.keras.preprocessing.sequence import
TimeseriesGenerator
from keras.utils.data_utils import get_file
from sklearn.preprocessing import MinMaxScaler
from sklearn import metrics
from statsmodels.tsa.seasonal import seasonal_decompose
from statsmodels.tsa.stattools import acf
import matplotlib.pyplot as plt
import seaborn as sns
from alibi.explainers import IntegratedGradients
from distython import HEOM
```

```
import shap

from SALib.sample import morris as ms

from SALib.analyze import morris as ma

from SALib.plotting import morris as mp

from SALib.sample.saltelli import sample as ss

from SALib.analyze.sobol import analyze as sa

from SALib.plotting.bar import plot as barplot
```

print(tf.__version__) 명령으로 텐서플로의 정확한 버전이 로드됐는지 확인한다. 2.0 이상이어야 한다.

데이터 이해 및 준비

다음 코드는 데이터를 traffic_df라는 데이터프레임에 로드한다. prepare=True 매개변 수는 2015년 10월 이후 데이터에 대해 필요한 시간 프레임 설정, 보간, 공휴일 수정, 원-핫 인코딩 등과 같은 필수 작업을 수행하기 때문에 중요하다.

```
traffic_df = mldatasets.load("traffic-volume", prepare=True)
```

25,000개 이상의 레코드와 15개의 칼럼이 있어야 한다. 이는 traffic_df.info()로 확인 할 수 있다.

```
<class 'pandas.core.frame.데이터프레임'>
DatetimeIndex: 25656 entries, 2015-10-28 00:00:00 to 2018-09-30
23:00:00
Data columns (total 15 columns):
 #   Column          Non-Null Count  Dtype
---  ------          --------------  -----
 0   dow             25656 non-null  int64
```

1	hr	25656 non-null	int64
2	temp	25656 non-null	float64
3	rain_1h	25656 non-null	float64
4	cloud_coverage	25656 non-null	float64
5	is_holiday	25656 non-null	int64
6	traffic_volume	25656 non-null	float64
7	weather_Clear	25656 non-null	uint8
8	weather_Clouds	25656 non-null	uint8
9	weather_Haze	25656 non-null	uint8
10	weather_Mist	25656 non-null	uint8
11	weather_Other	25656 non-null	uint8
12	weather_Rain	25656 non-null	uint8
13	weather_Snow	25656 non-null	uint8
14	weather_Unknown	25656 non-null	uint8

```
dtypes: float64(4), int64(3), uint8(8)
memory usage: 1.8 MB
```

앞의 출력을 보며 모든 피처는 숫자이며 결측값이 없으며 범주형 피처는 이미 원-핫 인코딩돼 있다.

데이터 딕셔너리

피처는 8개뿐이지만 범주형 인코딩으로 인해 칼럼은 15개가 된다.

- dow: 서수형. 월요일로 시작하는 요일(0~6)
- hr: 서수형. 하루 중 시간(0~23)
- temp: 연속형. 평균 섭씨온도(-30~37)
- rain_1h: 연속형. 해당 시간에 발생한 mm 단위의 강우량(0~31)
- cloud_coverage: 연속형. 구름이 차지하는 비율(0~100)

- **is_holiday**: 이진값. 월~금요일 중에 국가 공휴일 또는 주 공휴일 여부(예: 1, 아니요: 0)

- **traffic_volume**: 연속형. 목표변수. 교통량

- **weather**: 범주형, 해당 시간의 날씨에 대한 간략한 설명(맑음 | 흐림 | 안개 | 옅은 안개 | 비 | 눈 | 불명확 | 기타)

데이터 이해

시계열 문제를 이해하는 첫 번째 단계는 목표변수를 이해하는 것이다. 이는 데이터 준비에서 모델링에 이르기까지 모든 것에 접근하는 방식을 결정하기 때문이다. 목표변수는 주기적 움직임이나 추세와 같이 시간과 특별한 관계가 있을 수 있다.

주간에 대한 이해

먼저 매 계절마다 168시간의 기간을 샘플링해 요일 간의 차이를 조금 더 잘 이해하고 계절과 공휴일에 따라 어떻게 달라지는지에 대한 아이디어를 얻을 수 있다.

```
fig, (ax0,ax1,ax2,ax3) = plt.subplots(4,1, figsize=(15,8))
plt.subplots_adjust(top = 0.99, bottom=0.01, hspace=0.4)
traffic_df[:168].traffic_volume.plot(ax=ax0)
traffic_df[(168*13):(168*14)].traffic_volume.plot(ax=ax1)
traffic_df[(168*26):(168*27)].traffic_volume.plot(ax=ax2)
traffic_df[(168*39):(168*40)].traffic_volume.plot(ax=ax3)
```

앞의 코드는 다음 이미지와 같은 플롯을 출력한다. 왼쪽에서 오른쪽으로 읽으면 모두 수요일로 시작해 다음 주 화요일로 끝난다. 한 주의 모든 요일은 낮은 지점에서 시작하고 끝나며 그 사이에 높은 지점이 있다. 평일에는 오전과 오후 러시아워에 해당하는 두 개의 피크가 있는 경향이 있는 반면, 주말에는 오후 중반에 피크가 한 번만 있다.

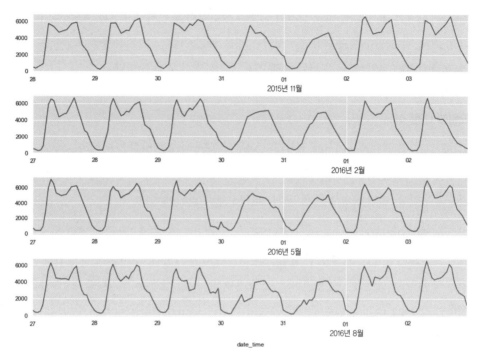

그림 9.2 각 계절을 대표하는 한 주간 샘플의 traffic_volume

공식 공휴일이 아니지만 할로윈인 10월 31일 토요일과 같은 몇 가지 중요한 불일치가 있다. 또한 2월 2일 화요일은 심한 눈보라가 시작된 날이었고, 8월 27일부터 9월 2일까지의 기간은 다른 주간 샘플과 많이 다르다. 그해에 주 박람회^{State Fair}가 열렸기 때문이다. 할로윈과 마찬가지로 연방 공휴일 또는 지역 공휴일은 아니지만 박람회장이 미니애폴리스와 세인트 폴의 중간에 있었다. 또한 8월 29일 금요일 자정에 교통 체증이 있었음을 알 수 있는데, 이날은 미니애폴리스에 중요한 콘서트가 있었기 때문이다.

시계열의 기간을 비교하면서 이런 불일치를 설명하는 것은 모델에 추가할 변수를 파악하거나 최소한 무엇이 누락됐는지 파악하는 데 도움이 된다. 이 사례에는 `is_holiday` 변수에 할로윈이나 주 박람회 주간과 같은 날이 포함되지 않았으며, 큰 음악회나 스포츠 이벤트에 대한 변수도 없다는 것을 알고 있다. 원본 데이터셋에는 `snow_1h` 변수가 있었지만 신뢰할 수 없어서 제거됐다. 더욱 견고한 모델을 생성하려면 신뢰할 수 있는 외부 데이터 소스를 찾고, 기존 변수의 유효성을 검사하는 것은 물론 이런 모든 가능성을 포괄하는 피처를 더 추가하는 것이 좋다. 지금은 현재 가진 것으로만 작업할 것이다.

요일에 대한 이해

고속도로 확장 프로젝트에서는 일상적인 업무일 동안의 교통 상황을 이해하는 것이 매우 중요하나. 선설 인력은 지연이 발생하지 않는 한 평일에만 근무하며, 지연이 발생하면 주말도 근무한다. 또한 공휴일은 평일과는 다르므로 구별해야 한다.

이를 위해 데이터프레임(weekend_df)을 만들고 각 레코드를 "공휴일Holiday, 평일Weekday, 주말Weekend"로 구분하는 요일 유형 칼럼(type_of_day)을 추가한다. 그다음에 이 칼럼과 hr 칼럼을 기준으로 그룹화한 후 평균(mean) 및 표준편차(std)를 집계한다. 그다음에 pivot을 수행하면 각 type_of_day 범주에 대한 교통량의 평균 및 표준편차를 각각의 칼럼으로 갖게 되며, 여기서 각 행은 하루 중 시간(hr)을 나타낸다. 이 데이터프레임으로 플롯을 생성할 때 표준편차로 구간을 표시한다.

```python
weekend_df =\
  traffic_df[['hr', 'dow', 'is_holiday', 'traffic_volume']].\
copy()
weekend_df['type_of_day'] = np.where(weekend_df.\
  is_holiday == 1, 'Holiday', np.where(weekend_df.dow >= 5,\
  'Weekend', 'Weekday'))
weekend_df = weekend_df.groupby(['type_of_day','hr'])\
  ['traffic_volume'].agg(['mean','std']).\
  reset_index().pivot(index='hr', columns='type_of_day',\
                      values=['mean', 'std'])
weekend_df.columns = [''.join(col).strip().replace('mean','')
                      for col in weekend_df.columns.values]
fig, ax = plt.subplots(figsize=(15,8))
```

```
weekend_df[['Holiday','Weekday','Weekend']].plot(ax=ax)

plt.fill_between(weekend_df.index,\

  np.maximum(weekend_df.Weekday -\
           2 * weekend_df.std_Weekday, 0),\

  weekend_df.Weekday + 2 * weekend_df.std_Weekday,\

  color='darkorange', alpha=0.2)

plt.fill_between(weekend_df.index,\

  np.maximum(weekend_df.Weekend -\
           2 * weekend_df.std_Weekend, 0),\

  weekend_df.Weekend + 2 * weekend_df.std_Weekend,

  color='green', alpha=0.1)

plt.fill_between(weekend_df.index,\

  np.maximum(weekend_df.Holiday -\
           2 * weekend_df.std_Holiday, 0),\

  weekend_df.Holiday + 2 * weekend_df.std_Holiday,

  color='cornflowerblue', alpha=0.1)

ax.axhline(y=5300, linewidth=3, color='red', dashes=(2,2))

ax.axhline(y=2650, linewidth=2, color='darkviolet',\
  dashes=(2,2))

ax.axhline(y=1500, linewidth=2, color='teal', dashes=(2,2))
```

위의 코드는 다음 플롯을 출력한다. 시간별 평균을 나타내고 있으며 편차가 꽤 있어 건설
사는 조심스럽게 진행할 필요가 있다. 각 임곗값을 나타내는 수평선을 표시했다.

- 5,300은 가용한 최대 통행량이다.

- 2,650은 그 절반의 통행량이며, 공사 중 이 값이 넘으면 건설사는 지정된 하루당
  벌금을 내야 한다.

- 1,500은 공사 중지 임곗값이며, 이 통행량이 넘으면 건설사는 지정된 차량당 벌
  금을 내야 한다.

그들은 월요일부터 금요일까지 통행량 임곗값 1,500 미만인 시간 동안만 일하기를 원한다. 전날 오후 11시부터 새벽 4시까지의 다섯 시간이다. 만약 주말에 일을 해야 한다면 새벽 1시에 시작해 새벽 6시에 끝난다. 이 시간대는 평일에 변동폭이 훨씬 적기 때문에 건설사에서 평일만 고집하는 이유도 이해가 된다. 이 시간 동안 공휴일은 주말과 비슷하게 보이지만 공휴일이 주말보다 훨씬 더 변동이 크기 때문에 잠재적으로 더 문제가 될 수 있다.

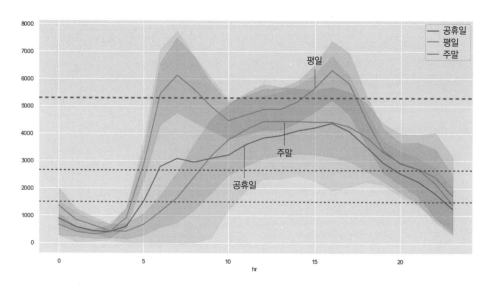

그림 9.3 공휴일, 평일, 주말의 시간별 평균 교통량

일반적으로 이런 프로젝트의 경우 앞에서 목표변수에 대해 수행한 정도로 예측변수도 탐색한다. 이 책은 모델 해석에 관한 책이므로 모델을 해석함으로써 예측변수에 대해 살펴볼 것이다. 그러나 모델을 보기 전에 먼저 모델에 대한 데이터를 준비해야 한다.

데이터 준비

첫 번째 데이터 준비 단계는 데이터를 학습, 검증, 테스트 데이터셋으로 분할하는 것이다. 테스트 데이터셋은 가장 최근 13주인 2,184시간을 포함하며, 검증 데이터셋은 그 이전의 13주를 포함하므로 인덱스가 데이터프레임의 끝에서부터 역으로 4368부터 시작해 2184 앞에서 끝난다.

```
train = traffic_df[:-4368]
valid = traffic_df[-4368:-2184]
test = traffic_df[-2184:]
```

데이터프레임을 분할한 후 의도한 대로 분할됐는지 확인하기 위해 시각화한다. 코드는 다음과 같다.

```
plt.plot(train.index.values, train.traffic_volume.values,
        label='train')
plt.plot(valid.index.values, valid.traffic_volume.values,
        label='validation')
plt.plot(test.index.values, test.traffic_volume.values,
        label='test')
plt.ylabel('Traffic Volume')
plt.legend()
```

앞의 코드는 다음 플롯을 출력한다. 학습 데이터셋에 거의 2년 반의 데이터가 할당됐고 검증 및 테스트에 각각 4분의 1년치가 할당됐음을 보여준다. 매 에포크 이후에 모델의 예측 성능을 평가하는 것은 학습하는 동안에만 유용했기 때문에 이 시점부터는 이 검증 데이터셋을 참조하지 않을 것이다.

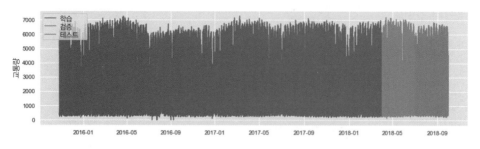

그림 9.4 학습, 검증, 테스트 데이터셋으로 분할된 시계열 데이터

다음 단계는 데이터를 최소-최대 정규화^{min-max normalization}하는 것이다. 값이 클수록 일반적으로 모든 신경망에서 학습이 느려지며 LSTM에서는 그래디언트가 폭발하거나 사라지는 경향이 있기 때문에 이 작업을 수행한다. 균일하고 작은 값은 이런 문제를 해결하는 데 도움이 될 수 있다. 9장의 뒷부분에서 이에 대해 논의할 것이지만 큰 값은 기본적으로 네트워크를 수치적으로 불안정하게 하거나 전역 최솟값^{global minimum}에 도달하는 데 비효율적이다.

scikit 패키지의 MinMaxScaler로 최소-최대 정규화를 수행한다. 필요할 때마다 사용할수 있도록 스케일러를 fit시킬 것이다. y_scaler라는 이름으로 목표변수(traffic_volume)에 대한 스케일러를 생성하고, 전체 데이터셋의 나머지 변수에 대해 다른 스케일러(X_scaler)를 생성해 train, valid, test 단계에 관계없이 일관적으로 변환을 수행한다. fit프로세스가 하는 일은 수학 공식을 통해 각 변수가 0과 1 사이의 값이 되게 하는 것이다.

```
y_scaler = MinMaxScaler()
y_scaler.fit(traffic_df[['traffic_volume']])
X_scaler = MinMaxScaler()
X_scaler.fit(traffic_df.drop(['traffic_volume'], axis=1))
```

이제 스케일러로 학습 데이터셋과 테스트 데이터셋을 모두 변환해 각각에 대해 y 및 X 쌍을 생성한다.

488

```
y_train = y_scaler.transform(train[['traffic_volume']])
X_train = X_scaler.transform(train.drop(['traffic_volume'],
                                         axis=1))
y_test = y_scaler.transform(test[['traffic_volume']])
X_test = X_scaler.transform(test.drop(['traffic_volume'],
                                       axis=1))
```

그러나 시계열 모델의 경우 여기서 생성된 y 및 X 쌍은 각 관측치가 타임스텝^{timestep}이기 때문에 유용하지 않다. 각 타임스텝은 해당 타임스텝에 대한 변수뿐만 아니라 래그^{lags}라고 부르는 해당 타임스텝 이전 일정량의 타임스텝에 대한 변수를 포함해야 한다. 따라서 모든 타임스텝은 래그와 함께 배열을 생성해야 한다. 다행히 케라스에는 X와 y로부터 모델에 데이터를 공급하는 생성기를 만드는 TimeseriesGenerator라는 함수가 있다. 여기에 룩백 윈도우라고도 하는 래그 타임스텝 수인 length를 지정해야 한다. batch_size 기본 값은 1이지만 고객은 한 번에 24시간 예측을 얻길 원하기 때문에 배치 사이즈로 24를 사용하며, 배치 사이즈가 클수록 학습 및 추론이 훨씬 더 빠르다.

내일을 예측해야 하는 경우 당연히 내일의 날씨가 필요하므로 일기예보를 타임스텝에 사용할 수 있다.

```
gen_train_672 = TimeseriesGenerator(X_train, y_train,\
                                    length=672,\
                                    batch_size=24)
gen_test_672 = TimeseriesGenerator(X_test, y_test, length=672,
                                   batch_size=24)
print("gen_train_672:%s×%s→%s" % (len(gen_train_672),
      gen_train_672[0][0].shape,
      gen_train_672[0][1].shape))
print("gen_test_672:%s×%s→%s" % (len(gen_test_672),
      gen_test_672[0][0].shape,
```

```
    gen_test_672[0][1].shape))
```

앞의 코드는 길이 672와 배치 사이즈 24를 사용하는 학습 데이터 생성기(gen_train_672)와
테스트 데이터 생성기(gen_test_672)의 차원을 출력한다.

```
gen_train_672:  859 × (24, 672, 14)  →  (24, 1)
gen_test_672:   63  × (24, 672, 14)  →  (24, 1)
```

한 달 즉, 4주의 룩백 윈도우로 학습된 모델에는 이 생성기가 필요하다. 각 생성기는 각 배
치에 해당하는 튜플의 리스트를 반환한다. 이 튜플의 인덱스 0은 X 피처 배열이고 인덱스
1은 y 레이블 배열이다. 따라서 위 출력의 첫 번째 숫자는 리스트의 길이, 즉 전체 배치의
수다. X 및 y 배열의 차원은 다음과 같이 설명할 수 있다. gen_train_672에는 859개의 배
치가 있고 각 배치에는 672개의 길이와 14개의 피처를 갖는 24개의 타임스텝이 있다. 이
24개의 타임스텝에 대해 예상되는 예측 레이블의 형태는 (24,1)이다.

이제 batch_size는 위와 동일하지만 length가 168시간인 1주인 룩백 윈도우 모델에 대한
데이터 생성기를 준비하기 위해 다음 코드를 수행한다.

```
gen_train_168 = TimeseriesGenerator(X_train, y_train,\
                                    length=168,
                                    batch_size=24)
gen_test_168 = TimeseriesGenerator(X_test, y_test, length=168,
                                    batch_size=24)
```

앞의 코드는 1주 룩백 윈도우에 대한 데이터 생성기를 만든다. 마지막으로, 모델과 확률
적 해석 방법론을 다루기 전에 무작위 시드를 초기화해 상황을 더 재현 가능하도록 만들
수 있다.

```
rand = 9
os.environ['PYTHONHASHSEED']=str(rand)
```

```
tf.random.set_seed(rand)
```

```
np.random.seed(rand)
```

LSTM 모델 로드

첫 번째로 모델을 로드하고 다음과 같이 요약을 출력할 수 있다.

```
model_path = get_file('LSTM_traffic_672_final.hdf5',
'https://github.com/PacktPublishing/Interpretable-Machine-
Learning-with-Python/blob/master/models/LSTM_traffic_672_final.
hdf5?raw=true')
lstm_traffic_672_mdl = keras.models.load_model(model_path)
lstm_traffic_672_mdl.summary()
```

위의 코드로 생성된 요약에서 알 수 있듯이 모델은 출력이 (24, 672)인 양방향 LSTM 계층으로 시작한다. 24는 배치 사이즈에 해당하며, 672는 336개의 셀을 갖는 두 개의 LSTM이 반대 방향으로 전파된 후 이 둘의 출력을 합친 것을 의미한다. 이 모델에는 10%의 dropout 계층이 있으며, 단일 ReLu 활성화 유닛을 갖는 dense 계층이 있다. 음수의 교통량은 의미가 없기 때문에 ReLu는 모든 예측이 0 이상인지 확인한다.

```
Model: "Traffic_Bidirectional_LSTM_672"
_____
Layer (type)                 Output Shape              Param #
=================================================================
Bidir_LSTM (Bidirectional)   (24, 672)                 943488
_____
Dropout (Dropout)            (24, 672)                 0
_____
Dense (Dense)                (24, 1)                   673
```

```
============================================================
Total params: 944,161

Trainable params: 944,161

Non-trainable params: 0

------------------------------------------------------------
```

그다음에 동일한 방식으로 두 번째 모델을 로드하고 summary( )를 출력할 수 있다.

```
model_path = get_file('LSTM_traffic_168_final.hdf5',

'https://github.com/PacktPublishing/Interpretable-Machine-
Learning-with-Python/blob/master/models/LSTM_traffic_168_final.
hdf5?raw=true')

lstm_traffic_168_mdl = keras.models.load_model(model_path)

lstm_traffic_168_mdl.summary( )
```

앞의 코드로 생성된 요약은 168시간의 룩백 윈도우에 해당하는 LSTM 계층에 168개의 셀을 갖는 단방향 LSTM 모델에 대한 것이다. 15% 드롭아웃 계층과 단일 ReLu 활성화 함수가 있는 dense 계층을 갖고 있다. 이 모델은 양방향 모델보다 거의 8배 더 작다. 매개변수가 거의 8배 적기 때문에 의미가 있는 것이다.

```
Model: "Traffic_LSTM_168"
------------------------------------------------------------
Layer (type)              Output Shape          Param #
============================================================
LSTM (LSTM)               (24, 168)             122976
------------------------------------------------------------
Dropout (Dropout)         (24, 168)             0
------------------------------------------------------------
Dense (Dense)             (24, 1)               169
============================================================
```

```
Total params: 123,145

Trainable params: 123,145

Non-trainable params: 0

-----------------------------------------------------------------
```

간단한 표기를 위해 지금부터는 4주간의 룩백 윈도우로 학습된 양방향 LSTM을 "672 모델"이라고 부를 것이다. 마찬가지로 1주간의 룩백 윈도우를 사용한 단방향 LSTM은 "168 모델"이 된다. 이제 전통적인 해석 방법론을 사용해 두 모델을 모두 평가해볼 것이다.

█ 전통적인 해석 방법론으로 시계열 모델 평가

시계열 회귀 모델은 일반적인 회귀 모델을 평가하는 것처럼 평균제곱오차[mse] 또는 r-제곱 점수에서 파생된 메트릭을 사용해 평가할 수 있다. 물론 중앙값, 로그, 편차, 절댓값 등의 메트릭을 사용해야 하는 경우도 있다. 이 모델에는 이런 작업이 필요하지 않다.

표준 회귀 메트릭 사용

evaluate_reg_mdl 함수는 모델을 평가하고, 일부 표준 회귀 메트릭을 출력하고, 플롯을 출력한다. 이 함수의 매개변수는 적합된 모델(lstm_traffic_672_mdl), X_train (gen_train_672), X_test (gen_test_672), y_train, y_test 등이다.

옵션으로 모델이 역변환된 레이블로 평가되도록 y_scaler를 지정할 수 있으며, 그러면 플롯과 RMSE를 훨씬 더 쉽게 해석할 수 있다. 이 경우에 매우 필요한 또 다른 매개변수는 y_truncate=True인데, 이는 y_train과 y_test가 예측된 레이블보다 차원이 크기 때문이다. 이 불일치는 룩백 윈도우로 인해 데이터셋의 첫 번째 타임스텝 이후에 첫 번째 예측이 여러 타임스텝에서 계속 발생하기 때문이다. 따라서 gen_train_672의 길이와 일치시키기 위해 y_train에서 이 타임스텝들을 빼야 한다.

이제 다음 코드를 사용해 두 모델을 모두 평가한다. predopts={"verbose":1}을 사용해 예측 진행 상황을 모니터링한다. 첫 번째 모델(lstm_traffic_672_mdl)에 대해 추론이 얼마나 오래 걸리는지 확인하라.

```
print(lstm_traffic_672_mdl.name)
y_train_pred_672, y_test_pred_672, y_train_672, y_test_672 =\
  mdatasets.evaluate_reg_mdl(lstm_traffic_672_mdl,\
    gen_train_672, gen_test_672,\
    y_train, y_test, scaler=y_scaler,\
    y_truncate=True, predopts={"verbose":1})
print(lstm_traffic_168_mdl.name)
y_train_pred_168, y_test_pred_168, y_train_168, y_test_168 =\
  mldatasets.evaluate_reg_mdl(lstm_traffic_168_mdl,\
    gen_train_168, gen_test_168,\
    y_train, y_test, scaler=y_scaler,
    y_truncate=True, predopts={"verbose":1})
```

앞의 코드는 다음 이미지에 표시된 플롯과 메트릭을 출력한다. 두 모델이 유사한 성능 메트릭을 보여주지만 168 모델은 학습 RMSE가 훨씬 더 우수하기 때문에 더 과적합됐다는 점을 알 수 있다.

이 "회귀 플롯"은 관측된 교통량 대비 예측된 교통량의 산점도로서 본질적으로 이 둘이 얼마나 일치하는지 보여주기 위해 선형회귀 모델에 적합된 것이다. 이 플롯은 672 모델이 교통량을 0으로 예측하는 경향이 더 높다는 것을 보여준다. 또한 168 모델에는 극단적인 이상치가 있지만, 672 모델은 교통량이 높은 쪽을 향해 약간 발산하는 경향만 있다.

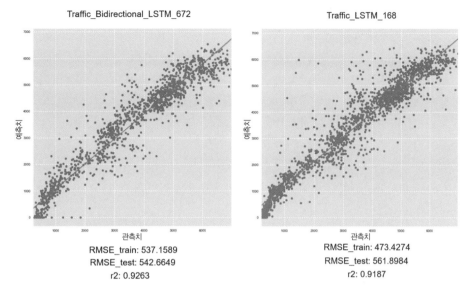

그림 9.5 두 모델에 대한 예측 성능 평가

또한 둘 다에 대해 관측된 교통량 대비 예측된 교통량을 비교해 모델을 평가할 수 있다. 두 값 사이의 오차를 시간별과 요일 유형별로 나누는 것도 도움이 될 것이다. 이를 위해 각 모델에 대해 하나씩 이 값으로 데이터프레임을 만들 수 있다. 먼저 테스트 데이터셋이 예측 배열의 길이와 일치하도록 데이터프레임을 잘라야 한다(-y_test_pred_672.shape[0]). 모든 칼럼이 필요하지 않기 때문에 관심 있는 항목에 대해서만 인덱스를 지정하며, traffic_volume은 #6이지만 dow(#0), hr(#1), is_holiday(#5) 등도 필요하다. traffic_volume의 이름을 actual_traffic으로 바꾸고 예측을 사용해 predict_traffic이라는 새 칼럼을 만든다. 그다음에 이전과 같이 공휴일인지 평일인지 주말인지를 알려주는 type_of_day 칼럼을 생성한다. 마지막으로 dow 및 is_holiday 칼럼은 더 이상 필요하지 않으므로 삭제할 수 있다.

```
evaluate_672_df = test.iloc[-y_test_pred_672.shape[0]:,\
  [0,1,5,6]].\
  rename(columns={'traffic_volume':'actual_traffic'})
```

```
evaluate_672_df['predicted_traffic'] = y_test_pred_672
```

```
evaluate_672_df['type_of_day'] =\
  np.where(evaluate_672_df.is_holiday == 1, 'Holiday',\
  np.where(evaluate_672_df.dow >= 5, 'Weekend', 'Weekday'))
```

```
evaluate_672_df.drop(['dow','is_holiday'], axis=1,
                     inplace=True)
```

동일한 코드에서 모든 672를 168로 교체해 다른 모델에 대해 실행한다. evaluate_672_df 또는 evaluate_168_df를 조회해 데이터프레임의 내용을 검토할 수 있다. 둘 다 4개의 칼럼이 있어야 한다.

예측오차 집계

어떤 날과 시간은 예측오차가 발생하기 쉽다. 이런 오차가 시간에 따라 어떻게 분포돼 있는지 더 잘 이해하기 위해 type_of_day로 분할된 데이터에서 시간 단위로 RMSE를 시각화할 수 있다. 먼저 rmse 함수를 정의한 다음 각 모델의 평가된 데이터프레임을 type_of_day 및 hr을 기준으로 그룹핑하고 rmse 함수를 사용하는 apply 함수를 통해 집계한다. 그다음에 각 type_of_day가 시간 단위로 RMSE를 칼럼으로 갖도록 하기 위해 pivot을 한다. 그다음에 이 칼럼의 평균을 시리즈로 저장한다.

```
def rmse(g):
  rmse = np.sqrt(metrics.\
    mean_squared_error(g['actual_traffic'],
                       g['predicted_traffic']))
  return pd.Series({'rmse': rmse})
evaluate_by_hr_672_df = evaluate_672_df.\
  groupby(['type_of_day', 'hr']).apply(rmse).reset_index().\
  pivot(index='hr', columns='type_of_day', values='rmse')
evaluate_by_hr_168_df = evaluate_168_df.\
```

```
    groupby(['type_of_day', 'hr']).apply(rmse).reset_index().\
    pivot(index='hr', columns='type_of_day', values='rmse')
mean_by_daytype_672_s = evaluate_by_hr_672_df.mean(axis=0)
mean_by_daytype_168_s = evaluate_by_hr_168_df.mean(axis=0)
```

이제 공휴일, 평일, 주말에 대한 시간대별 RMSE와 요일 유형별 평균이 포함된 데이터프레임을 갖게 됐으므로 이를 시각화할 수 있다. subplots를 사용해 672 모델과 168 모델에 대한 두 개의 서브플롯을 생성할 것이다. 그다음에 이 서브플롯에 두 개의 evaluate_by_hr 데이터프레임을 플로팅할 것이다. 또한 두 mean_by_daytype 시리즈에서 각 type_of_day에 대한 평균으로 점선을 표시한다.

```
fig, (ax0,ax1) = plt.subplots(2, 1, figsize=(15,10))
plt.subplots_adjust(top = 0.99, bottom=0.01, hspace=0.2)
evaluate_by_hr_672_df.plot(ax=ax0)
ax0.set_title('672 model: Hourly RMSE distribution',
              fontsize=16)
ax0.set_ylim([0,2500])
ax0.axhline(y=mean_by_daytype_672_s.Holiday, linewidth=2,
          color='cornflowerblue', dashes=(2,2))
ax0.axhline(y=mean_by_daytype_672_s.Weekday, linewidth=2,
          color='darkorange', dashes=(2,2))
ax0.axhline(y=mean_by_daytype_672_s.Weekend, linewidth=2,
          color='green', dashes=(2,2))
evaluate_by_hr_168_df.plot(ax=ax1)
ax1.set_title('168 model: Hourly RMSE distribution',
              fontsize=16)
ax1.set_ylim([0,2500])
ax1.axhline(y=mean_by_daytype_168_s.Holiday, linewidth=2,
          color='cornflowerblue', dashes=(2,2))
```

```
ax1.axhline(y=mean_by_daytype_168_s.Weekday, linewidth=2,
        color='darkorange', dashes=(2,2))
ax1.axhline(y=mean_by_daytype_168_s.Weekend, linewidth=2,
        color='green', dashes=(2,2))
```

앞의 코드는 다음과 같은 플롯을 출력한다. 168 모델은 테스트 데이터셋에서 모든 요일
유형과 시간에 대해 일관되게 RMSE가 672 모델보다 더 낮다. 이것은 한 모델이 교통량
을 과대평가하고 있음을 의미할 수 있지만 그렇다고 과대평가가 과소평가만큼 나쁜 것은
아니다.

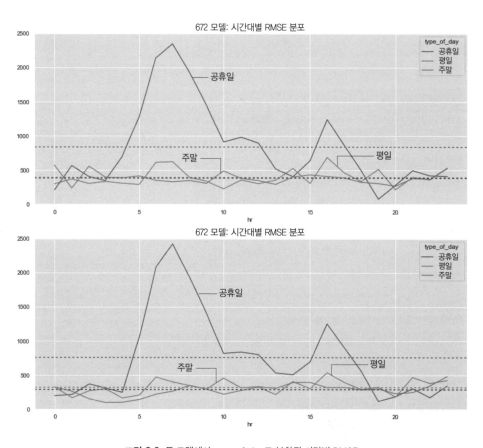

그림 9.6 두 모델에서 type_of_day로 분할된 시간별 RMSE

분류 문제처럼 평가하기

실제로 분류 문제는 위양성과 위음성을 가질 수 있으며 이 중 하나가 다른 것보다 더 많은 비용을 초래한다는 것을 알게 됐다면 과소평가/과대평가와 같은 개념의 프레임에 회귀 문제를 넣을 수 있다. 이 프레임은 하나가 다른 것보다 많은 비용을 초래할 때 특히 유용하다. 이 프로젝트에서는 명확하게 정의된 임곗값이 있기 때문에 회귀 문제를 분류 문제처럼 평가할 수 있다. 절반 통행량 및 공사 중지 임곗값을 사용해 혼동 행렬을 만들어 두 모델을 평가한다. 이를 위해 모델 평가 데이터프레임을 for 루프에서 처리하고, np.where를 사용해 실제값 및 예측값이 각 임곗값을 초과했는 여부를 표현하는 이진 배열을 얻을 수 있다. 그다음에 compare_confusion_matrices 함수를 사용해 각 모델에 대한 혼동 행렬을 비교할 수 있다.

```python
evaluate_dfs = [evaluate_672_df, evaluate_168_df]
lookbacks = [672, 168]
for e in range(2):
  evaluate_df = evaluate_dfs[e]
  lb = lookbacks[e]
  actual_over_half_cap = np.where(\
    evaluate_df['actual_traffic'] > 2650, 1, 0)
  pred_over_half_cap = np.where(\
    evaluate_df['predicted_traffic'] > 2650, 1, 0)
  actual_over_nc_thresh = np.where(\
    evaluate_df['actual_traffic'] > 1500, 1, 0)
  pred_over_nc_thresh = np.where(\
    evaluate_df['predicted_traffic'] > 1500, 1, 0)
  mldatasets.\
    compare_confusion_matrices(actual_over_half_cap,
      pred_over_half_cap, actual_over_nc_thresh,
      pred_over_nc_thresh,
      str(lb)+' model: Over Half-Capacity',
      str(lb)+' model: Over No-Construction Threshold')
```

앞의 코드는 다음 이미지와 같은 혼동 행렬을 생성한다. 임곗값을 초과하는 교통량이 없을 것으로 예측했는데 실제로는 임곗값을 넘었다면 엄청난 벌금이 부과되기 때문에 위음성의 비율에 가장 큰 관심이 있다. 반면 위양성의 비용은 교통량이 임곗값 이상으로 증가하지 않았을 때 건설 현장을 선제적으로 떠나는 것이다. 하지만 후회하는 것보다는 안전한 것이 낫다. 공사 중지 임곗값에 대한 위음성을 비교하면 672 모델(1.32%)은 168 모델(0.64%)의 두 배다. 절반 통행량 임곗값의 경우 672 모델의 위음성 백분율이 168 모델보다 낮다. 궁극적으로 가장 중요한 것은 공사 중지 임곗값이다.

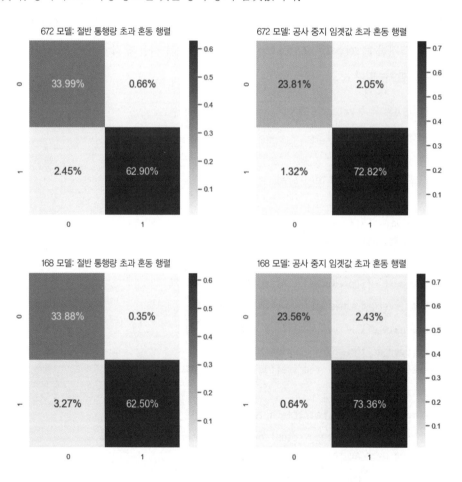

그림 9.7 두 모델에서 절반 통행량 및 공사 중지 임곗값을 기준으로 한 혼동 행렬

지금까지 모델의 의사 결정을 이해하기 위해 전통적인 방법을 활용했으니 이제는 좀 더 발전된 모델 독립적 방법론을 살펴보자.

▌ 통합 그래디언트로 LSTM 속성 생성

8장, '컨볼루션 신경망 시각화'에서 통합 그래디언트[IG]에 대해 처음 배웠다. 8장에서 살펴본 다른 그래디언트 기반 속성 방법론들과 달리 통합 그래디언트는 컨볼루션 계층에 의존하지 않으며 분류 문제에 국한되지도 않는다. 사실 IG는 경로를 따라 평균화된 입력에 대한 출력의 그래디언트를 계산하기 때문에 입력과 출력은 무엇이든 될 수 있다. 9장에서 수행할 해석과 마찬가지로 CNN 및 RNN[Recurrent Neural Networks]에는 통합 그래디언트를 사용하는 것이 일반적이다. 솔직히 IG LSTM 온라인 예제를 찾아보면 임베딩 계층이 있는 NLP 분류기이지만 통합 그래디언트 즉, IG는 음성이나 유전자 데이터를 처리하는 LSTM에도 매우 효과적으로 사용될 수 있다.

통합 그래디언트 설명자[explainer]와 앞으로 사용할 설명자는 교통량 데이터셋의 모든 부분에 액세스할 수 있다. 먼저 두 모델에서 모든 데이터를 사용하는 데이터 생성기를 만든다.

```
y_all = y_scaler.transform(traffic_df[['traffic_volume']])
X_all = X_scaler.transform(traffic_df.drop(['traffic_volume'],\
                                           axis=1))
gen_all_672 = TimeseriesGenerator(X_all, y_all, length=672,\
                                  batch_size=24)
gen_all_168 = TimeseriesGenerator(X_all, y_all, length=168,\
                                  batch_size=24)
```

통합 그래디언트는 로컬 해석 방법론이다. 따라서 해석할 수 있는 몇 가지 "관심 인스턴스" 샘플을 추출한다. 공휴일이 문제라는 것을 알고 있으므로 한 가지 예로 공휴일 오후(holiday_afternoon_s)에 대해 모델이 is_holiday의 중요성을 파악하는지 확인해보자. 또한 흐린 날씨로 인해 평균적인 러시아워보다 혼잡도가 큰 아침(peak_morning_s)에 관심이 있다. 마지막으로 주말이면서 아주 더운 날(hot_saturday_s)에 교통량이 많을 수 있다.

```
X_df = traffic_df.drop(['traffic_volume'], axis=1).\
  reset_index(drop=True)
holiday_afternoon_s = X_df[(X_df.index >= 23471) &\
  (X_df.dow==0) & (X_df.hr==16) & (X_df.is_holiday==1)]
peak_morning_s = X_df[(X_df.index >= 23471) & (X_df.dow==2) &\
  (X_df.hr==8) & (X_df.weather_Clouds==1) &\
  (X_df.temp<20)]
hot_saturday_s = X_df[(X_df.index >= 23471) & (X_df.dow==5) &\
  (X_df.hr==12) & (X_df.temp>29)]
```

이렇게 몇 가지 인스턴스를 생성한 후 설명자를 인스턴스화한다. alibi 패키지의 IntegratedGradients는 딥러닝 모델만 지정하면 되지만 적분 근사를 위한 특정 수의 단계(n_steps)와 internal_batch_size를 설정하는 것이 좋다. 각 모델에 대한 설명자를 하나씩 인스턴스화한다.

```
ig_672 = IntegratedGradients(lstm_traffic_672_mdl, n_steps=25,
                             internal_batch_size=24)
ig_168 = IntegratedGradients(lstm_traffic_168_mdl, n_steps=25,
                             internal_batch_size=24)
```

샘플과 설명자를 처리하기 전에 배치 사이즈가 24이기 때문에 샘플을 설명자에 입력하는 방법을 깨닫는 것이 중요하다. 이를 위해 일단 룩백 윈도우의 크기가 차감된 샘플의 인덱스(nidx)를 알아야 한다. 그다음에 데이터 생성기(gen_all_672)에서 이 샘플에 대한 배치를 얻을 수 있다. 각 배치에는 24개의 타임스텝이 포함돼 있으므로 nidx를 24로 나눈 몫(nidx//24)으로 해당 샘플이 속한 배치의 위치를 얻는다. 샘플에 대한 배치(batch_X)를 얻은 후 형태를 출력하면 (24, 672, 14)가 나오며, 첫 번째 숫자가 24라는 사실은 당연한 것이다. 물론 해당 샘플에 대한 데이터를 얻기 위해서는 배치 내에서 샘플의 인덱스(nidx%24)를 사용해야 한다.

```
nidx = holiday_afternoon_s.index.tolist()[0] - 672
batch_X = gen_all_672[nidx//24][0]
print(batch_X.shape)
```

IG 프로세스는 매우 느리므로 처음 두 개의 샘플 인스턴스만 반복 처리할 것이다. for 루프는 앞에서 설명한 방법을 사용해 샘플의 배치(batch_X)를 찾는다. 이 batch_X는 explain 함수에 입력된다. 이것은 회귀 문제이고 목표 클래스가 없기 때문에 target=None으로 설정한다. 설명이 생성되면 attributions 프로퍼티는 배치에 대한 속성을 갖고 있다. 여기에서 관심 샘플만 추출할 수 있으며, 추출한 것을 transpose해 (14, 1b) 형태의 이미지를 생성할 수 있다. for 루프의 나머지 코드는 눈금으로 사용할 레이블을 얻은 다음 레이블과 함께 figure의 크기에 맞게 확장된 이미지를 플로팅하는 것이다.

```
samples = [holiday_afternoon_s, peak_morning_s]
sample_names = ['Holiday Afternoon', 'Peak Morning']
igs = [ig_672, ig_168]
lbs = [672, 168]
for s in range(len(samples)):
  for i in range(len(igs)):
    nidx = samples[s].index.tolist()[0] - lb
    lb = lbs[i]
    if lb == 672:
      batch_X = gen_all_672[nidx//24][0]
      p = 5     #5개의 눈금 생성
      f = '7D' #1주 단위로 구분
    else:
      batch_X = gen_all_168[nidx//24][0]
```

```
p = 8      #8개의 눈금 생성

f = '1D' #1일 단위로 구분

explanation = igs[i].explain(batch_X, target=None)

attributions = explanation.attributions

attribution_img = np.transpose(attributions[nidx%24,:,:])

end_date = traffic_df.iloc[samples[s].index].\
  index.to_pydatetime()[0]

date_range = pd.date_range(end=end_date, periods=p,\
  freq=f).to_pydatetime().tolist()

columns = samples[s].columns.tolist()

plt.title('IG Attribution Map for {} for the {} model'.\
        format(sample_names[s], lb), fontsize=16)

plt.imshow(attribution_img, interpolation='nearest',\
        aspect='auto', cmap='plasma')

plt.xticks(np.linspace(0,672,p).astype(int),\
        labels=date_range)

plt.yticks([*range(14)], labels=columns)

plt.colorbar(pad=0.01,fraction=0.02,anchor=(1.0,0.0))

plt.show()
```

앞의 코드는 그림 9.8과 그림 9.9와 같은 플롯을 출력한다. 그림 9.8의 풀컬러 버전은 본문 828쪽을 참고하기 바란다. y축에서는 변수 이름을 볼 수 있고 x축에서는 해당 샘플의 룩백 윈도우에 해당하는 날짜를 볼 수 있다. x축의 가장 오른쪽 부분은 샘플의 날짜이며 왼쪽으로 이동하면서 시간을 거슬러 올라간다. 예를 들어 공휴일 오후에 대한 샘플은 9월 3일 오후 4시이며, 672 모델의 경우 4주 분량의 룩백이 있으므로 각 눈금은 왼쪽 방향으로 해당 날짜의 일주일 전이다. 168 모델에는 룩백 윈도우가 1주일뿐이므로 각 눈금은 하루를 나타낸다.

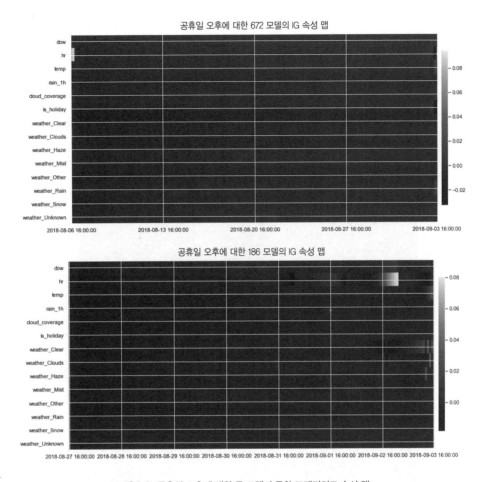

그림 9.8 공휴일 오후에 대한 두 모델의 통합 그래디언트 속성 맵

그림 9.8 속성 맵의 강도를 통해 예측에 중요한 시간이나 변수들을 알 수 있다. 각 속성 맵의 오른쪽에 있는 컬러바가 핵심적인 역할을 한다. 음수는 어두운 색으로 음의 상관관계에 해당하고, 양수는 밝은 색으로 양의 상관관계에 해당한다. 그러나 매우 분명한 것은 시간을 거슬러 가면서 강도가 약해지는 경향이 있다는 것이다. 양방향인 672 모델은 이런 현상이 양쪽 끝에서 발생한다는 것을 알 수 있다. 놀라운 것은 이것이 얼마나 빨리 일어나는가 하는 것이다. 풀컬러 버전은 본문 828쪽을 참고하기 바란다.

그림 9.9의 아침 피크타임에 대한 경우 두 모델 모두 비가 오고 흐린 날씨였다가 맑아지면 교통량이 천천히 증가하기보다는 러시아워가 빠르게 피크에 도달한다는 것을 인식하고 있다. 어떤 면에서 LSTM은 최근의 날씨만이 중요하다는 것을 배웠다. 2~3일을 넘지 않는다. 그러나 이것은 통합 그래디언트가 희미해지는 유일한 이유가 아니다. 그래디언트 소멸 문제vanishing gradient problem로 인한 이유도 있다. 이 문제는 역전파 과정에서 발생하는데, 각 단계마다 그래디언트 값에 가중치 행렬이 곱해지기 때문에 그래디언트가 기하급수적으로 0을 향해 줄어들 수 있다. 풀컬러 버전은 본문 829쪽을 참고하기 바란다.

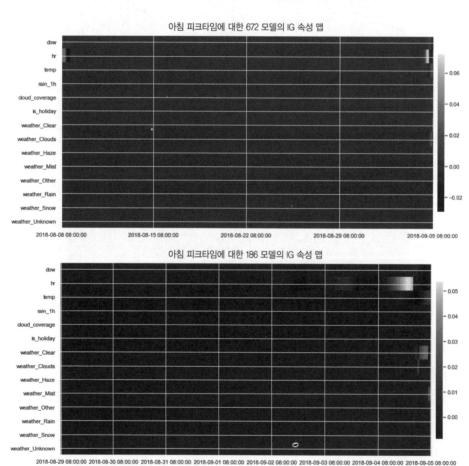

그림 9.9 아침 피크타임에 대한 두 모델의 통합 그래디언트 속성 맵

이 LSTM은 매우 긴 시퀀스로 구성돼 있어 네트워크가 장기적인 종속성을 캡처하는 것이 매우 비효율적이다. 다행스럽게도 LSTM은 상태 유지 모델이며 이것은 이전 배치에서의 상태states를 활용해 일련의 배치를 시퀀스로 묶는다. 상태 유지성st3tefulness[1]은 그래디언트가 사라지더라도 긴 시퀀스에서 학습을 보장한다. 그런데 "공휴일 오후"에 대한 속성 맵을 보면 두 모델 모두 is_holiday에 대한 속성이 없는 것처럼 보인다. 그림 9.9에서 노동절인 9월 3일은 축제스러운 그 앞의 공휴일인 독립기념일로부터 거의 2개월 후임을 알 수 있다. 모델이 이 패턴을 포착하지 못할 수 있을까?

모델이 공휴일을 식별하는 데 도움이 되도록 하기 위해 교통량 패턴별로 공휴일을 하위 범주로 나눌 수도 있다. 또한 모델이 최근 날씨 패턴을 더 쉽게 파악할 수 있도록 이전 날씨 조건에 대한 기간 이동 집계rolling aggregation를 만들 수도 있다. 날씨 패턴은 여러 시간에 걸쳐 있으므로 집계하기 쉽고 해석하기도 쉽다. 해석 방법론은 모델을 개선하는 방법에 대한 올바른 방향을 제시할 수 있으며 모델에는 개선의 여지가 많다.

시간별 RMSE 분포, 혼동 행렬 그리고 IG 속성 맵을 통해 배운 내용을 감안할 때 168 모델이 더 나은 모델임에는 의심의 여지가 없다. 근무 시간 동안의 RMSE가 더 낮고 공사 중지 임곗값을 초과하는 위음성 비율도 낮다. IG 속성 맵의 경우 672 모델이 3주 이상의 null 속성을 갖고 있기 때문에 1주일의 룩백이 그렇게 짧지 않음을 보여준다. 따라서 672 모델에 결함이 더 많아서 더 흥미로운 유스 케이스를 만들 수 있기 때문에 앞으로는 672 모델로 계속 진행할 것이다. 다음 코드는 앞으로 672 모델을 사용할 것임을 말하지만 모든 코드를 항상 168 모델로 다시 실행하고 비교할 수 있다.

```
lookback = 672
gen_all = gen_all_672
lstm_traffic_mdl = lstm_traffic_672_mdl
```

---

1 RNN에서 'statefulness'는 RNN 계층에서 한 배치의 샘플들에 대해 계산된 상태(state)가 다음 배치의 샘플들을 위한 초기 상태로 재사용되는 것을 말한다. 이 특성을 활성화하려면 stateful=True로 설정하면 된다. – 옮긴이

다음으로 순열 기반 방법론에 대해 살펴볼 것이다.

▌ SHAP의 KernelExplainer로 글로벌 및 로컬 속성 계산

순열 방법론은 입력에 변동을 주면서 이를 통해 모델의 출력에 얼마나 많은 차이가 발생하는지 평가한다. 4장, '피처 중요도와 피처 영향력'에서 처음 논의했는데, 기억하겠지만 피처의 서로 다른 연합에서 각 피처에 대한 평균 한계 기여도를 생성하기 위해 이런 순열을 수행하는 프레임워크가 있다. 이 프로세스의 결과는 가산성과 대칭성 등 수학적 속성을 갖는 섀플리 값이다. 불행히도 섀플리 값은 데이터셋이 작지 않으면 계산 비용이 많이 들기 때문에 SHAP 라이브러리는 이를 근사하는 방법을 갖고 있다. 이런 방법 중 하나가 5장, '글로벌 모델 독립적 해석 방법론'에서 사용한 KernelExplainer이다. 이것은 LIME과 마찬가지로 가중 로컬 선형회귀를 사용해 섀플리 값을 근사한다.

KernelExplainer를 사용하는 이유는 무엇인가?

실습에 사용한 것은 딥러닝 모델인데 왜 8장, '컨볼루션 신경망 시각화'에서 CNN에 대해 했던 것처럼 SHAP의 DeepExplainer를 사용하지 않는가? DeepExplainer는 DeepLIFT 알고리듬을 적용해 섀플리 값을 근사했다. 이 알고리듬은 테이블 형식 데이터, CNN 그리고 NLP 분류기에 사용되는 임베딩 계층을 갖는 RNN, 더 나아가 게놈 시퀀스 탐지 등에 사용되는 모든 순방향 네트워크에서 매우 잘 작동한다. DeepExplainer는 3차원 배열의 입력을 가지고 무엇을 어떻게 해야 할지 모르기 때문에 다변량 시계열의 경우 매우 까다롭다. 이 경우에는 이전 타임스텝에 대한 데이터가 포함되므로 이전 타임스텝을 고려하지 않고는 한 타임스텝을 순열시킬 수 없다. 예를 들어 순열에서 기온을 5도 더 낮게 만들 경우 특정 시간까지 모든 이전 타임스텝의 기온에 영향을 미쳐야 하지 않을까? 20도 낮춘다면? 이것은 완전히 다른 날씨로 아마도 구름과 눈도 더 많이 있는 다른 계절일 가능성이 있음을 의미할 것이다.

SHAP의 KernelExplainer는 임의의 블랙박스 예측 함수를 받을 수 있다. 또한 입력 데이터의 차원에 대한 가정도 한다. 다행히도 입력 데이터를 순열시키기 전에 수정할 수 있어서 KernelExplainer가 테이블 형식 데이터셋을 처리하는 것처럼 보이게 할 수도 있다. 임의의 예측 함수도 단순히 모델의 예측 함수를 호출하지 않아도 되며, 들어오고 나가는 도중에 데이터를 변경할 수 있다.

다변량 시계열 모델로 작업하기 위한 전략

순열된 입력 데이터를 기반으로 과거의 날씨 패턴을 모방하기 위해 생성 모델 또는 그런 효과를 위한 무언가를 만들 수 있다. 이 전략은 순열된 타임스텝에 맞는 다양한 과거 타임스텝을 생성하고 특정 클래스에 대한 이미지를 생성하는 데 도움이 된다. 이렇게 하면 더 정확한 예측이 가능할 수 있지만 이 전략은 엄청나게 시간이 많이 걸리기 때문에 사용하지 않을 것이다.

대신 gen_all 데이터 생성기의 기존 예제를 사용해 순열된 입력에 가장 적합한 시계열 데이터를 찾을 것이다. 순열된 입력과 가장 가까운 것을 찾기 위해 사용할 수 있는 거리 메트릭들이 있다. 그러나 약간의 가드레일을 설치해야 하는데 이는 순열된 데이터가 섭씨 27도의 온도와 90%의 구름이 있는 토요일 오전 5시라면 이와 가장 가까운 관측치는 금요일 오전 7시가 될 수 있지만 날씨는 완전히 다를 수도 있을 것이다. 따라서 dow, is_holiday, hr에 대해서만 가장 가까운 관측치를 찾도록 하는 필터 함수를 구현할 수 있다. 필터 함수는 순열된 샘플을 정리해 범주형 피처에 대한 연속형 값과 같이 모델에 무의미한 것을 제거하거나 수정할 수도 있다.

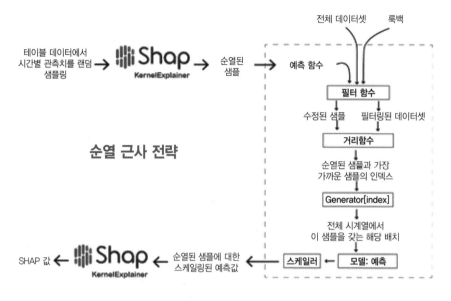

그림 9.10 순열 근사 전략

앞의 다이어그램은 거리함수를 사용해 수정된 순열 샘플에 가장 가까운 관측치를 찾는 나머지 프로세스를 보여준다. 이 거리함수는 가장 가까운 관측치 인덱스를 반환하지만 모델은 단일 관측치 또는 타임스텝에 대해 예측할 수 없으므로 룩백 윈도우까지의 시간별 과거 기록이 필요하다. 이런 이유로 데이터 생성기에서 배치를 조회하고 이에 대한 예측을 수행하지만 예측은 스케일이 다르기 때문에 y_scaler로 역변환해야 한다. 예측 함수가 모든 샘플을 반복해 예측을 수행하고 스케일을 조정하면 이를 KernelExplainer로 다시 보내 SHAP 값을 출력한다.

순열 근사 전략을 위한 준비 작업

사용자 정의 필터 함수(filt_fn)를 정의할 수 있다. 이 함수는 필터링할 전체 데이터셋(X_df)과 필터링을 위한 순열된 샘플(x) 그리고 룩백 윈도우의 길이(lookback)가 필요하다. 이 함수는 또한 순열된 샘플을 수정할 수도 있다. 이 실습의 경우 모델의 많은 피처가 이산적이기 때문에 이 작업을 수행해야 하지만 순열 프로세스는 이들을 연속적으로 만든다. 앞에

510

서 언급했듯이 필터링이 하는 일은 옵션을 제한해 순열된 샘플과 무의미하게 가까운 샘플을 찾는 것으로부터 거리함수를 보호하는 것이다.

```python
def filt_fn(X_df, x, lookback):
    x_ = x.copy()
    x_[0] = round(x_[0])
    x_[1] = round(x_[1])
    x_[4] = round(x_[4])
    x_[5] = round(x_[5])
    if x_[1] < 0:
        x_[1] = 24 + x_[1]
        x_[0] = x_[0] - 1
    if x_[0] < 0:
        x_[0] = 7 + x_[0]
    X_filt_df = X_df[(X_df.index >= lookback) & (X_df.dow==x_[0])\
    & (X_df.hr==x_[1]) & (X_df.is_holiday==x_[5])\
    & (X_df.temp-5<=x_[2]) & (X_df.temp+5>=x_[2])]
    return X_filt_df, x_
```

그림 9.10을 보면 필터 함수 다음으로 정의해야 할 것은 거리함수다. "euclidean", "cosine", "hamming" 등과 같이 scipy.spatial.distance.cdist에서 허용하는 모든 표준 거리함수를 사용할 수 있다. 이런 표준 거리함수의 문제는 연속형 또는 이산형 변수에서 잘 작동하지만 둘 다에서는 잘 작동하지 않는다는 것이다. 그런데 이 데이터셋에는 두 가지가 모두 있다.

다행히도 HEOM^Heterogeneous Euclidean-Overlap Metric 및 HVDM^Heterogeneous Value Difference Metric과 같이 둘 다 처리할 수 있는 몇 가지 대안이 있다.[2] 두 방법 모두 변수의 특성에 따라 다른 거

---

2 HEOM과 HVDM에 대한 자세한 정보는 다음 논문을 참조하라. 「Assessing the impact of distance functions on k-nearest neighbours imputation of biomedical datasets」(https://miriamspsantos.github.io/pdf-files/AIME2020.pdf) – 옮긴이

리 측정법을 적용한다. HEOM은 연속형 변수의 거리에 대해 정규화된 유클리드($\sqrt{(a-b)^2}$)를 사용하고 이산형 변수의 거리에 대해서는 값이 같으면 0이고 그렇지 않으면 1인 오버랩 거리overlap distance를 사용한다.

HVDM은 더 복잡하며, 연속형 변수의 경우 두 값 사이의 절대 거리를 해당 피처의 표준편차로 나눈 값에 4를 곱한다. 이는 이상치를 처리하는 데 아주 좋은 거리 측정법이다. 이산형 변수의 경우에는 두 값의 조건부 확률 간의 차이를 기반으로 하는 정규화된 **값 차이 측정법**Value Difference Metric을 사용한다.

연속형 값이 많은 데이터셋의 경우 HVDM이 HEOM보다 좋지만 이 실습의 경우에는 지나치다고 할 수 있다. 일단 데이터셋이 요일(dow)과 시간(hr)으로 필터링되면 나머지 이산 피처는 모두 이진형이므로 오버랩 거리가 이상적이며, 나머지 세 연속형 피처(temp, rain_1h, cloud_coverage)에 대해서는 유클리드 거리로 충분하다. distython 라이브러리는 HEOM 거리 메서드가 있으며, 배경 데이터셋(X_df.values)과 범주형 피처의 인덱스(cat_idxs)를 매개변수로 넣으면 된다. np.where 명령을 사용해 프로그래밍적으로 범주형 피처를 식별할 수 있다. 결과가 올바른지 확인하려면 print(cat_idxs)를 실행하라. 인덱스 2, 3, 4만 생략돼야 한다.

```
cat_idxs = np.where(traffic_df.drop(['traffic_volume'],\
                    axis=1).dtypes != np.float64)[0]
heom_dist = HEOM(X_df.values, cat_idxs)
print(cat_idxs)
```

이제 그림 9.10에 묘사된 모든 것을 통합하는 lambda 함수를 만들 수 있다. 전체 파이프라인을 처리하는 approx_predict_ts라는 함수를 활용한다. 이 함수는 필터 함수(filt_fn), 거리함수(heom_dist.heom), 데이터 생성기(gen_all) 그리고 적합된 모델(lstm_traffic_mdl)을 취해 그림 9.10과 같이 모두를 연결한다. 또한 스케일러(X_scaler 및 y_scaler)로 데이터를 스케일링한다. 거리는 더 높은 정확도를 위해 변환된 피처로부터 계산되며, 예측은 나가는 과정에서 역변환된다.

```
predict_fn = lambda X: mldatasets.\
   approx_predict_ts(X, X_df, gen_all, lstm_traffic_mdl,\
      dist_metric=heom_dist.heom, lookback=lookback,\
      filt_fn=filt_fn, X_scaler=X_scaler, y_scaler=y_scaler)
```

이제 KernelExplainer와 함께 예측 피처를 사용할 수 있지만 건설 인력의 예상 작업 조건을 가장 잘 나타내는 샘플에서 수행해야 한다. 즉, 건설사는 5월부터 10월까지만, 가급적이면 평일과 교통량이 적은 시간에 일할 계획이다. 이를 위해 이 기간만 포함하는 데이터프레임(working_season_df)을 생성하고 predict_fn 및 데이터프레임의 k-means를 배경 데이터로 사용해 KernelExplainer를 초기화한다.

```
working_season_df =\
   traffic_df[lookback:].drop(['traffic_volume'], axis=1).\
   copy()
working_season_df =\
   working_season_df[(working_season_df.index.month >= 5) &\
                     (working_season_df.index.month <= 10)]
explainer = shap.KernelExplainer(predict_fn,\
   shap.kmeans(working_season_df.values, 10))
```

이제 working_season_df 데이터프레임의 관측치에 대한 SHAP 값을 생성할 수 있다.

SHAP 값 계산

여기서는 48개의 관측치를 샘플링할 것이다. KernelExplainer는 특히 근사 방법론을 사용할 때 다소 느리다. 최적의 글로벌 해석을 얻으려면 많은 수의 관측치를 사용하는 것이 가장 좋지만 각 예측을 설명할 때 모델을 재평가해야 하는 횟수인 nsamples를 높은 값으로 사용하는 것도 좋다. 안타깝게도 두 값이 각각 50일 경우 사용 가능한 컴퓨팅 환경에 따라 설명자를 실행하는 데 많은 시간이 걸리므로 여기서는 nsamples=5를 사용한다. SHAP의 진행률 표시를 보고 그에 따라 조정할 수도 있다. 실행이 완료되면 SHAP 값을 통한 피처 중요도를 summary_plot으로 생성한다.

```
X_samp_df = working_season_df.sample(48, random_state=rand)
shap_values = explainer.shap_values(X_samp_df, nsamples=5)
shap.summary_plot(shap_values, X_samp_df)
```

앞의 코드는 다음 플롯을 출력한다. 당연히 hr 및 dow가 가장 중요한 피처이며 몇 가지 날씨 관련 피처가 그 뒤를 잇는다. 이상하게도 기온과 비는 예측에 영향을 미치지 않는 것 같지만 늦은 봄부터 가을까지는 이들이 중요한 요인이 아닐 수도 있다. 또는 더 많은 관측치와 더 높은 nsample이 더 나은 글로벌 해석을 산출할 수도 있다.

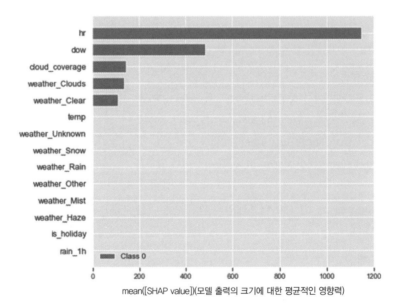

그림 9.11 48개의 샘플 관측치에 의해 생성된 SHAP 값을 기반으로 한 SHAP 요약 플롯

로컬 해석을 위해 이전 절에서 선택한 관심 인스턴스에 대해서 동일한 작업을 수행한다. 이 데이터포인트에 대해 반복 처리할 것이다. 단일 shap_values를 생성할 수 있지만 이번에는 nsamples=60이고 각각에 대해 force_plot을 생성한다.

```python
datapoints = [holiday_afternoon_s, peak_morning_s,\
              hot_saturday_s]
datapoint_labels = ['Holiday Afternoon', 'Peak Morning',\
                    'Hot Saturday']
for i in range(len(datapoints)):
  print(datapoint_labels[i])
  shap_values_single = explainer.shap_values(datapoints[i],\
                                             nsamples=60)
  shap.force_plot(explainer.expected_value,\
                  shap_values_single[0],\
                  datapoints[i], matplotlib=True)
  plt.show()
```

위의 코드는 다음과 같은 플롯을 출력한다. "공휴일 오후"는 시간(hr=16)이 더 높은 예측을 향해 밀고 있는 반면, 월요일(dow=0)이고 공휴일(is_holiday=1)이라는 사실은 반대 방향으로 향하는 추진력이다. 그에 반해 "아침 피크타임"에서는 대부분 시간(hr=8.0)으로 인한 것이지만, 높은 cloud_coverage, 긍정적인 weather_Cloud, 비가 오지 않음(rain_1h=0.0)도 요인으로 갖고 있다. 마지막으로 "뜨거운 토요일"은 요일(dow=5)이 낮은 값을 나타내지만 비정상적으로 높은 값은 대부분 한낮의 날씨 특성 때문이며 그중 가장 중요한 것은 temp=29.42인 기온이다.

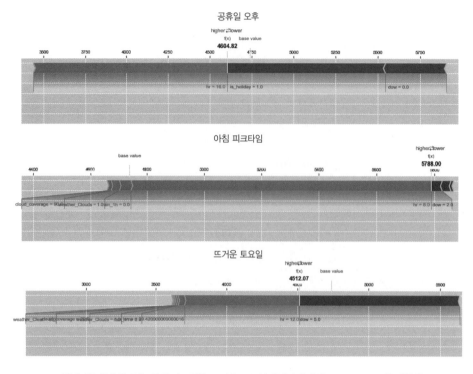

그림 9.12 공휴일 오후, 아침 피크타임, 뜨거운 토요일 데이터에 대해 nsamples=60을 사용한
SHAP 값으로 생성된 영향력 플롯

SHAP의 게임 이론 기반 접근 방식을 사용하면 기존 관측치에 대한 많은 순열이 가능한 한 많은 피처 연합을 통해 예측된 결과를 어떻게 변화시키는지 측정할 수 있다. 그러나 이 접근 방식은 배경 데이터의 기존 분산이 결과 분산에 대한 기반을 형성하기 때문에 매우 제한적일 수 있다.

현실 세계에서 "변동성은 데이터에 의해 표현되지 않은 것에 의해 결정되는 경우가 종종 있다". 예를 들어 미니애폴리스에서 여름에 오전 5시 이전에 25℃에 도달하는 것은 흔한 일이 아니지만 지구 온난화로 인해 빈번해질 수 있으므로 이 사실이 교통 패턴에 어떤 영향을 미칠 수 있는지 시뮬레이션하고 싶을 수 있다. 예측 모델은 특히 위험에 노출되기 쉬우므로 시뮬레이션은 이런 불확실성을 평가하는 중요한 해석 요소다. 불확실성을 더 잘 이해하면 더 견고한 모델을 생성하거나 의사 결정에 직접 정보를 제공할 수 있다. 다음 절에서는 민감도 분석 방법론으로 시뮬레이션을 생성하는 방법을 살펴볼 것이다.

▌ 인자 우선순위화로 영향력 있는 피처 식별

모리스 방식 Morris Method은 단순한 부분 인자Fractional Factorial 설계에서 복잡한 **몬테카를로 필터링**Monte Carlo Filtering에 이르는 넓은 범위를 아우르는 글로벌 민감도 분석 방법론 중 하나다. 모리스 방식은 이 스펙트럼 사이의 어딘가에 있으며 두 가지 특징이 있다. 한 가지는 한 번에 하나씩 샘플링을 하는 것으로 연속적인 시뮬레이션에서 한 번에 하나의 값만 변경된다. 모델에서 한 요인의 정확한 효과를 정량화하는 것이 아니라 인자의 중요도와 함께 다른 인자들과의 관계를 측정하는 **기초 효과**EE, Elementary Effect를 계산하는 것이다. 참고로 여기서 인자factor는 응용통계학에서 일반적으로 사용되는 피처나 변수를 말하는 또 다른 단어다. 관련 이론과의 일관성을 유지하기 위해 이 절과 다음 절에서는 이 단어를 사용할 것이다.

모리스 방식의 또 다른 특성은 이 다음에 살펴볼 분산 기반 방식보다 계산 비용이 적게 든다는 것이다. 그러면서도 회귀, 파생, 또는 인자 기반 방식 등의 단순하고 비용이 적게 드는 다른 방식들보다 더 많은 통찰력을 제공할 수 있다. 효과를 정확하게 정량화할 수는 없지만 무시할 수 있는 효과나 상호 작용 효과를 식별할 수 있으므로 이 방식은 인자의 수가 적을 때 인자를 선별하는 이상적인 방법이다. 인자 선별은 인자에 대한 분류 방법에 따라 우선순위를 지정할 수 있기 때문에 인자 우선순위화라고도 한다.

모리스 민감도 지수 계산

모리스 방식은 개별 인자와 연관되는 기초 효과의 분포를 도출한다. 각 EE 분포는 평균(μ)과 표준편차(σ)를 갖는다. 이 두 통계량은 인자를 여러 클래스와 매핑할 때 도움이 된다. 모델이 비단조적이면 평균은 음수가 될 수 있으므로 모리스 방식의 한 가지 변형은 쉬운 해석을 위해 절댓값($\mu*$)으로 평균을 조정한다. 이 실습에서는 이 변형을 사용할 것이다.

이제 쉬운 관리를 위해 이 문제의 범위를 제한할 것이다. 건설 인력이 직면하게 될 교통량의 불확실성은 5월부터 10월까지, 월요일부터 금요일까지, 오후 11시부터 새벽 4시까지다. 따라서 working_season_df 데이터프레임으로부터 설명 가능한 근무 시간(working_hrs_df)을 추출할 수 있다. 중앙값과 이상치가 어디에 있는지 파악하기 위해 2.5%, 50%, 97.5%의 백분위수를 확인한다.

```
working_hrs_df = working_season_df[(working_season_df.dow < 5)
& ((working_season_df.hr < 5) | (working_season_df.hr > 22))]
working_hrs_df.describe(percentiles=[.025,.5,.975]).transpose()
```

위의 코드는 다음 표를 출력한다. 이 표를 사용해 시뮬레이션에서 피처에 사용할 범위를 추출할 수 있다. 일반적으로 기존의 최댓값 또는 최솟값을 초과하면서도 그럴듯한 값을 사용한다. 대부분의 모델에서 모든 피처 값은 알려진 한계를 넘어서 증가 또는 감소할 수 있으며, 모델은 단조 관계를 학습했기 때문에 현실적인 결과를 추론할 수 있다. 예를 들어 특정 값 이상으로 비가 내리면 교통량이 점점 줄어들 것이라는 것을 학습할 수 있다. 그다음에 시간당 강수량이 30mm인 심각한 홍수를 시뮬레이션하고 싶다고 가정해보자. 교통량 없음이라고 정확하게 예측할 수 있을 것이다.

	count	mean	std	min	2.5%	50%	97.5%	max
dow	2232.000000	1.991935	1.415458	0.000000	0.000000	2.000000	4.000000	4.000000
hr	2232.000000	5.500000	7.933780	0.000000	0.000000	2.500000	23.000000	23.000000
temp	2232.000000	16.026438	5.380406	-2.570000	3.178750	16.935000	24.476750	30.458000
rain_1h	2232.000000	0.099628	0.603634	0.000000	0.000000	0.000000	1.451250	10.920000
cloud_coverage	2232.000000	29.178763	36.701417	0.000000	0.000000	1.000000	90.000000	100.000000
is_holiday	2232.000000	0.037634	0.190353	0.000000	0.000000	0.000000	1.000000	1.000000
weather_Clear	2232.000000	0.432348	0.495513	0.000000	0.000000	0.000000	1.000000	1.000000
weather_Clouds	2232.000000	0.207885	0.405885	0.000000	0.000000	0.000000	1.000000	1.000000
weather_Haze	2232.000000	0.010753	0.103159	0.000000	0.000000	0.000000	0.000000	1.000000
weather_Mist	2232.000000	0.104391	0.305835	0.000000	0.000000	0.000000	1.000000	1.000000
weather_Other	2232.000000	0.058244	0.234256	0.000000	0.000000	0.000000	1.000000	1.000000
weather_Rain	2232.000000	0.181452	0.385478	0.000000	0.000000	0.000000	1.000000	1.000000
weather_Snow	2232.000000	0.002240	0.047288	0.000000	0.000000	0.000000	0.000000	1.000000
weather_Unknown	2232.000000	0.002688	0.051789	0.000000	0.000000	0.000000	0.000000	1.000000

그림 9.13 건설 인력이 작업할 기간에 대한 요약 통계량

그러나 과거의 값에서 샘플링하는 예측 근사 방법을 사용하고 있기 때문에 알려진 범위를 벗어나 경계를 얼마나 확장할 수 있는지 제한해야 한다. 이런 이유로 2.5% 및 97.5% 백분위수를 한곗값으로 사용한다. 이는 특히 temp, rain_1h, cloud_coverage와 같이 이런 한계를 넘어 확장될 수 있는 피처의 경우 중요한 경고가 된다는 점에 유의해야 한다.

그림 9.13의 요약 통계량에서 주목해야 할 또 다른 사항은 많은 날씨 관련 이진 피처가 매우 희소하다는 점이다. 매우 낮은 평균으로 이를 알 수 있다. 민감도 분석 시뮬레이션에 추가되는 각 인자는 계산 속도를 늦출 수 있기 때문에 상위 3개인 weather_Clear, weather_Clouds, weather_Rain만 사용할 것이다. 각 인자에 다른 6개 인자들과 함께 "문제" 딕셔너리(morris_problem)로 지정되며, 이 딕셔너리는 이 각 인자에 대한 names, bounds, groups를 갖는다. bounds는 각 인자에 대해 시뮬레이션할 값의 범위를 나타내기 때문에 중요하다. 여기서는 dow에 대해 $[0,4]$(월요일~금요일)를, hr에 대해 $[-1,4]$(오후 11시~오전 4시)를 사용한다. 필터 함수는 화요일에 대한 -1이 월요일의 23과 같도록 음수 시간을 전날의 시간으로 자동 변환한다. bounds의 나머지는 백분위수에서 얻은 것으로 정했다. groups는 날씨 인자만 동일한 그룹으로 돼 있다.

```
morris_problem = {
    # 9개의 변수
    'num_vars': 9,
    # 변수 이름
    'names': ['dow', 'hr', 'temp', 'rain_1h', 'cloud_coverage',\
              'is_holiday', 'weather_Clear', 'weather_Clouds',\
              'weather_Rain'],
    # 변수가 이동할 수 있는 적절한 범위
    'bounds': [[0, 4], # dow
               [-1, 4], # hr
               [3., 25.], # temp (C)
               [0., 1.5], # rain_1h
               [0., 90.], # cloud_coverage
```

```
                [0, 1], # is_holiday
                [0, 1], # weather_Clear
                [0, 1], # weather_Clouds
                [0, 1] # weather_Rain
    ],
    # weather로 시작되는 변수를 그룹화
    'groups': ['dow','hr','temp','rain_1h','cloud_coverage',\
                'is_holiday', 'weather', 'weather', 'weather']
}
```

딕셔너리가 정의되면 SALib의 **sample** 메서드를 사용해 모리스 방식 샘플을 생성할 수 있다. 여기에는 딕셔너리 외에도 트라젝토리trajectory의 수(300)와 레벨의 수(num_levels=4)가 요구된다. 이 메서드는 인자와 레벨로 구성된 그리드를 사용해 입력이 한 번에 하나씩OAT, One-At-a-Time 무작위로 이동되는 트라젝토리를 구성한다. 여기서 주의해야 할 중요한 점은 레벨이 많아질수록 이 그리드에 더 많은 해상도를 추가해 잠재적으로 더 나은 분석을 만들 수 있다는 것이다. 그러나 이것은 매우 많은 시간이 소요될 수 있다. 트라젝토리 수와 레벨의 비율은 25:1 이상으로 시작하는 것이 좋다. 그다음에 이 비율을 점진적으로 줄일 수 있다. 다시 말해서, 충분한 컴퓨팅 파워가 있다면 num_levels가 트라젝토리의 수와 일치하도록 할 수 있지만 그런 경우에 optimal_trajectories=True를 시도할 수 있다. 하지만 그룹이 있는 경우 local_optimization은 False여야 한다. **sample** 메서드의 출력은 각 인자당 하나의 열과 $(G + 1) \times T$개의 행을 갖는 배열이며, 여기서 G는 그룹 수이고 T은 트라젝토리 수다. 7개의 그룹과 300개의 트라젝토리가 있으므로 다음의 print문은 (2400, 9)를 출력해야 한다.

```
morris_sample = ms.sample(morris_problem, 300,\
                          num_levels=4, seed=rand)
print(morris_sample.shape)
```

예측 함수는 14개 인자에 대해 작동하므로 위의 9개 인자 외의 나머지 5개 인자는 0으로 채우도록 샘플을 수정해야 한다. 0은 이런 피처의 중앙값이기 때문에 사용한다. 중앙값은 교통량을 증가시킬 가능성이 가장 낮지만 사례별로 기본값을 조정해야 한다. 2장, '해석 가능성의 주요 개념'에서 심혈관 질환[CVD]의 예를 기억한다면 CVD 위험을 증가시키는 피처 값은 때때로 최소 또는 최대였다.

np.hstack 함수는 배열을 수평으로 연결해 처음 8개 인자에 대한 샘플 뒤에 3개의 0 인자가 따르도록 할 수 있다. 그다음에 weather_Rain에 해당하는 9번째 샘플 인자가 있고 그 뒤에 2개의 0 인자가 뒤따른다. 결과 배열은 이전과 동일한 수의 행이 있지만 열은 14개가 있어야 한다.

```
morris_sample_mod = np.hstack((morris_sample[:,0:8],\
  np.zeros((morris_sample.shape[0],3)),\
  morris_sample[:,8:9],\
  np.zeros((morris_sample.shape[0],2))))
print(morris_sample_mod.shape)
```

morris_sample_mod로 이름 지어진 넘파이 배열은 예측 함수가 이해할 수 있는 형태의 모리스 샘플을 갖게 됐다. 이것이 테이블 형식 데이터셋에서 학습된 모델이라면 모델의 예측 함수를 활용할 수 있다. 그러나 지금은 SHAP에서 했던 것처럼 근사 방법을 사용해야 한다. 이번에는 approx_predict_ts에 하나의 추가 옵션인 progress_bar=True를 설정하려고 하기 때문에 predict_fn을 사용하지 않을 것이다. 다른 모든 것은 동일하게 유지된다. 이 작업은 시간이 걸리므로 진행률 표시가 유용할 것이다. 셀을 실행하고 휴식을 취하라.

```
morris_preds = mldatasets.\
  approx_predict_ts(morris_sample_mod, X_df, gen_all,\
                    lstm_traffic_mdl, filt_fn=filt_fn,\
                    dist_metric=heom_dist.heom,\
                    lookback=lookback,\
```

```
                X_scaler=X_scaler, y_scaler=y_scaler,\
                progress_bar=True)
```

SALib의 **analyze** 함수를 사용해 민감도 분석을 수행하려면 문제 딕셔너리(morris_pro blem), 모리스 샘플 원본(morris_sample), 해당 샘플로 방금 생성한 예측(morris_preds)만 있으면 된다. 신뢰 구간 수준 인수(conf_level)는 옵션이지만 기본값인 95도 괜찮다. 이 신뢰 구간 수준으로 계산하기 위해 리샘플링을 하며 기본값은 1,000이다. 이 설정은 옵션인 num_resamples 인수로 변경할 수도 있다.

```
morris_sensitivities = ma.analyze(morris_problem,\
                            morris_sample,\
                            morris_preds,
                            print_to_console=False)
```

기초 효과 분석

analyze 함수는 기초 효과의 평균(μ)과 표준편차(σ) 그리고 평균의 절댓값($\mu*$)을 포함하는 모리스 민감도 지수를 갖는 딕셔너리를 반환한다. 이런 값은 테이블 형식으로 보는 것이 더 쉬우므로 이를 데이터프레임에 배치한 후 인자의 전반적인 중요성으로 해석될 수 있는 $\mu*$에 따라 정렬 및 색상 코딩을 적용할 수 있다. σ는 인자가 다른 인자와 상호 작용하는 정도를 나타낸다.

```
morris_df = pd.DataFrame({\
    'features':morris_sensitivities['names'],\
    'μ':morris_sensitivities['mu'],\
    'μ*':morris_sensitivities['mu_star'],\
    'σ':morris_sensitivities['sigma']})
morris_df.sort_values('μ*', ascending=False).style.\
    background_gradient(cmap='plasma',
                        subset=['μ*'])
```

앞의 코드는 다음 이미지와 같은 데이터프레임을 출력한다. 놀랍게도 is_holiday가 최소한 문제 정의(morris_problem)에 지정된 범위 내에서는 큰 차이는 아니지만 두 번째로 중요한 인자임을 알 수 있다. 또한 날씨는 절대 평균 기초 효과가 있기는 하지만 결정적인 상호 작용 효과는 없다는 것에 주의해야 한다. 희소한 이항 인자인 경우 그룹은 특히 평가하기 어렵다.

	features	μ	μ*	σ
1	hr	-429.300110	1455.506958	1544.544312
5	is_holiday	-345.794861	379.520477	588.769897
0	dow	130.311508	336.568451	554.439819
2	temp	62.087799	202.984299	422.309845
6	weather	nan	75.732839	nan
3	rain_1h	-2.807377	30.730101	113.262093
4	cloud_coverage	9.897467	17.152805	74.319984

그림 9.14 인자의 기초 효과(EE) 분해

데이터프레임은 기초 효과를 시각화하는 가장 좋은 방법이 아니다. 인자가 많지 않다면 플롯을 그리는 것이 더 쉽다. SALib에는 두 가지 플로팅 방법이 있다. 가로 막대 플롯(horizontal_bar_plot)과 공분산 플롯(covariance_plot)을 나란히 배치할 수 있다. 공분산 플롯은 훌륭하지만 설명하는 영역에 주석을 달지 않는다. 바로 다음에 이것에 대해 배울 것이다. 따라서 학습 목적으로만 텍스트를 사용해 주석을 배치할 것이다.

```
fig, (ax0, ax1) = plt.subplots(1,2, figsize=(12,8))
mp.horizontal_bar_plot(ax0, morris_sensitivities, {})
mp.covariance_plot(ax1, morris_sensitivities, {})
ax1.text(ax1.get_xlim()[1] * 0.45, ax1.get_ylim()[1] * 0.75,\
        'Non-linear and/or-monotonic',\
        horizontalalignment='center', color='gray')
ax1.text(ax1.get_xlim()[1] * 0.75, ax1.get_ylim()[1] * 0.5,\
        'Almost', horizontalalignment='center', color='gray')
```

```
ax1.text(ax1.get_xlim()[1] * 0.83, ax1.get_ylim()[1] * 0.2,\
         'Monotonic',horizontalalignment='center',color='gray')
ax1.text(ax1.get_xlim()[1] * 0.9, ax1.get_ylim()[1] * 0.025,
         'Linear', horizontalalignment='center', color='gray')
```

앞의 코드는 다음 그림과 같은 플롯을 출력한다. 왼쪽의 막대 플롯은 $\mu*$에 따라 인자의 순위를 정한 것이며 각 막대에서 튀어나온 선은 신뢰 구간을 나타낸다. 오른쪽의 공분산 플롯은 x축에는 $\mu*$, y축에는 σ가 있는 산점도이다. 따라서 점이 오른쪽으로 멀어질수록 중요하고 위로 올라갈수록 다른 인자들과 더 많이 상호 작용하고 단조성은 점점 약해진다는 것을 의미한다. 당연히 이것은 상호 작용이 많지 않고 대부분 인자가 단조롭다는 선형성 및 다중공선성과 같은 선형회귀의 가정을 준수함을 의미한다. 그러나 선형과 비선형 또는 비단조 사이의 스펙트럼은 σ와 $\mu*$ 사이의 비율에 의해 대각선으로 결정된다.

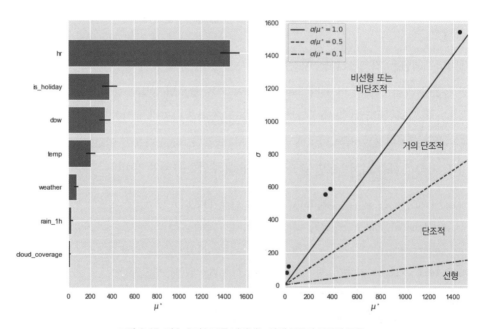

그림 9.15 기초 효과(EE)를 나타내는 막대 플롯과 공분산 플롯

524

앞의 공분산 플롯을 통해 모든 인자가 비선형 또는 비단조적임을 알 수 있다. hr은 가장 중요하며 그다음 세 가지(is_holiday, dow, temp)가 비교적 가까이 모여 있다. 상호 작용이 결정적이지 않았기 때문에 weather 그룹은 플롯에 없지만 rain_1h 및 cloud_coverage는 중요성보다 더 서로 상호 작용한다.

기초 효과는 모델 결과에 미치는 영향에 따라 인자를 분류하는 방법을 이해하는 데 도움이 된다. 그러나 그 효과나 인자 상호 작용에서 파생된 효과를 적절하게 정량화할 수 있는 견고한 방법은 아니다. 이를 위해서는 확률적 프레임워크를 사용해 출력의 분산을 분해하고 이것을 다시 입력까지 추적하는 분산 기반 글로벌 방법론으로 사용해야 한다. 이런 방법론에는 FAST^{Fourier Amplitude Sensitivity Test}와 소볼 민감도 분석이 포함된다. 다음 절에서 후자의 접근 방식을 살펴볼 것이다.

▌ 인자 고정으로 불확실성 및 비용 민감도 정량화

모리스 지수를 통해 모든 인자가 비선형 또는 비단조적이라는 것이 분명해졌다. 예상대로 그들 사이에는 높은 수준의 상호 작용이 있다. 날씨 인자(temp, rain_1h, cloud_coverage)들이 hr과 다중공선성을 갖고 있을 가능성이 높다는 것은 놀랄 일이 아니다. 또한 hr, is_holiday, dow 등과 목표변수 사이에도 패턴이 발견된다. 이러한 인자 대부분은 목표변수와 단조 관계가 없는 것이 매우 확실하다. 이미 알고 있었다. 예를 들어 하루 중 시간이 증가한다고 해서 교통량도 지속적으로 증가하진 않는다. 요일과의 관계도 마찬가지다.

그러나 중요한 통찰력 중 하나인 is_holiday와 temp가 특히 건설 인력의 근무 시간 동안 모델에 어느 정도 영향을 미쳤는지 알 수 없었다. 즉, 모리스 지수를 사용한 인자 우선순위화는 일반적으로 시작점 또는 "첫 번째 설정"으로 간주된다. 일단 상호 작용 효과가 있다는 것을 확인한 후에 해당 인자들을 분리하는 것이 좋기 때문이다. 이 작업을 위해 인자 고정이라는 "두 번째 설정"이 있다. 분산은 정량화할 수 있으며 이를 통해 모든 인자에 의해 초래되는 불확실성을 정량화할 수 있다.

분산 기반 방법론variance-based method만이 통계적으로 엄격한 방식으로 이런 효과를 정량화할 수 있다. **소볼 민감도 분석**Sobol Sensitivity Analysis은 이런 방법론 중 하나로 모델 출력의 분산을 백분율로 분해하고 이 값을 모델의 입력과 이들의 상호 작용에 기인한 것으로 본다. 모리스 방식과 마찬가지로 샘플링 단계와 민감도 지수 추정 단계로 나뉜다.

모리스 방식과 달리 소볼 방식의 샘플링은 일련의 수준이 아닌 입력 데이터의 분포를 따른다. 입력의 확률 분포를 따르는 초공간에서 데이터를 샘플링하는 **준몬테카를로 방법**quasi-Monte Carlo method을 사용한다. 이것은 최적화나 시뮬레이션을 위해 무작위 샘플링을 수행하는 알고리듬이다. 몬테카를로 샘플링은 무차별적 또는 완전한 결정론적 접근 방식으로는 해결할 수 없는 문제에 대한 우회로를 찾는다. 몬테카를로 방법은 바로 이런 이유로 민감도 분석에서 일반적으로 사용된다. 준몬테카를로 방법은 동일한 목표를 갖고 있다. 그러나 의사 무작위 추출 수열pseudorandom sequence을 사용하는 대신 결정론적 저중복 수열deterministic low-discrepancy sequence을 사용하기 때문에 더 빠르게 수렴된다. 소볼 방식은 동일한 수학자가 고안한 **소볼 수열**Sobol sequence을 사용한다. 여기서는 소볼 방식에서 파생된 살텔리Saltelli 방식이라는 또 다른 샘플링 방식을 사용할 것이다.

샘플이 생성되면 몬테카를로 추정기가 분산 기반 민감도 지수를 계산한다. 이 지수는 두 인자 간의 상호 작용과 관련된 비선형 비가산 효과 및 2차 지수를 정량화한 것이다. 모리스 방식은 모델에 상호 작용성이 있음을 드러낼 수 있지만 정확히 어떻게 표현되는진 알 수 없다. 소볼 방식은 어떤 인자가 어느 정도 상호 작용하고 있는지 알려줄 수 있다.

살텔리 샘플 생성 및 예측

SALib으로 소볼 민감도 분석을 시작하려면 먼저 문제를 정의해야 한다. 모리스 방식에서 했던 것과 똑같이 할 것이다. 날씨 그룹화로 인해 결과가 불확실하다는 것을 알았기 때문에 이번에는 인자를 줄일 것이다. 모든 날씨 인자 중 가장 희소하지 않은 요소인 weather_ Clear를 포함해야 한다. 그리고 소볼 방식은 확률론적 프레임워크를 사용하기 때문에 그림 9.13에서 보이는 temp, rain_1h, cloud_coverage 등에 대한 경계를 최솟값과 최댓값으로 확장해도 아무런 해가 없다.

```
sobol_problem = {
    'num_vars': 7,
    'names': ['dow', 'hr', 'temp', 'rain_1h', 'cloud_coverage',\
              'is_holiday', 'weather_Clear'],
    'bounds': [[0, 4],      # dow
               [-1, 4],     # hr
               [-3., 31.],  # temp (C)
               [0., 11.],   # rain_1h
               [0., 100.],  # cloud_coverage
               [0, 1],      # is_holiday
               [0, 1]       # weather_Clear
               ],
    'groups': None
}
```

샘플 생성도 친숙해 보일 것이다. sample 함수에는 다음이 필요하다.

- 문제 정의(sobol_problem)
- 인자당 생성할 샘플 수(300)
- 2차 지수 계산 여부(calc_second_order=True)

상호 작용을 원한다고 가정하면 sample 함수의 출력은 각 인자에 대해 하나의 열과 $N \times (2F + 2)$개의 행이 있는 배열이며, 여기서 N은 샘플 수이고 F는 인자 수다. 7개의 인자와 인자당 300개의 샘플을 갖고 있으므로 print문은 4,800행과 7열의 형태를 출력해야 한다. 먼저 hstack을 사용해 예측을 수행하는 데 필요한 7개의 빈 인자를 추가해 14개의 열이 생성되도록 이전과 같이 수정한다.

```
saltelli_sample = ss.sample(sobol_problem, 300,\
                            calc_second_order=True, seed=rand)
saltelli_sample_mod = np.hstack((saltelli_sample,\
                        np.zeros((saltelli_sample.shape[0],7))))
print(saltelli_sample_mod.shape)
```

이제 이 샘플에 대해 예측을 수행해보자. 시간이 좀 걸리므로 다시 한 번 커피 타임을 갖자.

```
saltelli_preds = mldatasets.\
    approx_predict_ts(saltelli_sample_mod, X_df, gen_all,\
                      lstm_traffic_mdl, filt_fn=filt_fn,\
                      dist_metric=heom_dist.heom,\
                      lookback=lookback,\
                      X_scaler=X_scaler, y_scaler=y_scaler,\
                      progress_bar=True)
```

소볼 민감도 분석 수행

소볼 민감도 분석(analyze)의 경우 문제 정의(sobol_problem)와 모델 출력(saltelli_preds)
만 있으면 된다. 그러나 예측은 불확실성에 대한 이야기를 하지 않는다. 물론 예상 교통
량에 편차가 있지만 그 교통량이 1,500을 넘으면 문제가 된다. 불확실성은 위험 또는 보
상, 비용 또는 수익, 손실 또는 이익과 관련시키고자 하는 것으로서 문제와 연결할 수 있
는 유형의 것이다.

먼저 위험이 전혀 없는지 평가해야 한다. 샘플로부터 예측된 교통량이 근무 시간 동안 공
사 중지 임곗값을 초과했는지 여부를 알아보기 위해 print(max(saltelli_preds[:,0]))
를 사용한다. 최대 교통량 수준이 1,800~1,900 정도인데 이는 건설사에서 벌금을 내야 할
위험이 어느 정도 있음을 의미한다. 모델의 출력으로 예측(saltelli_preds)을 사용하는 대
신 1,500을 초과하면 1, 그렇지 않으면 0을 사용하는 단순한 이진 배열을 만들 수 있다. 이

528

것을 costs라고 명명한 후 이에 대해 analyze 함수를 실행한다. 여기서도 calc_second_order=True를 설정했다. sample과 analyze에서 설정을 일관되게 하지 않으면 오류가 발생한다. 모리스 방식과 마찬가지로 옵션인 신뢰 구간 수준 인수(conf_level)가 있지만 기본값인 95로 충분하다.

```
costs = np.where(saltelli_preds > 1500, 1,0)[:,0]
factor_fixing_sa = sa.analyze(sobol_problem, costs,\
                              calc_second_order=True,
                              print_to_console=False)
```

analyze는 1차 지수(S1), 2차 지수(S2), 총차 지수(ST), 신뢰 구간(ST_conf) 등이 포함된 소볼 민감도 지수 딕셔너리를 반환한다. 이 지수는 백분율에 해당하지만 모델이 가산적이지 않는 한 총차 지수가 합산된 것일 필요는 없다. 이 값들은 테이블 형식으로 평가하는 것이 더 쉬우므로 지수들을 데이터프레임에 배치하고 인자의 전반적인 중요성으로 해석될 수 있는 총차 지수에 따라 정렬 및 색상 코딩할 수 있다. 하지만 2차 지수는 2차원이고 상관관계 플롯과 유사하기 때문에 생략한다.

```
sobol_df = pd.DataFrame({'features':sobol_problem['names'],\
  '1st':factor_fixing_sa['S1'],\
  'Total':factor_fixing_sa['ST'],\
  'Total Conf':factor_fixing_sa['ST_conf'],\
  'Mean of Input':saltelli_sample.mean(axis=0)[0:7]})
sobol_df.sort_values('Total', ascending=False).style.\
  background_gradient(cmap='plasma', subset=['Total'])
```

위의 코드는 다음과 같은 데이터프레임을 출력한다. 적어도 문제 정의(sobol_problem)에 지정된 범위에서는 temp와 is_holiday가 상위 4개 안에 든다는 것을 알 수 있다. 주의해야 할 또 다른 점은 weather_Clear는 그 자체로서 좀 더 영향력을 갖지만, rain_1h 및 cloud_coverage는 잠재적인 비용에 영향을 미치지 않는 것으로 보인다.

	features	1st	Total	Total Conf	Mean of Input
1	hr	0.009185	0.886824	0.912979	1.495931
2	temp	0.006123	0.506757	0.660847	14.059766
0	dow	0.009185	0.380068	0.366337	1.995599
5	is_holiday	0.003062	0.380068	0.479628	0.498047
6	weather_Clear	-0.003062	0.126689	0.314201	0.499023
3	rain_1h	0.000000	0.000000	0.000000	5.511458
4	cloud_coverage	0.000000	0.000000	0.000000	50.024740

그림 9.16 7개 인자에 대한 소볼 글로벌 민감도 지수

1차 지수 값에서 흥미로운 점은 값이 상당히 낮다는 것인데, 이는 인자 간의 상호 작용이 모델 출력 분산의 대부분을 설명한다는 것을 암시한다. 이를 확인하기 위해 2차 지수를 이용해 히트맵을 쉽게 생성할 수 있다. 이 2차 지수와 1차 지수의 조합으로 총차 지수가 나온다.

```
sns.heatmap(factor_fixing_sa['S2'], cmap='Blues',\
        xticklabels=sobol_problem['names'],\
        yticklabels=sobol_problem['names'])
```

앞의 코드는 다음 히트맵을 출력한다.

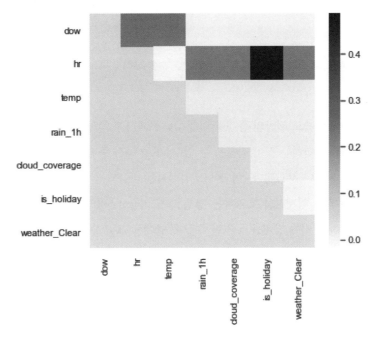

그림 9.17 7개 인자에 대한 소볼 2차 지수

여기서 is_holiday와 hr이 출력의 분산에 가장 많이 기여하는 두 가지 인자임을 알 수 있다. hr은 temp를 제외한 모든 인자와 상당한 상호 작용을 하지만 dow는 hr 및 temp와 상호 작용한다.

현실적인 비용함수 통합

이제 입력(saltelli_sample)과 출력(saltelli_preds)을 사용해 두 도시가 건설사에 부과할 벌금 및 교통량 초과로 인해 발생할 수 있는 추가 비용을 계산하는 비용함수를 만들 수 있다. 비용을 계산하기 위해 양쪽의 세부 정보가 모두 필요하기 때문에 입력과 출력을 모두 동일한 배열에 합친 후 이 작업을 수행하는 것이 좋다. hstack을 사용하면 샘플과 그에 해당하는 예측을 결합해 8개의 열을 갖는 배열(saltelli_sample_preds)을 생성할 수 있다. 그다음에 8개 열이 있는 이 배열로 비용을 계산할 수 있는 비용함수(cost_fn)를 정의할 수 있다.

```
# 입력과 출력을 샘플+예측 배열로 합친다.
saltelli_sample_preds = np.hstack((saltelli_sample,
                                   saltelli_preds))
```

어떤 샘플에 대한 예측도 절반의 통행량 임곗값을 초과하지 않았음을 알고 있으므로 함수에 일일 페널티를 포함하는 것이 귀찮을 수 있다. 또한 공사 중지 임곗값을 초과하는 차량마다 15달러의 벌금이 부과된다. 이외에도 건설사는 다음과 같은 추가 비용을 예상하고 있다. 오전 4시에 이 임곗값을 초과하는 경우 추가 임금 1,500달러 그리고 장비 이동 속도를 높이기 위해 갓길에 장비를 두지만 주말 동안에는 그럴 수 없기 때문에 금요일에는 4,500달러가 추가 발생할 수 있다. 비용함수를 통해 결합된 배열(saltelli_sample_preds)을 반복 처리해 각 샘플에 대한 비용을 계산할 수 있다. 리스트 컴프리헨션으로 이 작업을 효율적으로 수행한다.

```
# 비용함수 정의
def cost_fn(x):
  cost = 0
  if x[7] > 1500:
    cost = (x[7] - 1500) * 15
    if round(x[1]) == 4:    # 오전 4시
      cost = cost + 1500
      if round(x[0]) == 4:  # 금요일
        cost = cost + 4500
  return cost

# 샘플+예측 배열에 대한 비용을 계산하기 위해
# 리스트 컴프리헨션을 사용한다.
```

```
costs2 = np.array([cost_fn(xi) for xi in saltelli_sample_preds])
# 전체 예측 샘플에 대한 벌금 총계를 출력한다.
print(sum(costs2))
```

이 print문은 11만에서 13만 달러 사이의 비용을 출력해야 한다. 하지만 걱정하지 마라. 공사 인력은 1년에 약 180일, 하루 5시간씩 총 900시간만 현장에서 일할 계획이다. 그러나 4,800개의 샘플은 초과 교통량으로 인해서 예상되는 비용에 대해 5년치가 넘는 수다. 어쨌든 이렇게 비용을 계산하는 요점은 이것이 모델의 입력과 어떻게 관련되는지 파악하는 것이다. 샘플의 수가 더 많아질수록 신뢰 구간은 좀 더 촘촘해진다.

이제 costs2를 사용해 분석을 다시 수행할 수 있으며 분석 결과를 factor_fixing2_sa 딕셔너리에 저장한다. 마지막으로 그림 9.16에서 이전에 했던 것처럼 이 딕셔너리의 값으로 새롭게 정렬 및 색상 코딩된 데이터프레임을 생성할 수 있다.

```
factor_fixing2_sa = sa.analyze(sobol_problem, costs2,
                               calc_second_order=True,
                               print_to_console=False)
```

다음 이미지에서 알 수 있듯이 실제 비용을 고려하면 is_holiday가 가장 위험한 인자가 되고 dow도 더 중요해지며 마지막 세 가지 인자는 그림 9.16에서의 위치를 유지한다.

	features	1st	Total	Total Conf	Mean of Input
5	is_holiday	0.000852	0.953684	3.509326	0.498047
1	hr	0.010101	0.748595	1.132665	1.495931
2	temp	0.000677	0.552892	0.843215	14.059766
0	dow	0.009874	0.514826	0.452778	1.995599
6	weather_Clear	-0.002776	0.121222	0.404481	0.499023
4	cloud_coverage	-0.000000	0.000000	0.000000	50.024740
3	rain_1h	-0.000000	0.000000	0.000000	5.511458

그림 9.18 현실적인 비용함수를 사용한 경우 7개 인자에 대한 소볼 글로벌 민감도 지수

테이블로 평가하기 어려운 한 가지는 민감도 지수의 신뢰 구간이다. 이를 위해 막대 플롯을 사용할 수 있지만 먼저 SALib의 플로팅 함수가 플롯을 그릴 수 있도록 전체 딕셔너리를 데이터프레임으로 변환해야 한다.

```
factor_fixing2_df = factor_fixing2_sa.to_df()
fig, (ax) = plt.subplots(1,1, figsize=(15, 7))
sp.plot(factor_fixing2_df[0], ax=ax)
```

위의 코드는 다음 막대 플롯을 출력한다. is_holiday에 대한 95% 신뢰 구간은 다른 중요 인자들보다 훨씬 더 크며, 이는 전체 날 수의 3%만이 공휴일이기 때문에 모델이 적은 수의 공휴일 인스턴스로 학습됐다는 점을 고려하면 놀랄 일은 아니다. 또 다른 흥미로운 통찰력은 weather_Clear의 1차 효과가 부정적인데 총차 지수가 긍정적인 것은 전적으로 2차 지수에 기인하는 것이며, 이것이 신뢰 구간을 확장한다는 것이다.

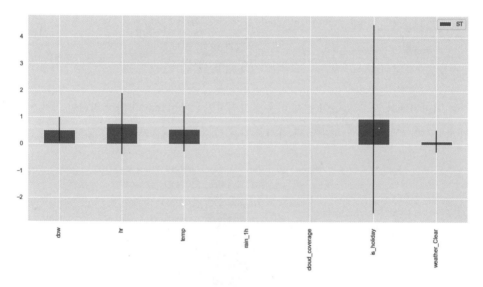

그림 9.19 현실적인 비용함수를 사용한 경우, 소볼 민감도 총차 지수와 신뢰 구간이 있는 막대 그림

어떻게 그런지 이해하기 위해 이번에는 factor_fixing_sa 대신 factor_fixing2_sa를 사용해 그림 9.17과 같은 히트맵을 다시 그린다. 다음 히트맵은 실제 비용이 모델 내에서의 상호 작용을 어떻게 반영하는지 설명할 수 있어야 한다.

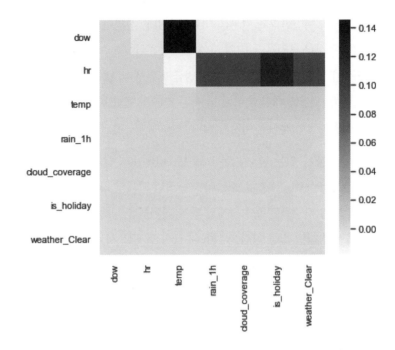

그림 9.20 보다 현실적인 비용함수를 적용한 7개 인자에 대한 소볼 2차 지수

위의 히트맵은 그림 9.17과 현저하게 유사한 상호 작용을 보여주지만 더 많은 음영이 있기 때문에 훨씬 더 미묘한 차이가 있다. hr과 temp 사이에는 무시할 수 있는 정도의 상호 작용이 있고, dow와 temp 사이보다 dow와 hr 사이에 더 작은 2차 효과가 있다는 것이 분명해진다. 한편 hr은 여전히 temp를 제외한 다른 모든 인자들과 상호 작용하지만 is_holiday와 다른 인자들 사이의 효과는 뚜렷하지 않다.

▌ 미션 완료

미션은 교통량 예측 모델을 학습시켜 어떤 인자가 불확실성을 만들고 건설사의 비용을 증가시킬 수 있는지 파악하는 것이었다. 연간 20,000달러의 잠재적인 벌금 중 상당 부분이 is_holiday 인자에서 기인한다고 결론을 내릴 수 있다. 따라서 건설사는 공휴일에 작업하는 것을 재고해야 한다. 5월부터 10월 사이에는 공휴일이 5~6일 밖에 없으며, 몇 번의 일요일에 일하는 대신 공휴일에 일하는 것은 벌금 때문에 더 많은 비용이 들 수 있다. 물론 이 결론은 선택된 모델에 대한 것이며 더 나은 다른 모델과 비교할 수 있다. 이로써 미션은 성공적이지만 여전히 개선의 여지가 많다.

이를테면 더 깊이 다룰 수 있는 한 가지는 temp 및 rain_1h의 실제 영향 그리고 눈과 관련된 피처들이다. 9장의 예측 근사법은 소볼이 극단적인 날씨의 영향을 테스트하는 것을 못하게 했다. 만약 단일 타임스텝에서 집계된 날씨 피처들을 학습하도록 모델을 수정하고 일부 가드레일을 내장하면 소볼 방식을 사용해 극한 날씨를 시뮬레이션할 수 있다. 그리고 인자 매핑factor mapping으로 알려진 민감도 분석의 "세 번째 설정"은 일부 인자값이 예측된 결과에 정확히 어떻게 영향을 미치는지 찾아내는 데 도움이 될 수 있으며, 이를 통해 더 견고한 비용 편익 분석을 이끌어낼 수 있지만 9장에서는 이에 대해 다루지 않을 것이다.

이 책의 2부에서는 글로벌과 로컬, 모델 종속적 및 모델 독립적, 순열 기반 및 민감도 기반 등의 해석 방법론 생태계를 살펴봤다. 머신러닝 유스 케이스에 대해 선택할 수 있는 해석 방법론이 부족하진 않다. 그러나 완벽한 방법론이 없음은 아무리 강조해도 지나치지 않다. 그럼에도 이 방법론은 머신러닝 솔루션과 해결하고자 하는 문제에 대한 더 나은 이해를 위해 서로를 보완할 수 있다.

예측의 확실성에 대한 9장의 초점은 머신러닝 커뮤니티의 특정 문제인 과도한 신뢰를 조명하기 위해 고안됐다. 1장, '해석, 해석 가능성, 설명 가능성: 왜 이 모두가 중요한가?'에서는 '해석 가능성에 대한 비즈니스 사례' 절에서 인간의 의사 결정에 영향을 미치는 많은 편향을 설명했다. 이런 편향은 종종 도메인 지식 또는 모델의 인상적인 결과에 대한 과신에 의해 촉진된다. 그리고 이런 인상적인 결과는 AI에 대한 대중의 불신이 증가함에 따라 모델의 한계를 파악하는 데 방해가 된다.

1장, '해석, 해석 가능성, 설명 가능성: 왜 이 모두가 중요한가?'에서 논의한 것처럼 머신러닝은 불완전한 문제를 해결하기 위한 것일 뿐이다. 그렇지 않다면 폐쇄 루프 시스템에서 볼 수 있는 것과 같은 결정론적/절차적 프로그래밍을 사용할 수도 있다. 불완전한 문제에는 불완전한 솔루션이 필요하며 가능한 한 많이 해결하도록 최적화돼야 한다. 경사하강법, 최소 제곱 추정, 또는 의사 결정 트리 분할 및 가지치기 등을 통하더라도 머신러닝은 완벽하게 일반화되는 모델을 생성하지 않는다. 머신러닝의 완전성 부족이 바로 해석 방법론을 필요로 하는 이유다. 간단히 말해서 모델은 데이터로부터 배우고 우리는 모델로부터 많은 것을 배울 수 있지만 이것은 모델을 해석하는 경우에만 가능하다.

그러나 해석 가능성은 여기서 그치지 않는다. 모델 해석은 의사 결정을 주도할 수 있으며 모델의 강점과 약점을 이해하는 데 도움이 된다. 그러나 종종 데이터 또는 모델 자체에 문제가 있어 해석하기 어려울 수 있다. 이 책의 3부에서는 복잡성을 줄이고, 편향을 완화하고, 가드레일을 배치하고, 안정성을 향상시켜 해석 가능성을 위해 모델과 학습 데이터를 튜닝하는 방법을 살펴볼 것이다.

통계학자 조지 박스George E.P. Box는 "모든 모델은 틀렸지만 일부는 유용하다"는 유명한 말을 남겼다. 모델들이 항상 틀리는 것은 아니지만, 고성능 모델이라도 가정이 맞는지에 대한 정밀 조사의 대상이어야 한다는 것을 받아들이도록 머신러닝 실무자들은 겸손해야 한다. 머신러닝 모델에 있어서 불확실성은 예상되는 것이며 수치심이나 당혹감의 원인이 돼서는 안 된다. 이는 9장에서 우리를 또 다른 시사점으로 이끈다. 불확실성은 비용이나 이익 증가와 같은 결과를 가져오며, 민감도 분석을 통해 측정할 수 있다는 것이다.

▌ 정리

9장을 읽은 후에는 시계열 모델의 예측 성능을 평가하는 방법, 통합 그래디언트를 사용해 해당 모델에 대해 로컬 해석을 수행하는 방법, SHAP을 사용해 로컬 및 글로벌 속성을 모두 생성하는 방법 등을 이해해야 한다. 또한 모든 모델에 대한 인자 우선순위화 및 인자 고정을 활용하는 민감도 분석 방법론을 알아야 한다.

10장에서는 모델의 복잡성을 줄이고 피처 선택 및 엔지니어링을 통해 모델을 더욱 쉽게 해석할 수 있는 방법을 살펴볼 것이다.

▌ 데이터셋 및 이미지 소스

- TomTom. (2019). Traffic Index:
- UCI Machine Learning Repository (2019). Metro Interstate Traffic Volume Data Set: https://archive.ics.uci.edu/ml/datasets/Metro+Interstate+Traffic+Volume

▌ 더 읽을거리

- Wilson, D.R., & Martinez, T. (1997). Improved Heterogeneous Distance Functions. J. Artif. Int. Res. 6-1. pp.1-34. https://arxiv.org/abs/cs/9701101

- Morris, M. (1991). Factorial sampling plans for preliminary computational experiments. Quality Engineering, 37, 307-310. https://doi.org/10.2307%2F1269043

- Saltelli, A., Tarantola, S., Campolongo, F., & Ratto, M. (2007). Sensitivity analysis in practice: A guide to assessing scientific models. Chichester: John Wiley & Sons.

- Sobol, I.M. (2001), Global sensitivity indices for nonlinear mathematical models and their Monte Carlo estimates. MATH COMPUT SIMULAT,55 (1−3),271−280 https://doi.org/10.1016/S0378−4754(00)00270−6

- Saltelli, A., P. Annoni, I. Azzini, F. Campolongo, M. Ratto, and S. Taranto la (2010). "Variance based sensitivity analysis of model output. Design and estimator for the total sensitivity index." Computer Physics Commu nications, 181(2):259−270. https://doi.org/10.1016/j.cpc.2009.09.018

해석 가능성을 위한 튜닝

3부에서는 데이터셋에서 편향의 영향을 완화시키는 방법을 이해하고 해석 가능성을 위해 모델을 튜닝하는 방법을 살펴볼 것이다.

3부에는 다음 장들이 포함된다.

- 10장, 해석 가능성을 위한 피처 선택과 피처 엔지니어링
- 11장, 편향 완화 및 인과관계 추론 방법론
- 12장, 해석 가능성을 위한 단조성 제약조건과 모델 튜닝
- 13장, 적대적 견고성
- 14장, 머신러닝 해석 가능성, 그다음 단계는?

10

해석 가능성을 위한
피처 선택과 피처 엔지니어링

처음 세 개의 장에서 복잡성이 **머신러닝**[ML] 해석 가능성을 어떻게 방해하는지에 대해 논의했다. 예측 성능을 극대화하기 위해서는 복잡성이 필요하지만 해석 가능성의 원칙인 공정성, 책임성, 투명성을 충족시키기 위해서는 모델에만 의존할 수 없기 때문에 그 사이에서 절충을 해야 한다. 10장은 해석 가능성을 위해 튜닝하는 방법에 초점을 맞춘 네 개의 장 중 첫 번째다. 해석 가능성을 향상시키는 가장 쉬운 방법 중 하나는 피처 선택을 통해서다. 적절히 선택된 피처는 더 빠른 학습과 모델 해석을 더 쉽게 해주는 등의 많은 이점을 준다. 이 두 가지 이유에 당신이 납득하지 못한다면 아마도 또 다른 이유가 더 설득력이 있을 것이다.

일반적인 오해는 복잡한 모델은 스스로 피처를 선택하면서 잘 수행될 수 있는데 왜 귀찮게 피처를 선택해야 하는가다. 많은 모델 클래스는 쓸모없는 피처를 처리할 수 있는 메커니즘을 갖고 있지만 완벽한 것은 아니다. 그리고 남아도는 피처들이 많아질수록 과적합의 가능성은 증가한다. 과적합된 모델은 정확도가 더 높더라도 신뢰할 수 없다. 따라서 과적합을 피하기 위해 정규화와 같은 모델 메커니즘을 사용하는 것이 여전히 권장되긴 하지만 그보다는 피처 선택이 첫 번째 단계다.

10장에서는 상관성 없는 피처가 모델의 결과에 얼마나 부정적인 영향을 미치는지, 따라서 모델 해석 가능성을 위해서 피처 선택이 얼마나 중요한지 이해하게 될 것이다. 그다음에 스피어만Spearman 상관계수와 같은 필터링 기반 피처 선택 방법론을 살펴본 후 **라쏘**LASSO 및 **릿지**Ridge 회귀와 같은 임베디드 피처 선택 방법론을 살펴볼 것이다. 그다음에 순차적 피처 선택sequential feature selection과 같은 래퍼wrapper 방법론과 **재귀적 피처 제거**RFE, Recursive Feature Elimination와 같은 하이브리드 방법론은 물론 **유전 알고리듬**GA, Genetic Algorithm과 같은 고급 방법론을 살펴볼 것이다. 마지막으로 피처 엔지니어링feature engineering은 일반적으로 피처 선택 전에 수행되지만 먼지가 가라앉은 후인 피처 선택 후에도 여러 가지 이유로 피처 엔지니어링을 수행하는 것은 가치가 있다.

10장에서 다룰 주요 주제는 다음과 같다.

- 상관성 없는 피처의 영향력 이해
- 필터링 기반 피처 선택 방법론 탐색
- 임베디드 피처 선택 방법론 탐색
- 래퍼, 하이브리드, 고급 피처 선택 방법론 탐색
- 피처 엔지니어링 고려

▌ 기술 요구 사항

10장의 예제에서는 mldatasets, pandas, numpy, scipy, mlxtend, genetic_selection, xgboost, sklearn, matplotlib, seaborn 등의 라이브러리를 사용한다. 이 라이브러리

를 설치하는 방법에 대한 지침은 이 책의 '들어가며'에 있다. 10장의 코드는 다음 링크 (https://github.com/PacktPublishing/Interpretable-Machine-Learning-with-Python/tree/master/Chapter10/)에 있다.

미션

전 세계적으로 1,000만 개 이상의 비영리단체가 있는 것으로 추정되며, 그중 상당수는 정부의 공적 자금을 지원받고 있지만 나머지 대부분은 기업 및 개인의 기부에 의존해 운영을 하고 있다. 따라서 기금 마련은 미션 크리티컬한 업무이며 일년 내내 수행된다.

해마다 기부 수익은 증가했지만 비영리단체가 직면한 몇 가지 문제가 있다. 기부자의 관심도는 변하기 때문에 한 해에 인기가 있었던 자선단체가 다음 해에는 잊혀질 수도 있다. 비영리단체 간의 경쟁도 치열하다. 그리고 인구통계학적 변화가 일어나고 있다. 미국에서 평균적인 기부자는 1년에 두 번 기부를 하며 나이가 64세 이상이다. 잠재적인 기부자를 식별하는 것은 어려운 일이며 이들에게 다가가기 위한 캠페인은 비용이 많이 들 수 있다.

비영리단체인 재향군인회National Veterans Organization는 과거 기부자 약 190,000명의 메일링 리스트를 갖고 있으며 기부를 요청하기 위해 특별 우편물을 보내려고 한다. 그러나 특별 할인율을 적용하더라도 주소당 비용은 0.68달러이며 총 130,000달러가 넘는다. 하지만 마케팅 예산은 35,000달러에 불과하다. 기부금 모금은 최우선 과제이므로 추가 비용을 정당화할 만큼 **투자 수익률**ROI이 충분히 높다면 그들은 기꺼이 예산을 확대할 의향이 있다.

제한된 예산의 사용을 최소화하기 위해 대량 우편 발송 대신에 과거의 기부금, 지리적 위치, 인구통계 데이터와 같이 이미 알려진 정보를 사용해 잠재적 기부자를 식별해 우편 발송을 하려고 한다. 그 외의 기부자들에게는 이메일을 통해 연락할 것이다. 이메일은 훨씬 저렴해 전체 수신자에 대해 월 1,000달러를 넘지 않는다. 그들은 이 하이브리드 마케팅 계획이 더 나은 결과를 낳기를 희망한다. 또한 고액 기부자는 개인적으로 전달되는 종이 우편물에 더 잘 응답하는 반면, 소규모 기부자들은 이메일에 더 잘 응답한다는 것을 인식하고 있다.

일반적으로 특정 캠페인에서 메일링 리스트의 6% 이하만 기부를 한다. 머신러닝을 사용해 인간 행동을 예측하는 것은 결코 쉬운 일이 아니며, 특히 데이터 불균형이 심한 경우에는 더욱 그렇다. 그럼에도 불구하고 성공은 가장 높은 예측 정확도가 아니라 수익 증가로 측정된다. 즉, 테스트 데이터셋으로 평가된 직접 우편 모델은 전체 데이터셋에 대해 대량 메일로 보낸 것보다 더 많은 수익을 내야 한다.

그들은 ML을 사용해 가장 가능성 있는 기부자를 식별할 뿐만 아니라 ROI도 보장하는 방식으로 모델을 만들어 달라고 도움을 요청했다. 이 모델은 ROI를 생성함에 있어 신뢰성도 있어야 한다.

비영리단체로부터 학습과 테스트 사이에서 거의 균등하게 분할된 데이터셋을 받았다. 테스트 데이터셋의 모든 사람에게 우편물을 보내면 11,173달러의 수익을 얻을 수 있지만 기부할 사람만 식별하는 방법을 사용하면 최대 수익은 73,136달러에 도달한다. 목표는 높은 수익과 함께 합리적인 ROI를 달성하는 것이다. 캠페인을 실행할 때 전체 메일링 리스트에서 가장 가능성이 높은 기부자를 식별해 총 비용이 35,000달러를 넘지 않기를 원한다. 그러나 데이터셋에는 435개의 칼럼이 있으며, 일부 간단한 통계적인 테스트와 모델링은 데이터가 너무 시끄럽기 때문에 과적합으로 인해 잠재적인 기부자에 대한 신뢰성에 한계가 있음을 보여준다.

▎ 접근법

먼저 모든 피처로 기본 모델을 적합시키고 다양한 복잡성 수준에서 평가해 피처가 많을수록 과적합 경향이 증가한다는 점을 살펴볼 것이다. 그런 다음 간단한 필터링 기반 방법론에서 고급 방법론에 이르기까지 일련의 피처 선택 방법을 사용해 고객이 원하는 수익성 및 신뢰성 목표를 달성할 방법을 결정한다. 마지막으로 최종 피처 리스트가 선택되면 이 단계에서 모델 해석 가능성을 높일 수 있는 피처 엔지니어링을 고려한다.

해당 문제가 비용에 민감하다는 특성이 있기 때문에 수익 향상을 최적화하기 위해서는 임 곗값이 중요하다. 나중에 임곗값의 역할에 대해 설명하겠지만 한 가지 중요한 것은 이것 이 분류 문제임에도 불구하고 회귀 모델을 사용한 다음, 그 예측을 사용해 임곗값을 기준 으로 분류를 할 것이며 따라서 튜닝할 임곗값이 하나만 있도록 하는 것이 가장 좋다는 것 이다. 즉, 분류 모델의 경우 1달러 이상 기부한 레이블에 대한 임곗값 외에 예측된 확률에 대한 또 다른 임곗값이 필요하다. 하지만 회귀 모델은 기부금을 예측하며 이를 기반으로 임곗값을 최적화할 수 있다.

준비

이 예제의 코드는 https://github.com/PacktPublishing/Interpretable-Machine-Lea rning-with-Python/tree/master/Chapter10/Mailer.ipynb에서 찾을 수 있다.

라이브러리 로드

이 예제를 실행하려면 다음 라이브러리를 설치해야 한다.

- mldatasets: 데이터셋 로드
- pandas, numpy, scipy: 데이터 조작
- mlxtend, genetic_selection, xgboost, sklearn: 모델 적합
- matplotlib, seaborn: 해석 생성 및 시각화

먼저 다음 모든 라이브러리를 로드해야 한다.

```
import math
import os
import mldatasets
```

```
import pandas as pd

import numpy as np

import timeit

from tqdm.notebook import tqdm

from sklearn.feature_selection import VarianceThreshold,\

mutual_info_classif, SelectKBest

from sklearn.feature_selection import SelectFromModel

from sklearn.linear_model import LogisticRegression,

LassoCV, LassoLarsCV, LassoLarsIC

from mlxtend.feature_selection import SequentialFeatureSelector

from sklearn.feature_selection import RFECV

from sklearn.decomposition import PCA import shap

from genetic_selection import GeneticSelectionCV

from scipy.stats import rankdata

from sklearn.discriminant_analysis import

LinearDiscriminantAnalysis

from sklearn.ensemble import ExtraTreesRegressor,\

RandomForestRegressor

import xgboost as xgb

import matplotlib.pyplot as plt

import seaborn as sns
```

다음으로 데이터셋을 로드하고 준비한다.

데이터 이해 및 준비

데이터를 피처를 갖는 두 개의 데이터프레임(X_train, X_test)과 레이블을 갖는 두 개의 배열(y_train, y_test)에 로드한다. 이 데이터프레임들은 희소 피처 또는 불필요한 피처를 제거하고, 누락된 값을 처리하고, 범주형 피처를 인코딩하는 등의 준비가 된 것이다.

```
X_train, X_test, y_train, y_test =\
  mldatasets.load("nonprofit-mailer", prepare=True)
y_train = y_train.squeeze()
y_test = y_test.squeeze()
```

모든 피처는 누락된 값이 없는 숫자이며 범주형 피처는 이미 원-핫 인코딩돼 있다. 학습 데이터셋과 테스트 데이터셋에는 191,500개 이상의 레코드와 435개의 피처가 있어야 한다. 다음과 같이 확인할 수 있다.

```
print(X_train.shape)
print(y_train.shape)
print(X_test.shape)
print(y_test.shape)
```

위의 코드는 다음을 출력해야 한다.

```
(95485, 435)
(95485,)
(96017, 435)
(96017,)
```

다음으로 테스트 레이블에서 기부자(test_donators), 기부금(test_donations), 기부금 수익의 범위(test_min_profit, test_max_profit)가 올바른지 확인한다. 이를 출력한 다음 학습 데이터셋에 대해 동일한 작업을 수행할 수 있다.

```
var_cost = 0.68
y_test_donators = y_test[y_test > 0]
test_donators = len(y_test_donators)
test_donations = sum(y_test_donators)
test_min_profit = test_donations - (len(y_test)*var_cost)
```

```
test_max_profit = test_donations - (test_donators*var_cost)
print('%s test donators totaling $%.0f (min profit: $%.0f,
  max profit: $%.0f)' %\
  (test_donators, test_donations, test_min_profit,\
  test_max_profit))
y_train_donators = y_train[y_train > 0]
train_donators = len(y_train_donators)
train_donations = sum(y_train_donators)
train_min_profit = train_donations - (len(y_train)*var_cost)
train_max_profit = train_donations - (train_donators*var_cost)
print('%s train donators totaling $%.0f (min profit: $%.0f,
  max profit: $%.0f)' %\
  (train_donators, train_donations, train_min_profit,\
  train_max_profit))
```

위의 코드는 다음을 출력해야 한다.

```
4894 test donators totaling $76464 (min profit: $11173,
maxprofit: $73136)
4812 train donators totaling $75113 (min profit: $10183,
maxprofit: $71841)
```

실제로 비영리단체가 테스트 메일링 리스트에 있는 모든 사람에게 대량 우편을 보낸다면 약 11,000달러의 수익을 얻을 수 있지만, 이를 달성하려면 예산을 크게 초과해야 한다. 비영리단체는 기부자만을 식별하고 타기팅해 최대 수익을 창출하는 것이 거의 불가능한 위업임을 인식하고 있다. 따라서 그들은 최소 수익보다 더 많은 것을 안정적으로 산출할 수 있지만 더 적은 비용으로, 가급적이면 예산 내에서 캠페인을 수행하는 모델에 만족할 것이다.

▌ 상관성 없는 피처의 영향력 이해

피처 선택feature selection은 **변수 선택**variable selection 또는 속성 선택attribute selection이라고도 한다. ML 모델 구성에 유용한 특정 피처의 하위 집합을 자동 또는 수동으로 선택하는 방법론이다.

피처가 많을수록 더 나은 모델로 이어진다는 것은 사실이 아니다. 상관성 없는 피처는 학습 프로세스에 영향을 미쳐 과적합으로 인도할 수 있다. 따라서 학습에 부정적인 영향을 줄 수 있는 피처를 제거하기 위한 몇 가지 전략이 필요하다. 피처의 더 작은 하위 집합을 선택하는 것은 다음과 같은 이점이 있다.

- **간단한 모델일수록 이해하기도 더 쉽다**: 예를 들어 변수 15개를 사용하는 모델의 피처 중요도는 150개의 변수를 사용하는 모델보다 훨씬 이해하기 쉽다.
- **학습 시간 단축**: 변수의 수를 줄이면 컴퓨팅 비용이 감소되고, 모델 학습 속도가 빨라지며, 가장 주목할 만한 것은 모델이 단순할수록 추론 시간도 더 빨라진다.
- **과적합 감소로 인해 향상되는 일반화**: 종종 많은 변수는 단지 잡음일 뿐이다. 그러나 ML 모델은 이 잡음으로부터도 학습하면서 과적합을 유발하는 동시에 일반화가 적어지게 한다. 이런 상관성 없는 잡음 피처를 제거하면 ML 모델의 일반화를 크게 향상시킬 수 있다.
- **반복적인 변수**: 데이터셋에는 일반적으로 공선성을 갖는 피처들이 존재하며, 이는 곧 반복성을 의미할 수 있다. 이런 경우 중요한 정보가 손실되지 않는 한 하나의 변수만 유지하고 다른 변수는 삭제할 수 있다.

이제 다음에서는 너무 많은 피처의 효과가 어떤지 보여주기 위한 모델을 적합시킬 것이다.

기본 모델 만들기

메일링 리스트 데이터셋에 대한 기본 모델을 만들어 이것이 어떻게 작동하는지 살펴보자. 하지만 먼저 재현성을 위해 랜덤 시드를 설정한다.

```
rand = 9
os.environ['PYTHONHASHSEED']=str(rand)
np.random.seed(rand)
```

10장 전체에서는 XGBoost의 **랜덤 포레스트**[RF] 회귀자인 XGBRFRegressor를 사용할 것이다. 사이킷런과 비슷하지만 목적함수의 2차 근사를 사용하기 때문에 더 빠르다. 이는 또한 12장, '해석 가능성을 위한 단조성 제약조건과 모델 튜닝'에서 다룰 학습률 및 단조 제약 설정과 같은 더 많은 옵션을 갖고 있다. max_depth 값을 4로 XGBRFRegressor를 초기화하고 일관성을 위해 항상 200개의 추정기[estimator]를 사용한다. 그러고 나서 학습 데이터에 적합시킨다. Timeit을 사용해 소요 시간을 측정하고 나중에 참조할 수 있도록 변수(baseline_time)에 저장한다.

```
stime = timeit.default_timer()
reg_mdl = xgb.XGBRFRegressor(max_depth=4,\
                              n_estimators=200, seed=rand)
fitted_mdl = reg_mdl.fit(X_train, y_train)
etime = timeit.default_timer()
baseline_time = etime-stime
```

이제 기본 모델을 평가해보자.

모델 평가

어떤 피처 하위 집합이 최상의 모델을 생성하는지 테스트하기 위해 10장에서 적용할 모든 모델을 저장할 딕셔너리(reg_mdls)를 만든다. 이제 evaluate_reg_mdl을 사용해 모든 피처와 max_depth 값이 4인 RF 모델을 평가한다. 이것은 회귀선이 있는 요약 플롯 및 산점도를 생성한다.

```
reg_mdls = {}
reg_mdls['rf_4_all'] = mldatasets.evaluate_reg_mdl(fitted_mdl,\
  X_train, X_test, y_train, y_test,
  plot_regplot=True, ret_eval_dict=True)
```

앞의 코드는 그림 10.1과 같은 메트릭과 플롯을 출력한다.

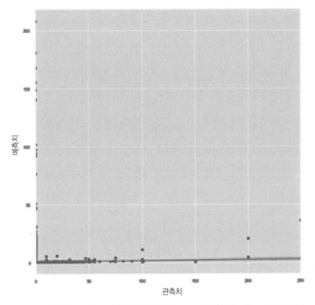

RMSE_train: 4.3210 RMSE_test: 4.6359 r2: −0.1084

그림 10.1 기본 모델의 예측 성능

회귀 플롯의 경우 일반적으로 대각선이 예상되므로 그림 10.1의 플롯을 보면 모델이 쓸모
가 없다는 것을 알 수 있다. 또한 RMSE가 나쁘지 않은 것처럼 보일 수도 있지만 이런 한
쪽으로 치우친 문제의 맥락에서 보면 암울하다. 전체 중 5%만이 기부를 하고 그중 20%만
이 20달러 이상이기 때문에 4.3~4.6달러의 평균 오차는 엄청난 것이다.

그렇다면 이 모델은 쓸모가 없는 것일까? 그 답은 분류에 사용하는 임곗값에 있다.
0.40~25달러 사이의 임곗값 배열(threshs)을 정의하는 것으로 시작하자. 1달러까지는

1센트 간격으로, 그 이후 3달러까지는 10센트 간격으로, 그다음에 25달러까지는 1달러 간격으로 배열을 생성한다.

```
threshs = np.hstack([np.linspace(0.40,1,61),
np.linspace(1.1,3,20), np.linspace(4,25,22)])
```

mldatasets에는 모든 임곗값에 대해 수익을 계산하는 함수(profits_by_thresh)가 있다. 필요한 것은 실제 레이블(y_test), 예측된 레이블, 임곗값(threshs), 가변 비용(var_costs) 그리고 min_profit이다. 이 함수는 수익이 min_profit 이상인 경우 임곗값에 대한 비용, 수익, ROI가 담긴 데이터프레임을 생성한다. 11,173달러 이하의 기부 수익을 목표로 삼는 것은 말이 안 되기 때문에 이 값을 10장의 시작 부분에서 최소 금액으로 설정했음을 기억하라. 테스트 및 학습 데이터셋에 대해 이런 수익 예측 데이터프레임을 생성한 후 나중에 사용하기 위해 최대 및 최소 금액을 딕셔너리에 저장한다. 그다음에 compare_df_plots를 사용해 최소 수익을 넘기는 모든 임곗값에 대해 테스트 및 학습에 대한 비용, 수익, ROI를 플롯으로 표시한다.

```
y_formatter = plt.FuncFormatter(lambda x, loc:\
                                "${:,}K".format(x/1000))
profits_test = mldatasets.profits_by_thresh(y_test,\
  reg_mdls['rf_4_all']['preds_test'],
  threshs, var_costs=var_cost,
  min_profit=test_min_profit)
profits_train = mldatasets.profits_by_thresh(y_train,\
  reg_mdls['rf_4_all']['preds_train'],
  threshs, var_costs=var_cost,
  min_profit=train_min_profit)
reg_mdls['rf_4_all']['max_profit_train'] =\
  profits_train.profit.max()
reg_mdls['rf_4_all']['max_profit_test'] = \
```

```
  profits_test.profit.max()
reg_mdls['rf_4_all']['max_roi'] = profits_test.roi.max()
reg_mdls['rf_4_all']['min_costs'] = \
  profits_test.costs.min()
reg_mdls['rf_4_all']['profits_train'] = profits_train
reg_mdls['rf_4_all']['profits_test'] = profits_test
mldatasets.compare_df_plots(\
  profits_test[['costs', 'profit', 'roi']],\
  profits_train[['costs', 'profit', 'roi']],\
  'Test', 'Train', y_formatter=y_formatter,\
  x_label='Threshold',\
  plot_args={'secondary_y':'roi'})
```

위의 코드는 그림 10.2의 플롯을 출력한다. 여기서 테스트셋과 학습셋이 거의 동일하다는 것을 알 수 있다. 비용^{costs}은 높은 비율로 꾸준히 감소하고 수익^{profit}은 낮은 비율로 감소하는 반면 ROI는 꾸준히 증가한다. 몇 가지 차이가 있는데 학습셋에서 ROI가 약간 더 높으며, 실행 가능한 임곗값은 동일한 지점에서 시작하지만 학습셋에서는 다른 임곗값으로 끝난다. 모델이 수익을 낼 수 있다는 것이 밝혀졌으며, 따라서 그림 10.1의 플롯에도 불구하고 모델이 전혀 쓸모가 없는 것은 아니다.

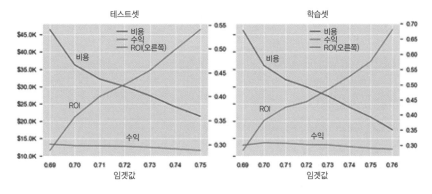

그림 10.2 기본 모델의 임곗값에 따른 테스트/학습 데이터셋에 대한 수익, 비용, ROI 비교

학습셋과 테스트셋에 대한 RMSE 차이는 거짓말을 하지 않았다. 모델은 과적합되지 않았다. 그 주된 이유는 max_depth 값을 4로 설정해 상대적으로 얕은 트리를 사용했기 때문이다. feature_importances_ 값이 0 이상인 피처의 수를 계산해 얕은 트리를 사용한 효과를 쉽게 알 수 있다.

```
reg_mdls['rf_4_all']['num_feat'] =\
  sum(reg_mdls['rf_4_all']['fitted'].feature_importances_ > 0)
print(reg_mdls['rf_4_all']['num_feat'])
```

앞의 코드는 160을 출력한다. 즉, 435개 중 160개의 피처만 사용됐다. 이런 얕은 트리에 수용하기에는 피처가 너무 많다. 당연히 이것은 과적합을 낮추게 되지만, 동시에 임의로 피처를 선택해 불순도를 측정하는 피처 선택법이 항상 최적인 것은 아니다.

서로 다른 최대 깊이로 기본 모델 학습

그렇다면 트리를 더 깊게 만들면 어떻게 될까? 5~12 사이의 최대 깊이 값으로 앞서 수행한 모든 단계를 반복해보자.

```
for depth in tqdm(range(5, 13)):
  mdlname = 'rf_'+str(depth)+'_all'
  stime = timeit.default_timer()
  reg_mdl = xgb.XGBRFRegressor(max_depth=depth,\
          n_estimators=200, seed=rand)
  fitted_mdl = reg_mdl.fit(X_train, y_train)
  etime = timeit.default_timer()
  reg_mdls[mdlname] =\
    mldatasets.evaluate_reg_mdl(fitted_mdl,\
      X_train, X_test, y_train,
      y_test, plot_regplot=False, show_summary=False,\
        ret_eval_dict=True)
```

```
reg_mdls[mdlname]['speed'] = (etime-stime)/baseline_time

reg_mdls[mdlname]['depth'] = depth

reg_mdls[mdlname]['fs'] = 'all'

profits_test = mldatasets.profits_by_thresh(y_test,\
    reg_mdls[mdlname]['preds_test'],
    threshs, var_costs=var_cost,\
    min_profit=test_min_profit)

profits_train = mldatasets.profits_by_thresh(y_train,
    reg_mdls[mdlname]['preds_train'],\
    threshs, var_costs=var_cost,\
    min_profit=train_min_profit)

reg_mdls[mdlname]['max_profit_train'] =\
    profits_train.profit.max()

reg_mdls[mdlname]['max_profit_test'] =\
    profits_test.profit.max()

reg_mdls[mdlname]['max_roi'] = profits_test.roi.max()

reg_mdls[mdlname]['min_costs'] = profits_test.costs.min()

reg_mdls[mdlname]['profits_train'] = profits_train

reg_mdls[mdlname]['profits_test'] = profits_test

reg_mdls[mdlname]['total_feat'] =\

reg_mdls[mdlname]['fitted'].feature_importances_.shape[0]

reg_mdls[mdlname]['num_feat'] =\

    sum(reg_mdls[mdlname]['fitted'].feature_importances_ > 0)
```

이제 이전에 compare_df_plots에서 했던 것처럼 max_depth 값이 12인 가장 깊은 모델에 대한 수익 데이터프레임을 플로팅해 그림 10.3을 출력한다.

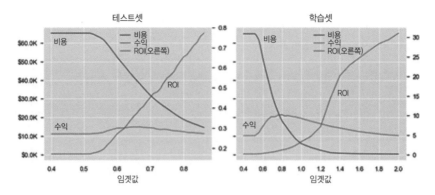

그림 10.3 "심층" 기본 모델의 임곗값에 따른 테스트/학습 데이터셋에 대한 수익, 비용, ROI 비교

그림 10.3에서 이번에는 테스트셋과 학습셋이 얼마나 다른지 확인하라. 테스트셋에서는 수익이 최대 약 15,000달러에 도달하지만 학습셋에서는 20,000달러를 넘는다. 학습셋에서는 비용이 극적으로 감소해 테스트셋보다 ROI의 자릿수가 훨씬 더 높다. 또한 임곗값의 범위도 많이 다르다. 이것이 왜 문제인가? 다음 우편 발송에서 대상을 선택할 때 사용할 임곗값을 추측해야 하는 경우 학습셋에 대한 최적값은 테스트셋보다 높다. 이것은 과적합된 모델을 사용하면 아직 보지 못한 데이터에서 표식을 놓쳐 성능이 저하될 수 있음을 의미한다.

다음으로 모델 딕셔너리(reg_mdls)를 데이터프레임으로 변환해 일부 세부 정보를 추출한다. 그다음에 트리의 깊이별로 정렬하고 색상 코드를 지정해 출력한다.

```
reg_metrics_df = pd.DataFrame.from_dict(reg_mdls, 'index')\
  [['depth', 'fs', 'rmse_train',
    'rmse_test', 'max_profit_train',\
    'max_profit_test', 'max_roi', 'min_costs', 'speed',
    'num_feat']]
with pd.option_context('display.precision', 2):
  html = reg_metrics_df.sort_values(by='depth',\
    ascending=False).style.\
```

```
background_gradient(cmap='plasma', low=0.3,
high=1, subset=['rmse_train', 'rmse_test']).\
background_gradient(cmap='viridis', low=1,
high=0.3, subset=['max_profit_train',\
'max_profit_test'])
html
```

앞의 코드는 그림 10.4를 출력한다. 즉시 눈에 띄는 것은 학습 RMSE와 테스트 RMSE가 반대라는 것이다. 깊이가 증가함에 따라 하나는 극적으로 감소하고 다른 하나는 약간 증가한다. 수익도 마찬가지다. ROI는 깊이와 학습 속도 그리고 사용되는 피처의 수에 따라 증가하는 경향이 있다.

	depth	fs	rmse_train	rmse_test	max_profit_train	max_profit_test	max_roi	min_costs	speed	num_feat
rf_12_all	12	all	3.94	4.69	21521.98	14932.84	0.77	14532.28	2.89	415
rf_11_all	11	all	3.99	4.69	19904.00	15141.86	0.76	14928.04	2.73	398
rf_10_all	10	all	4.05	4.68	18603.92	14987.06	0.78	14396.28	2.43	383
rf_9_all	9	all	4.10	4.68	17453.14	14777.74	0.80	13997.12	2.19	346
rf_8_all	8	all	4.14	4.67	16439.72	14563.04	0.73	15308.84	1.94	315
rf_7_all	7	all	4.18	4.66	15435.32	14187.62	0.66	17164.56	1.71	277
rf_6_all	6	all	4.23	4.65	14651.12	13845.27	0.59	19305.20	1.41	240
rf_5_all	5	all	4.27	4.64	14242.32	13752.13	0.59	19199.12	1.22	201
rf_4_all	4	all	4.32	4.64	13715.90	13261.88	0.53	22392.40	1.00	160

그림 10.4 깊이가 다른 모든 기본 RF 모델의 메트릭 비교

테스트셋에 대한 수익이 가장 높은 rf_11_all을 사용하고 싶을 수 있지만 이것은 위험하다. 일반적인 오해는 블랙박스 모델이 상관성 없는 피처를 효과적으로 제거할 수 있다는 것이다. 종종 가치 있는 것을 찾아 그것을 최대한 활용할 수도 있지만 너무 많은 피처는 쉽게 과적합돼 신뢰성을 저해한다. 다행히 최소한의 과적합으로 높은 수익에 도달할 수 있는 최고의 지점이 있지만 거기에 도달하려면 먼저 피처의 수를 줄여야 한다.

▌필터링 기반 피처 선택 방법론

필터링 기반 방법론은 ML을 사용하지 않고 데이터셋으로부터 피처를 독립적으로 선택한다. 이 방법론은 변수의 특성에만 의존하며 상대적으로 효과적이고 계산 비용이 저렴하며 수행 속도가 빠르다. 따라서 피처 선택 방법 중 가장 쉬운 방법이기 때문에 일반적으로 모든 피처 선택 파이프라인의 첫 번째 단계다.

필터링 기반 방법론에는 두 가지가 있다.

- **단변량**univariate: 개별적으로 그리고 피처 공간과 독립적으로 한 번에 하나의 피처를 평가하고 등급을 매긴다. 단변량 방식에서 발생할 수 있는 한 가지 문제는 피처 간의 관계를 고려하지 않기 때문에 너무 많이 필터링될 수 있다는 것이다.
- **다변량**multivariate: 전체 피처 공간과 그 내부의 피처들이 서로 상호 작용하는 방식을 고려한다.

전반적으로 쓸모없고, 반복되고, 일정하고, 중복되고, 상관관계가 없는 피처를 제거할 때는 필터링 기반 방법론이 매우 강력하다. 그러나 ML 모델만이 찾을 수 있는 복잡하고 비선형적이고 비단조적인 상관관계 및 상호 작용을 고려하지 않으므로 이런 관계가 두드러진 데이터에서는 효과적이지 않다.

여기서는 필터링 기반 방법론의 세 가지 범주를 살펴볼 것이다.

- 기본
- 상관관계
- 순위

각각 해당 절에서 자세히 설명할 것이다.

기본 필터링 기반 방법론

모델링 전 데이터 준비 단계, 특히 데이터 정리 단계에서 기본 필터링 방법론basic filter method을 사용한다. 그 이유는 모델에 부정적인 영향을 미칠 수 있는 피처를 선택할 위험이 낮기 때문이다. 이 방법론은 정보가 없거나 중복된 피처를 제거하는 것과 같은 상식적인 작업이다.

분산 임곗값을 사용한 상수 피처 필터링

상수 피처는 학습 데이터셋에서 변화가 없으므로 정보를 전달하지 않으며 모델은 상수 피처로부터 학습을 할 수 없다. 단변량 방법인 VarianceThreshold를 사용할 수 있으며, 이것은 분산이 낮은 피처를 필터링한다. 분산이 0인 피처 즉, 상수만 필터링하고 싶기 때문에 임곗값으로 0을 사용한다. 이것은 숫자 피처에서만 작동하므로 먼저 어떤 피처가 숫자형이고 어떤 피처가 범주형인지 식별해야 한다. 숫자 칼럼들을 적합시키면 get_support( )는 상수가 아닌 피처 리스트를 반환하며, 집합 연산을 사용해 상수 피처(num_const_cols)만 반환받을 수 있다.

```
num_cols_l = X_train.select_dtypes([np.number]).columns
cat_cols_l = X_train.select_dtypes([np.bool,
                            np.object]).columns
num_const = VarianceThreshold(threshold=0)
num_const.fit(X_train[num_cols_l])
num_const_cols = list(set(X_train[num_cols_l].columns) -\
  set(num_cols_l[num_const.get_support()]))
```

앞의 코드는 상수인 숫자 피처의 리스트를 생성한다. 그러면 범주형 피처는 어떻게 하면 될까? 범주형 피처에서 분산이 0인 것은 하나의 범주 또는 고유한 값만 갖는다. 범주형 피처에 nunique( ) 함수를 적용하면 쉽게 확인할 수 있다. 판다스 시리즈를 반환한 다음 여기에 람다 함수를 적용해 하나의 고유한 값을 가진 항목만 필터링할 수 있다. 그다음에

.index.tolist( )는 피처의 이름들을 리스트로 반환한다. 이제 상수 피처 리스트와 이 리스트를 합치기만 하면 된다. 그러면 상수인 모든 피처(all_const_cols)를 갖게 된다. 출력하면 세 개가 있어야 한다.

```
cat_const_cols = X_train[cat_cols_l].nunique( )[lambda x:\
x<2].index.tolist( )
all_const_cols = num_const_cols + cat_const_cols
print(all_const_cols)
```

대부분의 경우 상수 피처를 제거하는 것만으로는 충분하지 않다. 반복적인 피처는 거의 상수이거나 준상수일 수 있다.

Value-Counts를 이용한 준상수 피처 필터링

준상수quasi-constant 피처는 거의 완전히 동일한 값이다. 상수 필터링과 달리 여기에 분산 임곗값을 사용하는 것은 높은 분산과 어느 정도의 일정함은 상호 배타적이지 않기 때문에 작동하지 않는다. 대신 모든 피처에 대해서 각 값에 대한 행 수를 반환하는 value_counts( )를 적용한다. 그다음에 이 수를 전체 행 수로 나눠 백분율을 구한 후 가장 높은 순으로 정렬한다. 최상위 값이 미리 결정된 임곗값(thresh)보다 높으면 준상수 칼럼 리스트(quasi_const_cols)에 해당 칼럼을 추가한다. 임곗값을 선택하는 것은 문제에 대한 많은 주의와 이해를 바탕으로 이뤄져야 한다는 점에 유의하라. 이 경우 5%만 기부하고 그 대부분이 적은 금액을 기부하기 때문에 편향이 있다는 것을 알고 있다. 따라서 피처의 아주 일부라도 영향을 미칠 수 있으므로 임곗값을 매우 높은 99.9%로 정했다.

```
thresh = 0.999
quasi_const_cols = []
num_rows = X_train.shape[0]
for col in tqdm(X_train.columns):
top_val = (X_train[col].value_counts( ) /
```

```
                num_rows).sort_values(ascending=False).\
                values[0]
  if top_val >= thresh:
     quasi_const_cols.append(col)
print(quasi_const_cols)
```

앞의 코드는 이전에 얻은 세 개를 포함해 다섯 개의 피처를 출력해야 한다. 다음으로 상관성 없는 또 다른 형태의 피처인 중복 피처를 살펴볼 것이다.

중복 피처

일반적으로 데이터에서 중복을 논의할 때는 즉시 중복된 행을 생각하지만 중복된 열도 문제가 된다. 먼저 데이터프레임의 열과 행을 반전시키면 duplicated() 함수로 중복 행을 찾는 것처럼 찾을 수 있다.

```
X_train_transposed = X_train.T
dup_cols =\
  X_train_transposed[X_train_transposed.duplicated()].\
  index.tolist()
print(dup_cols)
```

앞의 코드는 두 개의 중복 피처 리스트를 생성한다.

불필요한 피처 제거

모델을 사용해 테스트해야 하는 다른 피처 선택 방법과 달리 기본적인 필터링 피처 선택 방법은 쓸모 없다고 생각되는 특성을 제거하는 데 즉시 적용할 수 있다. 그러나 만일의 경우를 대비해 원본 데이터의 복사본을 만드는 것이 좋다. 준상수 칼럼 리스트에 상수 칼럼 리스트(all_constant_cols)가 이미 포함돼 있기 때문에 삭제할 칼럼(drop_cols)에 상수 칼럼을 포함시키지 않는다.

```
X_train_orig = X_train.copy()

X_test_orig = X_test.copy()

drop_cols = quasi_const_cols + dup_cols

X_train.drop(labels=drop_cols, axis=1, inplace=True)

X_test.drop(labels=drop_cols, axis=1, inplace=True)
```

다음으로 나머지 피처에 대한 다변량 필터링 기반 방법론을 살펴볼 것이다.

상관관계 필터링 기반 방법론

상관관계 필터링 기반 방법론correlation filter-based method은 두 피처 간 관계의 강도를 정량화한다. 매우 상관관계가 높은 피처 또는 다른 피처와 전혀 상관되지 않는 피처를 필터링할 수 있기 때문에 피처 선택에 유용하다. 둘 중 어느 것이든 다변량, 정확히 말하면 이변량 bivariate 피처 선택 방법이다.

먼저 상관계수 계산 방법을 선택해야 한다.

- **피어슨 상관계수**Pearson's correlation coefficient: 두 피처가 −1(음의 상관관계)과 1(양의 상관관계) 사이에서 선형 상관관계가 있는 정도를 측정하며 0은 선형 상관관계가 없음을 의미한다. 선형회귀와 마찬가지로 선형성, 정규성, 등분산성을 가정한다.
- **스피어만 순위 상관계수**Spearman's rank correlation coefficient: 선형 상관 여부에 관계없이 두 피처 간 단조성의 강도를 측정한다. −1~1 사이의 값이며 0은 단조 상관관계가 없음을 의미한다. 분포에 대한 가정을 하지 않으며 연속형 피처 및 이산형 피처 모두에서 작동할 수 있다. 그러나 비단조적 관계에 대해서는 약점이 있다.
- **켄달 타우 상관계수**Kendall's tau correlation coefficient: 피처 간의 서수적 상관성을 측정한다. −1~1 사이의 범위지만 각각 낮음과 높음을 의미한다. 이산 피처에 유용하다.

데이터셋은 연속형과 이산형 변수가 혼합돼 있으므로 이에 대해 선형 가정linear assumption을 할 수 없기 때문에 spearman이 올바른 선택이다. 위 세 가지 모두 판다스의 corr 함수로 사용할 수 있다.

```
corrs = X_train.corr(method='spearman')
print(corrs.shape)
```

앞의 코드는 (428, 428)이라는 상관 행렬의 형태를 출력한다. 이 차원은 428개의 피처가 자신을 포함해 428개의 피처와 관계가 갖기 때문이다.

이제 상관 행렬(corrs)에서 제거할 피처를 찾을 수 있다. 이를 위해서는 임곗값을 설정해야 한다. 예를 들어, 극단적으로 상관된 피처는 계수의 절댓값이 0.99 이상이고 상관되지 않은 피처의 경우에는 0.15 미만이라고 정할 수 있다. 이 임곗값을 이용해 하나의 피처에만 상관관계가 있는 것, 둘 이상의 피처와 극단적인 상관관계를 갖는 피처를 찾을 수 있다. 그런데 왜 하나의 피처인가? 각 피처는 항상 자신과 완벽하게 상관돼 상관 행렬의 대각선은 항상 1이기 때문이다. 다음 코드에 있는 람다 함수는 이를 위한 것이다.

```
extcorr_cols = (abs(corrs) > 0.99).sum(axis=1)[lambda x:\
x>1].index.tolist()
print(extcorr_cols)
uncorr_cols = (abs(corrs) > 0.15).sum(axis=1)[lambda x:\
x==1].index.tolist()
print(uncorr_cols)
```

앞의 코드는 다음과 같이 두 리스트를 출력한다.

```
['MAJOR', 'HHAGE1', 'HHAGE3', 'HHN3', 'HHP1', 'HV1', 'HV2',
'MDMAUD_R', 'MDMAUD_F', 'MDMAUD_A']
['TCODE', 'MAILCODE', 'NOEXCH', 'CHILD03', 'CHILD07',
'CHILD12', 'CHILD18', 'HC15', 'MAXADATE']
```

첫 번째 리스트는 자신이 아닌 다른 피처와 상관관계가 매우 높은 피처들이다. 이 정보는 유용하지만 목표변수는 물론이고 어떤 피처와 어떻게 상관돼 있는지 이해하지 않은 채

이 리스트에 있는 피처를 제거해서는 안 된다. 이 피처와 다른 피처의 중복이 발견된 경우에만 그중 하나를 제거해야 한다. 두 번째 리스트는 자신 이외의 다른 피처와 상관관계가 없는 피처로, 이 경우 순수하게 전체 피처의 수를 감안하면 의심스럽다. 즉, 이 피처들은 하나하나 검사해야 하며, 특히 목표변수에 대해 반복적이지 않은지 확인해야 한다. 그러나 여기서는 운에 맡기고 상관성이 없는 피처들을 제외한 피처 하위 집합(corr_cols)을 만들 것이다.

```
corr_cols =\
  X_train.columns[~X_train.columns.isin(uncorr_cols)].
  tolist()
print(len(corr_cols))
```

앞의 코드는 419를 출력해야 한다. 이제 이 피처들만 RF 모델에 적합시킨다. 아직도 400개가 넘는 피처가 있다는 점을 감안해 max_depth 값으로 11을 사용한다. 모델 이름(mdlname)이 다른 것을 제외하고는 이전과 동일한 코드다.

```
mdlname = 'rf_11_f-corr'
stime = timeit.default_timer()
reg_mdl = xgb.XGBRFRegressor(max_depth=11,
          n_estimators=200, seed=rand)
fitted_mdl = reg_mdl.fit(X_train[corr_cols], y_train)
:
:
reg_mdls[mdlname]['num_feat'] =\
  sum(reg_mdls[mdlname]['fitted'].feature_importances_ > 0)
```

이전 모델의 결과와 비교하기 전에 순위 필터링 기반 방법론에 대해 살펴보자.

순위 필터링 기반 방법론

순위 필터링 기반 방법론은 목표변수에 대한 피처의 강도를 평가하는 통계적 단변량 순위 테스트를 기반으로 한다. 다음은 가장 인기 있는 방법 중 일부다.

- **ANOVA F-검정**: 분산 분석^{ANOVA, ANalysis Of VAriance} F-검정은 피처와 목표변수 간의 선형 종속성을 측정한다. 이름에서 알 수 있듯이 분산을 분해해 이를 수행한다. 정규성, 독립성, 등분산성 등 선형회귀와 유사한 가정을 한다. 사이킷런에서는 회귀 및 분류에 대해 각각 `f_regression`과 `f_classification`을 사용하는 F-검정에 의해 산출된 F-점수에 따라 피처의 순위를 정한다.

- **카이제곱**^{chi-square} **독립성 검정**: 이것은 음수가 아닌 범주형 변수와 이진 목표변수 간의 상관성을 측정하므로 분류 문제에만 적합하다. 사이킷런에서는 `chi2`를 사용할 수 있다.

- **상호 정보량**^{MI, Mutual Information}: 고전적인 통계적 가설 검정인 앞의 두 방법과 달리 이 방법은 정보 이론에서 파생된 것이다. 다른 이름이지만 이 책에서 이미 피처 X 와 목표변수 Y에 대한 쿨백-라이블러^{KL, Kullback-Leibler} 발산으로 논의한 개념이다. 사이킷런의 파이썬 구현은 수치적으로 안정적이고 KL의 대칭적 파생물인 젠슨-섀넌^{JS, Jensen-Shannon} 발산을 사용하며, k-최근접 이웃에서 거리를 계산할 때 활용된다. 회귀 및 분류 문제에서 각각 `mutual_info_regression` 및 `mutual_info_classif`를 사용해 MI를 기반으로 피처 순위를 정할 수 있다.

언급된 세 옵션 중에서 이 데이터셋에 가장 적합한 옵션은 MI다. 이 데이터셋은 피처 간의 선형성을 가정할 수 없고 대부분이 범주형인 것도 아니기 때문이다. 우편을 보내는 최소 비용인 0.68달러의 임곗값으로 분류를 시도할 수 있다. 먼저 이 임곗값을 사용해 이진 분류된 목표변수(`y_train_class`)를 생성한다.

```
y_train_class = np.where(y_train > 0.68, 1, 0)
```

다음으로 SelectKBest를 사용해 MI 분류^{MIC}에 따라 상위 160개 피처를 가져올 수 있다. 그다음에 get_support( )를 사용해 불리언 벡터 또는 마스크를 얻는다. 이 벡터는 어떤 피처가 상위 160개에 속하는지 알려주며 이 마스크를 사용해 피처의 하위 집합을 생성한다.

```
mic_selection = SelectKBest(mutual_info_classif, k=160).\
                fit(X_train, y_train_class)
mic_cols =\
  X_train.columns[mic_selection.get_support()].tolist()
print(len(mic_cols))
```

위의 코드로 mic_cols 리스트에 160개의 피처가 있음을 확인해야 한다. 이것은 임의의 숫자다. 시간이 있다면 분류 대상에 대한 서로 다른 임곗값과 MI에 대한 여러 k 값을 테스트해 최소한의 과소적합으로 가장 높은 수익을 달성하는 모델을 찾을 수 있다. 다음으로 MIC 피처를 사용해 이전에 했던 것처럼 RF 모델을 적합시킬 수 있다. 이번에는 피처가 훨씬 적기 때문에 최대 깊이는 5를 사용한다.

```
mdlname = 'rf_5_f-mic'
stime = timeit.default_timer()
reg_mdl = xgb.XGBRFRegressor(max_depth=5, n_estimators=200,\
                             seed=rand)
fitted_mdl = reg_mdl.fit(X_train[mic_cols], y_train)
:
:
reg_mdls[mdlname]['num_feat'] =\
  sum(reg_mdls[mdlname]['fitted'].feature_importances_ > 0)
```

이제 MIC 모델의 테스트셋 및 학습셋에 대한 수익을 그림 10.3과 같은 플롯을 작성한다. 앞의 코드는 그림 10.5를 출력한다.

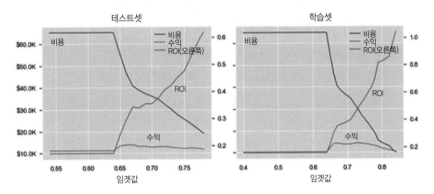

그림 10.5 MIC 피처를 이용한 모델의 임곗값에 따른 테스트/학습 데이터셋에 대한 수익, 비용, ROI 비교

그림 10.5에서 테스트셋과 학습셋 사이에 상당한 차이가 있지만 유사점은 최소한의 과적합을 나타낸다는 것이다. 예를 들어 학습셋의 경우 0.65에서 0.7 사이에서 가장 높은 수익성을 보이며, 테스트셋에서는 0.65에서 0.7 사이이지만 그 이후에 점차적으로 감소한다.

MIC 모델을 시각적으로 조사했고 메트릭을 보면 어느 정도 안심할 수 있다. 이제 일관된 메트릭을 사용해 지금까지 학습시킨 모든 모델을 비교할 것이다.

필터링 기반 방법론 비교

지금까지 여러 메트릭을 딕셔너리(reg_mdls)에 저장해왔으며 이전과 같이 데이터프레임으로 변환해 출력할 것이지만 이번에는 max_profit_test를 기준으로 정렬한다.

```
reg_metrics_df = pd.DataFrame.from_dict(reg_mdls, 'index')\
  [['depth', 'fs', 'rmse_train',\
    'rmse_test', 'max_profit_train', 'max_profit_test',\
    'max_roi', 'min_costs', 'speed', 'num_feat']]
with pd.option_context('display.precision', 2):
```

```
html = reg_metrics_df.sort_values(by='max_profit_test',\
    ascending=False).style.\
    background_gradient(cmap='plasma', low=0.3,\
    high=1, subset=['rmse_train', 'rmse_test']).\
    background_gradient(cmap='viridis', low=1, \
    high=0.3, subset=['max_profit_train', 'max_profit_test'])
html
```

위의 코드는 그림 10.6과 같은 테이블을 출력한다. MIC 모델이 가장 적게 과적합된 것이
분명하다. 더 많은 피처를 가진 더 복잡한 모델보다 순위가 높고 다른 모델들보다 학습하
는 데 시간이 적게 걸렸다. 학습 속도는 하이퍼파라미터 튜닝의 장점 중 하나다. 최상의 분
류 임곗값 또는 MIC의 k 값을 찾으려면 어떻게 해야 할까? 지금은 하지 않을 것이지만 만
약 모든 조합을 수행해보면 더 나은 모델을 얻을 수 있을 것이다. 하지만 학습을 수행하는
데 시간이 많이 걸리고 피처가 많을수록 더욱 그럴 것이다.

	depth	fs	rmse_train	rmse_test	max_profit_train	max_profit_test	max_roi	min_costs	speed	total_feat	num_feat
rf_11_all	11	all	3.99	4.69	19904.00	15141.86	0.76	14928.04	2.73	435	398
rf_10_all	10	all	4.05	4.68	18603.92	14987.06	0.78	14396.28	2.43	435	383
rf_12_all	12	all	3.94	4.69	21521.98	14932.84	0.77	14532.28	2.89	435	415
rf_11_f-corr	11	f-corr	3.98	4.67	19923.84	14894.94	0.77	14592.80	2.47	419	404
rf_9_all	9	all	4.10	4.68	17453.14	14777.74	0.80	13997.12	2.19	435	346
rf_8_all	8	all	4.14	4.67	16439.72	14563.04	0.73	15308.84	1.94	435	315
rf_5_f-mic	5	f-mic	4.31	4.57	14983.34	14481.39	0.62	18971.32	0.39	160	103
rf_7_all	7	all	4.18	4.66	15435.32	14187.62	0.66	17164.56	1.71	435	277
rf_6_all	6	all	4.23	4.65	14651.12	13845.27	0.59	19305.20	1.41	435	240
rf_5_all	5	all	4.27	4.64	14242.32	13752.13	0.59	19199.12	1.22	435	201
rf_4_all	4	all	4.32	4.64	13715.90	13261.88	0.53	22392.40	1.00	435	160

그림 10.6 모든 기본 모델과 필터링 기반 피처 선택 모델에 대한 메트릭 비교

그림 10.6에서 상관관계 필터링 모델(f-corr)이 동일한 max_depth를 가진 모델보다 성능이 좋지 않다는 것을 알 수 있는데, 이는 중요한 피처가 제거됐음을 시사한다. 해당 절에서 경고한 것처럼 임곗값을 맹목적으로 설정하고 그 값 상위의 모든 것을 제거하는 것의 문제는 실수로 유용한 피처를 제거할 수 있다는 것이다. 극도로 상관된 피처와 상관되지 않은 피처가 모두 쓸모없는 것은 아니므로 추가적인 확인이 필요하다. 다음에는 교차 검증과 결합해 사람의 감독이 덜 필요한 몇 가지 임베디드 방법론을 살펴볼 것이다.

▌ 임베디드 피처 선택 방법론 탐색

임베디드 방법론은 학습 중에 자연스럽게 피처를 선택하도록 모델 자체에 임베디드된 방법이다. 선택된 피처를 캡처하고 있는 모델의 고유 프로퍼티를 활용할 수 있다.

- **트리 기반 모델**: 예를 들어 다음 코드를 여러 번 사용해 RF 모델에 의해 사용되는 피처의 수를 계수했으며, 이는 학습 프로세스에서 자연스럽게 피처 선택이 발생한다는 증거다.

```
sum(reg_mdls[mdlname]['fitted'].feature_importances_ > 0)
```

XGBoost의 RF는 기본적으로 gain을 사용하며, 이것은 피처 중요도를 계산하기 위해 피처를 사용하는 모든 분할에서 오차의 평균적인 감소를 의미한다. 이 상대적 기여도에 따라 더 적은 수의 피처를 선택하기 위해 임곗값을 0 이상으로 늘릴수 있다. 그러나 트리의 깊이를 제한함으로써 모델이 이미 적은 수의 피처를 선택하도록 한 것이다.

- **계수가 있는 정규화 모델**: 12장, '해석 가능성을 위한 단조성 제약조건과 모델 튜닝'에서 더 자세히 살펴볼 것이지만 많은 모델 클래스는 L1, L2, 엘라스틱넷Elastic-net과 같은 페널티 기반 정규화를 통합할 수 있다. 그러나 이들 모두가 어떤 피처가 페널티를 받을지 결정하기 위해 추출할 수 있는 계수와 같은 고유 매개변수를 갖

고 있는 것은 아니다.

트리 기반 모델은 이미 사용했으므로 이 절에서는 정규화된 모델을 다룰 것이다. 가장 중요한 피처에 대한 다양한 관점을 얻으려면 다양한 모델 클래스를 활용하는 것이 좋다.

3장, '머신러닝 해석의 과제'에서 이런 모델 중 일부를 다뤘는데, 이들은 페널티 기반 정규화를 통합해 피처별 계수를 출력하는 몇 가지 모델 클래스다.

- **LASSO**^{Least Absolute Shrinkage and Selection Operator}: 손실함수에서 L1 페널티를 사용하기 때문에 LASSO는 계수를 0으로 설정할 수 있다.
- **LARS**^{Least-Angle RegreSsion}: LASSO와 유사하지만 벡터 기반이며 고차원 데이터에 더 적합하다. 또한 서로 동등하게 상관된 피처에 대해 더 공정하다.
- **릿지회귀**: 손실함수에서 L2 페널티를 사용하므로 상관성이 없는 계수를 0이 아닌 0에 가깝게 줄일 수 있다.
- **엘라스틱넷 회귀**: L1, L2 페널티를 모두 사용한다.
- **로지스틱 회귀**: solver에 따라 L1, L2, 또는 엘라스틱넷 페널티를 처리할 수 있다.

또한 LASSO-LARS와 같이 LARS 알고리듬을 사용하는 LASSO 적합, 또는 이와 동일하지만 모델에 따라 AIC 또는 BIC 기준을 사용하는 LASSO-LARS-IC 등과 같은 몇 가지 변형도 있다.

- **AIC**^{Akaike's Information Criteria}: 정보 이론에 기초한 상대적인 적합도 지수
- **BIC**^{Bayesian Information Criteria}: AIC와 공식이 비슷하지만 페널티 항이 다르다.

이제 `SelectFromModel`을 사용해 LASSO 모델에서 상위 피처를 추출할 것이다. 최적의 페널티 강도를 찾기 위해 자동으로 교차 검증을 할 수 있기 때문에 `LassoCV`를 사용할 것이다. 적합시킨 후 `get_support( )`를 사용해 피처 마스크를 얻을 수 있다. 그다음에 피처의 수와 피처 리스트를 출력한다.

```
lasso_selection = SelectFromModel(LassoCV(n_jobs=-1,\
                                          random_state=rand))
lasso_selection.fit(X_train, y_train)
lasso_cols =\
  X_train.columns[lasso_selection.get_support()].tolist()
print(len(lasso_cols))
print(lasso_cols)
```

앞의 코드는 다음을 출력한다.

```
7
['ODATEDW', 'TCODE', 'POP901', 'POP902', 'HV2', 'RAMNTALL',
 'MAXRDATE']
```

이제 LassoLarsCV를 사용해 동일하게 시도해보자.

```
llars_selection = SelectFromModel(LassoLarsCV(n_jobs=-1))
llars_selection.fit(X_train, y_train)
llars_cols =\
  X_train.columns[llars_selection.get_support()].tolist()
print(len(llars_cols))
print(llars_cols)
```

앞의 코드는 다음 출력을 생성한다.

```
8
['RECPGVG', 'MDMAUD', 'HVP3', 'RAMNTALL', 'LASTGIFT',
 'AVGGIFT', 'MDMAUD_A', 'DOMAIN_SOCIALCLS']
```

Lasso는 7개를 제외한 모든 피처의 계수를 0으로 축소했고 LASSO-LARS는 8개를 제외한 피처에 대해 동일한 작업을 수행했다. 그런데 두 리스트 사이에 겹치는 부분이 없다는 것에 유의하라. 이제 AIC 모델 선택을 LASSO−LARS에 통합한 `LassoLarsIC`를 사용한다.

```
llarsic_selection = \
  SelectFromModel(LassoLarsIC(criterion='aic'))
llarsic_selection.fit(X_train, y_train)
llarsic_cols =\
  X_train.columns[llarsic_selection.get_support()].tolist()
print(len(llarsic_cols))
print(llarsic_cols)
```

위의 코드는 다음을 출력한다.

```
111
['TCODE', 'STATE', 'MAILCODE', 'RECINHSE', 'RECP3', 'RECPGVG',
'RECSWEEP',..., 'DOMAIN_URBANICITY', 'DOMAIN_SOCIALCLS', 'ZIP_
LON']
```

동일한 알고리듬이지만 정규화 매개변수의 값을 선택하는 방법은 다르다. 덜 보수적인 접근 방식이 피처의 수를 111개로 확장한 것에 주목하라. 지금까지 사용한 모든 방법은 L1 노름^{norm}을 사용했다. 이제 L2, 더 구체적으로 L2 페널티 로지스틱 회귀를 사용해보자. 이전에 했던 작업과 동일하지만 이번에는 이진 분류(y_train_class)에 적합시킨다.

```
log_selection = SelectFromModel(LogisticRegression(C=0.0001,\
  solver='sag', penalty='l2', n_jobs=-1, random_state=rand))
log_selection.fit(X_train, y_train_class)
log_cols =\
  X_train.columns[log_selection.get_support()].tolist()
print(len(log_cols))
print(log_cols)
```

앞의 코드는 다음을 출력한다.

```
87
['ODATEDW', 'TCODE', 'STATE', 'POP901', 'POP902', 'POP903',
 'ETH1', 'ETH2', 'ETH5', 'CHIL1', 'HHN2',..., 'AMT_7', 'ZIP_
LON']
```

이제 테스트할 피처 하위 집합이 몇 개 있으므로 해당 이름을 리스트(fsnames)에 넣고 피처 하위 집합의 리스트를 다른 리스트(fscols)에 넣는다.

```
fsnames = ['e-lasso', 'e-llars', 'e-llarsic', 'e-logl2']
fscols = [lasso_cols, llars_cols, llarsic_cols, log_cols]
```

그다음에 모든 리스트의 이름에 대해 반복해서 이전과 같이 XGBRFRegressor 모델에 적합시킨 후 평가할 수 있으며, 이때 모든 반복에서 max_depth를 증가시킨다.

```
for i, fsname in tqdm(enumerate(fsnames), total=len(fsnames)):
  depth = i + 3
  cols = fscols[i]
  mdlname = 'rf_'+str(depth)+'_'+fsname
  stime = timeit.default_timer()
  reg_mdl = xgb.XGBRFRegressor(max_depth=depth,\
            n_estimators=200, seed=rand)
  fitted_mdl = reg_mdl.fit(X_train[cols], y_train)
  :
  :
  reg_mdls[mdlname]['num_feat'] =\
    sum(reg_mdls[mdlname]['fitted'].feature_importances_ > 0)
```

이제 임베디드 피처 선택 모델을 필터링 모델과 비교해 어떤지 살펴보자. 그림 10.6을 표시하기 위해 실행했던 코드를 다시 실행한다. 그러면 이번에는 그림 10.7과 같은 결과를 얻을 수 있다.

	depth	fs	rmse_train	rmse_test	max_profit_train	max_profit_test	max_roi	min_costs	speed	total_feat	num_feat
rf_11_all	11	all	3.99	4.69	19904.00	15141.86	0.76	14928.04	2.73	435	398
rf_10_all	10	all	4.05	4.68	18603.92	14987.06	0.78	14396.28	2.43	435	383
rf_12_all	12	all	3.94	4.69	21521.98	14932.84	0.77	14532.28	2.89	435	415
rf_11_f-corr	11	f-corr	3.98	4.67	19923.84	14894.94	0.77	14592.80	2.47	419	404
rf_9_all	9	all	4.10	4.68	17453.14	14777.74	0.80	13997.12	2.19	435	346
rf_5_e-llarsic	5	e-llarsic	4.28	4.45	15168.46	14768.37	0.56	20441.48	0.32	111	87
rf_8_all	8	all	4.14	4.67	16439.72	14563.04	0.73	15308.84	1.94	435	315
rf_5_f-mic	5	f-mic	4.31	4.57	14983.34	14481.39	0.62	18971.32	0.39	160	103
rf_6_h-rfe-lda	6	h-rfe-lda	4.25	4.48	15329.72	14351.74	0.71	15824.28	0.61	183	129
rf_6_e-logl2	6	e-logl2	4.28	4.60	15353.44	14199.90	0.67	16904.12	0.32	87	84
rf_7_all	7	all	4.18	4.66	15435.32	14187.62	0.66	17164.56	1.71	435	277
rf_6_all	6	all	4.23	4.65	14651.12	13845.27	0.59	19305.20	1.41	435	240
rf_5_all	5	all	4.27	4.64	14242.32	13752.13	0.59	19199.12	1.22	435	201
rf_4_e-llars	4	e-llars	4.36	4.45	14014.10	13633.19	0.52	22906.48	0.06	8	8
rf_6_h-rfe-rf	6	h-rfe-rf	4.40	4.78	13202.61	13347.15	0.41	28596.04	0.08	1	1
rf_4_all	4	all	4.32	4.64	13715.90	13261.88	0.53	22392.40	1.00	435	160
rf_3_e-lasso	3	e-lasso	4.46	4.49	14166.64	12930.30	0.51	22248.92	0.05	7	7

그림 10.7 기본 모델과 필터링 및 임베디드 피처 선택 모델에 대한 메트릭 비교

그림 10.7에 따르면 시도한 네 가지 임베디드 방법 중 세 가지가 테스트 RMSE가 가장 낮은 모델을 생성했다. 또한 모두 다른 모델보다 훨씬 빠르게 학습하고 복잡성이 동일한 다른 모델보다 수익이 높다. 그중 하나인 rf_5_ellarsic은 수익성이 매우 높다. 이것을 테스트 수익이 유사한 rf_9_all과 비교해 학습 데이터에 대한 성능이 어떻게 다른지 확인하라.

▌ 래퍼, 하이브리드, 고급 피처 선택 방법론 탐색

지금까지 살펴본 피처 선택 방법론은 모델 적합이나 더 단순한 화이트박스 모델 적합이 필요하지 않기 때문에 계산 비용이 저렴하다. 이 절에서는 사용 가능한 튜닝 옵션이 많이 있는 좀 더 철저한 다른 방법론을 살펴볼 것이다. 여기에 포함된 방법론의 범주는 다음과 같다.

- **래퍼**^{Wrapper}: 메트릭 향상을 측정하는 검색 전략을 사용한 ML 모델을 적합시켜서 최상의 피처 하위 집합을 철저하게 찾는다.
- **하이브리드**^{Hybrid}: 임베디드 및 필터링 방법론을 래퍼 방법론과 결합한 것이다.
- **고급**^{Advanced}: 앞에서 논의된 범주에 속하지 않는 방법론이다. 예를 들면 차원 축소, 모델 독립적 피처 중요도 그리고 GA가 있다.

이제 래퍼 방법부터 시작한다.

래퍼 방법론

피처 선택을 위한 래퍼 방법론의 개념은 상당히 단순한다. ML 모델에서 다양한 피처 하위 집합을 평가해 미리 결정된 목적함수에서 최고 점수를 달성하는 것을 선택하는 것이다. 여기서 달라지는 부분은 검색 전략이다.

- **순차 순방향 선택**SFS, Sequential Forward Selection: 이 접근 방식은 피처 없이 시작해 피처를 한 번에 하나씩 추가한다.
- **순차 순방향 유동적 선택**SFFS, Sequential Forward Floating Selection: 위와 동일한 방식을 모든 피처가 추가될 때까지 수행하며, 목적함수가 증가하는 한 하나를 제거할 수 있다.
- **순차 역방향 선택**SBS, Sequential Backward Selection: 이 프로세스는 존재하는 모든 피처로 시작해 한 번에 하나씩 피처를 제거한다.
- **순차 역방향 유동적 선택**SFBS, Sequential Floating Backward Selection: 위와 동일한 방식을 모든 피처가 제거될 때까지 수행하며, 목적함수가 증가하는 한 하나를 추가할 수 있다.
- **철저한 피처 선택**EFS, Exhaustive Feature Selection: 이 접근 방식은 가능한 한 모든 피처 조합에 대해 평가한다.
- **양방향 검색**BDS, BiDirectional Search: 이 방식은 순방향 및 역방향 피처 선택을 동시에 허용해 하나의 고유한 솔루션을 얻는다.

이 방식들은 문제를 조각내 하나씩 풀면서 즉각적인 이점을 바탕으로 조각을 선택하기 때문에 탐욕 알고리듬^{greedy algorithm}이다. 글로벌 최댓값에 도달할 수 있지만 로컬 최댓값을 찾는 데 더 적합한 접근 방식을 취한다. 피처의 수에 따라, 특히 조합이 증가하는 EFS와 같은 경우에는 계산 비용이 너무 많이 들어 실용적이지 않을 수 있다.

검색 시간을 단축하기 위해 다음 두 가지 작업을 수행한다.

1. 여러 방법으로 선택한 피처에 집합 연산을 적용해 선택 가능한 피처 공간이 작아지게 한 후 검색을 시작한다. 이를 위해 다양한 방법론을 통해 얻은 피처 리스트를 단일 top_cols 리스트로 결합한다.

```
top_cols =\
list(set(mic_cols).union(set(llarsic_cols)).\
                    union(set(log_cols)))
len(top_cols)
```

2. ML 모델의 속도를 높이기 위해 데이터셋으로부터 샘플링한다. 행 인덱스를 무작위로 선택하기 위해 np.random.choice를 사용할 수 있다.

```
sample_size = 0.1
sample_train_idx = np.random.choice(X_train.shape[0],\
  math.ceil(X_train.shape[0]*sample_size), replace=False)
sample_test_idx = np.random.choice(X_test.shape[0],\
  math.ceil(X_test.shape[0]*sample_size), replace=False)
```

소비되는 시간을 고려해 제시된 래퍼 방법 중에서 SFS와 SBS만 수행할 것이다. 하지만 더 작은 데이터셋을 사용해 mlextend 라이브러리가 지원하는 다른 옵션을 시도할 수도 있다.

순차 순방향 선택(SFS)

래퍼의 첫 번째 인수는 아직 적합되지 않은 추정기 즉, 모델이다. SequentialFeatureSelector에 LinearDiscriminantAnalysis 모델을 배치한다. 다른 인수로는 방향(forward=true), 유동성 여부(floating=False), 선택할 피처의 수(k_features=27), 교차 검증의 수(cv=3), 손실 함수(scoring=f1) 등이 포함된다. 옵션이지만 사용이 권장되는 몇 가지 인수는 세부 정보 표시(verbose=2)와 병렬로 실행할 작업 수(n_jobs=-1)다. 시간이 많이 걸릴 수 있기 때문에 무언가 출력하고 가능한 한 많은 프로세서를 사용하는 것이 좋다.

```python
sfs_lda = SequentialFeatureSelector(\
    LinearDiscriminantAnalysis(n_components=1),
    forward=True, floating=False,
    k_features=27, cv=3,\
    scoring='f1', verbose=2, n_jobs=-1)
sfs_lda =\
    sfs_lda.fit(X_train.iloc[sample_train_idx][top_cols],\
            y_train_class[sample_train_idx])
sfs_lda_cols =\
    X_train.columns[list(sfs_lda.k_feature_idx_)].tolist()
```

SFS를 적합시킨 후 k_feature_idx_를 통해 선택된 피처의 인덱스를 반환하고, 이를 사용해 칼럼의 하위 집합을 만들어 피처 이름 리스트를 얻을 수 있다.

순차 역방향 선택(SBS)

SBS의 경우에는 데이터셋의 하위 샘플에 대해 극도로 무작위화된 의사 결정 트리를 학습시켜 과적합을 제어하는 ExtraTreesRegressor를 사용할 것이다. 이것의 야성적인 특성으로 인해 LDA 같은 모델에서는 찾을 수 없는 피처 하위 집합을 찾을 수 있다.

```
sbs_et = SequentialFeatureSelector(\
  ExtraTreesRegressor(max_depth=3, random_state=rand),\
  floating=False, k_features=135,\
  forward=False, cv=2,\
  scoring='neg_root_mean_squared_error',\
  verbose=2,\
  n_jobs=-1)
sbs_et =\
  sbs_et.fit(X_train.iloc[sample_train_idx][top_cols],\
             y_train[sample_train_idx])
sbs_et_cols =\
  X_train.columns[list(sbs_et.k_feature_idx_)].tolist()
```

SBS가 적합되면 이전과 동일하게 선택된 피처를 저장한다.

일반적으로 래퍼 방법론은 필터링 기반 방법론이 할 수 없는 중요한 피처 상호 작용을 감지하기 때문에 과적합을 줄이고 예측 성능을 높이는 피처 하위 집합을 찾는 데 매우 효과적이다. 주요 제약 사항은 이 유스 케이스의 경우 실행 가능하도록 학습 데이터를 샘플링해야 한다는 것이다.

하이브리드 방법

435개의 피처로 시작했을 때 27개 피처의 조합인 하위 집합만 1,042개 이상이 존재한다. 따라서 EFS가 그렇게 큰 피처 공간에서 얼마나 비실용적인지 알 수 있을 것이다. 따라서 전체 데이터셋에 대한 EFS를 제외하고 래퍼 방법론은 항상 피처를 선택하기 위해 몇 가지 지름길을 사용한다. 순방향, 역방향, 또는 둘 다에 상관없이 모든 단일 피처 조합을 평가하지 않으면 최고의 피처 조합을 쉽게 놓칠 수 있다.

필터링 및 임베디드 방법론의 효율성과 함께 래퍼 방법론의 엄격하고 철저한 접근 방식을 활용할 수 있다. 그 결과 **하이브리드 방법론**이 탄생했다. 예를 들어 필터링 또는 임베디드 방법론을 사용해 상위 10개 피처만 추출한 후 해당 피처에 대해서만 EFS 또는 SBS를 수행할 수 있다.

재귀적 피처 제거

더 일반적인 접근 방식은 SBS와 같은 것이지만 메트릭 개선을 기준으로만 피처를 제거하는 것이 아니라 모델의 고유 매개변수를 사용해 피처의 순위를 지정한 후 가장 낮은 순위의 피처만 제거하는 것이다. 이 접근 방식이 재귀적 피처 제거[RFE, Recursive Feature Elimination]이며 임베디드 방식과 래퍼 방식의 하이브리드다. 제거할 피처를 알 수 있는 방법이기 때문에 feature_importances_ 또는 계수(coef_) 속성이 있는 모델만 사용할 수 있다. 이런 속성을 가진 사이킷런의 모델 클래스는 linear_model, tree, ensemble 등으로 분류된다. 또한 XGBoost, LightGBM, CatBoost의 사이킷런 호환 버전도 feature_importances_를 갖고 있다.

여기서는 더 신뢰성이 있기 때문에 교차 검증 버전의 RFE를 사용할 것이다. RFECV는 먼저 추정기를 취한다(LinearDiscriminantAnalysis). 그다음에 매 반복마다 제거할 피처의 수인 step, 교차 검증의 수(cv), 평가에 사용할 메트릭(scoring)을 설정한다. 마지막으로 세부 정보 표시(verbose=2)를 설정하고 가능한 한 많은 프로세서를 활용하는 것(n_jobs=-1)이 좋다. 속도를 높이기 위해 다시 학습에 샘플을 사용하고 267개 피처가 있는 top_cols로 시작한다.

```
rfe_lda = RFECV(LinearDiscriminantAnalysis(n_components=1),\
                step=2, cv=3, scoring='f1',\
                verbose=2, n_jobs=-1)
rfe_lda.fit(X_train.iloc[sample_train_idx][top_cols],
            y_train_class[sample_train_idx])
rfe_lda_cols =\
  np.array(top_cols)[rfe_lda.support_].tolist()
```

다음으로 RandomForestRegressor를 시도할 수 있으며, 이번에는 step을 0.05로 더 크게 설정해 매 반복마다 모든 피처의 5%를 제거한다.[1]

```
rfe_rf = RFECV(RandomForestRegressor(random_state=rand,\
                                     max_depth=4),\
              step=0.05, cv=3, verbose=2, n_jobs=-1,\
              scoring='neg_root_mean_squared_error')
rfe_rf.fit(X_train.iloc[sample_train_idx][top_cols],
           y_train[sample_train_idx])
rfe_rf_cols = np.array(top_cols)[rfe_rf.support_].tolist()
```

다음에는 필터링, 임베디드, 래퍼 등의 세 가지 주요 피처 선택 방법론의 범주와 전혀 다른 방법론을 살펴볼 것이다.

고급 피처 선택 방법론

고급 피처 선택 방법론에는 다음 범주를 포함해 더 많은 방법론이 있다.

- **차원 축소**: 주성분 분석PCA과 같은 일부 차원 축소 방법은 피처에 의해 설명되는 분산을 반환할 수 있다. 요인 분석 등의 다른 경우에는 다른 출력으로부터 파생될 수 있다. 설명 가능한 분산은 피처의 순위를 정하는 데 사용될 수 있다.

- **모델 독립적 피처 중요도**: 4장, '피처 중요도와 피처 영향력' 및 5장, '글로벌 모델 독립적 해석 방법론'에서 다룬 모든 피처 중요도 방법론은 모델로부터 상위 피처를 얻을 수 있다.

- **GA**: 이것은 많은 피처 하위 집합에 대해 예측 성능을 평가하는 모델을 "래핑"한다는 의미에서 래퍼 방법론이다. 그러나 앞에서 살펴본 래퍼 방법들과 달리 탐욕스럽지 않으며 커다란 피처 공간에서 작업하는 데 최적화돼 있다. 이것은 생

---

1 사이킷런의 RFECV 인수 중 step 값은 1보다 큰 정수일 경우에는 개수를, 0.0~1.0 사이인 경우에는 퍼센트를 의미한다. - 옮긴이

물학, 특히 자연 선택에서 영감을 받았기 때문에 유전 알고리듬^{genetic algorithm}이라
고 부른다.

- **오토인코더**: 이 부분에 대해서는 자세히 다루지 않겠지만 피처 선택에 오토인코더
를 사용한 딥러닝을 활용할 수 있다.

구현 방법을 이해할 수 있도록 이 절에서는 처음 세 가지를 간략하게 다룰 것이다.

차원 축소

3장, '머신러닝 해석의 과제'에서 PCA를 다뤘으며, 설명된 분산을 추출하지 않고 실제로
차원을 줄이는 데 사용했다. 다음 코드에서 볼 수 있듯이 주성분의 수(n_components)를 피
처의 수로 유지하고 **특이값 분해**^{SVD}를 통해 분산을 분해하는 능력을 활용한다.

```
pca = PCA(n_components=X_train.shape[1])
fitted_pca = pca.fit(X_train)
pca_evrs = pd.DataFrame({'col':X_train.columns,\
  'evr':fitted_pca.explained_variance_ratio_}).\
  sort_values(by='evr', ascending=False)
pca_cols = pca_evrs.head(150).col.tolist()
```

위의 코드에서 알 수 있듯이 비지도학습이기 때문에 레이블이 필요하지 않다는 점을 제외
하면 다른 모델처럼 PCA를 적합시킬 수 있다. 그다음에 explained_variance_ratio_로
설명된 분산 비율^{EVR, Explained Variance Ratio}을 추출하고, 이 EVR 기준으로 정렬한다. 마지막
으로 상위 150개 피처를 선택해 리스트(pca_cols)에 저장한다.

모델 독립적인 피처 중요도

이 책 전체에서 사용된 인기 있는 모델 독립적 피처 중요도 방법론은 SHAP이며 다른 방
법보다 더 신뢰할 수 있는 많은 특성을 갖고 있다. 다음 코드는 TreeExplainer를 사용해
최상의 모델을 선택하고 shap_values를 추출한다.

```
fitted_rf_mdl = reg_mdls['rf_11_all']['fitted']
shap_rf_explainer = shap.TreeExplainer(fitted_rf_mdl)
shap_rf_values =\
  shap_rf_explainer.shap_values(X_test_orig.\
  iloc[sample_test_idx])
shap_imps = pd.DataFrame({'col':X_train_orig.columns,\
  'imp':np.abs(shap_rf_values).mean(0)}).\
  sort_values(by='imp',ascending=False)
shap_cols = shap_imps.head(150).col.tolist()
```

그다음에 첫 번째 차원에서 SHAP 값의 절댓값을 평균화해 각 피처에 대한 순위를 매긴다. 이 값을 데이터프레임에 넣어 PCA에서 했던 것처럼 정렬한다. 마지막으로 상위 150개를 리스트(shap_cols)에 넣는다.

유전 알고리듬

GA는 자연 선택에서 영감을 얻은 확률적 글로벌 최적화 기법으로 래퍼 방법과 매우 유사하게 모델을 래핑한다. 그러나 이것은 단계적인 순서를 따르지 않는다. GA는 반복이 아니라 염색체 개체군을 포함하는 세대generation를 갖는다. 각 염색체는 피처 공간의 이진 표현이며 여기서 1은 피처 선택, 0은 선택하지 않음을 의미한다. 각 세대는 다음 작업을 통해 생성된다.

- **선택**selection: 자연 선택과 마찬가지로 부분적으로는 무작위(탐색)이고 부분적으로는 이미 효과가 있었던 것을 기반으로 한다(이용). 효과가 있었다는 것은 그것의 적합성이다. 적합성은 래퍼 방법과 매우 유사한 "채점자"에 의해 평가된다. 적합이 불량한 염색체는 제거되는 반면에 적합성이 좋은 염색체는 "교차"를 통해 재생산된다.

- **교차**crossover: 무작위로 각 부모의 좋은 비트bits 또는 피처의 일부가 자식에게 전달된다.

- **돌연변이**^{mutation}: 염색체가 효과적인 것으로 증명된 경우에도 낮은 비율로 돌연변이가 주어지며, 이는 때때로 염색체의 비트 또는 피처 중 하나를 돌연변이시키거나 뒤집는다.

여기서 사용할 파이썬 구현에는 많은 옵션이 있다. 여기서 모든 것을 설명하지는 않겠지만 관심이 있다면 코드에 문서화가 잘 돼 있다. 첫 번째 속성은 추정기다. 또한 교차 검증의 수(cv=3), 염색체 적합성을 결정하기 위한 점수 기준, 각 염색체에서 선택해야 하는 최대 피처 수(max_features)를 정의할 수 있다. 돌연변이될 비트에 대한 확률(mutation_independent_proba) 및 교차되는 비트에 대한 확률(crossover_independent_proba)과 같은 몇 가지 중요한 확률 속성도 있다. 각 세대에 대해서 n_gen_no_change는 세대가 개선되지 않을 경우 조기 중지를 위한 수단을 제공하며, n_generations는 기본값이 40으로 강제 중지 지점이다. 모든 모델과 마찬가지로 GeneticSelectionCV를 적합시킬 수 있다. 시간이 걸릴 수 있으므로 정보 표시 정도를 정의하고 모든 프로세스를 사용할 수 있도록 설정하는 것이 좋다. 완료되면 불리언 마스크(support_)를 사용해 피처의 하위 집합을 얻을 수 있다.

```python
ga_rf = GeneticSelectionCV(RandomForestRegressor(\
  random_state=rand, max_depth=3),\
  cv=3, scoring='neg_root_mean_squared_error',\
  max_features=90, crossover_independent_proba=0.5,\
  n_gen_no_change=5, mutation_independent_proba=0.05,\
  n_jobs=-1, verbose=2)
ga_rf = ga_rf.fit(X_train[top_cols], y_train)
ga_rf_cols = np.array(top_cols)[ga_rf.support_].tolist()
```

이제까지 다양한 래퍼, 하이브리드, 고급 피처 선택 방법론을 다뤘으므로 모두 한 번에 결과를 비교해보자.

모든 피처 선택 모델 평가

임베디드 방법론에서 수행한 것처럼 피처 하위 집합 이름(fsname), 피처 리스트(fscol), 각각의 깊이 리스트를 만들 수 있다.

```
fsnames = ['w-sfs-lda', 'w-sbs-et', 'h-rfe-lda','h-rfe-rf',\
           'a-pca', 'a-shap', 'a-ga-rf']
fscols = [sfs_lda_cols, sbs_et_cols, rfe_lda_cols,\
          rfe_rf_cols, pca_cols, shap_cols, ga_rf_cols]
depths = [5, 6, 6, 6, 6, 6, 5]
```

그다음에 모든 피처 하위 집합에 대해 반복해 XGBRFRegessor를 학습시키고 평가 결과를 모델 딕셔너리(reg_mdls)에 저장할 수 있다.

```
for i, fsname in tqdm(enumerate(fsnames), total=len(fsnames)):
    depth = depths[i]
    cols = fscols[i]
    mdlname = 'rf_'+str(depth)+'_'+fsname
    stime = timeit.default_timer()
    reg_mdl = xgb.XGBRFRegressor(max_depth=depth,\
        n_estimators=200, seed=rand)
    fitted_mdl = reg_mdl.fit(X_train[cols], y_train)
    etime = timeit.default_timer()
    reg_mdls[mdlname] =\
        mldatasets.evaluate_reg_mdl(fitted_mdl,\
            X_train[cols], X_test[cols], \
            y_train,\
            y_test, plot_regplot=False,\
            show_summary=False, ret_eval_dict=True)
    :
    :
```

```
reg_mdls[mdlname]['num_feat'] =\
    sum(reg_mdls[mdlname]['fitted'].feature_importances_ > 0)
```

10장 전체에서 수행한 것처럼 `reg_mlds`를 데이터프레임(`reg_metrics_df`)으로 변환할 수 있으며, 이번에는 최대 깊이가 7 미만인 모델만 포함하도록 필터링한다(`reg_metrics_df = reg_metrics_df[reg_metrics_df.depth < 7]`). 그다음에 데이터프레임을 출력한다. 결과는 그림 10.8과 같다.

	depth	fs	rmse_train	rmse_test	max_profit_train	max_profit_test	max_roi	min_costs	speed	total_feat	num_feat
rf_5_e-llarsic	5	e-llarsic	4.28	4.45	15168.46	14768.37	0.56	20441.48	0.32	111	87
rf_5_f-mic	5	f-mic	4.31	4.57	14983.34	14481.39	0.62	18971.32	0.39	160	103
rf_6_h-rfe-lda	6	h-rfe-lda	4.25	4.48	15329.72	14351.74	0.71	15824.28	0.61	183	129
rf_6_a-shap	6	a-shap	4.23	4.52	15263.60	14282.20	0.61	18767.32	0.50	150	135
rf_5_a-ga-rf	5	a-ga-rf	4.39	4.45	14274.52	14220.53	0.69	13237.56	0.07	63	63
rf_6_e-logl2	6	e-logl2	4.28	4.60	15353.44	14199.90	0.67	16904.12	0.32	87	84
rf_6_all	6	all	4.23	4.65	14651.12	13845.27	0.59	19305.20	1.41	435	240
rf_5_w-sfs-lda	5	w-sfs-lda	4.43	4.63	14377.13	13801.55	0.51	22508.95	0.11	27	27
rf_5_all	5	all	4.27	4.64	14242.32	13752.13	0.59	19199.12	1.22	435	201
rf_4_e-llars	4	e-llars	4.36	4.45	14014.10	13633.19	0.52	22906.48	0.06	8	8
rf_6_a-pca	6	a-pca	4.30	4.46	14353.54	13351.57	0.47	23901.32	0.54	150	126
rf_6_h-rfe-rf	6	h-rfe-rf	4.40	4.78	13202.61	13347.15	0.41	28596.04	0.08	1	1
rf_4_all	4	all	4.32	4.64	13715.90	13261.88	0.53	22392.40	1.00	435	160
rf_6_w-sbs-et	6	w-sbs-et	4.34	4.53	14222.49	13119.17	0.71	14711.66	0.45	135	123
rf_3_e-lasso	3	e-lasso	4.46	4.49	14166.64	12930.30	0.51	22248.92	0.05	7	7

그림 10.8 모든 피처 선택 모델에 대한 메트릭 비교

그림 10.8은 동일한 깊이에 대해 비교하면 피처 선택 모델이 모든 피처를 포함하는 모델보다 수익성이 더 높다는 사실을 보여준다. 또한 AIC를 사용한 임베디드 Lasso-LARS(e-llarsic) 방법과 MIC 필터 방법(f-mic)은 모든 래퍼, 하이브리드, 고급 방법론을 능가한다. 하지만 프로세스 속도를 높이기 위해 학습 데이터셋의 샘플을 사용했기 때문에 이런 방법들에 손해를 줬다. 그렇지 않았다면 이 방법들이 상위 모델을 능가했을 수도 있다. 어쨌든 다음 네 가지 피처 선택 방법론은 꽤 경쟁력이 있다.

- LDA를 사용한 RFE: 하이브리드 방법론(h-rfe-lda)

- SHAP: 고급 방법론(a-shap)

- RF를 사용한 GA: 고급 방법론(a-ga-rf)

- L2 정규화를 사용한 임베디드 로지스틱 회귀: 임베디드 방법론(e-logl2)

이 책에서 살펴본 많은 다양한 방법론을 여러 날에 걸쳐 실행해보는 것이 도움이 될 수 있다. 예를 들어 L1 정규화 로지스틱 회귀를 통한 RFE 또는 서포트 벡터 머신^{SVM}을 통한 돌연변이가 있는 GA가 최상의 모델을 산출할 수 있다. 그 외에도 다양한 가능성이 있다. 그럼에도 그림 10.8을 기반으로 선택해야 한다면, 단순히 수익만 따질 경우 111개의 피처를 갖춘 e-llarsic이 최선이지만 이것은 다른 상위 모델들보다 최소 비용이 높고 최대 ROI가 낮다. 절충을 한다면 이 모델과 동일하게 가장 낮은 테스트 RMSE를 갖는 63개 피처가 있는 GA RF 모델(a-ga-rf)은 최대 ROI 및 최소 비용에서 이 모델을 능가한다. 따라서 이것이 합리적인 선택이 될 수 있다. 그러나 최종 결정을 내리기 전에 여러 임곗값에 걸쳐 수익성을 나란히 비교해 각 모델이 가장 신뢰할 수 있는 예측을 할 수 있는 시점과 그때의 비용, ROI를 평가해야 한다.

▌피처 엔지니어링 고려

비영리단체는 AIC를 사용한 Lasso-LARS를 통해 피처를 선택한 모델(e-llarsic)을 사용하기로 정했지만 더 개선할 수 있는지 여부를 평가하려고 한다. 이제 예측 성능을 약간만 향상시킬 뿐 대부분이 잡음인 300개 이상의 피처를 제거했으므로 상관성이 높은 피처만 남았다. 그러나 GA(a-ga-rf)에 의해 선택한 63개의 피처가 111개의 피처와 동일한 RMSE를 생성했다는 것도 알고 있다. 즉, 이 추가 피처들은 수익성을 향상시키지만 RMSE는 향상시키지는 못했다.

피처 선택의 관점에서 이 문제에 접근하기 위해 많은 작업을 수행할 수 있다. 예를 들어 e-llarsic과 a-ga-rf 사이에서 서로 동일하거나 다른 피처가 무엇인지 조사하고 해당 피처에 대해 엄격하게 피처 선택 과정을 수행해 수익성을 유지하거나 개선하는 동안 RMSE 가 어떤 피처 조합에 의존하는지 확인할 수 있다. 그러나 피처 엔지니어링이라는 또 다 른 가능성도 있다. 이 단계에서 피처 엔지니어링을 수행해야 하는 몇 가지 중요한 이유 가 있다.

- **더 쉬운 모델 해석 및 이해**: 예를 들어 피처에 직관적이지 않은 척도가 있거나, 척도 는 직관적이지만 분포가 이해하기 어려운 경우가 있다. 이런 피처에 대한 변환이 모델 성능을 악화시키지 않는 한 해석 방법론의 출력을 더 잘 이해하기 위해 피처 를 변환하는 것은 가치가 있다. 엔지니어링된 더 많은 피처에 대해 모델을 학습시 키면 무엇이 효과가 있고 왜 효과가 있는지 알게 된다. 이것은 모델과 그보다 더 중요한 데이터를 이해하는 데 도움이 된다.
- **개별 피처에 가드레일 배치**: 때때로 피처의 분포가 고르지 않고 모델이 피처 히스 토그램의 희소 영역이나 영향력 있는 이상치가 존재하는 곳에 과적합되는 경향 이 있다.
- **직관적이지 않은 상호 작용 제거**: 모델에서 발견한 일부 상호 작용은 의미가 없으며 피처들이 상관관계가 있기 때문에 존재할 뿐 항상 타당한 것은 아니다. 이들은 혼 란을 일으키는 변수일 수도 있고, 어쩌면 5장, '글로벌 모델 독립적 해석 방법론' 에서 찾은 것처럼 반복적인 변수일 수도 있다. 상호 작용 피처를 엔지니어링하거 나 반복적인 피처를 제거하기로 결정할 수 있다.

마지막 두 가지 이유와 관련해서는 피처 엔지니어링 전략을 12장, '해석 가능성을 위한 단 조성 제약조건과 모델 튜닝'에서 더 자세히 살펴볼 것이다. 이 절에서는 첫 번째 이유에 초 점을 맞출 것이다. 특히 데이터 변환을 수행할 수 있을 만큼 충분히 파악할 때까지 데이터 를 깊이 이해할 수 있기 때문에 시작하기에 좋은 곳이다.

현재 111개의 피처가 남았지만 목표변수와 또는 서로 간에 어떻게 상관돼 있는지 전혀 모 른다. 가장 먼저 해야 할 일은 피처 중요도 방법론을 실행하는 것이다. e-llarsic 모델에 SHAP의 TreeExplainer를 사용할 수 있다. TreeExplainer의 장점은 (N, 111)차원의 배열을 출력하는 대신 SHAP 상호 작용 값인 shap_interaction_values를 계산해 (N, 111)의 배열을 출력할 수 있다는 것이다. 여기서 N은 shap_values와 같은 관측치 개수다. 개별 피처와 상호 작용의 순위를 매기는 summary_plot 그래프를 생성할 수 있다. 상호 작용 값에 대한 코드와 유일한 차이점은 plot_type="compact_dot"를 사용한다는 것이다.

```python
fitted_rf_mdl = reg_mdls['rf_5_e-llarsic']['fitted']
shap_rf_explainer = shap.TreeExplainer(fitted_rf_mdl)
shap_rf_interact_values = shap_rf_explainer.\
    shap_interaction_values(X_test.\
    iloc[sample_test_idx][llarsic_cols])
shap.summary_plot(shap_rf_interact_values,\
    X_test.iloc[sample_test_idx][llarsic_cols],
    plot_type="compact_dot", sort=True)
```

앞의 코드는 그림 10.9와 같은 SHAP 상호 작용 요약 플롯을 출력한다.

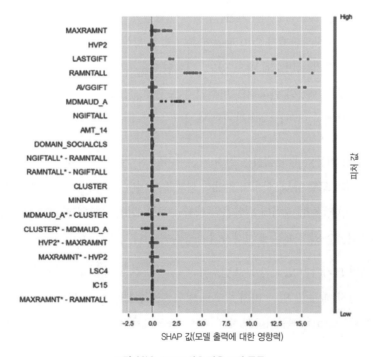

그림 10.9 SHAP 상호 작용 요약 플롯

590

그림 10.9는 처음에는 하나의 피처를 사용할 때, 그다음에는 다른 피처와 쌍으로 된 이변량 상호 작용이 포함된다는 점을 제외하고는 일반적인 요약 플롯과 마찬가지로 읽을 수 있다. 예를 들어 MDMAUD_A* – CLUSTER는 MDMAUD_A 관점에서의 상호 작용 SHAP 값이므로 피처 값은 해당 피처의 값이지만 SHAP 값은 상호 작용에 대한 값이다. 또 다른 흥미로운 발견은 대부분의 피처는 높은 피처 값이 높은 SHAP 값과 매칭되는데, MDMAUD_A와 CLUSTER는 예외적으로 그렇지 않다는 것이다.

이 책 전체에서 테이블 형태의 데이터가 있는 장은 데이터 딕셔너리로 시작했었다. 그러나 10장은 처음부터 435개의 피처가 있었다는 점을 고려해 그러지 않았다. 이제는 가장 중요한 피처가 무엇인지 파악했으니 데이터 딕셔너리를 보는 것이 좋겠다. 전체 데이터 딕셔너리는 다음 링크(https://kdd.ics.uci.edu/databases/kddcup98/epsilon_mirror/cup98dic.txt)에서 찾을 수 있지만, 이미 범주형 인코딩으로 인해 일부 피처가 이미 변경됐으므로 여기에서 데이터에 대해 자세히 설명한다.

- MAXRAMNT: 연속형. 현재까지 가장 큰 기부 금액
- HVP2: 이산형. 기부자 거주지 근처에 값이 150,000달러 이상인 주택의 비율. 0~100
- LASTGIFT: 연속형. 가장 최근의 기부 금액
- RAMNTALL: 연속형. 현재까지 평생 동안 기부한 금액
- AVGGIFT: 연속형. 현재까지 기부한 금액의 평균
- MDMAUD_A: 서수형. 기부 기록 중 한 번이라도 100달러 이상 기부한 기부자에 대한 기부 금액 코드. 0~3 사이의 값. 100달러를 넘은 적이 없는 경우 −1. 주요 고객 매트릭스 코드인 RFA(최근/빈도/금액)에서 세 번째 바이트인 기부 금액 기준. 범주는 다음과 같다.

  0: 100달러 미만(낮음)

  1: 100~499달러(핵심)

  2: 500~999달러(중요)

3: 1,000달러 이상(대박)

- **NGIFTALL**: 이산형. 현재까지 평생 기부한 횟수
- **AMT_14**: 서수형. 2년 전 14번째 프로모션의 RFA 코드 중 기부 금액. 이것은 마지막으로 기부받은 금액이다.

  0: 0.01~1.99달러

  1: 2.00~2.99달러

  2: 3.00~4.99달러

  3: 5.00~9.99달러

  4: 10.00~14.99달러

  5: 15.00~24.99달러

  6: 25.00달러 이상

- **DOMAIN_SOCIALCLS**: 명목형. 이웃들의 사회 경제적 지위SES, Socio-Economic Status. 이것은 DOMAIN_URBANICITY(0: 도시, 1: 대도시, 2: 교외, 3: 타운, 4: 지방)와 연계돼 있다.

  1: 최고 SES

  2: 평균 SES, 단 도시 커뮤니티에서 평균 이상은 제외

  3: 최저 SES, 단 도시 커뮤니티에서 평균 이하는 제외

  4: 최저 SES, 도시 커뮤니티만 해당

- **CLUSTER**: 명목형. 기부자가 속한 그룹을 나타내는 코드
- **MINRAMNT**: 연속형. 현재까지 가장 작은 기부 금액
- **LSC2**: 이산형. 기부자의 이웃 중 스페인어를 사용하는 가족의 비율. 0~100 사이의 값
- **IC15**: 이산형. 기부자의 이웃 중 소득이 15,000달러 미만인 가족의 비율. 0~100 사이의 값

다음과 같은 통찰력은 앞의 딕셔너리 및 그림 10.9에 의해 정제될 수 있다.

- **우세한 기부 금액**: 상위 피처에는 총액, 최소, 최대, 평균, 마지막 금액 등 기부 금액과 관련된 피처가 7개 있다. 기부 횟수(NGIFTALL)를 포함하면 기부와 관련된 피처는 8개이며 완전한 이해를 돕는다. 이것이 왜 중요한가? 이 피처들은 서로 높은 상관관계를 갖고 있으며 모델을 개선하는 방법에 대한 열쇠를 쥐고 있기 때문이다. 아마도 이런 관계를 훨씬 더 잘 드러낼 수 있는 다른 피처를 만들 수 있을 것이다.

- **연속형 기부 금액 피처의 값이 높으면 SHAP 값도 높다**: plt.boxplot(X_test.MAXRAMNT)와 같이 이런 피처들의 플롯을 그리면 이 피처들이 오른쪽으로 치우쳐 있는 것을 알 수 있다. 이처럼 빈bin으로 나눠 "이산화"하거나 또는 plt.boxplot(np.log(X_test.MAXRAMNT))처럼 로그 등의 다른 척도를 사용하는 것은 이런 피처들을 해석하는 데 도움이 될 뿐만 아니라 기부의 가능성이 극적으로 증가하는 주머니를 찾는 데도 도움이 될 수 있다.

- **14번째 프로모션과의 관계**: 2년 전 해당 프로모션이 데이터셋 레이블에 표시된 성과를 얻을 때 무슨 일이 있었는가? 프로모션 홍보물이 비슷한가? 2년마다 발생하는 주기적 요인이 있을까? 이 현상을 더 잘 식별하기 위한 피처를 설계할 수 있다.

- **일관성 없는 분류**: DOMAIN_SOCIALCLS는 DOMAIN_URBANICITY 값에 따라 다른 범주를 갖는다. 비도시권 기부자는 3개의 범주만 사용하는데 척도를 5개 범주(최고, 평균 이상, 평균, 평균 이하, 최저)를 모두 사용해 일관성을 유지할 수 있다. 이렇게 하면 해석이 더 쉬우며 모델의 성능에 부정적인 영향을 미칠 가능성도 거의 없다.

SHAP 상호 작용 요약 플롯은 피처 및 상호 작용의 순위와 이들 간의 몇 가지 공통점을 식별하는 데 유용하다. 그러나 상호 작용에 대해 더 깊이 파고들려면 먼저 상호 작용의 영향력을 정량화해야 한다. 이를 위해 SHAP 값의 절대 평균(shap_rf_interact_avgs) 기준으로 상위 상호 작용만 포함하는 히트맵을 생성한다. 그다음에 모든 대각선 값을 0으로 설정해야 한다(shap_rf_interact_avgs_nodiag). 대각선 값은 상호 작용이 아니라 피처의 SHAP

값이고, 이것이 없어야 상호 작용을 더 쉽게 관찰할 수 있기 때문이다. 이 행렬을 데이터 프레임에 배치할 수 있지만 111개의 열과 111개의 행으로 구성되기 때문에 상호 작용이 가장 많은 피처들을 필터링하기 위해 이들을 합산하고 scipy의 rankdata로 순위를 매긴 다. 그다음에 이 순위를 사용해 가장 상호 작용이 큰 12가지 피처(most_interact_cols)를 식별하고 이를 데이터프레임으로 생성한다. 마지막으로 이 데이터프레임을 히트맵으로 출력한다.

```python
shap_rf_interact_avgs =\
  np.abs(shap_rf_interact_values).mean(0)
shap_rf_interact_avgs_nodiag = shap_rf_interact_avgs.copy()
np.fill_diagonal(shap_rf_interact_avgs_nodiag, 0)
shap_rf_interact_df =\
  pd.DataFrame(shap_rf_interact_avgs_nodiag)
shap_rf_interact_df.columns = X_test[llarsic_cols].columns
shap_rf_interact_df.index = X_test[llarsic_cols].columns
shap_rf_interact_ranks = 112 -\
  rankdata(np.sum(shap_rf_interact_avgs_nodiag, axis=0))
most_interact_cols =\
  shap_rf_interact_df.columns[shap_rf_interact_ranks < 13]
shap_rf_interact_df =\
  shap_rf_interact_df.loc[most_interact_cols,
                          most_interact_cols]
sns.heatmap(shap_rf_interact_df, cmap='Blues', annot=True,\
  annot_kws={'size':10}, fmt='.3f',\
  linewidths=.5)
```

앞의 코드는 그림 10.10을 출력한다. SHAP 상호 작용 절대 평균에 따라 가장 두드러진 피처 상호 작용을 나타낸다. 이것은 평균이므로 이런 피처들의 대부분이 오른쪽으로 치우친 것을 고려할 때 많은 관측치에서 훨씬 더 높을 수 있다. 그러나 여전히 상대적인 영향력을 잘 보여준다.

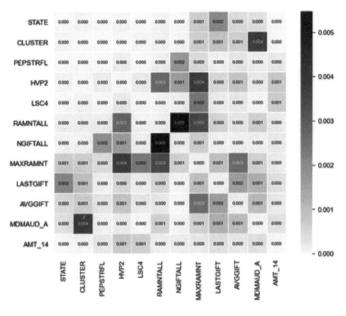

그림 10.10 SHAP 상호 작용 히트맵

피처 상호 작용을 하나씩 이해할 수 있는 한 가지 방법은 SHAP의 `dependency_plot`을 사용하는 것이다. 예를 들어 최상위 피처인 MAXRAMNT와 RAMNTALL, LSC4, HVP2, AVGGIFT 피처들과의 상호 작용을 플롯을 생성할 수 있다. 하지만 먼저 `shap_values`를 계산해야 한다. 이를 위해서는 앞서 언급한 몇 가지 문제를 해결해야 한다. 다음과 관련이 있다.

- **두드러진 이상치**: 피처 및 SHAP 값에 대해 백분위수를 사용해 `plt.xlim` 및 `plt.ylim`으로 x축과 y축을 제한해 플롯에서 이상치를 잘라낼 수 있다. 여기서는 본질적으로 1번째 백분위수와 99번째 백분위수 사이를 확대한다.

- **기부 금액 피처의 편향된 분포**: 돈과 관련된 모든 피처는 오른쪽이 가늘게 된 것이 일반적이다. 백분위수를 사용해 피처를 여러 번으로 나누는 등의 단순화 방법은 여러 가지가 있지만 더 쉽게 이해할 수 있도록 하는 빠른 방법은 로그 척도를 사용

하는 것이다. matplotlib에서 plt.xscale('log')를 사용해 피처를 변환할 필요 없이 이 작업을 수행할 수 있다.

다음 코드는 위 두 가지 문제를 해결한다. xlim, ylim, 또는 xscale을 각각 주석으로 처리해 dependence_plot을 이해하는 데 있어 서로 간의 큰 차이를 확인할 수 있다.

```python
shap_rf_values =\
    shap_rf_explainer.shap_values(X_test.iloc[sample_test_idx]\
                                  [llarsic_cols])
maxramt_shap = shap_rf_values[:,llarsic_cols.index("MAXRAMNT")]
shap.dependence_plot("MAXRAMNT", shap_rf_values,\
    X_test.iloc[sample_test_idx][llarsic_cols],\
    interaction_index="AVGGIFT", show=False,
    alpha=0.1)
plt.xlim(xmin=np.percentile(X_test.MAXRAMNT, 1),\
         xmax=np.percentile(X_test.MAXRAMNT, 99))
plt.ylim(ymin=np.percentile(maxramt_shap, 1),\
         ymax=np.percentile(maxramt_shap, 99))
plt.xscale('log')
```

위의 코드는 그림 10.11을 생성한다. 이 플롯은 MAXRAMNT 값에 대해 10에서 100 사이의 어딘가에 모델 출력에 대한 평균적인 영향력이 커지기 시작하는 티핑 포인트가 있다는 것을 보여주며, 이는 높은 AVGGIFT 값과도 상관관계가 있다.

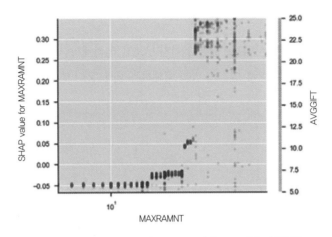

그림 10.11 MAXRAMNT와 AVGGIFT 간의 SHAP 상호 작용 플롯

그림 10.11에서 얻을 수 있는 교훈은 이런 특정 피처의 값과 기부 가능성을 높이는 다른 두 값에 의해 군집이 형성된다는 것이다. 피처 엔지니어링 관점에서 비지도학습 방법을 사용해 서로 상관된 것으로 식별된 몇 가지 피처를 기반으로 특수한 군집 피처를 생성할 수 있다. 또는 군집을 가장 잘 식별하는 방법을 파악하기 위해 다른 플롯들과 비교하는 좀 더 수동적인 경로를 취할 수도 있다. 이 프로세스에서 이진 피처를 도출하거나 상호 작용 또는 소속된 군집을 명확하게 나타내는 피처 간의 비율을 도출할 수도 있다.

여기서의 아이디어는 모델이 이미 잘 하고 있는 것을 다시 발명하는 것이 아니라 무엇보다 먼저 직접적인 모델 해석을 목표로 하는 것이다. 피처를 더 잘 이해하면 모델도 더 잘 이해할 수 있기 때문에 피처를 정리해 예측 성능에 긍정적인 영향을 미치기를 바란다. 이는 거친 이미지를 부드럽게 하는 것과 같다. 이는 당신과 모델을 덜 혼란스럽게 할 수 있다. 자세한 내용은 13장, '적대적 견고성'을 참조하라. 그러나 모델을 통해 데이터를 더 잘 이해하는 것은 또 다른 긍정적인 작용을 낳는다.

사실 이 교훈은 피처 엔지니어링이나 모델링에서 끝나지 않고 프로모션에 직접 적용될 수 있다. 식별된 티핑 포인트가 기부를 장려하는 데 사용될 수 있다면 어떨까? 아마도 X 달러 이상 기부하면 머그컵을 무료로 얻거나 또는 X달러를 정기 기부 설정하면 "실버" 후원자의 리스트에 들어가는 것 등이 있을 것이다.

이제 이 주제를 흥미로운 논점으로 끝낼 것이지만 모델 해석에서 피처 선택과 피처 엔지니어링에 대한 교훈을 적용할 수 있는 방법을 이해하는 데 도움이 됐길 바란다.

▌ 미션 완료

이 미션에 접근하기 위해 주로 피처 선택 도구를 사용해 과적합을 줄였다. 이 비영리단체는 테스트 데이터셋의 모든 사람에게 우편물을 보내는 데 드는 비용보다 30,000달러 적은 총 35,601달러의 비용으로 수익이 약 30% 증가한 것에 만족하고 있다. 그러나 그들은 여전히 손실을 겪을 걱정 없이 이 모델을 안전하게 사용할 수 있다는 확신을 원한다.

10장에서는 과적합으로 인해 수익성 곡선이 어긋난 경우를 살펴봤다. 이렇듯 학습 데이터를 기반으로 임곗값을 선택하는 것은 샘플이 아닌 데이터에 대해서는 신뢰할 수 없음을 의미하기 때문에 중요하다. 따라서 이전에 수행한 것처럼 compare_df_plots를 사용해 테스트셋과 학습셋 간의 수익성을 비교한다. 이번에는 선택한 모델(rf_5_e-llarsic)에 대해 다음과 같이 수행한다.

```
profits_test = reg_mdls['rf_5_e-llarsic']['profits_test']
profits_train = reg_mdls['rf_5_e-llarsic']['profits_train']
mldatasets.compare_df_plots(\
  profits_test[['costs', 'profit', 'roi']],\
  profits_train[['costs', 'profit', 'roi']],
  'Test', 'Train', x_label='Threshold', \
  y_formatter=y_formatter,\
  plot_args={'secondary_y':'roi'})
```

위의 코드는 그림 10.12를 생성한다. 이것을 비영리단체에 보여주고 테스트에서 달성할 수 있는 두 번째로 높은 수익이 0.68달러 지점에 있음을 증명할 수 있다. 이는 또한 예산

범위 내에 있으며 41%의 ROI를 달성한다. 더 중요한 것은 이 수치가 학습셋에 대한 수치와 그리 멀지 않다는 것이다. 또 다른 멋진 점은 수익 곡선이 절벽처럼 극적으로 떨어지는 것이 아니라 학습셋과 테스트셋 모두에서 천천히 내려간다는 것이다. 비영리단체가 임곗값을 높이기로 결정한다고 해도 여전히 수익성이 있을 것임을 확신할 수 있다. 무엇보다 비영리단체가 전체 메일링 리스트에서 목표 기부자를 추출하고, 그것이 재정적으로 실행 가능하려면 그들은 더 배타적이어야 한다. 전체 메일링 리스트에 대해 0.77달러의 임곗값을 사용한다고 가정해보자. 캠페인 비용은 약 46,000달러가 들지만 24,000달러 이상의 수익을 얻을 수 있다.

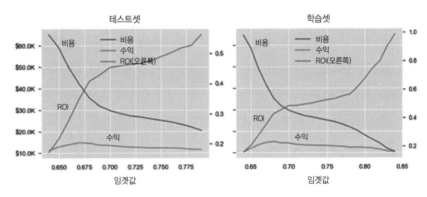

그림 10.12 AIC 피처를 이용한 Lasso-Lars 모델의 임곗값에 따른 테스트/학습 데이터셋에 대한 수익, 비용, ROI 비교

축하한다. 이 미션을 완수했다.

그러나 여기서 언급하지 않았다면 놓쳤을 중요한 사항이 하나 있다.

다음 캠페인을 염두에 두고 이 모델을 학습시켰지만 이 모델은 재학습 없이 향후의 마케팅 캠페인에 사용될 가능성이 높다. 그런데 이 모델을 재사용하면 문제가 발생한다. **피처 드리프트**feature drift 또는 **데이터 드리프트**data drift라는 개념은 시간이 지남에 따라 모델이 목표변수와 관련된 피처에 대해 학습한 내용이 더 이상 사실이 아니게 됨을 의미한다. 또한 **콘셉트 드리프트**concept drift는 대상 피처의 정의가 시간이 지남에 따라 변하는 것을 말한다. 이를테면 수익성 높은 기부자를 구성하는 요소는 변경될 수 있다. 두 가지 드리프트가 동시에 발생할 수 있으며 인간 행동과 관련된 문제라면 충분히 예상되는 일이다. 인간 행동은 계속 진화하는 문화, 습관, 태도, 기술, 패션 등에 의해 형성된다. 바로 다음 캠페인에 대해서는 모델을 신뢰할 수 있다고 보장할 수도 있지만 매 캠페인마다 모델 재학습을 위해 당신을 고용할 수는 없다는 것을 비영리단체에 경고해야 한다.

메일링 리스트 데이터베이스에서 드리프트를 모니터링하는 스크립트를 직접 만들라고 고객에게 제안할 수 있다. 모델이 사용하는 피처에서 중요한 변경 사항이 발견되면 모델과 사용사 모두에게 경고를 보낸다. 그러면 이 시점에서 모델을 자동으로 재학습시킬 수 있다. 하지만 만약 드리프트가 데이터 손상으로 인한 것이라면 문제를 해결할 수 없다. 그리고 자동 재학습을 실행하더라도 미리 정해진 성과 지표 기준을 충족하지 못한다면 배포할 수 없다. 어느 쪽이든 신뢰성을 보장할 수 있도록 예측 성능을 면밀히 주시해야 한다. 신뢰성은 책임성과 밀접한 관련이 있기 때문에 모델 해석 가능성에서 핵심적인 주제다. 이 책에서는 드리프트 감지를 다루지 않을 것이지만, 신뢰성과 관련해 11장, '편향 완화 및 인과관계 추론 방법론'에서는 신뢰성과 관련된 데이터 증강data augmentation 그리고 13장에서 적대적 견고성에 대해 설명할 것이다.

▌ 정리

10장에서는 상관성 없는 피처가 모델 결과에 미치는 영향과 이 문제를 해결하기 위한 도구인 피처 선택 방법론을 살펴봤다. 여기에는 가장 기본적인 필터링 기반 방법론으로부터 가장 발전된 방법론까지 다양하다. 마지막으로 해석 가능성을 위한 피처 엔지니어링을 다뤘다. 피처 엔지니어링을 통해 더 나은 성능을 제공하면서 더 해석 가능한 모델을 만들 수 있다. 이 주제는 12장, '해석 가능성을 위한 단조성 제약조건과 모델 튜닝'에서 더 자세히 다룰 예정이다. 11장에서는 편향 완화 및 인과 관계 추론 방법을 설명할 것이다.

▌데이터셋 소스

- Ling, C., & Li, C. (1998). Data Mining for Direct Marketing: Problems and Solutions. In Proceedings of the Fourth International Conference on Knowledge Discovery and Data Mining (KDD'98). AAAI Press, 73-79. https://dl.acm.org/doi/10.5555/3000292.3000304
- UCI Machine Learning Repository. (1998). KDD Cup 1998 Data Data Set. https://archive.ics.uci.edu/ml/datasets/KDD+Cup+1998+Data

▌더 읽을거리

- Ross, B.C. (2014). Mutual Information between Discrete and Continuous Data Sets. PLoS ONE, 9. https://journals.plos.org/plosone/article?id=10.1371/journal.pone.0087357
- P. Geurts, D. Ernst., & L. Wehenkel. (2006). Extremely randomized trees. Machine Learning, 63(1), 3-42. https://link.springer.com/article/10.1007/s10994-006-6226-1
- Abid, A., Balin, M.F., & Zou, J. (2019). Concrete Autoencoders for Differentiable Feature Selection and Reconstruction. ICML. https://arxiv.org/abs/1901.09346
- Tan, F., Fu, X., Zhang, Y., & Bourgeois, A.G. (2008). A genetic algorithm-based method for feature subset selection. Soft Computing, 12, 111-120. https://link.springer.com/article/10.1007/s00500-007-0193-8
- Manuel Calzolari. (2020, October 12). manuel-calzolari/sklearn-genetic: sklearn-genetic 0.3.0 (Version 0.3.0). Zenodo. http://doi.org/10.5281/zenodo.4081754

11

편향 완화 및 인과관계 추론 방법론

7장, '앵커와 반사실적 설명'에서는 공정성과 의사 결정 사이의 연관성을 조사했지만 사후 모델 해석 방법론에만 국한했다. 10장, '해석 가능성을 위한 피처 선택과 피처 엔지니어링'에서는 균형성 또는 공정성과 관련된 비용 민감성에 대해 설명했다. 11장에서는 데이터의 균형을 맞추고 공정성을 위해 모델을 조정하는 방법을 다룰 것이다.

신용카드 채무불이행 데이터셋을 사용해 클래스 균형을 시각화해 원치 않는 편향이 있는지 확인하는 방법을 살펴본 다음 가중치 재설정과 같은 전처리 방법, 이질적 영향력 제거기disparate impact remover와 같은 프로세스 내 처리 방법, 오즈 균등화equalized odds와 같은 후처리 방법 등을 통해 편향을 줄이는 방법을 살펴볼 것이다. 또한 7장, '앵커와 반사실적 설명'과 10장, '해석 가능성을 위한 피처 선택과 피처 엔지니어링'의 주제를 확장해 정책 결정이 어떻게 예상치 못한, 직관적이지 않은, 또는 해로운 영향을 미칠 수 있는지 살펴볼 것이다. 가설 검정의 맥락에서 선택한 의사 결정을 **처치**treatment라고 부른다. 많은 의사 결정 시나리오에서 이런 처치의 효과를 추정하고 이 추정치가 신뢰할 수 있는지 확인하는 것은 매우 중요하다.

따라서 11장에서는 가장 취약한 모집단에 대한 신용카드 채무불이행을 줄이기 위한 처치를 가정하고 인과 모델링causal modeling을 활용해 **평균 처치 효과**ATE, Average Treatment Effects 및 **조건부 평균 처치 효과**CATE를 결정할 것이다. 마지막으로 다양한 방법을 사용해 인과적 가정과 추정치의 견고성을 검증할 것이다.

다음은 11장에서 다룰 주요 주제다.

- 편향 감지
- 편향 완화
- 인과 모델 생성
- 이종 처치 효과의 이해
- 추정의 견고성 검증

▌ 기술 요구 사항

11장의 예제에서는 mldatasets, pandas, numpy, sklearn, lightgbm, xgboost, matplotlib, seaborn, xai, aif360, econml, dowhy 등의 라이브러리를 사용한다. 이 모든 라이브러리를 설치하는 방법에 대한 지침은 이 책의 '들어가며'에 있다. 11장의 코드는 다음 링크(https://github.com/PacktPublishing/Interpretable-Machine-Learning-with-Python/tree/master/Chapter11)에 있다.

▌ 미션

전 세계적으로 28억 개 이상의 신용카드가 유통되고 있으며, 매년 총 25조 달러 이상이 소비되고 있다(https://www.ft.com/content/ad826e32-2ee8-11e9-ba00-0251022932c8). 분명 천문학적인 금액이지만 신용카드 산업의 규모는 지출액이 아니라 부채 금액으로 더 잘 표현된다. 은행과 같은 카드 발급사는 대부분의 돈을 이자를 통해 벌어들이고 있다. 신용카드 부채의 상당 부분을 차지하는 소비자의 빚은 60조 달러가 넘으며, 이자의 형태로 대출 기관에 안정적인 수입을 제공한다. 비즈니스에 유리하다고 주장할 수 있지만, 채무자가 원금과 운영 비용을 상환하지 않고 채무불이행을 하고 대출 기관이 부채를 회수할 법적 수단을 다 쓴 경우에는 손실을 입을 수 있기 때문에 상당한 위험도 내포하고 있다.

신용 버블이 있는 경우 불건전한 수준의 부채는 대출 기관의 재정을 위태롭게 할 수 있고, 버블이 붕괴된다면 이해관계자들이 한꺼번에 무너질 수 있기 때문에 이 문제는 더 복잡해진다. 서브프라임 모기지 사태로 알려진 2008년 주택 버블이 바로 그랬다. 이런 버블은 종종 성장에 대한 낙관적인 추측과 그 성장을 부추기기 위해 적절하지 않은 수요를 찾는 것으로 시작된다. 모기지 사태의 경우 상환 능력이 입증되지 않은 사람들에게 주택담보대출을 제공했다. 또한 슬프게도 버블이 터질 경우 순자산이 없어질 힘 없는 사람들을 대상으로 삼았다. 금융 위기와 불황 그리고 그 사이의 모든 재난은 취약한 사람들에게 훨씬 더 큰 영향을 미치는 경향이 있다.

또한 2003년 한국(https://www.bis.org/repofficepubl/arpresearch_fs_200806.10.pdf)과 2006년 대만에서의 재앙적인 버블에도 신용카드가 연루돼 있다. 11장에서는 대만의 신용카드 위기를 초래했던 2005년부터의 데이터를 살펴볼 것이다. 2006년까지 연체로 인한 신용카드 부채는 700,000명이 넘는 사람들에 의해 약 2,680억 달러에 달했다. 대만 인구의 3% 이상이 신용카드의 최소 잔액조차 지불할 수 없었고, 속칭 신용카드 노예가 됐다. 노숙자, 마약 밀매/남용, 심지어 자살의 급격한 증가와 같은 심각한 사회적 파장이 뒤따랐다. 1997년 아시아 금융 위기 이후 이 지역에서 자살은 꾸준히 증가했다. 2005년과 2006년 사이에 대만의 자살률은 23% 급증해 세계에서 두 번째로 높았다.

위기의 근본 원인을 돌이켜보면 은행들이 포화된 부동산 시장을 촉진시키고 당시 당국의 규제가 허술했던 신용카드 발급 요건을 대폭 낮췄기 때문이다. 일반적으로 수입이 작고 돈 관리 경험이 적은 젊은이들이 가장 큰 타격을 입었다. 2005년에 대만의 금융감독위원회는 신용카드 신청자의 요건을 높이는 새로운 규정을 발표해 새로운 신용카드 노예 발생을 방지했다. 하지만 이미 존재하는 부채와 채무자를 처리하려면 더 많은 정책이 필요할 것이다. 당국은 은행의 대차대조표상 부실채권을 회수하기 위한 자산운용회사^{AMC} 설립을 논의하기 시작했다. 또한 합리적인 상환 계획을 가지고 협상할 수 있는 틀을 제공하는 채무자 상환 규정이 통과되길 원했다. 이 두 정책은 모두 2006년까지는 아직 법으로 성문화되지 않았다.

머신러닝과 인과관계 추론 방법론으로 무장한 당신이 미래에서 2005년 8월로 왔다고 가정해보자. 대만의 한 은행은 채무불이행 가능성이 있는 고객을 예측하는 분류 모델을 만들려고 한다. 그들은 30,000명의 신용카드 고객이 포함된 데이터셋을 제공했다. 규제기관은 여전히 법률 초안을 작성 중이므로 은행과 채무자 모두에게 이익이 되는 정책을 제안할 기회가 있다. 법이 통과되면 은행은 분류 모델을 사용해 어떤 부채를 AMC에 매각해야 하는지 예측할 수 있고 인과 모델을 사용해 어떤 정책이 고객과 은행에 도움이 될지 추정할 수 있지만 그들은 공정성과 견고성이 보장되길 원한다. 이것이 11장의 미션이다.

▌ 접근법

규제기관과 일반 대중은 은행이 더 이상 피해를 입히지 않을 것이라는 확신을 원하기 때문에 은행 담당자는 방법론에 공정성이 내재돼 있는 것이 매우 중요하다고 강조했다. 지난 몇 달 동안 언론이 부정직하고 약탈적인 대출 관행에 대해 무자비한 비난을 퍼부어 소비자들에게 불신을 일으켰기 때문에 여기에는 은행의 명예도 달려 있다. 이런 이유로 그들은 수립된 정책이 문제를 완화시킬 수 있음을 입증하기 위해 최첨단 견고성 테스트를 사용하길 원한다. 제안된 접근 방식에는 다음 사항이 포함된다.

- 젊은 대출자는 상환에 대한 채무불이행 경향이 높은 것으로 보고됐기 때문에 연령 편향은 나올 것으로 예상되지만, 성별과 같은 다른 보호 그룹[protected group] 또는 보호 피처[1]에 대한 편향도 찾아볼 것이다.
- 편향이 감지되면 AIF360[AI Fairness 360] 라이브러리를 사용해 전처리 시, 프로세스 내 그리고 후처리 시 알고리듬으로 편향을 완화시킬 수 있다. 이 과정에서 각 알고리듬으로 여러 모델을 학습시키고, 공정성을 평가한 후 가장 공정한 모델을 선택한다.
- 정책의 영향을 살펴보기 위해 은행은 소수의 고객을 대상으로 실험을 시행한다. 실험 결과에 dowhy 라이브러리를 사용해 인과 모델을 적합시켜 인과관계의 효과를 식별할 수 있다. 이 효과는 여러 이질적인 처치 효과들을 나타내기 위해 인과 모델에 의해 더 세분화된다.
- 이 다양한 처치 효과들을 평가해 어떤 처치가 가장 효과적인지 결정할 수 있다.
- 마지막으로, 효과가 유지되는지 확인하고자 몇 가지 방법으로 이 추정치를 반박함으로써 이 결론이 견고한지 확인할 것이다.

이제 자세히 살펴보자.

▌ 준비

이 예제의 코드는 다음 링크(https://github.com/PacktPublishing/Interpretable-Machine-Learning-with-Python/blob/master/Chapter11/CreditCardDefaults.ipynb)에서 찾을 수 있다.

---

1 보호 피처: 알고리듬 편향(algorithmic bias)은 설계된 알고리듬이 특정 피처에 따라 분류나 예측 등의 출력 결과가 달라지는 현상을 말하며, 이때의 피처를 보호 피처(protected feature)라 부른다. 이런 편향성은 머신러닝 모델뿐만 아니라 딥러닝 모델에서도 발견되는 것으로 알려졌다. – 옮긴이

라이브러리 로드

이 예제를 실행하려면 다음 라이브러리를 설치해야 한다.

- `mldatasets`: 데이터셋 로드

- `pandas`, `numpy`: 데이터 조작

- `sklearn`, `xgboost`, `aif360`, `lightgbm`: 데이터 분할 및 모델 적합

- `matplotlib`, `seaborn`, `xai`: 해석 시각화

- `econml`, `dowhy`: 인과관계 추론

먼저 다음 모든 라이브러리를 로드해야 한다.

```
import math
import os
import mldatasets
import pandas as pd
import numpy as np
from tqdm.notebook import tqdm
from sklearn import model_selection, tree
import lightgbm as lgb
import xgboost as xgb
from aif360.datasets import BinaryLabelDataset
from aif360.metrics import BinaryLabelDatasetMetric,\
ClassificationMetric
from aif360.algorithms.preprocessing import Reweighing,\
DisparateImpactRemover
from aif360.algorithms.inprocessing import PrejudiceRemover,\
GerryFairClassifier
from aif360.algorithms.postprocessing.\
calibrated_eq_odds_postprocessing import\
```

```
CalibratedEqOddsPostprocessing

from aif360.algorithms.postprocessing.eq_odds_postprocessing
import EqOddsPostprocessing

from econml.dr import LinearDRLearner

import dowhy

from dowhy import CausalModel

import xai

from networkx.drawing.nx_pydot import to_pydot

from IPython.display import Image, display

import matplotlib.pyplot as plt

import seaborn as sns
```

데이터 이해 및 준비

다음과 같이 데이터를 ccdefault_all_df라는 데이터프레임에 로드한다.

```
ccdefault_all_df = mldatasets.load("cc-default", prepare=True)
```

30,000개의 레코드와 31개의 칼럼이 있어야 한다. info( )를 사용해 이 사실을 확인할 수 있다.

```
ccdefault_all_df.info()
```

앞의 코드는 다음을 출력한다.

```
<class 'pandas.core.frame.DataFrame'>
Int64Index: 30000 entries, 1 to 30000
Data columns (total 31 columns):
 #   Column          Non-Null Count  Dtype
---  ------          --------------  -----
```

0	CC_LIMIT_CAT	30000 non-null	int8
1	EDUCATION	30000 non-null	int8
2	MARITAL_STATUS	30000 non-null	int8
3	GENDER	30000 non-null	int8
4	AGE_GROUP	30000 non-null	int8
5	pay_status_1	30000 non-null	int8
6	pay_status_2	30000 non-null	int8
7	pay_status_3	30000 non-null	int8
8	pay_status_4	30000 non-null	int8
9	pay_status_5	30000 non-null	int8
10	pay_status_6	30000 non-null	int8
11	paid_pct_1	30000 non-null	float64
12	paid_pct_2	30000 non-null	float64
13	paid_pct_3	30000 non-null	float64
14	paid_pct_4	30000 non-null	float64
15	paid_pct_5	30000 non-null	float64
16	paid_pct_6	30000 non-null	float64
17	bill1_over_limit	30000 non-null	float64
18	IS_DEFAULT	30000 non-null	int8
19	_AGE	30000 non-null	int16
20	_spend	30000 non-null	int32
21	_tpm	30000 non-null	int16
22	_ppm	30000 non-null	int16
23	_RETAIL	30000 non-null	int8
24	_URBAN	30000 non-null	int8
25	_RURAL	30000 non-null	int8
26	_PREMIUM	30000 non-null	int8
27	_TREATMENT	30000 non-null	int8
28	_LTV	30000 non-null	float64

```
29    _CC_LIMIT         30000 non-null   int32

30    _risk_score       30000 non-null   float64

dtypes: float64(9), int16(3), int32(2), int8(17)

memory usage: 3.2 MB
```

출력을 확인하라. prepare=True를 사용했기 때문에 모든 피처는 누락된 값이 없는 숫자값이다. 범주형 피처는 이미 인코딩됐기 때문에 모두 int8이다.

데이터 딕셔너리

30개의 피처가 있지만 그중 18개는 편향 완화 실습용이고 밑줄(_)로 시작하는 나머지 12개는 인과관계 추론용이므로 함께 사용하지 않을 것이다. 곧 각 실습에 해당하는 데이터셋으로 데이터를 분할할 것이다. 소문자로 된 피처는 고객의 거래 내역과 관련이 있으며, 대문자 피처는 고객 계정 관련이거나 목표 피처다.

편향 완화 실습에서는 다음 피처를 사용할 것이다.

- **CC_LIMIT_CAT**: 서수형. 신용카드 한도(_CC_LIMIT)를 균등하게 분포된 8개의 분위로 분리

- **EDUCATION**: 명목형. 고객의 학력(0: 기타, 1: 고졸, 2: 대졸, 3: 대학원졸)

- **MARITAL_STATUS**: 명목형. 고객의 결혼 여부(0: 기타, 1: 미혼, 2: 기혼)

- **GENDER**: 명목형. 고객의 성별(1: 남성, 2: 여성)

- **AGE_GROUP**: 이진값. 고객이 선호 나이 그룹에 속하는지 여부(1: 선호. 26~47세, 0: 비선호. 그 외)

- **pay_status_1 ... pay_status_6**: 서수형. 이전 6개월 간 즉, 2005년 4월(pay_status_6)부터 8월(pay_status_1)까지의 상환 현황(−1: 선지급, 1: 1개월 연체, 2: 2개월 연체, ... 8: 8개월 연체, 9: 9개월 이상 연체)

- **paid_pct_1 ... paid_pct_6**: 연속형. 2005년 4월(paid_pct_6)부터 8월(paid_pct_1)까지 매월 청구서의 몇 퍼센트가 지불됐는지 여부

- `bill1_over_limit`: 연속형. 2005년 8월의 마지막 청구서가 해당 신용 한도를 초과하는 비율
- `IS_DEFAULT`: 이진값. 목표변수. 고객의 채무불이행 여부

다음은 인과관계 추론 실습에서만 사용하는 피처다.

- `_AGE`: 연속형. 고객의 나이
- `_spend`: 연속형. 고객이 신대만 달러(NT$)로 지출한 금액
- `_tpm`: 연속형. 지난 6개월 동안 고객의 신용카드 월별 거래 금액의 중간값
- `_ppm`: 연속형. 지난 6개월 동안 고객의 신용카드 월별 상품 구매 금액의 중간값
- `_RETAIL`: 이진값. 소매업체 여부
- `_URBAN`: 이진값. 도시 거주 여부
- `_RURAL`: 이진값. 지방 거주 여부
- `_PREMIUM`: 이진값. 프리미엄 회원 여부. 프리미엄 고객은 캐시백 제안 및 기타 인센티브를 받는다.
- `_TREATMENT`: 명목형. 각 고객에게 적용된 개입 또는 정책(–1: 실험에 포함되지 않음, 0: 대조군, 1: 신용 한도 축소, 2: 상환 계획 수립, 3: 상환 계획 수립 및 신용 한도 축소)
- `_LTV`: 연속형. 개입의 결과. 이전 6개월 동안의 상환을 고려해 NT$로 추정된 평생 가치^{lifetime value}
- `_CC_LIMIT`: 연속형. 적용된 처치 이전에 갖고 있던 원래의 신용카드 한도(NT$). 은행가들은 처치의 결과가 이 피처에 의해 크게 영향을 받을 것으로 기대하고 있다.
- `_risk_score`: 연속형. 은행이 신용 한도를 초과하는 청구서의 비율을 기반으로 각 고객에 대해 6개월 전에 계산한 위험 점수. 결제 내역 6개월치를 가중 평균한 것 외에는 `bill1_over_limit`과 같으며, 처치를 선택하기 5개월 전에 생성된 것이다.

인과관계 추론 피처와 그 목적은 해당 절에서 조금 더 설명할 것이다. 이제 다음과 같이 이 데이터셋을 분할하는 방법을 살펴보기 위해 value_counts()를 사용해 _TREATMENT 피처를 값에 따라 분할해보자.

```
ccdefault_all_df._TREATMENT.value_counts()
```

앞의 코드는 다음을 출력한다.

-1	28904
3	274
2	274
1	274
0	274
Name: _TREATMENT, dtype: int64	

대부분의 관측치는 -1이며 인과관계 추론과 관련이 없다. 나머지 세 가지 처치(1~3)와 대조군(0)은 균등하게 분할됐다. 당연히 이 네 그룹을 인과관계 추론 실습에 사용할 것이다. 대조군은 처치가 적용된 것이 아니기 때문에 -1 처치와 함께 편향 완화 실습에 사용할 수 있다. 편향 완화를 할 때는 행동이 조작된 고객을 제외하도록 주의해야 한다. 요점은 편향을 줄이려고 시도하면서 "평소와 같은 비즈니스" 상황에서 어떤 고객이 채무불이행을 할 가능성이 가장 높은지 예측하는 것이다.

데이터 준비

현 시점에서 데이터 준비는 데이터셋을 분할하는 것이며 _TREATMENT 칼럼을 사용해 데이터프레임을 쉽게 나눌 수 있다. 편향 완화(ccdefault_bias_df)와 인과관계 추론(ccdefault_causal_df)의 각 실습에 대해 한 개의 데이터프레임을 생성할 것이다. 코드는 다음과 같다.

```
ccdefault_bias_df =\
  ccdefault_all_df[ccdefault_all_df._TREATMENT < 1]
```

```
ccdefault_causal_df =\
  ccdefault_all_df[ccdefault_all_df._TREATMENT >= 0]
```

각 절 내에서 몇 가지 다른 데이터 준비 단계를 수행하지만 지금은 이 정도로 시작할 수 있다.

▌ 편향 감지

머신러닝에는 편향의 원인이 될 수 있는 것이 많다. 1장, '해석, 해석 가능성, 설명 가능성: 왜 이 모두가 중요한가?'에서 설명했듯이 편향의 원인은 아주 많다. 데이터가 나타내는 사실에 뿌리를 둔 체계적이고 구조적인 편향은 데이터를 해로운 편향으로 인도한다. 또한 표본 편향, 배제 편향, 연관 편향, 측정 편향 등과 같이 데이터 자체에 뿌리를 둔 편향도 있다. 마지막으로 데이터 또는 모델로부터 파생된 통찰력에는 보수성 편향, 현저성 편향, 근본적 귀인 오류와 같은 편향이 있을 수 있기 때문에 조심해서 다뤄야 한다.

이 실습에서는 많은 편향 수준을 적절하게 풀기 위해 실습 데이터를 2005년 대만의 인구조사 데이터 및 인구통계를 기반으로 분할한 과거 대출 데이터와 연결해야 한다. 그다음에 이 외부 데이터셋을 사용함으로써 신용카드 계약 조건, 성별, 소득, 기타 인구통계 데이터를 제어해 나이가 어린 사람에게 허용되면 안 되는 고금리 신용카드의 대상이 된 사람이 있는지 확인한다. 또한 데이터셋을 데이터 생성자까지 추적해 그들 및 도메인 전문가와 상의해 편향 관련 데이터의 품질 문제도 조사해야 한다. 이상적으로는 이런 단계들이 가설을 검증하는 데 필요하지만 많은 분량의 설명이 필요한 기념비적인 작업이 될 것이다.

따라서 편의상 11장의 전제를 액면 그대로 받아들인다. 즉, 자신의 잘못 때문이 아니라 약탈적 대출 관행으로 인해 특정 나이층은 신용카드 채무불이행에 더 취약하다는 것이다. 같은 이유로 여기서는 데이터셋의 품질도 액면 그대로 받아들일 것이다. 이런 규칙을 적용할 경우 데이터나 이 데이터로부터 파생된 모델에서 나이 그룹 간에 차이가 발견된다면

614

이것은 오로지 약탈적 관행에서만 기인한 것임을 의미한다.

공정성에는 두 가지가 있으며 다음과 같이 요약할 수 있다.

- **절차적 공정성**Procedural fairness: 공평하거나 동등한 대우에 관한 것이다. 문맥에 따라 많이 달라지기 때문에 이 용어를 법적으로 정의하기는 어렵다.
- **결과의 공정성**Outcome fairness: 공정한 결과로 측정되는 것에 관한 것이다.

절차는 공정하지만 결과가 불공정하거나 또는 그 반대일 수 있으므로 이 두 개념은 상호배타적이지 않다. 이 예제에서 불공정한 절차는 자격이 안 되는 고객에게 고금리 신용카드를 제공하는 것이었다. 그럼에도 11장에서는 결과의 공정성에 초점을 맞출 것이다.

머신러닝에서 편향은 보호 피처protected feature에 영향을 미치며, 이런 피처는 선호 그룹privileged group과 비선호 그룹unprivileged group을 갖는다. 후자는 편향에 의해 부정적인 영향을 받는 그룹이다. 또한 편향이 발현되는 방식도 다양하기 때문에 다음과 같이 구분한다.

- **표현**: 비선호 그룹에 대한 표현representation이 부족하거나 또는 과도할 수 있다. 모델은 다른 그룹에 비해 이 그룹에 대해 너무 적게 또는 너무 많이 학습하게 된다.
- **분포**: 그룹 간 피처의 분포 차이로 인해 모델이 직간접적으로 모델의 결과에 영향을 미칠 수 있는 편향된 연관성을 만들 수 있다.
- **확률**: 분류 문제의 경우 7장, '앵커와 반사실적 설명'에서 논의된 것처럼 그룹 간의 클래스 불균형은 한 그룹이 한 클래스 또는 다른 클래스의 일부일 확률이 더 높게 나오는 모델 학습으로 이어질 수 있다. 이것은 혼동 행렬을 통해 또는 위양성 비율FPR이나 위음성 비율FNR과 같은 분류 지표를 비교해 쉽게 확인할 수 있다.
- **하이브리드**: 앞에 나온 발현들의 조합이다.

편향 발현에 대한 전략은 편향 완화 절에서 논의할 것이지만, 11장에서 다루는 유형은 주요 보호 속성(_AGE)에 대한 불공평한 확률 차이와 관련이 있다. 여기서는 다음과 같은 방법으로 이를 관찰할 것이다.

- **데이터셋 편향 시각화**: 시각화를 통해 보호 피처에 대한 데이터의 불공정성 확인
- **데이터셋 편향 정량화**: 공정성 지표를 사용해 측정한다.
- **모델 편향 정량화**: 분류 모델을 학습시킨 후 모델용으로 설계된 다른 공정성 지표를 사용한다.

이미 7장, '앵커와 반사실적 설명'에서 수행했거나 12장, '해석 가능성을 위한 단조성 제약조건과 모델 튜닝'에서 수행할 것이지만 모델 편향은 시각화할 수 있다. 다른 시각화들은 11장의 뒷부분인 '통합 실습' 절에서 빠르게 탐색할 것이다. 이제 실제적인 부분으로 바로 넘어가 보자.

데이터셋 편향 시각화

데이터 자체가 한 그룹이 다른 그룹에 비해 양의 클래스에 속할 가능성이 얼마나 높은지 알려주고 있다. 범주형 피처인 경우 이 확률은 양의 클래스에 대한 value_counts( ) 함수를 전체로 나누어 얻을 수 있다. 예를 들어 성별의 경우 다음과 같이 할 수 있다.

```
ccdefault_bias_df[ccdefault_bias_df.IS_DEFAULT==1].GENDER.
value_counts()/ccdefault_bias_df.GENDER.value_counts()
```

위의 코드는 남성이 평균적으로 신용카드 채무불이행 확률이 더 높다는 것을 다음과 같이 보여준다.

```
2    0.206529
1    0.241633
Name: GENDER, dtype: float64
```

연속형 피처에 대해서 이 작업을 수행하는 코드는 좀 더 복잡하다. 판다스의 qcut을 사용해 먼저 피처를 분위로 나눈 다음 범주형 피처에 사용된 것과 동일한 방식을 사용하는 것이 좋다. 다행히 plot_prob_progression 함수가 이 작업을 수행하고 각 분위에 대

한 확률의 변화를 표시한다. 첫 번째 속성은 보호 피처(_AGE)를 가진 판다스 시리즈, 배열, 또는 리스트이고 두 번째 속성은 목표 피처(IS_DEFAULT)다. 그다음에 분위수로 사용(use_quartiles=True)할 간격(x_intervals)을 설정한다. 나머지 속성은 레이블, 제목, mean_line 추가와 같은 미학적인 것이다. 코드는 다음과 같다.

```
mldatasets.plot_prob_progression(ccdefault_bias_df._AGE,\
  ccdefault_bias_df.IS_DEFAULT, x_intervals=8,\
  use_quartiles=True, xlabel='Age', \
  mean_line=True,\
  title='Probability of Default by Age')
```

앞의 코드는 나이가 가장 어린 그룹(21~25세)과 나이가 가장 많은 그룹(47~79세)이 채무불이행 가능성이 가장 높은 것을 보여주는 플롯을 출력한다. 그 외 다른 모든 그룹은 평균에서 1 표준편차를 약간 넘는 수준이다.

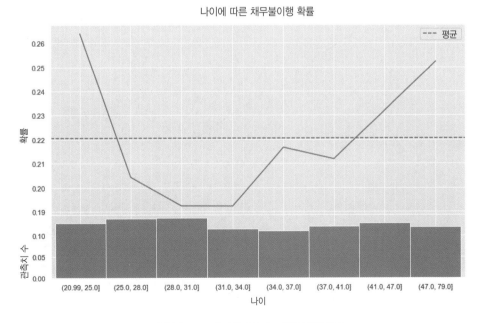

그림 11.1 _AGE에 따른 신용카드 채무불이행 확률

따라서 나이가 가장 어린 분위와 가장 많은 분위를 비선호 그룹으로 나머지를 선호 그룹이라고 부를 수 있다. 불공정성을 감지하고 완화시키려면 이진 피처로 코딩하는 것이 가장 좋다. 여기서는 AGE_GROUP을 사용해 이를 수행했다. plot_prob_progression을 다시 사용하지만 이번에는 AGE 대신 AGE_GROUP을 넣고, replace를 사용해 숫자를 더 해석하기 쉬운 레이블로 교체한다. 코드는 다음과 같다.

```
mldatasets.plot_prob_progression(\
  ccdefault_bias_df.AGE_GROUP.\
  replace({0:'21-25,48+',1:'26-47'}),\
  ccdefault_bias_df.IS_DEFAULT, xlabel='Age Group',\
  title='Probability of Default by Age Group',\
  mean_line=True)
```

앞의 코드는 다음 출력을 생성하며, 여기서 두 그룹 간의 차이는 매우 분명하다.

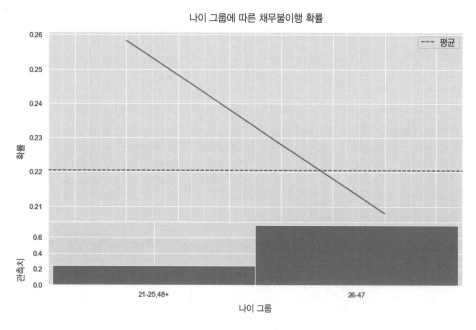

그림 11.2 AGE_GROUP에 따른 신용카드 채무불이행 확률

이제 GENDER를 기준으로 플롯을 그려보자. plot_prob_progression과 비슷하지만 2차원에서 선을 그리는 대신 확률을 색상으로 표현하는 plot_prob_contour_map을 사용한다. 따라서 처음 두 속성은 x축(GENDER) 및 y축(AGE_GROUP)에서 사용하는 피처이고 세 번째 속성은 목표변수(IS_ DEFAULT)다. 두 피처 모두 이진 피처이므로 contour가 아닌 plot_type='grid'를 사용하는 것이 좋다. 코드는 다음과 같다.

```
mldatasets.plot_prob_contour_map(\
  ccdefault_bias_df.GENDER.replace({1:'Male',2:'Female'}),\
  ccdefault_bias_df.AGE_GROUP.\
  replace({0:'21-25,48+',1:'26-47'}),\
  ccdefault_bias_df.IS_DEFAULT,\
  xlabel='Gender', ylabel='Age Group',\
  title='Probability of Default by Gender/Age Group',\
  annotate=True,\
  plot_type='grid')
```

앞의 코드는 다음을 출력한다. 가장 선호되는 그룹이 26~47세의 여성이고, 그 뒤를 약 3~4%의 차이로 남성이 그 뒤를 따르고 있다. 비선호 나이 그룹도 마찬가지다.

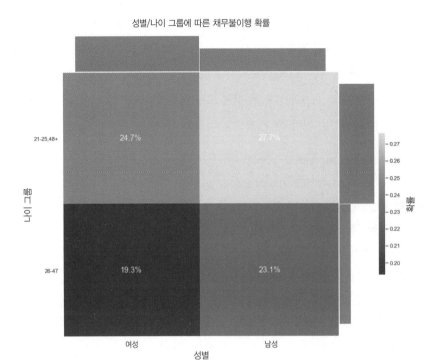

그림 11.3 GENDER 및 AGE_GROUP에 따른 신용카드 채무불이행 확률 그리드

성별 차이는 흥미로운 관찰이며, 왜 여성이 채무불이행을 덜 하는지에 대한 여러 가설을 세울 수 있다. 여성이 단지 부채 관리를 더 잘하는 것일까, 아니면 남성이 가족이나 부부의 비용과 같은 다른 부담을 갖고 있기 때문일까? 결혼 여부나 학력과도 관련이 있을까? 여기서는 이런 질문들에 대해 더 깊이 파고들지 않을 것이다. 나이 기반 차이만 알고 있다는 점을 감안해 선호 그룹에서는 **AGE_GROUP**만을 사용하고 **GENDER**는 보호 속성으로 유지할 것이며, 이 속성은 모니터링할 일부 공정성 지표에 반영될 것이다. 다음으로 공정성 지표를 사용해 데이터셋 편향을 정량화한다.

데이터셋 편향 정량화

공정성 지표에는 세 종류가 있다.

- **개별 공정성**: 데이터 내에서 개별 관측치가 동료들과 얼마나 가까운지를 나타낸다. 유클리드 거리Euclidean distance, 맨해튼 거리Manhattan distance 등의 거리 메트릭이 이런 목적을 위해 사용될 수 있다.
- **그룹 공정성**: 그룹 간의 레이블 또는 결과가 평균적으로 서로 얼마나 멀리 떨어져 있는지 나타낸다. 이 메트릭은 데이터 또는 모델에 대해 측정할 수 있다.
- **둘 다**: 테일 지수Theil index 및 변동 계수와 같은 일부 메트릭은 그룹 내 및 그룹 간의 불평등을 고려해 엔트로피 또는 분산을 측정한다.

11장에서는 그룹 공정성 지표에만 초점을 맞출 것이다.

공정성 지표를 계산하기 전에 수행해야 할 몇 가지 데이터 준비 단계가 있다. 편향 완화 실습에 사용할 데이터셋(ccdefault_bias_df)에 밑줄("_")로 시작하지 않는 칼럼만 있는지 확인한다. 반면에 인과관계 추론 실습에는 밑줄이 있는 칼럼과 AGE_GROUP 및 IS_DEFAULT만 포함된다. 코드는 다음과 같다.

```
cols_bias_l = ccdefault_all_df.\
  columns[~ccdefault_all_df.columns.str.startswith('_')].\
  tolist()
cols_causal_l =
  ['AGE_GROUP','IS_DEFAULT'] + ccdefault_all_df.
  columns[ccdefault_all_df.columns.str.startswith('_')].\
  tolist()
ccdefault_bias_df = ccdefault_bias_df[cols_bias_l]
ccdefault_causal_df = ccdefault_causal_df[cols_causal_l]
```

학습 데이터는 모델이 학습할 데이터이기 때문에 데이터셋 편향을 정량화하는 것이 중요하다. 데이터를 X, y쌍으로 된 학습셋 및 테스트셋으로 분할한다. 물론 재현성을 위해 랜덤 시드로 초기화한 후에 이 작업을 수행한다. 코드는 다음과 같다.

```
rand = 9
os.environ['PYTHONHASHSEED']=str(rand)
np.random.seed(rand)
y = ccdefault_bias_df['IS_DEFAULT']
X = ccdefault_bias_df.drop(['IS_DEFAULT'], axis=1).copy()
X_train, X_test, y_train, y_test =\
  model_selection.train_test_split(X, y,\
  test_size=0.25,\
  random_state=rand)
```

학습 및 성능 평가를 위해 방금 분할한 판다스 데이터를 사용할 것이지만 이 실습에서 사용할 AIF360 라이브러리는 데이터셋을 기본 클래스로 추상화한다. 이 클래스에는 넘파이 배열로 변환된 데이터가 포함되며 공정성과 관련된 속성을 갖고 있다. 회귀의 경우 AIF360에는 RegressionDataset이 있지만, 이 이진 분류 예제의 경우에는 BinaryLabelDataset을 사용할 것이다. 이들은 피처와 레이블을 모두 갖고 있는 데이터프레임으로 초기화할 수도 있다(X_train.join(y_train)). 그다음에 레이블(label_names)과 보호 속성(protected_attribute_names)의 이름을 지정하고, AIF360이 공정성을 평가를 할 때 참고하도록 선호하는 레이블 값이 무엇인지 알려주는 favorable_label 및 unfavorable_label 값을 입력하는 것이 좋다. 혼란스러워 보일 수 있지만 이진 분류에서 양[positive]의 값과 그 반대인 음[negative]의 값은 예측하려고 하는 것, 즉 양의 클래스에만 관련되며 그것이 선호하는 결과인지와는 상관이 없다. 코드는 다음과 같다.

```
train_ds = BinaryLabelDataset(df=X_train.join(y_train),\
  label_names=['IS_DEFAULT'],\
  protected_attribute_names=['AGE_GROUP', 'GENDER'],\
```

```
    favorable_label=0, unfavorable_label=1)
test_ds = BinaryLabelDataset(df=X_test.join(y_test),\
    label_names=['IS_DEFAULT'],\
    protected_attribute_names=['AGE_GROUP', 'GENDER'],\
    favorable_label=0, unfavorable_label=1)
```

그다음에는 unprivileged_groups 및 privileged_groups에 대한 배열을 만든다. AGE_
GROUP=1에 있는 사람들은 채무불이행 확률이 낮으므로 선호 그룹이며, 그 반대의 경우
는 비선호 그룹이다. 그리고 이것들과 함께 추상화된 학습 데이터셋(train_ds)을 사용해
BinaryLabelDatasetMetric을 통해 메트릭 클래스를 초기화한다. 이 클래스는 데이터만
으로 판단해 여러 그룹 공정성 지표를 계산하는 함수를 갖고 있다. 그중 세 개를 출력하고
그것이 의미하는 바를 설명할 것이다. 코드는 다음과 같다.

```
unprivileged_groups=[{'AGE_GROUP': 0}]
privileged_groups=[{'AGE_GROUP': 1}]
metrics_train_ds = BinaryLabelDatasetMetric(train_ds,\
                unprivileged_groups=unprivileged_groups,\
                privileged_groups=privileged_groups)
print('Statistical Parity Difference (SPD): %.4f' %\
    metrics_train_ds.statistical_parity_difference())
print('Disparate Impact (DI): %.4f' %\
    metrics_train_ds.disparate_impact())
print('Smoothed Empirical Differential Fairness (SEDF):%.4f'\
    % metrics_train_ds.\
    smoothed_empirical_differential_fairness())
```

앞의 코드는 다음을 출력한다.

Statistical Parity Difference (SPD):	-0.0437
Disparate Impact (DI):	0.9447
Smoothed Empirical Differential Fairness (SEDF):	0.3514

각 메트릭이 의미하는 바는 다음과 같다.

- **통계적 동등성 차이**SPD, Statistical Parity Difference: 평균 차이Mean Difference라고도 하며, 비선호 그룹과 선호 그룹 간에 유리한 결과가 나올 평균 확률의 차이다. 음수는 나쁘고 양수는 좋은 것이지만 0에 가까운 값이 바람직하다. 다음 공식으로 계산되며 여기서 f는 선호 클래스에 대한 값이다.

$$Pr(Y = f|D = \text{unprivileged}) - Pr(Y = f|D = \text{privileged})$$

- **이질적 영향력**DI, Disparate Impact: DI는 차이가 아닌 비율이라는 점을 제외하면 SPD와 정확히 같다. 그리고 비율이 높을수록, 1에 가까울수록 좋다. 1 미만은 불리하다는 것을, 1 초과는 이점이 있음을 의미한다. 공식은 다음과 같다.

$$\frac{Pr(Y = f|D = \text{unprivileged})}{Pr(Y = f|D = \text{privileged})}$$

- **평활화된 경험적 차이 공정성**SEDF, Smoothed Empirical Differential Fairness: 이 공정성 지표는 「An Intersectional Definition of Fairness공정성에 관한 교차 정의」라는 논문에서 나온 최신 지표 가운데 하나다. 앞의 두 가지 지표와 달리 미리 결정된 선호 및 비선호 그룹으로 제한되지 않으며 보호 속성의 모든 범주를 포함하도록 확장된 것으로 이 경우에는 그림 11.3의 4개에 해당한다. 이 논문의 저자들은 보호 속성에 대한 교차 분석이 있을 때 공정성이 특히 까다롭다고 주장한다. 이는 한 그룹이 종합적으론 유리하거나 불리할 수 있지만 교차 분석으로 세분화될 땐 그렇지 않다는 심슨Simpson의 역설 때문에 발생한다. 여기서는 수학을 다루지 않을 것이지만 그들

624

의 방법론은 교차 시나리오에서 합리적인 수준의 공정성을 측정하면서 이 가능성을 설명한다. 해석하자면 0은 절대적 공정성을 나타내며 0에서 멀어질수록 공정성은 낮아진다.

다음 절에서는 모델에 대한 그룹 공정성 지표를 정량화할 것이다.

모델 편향 정량화

메트릭을 계산하기 전에 먼저 모델을 학습시켜야 한다. 이를 위해 최적의 하이퍼파라미터(lgb_params)로 LightGBM 분류기(LGBMClassifier)를 초기화할 것이다. 이 하이퍼파라미터들은 실습을 위해 미리 튜닝된 것이다. 이를 수행하는 방법에 대한 자세한 내용은 12장, '해석 가능성을 위한 단조성 제약조건과 모델 튜닝'을 참조하라. 이 매개변수 중 하나는 클래스 가중치를 위한 scale_pos_weight이다. 클래스 불균형 분류 작업이기 때문에 이 매개변수는 분류기가 비용에 민감하게 학습돼 한 가지 형태의 오분류에 대해 다른 오분류보다 더 불이익을 주도록 하는 데 필수적인 매개변수다. 분류기가 초기화되면 모델 딕셔너리(cls_mdls)에 저장할 수 있도록 예측 성능 메트릭이 포함된 딕셔너리를 반환하는 evaluate_class_mdl로 적합 및 평가한다. 코드는 다음과 같다.

```
cls_mdls = {}
lgb_params = {'learning_rate': 0.4, 'reg_alpha': 21,\
              'reg_lambda': 1, 'scale_pos_weight': 1.8}
lgb_base_mdl = lgb.LGBMClassifier(random_seed=rand,\
  max_depth=6, num_leaves=33, **lgb_params)
lgb_base_mdl.fit(X_train, y_train)
cls_mdls['lgb_0_base'] = mldatasets.\
  evaluate_class_mdl(lgb_base_mdl, X_train, X_test,\
                     y_train, y_test, plot_roc=False,\
                     plot_conf_matrix=True,\
                     show_summary=True, ret_eval_dict=True)
```

앞의 코드는 그림 11.4를 출력한다. scale_pos_weight 매개변수는 오른쪽 상단의 위양성과 왼쪽 하단의 위음성 사이의 균형을 잘 유지하게 해준다. 결과적으로 정밀도와 재현율은 크게 다르지 않다. 진양성을 최대화하기를 원하기 때문에 이 문제에 있어서는 높은 정밀도를 원한다. 그러나 재현율의 비용이 크지 않기 때문에 둘 사이의 균형이 훨씬 더 중요하다. 하이퍼파라미터 튜닝을 할 때는 F1 점수 및 **매튜 상관계수**MCC가 유용한 메트릭이 된다. LightGBM 기본 모델에 대한 평가는 다음과 같다.

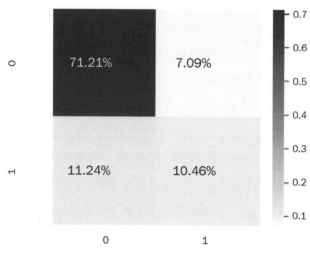

1. Accuracy_train: 0.8255 Accuracy_test: 0.8167
2. Precision_test: 0.5961 Recall_test: 0.4820
3. ROC-AUC_test: 0.7901 F1_test: 0.5330 MCC_test: 0.4243

그림 11.4 LightGBM 기본 모델에 대한 평가

다음으로 모델에 대한 공정성 지표를 계산해보자. 이를 위해 AIF360 데이터셋의 "깊은" 복사본을 만들고(deepcopy=True) labels와 scores를 모델이 예측한 것으로 변경한다. compute_aif_metrics 함수는 AIF360의 ClassificationMetric 클래스를 사용해 BinaryLabelDatasetMetric이 데이터셋에 대해 수행한 작업을 모델에 대해 수행한다. 그러나 모델과 직접적으로 관련되진 않는다. 원래 데이터셋(test_ds)과 모델의 예측으로 수

정된 데이터셋(test_pred_ds)을 사용해 공정성을 계산한다. compute_aif_metrics 함수는 계산된 여러 메트릭이 담긴 딕셔너리(metrics_test_dict)와 메트릭 클래스(metrics_test_cls)를 생성하며, 이를 이용하면 각 메트릭을 얻을 수 있다. 코드는 다음과 같다.

```
test_pred_ds = test_ds.copy(deepcopy=True)
test_pred_ds.labels =\
  cls_mdls['lgb_0_base']['preds_test'].reshape(-1,1)
test_pred_ds.scores = \
  cls_mdls['lgb_0_base']['probs_test'].reshape(-1,1)
metrics_test_dict, metrics_test_cls = mldatasets.\
  compute_aif_metrics(test_ds, test_pred_ds,\
    unprivileged_groups=unprivileged_groups,\
    privileged_groups=privileged_groups)
cls_mdls['lgb_0_base'].update(metrics_test_dict)
print('Statistical Parity Difference (SPD): %.4f' %\
      metrics_test_cls.statistical_parity_difference())
print('Disparate Impact (DI): %.4f' %\
      metrics_test_cls.disparate_impact())
print('Average Odds Difference (AOD): %.4f' %\
      metrics_test_cls.average_odds_difference())
print('Equal Opportunity Difference (EOD): %.4f' %\
      metrics_test_cls.equal_opportunity_difference())
print('Differential Fairness Bias Amplification (DFBA):\
%.4f' %\
metrics_test_cls.differential_fairness_bias_amplification())
```

위의 코드는 다음을 출력한다.

```
Statistical Parity Difference (SPD):          -0.0679
Disparate Impact (DI):                         0.9193
```

Average Odds Difference (AOD):	-0.0550
Equal Opportunity Difference (EOD):	-0.0265
Differential Fairness Bias Amplification (DFBA):	0.2328

앞에서 설명한 메트릭을 제외한 다른 메트릭이 의미하는 것은 다음과 같다.

- AOD[Average Odds Difference]: 선호 그룹과 비선호 그룹 사이에서 FPR[위양성률]의 차이와 TPR[진양성률] 차이의 평균이다. 음수는 비선호 그룹에 불이익이 있음을 의미하며, 0에 가까울수록 좋다. 공식은 다음과 같다.

$$1/2\left[(FPR_{D=\text{unprivileged}} - FPR_{D=\text{privileged}}) + (TPR_{D=\text{unprivileged}} - TPR_{D=\text{privileged}}))\right]$$

- EOD[Equal Opportunity Difference]: AOD에서 FPR 없이 TPR만 있는 것으로 TPR에 대한 기회를 측정하는 데만 유용하다. AOD와 마찬가지로 음수는 비선호 그룹에 대한 불이익을 말하고 0에 가까울수록 좋다. 공식은 다음과 같다.

$$TPR_{D=\text{unprivileged}} - TPR_{D=\text{privileged}}$$

- DFBA[Differential Fairness Bias Amplification]: 이 메트릭은 SEDF와 동일한 논문에서 가져왔으며, SEDF와 마찬가지로 공정성의 기준이 0이고 교차적인 의미를 갖는다. 그러나 편향 증폭[bias amplification]이라 부르는 현상에서 모델과 데이터 간의 불공정성의 차이를 비율로 나타낸다. 즉, 모델이 원본 데이터에 비해 얼마나 더 불공정성을 증가시키는지 나타내는 값이다.

모델의 SPD와 DI 메트릭을 데이터에 대한 메트릭과 비교하면 실제로 더 좋지 않다. 모델 학습을 위한 데이터의 표현이 편향을 증폭시키는 경향이 있기 때문에 예상할 수 있는 일이다. 이는 DFBA 메트릭으로 확인할 수 있다. AOD와 EOD의 경우 SPD 메트릭과 가깝게 나오는 경향이 있지만 이 예제에서는 TPR에 더 관심이 있기 때문에 EOD 메트릭이 AOD 메트릭보다 실질적으로 0에 가깝다.

이 다음으로는 모델의 편향을 완화시키는 방법을 살펴볼 것이다.

▌편향 완화

다음과 같이 세 가지 수준에서 편향을 완화시킬 수 있다.

- **전처리**: 모델을 학습시키기 전에 학습 데이터에서 편향을 감지하고 제거하기 위한 개입이다. 전처리에서 사용되는 방법론은 소스 데이터의 편향을 해결할 수 있다는 장점이 있다. 반면 감지되지 않은 편향은 여전히 모델에 의해 증폭된다.
- **프로세스 내**: 이 방법론은 모델 학습 중에 편향을 완화하므로 모델에 매우 의존적이기 때문에 모델 독립적인 전처리 및 후처리 방법론과 다른 경향이 있다. 또한 공정성 지표를 보정하기 위한 하이퍼파라미터 튜닝이 요구된다.
- **후처리**: 이 방법론은 모델 추론 중에 편향을 완화시킨다. 7장, '앵커와 반사실적 설명'에서 What-If 도구를 사용해 올바른 임곗값을 선택하는 주제에 대해 다뤘으며(그림 7.14 참조) 위양성과 함께 동등성을 달성하기 위해 수동으로 조정했다. 그때와 마찬가지로 후처리 방법은 모델 출력에서 직접 공정성을 감지하고 수정하는 것을 목표로 하지만 어떻게 조정을 할지는 문제에서 가장 중요한 메트릭에 따라 달라진다. 모델 출력의 불공정성을 가장 큰 영향을 줄 수 있는 지점에서 해결할 수 있다는 장점이 있지만, 모델 개발과 단절돼 있기 때문에 왜곡될 수도 있다.

편향 완화 방법론은 예측 성능을 저하시킬 수 있으므로 종종 절충이 필요함에 주의하라. 특히 데이터가 편향된 진실을 반영하는 경우 목적을 거스를 수 있다. 그러면 그 대신에 더 나은 진리, 즉 우리가 가진 것이 아니라 우리가 원하는 정의를 목표로 삼을 수 있다.

이 절에서는 각 수준에 대해 여러 방법론을 설명하겠지만 각각에 대해 두 가지만 구현하고 평가할 예정이다. 또한 전처리 방법론을 사용해 데이터의 편향을 제거한 다음 모델을 학습시키고, 마지막으로 모델에 의해 추가된 편향을 제거하기 위해 후처리 방법론을 사용하는 것과 같이 완화를 최대화하기 위해 다양한 종류의 방법을 결합할 수 있다. 그러나 11장에서는 다루지 않을 것이다.

전처리 편향 완화 방법론

다음은 가장 중요한 전처리 또는 데이터 종속적인 편향 완화 방법론 중 일부다.

- **비인식**unawareness: 억제suppression라고도 한다. 편향을 제거하는 가장 간단한 방법은 편향된 피처를 데이터셋에서 제거하는 것이다. 하지만 편향이 해당 피처에 절대적으로 포함돼 있다고 가정하기 때문에 순진한 접근 방식이다.

- **피처 엔지니어링**: 종종 연속형 피처는 모델이 가정으로 빈 공간을 채우거나 이상치로부터 학습할 수 있는 희소 영역이 너무 많기 때문에 편향을 갖는다. 피처 상호작용과 동일한 작업을 수행할 수 있다. 피처 엔지니어링은 가드레일guardrail을 배치할 수 있다. 이 주제는 12장, '해석 가능성을 위한 단조성 제약조건과 모델 튜닝'에서 논의할 것이다.

- **균형 조정**balancing: 리샘플링resampling이라고도 한다. 표현의 문제는 데이터셋의 균형을 조정해 비교적 쉽게 해결할 수 있다. XAI 라이브러리(https://github.com/EthicalML/xai)에는 그룹별 표현의 무작위 다운샘플링 및 업샘플링을 통해 편향 완화를 수행하는 balance 함수가 있다. 다운샘플링 또는 언더샘플링은 일반적으로 관측치의 특정 비율을 취하는 샘플링인 반면, 업샘플링 또는 오버샘플링은 특정 양의 샘플을 무작위 복제한다. SMOTESynthetic Minority Oversampling TEchnique와 같은 전략은 단순 복제가 아니라 합성을 통해 업샘플링한다. 그러나 데이터가 충분히 있다면 업샘플링보다 다운샘플링이 항상 바람직하다는 점에 주의하라. 다른 가능한 편향 문제가 있는 경우에는 균형 조정 전략만 사용하지 않는 것이 좋다.

- **레이블 재지정**relabeling: 마사지massaging라고도 하며, 이는 알고리듬이 가장 편향된 것으로 보이는 관측치에 대한 레이블을 변경하고 순위를 매겨 결과적으로 마사지된 데이터를 산출한다. 일반적으로 나이브베이즈 분류기로 수행되며, 클래스

분포를 유지하기 위해 일부 관측치의 순위를 올릴 뿐만 아니라 동일한 양의 순위를 내린다.

- **가중치 재설정**^{reweighing}: 이 방법론은 레이블 재지정과 유사하게 관측치의 순위를 정하지만 레이블을 뒤집는 대신 각각에 대한 가중치를 도출해 차후에 학습 프로세스에 적용할 수 있다. 클래스 가중치가 각 클래스에 적용되는 것과 마찬가지로 샘플 가중치는 각 관측치 또는 샘플에 적용된다. LGBMClassifier를 포함한 많은 회귀 분석기 및 분류기는 샘플 가중치를 지원한다. 기술적으로 볼 때 가중치 재설정은 모델에 적용되는 데이터와 솔루션에 영향을 미치지 않고 데이터에서 편향을 감지했기 때문에 전처리 방법론이다.

- **이질적인 영향력 제거기**: 이 방법론의 작성자는 편향의 공식적인 정의를 준수하고 레이블이나 보호 속성을 변경하지 않음으로써 데이터의 무결성을 보존하기 위해 매우 주의를 기울였다. 이 방법론은 그 외 나머지 피처에서 편향을 제거하려고 하는 복구 프로세스를 구현한다. 이것은 편향의 대부분이 있는 곳, 즉 보호 속성과 높은 상관관계를 갖지만 다른 것에는 편향을 일으키지 않는 피처라고 의심될 때 사용하기 좋은 프로세스다. 이는 얼마나 많은 편향이 비보호 피처에 있는지 이해하기 위해 사용하는 좋은 기준선이 된다.

- **공정한 표현**^{fair representations} **학습**: 이는 적대적 학습 프레임워크를 활용한다. 보호 속성을 제외한 데이터의 표현을 생성하는 생성기(오토인코더) 그리고 선호 그룹과 비선호 그룹 내에서 학습된 표현을 가능한 한 가깝게 하는 것을 목표로 하는 판별기가 있다.

- **차별 방지를 위해 최적화된 전처리**: 이 방법론은 전체 확률 분포가 유지되는 방식으로 데이터에 대한 수학적 최적화를 통해 데이터 변환을 수행한다. 동시에 보호 속성과 목표변수 간의 상관관계는 무효화된다. 이 프로세스의 결과는 편향을 제거하기 위해 약간 왜곡된 데이터다.

전처리 방법론이 너무 많기 때문에 11장에서는 두 가지만 사용할 것이다. 여기서 다루지 않은 것들에 관심이 있다면 AIF360 라이브러리를 통해 살펴볼 수 있다.

가중치 재설정

가중치 재설정 방법론은 구현하기 매우 쉽다. 그룹을 지정해 초기화한 다음 사이킷런 인코더 또는 스케일러를 사용하는 것처럼 데이터를 fit하고 transform하면 된다. fit 함수를 통해 알고리듬은 제공된 데이터를 변환하는 방법을 학습하고, transform 함수는 학습한 내용을 사용해 데이터를 변환한다. 코드는 다음과 같다.

```
reweighter = Reweighing(unprivileged_groups=\
            unprivileged_groups,\
            privileged_groups=privileged_groups)
reweighter.fit(train_ds)

train_rw_ds = reweighter.transform(train_ds)
```

이 프로세스에서 파생된 변환은 데이터를 변경하지 않지만 각 관측치에 대한 가중치를 생성한다. AIF360 라이브러리는 이 가중치를 공정성 계산에 사용하므로 이전과 같이 Binary LabelDatasetMetric을 사용해 다른 메트릭을 계산할 수 있다. 코드는 다음과 같다.

```
metrics_train_rw_ds =\
  BinaryLabelDatasetMetric(train_rw_ds,\
    unprivileged_groups=unprivileged_groups,\
    privileged_groups=privileged_groups)
print('Statistical Parity Difference (SPD): %.4f' %\
  metrics_train_rw_ds.statistical_parity_difference())
print('Disparate Impact (DI): %.4f' %\
  metrics_train_rw_ds.disparate_impact())
print('Smoothed Empirical Differential Fairness (SEDF):%.4f'
  % metrics_train_rw_ds.\
  smoothed_empirical_differential_fairness())
```

앞의 코드는 다음을 출력한다.

Statistical Parity Difference (SPD):	−0.0000
Disparate Impact (DI):	1.0000
Smoothed Empirical Differential Fairness (SEDF):	0.1942

가중치는 SPD 및 DI에 완벽한 효과를 발휘하기 때문에 이 메트릭 관점에서 보면 절대적으로 공정하다. 그러나 SEDF는 이전보다 좋아졌지만 0은 아니다. 선호 그룹과 비선호 그룹은 AGE_GROUP 보호 속성에만 관련되고 GENDER에는 관련이 없기 때문이다. SEDF는 가중치 재설정이 처리하지 못하는 교차 공정성의 척도다.

관측치에 가중치를 추가하면 예측 성능에 부정적인 영향을 줄 것이라고 생각할 수도 있다. 그러나 이 방법론은 균형을 유지하기 위해 설계됐다. 가중치가 적용되지 않은 데이터셋에서 모든 관측값의 가중치는 1이므로 가중치의 평균은 1이다. 가중치 재설정은 관측치에 대한 가중치를 변경하지만 여전히 평균은 대략 1이다. 원래 데이터셋과 가중치가 재설정된 데이터셋 간의 instance_weights 평균의 절댓값 차이를 보면 이것이 사실인지 확인할 수 있다. 이 값은 아주 작은 값이어야 한다. 코드는 다음과 같다.

```
np.abs(train_ds.instance_weights.mean() -\
       train_rw_ds.instance_weights.mean()) < 1e-6
```

그러면 instance_weights를 어떻게 적용할 수 있을까? 많은 모델 클래스의 fit 메서드에는 sample_weight라고 하는 좀 덜 알려진 속성이 있다. 이 속성을 사용하면 학습하는 동안 관측치를 각각의 가중치에 따라 학습시킨다. 이 메서드는 다음 코드에서 볼 수 있다.

```
lgb_rw_mdl = lgb.LGBMClassifier(random_seed=rand,\
  max_depth=6, num_leaves=33, **lgb_params)
lgb_rw_mdl.fit(X_train, y_train,\
  sample_weight=train_rw_ds.instance_weights)
```

evaluate_class_mdl을 사용해 기본 모델에서 했던 것처럼 이 모델을 평가할 수 있다. 하지만 compute_aif_metrics로 공정성 지표를 계산해 이를 모델 딕셔너리에 저장한다. 각 방법론의 출력을 하나씩 살펴보지 않고 이 절의 끝에서 한꺼번에 비교할 것이다. 다음 코드를 확인하라.

```
cls_mdls['lgb_1_rw'] = mldatasets.\
    evaluate_class_mdl(lgb_rw_mdl, train_rw_ds.features,\
                       X_test, train_rw_ds.labels, y_test,\
                       plot_roc=False, plot_conf_matrix=True,\
                       show_summary=True, ret_eval_dict=True)
test_pred_rw_ds = test_ds.copy(deepcopy=True)
test_pred_rw_ds.labels =\
    cls_mdls['lgb_1_rw']['preds_test'].reshape(-1,1)
test_pred_rw_ds.scores =\
    cls_mdls['lgb_1_rw']['probs_test'].reshape(-1,1)
metrics_test_rw_dict, _ = mldatasets.\
    compute_aif_metrics(test_ds, test_pred_rw_ds,\
        unprivileged_groups=unprivileged_groups,\
        privileged_groups=privileged_groups)
cls_mdls['lgb_1_rw'].update(metrics_test_rw_dict)
```

앞의 코드는 다음 그림과 같이 혼동 행렬과 성능 메트릭을 출력한다.

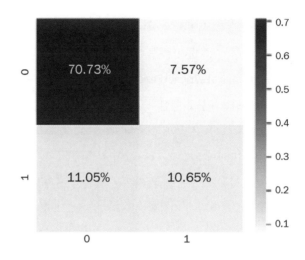

1. Accuracy_train: 0.8240   Accuracy_test: 0.8138
2. Precision_test: 0.5847   Recall_test: 0.4908
3. ROC-AUC_test: 0.7886   F1_test: 0.5337   MCC_test: 0.4210

그림 11.5 LightGBM 가중치 재설정 모델에 대한 평가

그림 11.5와 그림 11.4를 비교하면 가중치가 적용된 모델과 기본 모델 간의 예측 성능에 큰 차이가 없다는 결론을 내릴 수 있다. 이 결과는 예상했던 것이지만 그래도 검증하는 것이 좋을 것이다. 일부 편향 완화 방법은 예측 성능에 부정적인 영향을 미치기도 하지만 가중치 재설정은 그렇지 않다. 다음에 논의할 DI 제거기 역시 마찬가지다.

이질적 영향력 제거 방법론

이 방법론은 보호 속성(AGE_GROUP)에 없는 편향에 초점을 맞추므로 프로세스 진행 시 이 피처를 삭제해야 한다. 이를 위해서는 해당 피처의 인덱스, 즉 칼럼 리스트 내에서 몇 번째 위치인지 알아야 한다. 다음과 같이 이 위치를 변수(protected_index)로 저장할 수 있다.

```
protected_index = train_ds.feature_names.index('AGE_GROUP')
```

DI 제거 방법론은 비모수적 방법론이 아니다. 0과 1 사이에서 최적의 복구 수준을 찾아야 한다. 이를 위해 복구 수준(levels)을 나타내는 다양한 값을 가진 배열을 반복적으로 사용해 각 level로 DisparateImpactRemover를 초기화하고, 편향을 제거하기 위해 데이터에 대해 fit_transform을 수행한다. 그다음에 보호 속성 없이 모델을 학습시키고 BinaryLabelDatasetMetric을 사용해 disparate_impact를 평가한나. DI는 비율이므로 1보다 크거나 작은 값이며 1에 가장 가까운 값이 최적의 DI이다. 따라서 다양한 복구 수준에 대해 반복 수행하면서 DI가 1에 가장 가까운 모델을 지속적으로 저장한다. 또한 나중에 사용할 수 있도록 DI도 배열에 저장할 것이다. 다음 코드를 확인하라.

```
di = np.array([])
train_dir_ds = None
test_dir_ds = None
lgb_dir_mdl = None
X_train_dir = None
X_test_dir = None
levels = np.hstack([np.linspace(0., 0.1, 41),\
                    np.linspace(0.2, 1, 9)])
for level in tqdm(levels):
  di_remover = DisparateImpactRemover(repair_level=level)
  train_dir_ds_i = di_remover.fit_transform(train_ds)
  test_dir_ds_i = di_remover.fit_transform(test_ds)
  X_train_dir_i = np.delete(train_dir_ds_i.features,\
                            protected_index, axis=1)
  X_test_dir_i = np.delete(test_dir_ds_i.features,\
                           protected_index, axis=1)
  lgb_dir_mdl_i = lgb.LGBMClassifier(random_seed=rand,\
    max_depth=5, num_leaves=33, **lgb_params)
```

```
lgb_dir_mdl_i.fit(X_train_dir_i, train_dir_ds_i.labels)

test_dir_ds_pred_i = test_dir_ds_i.copy()

test_dir_ds_pred_i.labels = \
  lgb_dir_mdl_i.predict(X_test_dir_i)

metrics_test_dir_ds =\
  BinaryLabelDatasetMetric(test_dir_ds_pred_i,
    unprivileged_groups=unprivileged_groups,\
    privileged_groups=privileged_groups)

di_i = metrics_test_dir_ds.disparate_impact()

if (di.shape[0]==0) or (np.min(np.abs(di-1))>=abs(di_i-1)):
  print(abs(di_i-1))
  train_dir_ds = train_dir_ds_i
  test_dir_ds = test_dir_ds_i
  X_train_dir = X_train_dir_i
  X_test_dir = X_test_dir_i
  lgb_dir_mdl = lgb_dir_mdl_i

di = np.append(np.array(di), di_i)
```

다양한 복구 수준에서 DI를 관찰하기 위해 다음 코드를 사용할 수 있다. 최상의 DI가 있는 영역을 확대하려면 xlim 행의 주석 처리를 제거하면 된다.

```
plt.plot(levels, di, marker='o')

plt.ylabel('Disparate Impact (DI)', fontsize=14)

plt.xlabel('Repair Level', fontsize=14)

#plt.xlim(0,0.1)
```

앞의 코드는 다음을 출력한다. 이것으로 알 수 있듯이 0과 0.1 사이의 어딘가에 최적의 복구 수준이 있다. 그 부분에서 DI가 1에 가장 가깝기 때문이다.

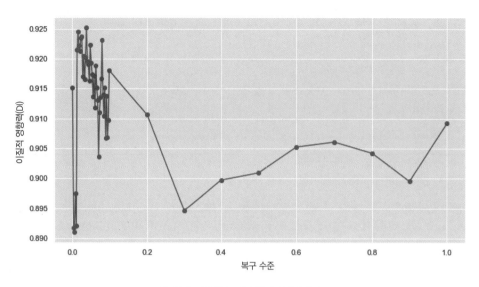

그림 11.6 다양한 DI 제거 복구 수준에서의 DI

이제 evaluate_class_mdl을 통해 최적의 DI 복구 모델을 평가하고 공정성 지표(compute_aif_metrics)를 계산해보자. 이번에는 혼동 행렬을 그리지 않을 것이며, 나중에 검사할 수 있도록 모든 결과를 cls_mdls 딕셔너리에 저장한다. 코드는 다음과 같다.

```
cls_mdls['lgb_1_dir'] = mldatasets.\
  evaluate_class_mdl(lgb_dir_mdl, X_train_dir,\
                     X_test_dir, train_dir_ds.labels,\
                     test_dir_ds.labels, plot_roc=False,\
                     plot_conf_matrix=False,\
                     show_summary=False,\
                     ret_eval_dict=True)
test_pred_dir_ds = test_ds.copy(deepcopy=True)
test_pred_dir_ds.labels =\
  cls_mdls['lgb_1_dir']['preds_test']. reshape(-1,1)
metrics_test_dir_dict, _ =
```

```
mldatasets.compute_aif_metrics(test_ds, test_pred_dir_ds,\
    unprivileged_groups=unprivileged_groups,\
    privileged_groups=privileged_groups)
cls_mdls['lgb_1_dir'].update(metrics_test_dir_dict)
```

데이터 다음으로 이어지는 것은 모델이며, 따라서 데이터에서 편향을 제거했더라도 모델 자체에서 편향이 발생하기 때문에 모델이 이를 처리할 수 있도록 학습시키는 것이 합리적이다. 이에 대해 살펴볼 예정이다.

프로세스 내 편향 완화 방법론

다음은 가장 중요한 프로세스 내 또는 모델 종속적 편향 완화 방법론 중 일부다.

- **비용 민감성 학습**: 이 방법론은 이미 scale_pos_weight 매개변수를 사용해 11장에서 학습된 모든 LightGBM 모델에 통합돼 있다. 일반적으로 불균형 분류 문제에 사용되며 단순히 수가 적은 클래스의 정확도를 향상시키는 수단이다. 그러나 클래스 간의 불균형이 일부 그룹을 다른 그룹보다 선호하게 만드는 경향이 있다는 점을 감안할 때 이 방법도 편향을 완화시킬 수 있다. 클래스 가중치로 통합하거나 사용자 정의 손실함수를 생성해 통합할 수 있다. 구현은 모델 클래스와 편향과 연관된 비용에 따라 다르다. 편향 관련 비용이 오분류와 함께 선형적으로 증가하면 클래스 가중치로 충분하지만, 그렇지 않은 경우 사용자 정의 손실함수를 사용하는 것이 좋다.

- **제약조건**: 많은 모델 클래스가 단조성 및 상호 작용 제약조건을 지원하고 TFL^Tensor Flow Lattice는 보다 고급 사용자 정의 제약조건을 제공한다. 이 제약조건은 피처와 목표변수 간의 관계를 특정 패턴으로 제한해 모델 수준에서 가드레일을 배치한다. 제약조건을 사용하는 많은 이유가 있지만 그중 가장 중요한 것은 편향을 완화하는 것이다. 이 주제는 12장, '해석 가능성을 위한 단조성 제약조건과 모델 튜

닝'에서 논의할 것이다.

- **편견 제거 정규화**: 이 방법론은 편견^{prejudice}을 민감한 변수와 목표변수 간의 통계적 종속성으로 정의한다. 이 방법론의 목적은 단지 민감한 변수를 제거해 피할 수 있는 편견을 배제시킴으로써 간접적인 편향을 최소화하는 것이다. 따라서 이 방법론은 목표변수와 민감한 변수 간의 상호 정보량을 편견 지수$^{PI, Prejudice Index}$로 정량화한다. 참고로 상호 정보량은 10장, '해석 가능성을 위한 피처 선택과 피처 엔지니어링'에서 다뤘다. 그다음에 L2와 함께 PI가 사용자 성의 성규화에 통합된다. 이론상으로 모든 분류기 모델은 PI 기반 정규화를 사용해 정규화할 수 있지만 현재까지 유일한 구현은 로지스틱 회귀를 사용한 것이다.

- **게리 공정성 분류기**$^{Gerry fair classifier}$: 이 방법론은 하나의 그룹에서는 공정한 것처럼 보이지만 하위 그룹으로 세분하면 공정성이 결여되는 공정성 게리맨더링$^{fairness gerrymandering}$ 개념에서 영감을 받았다. 알고리듬은 학습자^{learner}와 감사자^{auditor}가 서로 가상으로 제로섬 게임을 플레이하는 게임 이론을 활용한다. 학습자는 예측 오류를 최소화하고 공정성 기반 페널티를 집계한다. 감사자는 가장 불공정하게 대우받는 하위 그룹에서의 나쁜 결과를 기반으로 학습자에게 페널티를 준다. 이 게임의 목표는 내쉬 균형$^{Nash equilibrium}$을 달성하는 것인데, 이는 모순되는 목표를 가진 두 명의 비협조적인 플레이어가 양쪽 모두를 부분적으로 만족시키는 해결책에 도달할 때 달성된다. 이 경우 학습자는 최소의 예측 오류와 불공정성 합계를 얻고 감사자는 최소의 하위 그룹 불공정성을 얻는다. 이 방법론의 구현은 모델 독립적이다.

- **적대적 편향 제거**$^{adversarial debiasing}$: 게리 공정성과 유사하게 적대적 편향 제거는 두 개의 대립적인 행위자를 활용하지만 이번에는 예측자^{predictor}와 적대자^{adversary}라는 두 개의 신경망을 사용한다. 보호 피처를 예측하는 적대자의 능력을 최소화하는 동시에 목표변수를 예측하는 예측자의 능력을 최대화해 선호 그룹과 비선호 그룹 간 오즈의 동등성을 높인다.

- **지수적 그래디언트 감소**: 이 방법론은 문제들을 일련의 시퀀스로 줄이고 인구통계

학적 동등성 또는 오즈 균등화 등과 같은 보호 속성과 관련된 공정성 제약을 사용해 비용 민감성 최적화를 자동화한다. 모델에 독립적이지만 사이킷런 사용 가능한 이진 분류기로만 제한된다.

프로세스 내 방법론은 너무 많기 때문에 11장에서는 그중 두 가지만 사용한다. 여기서 다루지 않은 방법론에 관심이 있다면 AIF360 라이브러리 및 문서를 참고하라.

편견 제거 방법론

PrejudiceRemover 메서드는 로지스틱 회귀의 특수한 구현이다. 학습률(eta)과 민감도 속성, 클래스 속성 등을 지정해 초기화한다. 그다음에 fit을 수행하면 된다. 코드는 다음과 같다.

```
log_pr_mdl = PrejudiceRemover(eta=1.0,\
    sensitive_attr='AGE_GROUP', class_attr='IS_DEFAULT')
log_pr_mdl.fit(train_ds)
```

predict 함수를 사용해 학습 및 테스트 예측을 얻은 다음 예측 성능 및 공정성 지표를 얻기 위해 각각 evaluate_class_metrics_mdl 및 compute_aif_metrics를 사용할 수 있다. 다음 코드에 보이는 대로 둘 다 cls_mdls 딕셔너리에 넣는다.

```
train_pred_pr_ds = log_pr_mdl.predict(train_ds)
test_pred_pr_ds = log_pr_mdl.predict(test_ds)
cls_mdls['log_2_pr'] = mldatasets.\
    evaluate_class_metrics_mdl(log_pr_mdl,\
        train_pred_pr_ds.labels,\
        test_pred_pr_ds.scores, test_pred_pr_ds.labels,\
        y_train, y_test)
metrics_test_pr_dict, _ = mldatasets.\
    compute_aif_metrics(test_ds, test_pred_pr_ds,\
```

```
    unprivileged_groups=unprivileged_groups,\
    privileged_groups=privileged_groups)
cls_mdls['log_2_pr'].update(metrics_test_pr_dict)
```

다음으로는 교차성이 고려된 좀 더 모델 독립적인 프로세스 내 방법론에 대해 살펴볼 것
이다.

게리 공정성 분류기

게리 공정성 분류기는 부분적으로 모델 독립적이다. 선형 모델, **서포트 벡터 머신**[SVM], 커널
회귀, 의사 결정 트리만 지원한다. 정규화 강도(C), 조기 중지에 대한 공정성 근사치(gamma),
정보 표시 여부(printflag), 최대 반복 횟수(max_iters), 모델(predictor), 적용할 공정성 개
념(fairness_def)을 정의해 GerryFairClassifier를 초기화한다. 여기서는 공정성 위반에
대한 가중된 격차를 계산하기 위해 위음성[FN]을 공정성 개념으로 사용한다. 초기화된 후
fit을 수행할 때 5번 반복 내에서 개선되지 않으면 중지되도록 early_termination을 활
성화한다. 코드는 다음과 같다.

```
dt_gf_mdl = GerryFairClassifier(C=100, gamma=.005,\
  max_iters=50, fairness_def='FN', printflag=True,\
  predictor=tree.DecisionTreeRegressor(max_depth=3))
dt_gf_mdl.fit(train_ds, early_termination=True)
```

predict 함수를 사용해 학습 및 테스트 예측을 얻은 다음 예측 성능 및 공정성 지표를 얻
기 위해 각각 evaluate_class_metrics_mdl 및 compute_aif_metrics를 사용할 수 있다.
다음 코드에 보이는 대로 둘 다 cls_mdls 딕셔너리에 넣는다.

```
train_pred_gf_ds = dt_gf_mdl.predict(train_ds, threshold=False)
test_pred_gf_ds = dt_gf_mdl.predict(test_ds, threshold=False)
cls_mdls['dt_2_gf'] = mldatasets.\
```

```
evaluate_class_metrics_mdl(dt_gf_mdl,\
    train_pred_gf_ds.labels,\
    None, test_pred_gf_ds.labels, y_train, y_test)
metrics_test_gf_dict, _ = mldatasets.\
    compute_aif_metrics(test_ds, test_pred_gf_ds,\
    unprivileged_groups=unprivileged_groups,\
    privileged_groups=privileged_groups)
cls_mdls['dt_2_gf'].update(metrics_test_gf_dict)
```

모델의 다음 단계이자 마지막 단계는 바로 추론이며, 데이터와 모델에서 편향을 제거했더라도 약간의 편향이 남아 있을 수 있으므로 이 단계에서도 편향을 처리하는 것이 합리적이다.

후처리 편향 완화 방법론

다음은 가장 중요한 후처리 또는 추론 종속적인 편향 완화 방법론 중 일부다.

- **예측 기권**: 이것은 공정성, 안전, 비용 통제와 같은 많은 잠재적인 이점이 있지만 문제에 따라 다르다. 일반적으로 모델은 신뢰도가 낮은 예측을 포함한 모든 예측을 반환한다. 즉, 예측이 분류 임곗값에 가깝거나 또는 모델이 미리 결정된 임곗값을 벗어나는 신뢰 구간을 반환하는 경우에도 그렇다. 공정성과 관련된 경우 신뢰도가 낮은 영역의 예측을 IDK^I don't know로 변경한 후 만들어진 예측에 대해서만 공정성 지표를 평가하면 부수적인 효과로 모델이 더 공정해질 수 있다. 즉 프로세스 내 방법론으로서 예측을 기권하는 것이 가능하다. 「책임성 있는 예측: 디퍼 학습을 통한 공정성 향상Predict Responsibly: Increasing Fairness by Learning to Defer」이라는 논문에서는 모델을 펀트punt(IDK를 예측하도록 학습)와 디퍼defer(올바른 것으로 예측한 오즈가 전문가 의견보다 낮을 때 IDK로 예측)로 학습해 이를 수행하는 두 가지 접근 방식에 대해 논의한다. 「이진 분류에서 기권의 유용성The Utility of Abstaining in Binary Classification」

이라는 또 다른 논문에서는 자신의 실수를 자각하고 기권을 허용하는 KWIK^{Knows} ^{What It Know}라고 부르는 강화학습 프레임워크를 사용한다.

- **오즈 균등화 후처리**: 이질적인 홀대^{disparate mistreatment}라고도 하며, 이는 위양성이든 위음성이든 오분류에 대해서는 선호 그룹과 비선호 그룹을 모두 동등하게 처리하도록 한다. 어떤 것의 레이블을 변경해야 그룹 간의 오즈가 균등해지는지 최적의 확률 임곗값을 찾는다.

- **보정된 오즈 균등화 후처리**: 이 방법론은 레이블을 변경하는 대신 확률 추정치를 수정한다. 이를 보정^{calibration}이라고 한다. 하지만 이 제약조건은 위양성과 위음성에 대해 동시에 충족될 수 없으므로 둘 중 하나를 선호하도록 해야 한다. 따라서 재현율이 정밀도보다 훨씬 더 중요한 경우 또는 그 반대의 경우에 유리한 추정 확률을 보정하는 이점이 있다.

- **거부 옵션 분류**: 이 방법론은 의사 결정 경계 주변의 예측은 공정하지 않을 경향이 있다는 직관을 활용한다. 그래서 의사 결정 경계 주변에서 비선호 그룹과 선호 그룹에 대한 레이블을 뒤집을 때 가장 공평한 결과를 산출하는 최적의 밴드^{band}를 찾는다.

11장에서는 이런 후처리 방법론 중 두 가지만 사용할 것이다. 거부 옵션 분류는 AIF360 라이브러리 및 문서에서 참고할 수 있다.

오즈 균등화 후처리 방법론

오즈 균등화 후처리 방법론(EqOddsPostprocessing)은 오즈를 균등화하려는 그룹과 랜덤 시드로 초기화된다. 그다음에 fit을 수행한다. 이를 위해서는 원본 데이터셋(test_ds)과 기본 모델의 예측이 포함된 데이터셋(test_pred_ds)이 필요하다. fit은 최적의 확률 임곗값을 계산한다. 그다음에 predict로 이 임곗값을 기준으로 labels를 변경한 새 데이터셋을 생성한다. 코드는 다음과 같다.

```
epp = EqOddsPostprocessing(\
  privileged_groups=privileged_groups,\
  unprivileged_groups=unprivileged_groups,\
  seed=rand)
epp = epp.fit(test_ds, test_pred_ds)
test_pred_epp_ds = epp.predict(test_pred_ds)
```

evaluate_class_metrics_mdl 및 compute_aif_metrics를 사용해 EPP^{Equal-Proportion Probability}에 대한 예측 성능 및 공정성 지표를 얻는다. 둘 다 cls_mdls 딕셔너리에 넣는다. 코드는 다음과 같다.

```
cls_mdls['lgb_3_epp'] = mldatasets.\
  evaluate_class_metrics_mdl(lgb_base_mdl,\
    cls_mdls['lgb_0_base']['preds_train'],\
    test_pred_epp_ds.scores, test_pred_epp_ds.labels,\
    y_train, y_test)
metrics_test_epp_dict, _ = mldatasets.\
  compute_aif_metrics(test_ds, test_pred_epp_ds,\
    unprivileged_groups=unprivileged_groups,\
    privileged_groups=privileged_groups)
cls_mdls['lgb_3_epp'].update(metrics_test_epp_dict)
```

다음으로 또 다른 후처리 방법론에 대해 알아보자. 주요 차이점은 예측된 레이블만 변경하는 것이 아니라 확률 점수를 보정한다는 것이다.

보정된 오즈 균등화 후처리 방법론

보정된 오즈 균등화^{CalibratedEqOddsPostprocessing}는 한 가지 더 중요한 속성(cost_constraint)이 있다는 점을 제외하면 오즈 균등화와 동일하게 구현된다. 이 속성은 FPR과 FNR에 대한 점수를 동시에 공정하게 만들 수 없기 때문에 충족해야 하는 제약조건을 정의한다. 여기서는 FPR을 선택하고 오즈 균등화에 대해 했던 것처럼 fit, predict, evaluate를 수행한다. 코드는 다음과 같다.

```
cpp = CalibratedEqOddsPostprocessing(\
    privileged_groups=privileged_groups,
    unprivileged_groups=unprivileged_groups,\
    cost_constraint="fpr", seed=rand)
cpp = cpp.fit(test_ds, test_pred_ds)
test_pred_cpp_ds = cpp.predict(test_pred_ds)
cls_mdls['lgb_3_cpp'] = mldatasets.\
    evaluate_class_metrics_mdl(lgb_base_mdl,\
        cls_mdls['lgb_0_base']['preds_train'],\
        test_pred_cpp_ds.scores,\
        test_pred_cpp_ds.labels,\
        y_train, y_test)
metrics_test_cpp_dict, _ = mldatasets.\
    compute_aif_metrics(test_ds, test_pred_cpp_ds,\
        unprivileged_groups=unprivileged_groups,\
        privileged_groups=privileged_groups)
cls_mdls['lgb_3_cpp'].update(metrics_test_cpp_dict)
```

이제 모든 수준에서 두 가지씩 총 6가지 편향 완화 방법론을 시도했으므로 이 모두를 기본 모델과 비교할 것이다.

편향 완화 방법론 비교

모든 방법론의 메트릭을 비교하기 위해 딕셔너리(cls_mdls)로부터 데이터프레임(cls_metrics_df)에 메트릭을 넣는다. 지금은 몇 가지 성과 지표와 기록된 공정성 지표에만 관심이 있다. 테스트 정확도에 따라 정렬한 후 모든 공정성 지표를 색상으로 구분된 데이터프레임으로 출력한다. 코드는 다음과 같다.

```
cls_metrics_df = pd.DataFrame.from_dict(cls_mdls, 'index')\
  [['accuracy_train', 'accuracy_test', 'f1_test',\
    'mcc_test', 'SPD', 'DI', 'AOD', 'EOD', 'DFBA']]
with pd.option_context('display.precision', 4):
  html = cls_metrics_df.sort_values(by='accuracy_test',\
                                    ascending=False).style.\
        background_gradient(cmap='plasma_r', low=0.3,\
                            high=1,\
                            subset=['SPD', 'AOD', 'EOD']).\
        background_gradient(cmap='viridis_r', low=1,\
                            high=0.3,\
                            subset=['DI', 'DFBA'])
html
```

위의 코드는 다음 데이터프레임을 출력한다.

	accuracy_train	accuracy_test	f1_test	mcc_test	SPD	DI	AOD	EOD	DFBA
dt_2_gf	0.8214	0.8262	0.4812	0.4135	-0.0548	0.9388	-0.0430	-0.0216	0.2521
lgb_0_base	0.8255	0.8167	0.5330	0.4243	-0.0679	0.9193	-0.0550	-0.0265	0.2328
lgb_1_rw	0.8240	0.8138	0.5337	0.4210	-0.0371	0.9552	-0.0171	-0.0018	0.0349
lgb_1_dir	0.8237	0.8129	0.5301	0.4171	-0.0624	0.9252	-0.0493	-0.0214	0.2545
lgb_3_epp	0.8255	0.8101	0.5152	0.4025	-0.0260	0.9688	0.0022	-0.0021	0.0031
lgb_3_cpp	0.8255	0.2622	0.2129	-0.3055	-0.0711	0.7609	-0.0635	-0.1262	0.0432
log_2_pr	0.1912	0.1873	0.2844	-0.3363	0.0520	1.7627	0.0498	0.0235	0.3454

그림 11.7 다양한 공정성 지표를 사용한 편향 완화 방법론 비교

그림 11.7은 대부분의 방법론이 SPD, AOD, EOD 등에 대해서 기본 모델보다 더 공정한 모델을 산출했음을 보여준다. 보정된 오즈 균등화(lgb_3_cpp)는 예외였지만 최고의 DFBA 중 하나였다. 이 방법론은 점수를 보정함으로써 FPR 또는 FNR에 대한 동등성을 달성하는 데는 유용하지만 다른 공정성 지표에 대해서는 유용하지 않다는 것에 주의하라. 그 대신

7장, '앵커와 반사실적 설명'에서 했던 것처럼 FPR 간의 비율을 나타내는 메트릭을 생성할 수 있다. 부수적으로 이는 보정된 오즈 균등화^{CPP}의 완벽한 유스 케이스가 될 수 있다. DI 의 경우 두 가지 방법론이 차선의 DI를 산출했는데, 하나는 너무 낮고 다른 하나는 너무 높다. CPP의 경우에는 보정의 특성 때문이지만, 편견 제거기(log_2_pr)의 경우에는 로지스틱 회귀가 정규화로 공정성을 제한하면서 높은 정확도를 얻지 못한 것이다.

가장 좋은 SPD, DI, AOD, DFBA를 얻었고, 두 번째로 좋은 EOD를 얻은 방법론은 오즈 균등화(lgb_3_epp) 후처리 방법론이므로 XAI의 플롯을 사용해 공정성을 시각화할 것이다. 이를 위해 먼저 테스트 데이터(test_df)로 데이터프레임을 생성한 후, **replace**를 사용해 **AGE_GROUP**을 범주형으로 만들고 칼럼의 리스트(cat_cols_l)를 얻는다. 그다음에 실제 레이블(y_test), EPP 모델에 대한 예측 확률 점수, 데이터프레임(test_df), 보호 속성(cross_cols) 그리고 범주 칼럼 리스트를 사용해 다양한 메트릭을 비교할 수 있다(metrics_plot). ROC^{Receiver Operating Characteristic} 플롯(roc_plot)과 PR^{Precision-Recall} 플롯(pr_plot)에 대해서도 동일한 작업을 수행한다. 코드는 다음과 같다.

```
test_df = ccdefault_bias_df.loc[X_test.index]
test_df['AGE_GROUP'] = test_df.AGE_GROUP.\
  replace({0:'unprivileged', 1:'privileged'})
cat_cols_l = ccdefault_bias_df.dtypes[lambda x: x==np.int8].\
  index.tolist()
_ = xai.metrics_plot(y_test,\
                    cls_mdls['lgb_3_epp']['probs_test'],\
                    df=test_df, cross_cols=['AGE_GROUP'],\
                    categorical_cols=cat_cols_l)
_ = xai.roc_plot(y_test,\
                cls_mdls['lgb_3_epp']['probs_test'],\
                df=test_df, cross_cols=['AGE_GROUP'],\
                categorical_cols=cat_cols_l)
_ = xai.pr_plot(y_test,\
```

```
cls_mdls['lgb_3_epp']['probs_test'],\
df=test_df, cross_cols=['AGE_GROUP'],\
categorical_cols=cat_cols_l)
```

앞의 코드는 그림 11.8의 세 가지 플롯을 출력한다. 첫 번째 플롯은 가장 공정한 모델이라도 두 그룹 사이에 특히 정밀도와 재현율, 더 나아가 이 둘의 평균인 F1 점수 사이에 약간의 차이가 있음을 보여준다. 그러나 ROC 곡선은 두 그룹이 FPR 대 TPR의 관점에서는 서로 가깝다는 것을 보여준다. 세 번째 플롯은 정밀도와 재현율에서의 차이를 훨씬 더 분명하게 보여준다. 이를 통해 모든 면에서 공정한 균형을 유지하는 것이 얼마나 어려운지 알 수 있다. 어떤 방법론은 한 가지 측면을 완벽하게 하는 데는 가장 좋지만 다른 측면들에는 소용이 없는 반면 다른 방법론은 몇 가지 측면에 효과적이지만 그뿐이다. 방법론이 가진 단점에도 불구하고 대부분의 방법론이 상당한 개선을 이뤘다. 결국 방법론은 가장 중요하게 생각하는 것이 무엇이냐에 따라 선택해야 하며, 최선의 효과를 위해 여러 방법론을 조합하는 것도 추천한다. 출력은 다음과 같다.

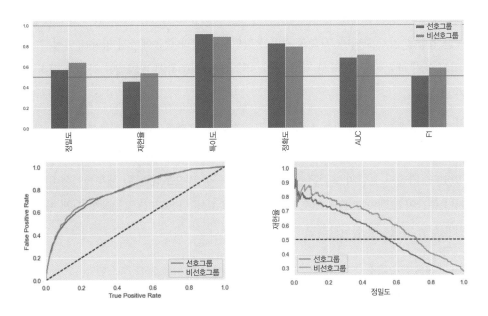

그림 11.8 가장 공정한 모델에서의 공정성을 보여주는 플롯

이제 편향 완화 실습을 마치고 인과관계 추론 실습으로 넘어갈 것이다. 여기서는 공정하고 견고한 정책을 보장하는 방법에 대해 논의할 것이다.

▌ 인과 모델 생성

의사 결정은 종종 원인cause과 그에 따른 효과effect 또는 결과에 대한 이해를 포함한다. 효과가 바람직하면 그 원인을 반복하거나 또는 그렇지 않으면 원인을 피할 수 있다. 결과가 어떻게 변하는지 관찰하거나, 그 원인으로서 우연한 효과를 추적하거나, 어떤 변화가 가장 유익한 영향을 미치는지 시뮬레이션하기 위해 의도적으로 무언가를 변화시킬 수 있다. 인과 그래프와 인과 모델을 만들면 인과관계 추론causal inference을 수행하는 데 도움이 된다. 이것들은 모든 변수를 연결하고 효과를 추정해 더욱 원칙적인 의사 결정을 내리도록 해준다. 하지만 설계에 의한 것이든 우연에 의한 것이든 원인의 영향력을 적절하게 평가하려면 영향력을 교란 변수confounding variables와 분리해야 한다.

인과관계 추론이 11장과 관련이 있는 이유는 은행의 정책 결정은 카드 소지자의 생계에 상당한 영향을 미치게 되며, 자살의 증가를 감안하면 삶과 죽음에까지 영향을 미칠 수 있는 힘이 있기 때문이다. 따라서 정책 결정 시 최대한 신중하게 평가해야 하는 도덕적 의무가 있다.

대만은행은 6개월 전부터 대출 정책 실험을 시작했다. 은행은 불길한 징조를 봤고 채무불이행 위험이 가장 높은 고객들에 대해서는 어떻게든 그들의 부채를 줄여야 한다는 것을 알고 있었다. 따라서 실험의 초점은 은행이 구제 가능할 것으로 판단한 채무불이행 위험이 낮거나 중간인 고객만 포함했으며, 이제 실험이 종료돼 다음과 같은 정책이 고객 행동에 어떤 영향을 미쳤는지 살펴보려고 한다.

- **신용 한도 축소**Lower Credit Limit: 일부 고객의 신용 한도를 25% 축소했다.
- **상환 계획 수립**Payment Plan: 신용카드 빚을 갚는 데 6개월이 주어졌다. 즉, 부채를 6개월 동안 분할 상환한다.

- **둘 다**^{Payment Plan & Lower Credit Limit} : 신용 한도 축소 및 상환 계획 수립 모두 적용

또한 2005년 대만의 신용카드 이자율은 16~20% 정도였으나 은행들은 곧 금융감독위원회가 단기적으로 그 상한선을 4%로 제한할 것임을 알게 됐다. 따라서 은행은 모든 실험 대상 고객에게 해당 수준의 이자율이 자동으로 제공되도록 했다. 일부 은행의 경영진은 이것이 부채를 악화시키고 그 과정에서 더 많은 "신용카드 노예"를 만들 것이라고 생각했다. 이런 우려에 대한 대책으로 신용카드 한도를 낮추는 실험을 만들자는 제안이 나왔다. 다른 한편으로 분할 상환 정책은 채무 구제 조치가 고객들에게 두려움 없이 카드를 사용할 수 있도록 숨 돌릴 기회를 주는지 파악하기 위해 고안됐다.

비즈니스 측면에서의 근거는 낮은 이자율로 인해 대부분의 수익은 지불 처리, 캐시백 파트너십 그리고 지출과 관련된 기타 부문에서 나올 것이고, 결과적으로 오래 유지되는 고객이 늘어나야 하기 때문에 건전한 수준의 지출은 장려할 필요가 있다는 것이다. 이는 또한 고객이 채무자이기보다는 소비자일 때 더 수익성이 있다면 그들이 채무자가 되는 것을 방지하기 위한 인센티브가 마련돼야 함을 의미하기 때문에 고객에게도 이익이 될 것이다. 이 모든 이유로 인해 실험 결과가 은행과 고객 모두에게 유익을 줬는지에 대한 지표로 추정 평생 가치(_LTV)를 사용하기로 했다. 수년간 은행은 고객의 지출과 상환 내역 그리고 한도와 이자율 등의 매개변수를 고려해 신용카드 소지자가 앞으로 은행에 제공할 가치를 추정하기 위해 합리적인 계산법으로 평생 가치를 사용해왔다.

실험 설계 용어로 선택된 정책을 '처치'라고 하며, 이 실습에서는 3개의 처치 그룹과 처치를 하지 않은 대조군, 즉 이자율 인하는 물론이고 아무런 정책 변화가 없는 그룹이 있다. 계속 진행하기 전에 먼저 다음과 같이 처치 이름(treatment_names)과 대조군까지 모두 포함하는 리스트(all_treatment_names)를 설정한다.

```python
treatment_names = ['Lower Credit Limit', 'Payment Plan',\
                   'Payment Plan & Lower Credit Limit']
all_treatment_names = np.array(["None"] + treatment_names)
```

이제 최적의 인과 모델을 설계하는 데 도움이 되는 실험 결과를 살펴보자.

실험 결과 이해

처치의 효과를 평가하는 상당히 직관적인 방법은 고객의 결과를 비교하는 것이다. 다음 두 가지 간단한 질문에 대한 답을 알고 싶다.

- 처치가 대조군에 비해 채무불이행 비율을 감소시켰는가?
- 소비 행위가 평생 가치 추정치 증가에 도움이 됐는가?

하나의 플롯으로 둘 다를 시각화할 수 있다. 이를 위해 각 그룹에서의 채무불이행 퍼센트(pct_s)를 갖는 시리즈를 얻은 다음 각 그룹에 대한 평생 가치 합계(ltv_s)를 1,000달러 단위의 NTD(K$)로 표시한 시리즈를 얻는다. 다음 코드와 같이 두 시리즈를 데이터프레임에 넣고 플롯을 그린다.

```
pct_s =\
  ccdefault_causal_df[ccdefault_causal_df.IS_DEFAULT==1].\
    groupby(['_TREATMENT']).size() /\
    ccdefault_causal_df.groupby(['_TREATMENT']).size()
ltv_s =\
  ccdefault_causal_df.groupby(['_TREATMENT'])['_LTV'].\
    sum()/1000
plot_df = pd.DataFrame({'% Defaulted':pct_s, 'Total LTV,
                        K$':ltv_s})
plot_df.index = all_treatment_names
ax = plot_df.plot(secondary_y=['Total LTV, K$'], figsize=(8,5))
ax.get_legend().set_bbox_to_anchor((0.7, 0.99))
plt.grid(False)
plt.title("Credit Policy Experiment Outcomes", fontsize=16)
```

앞의 코드는 그림 11.9를 출력한다. 모든 처치가 대조군보다 더 나은 결과를 보였음을 추론할 수 있다. 신용 한도를 낮추는 것만으로 채무불이행 비율이 12% 이상 감소하고 추정 LTV가 2배 이상 증가했으며, 분할 상환은 채무불이행 비율을 3% 낮추고 LTV를 약 85% 증가시킨다. 그러나 두 정책을 결합하면 대조군의 LTV를 4배로 늘렸고 채무불이행 비율을 거의 15% 정도 줄였다. 출력은 다음과 같다.

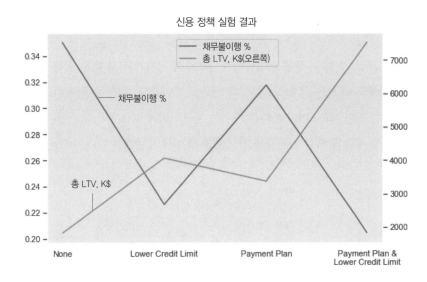

그림 11.9 다양한 신용 정책을 사용한 처치의 결과

은행 경영진이 멋진 정책을 발견했다고 기뻐하기 전에 실험에서 신용카드 소지자에게 정책을 배포한 방법은 반드시 검토돼야 한다. 앞에서 그들이 _risk_score 변수로 측정되는 위험 요인에 따라 처치를 선택했다고 들었다. 그러나 평생 가치는 가용한 신용 한도(_CC_LIMIT)의 영향을 크게 받으므로 이를 고려해야 한다. 분포를 알 수 있는 한 가지 방법은 _TREATMENT에 따라 색상으로 구분된 산점도에서 두 변수를 확인하는 것이다. 이에 대한 코드는 다음과 같다.

```
sns.scatterplot(\
    x=ccdefault_causal_df['_CC_LIMIT'].values,\
```

```
    y=ccdefault_causal_df['_risk_score'].values,\
    hue=all_treatment_names[ccdefault_causal_df['_TREATMENT'].
    values],\
    hue_order=all_treatment_names)
plt.title("Chosen Credit Policy ('Treatment') by Customer")
plt.xlabel("Original Credit Limit")
plt.ylabel("Risk Factor")
```

앞의 코드는 그림 11.10의 플롯을 출력한다. 세 가지 처치가 서로 다른 위험 수준에 해당하는 반면 대조군(None)은 수직으로 분산돼 있음을 보여준다. 위험 수준에 따라 처치를 할당하는 선택은 또한 _CC_LIMIT에 따른 처치는 불균일하게 분포함을 의미한다. 이 실험의 편향된 조건이 결과를 해석하는 것을 가능하게 하는지 자문해야 한다. 다음 출력을 살펴보라.

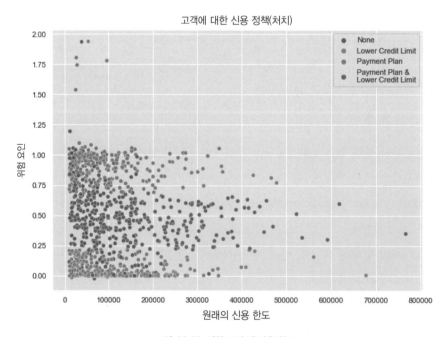

그림 11.10 위험 요인 대 신용 한도

그림 11.10의 산점도는 위험 요인에 따른 처치의 계층화를 보여준다. 그러나 산점도는 분포를 파악하기 위한 해석에 좋지 않을 수 있다. 이를 위해서는 커널 밀도 추정^{KDE, Kernel Density Estimate} 플롯을 사용하는 것이 좋다. Seaborn의 displot을 사용해 각 처치에 대해 _CC_LIMIT가 어떻게 분포돼 있는지 살펴보고, 평생 가치(_LTV)에 대해서도 플롯을 그려보자. 다음 코드를 확인하라.

```
sns.displot(ccdefault_causal_df, x="_CC_LIMIT",\
        hue="_TREATMENT", kind="kde", fill=True)
sns.displot(ccdefault_causal_df, x="_LTV", hue="_TREATMENT",\
        kind="kde", fill=True)
```

위의 코드는 그림 11.11과 같이 두 개의 KDE 플롯을 출력한다. 중심이 훨씬 더 오른쪽에 있고 꼬리가 오른쪽으로 길게 늘어지는 경향이 있는 처치 #3("Payment Plan & Lower Credit Limit")에 대해 다른 분포들이 두 플롯 모두에서 서로 얼마나 떨어져 있는지 쉽게 알 수 있다. 출력은 다음과 같다.

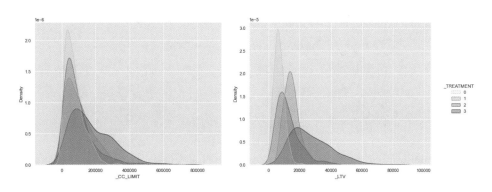

그림 11.11 _TREATMENT에 의한 _CC_LIMIT 및 _LTV의 KDE 분포

이상적으로 이와 같은 실험을 설계할 때는 결과를 변경할 수 있는 관련 요인을 기반으로 모든 그룹이 균등하게 분포되게 하는 것을 목표로 해야 한다. 그러나 실제적 또는 전략적 제약 때문에 항상 가능하진 않다. 이 실습의 경우 결과(_LTV)는 이질적 피처, 즉 처치 효과

에 직접적인 영향을 미치는 피처인 고객의 신용카드 한도(_CC_LIMIT)에 따라 달라진다. 이 질적 피처는 이질적 처치 효과 변경 인자heterogeneous treatment effect modifier라고도 한다. 이제 _TREATMENT 피처와 효과 변경 인자(_CC_LIMIT)를 모두 포함하는 인과 모델을 만들 수 있다.

인과 모델에 대한 이해

구축할 인과 모델은 다음과 같이 4가지 구성 요소로 돼 있다.

- **결과**(Y): 인과 모델의 결과 변수
- **처치**(T): 결과에 영향을 미치는 처치 변수
- **효과 변경 인자**(X): 효과의 이질성에 영향을 미치는 변수. 처치와 결과 사이에 있다.
- **통제**(W): 일반적인 원인 또는 교란 변수. 결과와 처치 모두에 영향을 미치는 피처다.

다음과 같이 데이터에서 이런 각 구성 요소를 별도의 데이터프레임으로 식별한다.

```
W = ccdefault_causal_df[['_spend', '_tpm', '_ppm', '_RETAIL',\
                         '_URBAN', '_RURAL', '_PREMIUM']]
X = ccdefault_causal_df[['_CC_LIMIT']]
T = ccdefault_causal_df[['_TREATMENT']]
Y = ccdefault_causal_df[['_LTV']]
```

여기서는 DRLdoubly robust learning 방법론을 사용해 처치 효과를 추정할 것이다. 다음과 같이 두 가지 모델을 활용하기 때문에 "이중doubly"이라고 한다.

- 다음과 같이 회귀 모델을 사용해 결과를 예측한다.

$$Y \sim W + X$$

- 다음과 같이 경향성 모델propensity model로 처치를 예측한다.

$$T \sim W + X$$

이 방법론은 또한 신뢰 구간 및 점근적 정규성asymptotic normality과 같은 많은 바람직한 통계적 특성을 유지하면서 두 모델을 결합하는 최종 단계 때문에 견고하다. 좀 더 공식적으로 보면 추정은 다음과 같은 처리 t에 대해 회귀 모델 g와 조건적으로 경향성 모델 p를 활용한다.

$$Y_t = g_t(W, X) + \epsilon_t$$

또한 다음도 수행한다.

$$Pr[T = t | X, W] = p_t(W, X)$$

목표는 이질적인 효과 X가 주어졌을 때 각 처치 t와 관련된 $\theta_t(X)$로 표시된 조건부 평균 처치 효과CATE, Conditional Average Treatment Effect를 도출하는 것이다. 먼저 DRL 방법은 다음과 같이 역방향 성향을 적용해 회귀 모델의 편향을 제거한다.

$$Y_{i,t}^{\text{DRL}} = g_t(W_i, X_i) + \frac{Y_i - g_t(W_i, X_i)}{p_t(X_i, W_i)} + 1\{T_i = t\}$$

Y로부터 $\theta_t(X)$를 정확히 추정하는 방법은 사용된 DRL의 변형에 따라 다르다. 여기서는 쉽게 해석할 수 있는 계수와 절편을 반환받기 위해 선형(LinearDRLearner)을 사용할 것이다. 이 방법은 X_t에 대한 처리 t와 대조군($Y_{i,t}^{\text{DRL}} - Y_{i,0}^{\text{DRL}}$) 간의 결과 차이에 대해 일반 선형회귀OLS를 실행해 $\theta_t(X)$를 도출한다. 이것은 처치의 추정 효과에서 처치가 없을 때(t = 0)의 추정 효과를 뺀 값이 해당 처치의 순 효과이기 때문에 직관적으로 이해할 수 있다.

이제 이론은 놔두고 코드를 파헤쳐보자.

선형 DRL 초기화

econml 라이브러리의 LinearDRLearner를 초기화해 drlearner라고 명명할 것인데, 이때 사이킷런 호환 회귀자(model_regression) 및 분류자(model_propensity)를 지정한다. 이 둘에 대해 XGBoost를 사용할 것이지만 분류자에는 objective=multi:softmax 속성이 있다는 것에 주의하라. 여러 개의 처치가 있기 때문에 다중 클래스 분류 문제다. 코드는 다음과 같다.

```
drlearner = LinearDRLearner(\
    model_regression=xgb.XGBRegressor(learning_rate=0.1),\
    model_propensity=xgb.XGBClassifier(learning_rate=0.1,\
                max_depth=2, objective="multi:softmax"),\
    random_state=rand)
```

회귀 모델과 경향성 모델이 수행하는 작업을 살펴보기 위해서 xgb.XGBRegressor().fit(W.join(X), Y) 및 xgb.XGBClassifier(objective="multi:softmax").fit(W.join(X), T)와 같이 적합시킬 수 있다. 지금은 이 작업을 수행하지 않을 것이지만 만약 궁금하다면 성능을 평가하고 피처 중요도 방법론을 실행해 예측에 개별적으로 영향을 미치는지 살펴볼 수도 있다. 인과 모델은 DRL 프레임워크와 함께 이 결과를 가져와 다른 결론을 도출할 수 있다.

인과 모델 적합

drlearner에서 fit을 사용해 econml의 dowhy 래퍼를 활용하는 인과 모델에 적합시킨다. 첫 번째 속성은 Y, T, X 그리고 W이며 이들은 데이터프레임이다. 옵션으로 이 구성 요소 각각에 대한 변수 이름, 즉 각 데이터프레임의 칼럼 이름을 제공할 수 있다. 마지막으로 처치 효과를 추정할 것이다. 따라서 옵션으로 이를 수행하기 위한 효과 변경 인자(X)를 제공할 수 있으며 다음 코드에 설명된 것처럼 이 데이터의 절반을 사용한다.

```
causal_mdl = drlearner.dowhy.fit(Y, T, X, W,\
  outcome_names=Y.columns.to_list(),\
  treatment_names=T.columns.to_list(),\
  feature_names=X.columns.to_list(),\
  confounder_names=W.columns.to_list(),\
  target_units=X.iloc[:550].values)
```

인과 모델이 초기화되면 시각화할 수 있다. pygraphviz를 가진 pydot 라이브러리를 사용할 것이다. 이 라이브러리는 변덕스럽기로 악명이 높기 때문에 에러가 발생할 수 있으며 view_model 대신 훨씬 덜 매력적인 기본 그래픽을 표시할 수 있다. 그래도 걱정하지 말라. 다음 코드를 살펴보자.

```
try:
  display(Image(to_pydot(causal_mdl._graph._graph).\
  create_png()))
except:
  causal_mdl.view_model()
```

위의 코드는 다음과 같은 모델 다이어그램을 출력한다. 이를 통해 모든 변수가 연결되는 방식을 이해할 수 있다.

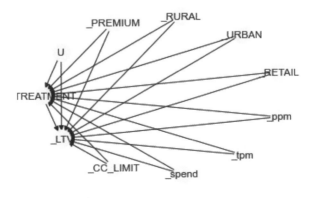

그림 11.12 인과 모델 다이어그램

인과 모델을 적합했으므로 이제 결과를 살펴보고 해석해볼 것이다.

▮ 이질적 처치 효과

먼저 econml의 dowhy 래퍼가 dowhy.fit 메서드를 사용해 몇 단계를 줄였다는 것을 아는 것이 중요하다. 일반적으로 dowhy를 사용해 이와 같은 CausalModel을 직접 작성할 때는 추정하고 싶은 효과, 즉 식별된 추정치[identified estimand2]에 대한 확률 표현식을 도출하는 identify_effect 메서드를 사용한다. 이 경우 그 출력을 **평균 처치 효과**[ATE]라고 한다. 그다음에 estimate_effect라는 또 다른 메서드가 이 확률 표현식과 두 모델(회귀 및 경향성 모델)을 함께 묶는다. 이들을 사용해 모든 결과와 처치 t에 대한 ATE와 $Y_{i,t}^{DRL}$ 그리고 CATE와 $\theta_t(X)$를 모두 계산한다. 그러나 인과 모델을 fit할 때 래퍼를 사용했기 때문에 식별 및 추정 단계를 모두 자동으로 처리한다.

인과 모델에서 identified_estimand_ 프로퍼티를 사용해 식별된 ATE에 접근하고, estimate_ 프로퍼티를 사용해 추정치 결괏값을 얻을 수 있다. 코드는 다음과 같다.

```
identified_ate = causal_mdl.identified_estimand_
print(identified_ate)
drlearner_estimate = causal_mdl.estimate_
print(drlearner_estimate)
```

위의 코드는 몇 가지 가정과 함께 $Y \sim W + X$에 대한 기댓값의 파생인 identified_estimand_를 통해 추정치 표현식[estimand expression]을 출력한다. 그다음에 이어지는 코드와 같이 인과적으로 "실현된" estimate_는 처치 #1에 대한 ATE를 반환한다.

---

2 인과 모델에서 estimand는 추정하고 싶어 하는 목표를 말하며, estimate는 estimand에 대해 추정한 근사치를 말한다. - 옮긴이

```
Estimand type: nonparametric-ate


### Estimand : 1

Estimand name: backdoor1 (Default)

Estimand expression:

 d

-------------(Expectation(_LTV|_URBAN,_ppm,_CC_LIMIT,_tpm,_

spend,_RETAIL,_PREMIUM,_RURAL))

d[_TREATMENT]


Estimand assumption 1, Unconfoundedness: If U→{_TREATMENT}

and U→_LTV then P(_LTV|_TREATMENT,_URBAN,_ppm,_CC_LIMIT,_tpm,_

spend,_RETAIL,_PREMIUM,_RURAL,U) = \

P(_LTV|_TREATMENT,_URBAN,_ppm,_CC_LIMIT,_tpm,_spend,_RETAIL,_

PREMIUM,_RURAL)


*** Causal Estimate ***


## Identified estimand

Estimand type: nonparametric-ate


## Realized estimand

b: _LTV~_TREATMENT+_URBAN+_ppm+_CC_LIMIT+_tpm+_spend+_RETAIL+_

PREMIUM+_RURAL | _CC_LIMIT

Target units:

## Estimate

Mean value: 7221.414390341943

Effect estimates: [6762.97178458 7330.10299182

7355.87769131 ... 7217.74562572 7492.35375285

7214.96052799]
```

다음으로 인과 모델의 모든 처치에 대해 반복 처리해 다음과 같이 각 처치에 대한 요약을 반환할 수 있다.

```
for i in range(causal_mdl._d_t[0]):
    print("Treatment: %s" % treatment_names[i])
    display(econml_mdl.summary(T=i+1))
```

앞의 코드는 3개의 선형회귀 요약을 출력한다. 첫 번째는 다음과 같다.

그림 11.13 처치 중 하나에 대한 요약

계수와 절편을 더 잘 이해하기 위해 각각의 신뢰 구간을 표시할 수 있다. 이를 위해 먼저 처치에 대한 인덱스(idxs)를 생성한다. 세 가지 처치가 있으므로 이것은 0과 2 사이의 숫자 배열일 뿐이다. 다음으로 리스트 컴프리헨션을 사용해 모든 계수(coef_)와 절편(intercept_)을 배열에 넣는다. 그러나 신뢰 구간이 하한과 상한을 반환하기 때문에 계수와 절편 모두에 대한 90% 신뢰 구간은 좀 복잡해진다. 신뢰 구간의 경계가 아니라 양방향 오차의 마진 길이가 필요하다. 따라서 다음 코드에 나와 있는 것처럼 이 경계에서 계수와 절편을 빼서 각각의 오차 마진을 얻을 것이다.

```
idxs = np.arange(0, causal_mdl._d_t[0])
coefs = np.hstack([causal_mdl.coef_(T=i+1) for i in idxs])
intercepts = np.hstack([causal_mdl.intercept_(T=i+1) for i in
idxs])
coefs_err = np.hstack([causal_mdl.coef__interval(T=i+1) for i
```

```
in idxs])
```

```
coefs_err[0, :] = coefs - coefs_err[0, :]
```

```
coefs_err[1, :] = coefs_err[1, :] - coefs
```

```
intercepts_err = \
```

```
  np.vstack([causal_mdl.intercept__interval(T=i+1)\
           for i in idxs]).T
```

```
intercepts_err[0, :] = intercepts - intercepts_err[0, :]
```

```
intercepts_err[1, :] = intercepts_err[1, :] - intercepts
```

그다음에 errorbar를 사용해 각 처치에 대한 계수와 오차를 플롯으로 작성한다. 다음 코드와 같이 다른 서브플롯으로 절편에 대해서 플롯을 그릴 수 있다.

```
ax1 = plt.subplot(2, 1, 1)
```

```
plt.errorbar(idxs, coefs, coefs_err, fmt="o")
```

```
plt.xticks(idxs, treatment_names)
```

```
plt.setp(ax1.get_xticklabels(), visible=False)
```

```
plt.title("Coefficients")
```

```
plt.subplot(2, 1, 2)
```

```
plt.errorbar(idxs, intercepts, intercepts_err, fmt="o")
```

```
plt.xticks(idxs, treatment_names)
```

```
plt.title("Intercepts")
```

앞의 코드는 다음을 출력한다.

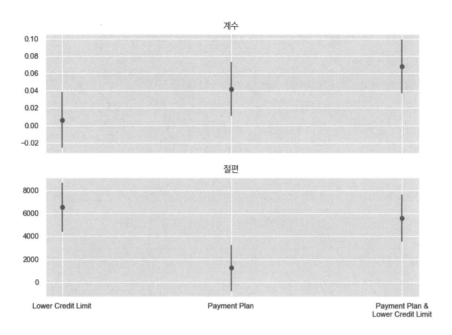

그림 11.14 모든 처치에 대한 계수 및 절편

그림 11.14를 보면 모든 절편과 계수에 있어서 오차의 마진이 상대적으로 얼마나 큰지 알수 있다. 그럼에도 계수만 놓고 봐도 왼쪽에서 오른쪽으로 가면서 처치가 조금씩 나아지고 있다는 것은 매우 분명하다. 그러나 '분할 상환 및 신용 한도 축소 모두 적용'이 최선의 정책이라고 결론을 내리기 전에 첫 번째 처치보다 이 처치에 대한 절편이 더 낮다는 것을 고려해야 한다. 계수는 신용 한도와 곱해지는 반면, 절편은 시작점을 의미하기 때문에 본질적으로 이것은 신용카드 한도가 최소인 고객은 첫 번째 정책에 의해 평생 가치가 더 높아질 가능성이 있음을 의미한다. 모든 고객에게 최선인 정책은 없다는 점을 감안할 때 인과 모델을 사용해 각 고객에 대한 정책을 선택하는 방법을 살펴보자.

정책 선택

const_marginal_effect 메서드를 사용하면 고객에 대한 신용카드 정책을 결정할 수 있다. 이 메서드는 효과 변경 인자(_CC_LIMIT)인 X를 사용해 반사실 CATE, 즉 $\theta(X)$를 계산한다. X의 모든 관측치에 대한 모든 처치의 추정된 _LTV를 반환하는 것이다.

그러나 비용이 모두 동일한 것은 아니다. 분할 상환 정책은 계약당 약 NT 1,000달러의 관리 및 법률 비용이 필요하며, 은행의 보험 통계 부서에 따르면 신용 한도를 25% 낮추는 것은 고객의 수명 동안 월 평균 지불액(_ppm)당 NT 72달러로 추정되는 기회 비용이 발생한다. 이런 비용을 고려하기 위해 모든 처치에 대해 분할 상환 정책 비용을 취해 _ppm이 곱해진 가변 신용 한도 비용을 더하는 간단한 lambda 함수를 설정할 수 있다. n개의 신용카드 한도가 있는 배열이 주어지면 비용함수는 각 처치에 대한 비용을 갖는 $(n, 3)$차원의 배열을 반환한다. 그런 다음 반사실 CATE를 구하고 비용을 차감한다(treatment_effect_minus_costs). 그다음에 "None"을 나타내는 0을 처리해 배열을 확장하고 argmax를 사용해 다음 코드에 표시된 대로 각 고객별 권장 처치(recommended_T)를 반환한다.

```
cost_fn = lambda X: np.repeat(np.array([[0, 1000, 1000]]),\
  X.shape[0], axis=0) +\
  (np.repeat(np.array([[72, 0, 72]]), X.shape[0], axis=0) *\
  X._ppm.values.reshape(-1,1))
treatment_effect_minus_costs =\
  causal_mdl.const_marginal_effect(X=X.values) -\
  cost_fn(ccdefault_causal_df)
treatment_effect_minus_costs = np.hstack([np.zeros(X.shape),\
  treatment_marginal_effect])
recommended_T = np.argmax(treatment_effect_minus_costs, axis=1)
```

다음과 같이 scatterplot으로 _CC_LIMIT 및 _ppm을 사용해 고객별 최적 신용 정책을 준수하기 위한 권장 처치에 따라 색상 구분된 산점도로 시각화할 수 있다.

```
sns.scatterplot(\
            x=ccdefault_causal_df['_CC_LIMIT'].values,\
            y=ccdefault_causal_df['_ppm'].values,\
            hue=all_treatment_names[recommended_T],\
            hue_order=all_treatment_names)
plt.title("Optimal Credit Policy by Customer")
plt.xlabel("Original Credit Limit")
plt.ylabel("Payments/month")
```

위의 코드는 다음 산점도를 출력한다.

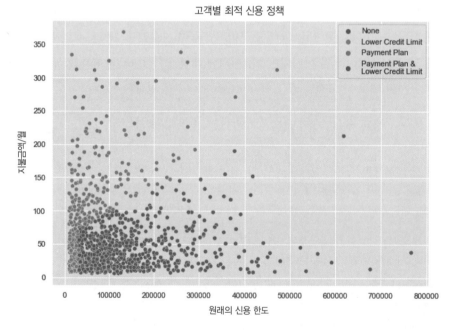

그림 11.15 원래의 신용 한도와 카드 사용 실적에 따른 고객별 최적 신용 정책

그림 11.15를 보면 독보적으로 우세한 처치가 없음이 분명하다. 이 사실은 비용이 차감되지 않은 경우에도 마찬가지다. 이를 검증하기 위해 cost_fn을 제거하고 플롯을 출력하는 코드를 다시 실행할 수 있다. 모든 처치가 고객에게 유익하며, 일부 처치는 특정 고객에게는 다른 것보다 더 유익하다고 추론할 수 있다. 물론 고객에 따라 일부 처치는 다른 것보다 은행에 더 많은 이익을 제공하기도 한다. 바로 여기에 간과해선 안 되는 점이 있다.

가장 큰 우려 중 하나는 은행이 가장 많이 부당하게 취급한 고객인 비선호 나이 그룹에 대한 공정성이다. 단지 한 정책이 다른 정책보다 은행에 더 많은 비용이 들게 한다고 해서 다른 정책에 액세스할 수 있는 기회를 배제하는 것은 생각해볼 일이다. 이를 평가하는 한 가지 방법은 모든 권장 정책에 대한 백분율 누적 막대 그래프를 사용하는 것이다. 이렇게 하면 권장 정책이 선호 그룹과 비선호 그룹 간에 어떻게 분할되는지 관찰할 수 있다. 다음 코드를 보라.

```python
ccdefault_causal_df['recommended_T'] = recommended_T
plot_df =\
  ccdefault_causal_df.groupby(['recommended_T','AGE_GROUP']).
  size().reset_index()
plot_df['AGE_GROUP'] = plot_df.AGE_GROUP.\
  replace({0:'unprivileged', 1:'privileged'})
plot_df = plot_df.pivot(columns='AGE_GROUP',
                        index='recommended_T',\
                        values=0)
plot_df.index = treatment_names
plot_df = plot_df.apply(lambda r: r/r.sum()*100, axis=1)
plot_df.plot.bar(stacked=True, rot=0)
plt.xlabel('Optimal Policy')
plt.ylabel('%')
```

앞의 코드는 다음을 출력한다.

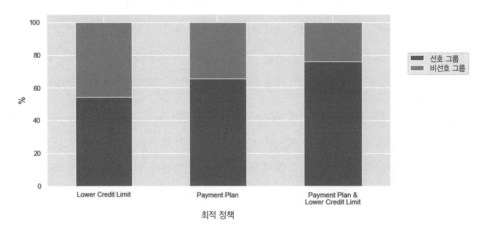

그림 11.16 최적 정책 분포의 공정성

그림 11.16은 선호 그룹이 정책 중 **분할 상환**Payment Plan이 포함된 정책을 더 높은 비율로 할당받았음을 보여준다. 이런 차이의 주된 요인은 은행의 비용이기 때문에 은행이 이런 비용의 일부를 감당한다면 더 공정해질 수 있다. 그런데 공정한 해결책이란 무엇일까? 신용 정책을 선택하는 것은 절차적 공정성의 한 예일 뿐 그 외에도 공정성에 대해 가능한 정의definition는 많다. 동등한 처치는 문자 그대로 동등한 처치인가 아니면 비례적 동등성을 의미할까? 선택의 자유라는 개념도 포함할까? 고객이 한 정책을 다른 정책보다 선호할 경우 어떻게 해야 할까? 전환을 허용해야 할까? 정의가 무엇이든 인과 모델의 도움으로 해결할 수 있을 것이다. 모든 고객에게 동일한 정책을 적용하거나, 비율이 동일하도록 권장 정책의 분포를 보정하거나, 또는 모든 고객이 첫 번째와 두 번째로 가장 적합한 정책 중에서 선택할 수도 있다. 이를 위해서는 할 수 있는 방법이 많다.

추정치 견고성 테스트

DoWhy 라이브러리에는 추정된 인과 효과의 견고성을 테스트하기 위한 네 가지 방법론이 제공되며 다음과 같이 요약할 수 있다.

- **무작위 공통 원인**common cause : 무작위로 생성된 교란 인자를 추가한다. 추정치가 견고한 경우라면 ATE가 너무 많이 변경되지 않아야 한다.
- **플라시보**placebo **처치**: 처치를 무작위 변수(플라시보)로 대체. 추정치가 견고하면 ATE는 0에 가까워야 한다.
- **데이터 하위 집합 제거**: 데이터에서 임의의 하위 집합을 제거한다. 추정기의 일반화가 잘 된 경우 ATE가 너무 많이 변경되지 않아야 한다.
- **관찰되지 않은 공통 원인 추가**: 처치 및 결과 모두와 관련된 관찰되지 않은 교란 인자를 추가한다. 추정기는 어느 정도의 비교란성unconfoundedness을 가정하지만 교란 인자를 더 추가하면 추정치가 편향될 수 있다. 교란 인자 효과의 강도에 따라 다르지만 ATE에 동일한 영향을 미치게 된다.

이 중에서 처음 두 가지로 견고성을 테스트할 것이다.

무작위 공통 원인 추가

이 방법은 가장 구현하기 쉬우며 method_name="random_common_cause"로 refute_estimate를 호출하면 된다. 그러면 출력할 수 있는 요약이 반환된다. 다음 코드를 확인하라.

```
ref_random = \
causal_mdl.refute_estimate(method_name="random_common_cause")
print(ref_random)
```

앞의 코드는 다음을 출력한다.

```
Refute: Add a Random Common Cause
Estimated effect:7221.414390341943
New effect:7546.695920181393
```

위의 출력은 새로운 공통 원인 또는 W 변수가 ATE에 많은 영향을 미치지 않았음을 말해준다.

무작위 변수로 처치 대체

이 방법은 처치 변수를 잡음으로 대체한다. 처치가 결과와 강한 상관관계를 갖고 있으면 영향의 평균은 0이 돼야 한다. 이를 구현할 때는 refute_estimate 함수를 호출할 때 placebo_treatment_refuter를 메서드로 사용한다. 또한 placebo_type과 시뮬레이션 횟수(num_simulations)를 지정해야 한다. 여기서 사용할 플라시보 유형은 permute이며, 시뮬레이션은 많을수록 좋지만 그러면 시간이 오래 걸린다. 코드는 다음과 같다.

```
ref_placebo = causal_mdl.refute_estimate(\
  method_name="placebo_treatment_refuter",\
  placebo_type="permute", num_simulations=20)
print(ref_placebo)
```

위의 코드는 다음을 출력한다.

```
Refute: Use a Placebo Treatment
Estimated effect:7221.414390341943
New effect:132.77295305233164
p-value:0.43187234564256083
```

앞의 출력에서 알 수 있듯이 새로운 효과는 0에 가깝다. 그러나 p-값이 0.05보다 크기 때문에 ATE가 0보다 크다는 귀무 가설을 기각할 수 없다. 이것은 추정된 인과 효과가 그다지 견고하지 않음을 말해준다. 관련된 교란 인자를 추가하거나 다른 인과 모델을 사용해 개선시킬 수 있겠지만, 그뿐 아니라 실험 설계 자체에 은행이 위험 요인에 따라 처치를 적용하는 편향된 방식이라는 수정할 수 없는 결함이 있었다.

▌ 미션 완료

11장의 미션은 다음 두 가지였다.

- 어떤 고객이 채무불이행 가능성이 높은지 예측하는 공정한 예측 모델을 만든다.
- 고객과 은행 모두에 유익한 정책을 추정하는 견고한 인과 모델을 만든다.

첫 번째 목표와 관련해 여기서는 4가지 공정성 지표(SPD, DI, AOD, EOD)에 따라 편향 완화 방법론을 사용해 선호 그룹과 비선호 그룹을 비교했을 때 기본 모델보다 객관적으로 공정한 4가지 모델을 생성했다. 그러나 DFBA에 따르면 이 모델 중 2개만 나이 그룹과 성별 모두에 대해 교차적으로 공정하다(그림 11.7 참조). 네 가지 모델이 모두 기본 모델을 향상시켰지만 방법론을 결합해 공정성을 더 크게 향상시킬 수 있다.

두 번째 목표와 대해서는 인과 추론 프레임워크가 테스트된 정책 중 어느 것이라도 고객과 은행 양 당사자에게 정책이 없는 것보다 낫다고 결정했다. 만세! 하지만 이것은 승리를 확정짓지 못하는 추정치를 산출했다. 예상대로 고객의 신용 한도에 따라 권장되는 정책이 다르며, 은행 수익성을 극대화하길 원한다면 신용카드의 평균 사용 금액을 고려해야 한다. 수익성 문제는 조정해야 하는 두 가지 목표를 제시한다. 바로 고객 또는 은행에 가장 도움이 되는 정책을 처방하는 것이다.

이런 이유로 어떻게 절차적 공정성을 달성할 것인가는 가능한 한 많은 답이 있는 복잡한 문제이며, 해결책 중 어느 것이라도 정책 실행과 관련된 비용의 일부를 은행이 부담해야 한다. 견고성의 경우 결함이 있는 실험에도 불구하고 추정치가 하나의 견고성 테스트는 통과하고 다른 하나는 통과하지 못한 평범한 수준의 견고성을 갖고 있다고 결론 내릴 수 있다. 그렇기는 하지만 모든 것은 이 발견을 검증하기에 충분한 견고성을 어떻게 달성할 것인가에 달려 있다. 이상적으로는 은행에서 편향 없는 새로운 실험을 시작하도록 요청할 수 있지만 6개월을 더 기다리는 것은 실현 가능하지 않을 수 있다. 데이터 과학 분야에서는 종종 결함이 있는 실험과 편향된 데이터로 작업하기 때문에 이를 최대한 활용해야 한다. 인과 추론은 추정치와 그에 대한 신뢰 구간으로 이뤄진 결과를 원인과 함께 풀어냄으로써 그렇게 할 수 있는 방법을 제공한다. 그다음에 의사 결정자가 정보에 입각한 결정을 내릴 수 있도록 면책 조항과 함께 발견된 결과를 제공할 수 있다. 편향된 의사 결정은 편향된 결과를 낳기 때문에 편향에 대처하는 도덕적 의무는 의사 결정을 만들어 가는 것으로부터 시작할 수 있다.

▍ 정리

11장을 읽은 후에는 데이터와 모델 모두에서 편향을 시각적으로 그리고, 메트릭을 사용해 감지하고, 그다음에 전처리, 프로세스 내, 후처리 방법론을 통해 편향을 완화하는 방법을 이해해야 한다. 또한 이질적 처치 효과를 추정하고, 이를 통해 공정한 정책 결정을 내리고, 견고성을 테스트하는 인과 추론에 대해 학습했다. 12장에서는 편향에 대해서도 논의하지만 공정성을 포함한 여러 목표를 충족시키기 위해 모델을 조정하는 방법을 살펴볼 것이다.

▍ 데이터셋 소스

- Yeh, I. C., & Lien, C. H. (2009). The comparisons of data mining techniques for the predictive accuracy of probability of default of credit card clients. Expert Systems with Applications, 36(2), 2473-2480. https://dl.acm.org/

doi/abs/10.1016/j.eswa.2007.12.020

▍ 더 읽을거리

- Chang, C., Chang, H.H., & Tien, J. (2017). A Study on the Coping Strategy of Financial Supervisory Organization under Information Asymmetry: Case Study of Taiwan's Credit Card Market. Universal Journal of Management, 5, 429–436. http://doi.org/10.13189/ujm.2017.050903

- Foulds, J., & Pan, S. (2020). An Intersectional Definition of Fairness. 2020 IEEE 36th International Conference on Data Engineering (ICDE), 1918–1921. https://arxiv.org/abs/1807.08362

- Kamiran, F., & Calders, T. (2011). Data preprocessing techniques for classification without discrimination. Knowledge and Information Systems, 33, 1–33. https://link.springer.com/article/10.1007/s10115-011-0463-8

- Feldman, M., Friedler, S., Moeller, J., Scheidegger, C., & Venkatasu bramanian, S. (2015). Certifying and Removing DI. Proceedings of the 21st ACM SIGKDD International Conference on Knowledge Discovery and Data Mining. https://arxiv.org/abs/1412.3756

- Kamishima, T., Akaho, S., Asoh, H., & Sakuma, J. (2012). Fairness-Aware Classifier with Prejudice Remover Regularizer. ECML/PKDD. https://dl.acm.org/doi/10.5555/3120007.3120011

- Kearns, M., Neel, S., Roth, A., & Wu, Z. (2018). Preventing Fairness Gerrymandering: Auditing and Learning for Subgroup Fairness. ICML. https://arxiv.org/pdf/1711.05144.pdf

- Pleiss, G., Raghavan, M., Wu, F., Kleinberg, J., & Weinberger, K.Q. (2017).

On Fairness and Calibration. NIPS. https://arxiv.org/abs/1709.02012

- Foster, D. and Syrgkanis, V. (2019). Orthogonal Statistical Learning. ICML. http://arxiv.org/abs/1901.09036

12

해석 가능성을 위한
단조성 제약조건과 모델 튜닝

대부분의 모델 클래스에는 더 빠른 실행 속도, 예측 성능 향상, 과적합 감소 등을 위해 튜닝할 수 있는 하이퍼파라미터가 있다. 과적합을 줄이는 한 가지 방법은 모델 학습에 정규화를 도입하는 것이다. 3장, '머신러닝 해석의 과제'에서는 정규화를 해석 가능성을 위한 교정적 속성이라고 불렀으며, 이 속성은 모델이 입력의 희소한 표현을 학습하도록 강제하는 페널티 또는 제약을 통해 복잡성을 줄인다. 정규화된 모델은 더 잘 일반화되므로 이 전략으로 모델을 튜닝하는 것을 추천한다. 부수적으로 정규화된 모델은 피처 및 피처 간 상호 작용이 적어서 모델을 더 쉽게 해석할 수 있다. 즉, 노이즈가 적다는 것은 신호가 더 명확함을 의미한다.

모델에는 많은 하이퍼파라미터가 있지만 여기서는 과적합을 제어해 해석 가능성을 향상시킬 수 있는 하이퍼파라미터에만 집중할 것이다. 또한 11장에서 살펴본 클래스 불균형 관련 하이퍼파라미터를 통해 편향 완화를 어느 정도 재검토할 것이다.

2장, '해석 가능성의 주요 개념'에서 해석 가능성에 영향을 미치는 세 가지 모델 속성인 비선형성, 상호 작용성, 비단조성을 설명했다. 제멋대로 내버려둔 모델은 일부 거짓되고 반직관적인 비선형성과 상호 작용을 학습할 수 있다. 10장, '해석 가능성을 위한 피처 선택과 피처 엔지니어링'에서 설명한 것처럼 신중한 피처 엔지니어링을 통해 이를 방지하기 위해 가드레일을 배치할 수 있다. 그런데 단조성을 위한 가드레일 배치는 어떻게 하는 것인가? 12장에서는 단조성 제약조건을 사용하는 방법을 살펴볼 것이다. 단조성 제약조건이 피처 엔지니어링에 상응하는 모델이 될 수 있는 것처럼 정규화는 10장에서 다룬 피처 선택 방법론에 상응하는 모델이 될 수 있다.

12장에서 다룰 주요 주제는 다음과 같다.

- 피처 엔지니어링으로 가드레일 배치
- 해석 가능성을 위한 모델 튜닝
- 모델 제약조건 구현

▌ 기술 요구 사항

12장의 예제에서는 mldatasets, pandas, numpy, sklearn, xgboost, lightgbm, catboost, tensorflow, bayes_opt, tensorflow_lattice, matplotlib, seaborn, scipy, xai, shap 등의 라이브러리를 사용한다. 이런 모든 라이브러리를 설치하는 방법에 대한 지침은 '들어가며'에 있다. 12장의 코드는 다음 링크(https://github.com/PacktPublishing/Interpretable-Machine-Learning-with-Python/tree/master/Chapter12)에 있다.

▌ 미션

알고리듬 공정성의 문제는 복지 자원 분배부터 생명을 구하는 수술의 우선순위 지정, 입사지원서 심사에 이르기까지 엄청난 사회적 영향을 미치는 문제다. 머신러닝 알고리듬은 사람의 생계나 삶을 결정지을 수 있으며, 데이터에서 학습된 시스템적 편향을 영속화하기 때문에 이런 알고리듬에 의해 최악의 대우를 받는 것은 종종 가장 소외되고 취약한 계층이다. 아동 학대로 잘못 분류되는 것은 가난한 가정이고, 의료적 치료에서 우선순위가 낮은 것은 소수 민족이며, 고임금 기술직에서 제외되는 것은 여성이다. 온라인 검색, 트위터 봇, 소셜 미디어 프로필과 같이 즉각적이고 개인화된 위험이 적게 수반되는 경우에도 엘리트주의, 인종 차별, 성 차별, 나이 차별과 같은 사회적 편견은 강화된다.

12장에서는 7장, '앵커와 반사실적 설명'의 미션을 계속할 것이다. 이 미션이 익숙치 않다면 7장의 처음 몇 페이지를 읽고 먼저 문제를 확실하게 이해하라. 7장에 나온 재범 위험 분류 사례는 알고리듬 편향의 하나다. COMPAS^{Correctional Offender Management Profiling Alternative Sanctions} 알고리듬을 개발한 회사의 공동 창립자도 인종과 관련된 질문 없이 점수를 매기는 것은 어렵다고 인정했다. 이 상관관계는 아프리카계 미국인에 대해 편향이 생기는 주된 이유 중 하나다. 또 다른 이유는 학습 데이터에 흑인 피고인이 과도하게 표현될 가능성이 있기 때문이다. 원본 학습 데이터가 없기 때문에 확실하지 않지만 수감자들의 대다수가 백인이 아닌 소수 민족이라는 것을 알고 있다. 또한 흑인 사회에서는 경미한 마약 관련 범죄에 대한 차별 및 과도한 순찰로 인해 일반적으로 흑인이 체포되는 경우가 많다는 것도 알고 있다.

그렇다면 이를 위해 무엇을 할 수 있을까?

7장, '앵커와 반사실적 설명'에서 프록시 모델을 통해 COMPAS 알고리듬이 편향됐음을 증명했다. 12장에서는 저널리스트가 당신이 발견한 결과를 발표했고 알고리듬 정의 변호 단체가 그 기사를 읽고 연락을 취했다고 가정할 것이다. 범죄 평가 도구를 만든 기업은 편향에 대한 책임을 지지 않고 있으며 그들은 단순히 도구가 현실을 반영할 뿐이라고 말한다. 변호 단체는 머신러닝 모델이 오직 입증된 형사 사법 현실만을 반영하면서도 흑인 피고인에 대해 훨씬 덜 편향되도록 학습될 수 있음을 보여주기 위해 당신을 고용했다.

입증된 현실은 나이에 따른 재범 위험의 단조적 감소 그리고 나이에 따라 크게 증가하는 전과와의 강한 상관관계를 포함한다. 학술 문헌에 의해 뒷받침되는 또 다른 사실은 일반적으로 여성이 범죄 및 재범을 할 경향이 훨씬 적다는 것이다.

계속 진행하기 전에 지도학습 모델은 데이터로부터 도메인 지식을 캡처하는 데 몇 가지 장애가 있음을 인식해야 한다. 예를 들면 다음과 같다.

- **샘플 편향, 배제 편향, 또는 편견 편향**: 데이터가 모델이 일반화하려는 환경을 제대로 나타내지 못하면 어떻게 될까? 이 경우 도메인 지식은 데이터에서 관찰된 내용과 일치하지 않는다. 데이터를 생산하는 환경 자체에 시스템적 또는 제도적 편향이 내재돼 있다면 어떻게 될까? 그러면 데이터는 이런 편향을 반영할 수밖에 없다.

- **클래스 불균형**: 11장, '편향 완화 및 인과관계 추론 방법론'에서 본 것처럼 클래스 불균형은 일부 그룹을 다른 그룹보다 유리하게 만들 수 있다. 높은 정확도를 향해 가장 효과적인 경로를 선택하는 동안 모델은 이런 불균형, 즉 모순되는 도메인 지식을 학습할 것이다.

- **비단조성**: 피처 히스토그램의 희소 영역 또는 높은 값을 가진 이상치가 도메인 지식과는 다를 때 모델은 비단조성을 학습할 수 있으며, 이전에 언급한 문제들도 이에 기여할 수 있다.

- **영향력이 없는 피처들**: 정규화되지 않은 모델은 기본적으로 조금이라도 정보를 전달하는 한 모든 피처에서 학습하려고 시도하지만 이것은 상관성 있는 피처로부터 학습하는 데 방해가 된다. 좀 더 정리된 모델은 도메인 지식에 의해 뒷받침되는 피처들로부터 학습할 가능성이 크다.

- **반직관적인 상호 작용**: 10장, '해석 가능성을 위한 피처 선택과 피처 엔지니어링'에서 언급했듯이 모델이 도메인 지식에 의해 뒷받침되는 상호 작용보다 선호하는 반직관적인 상호 작용이 있을 수 있다. 이것은 결국 반직관적 상호 작용과 관련된 일부 그룹을 선호하게 만들 수 있다. 그리고 7장, '앵커와 반사실적 설명'에서 이

중 잣대에 대한 이해를 통해 이에 대한 증거를 봤다.

- **예외**: 도메인 지식은 총체적 이해를 기반으로 하지만 아주 세분화된 수준의 패턴을 보는 경우 모델은 여성 재범률이 남성보다 더 높은 포켓과 같은 예외를 찾을 수도 있다. 알려진 현상은 이런 모델을 지지하지 않을 수도 있지만 그럼에도 유효할 수 있으므로 튜닝을 할 때 이런 모델이 지워지지 않도록 주의해야 한다.

변호 단체는 데이터가 플로리다의 한 카운티만을 적절하게 표현하는 것으로 확인했으며, 균형 잡힌 데이터셋을 제공했다. 첫 번째 장애는 확인하고 통제하기 힘들다. 두 번째는 처리됐다. 이제 남은 네 가지를 처리하는 것은 당신에게 달려 있다.

▌ 접근법

다음과 같이 세 가지 접근 방식을 취하기로 결정했다.

- **피처 엔지니어링을 통한 가드레일 배치**: 7장에서 배운 교훈과 특히 전과 및 나이에 대해 이미 갖고 있는 도메인 지식을 활용해 일부 피처를 엔지니어링한다.
- **해석 가능성을 위한 모델 튜닝**: 데이터가 준비되면 다양한 클래스 가중치 및 과적합 방지 기법을 사용해 모델을 튜닝한다. 이는 모델이 더 잘 일반화될 뿐만 아니라 더 쉽게 해석되도록 해준다.
- **모델 제약조건 구현**: 마지막으로 가장 중요한 것으로 모델에 단조적인 상호 작용 제약조건을 구현해 신뢰할 수 있고 공정한 상호 작용에서 벗어나지 않도록 할 것이다.

마지막 두 절에서는 모델이 정확하고 공정하게 수행되는지 확인할 것이다. 또한 데이터 및 모델에 대한 재범 위험 분포를 비교해 일치하는지 확인할 것이다.

▌ 준비

이 예제의 코드는 https://github.com/PacktPublishing/Interpretable−Machine−Le arning−with−Python/tree/master/Chapter12/Recidivism_part2.ipynb에서 찾을 수 있다.

라이브러리 로드

이 예제를 실행하려면 다음 라이브러리를 설치해야 한다.

- mldatasets: 데이터셋 로드
- pandas, numpy: 데이터 조작
- sklearn, xgboost, lightgbm, catboost, tensorflow, bayes_opt, tensorflow_ lattice: 데이터 분할 및 모델 적합
- matplotlib, seaborn, scipy, xai, shap: 해석 시각화

먼저 다음 모든 라이브러리를 로드해야 한다.

```
import math
import os
import copy
import mldatasets
import pandas as pd
import numpy as np
from sklearn import preprocessing, model_selection, metrics, \
linear_model, svm, neural_network, ensemble
import xgboost as xgb
import lightgbm as lgb
import catboost as cb
import tensorflow as tf
```

```
from bayes_opt import BayesianOptimization
import tensorflow_lattice as tfl
from tensorflow.keras.wrappers.scikit_learn import
KerasClassifier
import matplotlib.pyplot as plt
import seaborn as sns
import scipy
import xai
import shap
```

print(tf.__version__)으로 올바른 버전의 텐서플로가 로드됐는지 확인하라. 2.0 이상이어야 한다.

데이터 이해 및 준비

다음과 같이 데이터를 recidivism_df라고 하는 데이터프레임에 로드한다.

```
recidivism_df = mldatasets.load("recidivism-risk-balanced")
```

11,000개 이상의 레코드와 11개의 칼럼이 있어야 한다. 이는 info( ) 명령으로 확인할 수 있다.

```
recidivism_df.info( )
```

위의 코드는 다음을 출력한다.

```
<class 'pandas.core.frame.DataFrame'>
RangeIndex: 11142 entries, 0 to 11141
Data columns (total 12 columns):
 #   Column                 Non-Null Count  Dtype
```

```
---   ------                 --------------    -----
 0    sex                    11142 non-null    object
 1    age                    11142 non-null    int64
 2    race                   11142 non-null    object
 3    juv_fel_count          11142 non-null    int64
 4    juv_misd_count         11142 non-null    int64
 5    juv_other_count        11142 non-null    int64
 6    priors_count           11142 non-null    int64
 7    c_charge_degree        11142 non-null    object
 8    days_b_screening_arrest 11142 non-null   float64
 9    length_of_stay         11142 non-null    float64
10    compas_score           11142 non-null    int64
11    is_recid               11142 non-null    int64
dtypes: float64(2), int64(7), object(3)
memory usage: 1.0+ MB
```

출력으로 확인됐다. 누락된 값이 없으며 세 가지 피처(sex, race, charge_degree)를 제외한
모든 피처가 숫자다. 이는 7장, '앵커와 반사실적 설명'에서 사용한 것과 동일한 데이터이
므로 데이터 딕셔너리도 동일하다. 하지만 데이터셋은 샘플링을 통해 클래스 균형을 맞췄
으며, 계속 진행하기 전에 균형 조정이 무슨 일을 했는지 살펴보자.

샘플 균형성 확인

XAI의 imbalance_plot으로 race와 is_recid가 어떻게 분포돼 있는지 확인할 수 있다.
즉, 각각의 race-is_recid 조합에 대해 얼마나 많은 레코드가 존재하는지 계산한다. 이
플롯을 통해 각 race에서 재범을 저지른 피고인의 수에 불균형이 있는지 확인할 수 있다.
코드는 다음과 같다.

```
categorical_cols_l = ['sex', 'race', 'c_charge_degree',\
                       'is_recid', 'compas_score']
xai.imbalance_plot(recidivism_df, 'race', 'is_recid',\
                   categorical_cols=categorical_cols_l)
```

앞의 코드는 그림 12.1을 출력하며, 모든 인종이 is_recid=0 및 is_recid=1에 대해 동일한 개수의 샘플을 갖고 있음을 보여준다. 그러나 Other는 다른 인종들과 샘플 수가 동일하지 않다. 데이터셋의 이 버전은 African-American과 Caucasian 이외의 모든 인종을 Other로 함께 묶었으며, 전체적인 동등성을 달성하기 위해 Other를 업샘플링하거나 다른 두 인종을 다운샘플링하지 않은 이유는 피고인 모집단을 제대로 대표하지 못할 수도 있기 때문이다. 균형을 위한 이 선택은 이와 같은 상황에서 할 수 있는 많은 선택 중 하나다. 인구통계학적인 면에서 이 모든 것은 데이터가 피고, 수감자, 일반적인 민간인 그리고 어떤 수준, 즉 카운티, 주, 국가 등 무엇을 나타내야 하는지에 따라 달라진다.

출력은 다음과 같다.

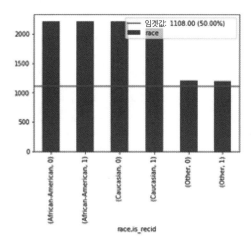

그림 12.1 인종별 2년 내 재범자(is_recid)의 분포

이번에는 각 피처가 목표변수와 얼마나 단조적으로 상관돼 있는지 계산해보자. 5장, '글로벌 모델 독립적 해석 방법론'에서 스피어만의 상관계수에 대해 배웠으며, 이는 두 피처 간의 단조성을 측정하기 때문에 12장에서 중요한 역할을 한다. 즉, 12장의 주제 중 하나는 단조성 제약조건이며 주요 미션은 훨씬 덜 편향된 모델을 생성하는 것이다.

먼저 compas_score가 없는 새 데이터프레임(recidivism_corr_df)을 만든다. 이 데이터프레임을 사용해 처음 10개의 피처 이름이 있는 feature 칼럼과 11번째인 목표변수에 대한 각 피처의 스피어만 상관계수(correlation_to_target) 칼럼을 갖는 데이터프레임을 출력한다. 코드는 다음과 같다.

```
recidivism_corr_df = recidivism_df.drop(['compas_score'],\
                                     axis=1)
pd.DataFrame({'feature': recidivism_corr_df.columns[:-1],\
  'correlation_to_target':\
  scipy.stats.spearmanr(recidivism_corr_df).
  correlation[10,:-1]
}).style.background_gradient(cmap='coolwarm')
```

위의 코드는 그림 12.2와 같은 데이터프레임을 출력한다. 상관관계가 높은 피처는 priors_count, age, 세 개의 청소년 범죄수(juv_xxx_count), sex 순이다. c_charge_degree, days_b_screening_arrest, length_of_stay 및 race에 대한 상관계수는 무시해도 될 정도다.

출력은 다음과 같다.

	feature	correlation_to_target
0	sex	0.093255
1	age	-0.155838
2	race	-0.004598
3	juv_fel_count	0.082138
4	juv_misd_count	0.117976
5	juv_other_count	0.125797
6	priors_count	0.283640
7	c_charge_degree	-0.037764
8	days_b_screening_arrest	0.032485
9	length_of_stay	0.012530

그림 12.2 목표변수에 대한 모든 피처의 스피어만 상관계수(피처 엔지니어링 전)

이제 피처 엔지니어링을 통해 도메인 지식을 피처에 적용하는 방법을 살펴볼 것이다.

피처 엔지니어링으로 가드레일 배치

7장에서는 race 외에 반사실적 설명을 통해 가장 두드러진 피처가 age, priors_count, c_charge_degree라는 것을 확인했다. 고맙게도 이제 데이터가 균형을 이루고 있기 때문에 불균형으로 인한 인종적 편향이 사라졌다. 그러나 앵커 및 반사실적 설명을 통해 몇 가지 문제가 되는 모순을 발견했다. age와 priors_count의 경우 이 모순은 해당 피처의 분포 때문이었다. 피처 엔지니어링을 통해 분포 문제를 해결할 수 있으며, 이를 통해 모델이 고르지 않은 분포에서 학습하지 않도록 할 수 있다. c_charge_degree의 경우에는 범주형이기 때문에 식별할 수 있는 순서가 없으며, 이로 인해 직관적이지 않은 설명을 생성했다.

이 절에서는 피처 엔지니어링을 통해 가드레일을 배치할 수 있는 세 가지 방법인 **서수화**ordinalization, **이산화**discretization 및 **상호 작용 항**interaction term을 살펴볼 것이다.

서수화

먼저 각 c_charge_degree 범주별로 얼마나 많은 관측치가 있는지 다음 코드롤 살펴보자.

```
recidivism_df.c_charge_degree.value_counts()
```

위의 코드는 다음 출력을 생성한다.

(F3)	6555
(M1)	2632
(F2)	857
(M2)	768
(F1)	131
(F7)	104
(MO3)	76
(F5)	7
(F6)	5
(NI0)	4
(CO3)	2
(TCX)	1
Name: c_charge_degree, dtype: int64	

c_charge_degree 각각은 피고가 현재 기소되고 있는 정도다. 범주형 피처를 사용하면 기소 등급에 대한 순서가 손실된다. 따라서 각 범주를 순서를 갖는 서수형으로 바꾸면 이 문제를 쉽게 해결할 수 있다.

이 순서를 어떻게 나열할 것인지에 대해 많은 생각을 할 수 있다. 예를 들어 등급에 따라 최소 또는 최대 수감 기간이 적용되는 양형법이나 가이드라인을 살펴볼 수도 있다. 또는 이 사람들이 평균적으로 얼마나 폭력적인지에 대한 통계를 보고 이 정보를 기소 등급에 할당할 수도 있다. 이와 같은 모든 의사 결정에는 편향이 있을 수 있으며 이를 뒷받침할 실질적인 증거가 없는 경우라면 일련의 정수를 사용하는 것이 가장 좋다. 이것이 지금 여기서 할 일이다. 기소 등급에 해당하는 숫자를 낮은 것에서 높은 것 순으로 매핑하는 딕셔너리(charge_degree_code_rank)를 만든다. 그다음에 replace 함수에 딕셔너리를 사용해 교체 작업을 수행한다. 코드는 다음과 같다.

```
charge_degree_code_rank = {'(F10)': 15, '(F9)':14, '(F8)':13,\
 '(F7)':12, '(TCX)':11, '(F6)':10, '(F5)':9,\
 '(F4)':8, '(F3)':7, '(F2)':6, '(F1)':5, '(M1)':4,\
 '(NI0)':4, '(M2)':3, '(CO3)':2, '(MO3)':1, '(X)':0}
recidivism_df.c_charge_degree.replace(charge_degree_code_rank,\
                                    inplace=True)
```

이 순서가 재범 가능성에 어떻게 대응하는지 평가하는 한 가지 방법은 기소 등급이 증가함에 따라 어떻게 변하는지를 보여주는 플롯을 그리는 것이다. 첫 번째 인수에 연속형 피처(c_charge_degree)를 사용해 두 번째 인수인 이진 피처(is_recid)에 대한 확률을 측정하는 plot_prob_progression이라는 함수를 사용한다. 연속형 피처를 구간(x_intervals)으로 분할하거나 분위수(use_quartiles)를 사용할 수도 있다. 마지막으로 축 레이블과 제목을 정의한다. 코드는 다음과 같다.

```
mldatasets.plot_prob_progression(recidivism_df.c_charge_degree,
 recidivism_df.is_recid, x_intervals=12,\
 use_quartiles=False, xlabel='Relative Charge Degree',\
 title='Probability of Recidivism by Relative Charge Degree')
```

앞의 코드는 그림 12.3의 플롯을 출력한다. 등급 1을 제외하면 기소 등급이 증가할수록 2년 내 재범 확률이 감소하는 경향이 있다. 확률 아래에는 등급에 대한 관측치 분포를 보여주는 막대 차트가 있다. 너무 불균일하게 분포돼 있기 때문에 이 경향을 곧이곧대로 믿으면 안 된다. 0, 8, 13~15 등과 같은 일부 등급은 형사 사법 시스템에는 범주가 존재하지만 데이터에는 없기 때문에 플롯에 없다는 점에 주의하라.

출력은 다음과 같다.

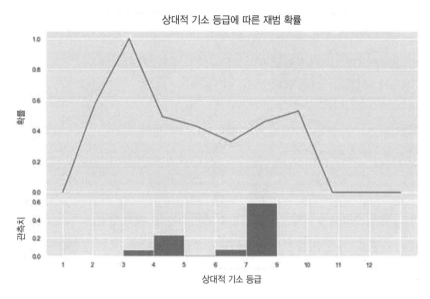

그림 12.3 기소 등급에 따른 확률 변화 플롯

피처 엔지니어링 측면에서 c_charge_degree는 이미 서수화를 통해 이산화된 범주를 나타내므로 더 이상 개선할 것이 없다. 달리 제시할 증거가 없는 한 추가적인 변환을 하면 상당한 정보 손실이 발생할 수 있다. 반면에 연속형 피처에는 본질적으로 순서가 있지만 아주 작은 차이는 무의미할 수도 있고 이런 데이터가 모델에 엉뚱한 것을 알려줄 수도 있기 때문에 정밀도 수준에서 문제가 발생할 수 있다. 불균일한 분포와 직관에 반하는 상호 작용은 이 문제를 악화시킬 뿐이다.

이산화

연속형 피처인 age를 가장 잘 이산화하는 방법을 살펴보기 위해 두 가지 접근 방식을 시도해볼 것이다. 고정폭 빈^{bins} 또는 구간이라고도 하는 동일 크기 이산화^{equal-sized discretization}를 사용할 수 있다. 이때 각 빈의 크기는 $(max(x) - min(x))$ / N으로 결정되며 여기서 N은 빈의 수다. 또 다른 방법은 분위수로 알려진 동일 빈도 이산화^{equal-frequency discretization}를 사용해 각 빈이 거의 비슷한 수의 관측치를 갖도록 하는 것이다. 때때로 데이터 히스토그램의 왜곡된 특성 때문에 N으로 분할하는 것이 불가능할 수 있으며 이런 경우에는 $N-1$ 또는 $N-2$ 분위수가 될 수도 있다.

plot_prob_progression을 사용해 두 접근 방식을 쉽게 비교할 수 있으며, 이번에는 고정폭 빈을 사용한 것(use_quartiles=False)과 분위수를 사용한 것(use_quartiles=True) 두 개의 플롯을 출력한다. 코드는 다음과 같다.

```
mldatasets.plot_prob_progression(recidivism_df.age,\
    recidivism_df.is_recid, x_intervals=7,\
    use_quartiles=False,\
    title='Probability of Recidivism by Age Discretized in
Fix-Width Bins', xlabel='Age')
mldatasets.plot_prob_progression(recidivism_df.age,\
    recidivism_df.is_recid, x_intervals=7,\
    use_quartiles=True,\
    title='Probability of Recidivism by Age Discretized\
in Quartiles', xlabel='Age')
```

위의 코드는 그림 12.4를 출력한다. 고정폭 빈의 관측치 부분을 보면 age 피처에 대한 히스토그램이 오른쪽으로 긴 꼬리를 갖고 있기 때문에 마지막 빈에서 확률이 높아진 것을 알 수 있다. 그 이유는 이 빈에 이상치가 존재하기 때문이다. 반면 고정 빈도(분위수) 플롯의 히스토그램은 좀 더 균일하고 확률은 지속적으로 감소한다. 즉, 이 주제에 대한 도메인 지식과 같이 단조적이다.

출력은 다음과 같다.

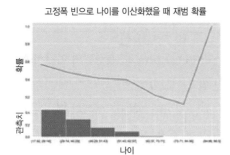
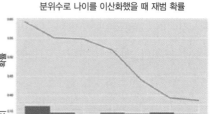

그림 12.4 나이에 대한 두 가지 이산화 접근법 비교

분위수를 사용해 피처를 빈으로 분할하는 것이 더 나은 접근 방식임을 쉽게 알 수 있다. 이제 age를 가지고 age_group이라는 새로운 피처를 설계할 수 있다. qcut 함수는 분위수 기반 이산화를 수행한다. 코드는 다음과 같다.

```
recidivism_df['age_group'] = pd.qcut(recidivism_df.age, 7,\
                                     precision=0).astype(str)
```

이렇게 age를 age_group으로 이산화했다. 그런데 많은 모델 클래스가 자동으로 이산화를 하기 때문에 여기에 주의해야 한다. 이것은 이산화의 효과를 제어할 수 있도록 해주기 때문이다. 제어가 되지 않는다면 단조성이 보장되지 않는 빈을 모델이 자동으로 결정할 수 있다. 예를 들어 모델은 가능한 한 항상 10개의 분위수를 사용하도록 돼 있을 수 있다. 하지만 age에 대해 이 수준(x_intervals=10)으로 분할을 시도하면 확률은 급격히 증가하게 된다. 지금의 목표는 모델이 age와 is_recid가 단조적인 관계를 갖고 있음을 학습하도록 하는 것이고, 만약 동일한 목표를 달성하거나 달성하지 못할 수 있는 빈을 모델이 선택하도록 허용하는 경우에는 이를 확인할 수 없다.

age_group에 필요한 모든 것이 있으므로 age를 제거한다. 하지만 이 변수를 제거하면 중요 정보가 손실되지 않을까? 그렇다. 하지만 그 정보는 단지 priors_count와의 상호 작용뿐이다. 따라서 피처를 삭제하기 전에 이 관계를 조사한 후 상호 작용 항을 생성함으로써 상호 작용을 유지함과 동시에 age 제거를 통해 손실되는 정보의 일부를 보존하는 방법을 살펴볼 것이다.

상호 작용 항과 비선형 변환

7장, '앵커와 반사실적 설명'을 통해 이미 age와 priors_count가 가장 중요한 두 가지 예측변수라는 것을 알고 있으며, plot_prob_contour_map을 사용하면 이 변수들이 재범 발생(is_recid)에 어떻게 영향을 미치는지 쉽게 확인할 수 있다. 이 함수는 값에 따라 색으로 구분된 등고선 영역을 생성한다. 이것은 고도를 보여주는 지형도에서 유용하다. 머신러닝에서는 2차원 영역에서 메트릭이 어떻게 변화하는지 보여줄 수 있다. 이 경우에 차원은 age와 priors_count이고 메트릭은 재범 확률이다. 이 함수의 인수는 x축과 y축에 해당하는 두 개의 피처를 사용는 점을 제외하면 plot_prob_progression과 동일하다. 코드는 다음과 같다.

```
mldatasets.plot_prob_contour_map(recidivism_df.age,\
  recidivism_df.priors_count,\
  recidivism_df.is_recid,\
  use_quartiles=True, xlabel='Age', ylabel='Priors Count',\
  title='Probability of Recidivism by Age/Priors Discretized
in Quartiles')
```

위의 코드는 그림 12.5를 출력하며 이는 분위수로 이산화했을 때 2년 내 재범 확률이 증가하는 양상과 나이가 낮을수록 priors_count가 높아지는 것을 보여준다. 또한 두 피처에 대한 히스토그램도 보여준다. priors_count는 한쪽으로 매우 치우쳐 있으므로 이산화가 어렵고, 등고선은 오른쪽 아래에서 왼쪽 위로의 완벽한 대각선으로 진행되지 않았다. 이 플롯이 친숙해 보인다면 4장, '피처 중요도와 피처 영향력'에서 생성한 부분 의존도 상호 작용 플롯과 같기 때문일 것이다. 하지만 모델의 예측에 대해 측정된 것이 아니라 실측값(is_recid)에 대해 계산된 점이 다르다. 즉, 데이터가 직접적으로 말해주는 것과 모델이 데이터로부터 학습한 것을 구별해야 한다.

출력은 다음과 같다.

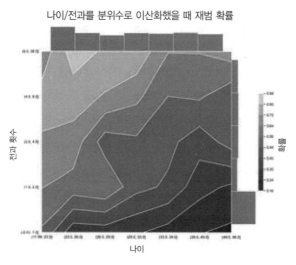

그림 12.5 age 및 priors_count에 따른 재범 확률 등고선 맵

이제 두 피처를 모두 포함하는 상호 작용 항을 설계할 수 있다. 등고선 맵의 깔끔한 진행을 보기 위해 피처를 이산화했지만 피처들의 관계까지 이산화할 필요는 없다. 핵심은 연차에 대해 priors_count를 비율로 만드는 것이다. 하지만 언제를 기준으로 할 것인가? 피고인들은 성인이 된 지 몇 년이 지났다. 그러나 연차를 얻기 위해 '나이 − 18'을 사용할 수 없다. 그러면 0으로 나누기가 되므로 대신 17을 사용한다. 물론 이를 위한 방법은 다양하게 있다. 가장 좋은 방법은 가설적으로 소수점 나이를 정해 18을 빼서 정확한 비율을 계산하는 것이다. 그러나 안타깝게도 이 데이터는 소수점 나이를 갖고 있지 않다. 코드는 다음과 같다.

```
recidivism_df['priors_per_year'] =\
  recidivism_df['priors_count']/(recidivism_df['age'] - 17)
```

블랙박스 모델은 일반적으로 상호 작용 항을 자동으로 찾는다. 예를 들어 신경망의 은닉 계층은 모두 1차 상호 작용을 하며, 비선형 활성화 함수 때문에 선형 조합으로 제한되지 않는다. 그러나 상호 작용 항과 비선형 변환을 "수동"으로 정의하면 모델이 적합된 후 이를 더 잘 해석할 수 있다. 게다가 여기에 단조성 제약조건을 사용할 수도 있는데, 나중에 priors_per_year를 사용할 것이다. 지금은 plot_prob_progression을 통해 단조성이 유지되는지 확인한다. 코드는 다음과 같다.

```
mldatasets.plot_prob_progression(recidivism_df.priors_per_year,
  recidivism_df.is_recid, x_intervals=8,
  xlabel='Priors Per Year',
  title='Probability of Recidivism by Priors per Year
(according to data)')
```

위의 코드는 다음 그림과 같은 진행을 출력하며, 새 피처가 거의 단조적임을 보여준다.

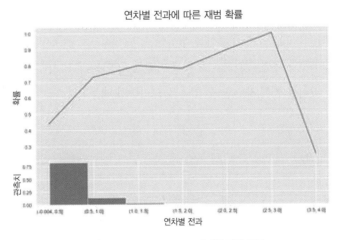

그림 12.6 priors_per_year에 따른 재범 확률

priors_per_year가 완전히 단조적이지 않은 이유는 3.0 이상의 구간이 희소하기 때문이다. 이 구간은 75%의 위험 감소를 나타내기 때문에 이 피처에 단조성을 강제하는 것은 소수의 피고인들에게 매우 불공평할 것이다. 이를 해결하는 한 가지 방법은 다음 코드에서

처럼 이런 관측치에 대해 priors_per_year=-1을 설정해 왼쪽으로 이동시키는 것이다.

```
recidivism_df.loc[recidivism_df.priors_per_year > 3,\
                  'priors_per_year'] = -1
```

물론 이 변화는 −1이라는 값이 실제로 3 이상을 의미한다는 것을 알고 나중에 피처 해석을 약간 변경해야 한다. 이번에는 age_group과 priors_per_year를 사용해 또 다른 등고선 맵을 생성한다. 후자는 분위수(y_intervals=6, use_quartiles=True)로 이산화돼 재범 확률을 더 쉽게 관찰할 수 있다. 코드는 다음과 같다.

```
mldatasets.plot_prob_contour_map(recidivism_df.age_group,
  recidivism_df.priors_per_year, recidivism_df.is_recid,\
  y_intervals=6, use_quartiles=True, xlabel='Age Group',\
  title='Probability of Recidivism by Age/Priors per
Year Discretized in Quartiles', ylabel='Priors Per Year')
```

위의 코드는 그림 12.7과 같은 등고선을 생성한다. 대체적으로 플롯이 한 방향으로 움직이고 있음을 보여준다. 이런 결과가 나오기를 바랬는데, 이는 두 피처에 대한 단조성을 하나의 상호 작용 피처를 통해 제어할 수 있음을 보여주기 때문이다.

출력은 다음과 같다.

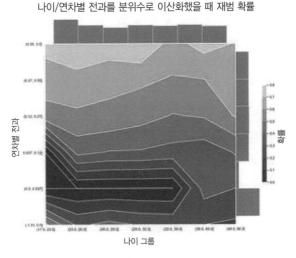

그림 12.7 age_group 및 priors_per_year에 대한 재범 확률 등고선 맵

거의 모든 것이 준비됐지만 age_group은 아직 범주형이므로 숫자 형식을 취하도록 인코 딩해야 한다.

범주화 인코딩

age_group에 가장 적합한 범주화 인코딩 방법은 범주의 순서를 유지해주는 **서수화 인코딩** ordinal encoding이며 **레이블 인코딩**label encoding으로도 부른다. 또한 데이터셋의 다른 범주형 피 처인 sex와 race도 인코딩해야 한다. sex의 경우 서수화 인코딩은 더미 인코딩과 같은 이 진 형식으로 변환한다. 반면 race에는 세 가지 범주가 있고 서수화 인코딩을 하면 편향이 생길 수 있기 때문에 결정이 힘들다. **원-핫 인코딩**을 할 것인지는 사용 중인 모델 클래스 에 따라 다르다. 트리 기반 모델에서는 서수형 피처에 대한 편향 문제가 없지만 신경망 및 로지스틱 회귀와 같은 피처 기반의 가중치를 통해 작동하는 모델은 이 서수형 피처로 인 해 잘못된 것을 학습할 수도 있다. 이 데이터셋은 race에 대해 균형을 이루고 있기 때문에 이런 일이 발생할 위험이 낮으며, 어쨌든 나중에 이 피처를 제거할 것이므로 지금은 서수화 인코딩을 할 것이다.

세 피처를 서수화 인코딩할 때 사이킷런의 `OrdinalEncoder`를 사용한다. `fit_transform` 함수를 사용해 피처를 적합시키고 변환하는 것을 한 번에 할 수 있다. 그다음에 불필요한 피처를 삭제한다. 코드는 다음과 같다.

```
cat_feat_l = ['sex', 'race', 'age_group']
ordenc = preprocessing.OrdinalEncoder(dtype=np.int8)
recidivism_df[cat_feat_l] =\
ordenc.fit_transform(recidivism_df[cat_feat_l])
recidivism_df.drop(['age', 'priors_count', \
                    'compas_score'], axis=1,\
                    inplace=True)
```

아직 완전히 끝나지 않았다. 랜덤 시드를 초기화하고 데이터를 학습/테스트셋으로 분할해야 한다.

다른 준비 작업

다음 준비는 매우 간단하다. 재현성을 보장하기 위해 필요한 모든 곳에 랜덤 시드를 설정한 다음 y를 is_recid로, X를 다른 모든 피처로 설정한다. 그리고 이 X, y에 대해 `train_test_split`을 수행한다. 마지막으로 X와 y를 사용해 `recidivism_df` 데이터프레임을 재구성한다. 그 이유는 is_recid가 다음 단계를 위한 마지막 칼럼이기 때문이다. 코드는 다음과 같다.

```
rand = 9
os.environ['PYTHONHASHSEED'] = str(rand)
tf.random.set_seed(rand)
```

```
np.random.seed(rand)
y = recidivism_df['is_recid']
X = recidivism_df.drop(['is_recid'], axis=1).copy()
X_train, X_test, y_train, y_test =\
    model_selection.train_test_split(X, y, test_size=0.2,\
                                        random_state=rand)
recidivism_df = X.join(y)
```

필요한 곳에서 스피어만 상관계수가 개선됐는지 확인하고, 개선되지 않았다면 그대로 유지한다. 코드는 다음과 같다.

```
pd.DataFrame({'feature': X.columns,\
    'correlation_to_target':\
    scipy.stats.spearmanr(recidivism_df).correlation[10,:-1]
}).style.background_gradient(cmap='coolwarm')
```

앞의 코드는 그림 12.8과 같은 데이터프레임을 출력한다. 그림 12.2와 비교해보라. 분위수로 이산화를 했더니 age_group은 age보다 목표변수와의 상관관계가 훨씬 더 단조적이 됐다. 서수화를 했더니 c_charge_degree도 훨씬 더 많은 상관관계를 갖게 됐고, priors_per_year도 priors_count보다 향상됐다. 계수가 가장 낮은 피처를 포함한 다른 피처들은 영향을 받지 않아야 한다.

출력은 다음과 같다.

	feature	correlation_to_target
0	sex	0.093255
1	race	-0.004598
2	juv_fel_count	0.082138
3	juv_misd_count	0.117976
4	juv_other_count	0.125797
5	c_charge_degree	0.069803
6	days_b_screening_arrest	0.032485
7	length_of_stay	0.012530
8	age_group	-0.152131
9	priors_per_year	0.321885

그림 12.8 목표변수에 대한 모든 피처의 스피어만 상관계수(피처 엔지니어링 후)

계수가 가장 낮은 피처는 모델에서 불필요할 가능성이 있지만 정규화를 통해 유용성 여부를 모델이 결정하도록 할 것이다. 이것이 다음에 할 일이다.

▌ 해석 가능성을 위한 모델 튜닝

전통적으로 정규화는 계수나 가중치에 L1, L2, 엘라스틱넷Elastic-net 등의 페널티를 부과해 관련성 낮은 피처의 영향력을 줄이는 것이었다. 10장, '해석 가능성을 위한 피처 선택과 피처 엔지니어링'의 '임베디드 방법론' 절에서 설명했듯이 이런 형태의 정규화는 피처 선택과 동시에 과적합을 줄인다. 그리고 이것은 페널티 항이 필요하지 않은 정규화라는 더 넓은 정의를 제공해준다. 이것은 모델의 복잡성을 억제하기 위해 강제하는 제약이나 중지 기준을 부과하는 것이다.

정규화 외에도 좁은 의미(페널티 기반)와 넓은 의미(과적합 방지) 모두에서 해석 가능성을 위해 모델을 튜닝하는 다른 방법론들이 있다. 이러한 방법론은 학습 프로세스에 대한 조정을 통해 모델의 공정성, 책임성, 투명성 등을 향상시킨다. 예를 들어 10장, '해석 가능성을 위한 피처 선택과 피처 엔지니어링'에서 논의한 클래스 불균형 하이퍼파라미터와 11장, '편향 완화 및 인과관계 추론 방법론'에서 논의한 적대적 편향 제거는 공정성을 향상시킨다. 또한 12장에서 더 자세히 살펴볼 제약조건은 공정성, 책임성, 투명성에 잠재적으로 도움이 된다.

튜닝 가능성뿐만 아니라 모델 클래스도 매우 많다. 12장의 시작 부분에서 언급했듯이 여기서는 해석 가능성과 관련된 옵션에만 초점을 둘 것이며, 모델 클래스는 인기 있는 딥러닝 라이브러리인 케라스^{Keras}, 트리 앙상블(XGBoost, RandomForest 등), SVM, 로지스틱 회귀로 제한할 것이다. 마지막 모델을 제외하고는 모두 블랙박스 모델이다.

케라스 신경망 튜닝

케라스 모델에서는 하이퍼파라미터 튜닝 및 계층화된 **K-폴드 교차 검증**$^{stratified\ K\text{-}fold\ cross\text{-}validation}$을 통해 최상의 정규화 파라미터를 선택할 것이다. 다음과 같은 단계로 수행한다.

1. 튜닝할 모델과 매개변수를 정의한다.
2. 튜닝을 수행한다.
3. 결과를 검토한다.
4. 최상의 모델을 추출하고 예측 성능을 평가한다.

각 단계를 자세히 살펴보자.

튜닝할 모델 및 매개변수 정의

가장 먼저 해야 할 일은 정규화 가능한 케라스 모델을 생성하고 컴파일하는 함수(build_nn_mdl)를 만드는 것이다. 이 함수는 튜닝에 도움이 되는 인수를 갖고 있다. 은닉 계층에 사용하는 뉴런의 수(hidden_layer_sizes)와 각 계층의 커널에 적용할 L1(l1_reg) 및 L2(l1_reg) 정규화 값을 포함하는 튜플을 사용한다. 마지막으로 dropout 값을 취하는데, 이는 L1 및

L2 페널티와는 달리 무작위 선택을 사용하기 때문에 확률적 정규화 방법론이다. 코드는 다음과 같다.

```python
def build_nn_mdl(hidden_layer_sizes, l1_reg=0, l2_reg=0,
dropout=0):
nn_model = tf.keras.Sequential([
  tf.keras.Input(shape=[len(X_train.keys())]),
  tf.keras.layers.experimental.preprocessing.Normalization()
])
reg_args = {}
if (l1_reg > 0) or (l2_reg > 0):
  reg_args = {'kernel_regularizer':
    tf.keras.regularizers.l1_l2(l1=l1_reg, l2=l2_reg)}
for hidden_layer_size in hidden_layer_sizes:
  nn_model.add(tf.keras.layers.Dense(hidden_layer_size,
              activation='relu', **reg_args))
  if dropout > 0:
    nn_model.add(tf.keras.layers.Dropout(dropout))
  nn_model.add(tf.keras.layers.Dense(1, activation='sigmoid'))
  nn_model.compile(loss='binary_crossentropy',\
    optimizer=tf.keras.optimizers.Adam(lr=0.0004),\
    metrics=['accuracy', tf.keras.metrics.AUC(name='auc')])
  return nn_model
```

앞의 함수는 모델(nn_model)을 학습 데이터의 피처 수에 해당하는 입력 계층과 입력을 표준화하는 Normalization() 계층을 갖는 Sequential 모델로 초기화한다. 그다음에 페널티 항이 0보다 크면 이 페널티로 초기화된 tf.keras.regularizers.l1_l2를 kernel_regularizer로서 딕셔너리(reg_args)에 설정한다. hidden_layer_size만큼 은닉 계층 (Dense)를 추가하면서 각 계층에 대한 추가 인수로 reg_args 딕셔너리를 전달한다. 모든 은닉 계층이 추가된 후 Dropout 계층과 출력을 위해 sigmoid 활성화가 있는 Dense 계층을 최종적으로 추가한다. 그다음에 binary_crossentropy와 느린 학습률로 설정된 Adam 옵티마이저로 모델을 컴파일하고 accuracy 및 auc 메트릭을 모니터링하도록 설정한다.

하이퍼파라미터 튜닝 실행

튜닝할 모델과 매개변수를 정의했으므로 이제 교차 검증을 수행하는 RepeatedStrati fiedKFold를 초기화한다. 이때 총 3회(n_repeats) 반복시 각 반복에서 다른 무작위화를 사용해 학습 데이터를 5개로 분할(n_splits)하도록 한다. 그다음에 그리드 검색 하이퍼파라미터 튜닝을 위한 그리드(nn_grid)를 생성한다. 여기서는 3개의 매개변수(l1_reg, l2_reg, dropout)에 대해 각각 2개의 옵션만 테스트하고 있으므로 결과적으로 $2^3 = 8$가지 조합이 된다. 모델이 사이킷런 그리드 검색과 호환되도록 래퍼(KerasClassifier)를 사용한다. 그다음에 케라스 모델(estimator)을 사용해 교차 검증(cv) 그리드 검색(param_grid)을 수행하는 GridSearchCV를 초기화한다. 정밀도(scoring)를 기반으로 최상의 매개변수를 선택하고 또한 프로세스에서 오류를 발생시키지 않기를(error_score=0) 원한다. 마지막으로 일반적인 케라스 모델과 마찬가지로 X_train, y_train, epochs, batch_size 등을 전달해 GridSearchCV를 적합시킨다. 코드는 다음과 같다.

```
cv = model_selection.RepeatedStratifiedKFold(n_splits=5,\
  n_repeats=3, random_state=rand)
nn_grid = {'hidden_layer_sizes':[(80,)], \
           'l1_reg':[0,0.005],\
           'l2_reg':[0,0.01], 'dropout':[0,0.05]}
nn_model = KerasClassifier(build_fn=build_nn_mdl)
nn_grid_search = model_selection.GridSearchCV(\
  estimator=nn_model,\
  cv=cv, n_jobs=-1, param_grid=nn_grid,\
  scoring='precision', error_score=0, verbose=0)
nn_grid_result = nn_grid_search.fit(X_train.astype(float),
  y_train.astype(float), epochs=400,\
```

```
   batch_size=128, verbose=0)
```

결과 검토

그리드 검색이 완료되면 print(nn_grid_result.best_params_) 명령을 사용해 딕셔너리에서 매개변수를 출력할 수 있다. 또는 모든 결과를 데이터프레임에 배치하고 가장 높은 정밀도로 정렬(sort_values)한 후 다음과 같이 출력할 수 있다.

```
pd.DataFrame(nn_grid_result.cv_results_)\
[['param_hidden_layer_sizes','param_l1_reg', 'param_l2_reg',\
  'param_dropout', 'mean_test_score', 'std_test_score',\
  'rank_test_score']].\
sort_values(by='rank_test_score')
```

앞의 코드는 그림 12.9와 같은 데이터프레임을 출력한다. 정규화되지 않은 모델이 가장 마지막에 있어서 모든 정규화 모델의 성능이 좋다는 것을 보여준다. 한 가지 유의할 점은 표준편차(std_test_score)가 약 1.5~2%이고 최고 성능과 최저 성능의 차이가 2.2%에 불과하다는 것을 고려한다면 정밀도 관점에서의 이점은 미미하지만 그럼에도 다른 이점 때문에 정규화된 모델을 사용해야 한다는 것이다.

출력은 다음과 같다.

	param_hidden_layer_sizes	param_l1_reg	param_l2_reg	param_dropout	mean_test_score	std_test_score	rank_test_score
7	(80,)	0.005000	0.010000	0.050000	0.677521	0.021471	1
6	(80,)	0.005000	0	0.050000	0.674577	0.016117	2
3	(80,)	0.005000	0.010000	0	0.670866	0.030145	3
5	(80,)	0	0.010000	0.050000	0.670802	0.015510	4
2	(80,)	0.005000	0	0	0.666052	0.027208	5
1	(80,)	0	0.010000	0	0.663211	0.016589	6
4	(80,)	0	0	0.050000	0.663133	0.015309	7
0	(80,)	0	0	0	0.654557	0.017369	8

그림 12.9 NN 모델에 대한 교차 검증 그리드 검색 결과

최고 성능 모델 평가

그리드 검색이 생성한 또 다른 중요한 요소는 최고 성능 모델(nn_grid_result.best_esti mator_)이다. 12장에서 적합시킬 모든 모델을 저장할 딕셔너리(fitted_class_mdls)를 만든 다음 evaluate_class_mdl을 사용해 이 정규화된 케라스 모델을 평가하고 동시에 딕셔너리에 이 평가를 저장한다. 코드는 다음과 같다.

```
fitted_class_mdls = {}
fitted_class_mdls['keras_reg'] =
mldatasets.evaluate_class_mdl(nn_grid_result.best_estimator_,\
  X_train.astype(float), X_test.astype(float),\
  y_train.astype(float), y_test.astype(float),\
  plot_roc=False, plot_conf_matrix=True, ret_eval_dict=True)
```

위의 코드는 그림 12.10과 같은 혼동 행렬과 메트릭을 출력한다. 정확도는 7장, '앵커와 반사실적 설명'의 원래 COMPAS 모델보다 약간 더 좋지만, 더 높은 정밀도를 위해 정규화를 최적화하는 전략은 거의 절반의 위양성과 50% 더 많은 위음성이 있는 모델을 산출했다.

출력은 다음과 같다.

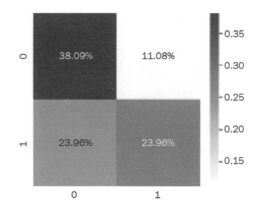

Accuracy_train: 0.6427   Accuracy_test: 0.6496

Precision_test: 0.7080   Recall_test: 0.5287

ROC-AUC_test: 0.6992   F1_test: 0.6054   MCC_test: 0.3125

그림 12.10 정규화된 케라스 모델의 평가

클래스 균형 조정은 나중에 수행할 사용자 정의 손실함수 또는 클래스 가중치를 사용해 훨씬 더 개선할 수 있다. 다음 절에서는 다른 모델 클래스를 튜닝하는 방법을 다룰 것이다.

인기 있는 다른 모델 클래스 튜닝

이 절에서는 다양한 정규화되지 않은 모델과 정규화된 모델을 모두 적합시킬 것이다. 이를 위해 페널티 정규화를 수행하고, 다른 수단을 통해 과적합을 제어하며, 클래스 불균형을 처리하는 다양한 매개변수 중에서 선택할 것이다.

간단한 관련 모델 매개변수 소개

참조를 위해 많은 인기 모델을 튜닝하는 데 사용되는 매개변수가 있는 도표를 제시한다. 이 도표는 두 개로 나뉜다. 파트 A(그림 12.11)에는 페널티 정규화가 포함된 5개의 사이킷런 모델이 있다. 파트 B(그림 12.12)는 트리 앙상블로서 사이킷런의 RandomForest 모델과 인기 있는 부스팅 트리 라이브러리(XGBoost, LightGBM, CatBoost)의 모델을 포함한다.

파트 A는 다음과 같다.

		LogisticRegression		RidgeClassifier Ridge		SVC SVR		NuSVC NuSVR		MLPClassifier MLPRegressor	
	algorithm	solver	"lbfgs"	solver	"auto"	kernel	"rbf"	kernel	"rbf"	solver	"adam"
	regularization	penalty	"l2"								
		C	+/- 1	alpha	+/- 1	C	+/- 1	nu	+/- 0.5	alpha	+ 0.0001
		l1_ratio	None			gamma	"scale"	gamma	"scale"		
OVERFITTING	iterations	max_iter	+/- 100	max_iter	+ None	max_iter	+ -1	max_iter	+ -1	max_iter	+/- 200
	learning rate									learning_rate_init	0.001
										learning_rate	"adaptive"
	early stopping	tol	- 1e-4	tol	- 1e-3	tol	- 1e-3	tol	- 1e-3	tol	- 1e-4
										n_iter_no_change	- 10
										early_stopping	False
										validation_fraction	0.1
	class imbalance	class_weight	None	class_weight	None	class_weight	None	class_weight	None		
	sample weight	sample_weight*	None	sample_weight*	None	sample_weight*	None	sample_weight*	None		

그림 12.11 페널티 정규화 사이킷런 모델을 위한 튜닝 매개변수

그림 12.11의 각 열에는 모델, 행에는 매개변수 이름이 그 기본값과 함께 표시돼 있다. 매개변수 이름과 기본값 사이에는 기본값을 한 방향으로 변경하는 것이 모델을 더 보수적으로 만드는지 여부를 나타내는 +/− 기호가 있다. 이 매개변수들은 다음 범주로 그룹화

된다.

- **알고리듬**: 일부 학습 알고리듬은 과적합될 가능성이 적지만 이는 데이터에 따라 다르다.
- **정규화**: 더 엄격한 의미에서. 즉, 페널티 기반 정규화를 제어하는 매개변수다.
- **반복 횟수**iterations: 수행되는 학습 라운드, 반복 또는 에포크 수를 제어한다. 이를 한 방향 또는 다른 방향으로 튜닝하면 과적합에 영향을 미칠 수 있다. 트리 기반 모델에서의 추정기estimator 또는 트리의 수와 유사하다.
- **학습률**: 학습 속도를 제어한다. 반복 횟수와 함께 작동한다. 학습률이 낮을수록 목적함수를 최적화하기 위한 반복 횟수가 높아진다. 그러나 과적합되기 전에 학습을 중단하고 싶다면 조기 종료early stopping를 사용해야 한다.
- **조기 종료**: 이 매개변수는 학습을 중지할 시기를 제어한다.
- **클래스 불균형**: 대부분의 모델에서 이 매개변수는 손실함수의 소규모 클래스에 대한 오분류에 페널티를 부여하며, 특히 트리 기반 모델의 경우 분할 기준에 대한 가중치를 재설정하는 데 사용된다. 어느 쪽이든 분류기에서만 동작한다.
- **샘플 가중치**: 11장, '편향 완화 및 인과관계 추론 방법론'에서는 편향을 완화하기 위해 샘플 기반으로 가중치를 할당했다.

도표에는 분류와 회귀 모델이 모두 있으며 동일한 매개변수를 공유한다. 사이킷런의 Linear Regression에는 내장된 정규화가 없기 때문에 LogisticRegression 아래에 표시하지 않았다. 어쨌든 이 절에서는 분류 모델만 사용할 것이다.

파트 B는 다음과 같다.

OVERFITTING						
category		RandomForestClassifier / RandomForestRegressor	XGBRFClassifier / XGBRFRegressor	XGBClassifier / XGBRegressor	LGBMClassifier / LGBMRegressor	CatBoostClassifier / CatBoostRegressor
algorithm			booster "gbtree"	booster "gbtree"	boosting "gbdt"	
regularization			reg_lambda + 1; reg_alpha + 0	reg_lambda + 1; reg_alpha + 0	lambda_l2 + 0; lambda_l1 + 0	l2_leaf_reg + 3
feature sampling	max_features	+/- "auto"		colsample_bytree - 1; colsample_bylevel - 1; colsample_bynode - 1	feature_fraction - 1	
learning rate			eta +/- 1	eta +/- 0.3	learning_rate +/- 0.1	learning_rate +/- 0.03
iterations / # trees	n_estimators	+/- 100	n_estimators +/- 100	num_round +/- 100	num_iterations +/- 100	iterations +/- 1000
early stopping	oob_score	+ False	early_stopping_rounds* None; eval_set* None; eval_metric* None	early_stopping_rounds* None; eval_set* None; eval_metric* None	early_stopping_rounds* None; eval_set* None; eval_metric* None	early_stopping_rounds* False; eval_set* None; eval_metric* None
tree size	max_depth - None; max_leaf_nodes - None; min_samples_leaf + 1; min_weight_fraction_leaf + 0; min_samples_split + 2; min_impurity_decrease + 0; criterion "gini"		max_depth - 6	max_depth - 6; max_leaves - 0	max_depth - -1; num_leaves - 31	depth - 6; max_leaves - 31
splitting			gamma + 0; min_child_weight + 1	gamma + 0; min_child_weight + 1	min_data_in_leaf + 20; min_sum_hessian_in_leaf + 1e-3; min_split_gain + 0	min_data_in_leaf + 1; random_strength + 1; grow_policy SymmetricTree
bagging	max_samples None; bootstrap True		subsample + 1; sampling_method "uniform"	subsample + 1; sampling_method "uniform"	bagging_fraction - 1; bagging_freq + 0	subsample + 0.66-1
class imbalance (classifiers only)	class_weight	None	scale_pos_weight +/- 1	scale_pos_weight +/- 1	scale_pos_weight +/- 1; is_unbalance False	class_weights; scale_pos_weight +/- 1; auto_class_weights False
sample weight	sample_weight*	None	sample_weight* None	sample_weight* None	sample_weight* None	sample_weight* None
constraints			monotone_constraints + None; interaction_constraints + None	monotone_constraints + None; interaction_constraints + None	monotone_constraints + None; interaction_constraints + None	monotone_constraints + None

그림 12.12 트리 앙상블 모델을 위한 튜닝 매개변수

그림 12.12는 다음과 같이 트리 앙상블에서만 사용할 수 있는 매개변수 범주가 몇 개 더 있다는 점을 제외하면 그림 12.11과 매우 유사하다.

- **피처 샘플링**: 노드 분할, 노드, 트리 학습 등에서 더 적은 피처로 동작한다. 피처가 무작위로 선택되기 때문에 확률적 정규화 방법이다.
- **트리 크기**: 최대 깊이나 최대 리프, 또는 과적합을 억제하기 위해 과도한 분기를 제한하는 다른 매개변수로 트리에 제약조건을 준다.
- **분할**: 트리의 노드가 분할되는 방식을 제어하는 모든 매개변수는 과적합에 간접적으로 영향을 미칠 수 있다.
- **배깅**bagging: 부트스트랩 집계bootstrap aggregating라고도 하는 배깅은 약한 학습기weak learner를 적합시킬 때 학습 데이터에서 무작위로 샘플을 추출하는 부트스트래핑으로 시작된다. 분산을 줄이고 과적합을 줄이는 데 도움이 되며, 더 나아가 해당 샘플링 매개변수는 하이퍼파라미터 튜닝에서 중요하게 여겨진다.
- **제약조건**: 다음 절에서 자세히 설명하겠지만 피처가 출력에 대해 감소하거나 증가하도록 제한하는 방법을 말한다. 데이터가 매우 희소한 영역에서 과적합을 줄일 수 있다. 그러나 일반적으로 과적합을 줄이는 것이 주요 목표가 아니고 상호 작용 제약조건으로 상호 작용하는 피처를 제한하는 것이 목적이다.

그림 12.12에서 별표(*)가 있는 매개변수는 모델에서 초기화되는 것이 아니라 fit 함수에 설정되는 매개변수를 나타낸다. 또한 RandomForest 모델을 제외한 다른 모든 매개변수는 일반적으로 많은 별칭을 갖고 있다. 이를 위해 여기서는 사이킷런 래퍼 함수를 사용하지만 모든 매개변수는 원래의 버전에도 존재한다. 여기서 모든 모델 매개변수를 설명할 수는 없으며 각 매개변수가 수행하는 작업에 대한 자세한 내용은 문서를 직접 확인하는 것이 좋다. 이 절은 가이드 역할만 한다.

다음으로 케라스 모델에서 수행한 것과 유사한 단계를 한 번에 여러 모델에 대해 수행하고 마지막으로 공정성이 최상인 모델을 평가할 것이다.

하이퍼파라미터 튜닝 모델 배치 처리

자, 이제 모델을 튜닝하기 위해 어떤 레버를 당길 수 있는지에 대해 간략하게 살펴봤으니 다른 장에서 수행한 것처럼 모든 모델을 사용하기 위한 딕셔너리를 정의할 것이다. 이번에는 그리드 검색을 위한 매개변숫값을 갖는 grid 항목을 포함했다. 코드는 다음과 같다.

```python
class_mdls = {
  'logistic':{
    'model':linear_model.LogisticRegression(random_state=rand,\
                                            max_iter=1000),
    'grid':{'C':np.linspace(0.01, 0.49, 25),\
            'class_weight':[{0:6,1:5}],
            'solver':['lbfgs', 'liblinear', 'newton-cg']}},
  'svc':{'model':svm.SVC(probability=True,\
                        random_state=rand),
      'grid':{'C':[15,25,40],'class_weight':[{0:6,1:5}]}},
  'nu-svc':{'model':svm.NuSVC(probability=True,\
                            random_state=rand),
      'grid':{'nu':[0.2,0.3], 'gamma':[0.6,0.7],\
            'class_weight':[{0:6,1:5}]}},
  'mlp':{
    'model':neural_network.MLPClassifier(random_state=rand,\
          hidden_layer_sizes=(80,), early_stopping=True),\
    'grid':{'alpha':np.linspace(0.05, 0.15, 11),
          'activation':['relu','tanh','logistic']}},
  'rf':{
    'model':ensemble.RandomForestClassifier(random_state=rand,
          max_depth=7, oob_score=True,\
          bootstrap=True),\
    'grid':{'max_features':[6,7,8],\
```

```
          'max_samples':[0.75,0.9,1],
          'class_weight':[{0:6,1:5}]}},
'xgb-rf':{'model':xgb.XGBRFClassifier(seed=rand, eta=1,\
                max_depth=7, n_estimators=200),
          'grid':{'scale_pos_weight':[0.85],\
                  'reg_lambda':[1,1.5,2],
                  'reg_alpha':[0,0.5,0.75,1]}},
'xgb':{'model':xgb.XGBClassifier(seed=rand, eta=1,\
                max_depth=7),\
          'grid':{'scale_pos_weight':[0.7],\
                  'reg_lambda':[1,1.5,2],\
                  'reg_alpha':[0.5,0.75,1]}},
'lgbm':{'model':lgb.LGBMClassifier(random_seed=rand,\
                learning_rate=0.7, max_depth=5),
          'grid':{'lambda_l2':[0,0.5,1],
                  'lambda_l1':[0,0.5,1],\
                  'scale_pos_weight':[0.8]}},
'catboost':{'model':cb.CatBoostClassifier(random_seed=rand,\
                depth=5, learning_rate=0.5, verbose=0),
          'grid':{'l2_leaf_reg':[2,2.5,3],
                  'scale_pos_weight':[0.65]}}
}
```

다음 단계는 딕셔너리의 모든 모델에 대한 for 루프를 추가하고, 반복 처리 시 각 모델을 deepcopy한 후 fit을 적용해 "기본" 비정규화 모델을 생성하는 것이다. 다음으로 evaluate_class_mdl을 사용해 이에 대한 평가를 생성하고 이전에 케라스 모델용으로 만든 fitted_class_mdls 딕셔너리에 저장한다. 그리고 이제 모델의 정규화된 버전을 생성한다. 따라서 또 다른 deepcopy를 수행하고 GridSearchCV를 사용해 RepeatedStratifiedKFold 교차 검증 그리드 검색을 수행하기 위해 케라스에서 수행한 것과 동일한 단계를 따른 후 동일한 방식으로 평가해 `fitted_class_mdls` 딕셔너리에 결과를 저장한다. 코드는 다음과 같다.

```
for mdl_name in class_mdls:
  print(mdl_name)
  base_mdl = copy.deepcopy(class_mdls[mdl_name]['model'])
  base_mdl = base_mdl.fit(X_train, y_train)
  fitted_class_mdls[mdl_name+'_base'] =
    mldatasets.evaluate_class_mdl(base_mdl, X_train, X_test,\
      y_train, y_test, plot_roc=False,\
      plot_conf_matrix=False,\
      show_summary=False, ret_eval_dict=True)
  reg_mdl = copy.deepcopy(class_mdls[mdl_name]['model'])
  grid = class_mdls[mdl_name]['grid']
  cv = model_selection.RepeatedStratifiedKFold(n_splits=5,\
    n_repeats=3, random_state=rand)
  grid_search =\
    model_selection.GridSearchCV(estimator=reg_mdl,\
      cv=cv, param_grid=grid, scoring='precision',\
      n_jobs=-1, error_score=0, verbose=0)
  grid_result = grid_search.fit(X_train, y_train)
  fitted_class_mdls[mdl_name+'_reg'] =\
    mldatasets.evaluate_class_mdl(grid_result.best_estimator_,\
      X_train, X_test, y_train, y_test, plot_roc=False,\
      plot_conf_matrix=False, show_summary=False,\
      ret_eval_dict=True)
  fitted_class_mdls[mdl_name+'_reg']['cv_best_params'] =\
    grid_result.best_params_
```

코드 실행이 완료되면 정밀도를 기준으로 모델 순위를 매길 수 있다.

710

정밀도로 모델 평가

적합된 모델 딕셔너리에서 메트릭을 추출할 때 from_dict를 사용해 데이터프레임에 배치할 수 있다. 그다음에 가장 높은 테스트 정밀도를 기준으로 모델을 정렬하고 가장 중요한 두 칼럼인 precision_test와 recall_test에 색상 코드를 지정한다. 코드는 다음과 같다.

```
class_metrics = pd.DataFrame.from_dict(fitted_class_mdls,\
  'index')[['accuracy_train', 'accuracy_test',\
          'precision_train', 'precision_test',\
          'recall_train', 'recall_test',\
          'roc-auc_test', 'f1_test', 'mcc_test']]
with pd.option_context('display.precision', 3):
  html = class_metrics.sort_values(by='precision_test',\
    ascending=False).\
    style.background_gradient(cmap='plasma',
    subset=['precision_test']).\
    background_gradient(cmap='viridis',subset=['recall_test'])
html
```

앞의 코드는 그림 12.13과 같은 데이터프레임을 출력한다. 정규화된 트리 앙상블 모델이 순위의 상위에 있고 정규화되지 않은 트리 앙상블 모델은 그 뒤를 따른다. 한 가지 예외는 정규화된 Nu-SVC는 2위인데 정규화되지 않은 버전은 마지막에 있다는 것이다.

출력은 다음과 같다.

	accuracy_train	accuracy_test	precision_train	precision_test	recall_train	recall_test	roc-auc_test	f1_test	mcc_test
catboost_reg	0.964	0.820	0.992	0.837	0.935	0.802	0.881	0.819	0.641
nu-svc_reg	0.939	0.807	0.950	0.836	0.925	0.772	0.858	0.803	0.616
xgb_reg	0.966	0.820	0.988	0.828	0.943	0.815	0.877	0.821	0.639
lgbm_reg	0.936	0.797	0.966	0.814	0.903	0.778	0.870	0.796	0.594
xgb_base	0.976	0.823	0.984	0.812	0.967	0.848	0.880	0.830	0.646
catboost_base	0.970	0.817	0.980	0.809	0.958	0.838	0.879	0.823	0.634
lgbm_base	0.935	0.797	0.949	0.802	0.918	0.799	0.861	0.800	0.594
logistic_reg	0.643	0.638	0.721	0.745	0.445	0.437	0.701	0.551	0.309
⋮	⋮	⋮	⋮	⋮	⋮	⋮	⋮	⋮	⋮
keras_reg	0.643	0.650	0.674	0.708	0.527	0.529	0.699	0.605	0.312

그림 12.13 교차 검증된 그리드 검색에 따른 상위 모델

정규화된 케라스 신경망 모델은 로지스틱 회귀보다 정밀도가 낮지만 재현율은 더 높다. 최소화하고자 하는 위양성에 영향을 미치기 때문에 높은 정밀도로 최적화하고 싶은 것은 사실이지만 정밀도는 100%이고 재현율은 0%인 경우가 생길 수도 있는데 이런 모델은 좋지 않다. 또한 공정성을 기준으로 평가할 수 있으며, 이는 위양성률이 낮으면서도 인종별로 균등하게 분포되는 것을 말한다. 그러므로 균형을 잡아야 하며, 하나의 메트릭만을 쫓으면 결국 목표에 이르게 못하게 될 것이다.

최고 성능 모델에 대한 공정성 평가

먼저 최고 성능 모델이 공정성 측면에서 어떠한지 확인해야 한다. compare_confusion_matrices를 사용해 이를 수행할 수 있다. 사이킷런의 confusion_matrix와 마찬가지로 첫 번째 인수는 실젯값 또는 목푯값(종종 "y_true"라고 함)이고 두 번째 인수는 모델의 예측(종종 "y_pred"라고 함)이다. 여기서의 차이점은 y_true 및 y_pred에 대해서 관측치의 두 세그먼트에 해당하는 두 세트가 필요하다는 것이다. 처음 네 개의 인수 다음에 두 개의 인수로 각 세그먼트에 대한 이름을 지정한다. 마지막으로 compare_fpr=True는 두 혼동 행렬 사이에서 위양성률[FPR]을 비교한다. 코드는 다음과 같다.

```
y_test_pred =\
  fitted_class_mdls['catboost_reg']['preds_test']
_ = mldatasets.\
  compare_confusion_matrices(y_test[X_test.race==1],\
    y_test_pred[X_test.race==1], y_test[X_test.race==0],\
    y_test_pred[X_test.race==0],
    'Caucasian', 'African-American',\
    compare_fpr=True)
y_test_pred = \
  fitted_class_mdls['catboost_base']['preds_test']
_ = mldatasets.\
  compare_confusion_matrices(y_test[X_test.race==1],\
    y_test_pred[X_test.race==1], y_test[X_test.race==0],\
    y_test_pred[X_test.race==0],
    'Caucasian', 'African-American',\
    compare_fpr=True)
```

앞의 코드 그림 12.14 및 그림 12.15를 출력하며 각각 정규화 모델과 기본 모델에 해당
한다.

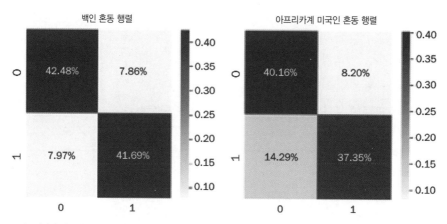

그림 12.14 정규화된 CatBoost 모델의 인종별 혼동 행렬

그림 12.15와 비교하면 정규화된 모델의 FPR이 더 낮은 것을 알 수 있다.

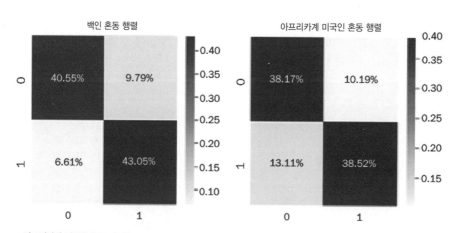

그림 12.15 기본 CatBoost 모델의 인종별 혼동 행렬

하지만 그림 12.15의 기본 모델의 FPR 비율은 1.08인데 정규화 모델의 FPR 비율은 1.09로 정규화 모델은 전체 메트릭이 더 우수함에도 불구하고 약간 덜 공정하다. 기본 모델의 사용을 정당화하기엔 이 차이가 충분하지 않다. 한 번에 여러 목표를 달성하려고 할 때 모델을 객관적으로 평가하고 비교하는 것은 어려운 일이지만 다음 절에서 시도해볼 것이다.

베이지안 하이퍼파라미터 튜닝 및 사용자 정의 메트릭으로 공정성 최적화

이 실습의 미션은 다양한 인종에 대한 공정성을 유지하면서 동시에 높은 정밀도와 좋은 재현율을 가진 모델을 생성하는 것이다. 따라서 전체 미션에 충실하려면 이를 위한 사용자 정의 메트릭을 설계해야 한다.

사용자 정의 메트릭 설계

F1 점수를 사용할 수 있지만 정밀도와 재현율을 동일하게 취급하기 때문에 가중치된 메트릭을 만들어야 한다. 이때 각 인종에 대해 정밀도와 재현율이 어떻게 분포돼 있는지를 고려할 수 있다. 한 가지 방법은 이 분포의 변동을 정량화하는 표준편차를 사용하는 것이다. 이를 위해 정밀도에 대한 그룹 간 표준편차의 절반을 정밀도에 페널티로 부여하고 적당한 용어가 없어서 페널티된 정밀도penalized precision라고 부를 것이다. 공식은 다음과 같다.

$$P_{penalized} = P - \frac{1}{2}\sigma_P$$

다음과 같이 재현율에 대해서도 동일한 작업을 수행할 수 있다.

$$R_{penalized} = R - \frac{1}{2}\sigma_R$$

그다음에 보이는 것처럼 정밀도가 재현율보다 두 배의 가중치를 갖는 가중 평균을 만든다.

$$\text{custom\_metric} = \frac{2 \times P_{penalized} + R_{penalized}}{3}$$

이 새로운 메트릭을 계산하기 위해 호출할 수 있는 weighted_penalized_pr_average 함수를 만든다. 이 함수는 예측 성능 메트릭 계산을 위해 y_true 및 y_pred를 사용한다. 또한 그룹에 대한 값을 갖고 있는 X_group과 예측의 하위 집합이 될 값의 리스트를 갖는 group_vals도 포함한다. 이 경우에 그룹은 race이며 값은 0부터 2까지일 수 있다. 이 함수에는 이런 가능한 값을 반복해 각 그룹별로 예측의 하위 집합을 생성하는 for 루프가 포함된다. 이렇게 하면 각 그룹에 대한 정밀도와 재현율을 계산할 수 있다. 함수의 나머지 부분은 앞에서 설명한 세 가지 수학 연산을 수행한다. 코드는 다음과 같다.

```python
def weighted_penalized_pr_average(y_true, y_pred, X_group,\
                            group_vals, penalty_mult=0.5,\
                            precision_mult=2,\
                            recall_mult=1):
    precision_all = metrics.precision_score(y_true, y_pred,\
                            zero_division=0)
    recall_all = metrics.recall_score(y_true, y_pred,\
                            zero_division=0)
    p_by_group = []
    r_by_group = []
    for group_val in group_vals:
        in_group = X_group == group_val
        p_by_group.append(metrics.precision_score(\
                    y_true[in_group],\
                    y_pred[in_group], zero_division=0))
        r_by_group.append(metrics.recall_score(y_true[in_group],\
                    y_pred[in_group], zero_division=0))
    precision_all = precision_all -\
                    (np.array(p_by_group).std()*penalty_mult)
    recall_all = recall_all -\
                    (np.array(r_by_group).std()*penalty_mult)
```

```
return ((precision_allprecision_mult)+(recall_allrecall_mult))/\
        (precision_mult+recall_mult)
```

이제 튜닝을 하면서 이 함수를 실행한다.

베이지안 하이퍼파라미터 튜닝 실행

베이지안 최적화 Bayesian optimization는 블랙박스 목적함수와 연속형 매개변수의 사후 분포를 사용하는 글로벌 최적화 방법론이다. 즉, 과거 결과를 바탕으로 다음에 테스트할 최적의 매개변수를 순차적으로 검색한다. 그리드 검색과 다른 점은 그리드에 고정된 매개변수 조합을 시도하지 않고 이미 알고 있는 것을 활용해 알려지지 않은 것을 탐색한다는 것이다.

bayesian-optimization 라이브러리는 모델 독립적이다. 필요한 것은 함수와 범위를 가진 매개변수뿐이다. 해당 범위 내에서 각 매개변수의 값을 탐색한다. 이 함수는 매개변수를 사용한 후 숫자를 반환한다. 이 숫자는 베이지안 최적화 알고리듬이 최대화할 숫자 또는 목표다.

다음 코드는 목적함수이며, 4개로 분할한 후 3번을 반복 수행하는 RepeatedStratifiedKFold 교차 검증을 초기화한다. 분할을 반복적으로 수행하면서 CatBoostClassifier를 적합시킨다. 그리고 각 모델 학습에 대한 weighted_penalized_pr_average 사용자 정의 메트릭을 계산하고 리스트에 추가한다. 최종적으로 이 함수는 12개 학습 모두에 대한 사용자 정의 메트릭 값의 median을 반환한다. 코드는 다음과 같다.

```
def hyp_catboost(l2_leaf_reg, scale_pos_weight):
  cv = model_selection.RepeatedStratifiedKFold(n_splits=4,\
      n_repeats=3, random_state=rand)
  metric_l = []
  for train_index, val_index in cv.split(X_train, y_train):
    X_train_cv, X_val_cv = X_train.iloc[train_index],\
                    X_train.iloc[val_index]
```

```
    y_train_cv, y_val_cv = y_train.iloc[train_index],
                            y_train.iloc[val_index]
    mdl = cb.CatBoostClassifier(random_seed=rand,
        learning_rate=0.5,\
        verbose=0, depth=5, l2_leaf_reg=l2_leaf_reg,\
        scale_pos_weight=scale_pos_weight)
    mdl = mdl.fit(X_train_cv, y_train_cv)
    y_val_pred = mdl.predict(X_val_cv)
    metric = weighted_penalized_pr_average(y_val_cv,
            y_val_pred, X_val_cv['race'], range(3))
    metric_l.append(metric)
return np.median(np.array(metric_l))
```

이제 함수가 정의됐으니 베이지안 최적화 프로세스를 실행하는 것은 간단하다. 먼저 매
개변수 범위 딕셔너리(pbounds)를 설정하고 hyp_catboost 함수로 BayesianOptimization
을 초기화한 다음에 maximize를 실행한다. maximize 함수는 무작위 탐색을 사용해 초기
에 실행해야 하는 반복 횟수를 설정하는 init_points 인수를 사용한다. 그다음에 n_iter
는 최댓값을 찾기 위해 수행해야 하는 최적화 반복 횟수다. 시간이 오래 걸릴 수 있으므
로 init_points와 n_iter를 각각 3과 7로 설정했지만, 이 숫자는 클수록 좋다. 코드는 다
음과 같다.

```
pbounds = {
  'l2_leaf_reg': (2,4),
  'scale_pos_weight': (0.55,0.85)
}
optimizer = BayesianOptimization(hyp_catboost, pbounds,\
                                random_state=rand)
optimizer.maximize(init_points=3, n_iter=7)
```

완료되면 다음과 같이 최상의 매개변수에 액세스할 수 있다.

```
print(optimizer.max['params'])
```

이 명령은 다음과 같이 매개변수가 포함된 딕셔너리를 반환한다.

```
{'l2_leaf_reg': 2.02074830777713997, 'scale_pos_weight':
0.7005623776446217}
```

이제 이 매개변수로 모델을 적합시키고 평가할 것이다.

최상의 매개변수로 모델 적합 및 평가

이 매개변수로 CatBoostClassifier를 초기화하는 것은 best_params 딕셔너리를 인수로
전달하는 것처럼 쉽다. 그다음에 fit으로 모델을 적합시키고 평가(evaluate_class_mdl)하
면 된다. 코드는 다음과 같다.

```
cb_opt = cb.CatBoostClassifier(random_seed=rand, depth=5,\
                               learning_rate=0.5, verbose=0,\
                               **optimizer.max['params'])
cb_opt = cb_opt.fit(X_train, y_train)
fitted_class_mdls['catboost_opt'] =\
  mldatasets.evaluate_class_mdl(cb_opt, X_train, X_test,\
                                y_train, y_test,
                                plot_roc=False,
                                plot_conf_matrix=True,\
                                ret_eval_dict=True)
```

앞의 코드는 다음과 같은 예측 성능 지표를 출력한다.

```
Accuracy_train:  0.9721   Accuracy_test:   0.8282
Precision_test:  0.8354   Recall_test:     0.8244
```

```
ROC-AUC_test:    0.8815   F1_test:        0.8299   MCC_test:
0.6564
```

Accuracy_test, Precision_test, Recall_test 메트릭 중 지금까지 가장 높게 달성한 것이다. 이제 compare_confusion_matrices를 사용해 모델의 공정성을 살펴보자. 코드는 다음과 같다.

```
y_test_pred = fitted_class_mdls['catboost_opt']['preds_test']
_ = mldatasets.
  compare_confusion_matrices(y_test[X_test.race==1],\
    y_test_pred[X_test.race==1], y_test[X_test.race==0],\
    y_test_pred[X_test.race==0],
    'Caucasian', 'African-American',\
    compare_fpr=True)
```

위의 코드는 그림 12.16을 출력하며 지금까지 얻은 최고의 공정성 메트릭을 보여준다.

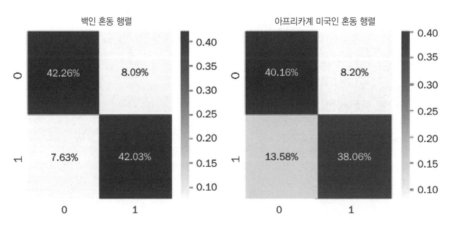

그림 12.16 최적화된 CatBoost 모델의 인종별 혼동 행렬 비교

결과가 좋게 나왔지만 피처는 여전히 존재하기 때문에 모델이 인종에 대해 편향되지 않는다고 완전히 확신할 수 없다. 피처의 영향력을 측정하는 한 가지 방법은 피처 중요도 방법론을 사용하는 것이다.

피처 중요도를 통한 인종적 편향 확인

CatBoost가 가장 성능이 좋은 모델이지만 CatBoost는 다음 절에서 구현할 상호 작용 제약조건을 지원하지 않기 때문에 XGBoost로 진행할 것이다. 그러나 먼저 두 가지 중요한 측면에서 두 모델을 비교할 예정이다. 또한 SHAP 값은 피처 중요도를 측정하고 시각화하는 강력한 수단을 제공하므로 최적화된 CatBoost 모델과 정규화된 XGBoost 모델에 대해 계산해볼 것이다. 이를 위해서 각 모델로 TreeExplainer를 초기화한 다음 shap_values를 사용해 다음 코드와 같이 각 모델에 대한 값을 생성해야 한다.

```
fitted_cb_mdl = fitted_class_mdls['catboost_opt']['fitted']
shap_cb_explainer = shap.TreeExplainer(fitted_cb_mdl)
shap_cb_values = shap_cb_explainer.shap_values(X_test)
fitted_xgb_mdl = fitted_class_mdls['xgb_reg']['fitted']
shap_xgb_explainer = shap.TreeExplainer(fitted_xgb_mdl)
shap_xgb_values = shap_xgb_explainer.shap_values(X_test)
```

그다음에 Matplotlib의 subplot을 사용해 다음과 같이 두 개의 summary_plot을 나란히 생성할 수 있다.

```
ax0 = plt.subplot(1, 2, 1)
shap.summary_plot(shap_xgb_values, X_test, plot_type="dot",\
                  plot_size=None, show=False)
ax0.set_title("XGBoost SHAP Summary", fontsize=15)
ax1 = plt.subplot(1, 2, 2)
shap.summary_plot(shap_cb_values, X_test, plot_type="dot",\
                  plot_size=None, show=False)
```

```
ax1.set_title("Catboost SHAP Summary", fontsize=15)
```

앞의 코드는 CatBoost와 XGBoost가 얼마나 유사한지를 보여주는 그림 12.17을 출력한다. 결국 둘 다 그래디언트 부스트 의사 결정 트리이기 때문에 이런 유사성은 놀라운 일이 아니다. 나쁜 소식은 둘 모두에서 race가 4위라는 것이다. 그러나 race의 오른쪽에 낮은 피처 값에 해당하는 음영이 우세한 것은 아프리카계 미국인(race=0)이 재범과 음의 상관관계가 있음을 시사한다.

출력은 다음과 같다.

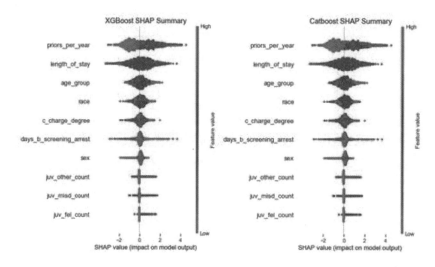

그림 12.17 정규화된 XGBoost와 최적화된 CatBoost 모델의 SHAP 요약 플롯

어쨌든 학습 데이터에서 race를 제거하는 것이 합리적이지만, 그보다는 먼저 모델이 이것을 중요한 피처라고 생각하는 이유를 확인해야 한다. 코드는 다음과 같다.

```
shap_xgb_interact_values =\
    shap_xgb_explainer.shap_interaction_values(X_test)
```

722

5장, '글로벌 모델 독립적 해석 방법론'에서 상호 작용 효과를 평가하는 것에 대해 논의했다. 이 주제를 다시 살펴보겠지만 이번에는 SHAP의 의존도 플롯을 사용하는 대신 SHAP에서 상호 작용 값(shap_interaction_values)을 추출한다. summary_plot 플롯을 사용하면 SHAP 상호 작용의 순위를 정할 수 있다. SHAP 요약 플롯은 매우 유용하지만 상호 작용에 대해서는 히트맵만큼 직관적이지 않다. 레이블이 있는 히트맵을 생성하려면 데이터프레임의 첫 번째 축에 shap_xgb_interact_values가 요약된 것을 배치한 다음에 피처 이름을 columns 및 index의 이름으로 지정해야 한다. 나머지는 Seaborn의 heatmap 함수를 사용해 데이터프레임을 히트맵으로 그리는 것이다. 코드는 다음과 같다.

```
shap_xgb_interact_avgs =\
  np.abs(shap_xgb_interact_values).mean(0)
np.fill_diagonal(shap_xgb_interact_avgs, 0)
shap_xgb_interact_df = pd.DataFrame(shap_xgb_interact_avgs)
shap_xgb_interact_df.columns = X_test.columns
shap_xgb_interact_df.index = X_test.columns
sns.heatmap(shap_xgb_interact_df, cmap='Blues',\
        annot=True,\
        annot_kws={'size':13}, fmt='.2f',\
        linewidths=.5)
```

위의 코드는 그림 12.18과 같은 히트맵을 생성한다. 이 히트맵은 race가 length_of_stay, age_group, priors_per_year와 가장 많이 상호 작용하고 있음을 보여준다. 물론 이 상호 작용은 race를 제거하면 사라진다. 그러나 이 결과를 고려할 때 이런 피처들에 인종적 편향이 내재돼 있지 않을 경우를 신중하게 생각할 필요가 있다. 연구 결과는 age_group와 priors_per_year의 필요성은 확인해주지만 length_of_stay는 면밀한 조사가 요구된다. 여기서는 이 작업을 수행하지 않을 것이지만 이는 확실히 생각할 거리다.

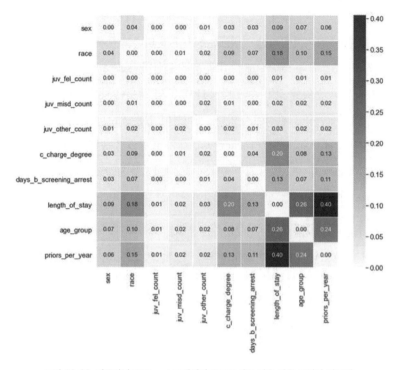

그림 12.18 정규화된 XGBoost 모델에서 SHAP 상호 작용 값을 표현한 히트맵

그림 12.18에서 또 다른 흥미로운 점은 피처들을 군집화할 수 있는 방법이다. race를 제거하면 대부분의 상호 작용이 c_charge_degree와 priors_per_year 사이의 오른쪽 아래 사분면에 존재하기 때문에 여기를 묶을 수 있다. 이 지역 밖에서 문제가 되는 상호 작용에 제한을 두는 것은 많은 이점이 있다. 예를 들어 juv_fel_count와 같은 모든 청소년 범죄 피처가 age_group과 상호 작용해야 하는 이유는 무엇인가? sex가 length_of_stay와 상호 작용해야 하는 이유는 무엇인가? 다음 절에서는 오른쪽 아래 사분면 주위에 울타리를 배치해 피처 간의 상호 작용을 제한하는 방법을 살펴볼 것이다. 또한 단조성 제약조건을 사용해 priors_per_year에 대한 단조성을 보장할 것이다.

모델 제약조건 구현

매개변수의 이름이 동일하기 때문에 먼저 XGBoost 및 다른 트리 앙상블을 사용해 제약조건을 구현하는 방법에 대해 살펴볼 것이다(그림 12.12 참조). 그다음에 텐서플로 래티스TFL, TensorFlow Lattice를 사용할 것이다. 진행하기 전에 다음과 같이 데이터에서 race를 제거한다.

```
X_train_con = X_train.drop(['race'], axis=1).copy()
X_test_con = X_test.drop(['race'], axis=1).copy()
```

이제 race가 사라졌지만 모델 자체에 여전히 약간의 편향이 남아 있을 수 있다. 그러나 앞에서 수행한 피처 엔지니어링과 이제 배치하려고 하는 제약조건은 7장, '앵커와 반사실적 설명'에서 찾은 이중 잣대를 고려해 이에 맞춰 모델을 조정하는 데 도움이 될 수 있다. 그런데 결과 모델은 테스트 데이터에 대해 더 나쁜 성능이 나올 수 있다. 여기에는 다음과 같은 두 가지 이유가 있다.

- **정보 손실**: 다른 피처와의 상호 작용을 통해 결과에 영향을 미쳤기 때문에 인종은 안타깝게도 특정 정보를 전달했다.
- **현실과 정책 기반 이상주의 간의 불일치**: 이것은 이런 제약조건을 적용하는 주된 이유가 모델이 도메인 지식뿐만 아니라 이상ideals을 준수하도록 하기 위한 것일 때 발생하며, 이는 데이터에서 명확하게 나타나지 않을 수 있다. 수많은 제도적 인종차별이 진실을 오염시켰을 수도 있음을 기억해야 한다. 모델은 데이터를 반영하지만 데이터는 공정하지 못한 현실을 반영한다.

이를 염두에 두고 제약조건 구현을 시작하자.

XGBoost에 대한 제약조건

이 절에서는 간단한 세 단계를 수행한다. 먼저 학습 매개변수를 정의하고, 그다음에 제약조건이 설정된 모델을 학습 및 평가하고, 마지막으로 제약조건의 효과를 조사한다.

정규화 및 제약조건 매개변수 설정

print(fitted_class_mdls['xgb_reg']['cv_best_params']) 명령을 사용해 정규화된 XGBoost 모델에서 최상의 매개변수에 접근할 수 있다. 아래에서 eta, max_depth 등이 있는 best_xgb_params 딕셔너리가 바로 그것이다. priors_per_year에 단조성 제약조건을 적용하려면 먼저 그 위치와 단조적 상관관계가 어느 방향인지 알아야 한다. 그림 12.8에서 이 두 질문에 대한 답을 알 수 있다. 그것은 마지막 피처이고 상관관계는 양의 방향이다. 따라서 mono_con 튜플에는 9개의 항목이 있어야 하며, 마지막 항목은 1이고 나머지는 0이다. 상호 작용 제약조건은 마지막 5개의 피처가 서로 상호 작용하도록 허용할 것이며 처음 4개의 피처도 마찬가지다. interact_con 튜플은 이 제약조건을 반영하는 리스트다. 코드는 다음과 같다.

```
best_xgb_params = {'eta': 1.3, 'max_depth': 8,\
                   'reg_alpha': 0.4451,\
                   'reg_lambda': 0.7168,\
                   'scale_pos_weight': 0.9914}
mono_con = (0,0,0,0,0,0,0,0,1)
interact_con = [[4, 5, 6, 7, 8],[0, 1, 2, 3]]
```

이제 이 제약조건으로 XGBoost 모델을 학습시키고 평가한다.

제약조건 적용 모델의 학습 및 평가

이제 학습과 평가를 한 번에 수행할 것이다. 먼저 제약조건 및 정규화 매개변수로 XGBClassifier 모델을 초기화한 다음에 race 피처가 빠진 학습 데이터(X_train_con)를 사용해 적합시킨다. 그다음은 이전에 했던 것처럼 evaluate_class_mdl로 예측 성능을 평가하고 compare_confusion_matrices로 공정성을 비교한다. 코드는 다음과 같다.

```
xgb_con = xgb.XGBClassifier(seed=rand,
  monotone_constraints=mono_con,
```

```
    interaction_constraints=interact_con,
    **best_xgb_params)
xgb_con = xgb_con.fit(X_train_con, y_train)
fitted_class_mdls['xgb_con'] =
    mldatasets.evaluate_class_mdl(xgb_con, X_train_con,\
        X_test_con,\
        y_train, y_test, plot_roc=False, ret_eval_dict=True)
y_test_pred = fitted_class_mdls['xgb_con']['preds_test']
_ = mldatasets.\
    compare_confusion_matrices(y_test[X_test.race==1],
        y_test_pred[X_test.race==1],\
        y_test[X_test.race==0],\
        y_test_pred[X_test.race==0],
        'Caucasian', 'African-American', compare_fpr=True)
```

위의 코드는 그림 12.19와 같은 혼동 행렬과 예측 성능 메트릭을 출력한다. 이를 그림 12.16의 혼동 행렬과 비교하면 인종 간 격차를 나타내는 FPR 비율에 큰 타격을 입은 것을 알 수 있다. 또한 예측 성능은 전반적으로 최적화된 CatBoost 모델보다 2~4% 정도 낮다. 이 모델에 베이지안 하이퍼파라미터 튜닝을 수행하면 이런 메트릭을 약간 증가시킬 수 있다.

혼동 행렬 출력은 다음과 같다.

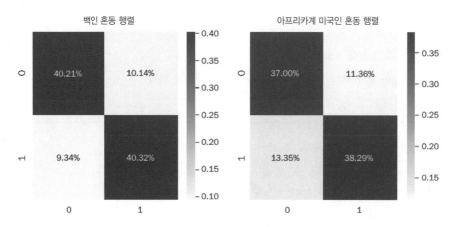

아프리카계 미국인 FPR: 23.5%

백인 FPR: 20.1%

FPR 비율: 1.17x

그림 12.19 제약조건이 있는 XGBoost 모델의 인종 간 혼동 행렬 비교

한 가지 고려해야 할 사항은 인종적 불평등이 12장의 주요 관심사지만 모델이 다른 면에서도 최적이기를 원한다는 것이다. 앞서 말했듯이 이것은 적절한 행동이다. 예를 들어 priors_per_year가 높은 피고인이 적은 피고인보다 재범 위험이 더 높다는 것은 적합한 사실이며, 여기서 단조성 제약조건으로 이를 보장했다. 이 결과를 확인해보자.

제약조건 검토

동작 중인 제약조건을 관찰하는 방법은 그림 12.17과 같이 SHAP의 summary_plot을 그리는 것이지만 이번에는 하나만 그릴 것이다. 코드는 다음과 같다.

```
fitted_xgb_con_mdl = fitted_class_mdls['xgb_con']['fitted']
shap_xgb_con_explainer =\
    shap.TreeExplainer(fitted_xgb_con_mdl)
shap_xgb_con_values =\
```

```
shap_xgb_con_explainer.shap_values(X_test_con)
shap.summary_plot(shap_xgb_con_values, X_test_con,\
                  plot_type="dot")
```

앞의 코드는 그림 12.20을 출력한다. 이 그림은 priors_per_year가 왼쪽에서 오른쪽으로 깔끔하게 경사를 이루고 있음을 보여준다. 이때 낮은 값은 부정적인 영향을 미치고 높은 값은 긍정적인 영향을 미친다.

출력은 다음과 같다.

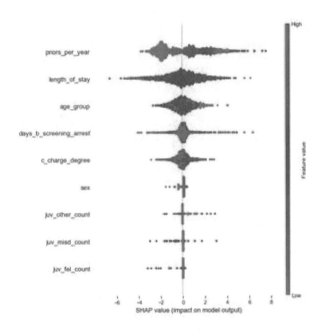

그림 12.20 제약조건이 있는 XGBoost 모델의 SHAP 요약 플롯

이제 다음으로 그림 12.7에서 데이터를 통해 봤던 age_group과 priors_per_year의 상호 작용을 살펴보자. 다음과 같은 인수를 추가해 모델에 대해 plot_prob_contour_map을 사용한다.

- 적합된 모델(fitted_xgb_con_mdl)
- 모델 추론에 사용할 데이터프레임(X_test_con)
- 각 축에서 비교할 데이터프레임의 두 칼럼 이름(x_col, y_col)

결과는 데이터셋(recidivism_df)를 사용해 각 축에 대한 히스토그램을 생성한다는 점을 제외하면 4장, '피처 중요도와 피처 영향력'에서 살펴본 것과 같은 상호 작용에 대한 부분 의존도 플롯PDP이다. 비교를 위해 두 개의 플롯을 출력한다. 하나는 정규화된 XGBoost 모델이고, 다른 하나는 제약조건이 있는 모델이다. 코드는 다음과 같다.

```
mldatasets.plot_prob_contour_map(recidivism_df.age_group,\          \
  recidivism_df.priors_per_year,\
  recidivism_df.is_recid,\
  x_intervals=ordenc.categories_[2],\
  y_intervals=6,\
  use_quartiles=True, xlabel='Age Group',\
  ylabel='Priors Per Year', X_df=X_test,\
  x_col='age_group',\
  y_col='priors_per_year', model=fitted_xgb_mdl,\
  title='Probability of Recidivism by Age/Priors per Year
(according to XGBoost Regularized Model)')
mldatasets.plot_prob_contour_map(recidivism_df.age_group,\
  recidivism_df.priors_per_year,\
  recidivism_df.is_recid,\
  x_intervals=ordenc.categories_[2], y_intervals=6,\
  use_quartiles=True, xlabel='Age Group',\
  ylabel='Priors Per Year', X_df=X_test_con,\
  x_col='age_group',\
  y_col='priors_per_year', model=fitted_xgb_con_mdl,\
  title='Probability of Recidivism by Age/Priors per Year
(according to XGBoost Constrained Model)')
```

앞의 코드는 그림 12.21과 같은 플롯을 출력한다. 정규화된 XGBoost 모델은 데이터를 반영한다(그림 12.7 참조). 반면 제약조건이 있는 XGBoost 모델은 여기에서 볼 수 있듯이 등고선을 매끄럽게 하고 단순화한다.

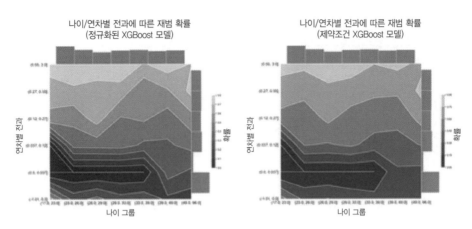

그림 12.21 XGBoost의 정규화된 모델과 제약조건 모델의 age_group와 priors_per_year에 대한 재범 확률 등고선 맵

다음으로 그림 12.18으로부터 제약조건 모델에 대한 SHAP 상호 작용 값 히트맵을 생성할 수 있다. 코드는 동일하지만 SHAP 설명자인 shap_xgb_con_explainer와 X_test_con 데이터를 사용한다. 코드는 다음과 같다.

```
shap_xgb_interact_values =\
  shap_xgb_con_explainer.shap_interaction_values(X_test_con)
shap_xgb_interact_df =\
  pd.DataFrame(np.sum(shap_xgb_interact_values, axis=0))
shap_xgb_interact_df.columns = X_test_con.columns
shap_xgb_interact_df.index = X_test_con.columns
sns.heatmap(shap_xgb_interact_df, cmap='RdBu', annot=True,
        annot_kws={'size':13}, fmt='.0f', linewidths=.5)
```

앞의 코드는 그림 12.22와 같은 히트맵을 출력한다. 왼쪽 아래 사분면의 0들과 오른쪽 아래 사분면의 차이를 통해 상호 작용 제약조건이 얼마나 효과적인지를 보여준다. 이는 둘로 분리한 피처 그룹 간의 상호 작용에 해당한다. 그림 12.18과 비교하면 제약조건이 가장 두드러진 상호 작용을 어떻게 이동시켰는지 알 수 있으며, 이제 age_group과 length_of_stay가 가장 중요한 상호 작용이 됐다.

출력은 다음과 같다.

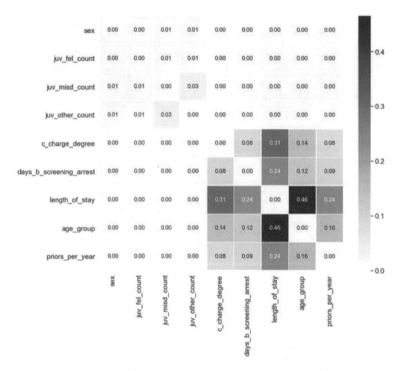

그림 12.22 제약조건 XGBoost 모델의 SHAP 상호 작용 값 히트맵

이제 텐서플로 래티스를 통해 단조성과 "형상 제약조건shape constraints"을 구현하는 방법을 살펴볼 것이다.

텐서플로 래티스의 제약조건

신경망은 loss 함수에 대한 최적점을 찾는 데 극도로 효율적일 수 있다. 손실^{loss}은 예측하고자 하는 결과와 관련이 있다. 이 경우엔 2년 내 재범이 된다. 윤리학에서 공정성에 대한 공리주의적 또는 결과론적 관점은 모델의 학습 데이터가 편향되지 않는 한 문제가 없다. 그러나 의무론적 관점은 윤리적 원칙이나 정책이 윤리적 질문을 도출하고 결과를 대체한다고 믿는다. 이에 영감을 받은 텐서플로 래티스는 윤리적 원칙을 형상 제약조건으로 모델에 구현할 수 있다.

래티스는 보간된 룩업 테이블$^{interpolated\ lookup\ table}$을 말하며 보간을 통해 출력에 대한 입력을 근사하는 그리드다. 고차원 공간에서 이런 그리드는 하이퍼큐브^{hypercube}가 된다. 출력에 대한 각 입력의 매핑은 보정 계층$^{calibration\ layer}$을 통해 제약되며, 단조성뿐만 아니라 다양한 종류의 제약조건을 지원한다. 그림 12.23은 이를 보여준다.

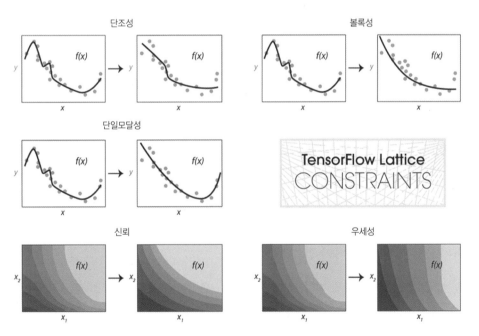

그림 12.23 텐서플로 래티스가 지원하는 제약조건의 종류

그림 12.23은 여러 가지 형상 제약조건을 보여준다. 처음 세 개는 출력을 나타내는 $f(x)$ 라인을 제약하는 단일 피처(x)에 적용된다. 마지막 두 개는 색상으로 구분된 등고선 맵 ($f(x)$)을 제약하는 한 쌍의 피처(x_1, x_2)에 적용된다. 각각에 대한 간략한 설명은 다음과 같다.

- **단조성**Monotonicity: 함수($f(x)$)가 입력(x)에 대해 항상 증가(1) 또는 감소(-1)하게 만든다.
- **볼록성**Convexity: 함수($f(x)$)가 입력(x)에 대해 볼록하게(1) 또는 오목하게(-1) 되도록 강제한다. 볼록성은 단조성과 혼합돼 그림 12.23과 같은 효과를 낼 수 있다.
- **단일모달성**Unimodality: 함수($f(x)$)가 단일 계곡(1) 또는 단일 정점(-1)을 갖도록 양방향으로 진행된다는 점을 제외하면 단조성과 같다.
- **신뢰**Trust: 하나의 단조성 피처(x_1)가 다른 피처(x_2)에 의존하도록 강제한다. 그림 12.23의 예는 에지워스 트러스트Edgeworth Trust이지만 형상 제약조건이 다른 사다리꼴 트러스트Trapezoid Trust의 변형도 있다.
- **우세성**Dominance: 단조 우세성monotonic dominance은 하나의 단조성 피처(x_1)를 다른 피처(x_2)와 비교할 때 기울기 또는 효과의 방향을 정의하도록 제약한다. 그 대안인 범위 우세성range dominance은 두 피처가 모두 단조성을 갖는다는 점만 다르다.

신경망은 특히 과적합되기 쉬우며 이를 제어하기가 상대적으로 어렵다. 예를 들어 은닉 노드, 드롭아웃, 가중치 정규화, 에포크 등의 조합이 허용 가능한 수준의 과적합으로 이어질지는 정확히 말하기 어렵다. 반면 트리 기반 모델의 단일 매개변수인 트리 깊이를 한 방향으로 이동하면 과적합을 허용 가능한 수준으로 낮출 가능성이 높지만 최적으로 만들기 위해서는 다양한 매개변수가 필요할 수 있다.

형상 제약조건을 적용하면 해석 가능성이 높아질 뿐만 아니라 함수가 단순해지기 때문에 모델이 정규화된다. 텐서플로 래티스는 또한 **라플라시안**Laplacian, **헤시안**Hessian, **토션**Torsion, **링클**Wrinkle 등의 정규화를 통해 L1 및 L2 페널티를 활용해 피처별 또는 보정 계층의 커널에 대해 다양한 종류의 페널티 기반 정규화를 지원한다. 이러한 regularizer는 함수를 더 평평하게, 선형적으로 그리고 더 매끄럽게 만드는 데 효과가 있다. 여기선 자세히 설명하지 않겠지만 모든 유스 케이스를 포괄하는 정규화가 있다는 것만으로 설명은 충분하다.

프레임워크를 구현하는 방법도 여러 가지가 있으며 자세히 설명하기엔 너무 많다. 이 예제는 이를 구현하는 몇 가지 방법 중 하나일 뿐이다. TFL에는 일부 구성을 추상화하는 내장된 추정기estimator가 있다. 또한 TFL 계층을 사용해 사용자 정의 추정기를 생성할 수도 있다. 케라스의 경우 이미 존재하는 모델을 사용하거나 텐서플로 래티스 계층으로 케라스 모델을 구축할 수 있다. 다음으로 소개할 내용이 이 마지막에 해당한다.

모델 및 래티스 입력 초기화

이제 각 단일 피처를 포함하는 일련의 입력 계층을 생성할 것이다. 이 입력 계층은 보정 계층에 연결되며, 보정 계층은 범주형 보정을 사용하는 sex를 제외한 각 입력을 개별 제약조건과 정규화를 따르는 PWL piece-wise linear 함수에 적합시킨다. 보정 계층은 모두 다차원 래티스 계층으로 연결되고, 그다음에 시그모이드sigmoid 활성화가 있는 Dense 계층을 통해 출력을 생성한다. 이 설명은 이해해야 할 내용이 많을 수 있으며 그림 12.24가 시각적 도움이 될 것이다.

추가적으로 다음을 포함해 DLN Deep Lattice Network 생성을 위해 연결할 수 있는 계층에는 여러 가지가 있다.

- Linear 계층: 우세성 형상 제약조건dominance shape constraints이 있는 입력을 포함해 둘 이상의 입력에 대한 선형 함수다.
- Aggregation 계층: 둘 이상의 입력에 대한 집계 함수를 수행한다.
- Parallel combination 계층: 단일 함수 내에 많은 보정 계층을 배치하는 병렬 조합 계층으로 케라스의 Sequential 계층과 호환된다.

이 예제에서는 이런 계층을 사용하지 않을 것이지만, 알고 있으면 텐서플로 래티스 라이브러리를 더 자세히 살펴볼 때 도움이 될 것이다. 어쨌든 이제 예제로 돌아가자.

가장 먼저 정의할 것은 lattice_sizes이며, 이는 차원당 정점^{vertices}의 수를 나타내는 튜플이다. 선택한 아키텍처에는 피처당 하나의 차원이 있으므로 2보다 크거나 같은 아홉 개의 숫자를 선택해야 한다. 범주형일 경우 카디널리티가 적은 피처 또는 연속형일 경우 변곡점이 더 적은 피처가 더 적은 정점을 갖는다. 그러나 의도적으로 더 적은 수의 정점을 선택해 피처의 표현력을 제한할 수도 있다. 예를 들어 juv_fel_count에는 10개의 고유한 값이 있지만 정점은 두 개만 할당한다. lattice_sizes는 다음과 같다.

```
lattice_sizes = [2, 2, 2, 2, 3, 5, 7, 7, 6]
```

다음으로 두 개의 리스트를 초기화하는데, 하나에는 모든 입력 계층(model_inputs)을 배치하고 다른 하나에는 보정 계층(lattice_inputs)을 배치한다. 그다음에 각 피처에 대해 tf.keras.layers.Input으로 입력 계층을 정의하고, 범주형 보정 계층(tfl.layers.CategoricalCalibration) 또는 PWL 보정 계층(tfl.layers.PWLCalibration)으로 보정 계층을 정의한다. 입력 계층과 보정 계층은 피처별로 각각에 해당하는 리스트에 추가된다. 보정 계층 내부의 작업은 피처에 따라 다르다. 모든 PWL 보정 계층은 PWL 함수가 분할되는 위치를 묻는 input_keypoints를 사용한다. 경우에 따라 고정 폭(np.linspace) 또는 고정 빈도(np.quantile)를 사용하는 것이 가장 좋다. 범주형 보정 계층은 범주의 양에 해당하는 버킷(num_buckets)을 사용한다. 모든 보정 계층은 다음과 같은 인수를 사용한다.

- output_min: 보정 계층의 최소 출력
- output_max: 보정 계층의 최대 출력. 항상 최소 출력 + 래티스 크기 − 1과 일치해야 한다.
- monotonicity: PWL 함수에 대한 단조적 제약 여부와 제약해야 할 경우의 방법
- kernel_regularizer: 함수를 정규화하는 방법

이런 인수 외에도 convexity 및 is_cyclic(단조적 단일 모달인 경우)은 형상 제약조건을 수정할 수 있다. 코드는 다음과 같다.

```python
model_inputs = []

lattice_inputs = []

sex_input = tf.keras.layers.Input(shape=[1], name='sex')

lattice_inputs.append(tfl.layers.CategoricalCalibration(

    name='sex_calib', num_buckets=2, output_min=0.0,\

    output_max=lattice_sizes[0] - 1.0,\

    kernel_regularizer=tf.keras.regularizers.l1_l2(l1=0.001),\

    kernel_initializer='constant')(sex_input))

model_inputs.append(sex_input)

juvf_input = tf.keras.layers.Input(shape=[1],\

                                    name='juv_fel_count')

lattice_inputs.append(tfl.layers.PWLCalibration(

    name='juvf_calib', monotonicity='none',\

    input_keypoints=np.linspace(0, 20, num=5,\

                                dtype=np.float32),\

    output_min=0.0, output_max=lattice_sizes[1] - 1.0,\

    kernel_regularizer=tf.keras.regularizers.l1_l2(l1=0.001),\

    kernel_initializer='equal_slopes')(juvf_input))

model_inputs.append(juvf_input)

:

:

age_input = tf.keras.layers.Input(shape=[1], name='age_group')

lattice_inputs.append(tfl.layers.PWLCalibration(

    name='age_calib', monotonicity='none',\

    input_keypoints=np.linspace(0, 6, num=7,\

                                dtype=np.float32),\

    output_min=0.0, output_max=lattice_sizes[7] - 1.0,\
```

```
   kernel_regularizer=('hessian', 0.0, 1e-4))(age_input))
```

```
model_inputs.append(age_input)
```

```
priors_input = tf.keras.layers.Input(shape=[1],\
                                          name='priors_per_year')
```

```
lattice_inputs.append(tfl.layers.PWLCalibration(
  name='priors_calib', monotonicity='increasing',\
  input_keypoints=np.quantile(X_train_con['priors_per_year'],\
  np.linspace(0, 1, num=7)),
  output_min=0.0, output_max=lattice_sizes[8] - 1.0)\
  (priors_input))
```

```
model_inputs.append(priors_input)
```

이제 model_inputs 리스트와 래티스 계층에 대한 입력이 될 보정 계층이 있는 리스트 (lattice_inputs)를 갖고 있다. 다음으로 해야 할 일은 이것들을 하나의 래티스로 묶는 것이다.

텐서플로 래티스 계층으로 케라스 모델 구축

이 모델의 처음 두 빌딩 블록은 이미 앞에서 연결했다. 이제 래티스(tfl.layers.Lattice)로 시작하는 마지막 두 빌딩 블록을 생성한다. 래티스 계층의 인수는 lattice_sizes, 출력의 최솟값과 최댓값, 강제해야 하는 단조성(monotonicities)이다. 이때 마지막 항목인 priors_per_year의 단조성을 increasing으로 설정한 것에 주의하라. 그다음에 이 래티스 계층은 마지막 계층인 sigmoid 활성화가 있는 Dense 계층으로 연결된다. 코드는 다음과 같다.

```
lattice = tfl.layers.Lattice(
  name='lattice', lattice_sizes=lattice_sizes,\
  monotonicities=[
    'none', 'none', 'none', 'none', 'none',\
```

```
    'none', 'none', 'none', 'increasing'
  ],\
  output_min=0.0, output_max=1.0)(lattice_inputs)
model_output = tf.keras.layers.Dense(1, name='output',
  activation='sigmoid')(lattice)
```

다음으로 tf.keras.models.Model을 사용해 inputs로 처음 두 개의 빌딩 블록과 outputs
로 마지막 두 개의 빌딩 블록과 연결한다. 이제 다음 코드와 같이 완전한 형태의 모델을
생성했다.

```
tfl_mdl = tf.keras.models.Model(inputs=model_inputs,
                                outputs=model_output)
```

언제든지 tfl_mdl.summary( )를 실행해 모든 계층이 어떻게 연결돼 있는지 알 수 있지
만 다음 코드와 같이 tf.keras.utils.plot_model을 사용하는 것만큼 직관적이진 않다.

```
tf.keras.utils.plot_model(tfl_mdl, rankdir='LR')
```

위의 코드는 그림 12.24와 같은 모델 다이어그램을 출력한다.

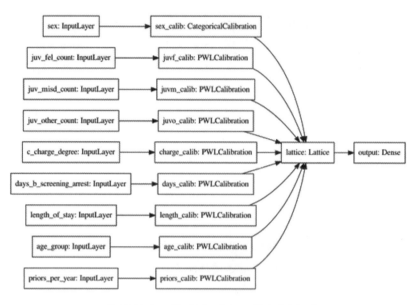

그림 12.24 TFL 계층이 있는 케라스 모델의 다이어그램

이제 모델을 컴파일해야 한다. 다음 코드와 같이 binary_crossentropy 손실함수, Adam 옵티마이저, 정확도와 AUC^Area Under the Curve를 메트릭으로 사용한다.

```
tfl_mdl.compile(loss='binary_crossentropy',\
  optimizer=tf.keras.optimizers.Adam(lr=0.004),\
  metrics=['accuracy', tf.keras.metrics.AUC(name='auc')])
```

이제 준비는 끝났다. 다음은 가장 마지막 단계다.

모델 학습 및 평가

그림 12.24를 자세히 보면 모델에 하나가 아니라 9개의 입력 계층이 있음을 알 수 있으며, 따라서 학습 및 테스트 데이터를 9개 부분으로 분할해야 한다. np.split을 사용해 이를 수행해 9개의 넘파이 배열 리스트를 생성한다. 레이블의 경우 TFL은 단일 차원의 배열을 허용하지 않는다. 그래서 expand_dims를 사용해 다음 코드에 보이는 것처럼 형태를 (N,)

에서 (N,1)로 변환한다.

```
X_train_expand = np.split(X_train_con.values.astype(
  np.float32), indices_or_sections=9, axis=1)
y_train_expand = np.expand_dims(y_train.values.astype(
  np.float32), axis=1)
X_test_expand = np.split(X_test_con.values.astype(
  np.float32), indices_or_sections=9, axis=1)
y_test_expand = np.expand_dims(y_test.values.astype(
  np.float32), axis=1)
```

이제 학습이 시작된다. 과적합을 방지하기 위해 검증 AUC(val_auc)를 모니터링하는 Early Stopping을 사용할 수 있다. 클래스 불균형을 처리하기 위해 fit 함수에서 다음 코드와 같이 class_weight를 사용한다.

```
es = tf.keras.callbacks.EarlyStopping(monitor='val_auc',
  mode='max', verbose=1,
  patience=20, restore_best_weights=True)
tfl_history = tfl_mdl.fit(X_train_expand, y_train_expand,
  class_weight={0:18, 1:16}, batch_size=128,\
  epochs=60, validation_split=0.2, shuffle=False,\
  callbacks=[es], verbose=1)
```

모델의 학습이 완료되면 이전과 마찬가지로 evaluate_class_mdl을 사용해 예측 성능에 대한 요약을 출력한 다음, compare_confusion_matrices를 사용해 공정성을 검토한다. 코드는 다음과 같다.

```
fitted_class_mdls['tfl_con'] =
  mldatasets.evaluate_class_mdl(tfl_mdl, X_train_expand,
    X_test_expand, y_train.values.astype(np.float32),\
```

```
    y_test.values.astype(np.float32), plot_roc=False,\
    ret_eval_dict=True)
y_test_pred = fitted_class_mdls['tfl_con']['preds_test']
_ = mldatasets.\
compare_confusion_matrices(y_test[X_test.race==1],\
    y_test_pred[X_test.race==1], y_test[X_test.race==0],\
    y_test_pred[X_test.race==0], 'Caucasian',\
    'African-American', compare_fpr=True)
```

위의 코드는 그림 12.25와 같은 혼동 행렬을 생성한다. 텐서플로 래티스 모델은 정규화된 케라스 모델보다 전반적으로 훨씬 더 좋은 성능을 보이지만 FPR 비율은 제약조건 XGBoost 모델보다 나쁘다. XGBoost의 매개변수는 앞에서 이미 튜닝됐다는 점에 유의해야 한다. 텐서플로 래티스를 사용하면 사용자 정의 손실함수를 사용하거나 인종적 불균형을 어느 정도 처리하기 위해 조기 종료를 사용하는 등을 포함해 FPR을 개선하기 위한 많은 작업을 수행할 수 있다.

출력은 다음과 같다.

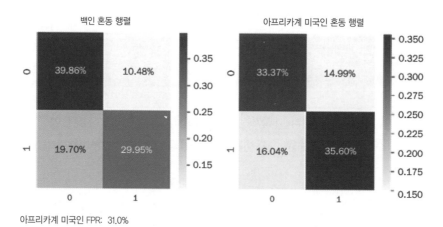

그림 12.25 제약조건 텐서플로 래티스 모델의 인종 간 혼동 행렬 비교

742

이제 12장에서 배운 내용을 바탕으로 몇 가지 결론을 내리고, 미션을 완수했는지 확인할 것이다.

▌ 미션 완료

성능이 좋지 않거나 해석할 수 없거나 편향된 모델에 대한 책임은 이따금 데이터에 있으며, 이것이 사실일 경우에도 준비 및 모델링 단계에서 모델을 개선하기 위해 여러 작업을 수행할 수 있다. 비유하자면 이는 케이크를 굽는 일과 같다. 양질의 재료가 필요한 건 당연하다. 그러나 재료를 준비하는 과정과 굽는 온도, 사용하는 그릇, 시간과 같이 겉보기에는 작은 차이가 큰 차이를 만들 수 있다. 심하게는 기압이나 습도와 같이 통제할 수 없는 상황이 영향을 미칠 수도 있다. 모든 것이 끝난 후에도 케이크의 품질을 평가할 수 있는 방법은 매우 다양하다.

12장은 이런 사항에 관한 것이며 케이크 굽기와 마찬가지로 일부는 과학이고 일부는 예술이다. 12장에서 논의된 개념들은 특히 단일한 목적 없이 사회적으로 깊은 영향력을 갖는 문제를 최적화하는 방법과 관련해 광범위한 결과를 낳는다. 한 가지 가능한 접근 방식은 이러한 메트릭을 결합해 불균형을 처리하는 것이다. 이를 위해 인종적 불균형에 페널티를 주는 정밀도-재현율의 가중 평균이라는 새로운 메트릭을 만들었으며, 이 메트릭을 모든 모델에 대해 계산해 딕셔너리(fitted_class_mdls)에 넣는다. 그다음에 이전과 마찬가지로 데이터프레임에 넣고 이번에는 사용자 정의 메트릭(wppra_test)을 기준으로 정렬해 출력한다. 코드는 다음과 같다.

```
for mdl_name in fitted_class_mdls:
    fitted_class_mdls[mdl_name]['wppra_test'] =\
        weighted_penalized_pr_average(y_test,\
            fitted_class_mdls[mdl_name]['preds_test'],
        X_test['race'], range(3))
class_metrics = pd.DataFrame.from_dict(fitted_class_mdls,
```

```
    'index')][['precision_test', 'recall_test', 'wppra_test']]
with pd.option_context('display.precision', 3):
  html = class_metrics.sort_values(by='wppra_test',\
                                   ascending=False).\
    style.background_gradient(cmap='plasma',\
                              subset=['precision_test']).\
    background_gradient(cmap='viridis',\
                        subset=['recall_test'])
html
```

위의 코드는 그림 12.26과 같은 데이터프레임을 생성한다.

	precision_test	recall_test	wppra_test
catboost_opt	0.835	0.824	0.815
catboost_reg	0.837	0.802	0.810
xgb_base	0.812	0.848	0.806
catboost_base	0.809	0.838	0.800
xgb_reg	0.828	0.815	0.797
nu-svc_reg	0.836	0.772	0.791
lgbm_reg	0.814	0.778	0.783
xgb_con	0.800	0.804	0.781
lgbm_base	0.802	0.799	0.774
tfl_con	0.739	0.651	0.693

그림 12.26 12장의 상위 모델을 사용자 정의 메트릭인 정밀도-재현율 가중 평균으로 정렬

그림 12.26에서 맨 위에 있는 모델 중 하나를 제안하고 싶을 것이다. 그러나 이 모델들은 race를 피처로 학습을 했고 입증된 형사 사법 현실을 고려하지 않았다. 하지만 제약조건 모델 중 가장 성능이 뛰어난 XGBoost 모델(xgb_con)은 race를 삭제했고 priors_per_year 가 단조성을 갖도록 했으며 age_group이 청소년 범죄 피처와 상호 작용할 수 없도록 했는데, 이 모든 작업을 수행했음에도 오리지널 모델보다 예측 성능이 크게 향상됐다. 또한 선

호 그룹과 비선호 그룹 간의 FPR 비율이 1.84배(그림 7.2)에서 1.17배(그림 12.19)로 줄었기 때문에 더 공정하다. 완벽하진 않지만 상당한 발전이다.

정확성뿐만 아니라 도메인 지식이 공정성 향상과 공존할 수 있음을 증명하는 것이 미션이었고, 이를 성공적으로 완수했다. 그렇긴 하지만 여전히 개선의 여지는 있다. 따라서 이후에는 제약조건 XGBoost 모델을 고객에게 보여준 다음 계속해서 개선된 제약조건 모델을 구축해야 한다. 제약조건이 없는 것은 벤치마크로만 사용해야 한다.

12장의 방법과 11장, '편향 완화 및 인과관계 추론 방법론'에서 배운 방법을 결합하면 공정성을 상당히 개선할 수 있다. 오직 모델에만 집중하기 위해 12장에서는 편향 완화 툴킷을 통합하지 않았지만, 편향 완화 방법론은 모델을 좀 더 신뢰성 있게 만드는 모델 튜닝 방법론인 것은 말할 것도 없고 공정성 향상이라는 목적에도 매우 도움이 될 수 있다.

▌ 정리

12장을 읽은 후에는 데이터 엔지니어링을 활용해 해석 가능성을 향상시키는 방법, 정규화를 통해 과적합을 줄이는 방법, 정책 준수를 위한 제약조건 등을 이해해야 한다. 최종 목표는 가드레일을 배치하고 해석 가능성을 방해하는 복잡성을 억제하는 것이다.

13장에서는 적대적 견고성을 통해 모델의 신뢰성을 향상시키는 방법을 살펴볼 것이다.

▌ 데이터셋 소스

- ProPublica Data Store (2019). COMPAS Recidivism Risk Score Data and Analysis. Originally retrieved from https://www.propublica.org/datastore/dataset/compas-recidivism-risk-score-data-and-analysis.

▍더 읽을거리

- Hastie, T. J., Tibshirani, R. J. and Friedman, J. H. (2001). The elements of statistical learning. Springer-Verlag, New York, USA

- Wang, S. & Gupta, M. (2020). Deontological Ethics By Monotonicity Shape Constraints. AISTATS. https://arxiv.org/abs/2001.11990

- Cotter, A., Gupta, M., Jiang, H., Ilan, E. L., Muller, J., Narayan, T., Wang, S. & Zhu, T. (2019). Shape Constraints for Set Functions. ICML. http://proceedings.mlr.press/v97/cotter19a.html

- Gupta, M. R., Cotter A., Pfeifer, J., Voevodski, K., Canini, K., Mangylov, A., Moczydlowski, W. and van Esbroeck, A. (2016). Monotonic Calibrated Interpolated Look-Up Tables. Journal of Machine Learning Research. 17(109):1-47. https://arxiv.org/abs/1505.06378

- Noble, S. (2018). Algorithms of oppression: data discrimination in the age of Google. NYU Press.

13

적대적 견고성

머신러닝 해석에는 지식 발견부터 이전 두 장에서 검토한 공정성과 같이 윤리적 의미를 갖는 중대 문제에 이르기까지 많은 문제가 있다. 13장에서는 신뢰성, 안전성, 보안 등과 관련된 문제에 주의를 기울일 것이다.

8장, '컨볼루션 신경망 시각화'에서 **대조적 설명 방법론**[CEM]을 사용했을 때 알게 된 것처럼 쉽게 이미지 분류기를 속여 당혹스러울 정도로 잘못된 예측을 하게 만들 수 있다. 이 가능성은 심각한 결과를 가져올 수 있다. 예를 들어 악의적인 사람이 양보 표지판에 검은색 스티커를 붙였을 때 대부분의 운전자는 이를 양보 표지판으로 인식하지만 자율주행차는 이를 인식하지 못하고 충돌할 수 있다. 은행 강도는 은행 금고의 열화상 시스템을 속이기 위해 고안된 냉각복을 입을 수 있으며, 이 경우 사람이라면 누구나 알아차릴 수 있지만 이미징 시스템은 인식하지 못한다.

정교한 이미지 분류기까지 갈 필요도 없다. 어떤 모델이든 속일 수 있다. 7장, '앵커와 반사실적 설명'에서 생성된 반사실적 예제는 속이려는 목적만 없을 뿐 **적대적 예제**adversarial examples와 같다. 공격자는 오분류 예제를 활용해 의사 결정 경계의 양쪽을 적대적으로 아우를 수 있다. 예를 들어 스팸 발송자는 일부 이메일 속성을 조정하면 스팸 필터를 우회할 가능성이 높아진다는 것을 알게 될 수 있다.

복잡한 모델은 적대적 공격에 더 취약한데 어떻게 그것을 신뢰할 수 있을까? 복잡한 모델은 확실히 더 완벽하게 만들 수 있으며 이게 바로 적대적 견고성adversarial robustness이 수반하는 결과다. 적은 의도적으로 여러 가지 방법으로 모델을 공격할 수 있지만 여기서는 우회 공격evasion attack에 초점을 맞추고 다른 형태의 공격은 간략하게 설명할 것이다. 그다음에 공간 평활화spatial smoothing와 적대적 학습adversarial training이라는 두 가지 방어 방법론을 설명한다. 마지막으로 견고성 평가 방법론 하나와 인증 방법론certification method 하나를 시연할 것이다.

13장에서 다룰 주요 주제는 다음과 같다.

- 우회 공격
- 전처리를 통한 표적 공격targeted attack 방어
- 적대적 학습을 통해 견고한 분류기를 모든 우회 공격으로부터 보호
- 적대적 견고성 평가 및 인증

▌ 기술 요구 사항

13장의 예제에서는 mldatasets, numpy, sklearn, tensorflow, keras, adversarial-robustness-toolbox, matplotlib, seaborn 등의 라이브러리를 사용한다. 이 모든 라이브러리를 설치하는 방법에 대한 지침은 '들어가며'에 있다. 13장의 코드는 다음 링크(https://github.com/PacktPublishing/Interpretable-Machine-Learning-with-Python/tree/master/

Chapter13)에 있다.

█ 미션

전 세계적으로 민간 보안서비스 시장의 가치는 2,500억 달러(USD) 이상이며 매년 약 5%씩 성장하고 있다. 그러나 적절히 교육받은 경비원 및 전문적인 보안 전문가의 부족뿐만 아니라 예상치 못한 보안 위협과 같은 많은 문제에 직면해 있다. 이런 위협에는 광범위한 사이버보안 공격, 대규모 폭동, 사회적 격변 그리고 팬데믹으로 인한 건강 위험 등이 포함된다. 실제로 2020년에는 랜섬웨어와 잘못된 정보 공격, 시위, COVID-19의 물결이 이 업계를 위기로 내몰았다.

이에 따라 미국에서 가장 큰 병원 네트워크 중 하나는 계약한 보안 회사에 병원 전체에서 방문객 및 직원 모두의 올바른 마스크 착용을 모니터링하도록 요청했다. 보안 회사는 침입자, 호전적인 환자, 공격적인 방문객과 같은 위협에 대처하는 데 보안 요원의 주의가 집중되기 때문에 이 요청에 고심했다. 모든 복도, 수술실, 대기실, 병원 입구 등에 비디오 감시 장치가 있다. 항상 모든 카메라 피드를 감시하는 것은 불가능하므로 딥러닝 모델이 이를 지원할 수 있을 것으로 생각했다.

이 모델은 이미 직원들에게 복도에서 뛰거나 구내에서 무기를 휘두르는 것과 같은 비정상적인 활동에 대해 경고한다. 그들은 올바른 마스크 사용을 감시하는 새로운 모델을 추가하고 싶다고 병원 네트워크에 제안했다. COVID-19 이전에도 각 병원의 특정 구역에서는 의무적으로 마스크를 착용해야 하는 정책이 있었고, COVID-19 기간 동안에는 모든 곳에서 마스크를 의무적으로 착용해야 했다. 병원 관리자는 향후 팬데믹 위험 수준에 따라 이 모니터링 기능을 켜고 끌 수 있다. 그들은 직원들이 피곤해져서 다시 마스크 쓰는 것을 잊거나 때로는 마스크가 스르르 풀린다는 것을 알고 있다. 또한 많은 방문객이 마스크 사용에 대해 적대적이며 병원에 들어갈 때는 마스크를 쓰지만 주변에 경비원이 없으면 마스크를 벗는다. 이런 것은 의도적인 것이 아니므로 다른 위협과 달리 모든 경고에 경비원을 보내고 싶지 않을 것이다. 대신 그들은 약간의 부끄러움을 이용해 행동을 수정하고 반복적인 위반자에게만 개입할 것이다.

그림 13.1 이와 같은 원격 속도 표지판은 과속을 억제하는 데 도움이 된다.

원격 속도 표지판(그림 13.1 참조)과 같이 운전자가 자신이 너무 빨리 달리고 있음을 인식하게 하는 것은 도로를 더 안전하게 만드는 매우 효과적인 방법이다. 통행량이 많은 복도 끝에 스크린을 설치해 최근에 실수 또는 고의로 마스크 의무 사용을 준수하지 않은 사람들의 스냅샷을 보여줌으로써 위반자에게 약간의 당혹감을 주는 것도 이와 마찬가지로 효과적일 수 있다. 시스템은 반복적인 위반자를 기록해 경비원이 그들을 찾아가 준수하도록 하거나 건물에서 나가도록 요청할 수도 있다.

모델을 속여 규정 준수를 우회하려는 방문객에 대한 우려가 있기 때문에, 보안 회사는 모델이 이런 종류의 적대적 공격에 대해 견고성을 유지하게 하고자 당신을 고용했다. 보안 담당자는 이전에 사람들이 카메라가 자신을 감시하고 있음을 깨달았을 때 일시적으로 손이나 스웨터의 일부로 얼굴을 가리는 것과 같은 저급 속임수를 발견했다. 한 번은 방문객이 조명을 어둡게 하고 카메라에 젤을 뿌린 충격적인 사건이 있었으며, 또 한 번은 방문객이 입 주변에 물감을 칠했다. 하지만 카메라의 무선 신호를 전파 방해하거나 카메라를 향해 고출력 레이저를 직접 쏘는 등의 첨단 공격에 대한 우려도 있다. 이런 공격에 사용되는 장치는 점점 더 쉽게 구할 수 있으며 도난 방지 시스템과 같은 더 큰 규모의 다른 감시 기능에 영향을 미칠 수 있다. 보안 회사는 이 견고성 연습이 모든 감시 시스템과 모델을 개선하기 위한 노력에 도움이 되기를 바란다.

보안 회사는 모니터링할 병원의 얼굴 이미지로 자체 데이터셋을 생성하려고 한다. 한편, 합성으로 된 마스크 쓴 얼굴을 가진 외부 소스는 단기적으로 모델을 생산하기 위해 할 수 있는 최선이다. 이를 위해 합성으로 올바르게 또는 올바르지 않게 마스크를 쓴 얼굴 그리고 마스크를 쓰지 않은 얼굴에 해당하는 대규모 데이터셋이 제공됐다. 두 개의 데이터셋을 하나로 결합하고 원래 크기인 1024×1024를 썸네일 크기인 128×128로 줄였다. 또한 효율성을 위해 이 데이터셋에 있는 거의 210,000개의 이미지에서 21,000개의 이미지를 샘플링했다.

▌ 접근법

다음과 같이 네 가지 접근 방식을 취하기로 결정했다.

- 모델이 얼마나 취약하고 위협으로부터 얼마나 신뢰할 수 있는지 이해하기 위해 몇 가지 가능한 우회 공격을 탐색한다.
- 전처리 방법론을 사용해 이런 공격으로부터 모델을 보호한다.
- 적대적 재학습을 활용해 본질적으로 이런 많은 공격에 덜 취약한 견고한 분류기를 생성한다.
- 최첨단 방법론으로 견고성을 평가해 모델의 적대적 견고성을 병원 관리자에게 확신시킬 수 있다.

이제 시작해보자.

▌ 준비

'무작위 평활화를 통한 견고성 인증' 절 이전까지의 예제 코드는 다음 링크(https://git
hub.com/PacktPublishing/Interpretable−Machine−Learning−with−Python/tree/master/
Chapter13/Masks_part1.ipynb)에 있다. 해당 절의 코드는 다음 링크(https://github.com/
PacktPublishing/Interpretable−Machine−Learning−with−Python/tree/master/Chapter13/
Masks_part2.ipynb)에서 찾을 수 있다.

라이브러리 로드

이 실습을 실행하려면 다음 라이브러리를 설치해야 한다.

- `mldatasets`: 데이터셋 로드
- `numpy`, `sklearn`: 데이터 조작
- `tensorflow`: 모델 적합
- `matplotlib`, `seaborn`: 해석 시각화

먼저 다음 모든 라이브러리를 로드해야 한다.

```
import math
import os
import warnings
warnings.filterwarnings("ignore")
import mldatasets
import numpy as np
from sklearn import preprocessing
import tensorflow as tf
from tensorflow.keras.utils import get_file
import matplotlib.pyplot as plt
```

```
import seaborn as sns
#PART 1 only
from sklearn import metrics
from art.estimators.classification import KerasClassifier
from art.attacks.evasion import FastGradientMethod,\
ProjectedGradientDescent, BasicIterativeMethod
from art.attacks.evasion import CarliniLInfMethod
from art.attacks.evasion import AdversarialPatchNumpy
from art.defences.preprocessor import SpatialSmoothing
from art.defences.trainer import AdversarialTrainer
from tqdm.notebook import tqdm
#PART 2 only
from art.estimators.classification import
TensorFlowV2Classifier
from art.estimators.certification.randomized_smoothing import\
TensorFlowV2RandomizedSmoothing
from art.utils import compute_accuracy
```

print(tf.__version__)으로 올바른 버전의 텐서플로가 로드됐는지 확인하라. 2.0 이상이어야 한다.

또한 즉시 실행 모드를 비활성화하고 다음 명령으로 작동하는지 확인해야 한다. 출력은 False로 표시돼야 한다.

```
tf.compat.v1.disable_eager_execution()
print('Eager execution enabled:', tf.executing_eagerly())
```

데이터 이해 및 준비

데이터를 학습/테스트 데이터셋에 해당하는 4개의 넘파이 배열에 로드한다. 그리고 얼굴 이미지 X를 255로 나눈다. 그러면 0과 1 사이의 값이 되기 때문에 딥러닝 모델에 더 좋다. 나중에 필요하므로 학습 데이터의 min_과 max_를 기록해야 한다.

코드는 다음과 같다.

```
X_train, X_test, y_train, y_test =\
mldatasets.load("maskedface-net_thumbs_sampled",prepare=True)
X_train, X_test = X_train / 255.0, X_test / 255.0
min_ = X_train.min()
max_ = X_train.max()
```

데이터를 로드할 때는 데이터가 손상되지 않았는지 확인하는 것이 항상 중요하다. 다음 코드를 사용해 이를 수행할 수 있다.

```
print('X_train dim:\t%s' % (X_train.shape,))
print('X_test dim:\t%s' % (X_test.shape,))
print('y_train dim:\t%s' % (y_train.shape,))
print('y_test dim:\t%s' % (y_test.shape,))
print('X_train min:\t%s' % (min_))
print('X_train max:\t%s' % (max_))
print('y_train labels:\t%s' % (np.unique(y_train)))
```

앞의 코드는 다음을 출력하며, 이는 이미지의 크기가 128×128픽셀이고 3개의 채널(색상)을 갖고 있음을 알려준다. 16,800개의 학습 이미지와 4,200개의 테스트 이미지가 있다. 레이블은 두 번째 값이 1이기 때문에 이는 원-핫 인코딩이 아님을 나타낸다. 실제로 np.unique(y_train)으로 고유한 값을 출력하면 레이블이 텍스트로 표시된다. 마스크를 올바르게 쓴 경우 Correct, 마스크를 잘못 쓴 경우 Incorrect, 마스크가 없는 경우 None 이다. 코드는 다음과 같다.

```
X_train dim:     (16800, 128, 128, 3)
X_test dim:      (4200, 128, 128, 3)
y_train dim:     (16800, 1)
y_test dim:      (4200, 1)
X_train min:     0.0
X_train max:     1.0
y_train labels: ['Correct' 'Incorrect' 'None']
```

따라서 수행해야 할 전처리 단계는 모델의 예측 성능을 평가하기 위해서 y 레이블을 원-핫 인코딩^{OHE}하는 것이다. OneHotEncoder를 초기화한 후 학습 데이터(y_train)에 fit시킨다. 인코더에서 범주의 리스트(labels_l)를 추출해 세 가지가 모두 있는지 확인할 수 있다. 다음 코드를 확인하라.

```
ohe = preprocessing.OneHotEncoder(sparse=False)
ohe.fit(y_train)
labels_l = ohe.categories_[0].tolist()
print(labels_l)
```

재현성을 위해 항상 다음과 같이 랜덤 시드를 초기화해야 한다.

```
rand = 9
os.environ['PYTHONHASHSEED'] = str(rand)
tf.random.set_seed(rand)
np.random.seed(rand)
```

결정론은 딥러닝에서 매우 어렵고 종종 세션, 플랫폼, 아키텍처 등에 따라 다르다. NVIDIA GPU를 사용한다면 tensorflow-determinism 라이브러리를 설치해 활용할 수 있다.

13장에서 살펴볼 많은 적대적 공격, 방어, 평가 방법론은 매우 리소스 집약적이라 전체 테스트 데이터셋을 사용하면 시간이 많이 걸린다. 효율성을 위해 테스트 데이터셋의 일부를 사용할 것이다. 따라서 np.random.choice를 사용해 200개의 이미지 샘플(X_test_mdsample, y_test_mdsample)과 이보다 작은 20개의 이미지 샘플(X_test_smsample, y_test_smsample)을 추출한다. 코드는 다음과 같다.

```
sampl_md_idxs = np.random.choice(X_test.shape[0], 200,
replace=False)

X_test_mdsample = X_test[sampl_md_idxs]

y_test_mdsample = y_test[sampl_md_idxs]

sampl_sm_idxs = np.random.choice(X_test.shape[0], 20,
replace=False)

X_test_smsample = X_test[sampl_sm_idxs]

y_test_smsample = y_test[sampl_sm_idxs]
```

이제 데이터셋의 이미지를 살펴보자. 앞 코드에서 두 가지 크기로 테스트 데이터셋의 샘플을 가져왔다. 여기서는 수가 적은 샘플의 각 이미지를 클래스 레이블과 함께 4×5 그리드에 배치한다.

```
plt.subplots(figsize=(15,12))

for s in range(20):

  plt.subplot(4, 5, s+1)

  plt.title(y_test_smsample[s][0], fontsize=12)

  plt.imshow(X_test_smsample[s], interpolation='spline16')

  plt.axis('off')
```

앞의 코드는 그림 13.2과 같은 이미지 그리드를 출력한다.

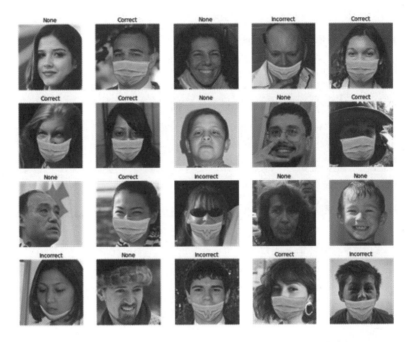

그림 13.2 마스크를 쓰거나 쓰지 않은 얼굴의 작은 테스트 데이터셋 샘플

그림 13.2는 여러 연령, 성별, 인종의 사람들이 마스크를 올바르게 또는 잘못되게 쓰고 있거나 마스크를 벗은 얼굴을 보여준다. 이런 다양성에도 불구하고 이 데이터셋에서 한 가지 주목할 것은 밝은 파란색 수술용 마스크만 보이고 이미지 대부분이 정면을 향하고 있다는 것이다. 이상적으로는 모든 색상과 모든 유형의 마스크가 포함된 훨씬 더 큰 데이터셋을 생성하고, 학습 전이나 학습 중에 무작위로 회전, 자르기, 밝기 조정 등을 통해 데이터셋을 증강시킬 수 있다. 이런 데이터 증강은 훨씬 더 견고한 모델을 만들 것이다. 그럼에도 이런 일반적인 유형의 견고성과 적대적 견고성은 구별해야 하며, 둘 다 필수적이지만 전자에 시간을 투자하면 후자의 가치가 떨어진다. 따라서 여기서는 데이터셋이 이미 증강됐다고 가정한다.

CNN 기본 모델 로드

CNN^{컨볼루션 신경망} 기본 모델을 학습시킬 필요는 없다. 학습을 위한 코드는 깃허브 저장소에 제공되며, 미리 학습된 모델도 거기에 저장돼 있다. 다음과 같이 모델을 빠르게 로드한 후 모델 요약을 출력할 수 있다.

```
model_path = get_file('CNN_Base_MaskedFace_Net.hdf5',\
'https://github.com/PacktPublishing/Interpretable-
Machine-Learning-with-Python/blob/master/models/CNN_Base_
MaskedFace_Net.hdf5?raw=true')
base_model = tf.keras.models.load_model(model_path)
base_model.summary()
```

위의 코드는 다음 요약을 출력한다.

```
Model: "CNN_Base_MaskedFaceNet_Model"
_____
Layer (type)                 Output Shape              Param #
=================================================================
conv2d_1 (Conv2D)            (None, 126, 126, 16)      448
_____
maxpool2d_1 (MaxPooling2D)   (None, 63, 63, 16)        0
_____
conv2d_2 (Conv2D)            (None, 61, 61, 32)        4640
_____
maxpool2d_2 (MaxPooling2D)   (None, 30, 30, 32)        0
_____
conv2d_3 (Conv2D)            (None, 28, 28, 64)        18496
_____
maxpool2d_3 (MaxPooling2D)   (None, 14, 14, 64)        0
_____
```

```
conv2d_4 (Conv2D)              (None, 12, 12, 128)      73856
-----------------------------------------------------------------------
maxpool2d_4 (MaxPooling2D)     (None, 6, 6, 128)        0
-----------------------------------------------------------------------
flatten_6 (Flatten)            (None, 4608)             0
-----------------------------------------------------------------------
dense_1 (Dense)                (None, 768)              3539712
-----------------------------------------------------------------------
dropout_6 (Dropout)            (None, 768)              0
-----------------------------------------------------------------------
dense_2 (Dense)                (None, 3)                2307
=======================================================================
Total params: 3,639,459
Trainable params: 3,639,459
Non-trainable params: 0
-----------------------------------------------------------------------
```

이 요약에는 모델에 대해 알아야 할 거의 모든 것이 있다. 4개의 컨볼루션 계층(Conv2D)이 있으며 각각 그 뒤에 맥스 풀링 계층(MaxPooling2D)이 뒤따른다. 그다음에 Flatten 계층과 완전 연결 계층(Dense)이 있다. 두 번째 Dense 계층 전에 Dropout 계층이 있다. 최종 Dense 계층은 당연히 각 클래스에 해당하는 세 개의 뉴런을 갖는다.

CNN 기본 분류기 평가

evaluate_multiclass_mdl 함수에 테스트 데이터셋을 사용해 모델을 평가할 수 있다. 모델(base_model), 테스트 데이터(X_test), 레이블(y_test), 클래스 이름 리스트(labels_l) 그리고 인코더(ohe)가 인수에 포함된다. 마지막으로 ROC 곡선은 완벽하기 때문에 플롯을 그리지 않는다(plot_roc=False). 이 함수는 예측된 레이블과 확률을 반환하며 나중에 사용할 수 있도록 변수에 저장한다.

코드는 다음과 같다.

```
y_test_pred, y_test_prob =\
  mldatasets.evaluate_multiclass_mdl(base_model, X_test,
    y_test, labels_l, ohe, plot_conf_matrix=True,
    predopts={"verbose":1})
```

앞의 코드는 각 클래스에 대한 혼동 행렬 및 성능 메트릭과 함께 그림 13.3을 생성한다.

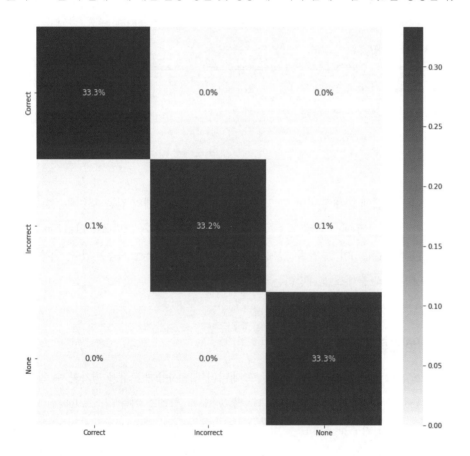

	precision	recall	f1-score	support
Correct	0.998	0.998	0.998	1400
Incorrect	0.999	0.995	0.997	1400
None	0.996	0.999	0.998	1400
accuracy			0.997	4200
macro avg	0.997	0.997	0.997	4200
weighted avg	0.997	0.997	0.997	4200

그림 13.3 테스트 데이터셋으로 평가한 기본 분류기에 대한 혼동 행렬 및 예측 성능 메트릭

그림 13.3의 혼동 행렬을 보면 완벽하게 분류한 것처럼 보이지만, 정밀도-재현율 분석을 보면 모델이 마스크를 잘못 착용한 것으로 오분류하는 문제가 있음을 알 수 있다.

이제 이 모델이 실제로 얼마나 완벽한지 평가하기 위해 공격을 시작해보자.

▌ 우회 공격

적대적 공격에는 크게 6가지 범주가 있으며 자세한 내용은 다음과 같다.

- **우회 공격**Evasion: 이것은 모델이 잘못 예측하게 만드는 입력을 설계하는 것을 의미하며, 특히 인간 관찰자는 이 입력을 식별하기 어렵다. 한 클래스를 다른 클래스로 잘못 분류하도록 모델을 속이려는 공격자의 의도에 따라 표적을 지정하거나 지정하지 않을 수 있다. 공격 방법은 공격자가 모델 및 해당 학습 데이터셋에 대한 전체 액세스 권한이 있는 경우 화이트박스이며, 추론 액세스 권한만 있는 경우 블랙박스다. 그 중간에 그레이박스가 있다. 블랙박스는 항상 모델 독립적인 반면에 화이트박스와 그레이박스는 모델 독립적일 수도 있다.

- **오염 공격**Poisoning: 모델에 잘못된 학습 데이터나 매개변수를 주입하는 것은 공격자의 능력과 액세스 권한에 따라 다양한 형태로 나타날 수 있다. 예를 들어 사용

자 생성 데이터가 있는 시스템의 경우 공격자는 잘못된 데이터나 레이블을 추가할 수 있다. 공격자가 더 많은 액세스 권한이 있다면 대규모의 데이터를 수정할 수도 있다. 또한 학습 알고리듬을 조정하거나 하이퍼파라미터나 데이터 증강 체계만 조정할 수도 있다. 우회 공격과 마찬가지로 오염 공격도 표적을 지정하거나 지정하지 않을 수 있다.

- **추론 공격**Inference: 이것은 모델 추론을 통해 학습 데이터셋을 추출하는 것을 의미한다. 추론 공격은 또한 다양한 형태로 제공되며 한 가지 예세(예를 늘어 특정 사람)가 학습 데이터셋에 있는지 확인하는 구성원 추론을 통해 스파이 행위(프라이버시 공격)에 사용될 수 있다. 속성 추론은 예제 범주(예를 들어 민족)가 학습 데이터에 표현돼 있는지 확인한다. 입력 추론은 모델 전도 공격inversion attack이라고도 하며 추측 및 확인이 아닌 모델로부터 학습 데이터셋을 추출하는 공격이다. 이는 특히 의료 및 법률 애플리케이션에서 광범위한 개인정보 보호 및 규제와 관련해 영향을 미치며, 유럽 연합EU의 개인정보 보호 규정GDPR, General Data Protection Regulation과 같이 강력한 규제가 적용되는 지역에서는 그 외의 다른 많은 산업 분야에 영향을 미칠 수 있다.

- **트로이 목마**Trojaning: 전이 학습을 위해 또는 모델의 동작을 변경하기 위해 모델 앙상블의 일부로서 용도가 변경된 기존 모델을 해킹한다.

- **백도어 공격**Backdooring: 트로이 목마와 비슷하지만 처음부터 학습을 다시 한다고 해도 백도어가 남는다.

- **리프로그래밍**Reprogramming: 특정 출력을 생성하도록 특별히 설계된 예제들을 학습 중에 몰래 집어넣어 모델을 원격으로 방해한다. 예를 들어 뱀상어tiger shark라는 라벨을 붙여 4개의 작은 검은 사각형이 항상 같은 위치에 있는 예제를 충분히 공급하면 모델은 그것이 무엇이든 상관없이 뱀상어라고 학습한다.

처음 세 가지가 가장 널리 사용되는 적대적 공격이다. 단계와 목표로 나누면 공격을 더 세분화할 수 있다(그림 13.4 참조). 여기서 단계는 공격이 모델 학습이나 추론에 영향을 줄 수 있기 때문에 공격이 실행되는 시기를 말하며, 목표는 공격자가 이를 통해 얻고자 하는 것이다. 13장에서는 병원의 방문객, 환자, 직원 등이 프로덕션 모델을 방해할 것으로 예상하기 때문에 우회 공격만 다룰 것이다.

다음 표는 단계 및 목표에 따라 적대적 공격의 범주를 나눈 것이다.

		목표		
		스파이	방해	사기
단계	학습	추론 (오염공격에 의한)	트로이 목마	
			오염	
			백도어	
	프로덕션	추론	리프로그래밍	
			우회	

그림 13.4 단계 및 목표에 따른 적대적 공격의 범주 도표

모델 견고성에 대한 공격, 방어, 평가를 위해 화이트박스 방법을 사용하겠지만 공격자가 이런 수준의 액세스 권한을 가질 것으로 보이지는 않는다. 여기서는 모델에 대한 전체 액세스 권한이 있으므로 화이트박스 방법만 사용할 것이며 블랙박스나 그레이박스 방법은 시도하지 않을 것이다. 하지만 열 영상 시스템과 범죄자를 탐지하는 모델이 있는 은행 감시 시스템과 같은 다른 상황에서는 전문 공격자가 취약점을 찾기 위해 블랙박스 방법을 사용할 것으로 예상할 수 있다. 따라서 이런 시스템의 방어자라면 동일한 공격 방법을 시도해보는 것도 현명할 것이다.

적대적 견고성을 위해 사용할 라이브러리는 ART^{Adversarial Robustness Toolbox}이며 LF AI & Data Foundation에서 지원한다. 이 재단은 AIX360^{AI Explainability 360}과 11장, '편향 완화 및 인과관계 추론 방법론'에서 살펴본 AIF360^{AI Fairness 360} 등의 오픈소스 프로젝트도 지원한다. ART는 블랙박스 모델이더라도 공격 모델을 추정기 또는 분류기에서 추상화해야 한다. `TensorFlowV2Classifier`를 사용하는 마지막 절을 제외한 13장의 대부분에서는 `KerasClassifier`를 사용할 것이다. ART 분류기 초기화는 매우 간단하다. `model` 속성을 지정해야 하며, 경우에 따라 다른 필수 속성을 요구한다. `KerasClassifier`의 경우 나머지 모든 속성은 옵션이지만 `clip_values`를 사용해 피처 범위를 지정하는 것이 좋다. 대

부분의 공격은 입력 순열이므로 허용되거나 실행 가능한 입력값을 아는 것이 중요하다.

다음 코드를 확인하라.

```
base_classifier = KerasClassifier(model=base_model,\
                                  clip_values=(min_, max_))
y_test_mdsample_prob = np.max(y_test_prob[sampl_md_idxs],
                              axis=1)
y_test_smsample_prob = np.max(y_test_prob[sampl_sm_idxs],
                              axis=1)
```

앞의 코드는 중간 크기 및 작은 크기의 샘플 각각에서 예측 클래스에 대한 확률이 포함된 두 개의 배열도 준비한다. 전적으로 선택 사항이지만 예제를 플롯으로 출력할 때 예측 레이블 옆에 예측 확률을 넣으면 도움이 된다.

FGSM 공격

가장 널리 사용되는 공격 방법 중 하나는 FGSM^{Fast Gradient Sign Method} 또는 FGM이다. 이름에서 알 수 있듯이 딥러닝 모델의 그래디언트를 활용해 적대적인 예제를 찾는다. 입력 이미지의 픽셀에 덧셈 또는 뺄셈과 같은 작은 섭동을 수행하며, 픽셀의 강도에 따라 손실이 증가하거나 감소하는 방향을 나타내는 그래디언트 기호에 따라 사용할 것인지 여부를 결정한다.

모든 ART 공격 방법과 마찬가지로 먼저 ART 추정기 또는 분류기를 인수로 제공해 초기화한다. FastGradientMethod는 공격 강도를 조절하는 공격 단계의 크기를 나타내는 eps를 요구한다. eps는 엡실론(ϵ)을 나타내며, 일반적으로 수학에서는 오차의 마진 또는 극소 근사 오차^{infinitesimal approximation error}를 나타낸다. eps가 작으면 픽셀 강도 변화가 눈에 잘 띄지 않지만 오분류되는 예제도 줄어든다. 이 값이 클수록 더 많은 예제가 오분류되고 더 눈에 띄는 변화가 발생한다.

코드는 다음과 같다.

```
attack_fgsm = FastGradientMethod(base_classifier, eps=0.1)
```

초기화의 다음 단계는 적대적 예제를 생성하는 것이다. 원본 예제(X_test_mdsample)가 유일하게 요구되는 속성이다. FGSM은 초기화할 때 targeted 속성을 통해 표적을 지정할 수 있지만 생성 시 해당 레이블도 제공해야 한다. 이 공격의 의도는 모델을 방해하는 것이므로 표적을 지정하지 않는다.

코드는 다음과 같다.

```
X_test_fgsm = attack_fgsm.generate(X_test_mdsample)
```

FGSM을 사용해 적대적 예제를 생성하는 것은 다른 방법과 달리 빠르기 때문에 이름에 "Fast"가 붙었다.

이제는 한 번에 두 가지 일을 수행할 것이다. 먼저, evaluate_multiclass_mdl을 사용해 기본 분류기의 모델(base_classifier.model)에 대한 적대적 예제(X_test_fgsm)를 평가할 것이다. 그다음에 compare_image_predictions를 사용해 무작위로 선택된 적대적 예제(X_test_fgsm)와 원본(X_test_mdsample), 그에 해당하는 예측 레이블(y_test_fgsm_pred, y_test_mdsample) 및 확률(y_test_fgsm_prob, y_test_mdsample_prob)을 대조해 이미지 그리드를 그린다. 제목을 사용자 정의로 지정하고 그리드에는 4개의 예제만(num_samples) 표시한다. 기본적으로 compare_image_predictions는 오분류만 비교하지만 정확한 분류도 비교하기 원한다면 use_misclass 속성을 False로 설정할 수 있다.

코드는 다음과 같다.

```
y_test_fgsm_pred, y_test_fgsm_prob =\
  mldatasets.evaluate_multiclass_mdl(base_classifier.model,\
    X_test_fgsm, y_test_mdsample,\
    labels_l, ohe, plot_conf_matrix=False,\
    plot_roc=False)
```

```
y_test_fgsm_prob = np.max(y_test_fgsm_prob, axis=1)
mldatasets.compare_image_predictions(X_test_fgsm,\
  X_test_mdsample,\
  y_test_fgsm_pred, y_test_mdsample.flatten(),\
  y_test_fgsm_prob,\
  y_test_mdsample_prob, title_mod_prefix="Attacked:",\
  title_difference_prefix="FSGM Attack Average Perturbation:",\
  num_samples=4)
```

위의 코드는 먼저 FGSM 공격 예제에 대한 모델의 정확도가 44%임을 보여준다. 또한 표적 공격이 아니었지만 마스크를 올바르게 쓴 얼굴에 대한 공격이 가장 효과적이었다. 따라서 공격자가 이런 수준의 신호 왜곡이나 간섭을 일으킨다고 가정하면 보안 회사의 마스크 규정 준수 감시 능력은 심각하게 약화될 것이다.

이 코드는 FGSM 공격으로 인한 오분류 예제를 보여주는 그림 13.5도 출력한다. 공격은 이미지 전체적으로 잡음을 고르게 분산시키고 있다. 또한 이미지가 평균 절대 오차 0.092로 수정됐음을 알려주는데, 픽셀 값의 범위가 0 ~ 1이므로 이는 9.2%를 의미한다. 탐지 가능성은 낮지만 영향을 미치도록 공격을 보정하기 위해 eps 값을 0.1로 했을 때 9.2%의 평균 섭동average perturbation이 발생해 정확도가 44%로 떨어진 점에 유의하라.

	precision	recall	f1-score	support
Correct	0.056	0.014	0.023	70
Incorrect	0.220	0.370	0.276	54
None	0.736	0.882	0.802	76
accuracy			0.440	200
macro avg	0.337	0.422	0.367	200
weighted avg	0.359	0.440	0.387	200

그림 13.5 기본 분류기에 대한 FGSM 공격과 원본 이미지를 비교한 플롯

탐지가 어려운 공격 얘기가 나왔으니 이제 칼리니 & 와그너[C&W, Carlini & Wagner] 공격에 대해 살펴볼 것이다.

C&W 무한-노름 공격

2017년에 C&W는 L_0, L_2, L_∞의 세 가지 노름norm 기반 거리 측정법을 사용해 원본 예제 와 적대적 예제 간의 차이를 측정했다. FGSM을 포함한 다른 논문들에서 이런 메트릭은 이미 논의됐다. C&W가 도입한 혁신은 손실함수 최솟값을 근사하도록 설계된 경사하강 법 기반 최적화 알고리듬을 사용해 이 메트릭을 활용하는 방법이었다. 특히 국소값에 막히는 것을 피하기 위해 여러 시작점을 사용함으로써 프로세스가 "유효한 이미지를 산출"하도록 하고, 이 이미지를 박스 제약조건^{box-constrained} 최적화 문제를 위한 세 가지 방법으로 평가한다. 이 실습에서는 해당 예제와 원본 이미지 사이의 거리가 최소이면서 사실적인 적대적 예제를 찾을 것이다.

세 가지 C&W 공격(L_0, L_2, L_∞)은 모두 Adam 옵티마이저를 사용하므로 빠르게 수렴한다. 이들의 주요 차이점은 거리 측정법이며 L_∞가 틀림없이 가장 좋을 것이다. L_∞는 다음과 같이 정의된다.

$$L_\infty = ||x - x'||_\infty = max(|x_1 - x'_1|, \ldots, |x_n - x'_n|)$$

모든 좌표에 대한 최대 거리이기 때문에 적대적 예제는 피처 공간의 모든 곳에서 "평균적으로" 최소한으로 다를 뿐만 아니라 너무 크게 다르지도 않다. 이것이 공격을 탐지하기 어렵게 만드는 것이다.

C&W 무한-노름 공격을 초기화하고 적대적 예제를 생성하는 것은 FGSM과 비슷하다. eps와 옵션인 batch_size(기본값 128)를 정의해 CarliniLInfMethod를 초기화한다. 그다음에 표적이 없는 적대적 공격을 generate하는 것은 FGSM과 동일하다. 표적을 지정하지 않는 경우에는 X만 필요하지만 표적을 지정할 경우에는 y도 필요하다.

코드는 다음과 같다.

```
attack_cw = CarliniLInfMethod(base_classifier, eps=0.3,\
                              batch_size=40)
X_test_cw = attack_cw.generate(X_test_mdsample)
```

이제 FGSM에서 했던 것처럼 C&W 적대적 예제(X_test_cw)를 평가할 것이다. 정확히 동일한 코드이지만 fsgm이 cw로 대치되고 compare_image_predictions에서는 제목이 달라진다. FGSM과 마찬가지로 다음 코드는 분류 리포트와 이미지 그리드를 생성한다(그림 13.6 참조).

```
y_test_cw_pred, y_test_cw_prob =\
  mldatasets.evaluate_multiclass_mdl(base_classifier.model,\
    X_test_cw, y_test_mdsample, labels_l, ohe,\
    plot_conf_matrix=False, plot_roc=False)
y_test_cw_prob = np.max(y_test_cw_prob, axis=1)
mldatasets.compare_image_predictions(X_test_cw,\
  X_test_mdsample,\
  y_test_cw_pred, y_test_mdsample.flatten(), y_test_cw_prob,\
  y_test_mdsample_prob, title_mod_prefix="Attacked:",\
  title_difference_prefix="C&W Inf Attack Average
Perturbation:",\
  num_samples=4)
```

출력에 보이는 것처럼 C&W 적대적 예제는 기본 모델에서 92%의 정확도를 갖는다. 원하는 목적을 위해 모델을 쓸모없게 만드는 데는 물 한 방울이면 충분하다. 만약 공격자가 카메라 신호를 충분히 방해할 수 있다면 동일한 결과를 얻을 수 있을 것이다. 그리고 다음 그림 13.6에서 알 수 있듯이 0.3%의 섭동은 FGSM에 비해 아주 작지만 육안으로 명확하게 보이는 다음 4개를 포함해 8%를 잘못 분류하도록 하기에 충분했다.

C&W 무한-노름 공격 평균 섭동: 0.003

	precision	recall	f1-score	support
Correct	0.932	0.971	0.951	70
Incorrect	0.839	0.963	0.897	54
None	0.985	0.842	0.908	76
accuracy			0.920	200
macro avg	0.918	0.925	0.918	200
weighted avg	0.927	0.920	0.920	200

그림 13.6 기본 분류기에 대한 C&W 무한-노름 공격 이미지와 원본 이미지 비교 플롯

때로는 공격이 탐지되는지의 여부가 중요하지 않다. 이런 공격의 핵심은 자신을 표현하는 것이며, 바로 이것이 적대적 패치[AP, Adversarial Patches]가 가진 능력이다.

표적 AP 공격

AP는 강력하고 보편적이며 표적이 있는 공격 방법이다. 이미지에 덧붙이거나 인쇄해 현장에 물리적으로 붙일 수 있는 패치 또는 스티커를 생성해 분류기가 해당 장면의 다른 모든 것을 무시하도록 속일 수 있다. 적대적 패치는 변화되는 다양한 조건에서도 작동하도록 설계됐다. 다른 적대적 예제 생성 접근법과 달리 공격을 위장할 의도가 없는데 이는 본질적으로 해당 장면에서 탐지 가능한 부분을 패치로 대체하기 때문이다. 이 공격 방법은 이미지의 여러 다른 위치에 주어지는 패치로 인해 변환되는 이미지를 학습하는 EOT^{Expectation Over Transformation}를 통해 작동한다. 즉 학습 예제가 주어졌을 때 분류기를 가장 잘 속이는 패치를 학습하는 것이다.

이 방법은 FGSM과 C&W보다 더 많은 매개변수와 단계를 필요로 한다. 먼저 신경망 이미지 또는 비디오 분류기에서 작동하는 AdversarialPatchNumpy를 사용한다. 텐서플로 v2 용도 있지만 앞에서 사용한 기본 분류기는 KerasClassifier이다. 첫 번째 인수는 분류기(base_classifier)이고, 그다음에 정의할 다른 인수들은 옵션이지만 적극 권장된다. 스케일링 범위인 scale_min 및 scale_max는 이미지 대비 패치의 크기를 정의하기 때문에 특히 중요하다. 이 경우에는 40% 이상 70% 이하로 테스트할 것이다. 그 외에도 표적 클래스(target)를 정의하는 것이 좋다. 이 경우엔 패치가 "Correct" 클래스를 표적으로 삼기를 원한다. learning_rate 및 최대 반복 횟수(max_iter)의 경우 기본값을 사용하지만 패치의 적대적 효과를 개선하기 위해 조정할 수 있다.

코드는 다음과 같다.

```
attack_ap = AdversarialPatchNumpy(base_classifier,\
    scale_min=0.4, scale_max=0.7,\
    learning_rate=5., max_iter=500,\
    batch_size=40, target=0)
```

패치 생성 알고리듬이 이미지의 모든 곳에서 패치를 테스트하는 시간 낭비를 줄이기 위해 불리언 마스크를 사용해 테스트할 위치를 지시할 수 있다. 이 불리언 마스크는 패치의 중심 위치를 알려준다. 마스크를 생성하기 위해 먼저 크기가 128×128인 0의 배열을 만든다. 그다음에 80~93픽셀과 45~84픽셀 사이의 직사각형 영역에 1을 배치한다. 대부분의 이미지에서 입 주변 영역의 덮는 중심점을 어느 정도 포함하는 영역이다. 마지막으로 배열의 차원을 확장해 (1, W, H)가 되도록 하고 이를 불리언으로 변환한다. 그다음에 테스트 데이터셋 샘플을 사용해 generate로 패치 생성을 진행할 수 있다.

코드는 다음과 같다.

```
placement_mask = np.zeros((128,128))

placement_mask[80:93,45:83] = 1

placement_mask = np.expand_dims(placement_mask, axis=0).
astype(bool)

patch, patch_mask = attack_ap.generate(x=X_test_smsample,\

y=ohe.transform(y_test_smsample), mask=placement_mask)
```

이제 다음 코드를 사용해 패치를 표시할 수 있다.

```
plt.imshow(patch * patch_mask)
```

위의 코드는 그림 13.7과 같은 이미지를 생성한다. 예상했겠지만 마스크와 같은 파란색이 많이 보인다. 또한 밝은 빨간색과 노란색 색조가 있는데, 이는 대부분 학습 예제에서 누락 돼 있는 것으로 분류기를 혼란시킨다.

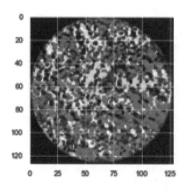

그림 13.7 마스크를 올바르게 쓴 것으로 오분류하도록 생성된 AP

여느 방법과 달리 generate는 적대적 예제를 생성하는 것이 아니라 하나의 패치를 생성 하며, 이 패치는 적대적 예제를 만들기 위해 이미지 위에 배치할 수 있는 이미지다. 이 작 업은 원본 X_test_smsample 예제와 55%의 스케일을 사용하는 apply_patch를 통해 수행한다. 또한 이때 패치가 보다 적절한 위치, 이 경우에는 입 주위 영역에 적용되도록 mask 를 사용하는 것이 좋다.

코드는 다음과 같다.

```
X_test_ap = attack_ap.apply_patch(X_test_smsample, scale=0.55,\
                                  mask=placement_mask)
```

이제 이를 통한 공격을 평가하고 몇 가지 오분류를 살펴보자. 우리는 변수가 ap를 갖는 것으로 대체하고 제목을 변경한 것 외에는 그림 13.5 및 그림 13.7을 생성한 코드를 그대로 재사용해 이전과 동일하게 수행한다.

코드는 다음과 같다.

```
y_test_ap_pred, y_test_ap_prob =\
  mldatasets.evaluate_multiclass_mdl(base_classifier.model,\
    X_test_ap, y_test_smsample, labels_l, ohe,\
    plot_conf_matrix=False, plot_roc=False)
y_test_ap_prob = np.max(y_test_ap_prob, axis=1)
mldatasets.compare_image_predictions(X_test_ap,\
    X_test_smsample, y_test_ap_pred,\
    y_test_smsample.flatten(), y_test_ap_prob,\
    y_test_smsample_prob, title_mod_prefix="Attacked:",\
    title_difference_prefix="AP Attack Average Perturbation:",\
    num_samples=4)
```

위의 코드는 공격에 대한 정확도를 65%로 산출한다. 이는 학습된 예제가 얼마나 적은지를 고려하면 상당히 좋은 결과다. AP는 다른 방법보다 더 많은 예제를 요구한다. 일반적으로 표적 공격은 표적으로 삼은 한 클래스를 잘 이해하기 위해 더 많은 예제가 필요하다. 앞의 코드는 또한 그림 13.8과 같은 이미지 그리드를 생성한다. 이론적으로 사람들이 얼굴 앞에 종이 패치를 들고 돌아다닐 경우 모델을 쉽게 속일 수 있음을 보여준다.

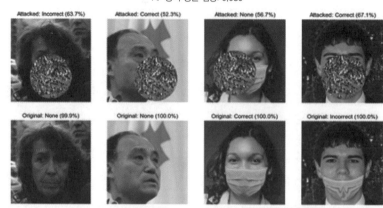

AP 공격 평균 섭동: 0.080

	precision	recall	f1-score	support
Correct	0.667	0.571	0.615	7
Incorrect	0.750	0.600	0.667	5
None	0.600	0.750	0.667	8
accuracy			0.650	20
macro avg	0.672	0.640	0.650	20
weighted avg	0.661	0.650	0.649	20

그림 13.8 기본 분류기에 대한 AP 공격 이미지와 원본 이미지 비교 플롯

지금까지 세 가지 공격 방법을 살펴봤지만 이런 공격을 방어하는 방법은 아직 다루지 않았다. 다음 절에서는 이에 대한 몇 가지 방어 솔루션을 살펴볼 것이다.

▌ 전처리를 통한 표적 공격 방어

적대적 방어에는 다음과 같은 광범위한 다섯 가지 범주가 있다.

- **전처리**: 공격하기 어려워지도록 모델의 입력을 변경한다.

- **적대적 학습**: 공격을 극복하도록 설계된 견고한 새 모델을 학습시킨다.

- **탐지**: 공격 탐지. 예를 들어 적대적인 예제를 탐지하도록 모델을 학습시킬 수 있다.

- **트랜스포머**Transformer: 모델 아키텍처와 학습 과정을 수정해 보다 견고한 모델을 만든다. 여기에는 지식 증류knowledge distillation, 입력 필터, 뉴런 가지치기, 언러닝 unlearning 등과 같은 기술이 포함될 수 있다.

- **후처리**: 프로덕션 단계의 추론 공격 또는 모델에 대한 추출 공격을 극복하기 위해 모델 출력을 변경한다.

처음 네 가지 방어만 우회 공격에 대해 작동하며, 13장에서는 처음 두 가지인 전처리와 적대적 학습만 다룰 것이다. FGSM와 C&W는 이들 중 하나로 쉽게 방어할 수 있지만 AP 는 방어하기 어렵기 때문에 더 강력한 탐지 방어 또는 트랜스포머 방어 방법론이 필요할 수 있다.

방어하기 전에 표적 공격을 생성해야 한다. 여기서는 FGSM과 출력이 매우 유사한, 즉 잡음이 많은 이미지를 생성하는 강력한 공격인 **PGD**Projected Gradient Descent를 사용할 것이다. PGD에 대한 자세한 설명은 하지 않겠지만, 중요한 점은 FGSM과 마찬가지로 경사하강법을 사용해 네트워크에 대한 1차적인 정보를 활용하기 때문에 1차적인 적first-order adversary으로 간주된다는 것이다. 또한 실험을 통해 PGD에 대한 견고성이 있다면 모든 1차적인 적에 대한 견고성이 보장된다는 점을 증명했다. 즉, PGD는 강력한 공격이기 때문에 결정적인 벤치마크가 된다.

마스크를 제대로 착용한 클래스에 대한 표적 공격을 생성하기 위해서는 마스크를 올바르게 쓰지 않은 예제들(X_test_notmasked)만 해당 레이블(y_test_notmasked) 및 예측 확률 (y_test_notmasked_prob)과 함께 선택하는 것이 가장 좋다. 그다음에 적대적 예제(y_test_masked)를 생성하려는 클래스(Correct)로 배열을 생성한다.

코드는 다음과 같다.

```
not_masked_idxs = np.where(y_test_smsample != 'Correct')[0]
X_test_notmasked = X_test_smsample[not_masked_idxs]
y_test_notmasked = y_test_smsample[not_masked_idxs]
y_test_notmasked_prob = y_test_smsample_prob[not_masked_idxs]
y_test_masked = np.array(['Correct'] *\
  X_test_notmasked.shape[0]).reshape(-1,1)
```

최대 섭동(eps), 공격 단계 크기(eps_step), 최대 반복 횟수(max_iter) 그리고 **target=True**를
설정한다는 점만 제외하면 FGSM과 동일한 방식으로 ProjectedGradientDescent를 초기
화한다. 표적이 있기 때문에 X와 y를 모두 설정할 것이다.

코드는 다음과 같다.

```
attack_pgd = ProjectedGradientDescent(base_classifier,
  eps=0.3, eps_step=0.01, max_iter=40,
  targeted=True)
X_test_pgd = attack_pgd.generate(X_test_notmasked,\
  y=ohe.transform(y_test_masked))
```

이제 이전과 마찬가지로 PGD 공격을 평가할 텐데, 이번에는 다음과 같이 혼동 행렬을 플
롯으로 생성한다(plot_conf_matrix=True).

```
y_test_pgd_pred, y_test_pgd_prob =\
  mldatasets.evaluate_multiclass_mdl(base_classifier.model,\
    X_test_pgd, y_test_notmasked, labels_l, ohe,\
    plot_conf_matrix=True, plot_roc=False)
y_test_pgd_prob = np.max(y_test_pgd_prob, axis=1)
```

앞의 코드는 그림 13.9와 같은 혼동 행렬을 산출한다. PGD 공격은 매우 효과적이어서

0%의 정확도를 보이며, 마스크를 쓰지 않거나 잘못 착용한 모든 예제가 마스크를 쓴 것으로 추론된다.

출력은 다음과 같다.

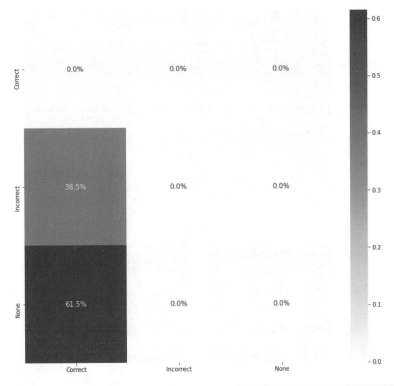

	precision	recall	f1-score	support
Correct	0.000	0.000	0.000	0.0
Incorrect	0.000	0.000	0.000	5.0
None	0.000	0.000	0.000	8.0
accuracy			0.000	13.0
macro avg	0.000	0.000	0.000	13.0
weighted avg	0.000	0.000	0.000	13.0

그림 13.9 기본 분류기에 대한 PGD 공격 예제를 평가한 혼동 행렬

compare_image_prediction을 실행해 다음과 같이 오분류된 것을 확인해보자.

```
mldatasets.compare_image_predictions(X_test_pgd,\
    X_test_notmasked, y_test_pgd_pred,\
    y_test_notmasked.flatten(), y_test_pgd_prob,\
    y_test_smsample_prob, title_mod_prefix="Attacked:",\
    title_difference_prefix="PGD Attack Average Perturbation:",
    num_samples=4)
```

위의 코드는 그림 13.10과 같은 이미지 그리드를 보여준다. 평균 절대 섭동은 지금까지 본 것 중 가장 높은 14.7%이며 마스크를 쓰지 않은 모든 얼굴이 마스크를 올바르게 쓴 것으로 분류된다.

출력은 다음과 같다.

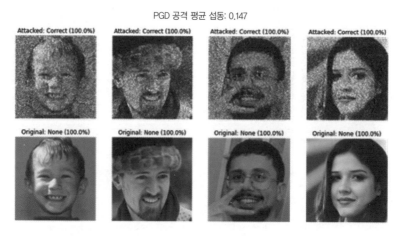

그림 13.10 기본 분류기에 대해 PGD 공격을 받은 이미지와 원본 이미지 비교 플롯

정확도는 더 나빠질 수 없으며 이미지는 복구할 수 없을 정도로 거칠어진다. 그렇다면 잡음과 어떻게 싸워야 할까? 기억할지 모르겠지만 이 문제를 다룬 적이 있다. 8장, '컨볼루션 신경망 시각화'에서 SmoothGrad는 그래디언트를 평균화해 돌출맵을 개선시켰다. 응

778

용 프로그램은 다르지만 원리는 같다. 사람과 마찬가지로 잡음이 많은 돌출맵은 매끄러운 돌출맵보다 해석하기 더 어렵고, 거친 이미지는 매끄러운 이미지보다 모델이 해석하기가 훨씬 더 어렵다.

공간 평활은 흐릿함을 표현하는 멋진 방법일 뿐이다. 그러나 적대적 방어 방법으로서 도입돼 새로워진 점은 제안된 구현(SpatialSmoothing)이 슬라이딩 윈도우에서 평균이 아닌 중앙값을 사용한다는 것이다. window_size 값은 설정 가능하며, 방어적으로 가장 유용한 지점으로 조정할 것을 권장한다. 초기화되면 적대적인 예제(X_test_pgd)를 연결한다. 이는 공간적으로 평활화된 적대적 예제(X_test_pgd_ss)를 출력할 것이다.

코드는 다음과 같다.

```
defence_ss = SpatialSmoothing(window_size=11)
X_test_pgd_ss, _ = defence_ss(X_test_pgd)
```

이제 생성된 흐릿하게 처리된 적대적 예제를 가져와 이전과 마찬가지로 평가할 수 있다. 먼저 evaluate_multiclass_mdl을 사용해 예측 레이블(y_test_pgd_ss_pred)과 확률(y_test_pgd_ss_prob)은 물론, 일부 예측 성능 메트릭을 얻을 수 있다. 이미지 그리드를 그리는 compare_image_predictions에서 use_misclass=False를 사용해 적절하게 분류된 이미지, 즉 성공적으로 방어를 한 적대적인 예제를 비교할 것이다.

코드는 다음과 같다.

```
y_test_pgd_ss_pred, y_test_pgd_ss_prob =\
  mldatasets.evaluate_multiclass_mdl(base_classifier.model,\
    X_test_pgd_ss, y_test_notmasked, labels_l, ohe,\
    plot_conf_matrix=False, plot_roc=False)
y_test_pgd_ss_prob = np.max(y_test_pgd_ss_prob, axis=1)
mldatasets.compare_image_predictions(X_test_pgd_ss,\
  X_test_notmasked, y_test_pgd_ss_pred,
  y_test_notmasked.flatten(),\
```

```
    y_test_pgd_ss_prob, y_test_notmasked_prob,

    use_misclass=False,\

    title_mod_prefix="Attacked+Defended:", num_samples=4,\

    title_difference_prefix="PGD Attack & Defended Average

Perturbation:")
```

위의 코드는 54%의 정확도를 산출하며 공간 평활화^{spatial smoothing} 방어 이전의 0%보다 훨씬 좋다. 또한 그림 13.11은 흐릿함이 PGD 공격을 얼마나 효과적으로 저지했는지 보여준다. 심지어 평균 절대 섭동을 절반으로 줄였다.

출력은 다음과 같다.

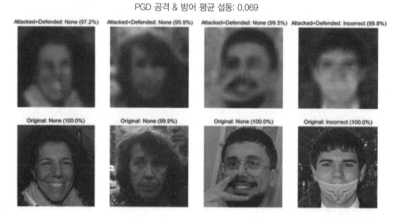

그림 13.11 기본 분류기에 대한 원본 이미지와 공간 평활화된 PGD 공격 이미지를 비교한 플롯

이제 다음으로 또 다른 방어 방법인 적대적 학습을 살펴볼 것이다.

▌ 적대적 학습을 통해 우회 공격으로부터 보호

8장, '컨볼루션 신경망 시각화'에서 편의점 셀프 계산대의 의도된 환경에서 제대로 작동하지 않을 가능성이 있는 과일 이미지 분류기를 다뤘었다. 샘플 이외의 데이터에 대해 최악의 성능을 보인 이유는 분류기가 일관된 조명으로 완전히 다른 각도에서 찍은 클래스당 하나 또는 두 개의 과일 이미지에 대해 학습됐기 때문이었다. 각도의 다양성은 과일과 조명의 다양성만큼 중요하지 않다는 것이 밝혀졌다. 8장의 결론은 더욱 견고한 모델을 만들기 위해서는 의도한 환경을 표현하는 이미지로 네트워크를 학습시켜야 한다는 것이었다.

모델 견고성을 위해서는 학습 데이터의 다양성이 중요하지만 의도한 환경을 나타내는 경우에만 그렇다. 통계적 용어로 모델이 모집단을 정확하게 분류하는 방법을 학습할 수 있도록 모집단을 정확하게 묘사하는 학습용 샘플을 사용하는가의 문제다. 적대적 견고성을 위해서도 동일한 원칙이 적용된다. 적대적 공격을 잘 표현하는 예제를 포함하도록 데이터를 보강하면 모델이 이를 분류하는 방법을 학습할 것이다. 간단히 말해 이것이 바로 적대적 학습이다.

머신러닝 연구자들은 모든 종류의 우회 공격에 매우 효과적이며, 모델을 근본적으로 보호하는 이런 형태의 방어를 제안하고 있다. 즉, 이것은 불침투성을 뜻하지 않는다. 이 효과는 학습에서 올바른 유형의 적대적 예제를 사용하고 최적의 하이퍼파라미터를 사용하는 것에 달려 있다. 은닉 계층의 뉴런 수를 늘리고, PGD 또는 BIM$^{Basic Iterative Method}$ 방법론을 사용해 학습을 위한 적대적 예제를 생성하는 등 연구자들에 의해 제안된 몇 가지 지침이 있다. BIM은 FGSM과 비슷하지만 빠르진 않으며, 이는 원본 이미지의 ϵ 범위^{neighborhood} 내에서 최선의 적대적 예제를 반복적으로 근사하기 때문이다. eps 속성으로 이 범위의 경계를 정한다.

견고한 모델을 학습시키는 것은 매우 리소스 집약적일 수 있다. ART로 이를 수행하는 방법을 이해하는 것이 중요하지만 이미 학습된 모델을 다운로드할 수 있기 때문에 필수는 아니다. 여기서는 각 단계를 설명할 것이고, 만약 여러분이 ART로 모델을 학습시키길 원한다면 그렇게 할 수 있다. 원하지 않는다면 이 단계를 건너뛰고 학습된 모델을 다운로드하

라. robust_model은 base_model과 매우 비슷하지만 4개의 컨볼루션 계층(Conv2D)에서 동일한 크기의 필터를 사용한다는 점이 다르다. 머신러닝 연구자들이 제안한 대로 복잡성에 대응하기 위해 첫 번째 Dense 계층의 뉴런을 4배로 늘렸다.

코드는 다음과 같다.

```
robust_model = tf.keras.models.Sequential([
  tf.keras.layers.InputLayer(input_shape=X_train.shape[1:]),
  tf.keras.layers.Conv2D(32, kernel_size=(3, 3),
                         activation='relu'),
tf.keras.layers.MaxPooling2D(pool_size=(2, 2)),
tf.keras.layers.Conv2D(32, kernel_size=(3, 3),
                       activation='relu'),
tf.keras.layers.MaxPooling2D(pool_size=(2, 2)),
tf.keras.layers.Conv2D(32, kernel_size=(3, 3),
                       activation='relu'),
tf.keras.layers.MaxPooling2D(pool_size=(2, 2)),
tf.keras.layers.Conv2D(32, kernel_size=(3, 3),
                       activation='relu'),
tf.keras.layers.MaxPooling2D(pool_size=(2, 2)),
tf.keras.layers.Flatten(),
tf.keras.layers.Dense(3072, activation='relu'),
tf.keras.layers.Dropout(0.2),
tf.keras.layers.Dense(3, activation='softmax')
], name='CNN_Robust_MaskedFaceNet_Model')
robust_model.compile(optimizer=tf.keras.optimizers.
                     Adam(lr=0.001),
                     loss='categorical_crossentropy',
                     metrics=['accuracy'])
robust_model.summary()
```

summary() 명령은 다음을 출력한다. 학습 가능한 매개변수가 약 360만 개임을 확인할 수 있다. 이는 기본 모델과 비슷하다.

```
Model: "CNN_Robust_MaskedFaceNet_Model"
_____
Layer (type)                 Output Shape              Param #
=================================================================
conv2d_1 (Conv2D)            (None, 126, 126, 32)      896
_____
maxpool2d_1 (MaxPooling2D)   (None, 63, 63, 32)        0
_____
conv2d_2 (Conv2D)            (None, 61, 61, 32)        9248
_____
maxpool2d_2 (MaxPooling2D)   (None, 30, 30, 32)        0
_____
conv2d_3 (Conv2D)            (None, 28, 28, 32)        9248
_____
maxpool2d_3 (MaxPooling2D)   (None, 14, 14, 32)        0
_____
conv2d_4 (Conv2D)            (None, 12, 12, 32)        9248
_____
maxpool2d_4 (MaxPooling2D)   (None, 6, 6, 32)          0
_____
flatten (Flatten)            (None, 1152)              0
_____
dense_1 (Dense)              (None, 3072)              3542016
_____
dropout (Dropout)            (None, 3072)              0
_____
dense_2 (Dense)              (None, 3)                 9219
=================================================================
```

```
Total params: 3,579,875
Trainable params: 3,579,875
Non-trainable params: 0
_____
```

먼저 새 KerasClassifier 분류기를 robust_model로 초기화해 이를 적대적으로 학습시킬 것이다. 그다음에 이 분류기에 대한 BasicIterativeMethod 공격을 초기화한다. 마지막으로 robust_classifier와 BIM 공격으로 AdversarialTrainer를 초기화하고 fit을 수행한다. 주의할 것은 단일 ART 공격이 아니라 여러 공격의 리스트가 될 수 있기 때문에 BIM 공격을 attacks라는 변수에 저장했다는 것이다. 또 한 가지 주의할 것은 AdversarialTrainer에는 ratio라는 속성이 있다는 점이다. 이 속성은 학습 예제의 몇 퍼센트가 적대적 예제인지 설정한다. 이 비율은 적대적 공격의 효과에 큰 영향을 미친다. 너무 낮으면 적대적 예제에 대해 잘 수행되지 않을 수 있고, 너무 높으면 적대적이지 않은 예에서 덜 효과적으로 수행될 수 있다. trainer를 실행하면 완료할 때까지 시간이 많이 걸릴 수 있다.

코드는 다음과 같다.

```
robust_classifier = KerasClassifier(model=robust_model,\
                                    clip_values=(min_, max_))
attacks = BasicIterativeMethod(robust_classifier, eps=0.3,\
                               eps_step=0.01, max_iter=20)
trainer = AdversarialTrainer(robust_classifier, attacks,
                             ratio=0.5)
trainer.fit(X_train, ohe.transform(y_train), nb_epochs=30,\
            batch_size=128)
```

robust_classifier 학습을 진행하지 않을 경우 다음과 같이 미리 학습된 robust_model을 다운로드하고 이를 사용해 robust_classifier를 초기화할 수 있다.

```
model_path = get_file('CNN_Robust_MaskedFace_Net.hdf5',

'https://github.com/PacktPublishing/Interpretable-
Machine-Learning-with-Python/blob/master/models/CNN_Robust_
MaskedFace_Net.hdf5?raw=true')

robust_model = tf.keras.models.load_model(model_path)

robust_classifier = KerasClassifier(model=robust_model,\
                                    clip_values=(min_, max_))
```

이제 evaluate_multiclass_mdl을 사용해 원본 테스트 데이터셋에 대해 robust_classifier 를 평가해볼 것이다. 혼동 행렬을 보기 위해 다음과 같이 plot_conf_matrix=True로 설정한다.

```
y_test_robust_pred, y_test_robust_prob =\
  mldatasets.evaluate_multiclass_mdl(robust_classifier.model,\
    X_test, y_test, labels_l, ohe, plot_conf_matrix=True,\
    predopts={"verbose":1})
```

앞의 코드는 그림 13.12와 같은 혼동 행렬 및 성능 메트릭을 출력한다. 기본 분류기보다 정확도가 1.8% 정도 낮다. 대부분의 오분류는 마스크를 올바르게 착용한 얼굴이 잘못 착용한 것으로 분류되는 것이다. 50%의 적대적 예제 비율을 선택하는 것은 확실히 트레이드 오프가 있으며, 하이퍼파라미터 또는 모델 아키텍처를 약간 조정해 이를 개선할 수 있다.

출력은 다음과 같다.

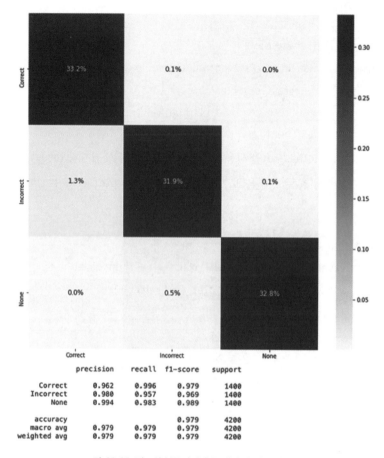

```
              precision    recall  f1-score   support

     Correct      0.962     0.996     0.979      1400
   Incorrect      0.980     0.957     0.969      1400
        None      0.994     0.983     0.989      1400

    accuracy                          0.979      4200
   macro avg      0.979     0.979     0.979      4200
weighted avg      0.979     0.979     0.979      4200
```

그림 13.12 견고한 분류기의 혼동 행렬 및 성능 메트릭

이제 견고한 모델이 적대적 공격에 어떻게 대응하는지 살펴보자. FastGradientMethod를 다시 사용하지만 이번에는 다음과 같이 base_classifier를 robust_classifier로 바꾼다.

```
attack_fgsm_robust = FastGradientMethod(robust_classifier,
                                        eps=0.1)

X_test_fgsm_robust = attack_fgsm_robust.generate(\
  X_test_mdsample)
```

다음으로 robust_classifier에 대해 다음과 같이 evaluate_multiclass_mdl와 compare_image_predictions를 사용해 공격의 효과를 측정하고 평가한다.

```
y_test_fgsm_robust_pred, y_test_fgsm_robust_prob =\
  mldatasets.evaluate_multiclass_mdl(robust_classifier.model,\
    X_test_fgsm_robust, y_test_mdsample, labels_l, ohe,\
    plot_conf_matrix=False, plot_roc=False)
y_test_fgsm_robust_prob = np.max(y_test_fgsm_robust_prob,
  axis=1)
mldatasets.compare_image_predictions(X_test_fgsm_robust,\
  X_test_mdsample, y_test_fgsm_robust_pred, num_samples=4,\
  y_test_mdsample.flatten(), y_test_fgsm_robust_prob,\
  y_test_mdsample_prob, title_mod_prefix="Attacked:",\
  title_difference_prefix="FSGM Attack Average Perturbation:")
```

앞의 코드는 몇 가지 성능 메트릭을 출력하며 정확도가 95.5%임을 보여준다. 강화된 FGSM 공격에 대한 base_classifier의 정확도가 44%였음을 기억할 것이다. 따라서 상당한 개선이라고 할 수 있다. 앞의 코드는 그림 13.13과 같은 이미지 그리드도 출력한다. 견고한 모델(robust_classifier)에 대한 FGSM 공격이 어떻게 덜 거칠고 패치가 많은 이미지를 만드는지 알 수 있다. 평균적으로 공격 예제들은 전체적으로 기본 모델에 대해서보다 적게 섭동됐는데 이는 공격 예제 중 소수는 성공적이었지만 그 대부분은 현저하게 이미지가 저하됐기 때문이다. 수백만 가지 가능한 색상(24비트 이상)에서 256(8비트) 또는 16(4비트)가지 색상으로 색 농도가 줄어든 것처럼 보인다. 물론 우회 공격은 실제로 그렇게 할 수 없지만 FGSM 알고리듬은 분류기를 속일 수 있는 것과 동일한 파란색, 갈색, 빨간색, 주황색 색조로 수렴됐다. 다른 색조는 변경되지 않은 채 남아 있다.

출력은 다음과 같다.

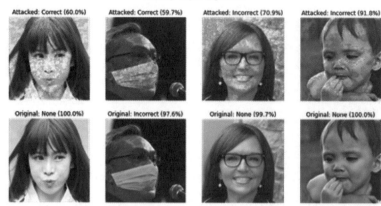

FGSM 공격 평균 섭동: 0.035

	precision	recall	f1-score	support
Correct	0.921	1.000	0.959	70
Incorrect	0.942	0.907	0.925	54
None	1.000	0.947	0.973	76
accuracy			0.955	200
macro avg	0.954	0.952	0.952	200
weighted avg	0.957	0.955	0.955	200

그림 13.13 견고한 분류기에 대한 FGSM 공격 이미지와 원본 이미지 비교 플롯

지금까지는 엄격한 교차 검증 방식으로 가능한 여러 방어를 고려해 견고성을 인증한 것이 아니라 단 하나의 공격 강도에 대해서만 모델의 견고성을 평가했다. 다음 절에서는 모델의 견고성 평가 및 인증을 수행하는 두 가지 방법을 살펴볼 것이다.

▍ 적대적 견고성 평가 및 인증

시스템이 공격이나 우발적인 장애에 얼마나 취약한지 확인하려면 모든 엔지니어링 과정에서 시스템을 테스트해야 한다. 그러나 보안은 시스템을 무너뜨리는 데 필요한 허용 가능한 임곗값 이상의 공격 수준을 확인하기 위해 시스템에 스트레스 테스트를 수행해야 하는 영역이다. 또한 공격을 줄이기 위해 어떤 수준의 방어가 필요한지 파악하는 것도 중요하다.

모델 견고성과 공격 강도 비교

이제 강화된 공격에 대해 비교할 수 있는 두 개의 분류기를 갖고 있으며, 이들에 대해 서로 다른 공격 강도로 공격을 시도해 이 분류기들이 어떻게 작동하는지 확인할 수 있다. 여기서는 빠르다는 이유로 FGSM을 사용하지만 다른 방법을 사용해도 된다.

평가할 첫 번째 공격 강도는 공격 강도가 없는 것이다. 즉, 공격이 없는 테스트 데이터셋에 대한 분류 정확도를 확인한다. 기본 모델(y_test_pred)과 견고한 모델(y_test_robust_pred) 모두에 대한 예측 레이블을 이미 저장했으므로 다음 코드와 같이 사이킷런의 accuracy_score 메트릭을 사용해 쉽게 얻을 수 있다.

```
accuracy_base_0 = metrics.accuracy_score(y_test, y_test_pred)
accuracy_robust_0 = metrics.accuracy_score(y_test,\
                                    y_test_robust_pred)
```

이제 다음으로 0.01에서 0.9 사이의 공격 강도 범위(eps_range)로 반복 테스트할 수 있다. linspace를 사용해 0.01에서 0.09 사이의 9개 값과 0.1에서 0.9 사이의 9개 값을 생성하고, concatenate를 사용해 단일 배열로 합친다. 이 18개 eps 값에 대한 for문을 통해 반복적으로 각 모델을 공격하고 evaluate를 통해 공격 후 정확도를 얻는다. 각각의 정확도는 두 개의 리스트(accuracy_base와 precision_robust)에 추가되며, for 루프가 끝난 뒤에는 다음 코드와 같이 공격 이전의 정확도를 설명하기 위해 eps_range 앞에 0을 추가한다.

```
eps_range = np.concatenate((np.linspace(0.01, 0.09, 9),        \
  np.linspace(0.1, 0.9, 9)), axis=0).tolist()
accuracy_base = [accuracy_base_0]
accuracy_robust = [accuracy_robust_0]
for eps in tqdm(eps_range, desc='EPS'):
  attack_fgsm.set_params(**{'eps': eps})
  X_test_fgsm_base_i = attack_fgsm.generate(X_test_mdsample)
  _, accuracy_base_i =\
    base_classifier.model.evaluate(X_test_fgsm_base_i,\
      ohe.transform(y_test_mdsample))

  attack_fgsm_robust.set_params(**{'eps': eps})
  X_test_fgsm_robust_i = attack_fgsm_robust.generate(\
    X_test_mdsample)
  _, accuracy_robust_i =\
    robust_classifier.model.evaluate(X_test_fgsm_robust_i,\
      ohe.transform(y_test_mdsample))

  accuracy_base.append(accuracy_base_i)
  accuracy_robust.append(accuracy_robust_i)

eps_range = [0] + eps_range
```

이제 다음 코드를 사용해 모든 공격 강도에 대한 두 분류기의 정확도를 플롯으로 그릴 수 있다.

```
fig, ax = plt.subplots(figsize=(14,7))
ax.plot(np.array(eps_range), np.array(accuracy_base), 'b-',\
        label='Base classifier')
ax.plot(np.array(eps_range), np.array(accuracy_robust), 'r-',
```

```
          label='Robust classifier')
legend = ax.legend(loc='upper center', shadow=True,
                        fontsize=15)
plt.xlabel('Attack strength (eps)', fontsize=17)
plt.ylabel('Accuracy', fontsize=17)
```

앞의 코드는 그림 13.14를 출력하며, 이는 견고한 모델이 0.02와 0.3 사이의 공격 강도에서 더 잘 수행되지만 그 이후에는 기본 모델보다 지속적으로 약 10% 더 좋지 않음을 보여준다.

출력은 다음과 같다.

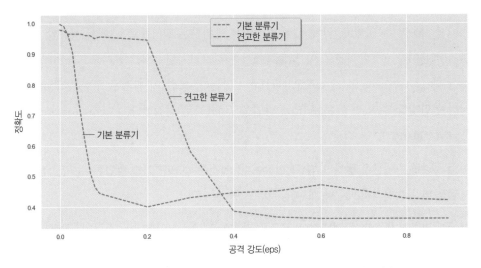

그림 13.14 여러 FGSM 공격 강도에 대한 견고한 분류기와 기본 분류기의 정확도

그림 13.14가 설명하지 못하는 한 가지는 방어다. 예를 들어 병원 카메라가 계속 먹통이 되거나 조작된다면 보안 회사는 자신의 모델을 방어하는 데 소홀히 하지 않을 것이다. 이런 공격에 대해 가장 쉬운 방어법은 일종의 평활화smoothing를 사용하는 것이다.

적대적 학습은 또한 미리 정의된 특정 상황에서 제대로 작동할 것이라고 보장할 수 없는 경험적으로 견고한 분류기를 생성하므로 방어에 대한 인증^{certification}이 필요하다. 그렇다면 이런 방어를 모델 자체에 구축하고 그 견고함을 인증하는 것이 어떻겠는가? 이것이 바로 다음에 다룰 내용으로서 무작위 평활화^{randomized smoothing}를 이용해 견고성을 인증하는 것이다.

무작위 평활화로 견고성 인증

이 절의 코드는 다음 링크(https://github.com/PacktPublishing/Interpretable-Machine-Learningwith-Python/blob/master/Chapter12/Recidivism_part2.ipynb)에서 찾을 수 있다. 모든 준비 단계는 처음부터 반복된다. 그러나 파트 1과 달리 케라스 ART 추정기가 아닌 텐서플로 v2 ART 추정기를 사용한다. 이 책을 쓰던 시점에 ART의 무작위 평활화를 케라스에서 사용할 수 없었고, 앞에서 설명한 많은 방법론은 텐서플로 v2에서 사용할 수 없었기 때문이다. 이런 이유로 이 노트북에서는 파트 1처럼 즉시 실행 모드를 비활성화(tf.compat.v1.disable_eager_execution())하지 않는다. 또한 이 방법론 구현은 float64에서는 불안정할 수 있기 때문에 float 타입을 `float32`로 설정한다(tf.keras.backend.set_floatx('float32')).

이제 살펴볼 방법론은 평가 방법 그 이상이다. 이것은 견고성 인증 방법론이지만, 견고한 모델을 더 학습시키기 때문에 그 이상이라고 할 수 있다.

앞에서 평활화가 어떻게 적대적인 잡음을 격퇴할 수 있는지 봤지만, 전처리 단계에서 이것을 적용해야 할 뿐만 아니라 얼마나 적용해야 효과적인지 알아내야 했다. 무작위 평활화는 기본 분류기 f로부터 "평활화된" 분류기 g를 구성해 이 평활화 원리를 적용한다. 다른 분류기와 마찬가지로 예측된 클래스 c는 확률 $\mathbb{P}$가 가장 높은 클래스다.

공식은 다음과 같다.

$$g(x) = \arg\max_{c \in Y} \mathbb{P}(f(x + \epsilon) = c)$$

차이점은 입력의 복사본에 무작위로 가우시안 잡음Gaussian noise ϵ를 적용한다는 것이다. ϵ가 가우시안인 이유는 정규분포 $\mathcal{N}$을 따르고 σ^2의 분산으로 제한되기 때문이다.

공식은 다음과 같다.

$$\epsilon \sim \mathcal{N}(0, \sigma^2 I)$$

인증 프로세스는 평활화된 분류기 g가 L_2 반경 R 내에서 x에 대해 견고함을 입증함으로써 이 결과를 보장한다. R은 다음과 같다.

$$R = \frac{\sigma}{2}(\phi^{-1}(p_a) - \phi^{-1}(p_b))$$

여기서 ϕ^{-1}은 가우시안 함수에 대한 누적 분포 함수CDF이고, p_a와 p_b는 각각 첫 번째와 두번째로 확률이 높은 클래스에 대한 확률을 나타낸다. 여기서 중요한 점은 클래스 예측이 의사 결정 경계에서 작동하고 따라서 반경의 역할은 x에 대한 평활화된 분류기 g의 견고성 인증을 기각하는 임곗값 역할을 한다는 것이다.

실제로 평활화된 분류기의 매력적인 특징은 예측과 인증을 모두 기각할 수 있다는 것이다. 예측의 경우 α 매개변수가 임곗값인 이항 가설 검정binomial hypothesis test을 통과하지 못하면 "승패를 가리기 어렵게" 될 수 있으며, 이는 적대적 공격에 취약함을 입증한다. 무작위 평활화 구현은 예측 기각을 시행하지 않도록 선택할 수도 있지만 결국은 예측을 인증하는 데 실패한다.

평활화된 분류기를 학습시키려면 먼저 기본 분류기와 함께 모든 학습 매개변수를 정의해야 한다. 에포크 수(nb_epochs), batch_size, 경사하강법 최적화 알고리듬(optimizer), 손실 함수(loss_object) 등 일부 표준 매개변수를 초기화해야 한다. 무작위 평활화는 또한 클래스 수(nb_classes)와 각 샘플당 생성해야 하는 섭동된 인스턴스 수를 의미하는 샘플 크기(sample_size)를 알아야 한다. 그다음에 학습 및 테스트 데이터셋을 float64 대신 float32로 변경한다. 매번 변환할 필요 없이 함수에 쉽게 넣을 수 있도록 학습(y_train_ohe) 및 평가(y_test_mdsample_ohe) 레이블의 원-핫 인코딩 버전을 만드는 것도 유용할 것이다.

코드는 다음과 같다.

```
nb_epochs = 10
batch_size = 128
optimizer = tf.keras.optimizers.Adam(lr=0.001)
loss_object = tf.keras.losses.CategoricalCrossentropy()
nb_classes = len(np.unique(y_train))
sample_size = 100
X_train, X_test_mdsample = X_train.astype(np.float32),\
  X_test_mdsample.astype(np.float32)
y_train_ohe = ohe.transform(y_train).astype(np.float32)
y_test_mdsample_ohe =\
  ohe.transform(y_test_mdsample).astype(np.float32)
```

이제 학습되지 않은 기본 모델을 반환하는 get_model이라는 간단한 함수를 만든다. 앞에서 사용한 기본 모델과 동일한 아키텍처를 갖는다.

코드는 다음과 같다.

```
def get_model(input_shape, min_, max_):
  test_model = Sequential([
    Conv2D(16, (3, 3), activation='relu',
        input_shape=input_shape),
    MaxPooling2D(pool_size=(2, 2)),
    Conv2D(32, (3, 3), activation='relu'),
    MaxPooling2D(pool_size=(2, 2)),
    Conv2D(64, (3, 3), activation='relu'),
    MaxPooling2D(pool_size=(2, 2)),
    Conv2D(128, (3, 3), activation='relu'),
    MaxPooling2D(pool_size=(2, 2)),
    Flatten(),
```

```
  Dense(768, activation='relu'),
  Dropout(0.35),
  Dense(3, activation='softmax')
])
return test_model
```

다음으로 전달받은 model, images, labels로 trainable_variables에 그래디언트 업데이트를 적용하는 train_step 함수를 정의한다. 이전에 정의된 loss_object 함수를 활용해 손실을 계산하고, optimizer를 활용해 그래디언트를 적용한다. 코드는 다음과 같다.

```
def train_step(model, images, labels):
  with tf.GradientTape() as tape:
    predictions = model(images, training=True)
    loss = loss_object(labels, predictions)
  gradients = tape.gradient(loss, model.trainable_variables)
  optimizer.apply_gradients(zip(gradients,\
                            model.trainable_variables))
```

다음 함수인 train_rs_classifier는 ART의 TensorFlowV2RandomizedSmoothing 추정기를 사용해 평활화된 분류기를 초기화하고 학습시킨다. sigma(σ)가 0이면 의도된 가우시안 잡음에 분산이 없음을 의미하며, 이때는 TensorFlowV2Classifier로 평활화되지 않은 분류기를 구성해 TensorFlowV2RandomizedSmoothing 내부에 배치해 sigma_cert로 인증을 수행한다. 이 함수는 학습 데이터(X_train, y_train)와 함께 앞에서 초기화된 모든 매개변수를 사용한다. 또한 예측 기권을 위한 임곗값 α를 기본값인 0.001로 설정한다.

코드는 다음과 같다.

```
def train_rs_classifier(X_train, y_train, nb_epochs,
                        batch_size, min_, max_, nb_classes,\
                        sample_size, loss_object, train_step,\
```

```
                      sigma=0, sigma_cert=0.5, alpha=0.001):
input_shape = X_train.shape[1:]
if sigma > 0:
   rs_classifier = TensorFlowV2RandomizedSmoothing(model=\
                 get_model(input_shape, min_, max_),\
                 input_shape=input_shape,\
                 clip_values=(min_, max_),\
                 nb_classes=nb_classes,\
                 sample_size=sample_size,\
                 loss_object=loss_object,\
                 train_step=train_step,\
                 scale=sigma, alpha=alpha,\
                 channels_first=False)
   rs_classifier.fit(X_train, y_train, nb_epochs=nb_epochs,\
                 batch_size=batch_size)
   return rs_classifier
else:
   classifier = TensorFlowV2Classifier(model=\
                 get_model(input_shape, min_, max_),\
                 input_shape=input_shape,\
                 clip_values=(min_, max_),\
                 nb_classes=nb_classes,\
                 loss_object=loss_object,\
                 train_step=train_step,\
                 channels_first=False)
classifier.fit(X_train, y_train, nb_epochs=nb_epochs,\
                 batch_size=batch_size)
rs_classifier = TensorFlowV2RandomizedSmoothing(model=\
                 classifier.model,\
```

```
                input_shape=input_shape,\

                clip_values=(min_, max_),\

                nb_classes=nb_classes,\

                sample_size=sample_size,\

                loss_object=loss_object,\

                train_step=train_step,\

                scale=sigma_cert, alpha=alpha,\

                channels_first=False)

    return classifier, rs_classifier
```

이제 다음과 같은 3개의 분류기를 학습시킨다.

- classifier_0: 평활화되지 않은 분류기. $\sigma = 0$일 때 train_rs_classifier 함수는 rs_classifier_0도 반환하는데 이는 평활화된 분류기가 아니라 학습됐으며 평활화되지 않은 인증 가능한 분류기다.

- rs_classifier_1: $\sigma = 0.25$로 인증되고 평활화된 분류기다.

- rs_classifier_2: $\sigma = 0.5$로 인증되고 평활화된 분류기다.

다음 코드는 train_rs_classifier 함수를 사용해 앞에서 말한 세 가지 분류기를 학습시킨다.

```
sigma_0 = 0

classifier_0, rs_classifier_0 = train_rs_classifier(X_train,  \

  y_train_ohe, nb_epochs, batch_size, min_, max_, nb_classes,\

  sample_size, loss_object, train_step, sigma_0)

sigma_1 = 0.25

rs_classifier_1 = train_rs_classifier(X_train, y_train_ohe,\

  nb_epochs, batch_size, min_, max_, nb_classes, sample_size,\

  loss_object, train_step, sigma_1)

sigma_2 = 0.5
```

```
rs_classifier_2 = train_rs_classifier(X_train, y_train_ohe,\
  nb_epochs, batch_size, min_, max_, nb_classes, sample_size,\
  loss_object, train_step, sigma_2)
```

세 개의 분류기 학습이 완료되면 테스트 샘플(X_test_mdsample)에 대한 예측을 수행한다. 예측이 견고한지 확인해야 하기 때문에 평소보다 시간이 더 걸릴 것이다.

코드는 다음과 같다.

```
y_preds_0 = classifier_0.predict(X_test_mdsample)
y_preds_rs_1 = rs_classifier_1.predict(X_test_mdsample)
y_preds_rs_2 = rs_classifier_2.predict(X_test_mdsample)
```

예측이 끝나면 이제 compute_accuracy를 사용해 세 가지 분류기 모두에 대한 예측 성능을 측정한다. 이 함수는 정확도와 함께 커버리지를 반환하기 때문에 유용하다. 커버리지는 예측을 기권하지 않고 수행한 예측의 백분율이며 정확도는 예측이 수행된 것에 대해서만 계산된다.

다음 코드를 확인하라.

```
acc_0, cov_0 = compute_accuracy(y_preds_0, y_test_mdsample_ohe)
acc_rs_1, cov_rs_1 = compute_accuracy(y_preds_rs_1,\
                                      y_test_mdsample_ohe)
acc_rs_2, cov_rs_2 = compute_accuracy(y_preds_rs_2,\
                                      y_test_mdsample_ohe)
print("Original Classifier")
print("\tAccuracy: %.2f%%\tCoverage: %.2f%%" % (acc_0*100,
                                                cov_0*100))
print("\nSmoothed Classifier (σ=%.2f)" % (sigma_1))
print("\tAccuracy: %.2f%%\tCoverage: %.2f%%" % (acc_rs_1*100,
                                                cov_rs_1*100))
```

```
print("\nSmoothed Classifier (σ=%.2f)" % (sigma_2))
print("\tAccuracy: %.2f%%\tCoverage: %.2f%%" % (acc_rs_2*100,
                                            cov_rs_2*100))
```

위의 코드는 다음을 출력한다.

```
Original Classifier
    Accuracy: 99.50%    Coverage: 100.00%
Smoothed Classifier (σ=0.25)
    Accuracy: 100.00%   Coverage: 99.50%
Smoothed Classifier (σ=0.50)
    Accuracy: 98.99%    Coverage: 99.50%
```

100개의 샘플을 사용하고 200개의 이미지에 대해 평가하기 때문에 세 분류기는 서로 멀리 있지 않다. $\sigma = 0.25$로 평활화된 분류기는 정확도가 100%이지만 커버리지가 99.5%로하나의 이미지가 분류하기 어렵다는 것을 나타낸다. 아마도 평활화되지 않은 분류기가 잘못 분류한 것과 동일한 것일 수도 있다. $\sigma = 0.5$로 평활화된 분류기는 정확도가 낮아졌는데 잡음인 σ의 증가로 인해 다른 이미지도 잘못 분류됐음을 나타낸다.

이런 결과는 매우 조짐이 좋아 보이지만 아직 분류기를 스트레스 테스트하지 않았다. 이번에는 샘플 수(n)를 500으로 늘리고 certify로 스트레스 테스트를 수행한다. 이 함수는 다음 코드와 같이 예측과 함께 각 예측에 대한 반경도 반환한다.

```
predictions_0, radiuses_0 = rs_classifier_0.certify(\
                        X_test_mdsample, n=500)
predictions_1, radiuses_1 = rs_classifier_1.certify(\
                        X_test_mdsample, n=500)
predictions_2, radiuses_2 = rs_classifier_2.certify(\
                        X_test_mdsample, n=500)
```

정확도 인증에서 반경은 어떤 역할을 하는가? 반경은 임곗값으로서 이 값을 초과하는 예측의 비율을 계산하기 위해 사용된다. 이를 효과적을 수행할 함수(calc_cert_accuracy)를 만들 수 있다. 테스트할 반경 임곗값 리스트(radius_list), 모델 인증 프로세스의 결과들(predictions, radiuses), 예측을 테스트할 레이블(y_test)을 인수로 받는다.

코드는 다음과 같다.

```
def calc_cert_accuracy(radius_list, predictions, radiuses,
                       y_test):
    cert_accuracy = []
    nb_certs = len(radiuses)
    for r in radius_list:
        r_idx = np.where(radiuses >= r)[0]
        y_test_subset = y_test[r_idx]
        cert_accuracy_r = np.sum(predictions[r_idx] ==\
            np.argmax(y_test_subset, axis=1)) / nb_certs
        cert_accuracy.append(cert_accuracy_r)
    return cert_accuracy
```

이제 세 분류기 모두에 대해서 x축에는 반경 임곗값, y축에는 인증된 정확도가 있는 선형 차트를 그릴 것이다. 0 ~ 1.5 범위에서 0.01 간격으로 균등하게 추출된 151개의 반경(radius_list)을 테스트한 다음 calc_cert_accuracy를 사용해 세 분류기에 대해 인증된 정확도를 계산한다. 그다음에 radius_list에 대해 간단한 플롯을 출력한다.

```
radius_list = np.linspace(0, 1.5, 151)
cert_accuracy_0 = calc_cert_accuracy(radius_list,
    predictions_0, radiuses_0, y_test_mdsample_ohe)
cert_accuracy_1 = calc_cert_accuracy(radius_list,
    predictions_1, radiuses_1, y_test_mdsample_ohe)
cert_accuracy_2 = calc_cert_accuracy(radius_list,
```

```
    predictions_2, radiuses_2, y_test_mdsample_ohe)

plt.figure(figsize=(14,9))

plt.plot(radius_list, cert_accuracy_0, 'r-', label='original')

plt.plot(radius_list, cert_accuracy_1, '-', color='green',\
    label='smoothed, =' + str(sigma_1))

plt.plot(radius_list, cert_accuracy_2, '-', color='blue',\
    label='smoothed, =' + str(sigma_2))

plt.xlabel('Radius', fontsize=14)

plt.ylabel('Certified Accuracy', fontsize=14)

plt.legend()

plt.show()
```

위의 코드는 그림 13.15와 같은 플롯을 출력한다.

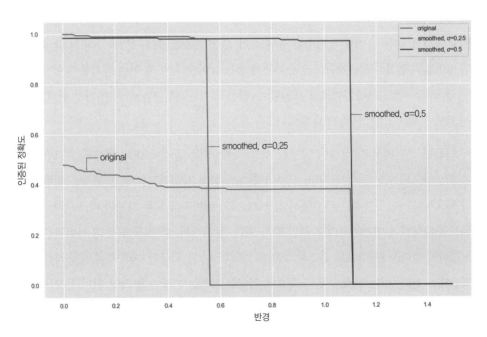

그림 13.15 비평활화된 원본 분류기와 평활화된 다른 두 분류기에 대해 인증된 정확도

그림 13.15는 평활화된 두 모델이 처음에는 평활화되지 않은 모델보다 더 견고하지만, $\sigma = 0.5$로 평활화된 모델은 계속 확실하게 더 견고한 반면에 $\sigma = 0.25$인 모델은 반경 0.5정도까지만 견고함을 보여준다. 물론 200개가 아닌 그 이상의 테스트 이미지에 대해 평가했다면 훨씬 더 결정적인 결과를 얻었겠지만 아마도 평활화된 분류기의 우월성은 여전할 것이다.

▌ 미션 완료

13장의 미션은 마스크 착용 감시 모델에 대해 몇 가지 적대적인 견고성 테스트를 수행해 병원 방문객과 직원이 필수적인 마스크 착용 의무를 피할 수 있는지 확인하는 것이었다. 기본 모델은 가장 공격적인 것에서부터 가장 교묘한 것까지 많은 우회 공격에 대해 매우 저조한 성능을 보였다.

또한 공간 평활화 및 적대적 재학습 등과 같이 공격에 대한 방어 기법을 살펴본 다음 제안된 방어법의 견고성을 평가하고 인증하는 방법을 살펴봤다. 이제 이런 공격을 방어하기 위한 엔드-투-엔드 프레임워크를 제공할 수 있을 것이다. 즉, 지금까지 여기서 한 일은 단지 개념 증명POC, Proof Of Concept일 뿐이다.

이 다음엔 병원에서 가장 많이 발생할 것으로 예상되는 공격에 대해 인증된 견고한 모델을 학습하도록 제안할 수 있지만, 그보다 먼저 일반적으로 견고한 모델 구축을 위한 재료가 필요하다. 즉, 원본 데이터셋에서 210,000개의 이미지를 모두 가져와 마스크의 색상과 유형을 다양하게 변환하고 합리적인 밝기 변환, 잘라내기, 회전 등을 통해 이미지를 더욱 보강해야 한다. 마지막으로 견고한 모델은 다양한 AP를 포함한 여러 종류의 공격을 통해 학습돼야 한다. 이는 신체 부위나 옷으로 얼굴을 가리는 가장 일반적인 회피 동작을 모방할 수 있기 때문에 중요하다.

▌ 정리

13장을 읽은 후에는 머신러닝 모델에 어떻게 공격이 가해질 수 있는지, 특히 우회 공격이 무엇인지에 대해 이해해야 한다. FGSM, BIM, PGD, C&W, AP 공격 등을 수행하는 방법을 알고 있어야 하며 공간 평활화, 적대적 학습, 무작위 평활화 등을 통해 이를 방어할 수 있어야 한다. 마지막으로 적대적 견고성을 평가하고 인증하는 방법을 알아야 한다. 14장은 마지막 장으로 머신러닝 해석의 다음 단계에 대한 몇 가지 아이디어를 간략하게 설명할 것이다.

▌ 데이터셋 소스

- Cabani, A., Hammoudi, K., Benhabiles, H. and Melkemi, M. "MaskedFace-Net – A dataset of correctly/incorrectly masked face images in the context of COVID-19", Smart Health, ISSN 2352-6483, Elsevier, 2020. https://doi.org/10.1016/j.smhl.2020.100144 (Creative Commons BY-NC-SA 4.0 license by NVIDIA Corporation)

- Karras, T., Laine, S. and Aila, T. (2019). A Style-Based Generator Architecture for Generative Adversarial Networks. 2019 IEEE/CVF Conference on Computer Vision and Pattern Recognition (CVPR), 4396-4405. https://arxiv.org/abs/1812.04948 (Creative Commons BY-NC-SA 4.0 license by NVIDIA Corporation)

▌ 더 읽을거리

- Polyakov, A. (2019. Aug 6). How to attack Machine Learning (Evasion, Poisoning, Inference, Trojans, Backdoors) [Blog Post]. https://towardsdatascience.com/

how−to−attack−machine−learning−evasion−poisoning−inference−
trojans−backdoors−a7cb5832595c

- Carlini, N. and Wagner, D. (2017). Towards Evaluating the Robustness of Neural Networks. 2017 IEEE Symposium on Security and Privacy (SP), 39−57. https://arxiv.org/abs/1608.04644

- Brown, T., Mané, D., Roy, A., Abadi, M. and Gilmer, J. (2017). Adversarial Patch. ArXiv. https://arxiv.org/abs/1712.09665

- Cohen, J. M., Rosenfeld, E. and Kolter, J. Z. (2019). Certified Adversarial Robustness via Randomized Smoothing. ICML. https://arxiv.org/abs/1902.02918

14

머신러닝 해석 가능성,
그다음 단계는?

지난 13개 장에 걸쳐 **머신러닝**[ML] 해석 가능성을 탐구했다. 서문에서 밝혔듯이 이 분야는 광범위한 영역이며 대부분이 아직 연구 단계를 넘어 널리 사용되지 못하고 있기 때문에 이 책에서 모든 것을 다룰 생각은 없다. 그 대신 초보자를 위한 출발점으로 활용되는 것은 물론이고 숙련자들도 지식을 보완할 수 있도록 다양한 해석 가능성 도구를 충분히 깊이 있게 제시하는 것이 목표다. 14장에서는 ML 해석 가능성 방법론의 생태계에 대해 살펴본 내용을 요약한 후 그다음에 무엇이 등장할지 추측해볼 것이다.

14장에서 다룰 주요 주제는 다음과 같다.

- ML 해석 가능성의 현재 상황 이해
- ML 해석 가능성의 미래에 대한 추측

▌ 머신러닝 해석 가능성의 현재 상황 이해

먼저 이 책이 ML 해석 가능성의 주요 목표와 어떻게 관련돼 있는지와 실무자가 이런 광범위한 목표를 달성하기 위해 어떻게 방법론을 적용할 수 있는지 몇 가지 컨텍스트를 제공할 것이다. 그런 다음 현재 관련 연구의 성장 분야가 무엇인지 논의할 예정이다.

전체 요약

1장, '해석, 해석 가능성, 설명 가능성: 왜 이 모두가 중요한가?'에서 논의한 바와 같이 ML 해석 가능성에 대해 이야기할 때 **공정성, 책임성, 투명성**^{FAT}이라는 세 가지 주요 주제가 있으며, 이들 각각은 일련의 관심사를 나타낸다(그림 14.1 참조). 나는 이 모두가 모델을 위한 바람직한 속성이라는 데 여러분이 동의할 것이라고 생각한다. 실제로 이런 속성은 모두 **인공지능**^{AI} 시스템의 개선을 위한 기회를 제공한다. 이런 개선은 모델 해석 방법론을 활용해 모델을 평가하고, 가정을 확인하거나 이의를 제기하고, 문제를 찾는 것에서 시작된다.

목표는 현재 ML 워크플로우의 어떤 단계에 있는지에 따라 달라진다. 모델이 이미 운영 중인 경우 목표는 전체 메트릭 세트로 모델을 평가하는 것일 수 있지만, 모델이 아직 초기 개발 단계에 있는 경우 목표는 메트릭으로 발견할 수 없는 더 깊은 문제를 찾는 것일 수 있다. 아마도 여러분은 4장, 5장, 6장에서 했던 것처럼, 즉 지식 발견을 위해 운영에 투입할 계획 없이 모델이 데이터로부터 학습하도록 블랙박스 모델을 사용하고 있을 수 있다. 이 경우에는 데이터, 또는 더 나아가 모델에 대한 가정을 확인하거나 이의를 제기할 수 있다.

어쨌든 이런 목표 중 어느 것도 상호 배타적이지 않으며, 모델이 잘 작동하는 것처럼 보이더라도 항상 문제를 찾고 가정에 대해 이의를 제기해야 한다.

또한 목표와 주요 관심사에 대한 완벽한 기법이란 없을 뿐만 아니라 모든 문제와 목표는 상호 연관돼 있기 때문에 가능한 한 많은 해석 방법론을 사용하는 것이 좋다. 즉, 일관성 없이는 정의도 없고 투명성 없이는 신뢰성도 없다. 사실 그림 14.1은 피라미드처럼 아래에서 위로 읽을 수 있다. 투명성은 기반이 되고, 두 번째 계층의 책임성이 그 뒤를 따르며,

맨 위에 화룡점정으로서 공정성이 있기 때문이다. 따라서 모델의 공정성을 평가하는 것이 목표인 경우에도 모델 견고성에 대한 스트레스 테스트 과정을 거쳐야 한다. 또한 모든 피처의 중요성과 그 상호 작용을 이해해야 한다. 그렇지 않다면 예측이 견고하지 않고 투명하지 않은 것이 당연하다.

진단 목표:
모델 평가/가정 확인/문제 탐지/데이터 이해

	관심사	해석 방법론
공정성	공평성 정당성 다양성 포용성	• 클래스 균형 `3` `4` `7` `10` `11` `12` • 메트릭 비교(FPR, FNR) `7` `11` `12` • 플롯 비교(혼동 행렬, ROC 곡선, PR 곡선) `7` `11` `12` • 그룹 공정성 메트릭/개별 공정성 메트릭(SPD, DI, AOD, EOD, DFBA, CDD) `11` • 등고선 맵, 확률 히트맵 `12` • 표본 편향 평가
책임성	신뢰성 확실성 보안성 안전성 견고성 프라이버시	• 샘플 외 검증 `8` • 민감도 분석(소볼, 모리스, FAST) `9` • 인과관계 추론 방법론(DRL, DML, 포레스트 기반, 메타 학습기) `11` • 우회 공격 견고성 평가(FSGM, PGD, C&W, 적대적 패치, 의사 결정 경계, PDG, B&B, DeepFool 등) `13` • *적대적 추론, 추출, 오염 공격 견고성 평가* • *이상 탐지* • *프라이버시 관련 메트릭*
투명성	해석 가능성 설명 가능성 일관성 신빙성 명료성	• 피처 중요도 방법론(SHAP, 순열, 모델 종속적) `1` `2` `3` `4` `5` `8` `9` `10` `12` • 차원 축소 방법론(PCA, t-SNE, VAE, DIP-VAE) `3` `10` • 글래스박스 모델(EBM, 범위 규칙) `3` • 부분 의존도 플롯 등(PDP, ICE, ALE, SHAP 의존도) `4` `5` `7` `9` `11` `12` • 화이트박스 대체 모델(로지스틱 회귀, 선형회귀, 규칙 기반 모델, CART, KNN, ProfWeight) `5` `10` `12` • 통계적 검정 및 상관계수 확인(스피어만, 점이연 상관관계, 크래머 V 계수, Z-검정) `5` `10` `12` • 로컬 해석(의사 결정 영역, ICE, 앵커, 반사실, WIT, CEM, SHAP) `6` `7` `9` • 딥러닝 종속적 방법론(IG, 돌출 맵, Grad-CAM, SmoothGrad, 의미적 분할) `8` `9` • 설명 가능성 메트릭

그림 14.1 ML 해석 방법론

그림 14.1에 많은 해석 방법론이 있는데 이것이 사용 가능한 모든 해석 방법론은 아니다. 이 목록은 유지 관리가 잘 되고 있는 오픈소스 라이브러리 중 인기 있는 방법론들이다. 이 책에서는 이 중 일부는 간략하게 살펴보긴 했지만 대부분을 다뤘다. 논의되지 않은 항목은 이탤릭체로 표시했으며, 논의된 항목 옆에는 관련 장 번호를 표시했다. 이 책은 주로 블랙박스 지도학습 모델을 위한 모델 독립적 방법론에 중점을 뒀다. 그러나 이 영역 밖에도 강화학습, 생성 모델, 또는 선형회귀에 엄격하게 적용되는 많은 통계적 방법론 등으로부터 발견되는 많은 다른 해석 방법론이 존재한다. 지도학습 블랙박스 모델 영역 내에서도 그래프 CNN에서 트랜스포머transformer 네트워크에 이르는 수백 가지 애플리케이션 종속적 모델 해석 방법론이 있다.

이 책에서 살펴본 많은 방법론은 다양한 애플리케이션에 맞게 수정될 수 있다. 통합 그래디언트는 오디오 분류, 수자원 예측 모델, NLP 감성 분류 등을 해석하는 데 사용될 수 있다. 민감도 분석은 재무 모델링, 전염병 위험 모델 등에 사용될 수 있다. 인과관계 추론 방법론을 활용해 사용자 경험과 약물 시험 등을 개선할 수 있다.

해석 방법론은 반대적인 측면도 있기 때문에 '개선'이 여기서 가장 중요한 단어다.

이 책에서는 그 반대적 측면을 '해석 가능성을 위한 튜닝'이라고 부르며, 이는 FAT 문제에 대한 해결책을 만드는 것을 의미한다. 이러한 해결책은 그림 14.2에서 확인할 수 있다.

	접근법	데이터	모델	예측
공정성	편향 완화	가중치 재설정/DIR [11] LFR/DIR/비인식 [12]	비용 민감성 학습 [10][11][12] 편견 정규화/거리 공정성 [11]	오즈 보정/균등화 [7][11] 판정 보류(Reject option) 분류
	가드레일 배치	피처 엔지니어링 [10][12]	단조성 제약조건 [12]	예측 기권 [11][13]
	신뢰성 향상	데이터 증강 [8][11][13]	적대적 편향 제거 [11]	공정성 모델 인증
	복잡성 축소	피처 선택 [10]	정규화 [3][12]	
공정성	신뢰성 향상	Drift detection 데이터 증강 [8][11][13]	적대적 학습 [13] 적대적 트랜스포머 방어 적대적 견고성이 인증된 학습 및 추론 [13]	적대적 후처리 방어 적대적 탐지 방어 예측 신뢰 구간
	복잡성 축소	피처 선택 [10] 적대적 전처리 방어 [13]	정규화 [3][12]	
	편향 완화	피처 엔지니어링 [10][12]	단조성 제약조건 [12] (+ 상호 작용/이변량 제약조건)	오즈 보정/균등화 [7][11]
	개인정보 보증	데이터 익명화 차등화된 개인정보	연합 학습(Federated Learning) 추론 공격에 대한 적대적 방어	프라이버시 보호를 위한 추론 (privacy-preserving inference)
공정성	복잡성 축소	피처 선택 [10]	정규화 [3][12]	
	신뢰성 향상	피처 엔지니어링 [10][12]	단조성 제약조건 [12]	로컬 해석 [6][7][8][9]

그림 14.2 FAT 문제를 처리하기 위한 도구

여기에는 크게 다섯 가지 접근법이 있다.

- **편향 완화**: 편향을 처리하는 모든 수정 조치. 이 편향은 ML 워크플로우에 도입된 다른 편향과 함께 데이터의 샘플링 편향, 배제 편향, 편견 편향, 측정 편향 등을 말한다.

- **가드레일 배치**: 가드레일은 모델이 도메인 지식과 모순되지 않으면서 신뢰 구간이 없이도 예측할 수 있도록 보장하는 해결책이다.

- **신뢰성 향상**: 복잡성을 줄여 예측의 신뢰성과 일관성을 높이는 것이다.

- **복잡성 감소**: 희소성이 도입되는 모든 수단. 부수적인 효과로서 이 작업은 일반적으로 더 나은 일반화를 통해 신뢰성을 향상시킨다.

- **프라이버시 보호**: 제3자로부터 개인 데이터 및 모델 아키텍처를 보호하기 위한 모든 노력. 이 책에서는 이 접근법을 다루지 않았다.

또한 이런 접근법을 적용할 수 있는 세 가지 영역이 있다.

- **데이터("전처리")**: 학습 데이터를 수정해 수행
- **모델("프로세스 내")**: 모델, 모델의 매개변수 또는 학습 절차를 수정해 수행
- **예측("후처리")**: 모델의 추론에 개입함으로써 수행

이 세 영역에 영향을 미칠 수 있는 네 번째 영역이 있는데, 바로 데이터 및 알고리듬 거버넌스다. 여기에는 특정 방법론이나 프레임워크를 명시하는 규제와 표준이 포함된다. FAT를 준수하기 위해 어떤 방법론과 접근법을 적용해야 하는지 규정하는 법률이 있는 산업이나 관할권이 거의 없기 때문에 앞의 그림에 넣지 않았다. 예를 들어 거버넌스는 알고리듬 결정, 데이터 출처, 견고성 인증 임곗값 등을 설명하기 위한 표준을 부과할 수 있다. 다음 절에서 이에 대해 자세히 설명할 것이다.

그림 14.2를 보면 FAT에 대해 많은 방법론이 반복적으로 나오는 것을 알 수 있다. 피처 선택과 피처 엔지니어링, 단조성 제약조건 그리고 정규화는 FAT 세 가지 모두에 도움이 되지만 항상 동일한 방식으로 활용되는 것은 아니다. 데이터 증강은 또한 공정성과 책임성에 대한 신뢰성을 향상시킬 수 있다. 그림 14.1에서 이탤릭체로 표시된 항목은 이 책에서 다루지 않았는데, 그중 두 가지 주제인 적대적 견고성과 개인 정보 보호는 매력적인 주제이며 책을 읽을 만한 가치가 있다.

최신 트렌드

AI 도입의 가장 큰 방해 요소 중 하나는 해석 가능성의 부재로, 이는 AI 프로젝트의 50∼90%가 성공하지 못하는 이유다. 다른 방해 요소는 FAT를 준수하지 않아 발생하는 윤리적 위반이다. 이런 측면에서 **해석 가능한 머신러닝**iML, Interpretable Machine Learning은 그림 14.1과

그림 14.2의 방법론으로 두 가지 목표 모두에 도움이 될 수 있기 때문에 ML을 전체적으로 이끌어 갈 수 있는 힘을 갖고 있다.

고맙게도 그림 14.3에 보이는 것처럼 **설명 가능한 인공지능**^{XAI, Explainable Artificial Intelligence}하에서 iML에 대한 관심과 개발이 증가하고 있다. 과학계에서는 iML이 여전히 인기 있는 용어이지만 공개적으로는 XAI가 지배적이다.

> ### XAI 대 iML – 어느 것을 사용해야 하는가?
>
> 저자의 생각: 이 둘은 동의어로 이해되고 있으며 iML이 더 학술 용어처럼 간주되지만 ML 실무자들, 더 나아가 업계 종사자들도 XAI라는 용어를 주의해서 사용해야 한다. 단어는 엄청난 암시력을 가질 수 있다. '설명 가능함'은 완전한 이해를 가정하지만 '해석 가능함'은 오류의 여지를 남겨 둔다. 모델, 특히 엄청나게 복잡한 블랙박스 모델에 대해 얘기할 때는 항상 오류의 여지를 언급해야 한다. 게다가 AI는 만병통치약처럼 대중의 상상을 사로잡거나 또는 반대로 위험하다고 비난받는다. 어느 쪽이든 '설명 가능함'이란 용어는 그것이 만병통치약이라고 생각하는 사람들을 오만함으로 가득 차게 만들고, 위험하다고 생각하는 사람들에게는 우려를 진정시키는 역할을 한다. 마케팅 용어로서 XAI는 그 목적에 기여한다. 그러나 모델을 구축하는 사람들에게는 '설명 가능한'이라는 단어의 암시적인 힘이 해석을 과신하게 만들 수 있다. 하지만 이는 단지 개인 의견일 뿐이다.

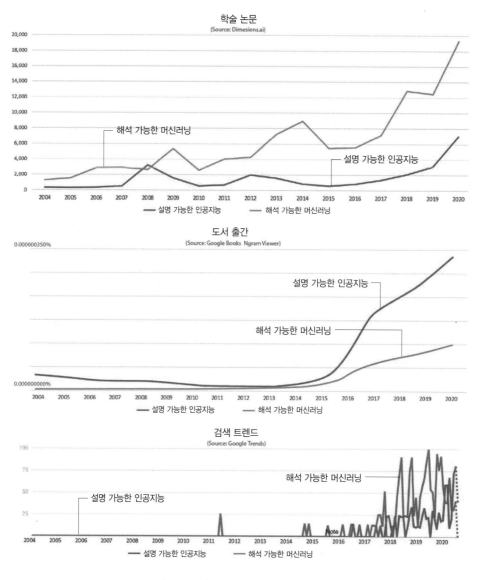

그림 14.3 iML 및 XAI의 출간 및 검색 트렌드

ML이 표준화되고, 규제되고, 다른 모든 분야와 연결되고 통합되기 시작하면 '해석'이 곧
자리를 잡게 될 것이다.

ML은 모든 산업 분야에서 소프트웨어를 대체하는 중이다. 더 많은 것들이 자동화됨에 따라 더 많은 모델이 클라우드에 배포되고 있다. **사물 인공지능**^{AIoT, Artificial Intelligence of Things}으로 인해 이런 상황은 더 심해질 것이다. 배포는 전통적으로 ML 실무자의 업무 범위가 아니다. 이것이 ML이 점점 더 **MLOps**^{Machine Learning Operations}에 의존하는 이유다. 또한 자동화의 빠른 속도는 이런 모델을 구축, 테스트, 배포, 모니터링하는 데 더 많은 도구가 필요함을 의미한다. 동시에 도구, 방법론 그리고 메트릭의 표준화를 요구한다. 이 변화는 느리지만 확실하다. 2017년부터는 상호 운용성을 위한 개방형 표준인 **ONNX**^{Open Neural Network Exchange}를 갖게 됐다. 그리고 이 글을 쓰는 시점에 **ISO**^{국제표준화기구}는 24개 이상의 AI 표준을 작성 중이며(1개는 게시) 그중 일부는 해석 가능성과 관련이 있다. 당연히 ML 모델 클래스, 메서드, 라이브러리, 서비스 공급자, 관행 등을 통합해 일반적으로 사용할 수 있도록 일부 항목이 표준화될 것이다. 시간이 지남에 따라 각 분야에서 한두 개의 승자가 나올 것이다. 마지막으로 알고리듬적 의사 결정에서 ML의 역할이 커지고 있기 때문에 규제를 받게 되는 것은 시간 문제다. 현재는 미국의 증권거래위원회^{SEC}와 영국의 금융감독청^{FCA} 같은 일부 금융 시장만 거래 알고리듬을 규제한다. 그외에는 미국의 HIPAA, 브라질의 LGPD 등과 같은 데이터 프라이버시 및 출처 규정만 널리 시행되고 있다. 유럽 연합의 GDPR은 알고리듬의 결정에 대한 "설명을 요구할 권리"로 이를 좀 더 다루지만 의도된 범위와 방법론은 여전히 불분명하다.

ML 해석 가능성은 빠르게 성장하고 있지만 ML에 비해서는 뒤처져 있다. SageMaker에서 DataRobot에 이르는 일부 해석 도구들이 클라우드 생태계에 통합됐다. 아직은 완전한 자동화, 표준화, 통합 및 규제가 이뤄지고 있지 않지만 곧 그렇게 될 것이라는 데는 의심의 여지가 없다.

머신러닝 해석 가능성의 미래에 대한 추측

요즘을 "AI의 서부 개척 시대" 또는 "AI 골드 러시"라는 은유로 말한다. 탐험되지 않고 길들여지지 않은 영역이 정복되거나 나쁘게 말하면 문명화되는 것을 연상시킨다. 그러나 19

세기의 미국 서부 지역은 지구상의 다른 지역과 크게 다르지 않았고 이미 수천 년 동안 아메리카 원주민들이 거주해왔기 때문에 이 은유는 적당치 않다. ML을 통해 높은 정확성과 신뢰성으로 예측을 수행하는 것은 우리 조상들을 놀라게 할 것이며 결코 우리 인간에게 "자연스러운" 것이 아니다. 미지의 땅을 탐험하는 것보다는 차라리 비행에 가깝다.

14장 끝의 '더 읽을거리' 절에 링크된 〈Toward the Jet Age of machine learning^{머신러닝} ^{의 제트 시대를 향해}〉라는 기사는 AI가 비행 역사의 새벽과 같다는 훨씬 더 적절한 은유를 제시한다. 비행은 새롭고 흥미로우며, 사람들은 여전히 우리가 거기서 할 수 있는 일에 경탄한다 (그림 14.4 참조).

그러나 아직도 잠재력은 다하지 않았다. 반스토밍^{barnstorming1} 시대 이후 수십 년이 지난 지금의 항공 산업은 안전하고 신뢰할 수 있으며 효율적인 상업용 제트기 시대로 성숙했다. 항공 산업은 하루도 안 돼 사람과 상품을 지구 반 바퀴까지 안정적으로 이동시킨다는 약속을 가능하게 하고 있다. AI의 경우 그 약속은 AGI^{Artificial General Intelligence}의 예가 아니라면 적어도 인공지능이 내리도록 설계된 의사 결정은 공정하고 책임성 있고 투명할 수 있다는 것이다.

---

1 흥미나 전시성으로 비행기에 사람을 태우고 퍼포먼스를 보여주는 스포츠의 한 형태로 1920년대에 유행했다. – 옮긴이

그림 14.4 1920년대 반스토밍(출처: 미 의회 도서관)

그러면 어떻게 거기에 도달할 수 있을까? 다음은 ML의 제트 시대에 도달하기 위해 발생할 것으로 예상되는 몇 가지다.

머신러닝의 새로운 비전

AI를 이용해 이전보다 더 멀리 나아가려고 하기 때문에 미래의 ML 실무자는 위험을 더 잘 인식해야 한다. 이는 예측 및 처방적 분석prescriptive analytics이라는 새로운 영역에서의 위험을 의미한다. 위험은 무수히 많으며 모든 종류의 편향과 가정, 알려진 데이터 및 잠재적인 데이터의 문제, 모델의 수학적 특성과 한계 등을 포함한다. 자신이 소프트웨어라고 생각하는 ML 모델에 의해 속기 쉽다. 그러나 소프트웨어는 본질적으로 완전히 결정론적이다. 비유하자면 하늘에 떠 있지 않고 땅에 단단히 고정돼 있다.

민간 항공이 안전해지기 위해서는 새로운 사고 방식, 즉 새로운 문화가 필요했다. 제2차 세계대전 때의 전투기 조종사들은 비행 능력이 있었지만 민간 항공 분야에서 일하기 위해서는 재학습을 받아야 했다. 승객을 태우고 있다는 사실과 위험이 더 크다는 사실을 알게 되면 모든 것이 바뀌기 때문에 이것은 동일한 미션이 아니다. 윤리적 AI, 더 나아가 iML은 궁극적으로 모델에 직접 또는 간접적으로 승객이 "탑승"하고 있다는 인식이 필요하다. 또한 그 모델이 보이는 것처럼 견고하지는 않다. 견고한 모델은 오늘날의 비행기가 하는 것과 같은 방식으로 거의 모든 조건에서 반복해서 안정적으로 견딜 수 있어야 한다. 그러기 위해서는 더 많은 도구를 사용해야 하며 그 도구는 해석 방법론의 형태로 제공될 것이다.

종합적인 접근

FAT 원칙을 준수하는 모델은 여러 분야와의 긴밀한 통합이 필요하다. 이것은 AI 윤리학자, 변호사, 사회학자, 심리학자, 인간 중심 디자이너 그리고 수많은 여러 직업의 더 많은 참여를 의미한다. AI 기술자 및 소프트웨어 엔지니어와 함께 그들은 모범 사례를 표준 및 규정으로 코딩하는 데 도움이 될 것이다.

적절한 표준화

코드, 메트릭, 방법론뿐만 아니라 언어에도 새로운 표준이 필요하다. 데이터 이면의 언어는 대부분 통계학, 수학, 컴퓨터 과학, 계량 경제학 등에서 파생돼 많은 혼란을 일으킨다.

규제 시행

모든 운영 모델은 다음 사양을 충족해야 한다.

- 확실하게 견고하고 공정하다.
- TRACE 명령을 사용해 하나의 예측에 대한 추론을 설명할 수 있으며 경우에 따라 예측과 함께 추론을 전달해야 한다.
- 확신하지 못하는 예측은 기권할 수 있다.

- 모든 예측에 대해 신뢰 수준을 산출한다.
- 학습 데이터 출처(익명화 포함)와 저작권이 포함된 메타데이터를 보유하고, 필요한 경우 규제 준수 인증서 및 공개 원장(블록체인 가능)에 연결된 메타데이터를 보유한다.
- 특정 수준의 신뢰를 보장하기 위해 웹사이트와 마찬가지로 보안 인증서를 보유한다.
- 만료일이 있어야 하고, 만료 시 새 데이터로 재학습될 때까지 작업을 중지한다.
- 모델 진단에 실패하면 자동으로 오프라인 상태가 되고 통과될 때만 다시 온라인 상태가 된다.
- 정기적으로 모델을 재학습하고 모델 진단을 수행할 때 모델 가동 중지 시간을 피하기 위해 도움이 되는 CT/CI^{지속적 학습/지속적 통합} 파이프라인을 보유한다.
- 치명적인 실패로 공적인 피해를 입힌 경우 공인 AI 감사관의 진단을 받는다.

새로운 규제는 AI 감사관 및 모델 진단 엔지니어와 같은 새로운 직업을 만들 가능성이 높다. 그들은 또한 MLOps 엔지니어와 ML 자동화 도구도 지원할 것이다.

내장된 해석으로 인한 매끄러운 머신러닝 자동화

앞으로는 ML 파이프라인을 프로그래밍하지 않을 것이다. 대신 모든 종류의 메트릭이 제공되는 대시보드를 사용한 드래그 앤 드롭 작업이 될 것이다. 대부분 자동화될 것이며, 기존의 일부 라이브러리는 자동화된 피처 선택 모델 학습을 수행하기 때문에 자동화는 놀라운 일이 아니다. 일부 해석 가능성 향상 절차는 자동으로 수행될 수 있지만 대부분은 사람의 재량이 필요하다. 그러나 대부분의 자동 운행 비행기가 조종사에게 문제를 경고하는 기능을 갖고 있는 것처럼 해석은 프로세스 전반에 걸쳐 주입돼야 한다. 이는 ML 실무자에게 모든 단계에서 잠재적인 문제와 개선 사항을 알리는 데 그 가치가 있기 때문이다. 단조적인 제약조건을 적용할 피처를 찾았는가? 조정이 필요할 수 있는 불균형을 발견했는가? 데이터에서 약간의 수정이 필요할 수 있는 이상을 발견했는가? 정보에 입각한 의사 결정을 내리기 위해 필요한 것을 실무자에게 보여주고 의사 결정을 내리도록 하라.

MLOps 엔지니어와의 긴밀한 통합

단 한 번의 클릭으로 학습, 검증, 배포가 되는 확실하게 견고한 모델에는 단순한 클라우드 인프라 이상의 것이 필요하다. 즉, MLOps를 위한 도구, 구성, 인력 등을 조직화해 이를 정기적으로 모니터링하고 유지 관리를 수행해야 한다.

비행기가 가장 안전한 운송 수단이 되기까지 수십 년이 걸렸던 것처럼 AI가 가장 안전한 의사 결정 수단이 되려면 수십 년이 걸릴 것이다. 우리를 그곳에 데려가려면 지구촌이 힘을 합쳐야겠지만 흥미진진한 여정이 될 것이다. 그리고 미래를 예측하는 가장 좋은 방법은 미래를 창조하는 것임을 기억하라.

▌ 더 읽을거리

- O'Neil, C. (2017). Weapons of Math Destruction. Penguin Books.
- Talwalkar, A. (2018, April 25). Toward the Jet Age of machine learning. O'Reilly. https://www.oreilly.com/content/toward-the-jet-age-of-machine-learning/

컬러 이미지

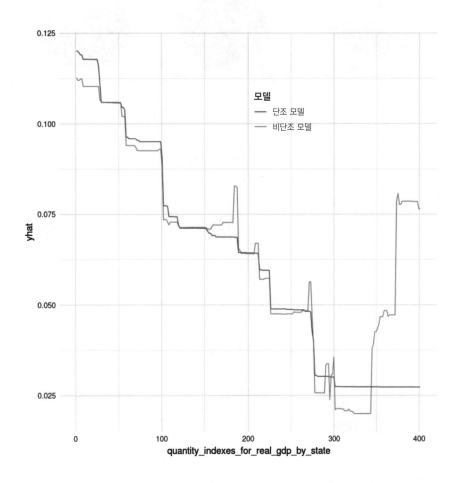

그림 2.6 목표변수 yhat과 단조성 및 비단조성 모델에 있는 예측변수 간의 부분 의존도 플롯(본문 90쪽)

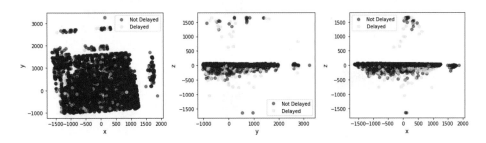

그림 3.5 각각 2차원으로 플롯되고 레이블을 색상으로 구분한 3개의 주성분이 있는 PCA(본문 124쪽)

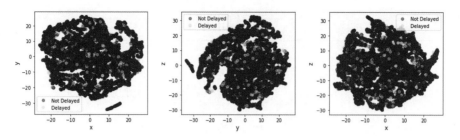

그림 3.6 각각 2차원으로 플롯되고 레이블을 색상으로 구분한 3개의 구성 요소가 있는 t-SNE(본문 125쪽)

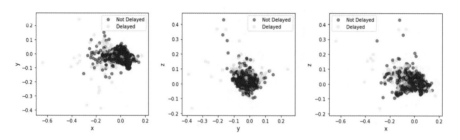

그림 3.7 각각 2차원으로 플롯되고 레이블을 색상으로 구분한 3개의 차원이 있는 VAE(본문 125쪽)

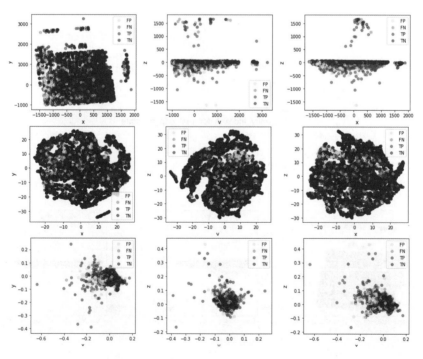

그림 3.8 각각 2차원으로 플롯되고 분류 오류를 색상으로 구분한 3개의 구성 요소가 있는 PCA, t-SNE, VAE(본문 127쪽)

화이트박스	모델 클래스	해석 가능성을 증가시키는 속성					작업		성능 순위	
		설명 가능성	선형성	단조성	비상호 작용	정규화	회귀	분류	회귀	분류
✓	선형회귀	●	●	●	●	●	✓	✗	6	
✓	정규화된 회귀	●	●	●	●	●	✓	✓	7	8
✓	로지스틱 회귀	●	●	●	●	●	✗	✓		5
✓	가우시안 나이브 베이즈	●	●	●	●	●	✗	✓		7
✓	다항회귀	●	●	●	●	●	✓	✓	2	
✓	RuleFit	●	●	●	●	●	✓	✓	8	
✓	의사 결정 트리	●	●	●	●	●	✓	✓	5	3
✓	k-최근접 이웃	●	●	●	●	●	✓	✓	9	6
✗	랜덤 포레스트	●	●	●	●	●	✓	✓	3	4
✗	그래디언트 부스트 트리	●	●	●	●	●	✓	✓		2
✗	다층 퍼셉트론	●	●	●	●	●	✓	✓	1	1

그림 3.17 3장에서 살펴본 여러 화이트박스 모델과 블랙박스 모델의 해석 가능성 및 성능 평가표(본문 166쪽)

자녀 수 피처에 대한 PDP
고유한 그리드 포인트의 수: 5

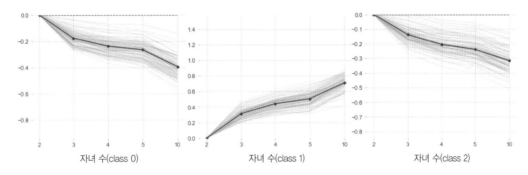

그림 4.7 birthn에 대한 PDP(본문 214쪽)

질문 #1 피처에 대한 PDP
고유한 그리드 포인트의 수: 6

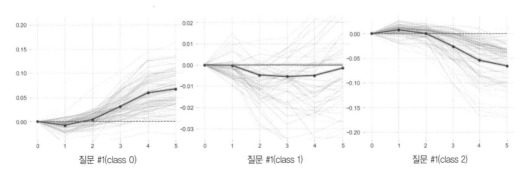

그림 4.8 Q1에 대한 PDP(본문 215쪽)

821

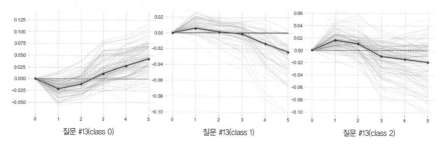

그림 4.9 Q13에 대한 PDP(본문 216쪽)

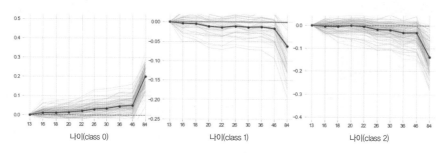

그림 4.10 age에 대한 PDP(본문 216쪽)

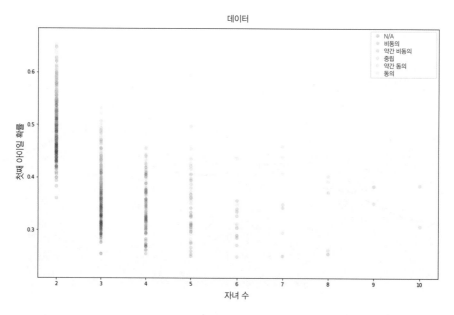

그림 4.14 birthn 증가에 따라 데이터포인트가 첫째일 확률, Q1 답변에 따라 색상 구분함(본문 226쪽)

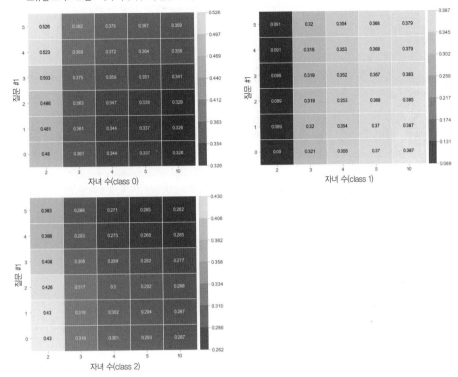

그림 4.12 자녀 수 및 질문 #1에 대한 그리드 상호 작용 PDP(본문 221쪽)

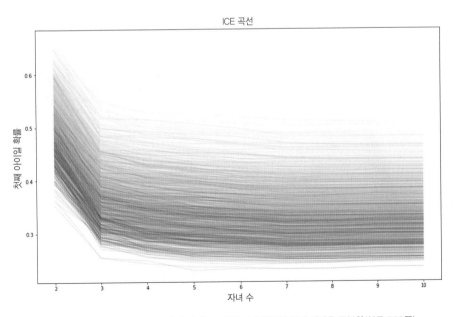

그림 4.15 birthn 증가에 따른 첫째 아이 ICE 플롯, Q1 답변에 따라 색상을 구분함(본문 228쪽)

823

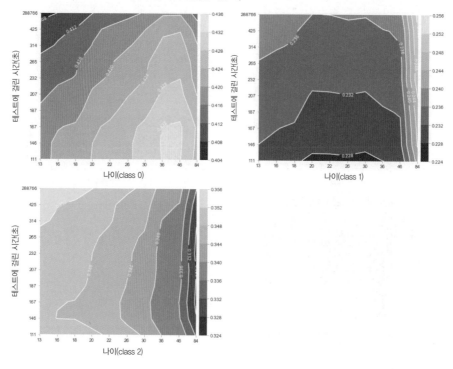

그림 4.13 age와 testelapse에 대한 등고선 상호 작용 PDP(본문 223쪽)

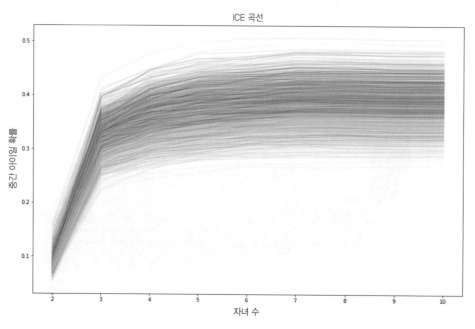

그림 4.16 birthn 증가에 따른 중간 아이 ICE 플롯, Q1 답변에 따라 색상을 구분함(본문 229쪽)

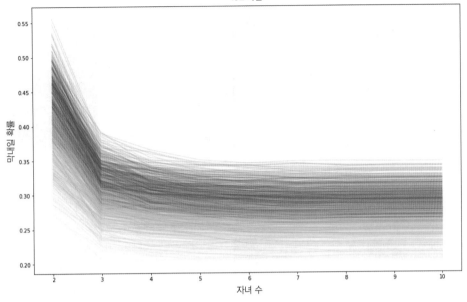

그림 4.17 birthn 증가에 따른 막내 아이 ICE 플롯, Q1 답변에 대해 색상 구분함(본문 230쪽)

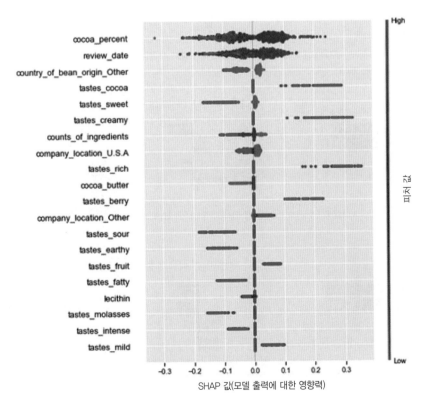

그림 6.4 SHAP의 요약 플롯을 사용한 글로벌 모델 해석(본문 312쪽)

825

그림 6.10 관측치 #5(훌륭함)에 대한 LIME의 설명(본문 323쪽)

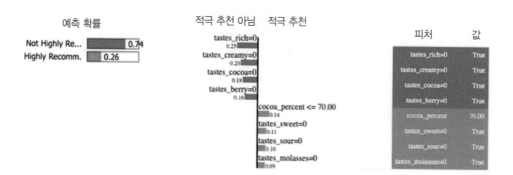

그림 6.11 관측치 #24(실망)에 대한 LIME의 설명(본문 324쪽)

그림 6.14 관측치 #5(훌륭함)에 대한 LIME 텍스트 설명(본문 331쪽)

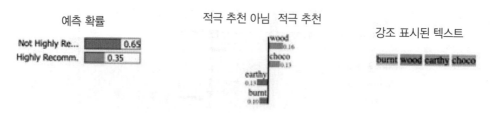

그림 6.15 관측치 #24(실망)에 대한 LIME 텍스트 설명(본문 331쪽)

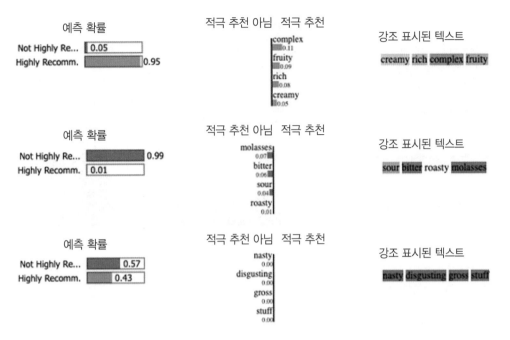

그림 6.16 학습/테스트 데이터셋에 없는 임의의 구절은 해당 단어가 말뭉치에 있는 한 LIME으로 쉽게 설명할 수 있다.(본문 333쪽)

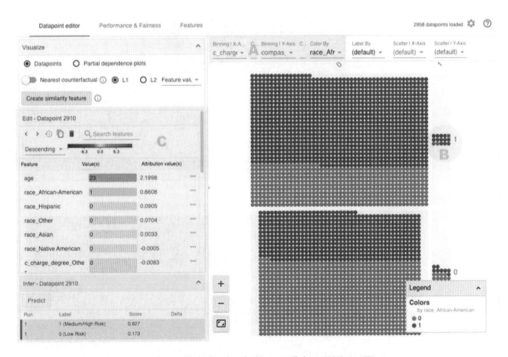

그림 7.6 관심 인스턴스가 있는 WIT 대시보드(본문 380쪽)

그림 7.7 WIT에서 가장 가까운 반사실을
찾는 방법(본문 381쪽)

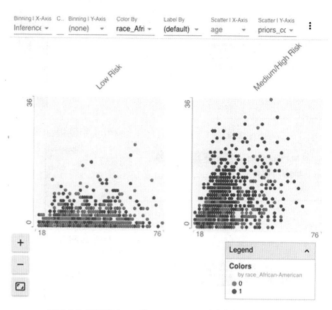

그림 7.8 WIT에서 age 대 priors_count 시각화(본문 382쪽)

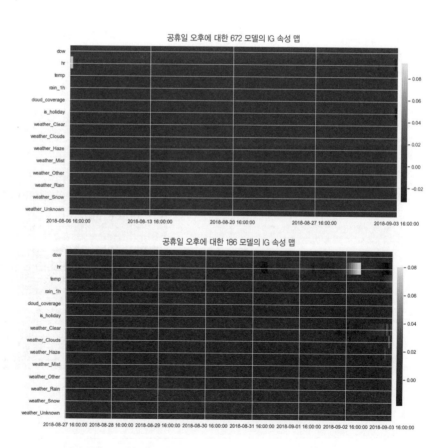

그림 9.8 공휴일 오후에 대한 두 모델의 통합 그래디언트 속성 맵(본문 505쪽)

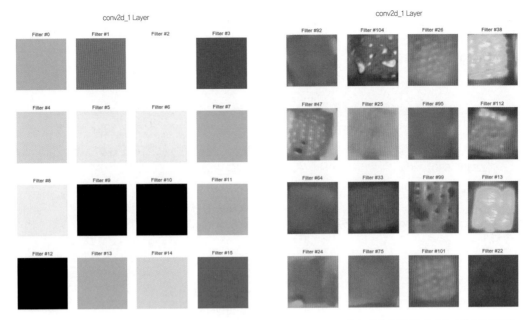

그림 8.15 모델의 첫 번째 컨볼루션 계층에 대한 활성화 극대화(본문 431쪽)

그림 8.16 모델의 네 번째 컨볼루션 계층의 활성화 극대화(본문 432쪽)

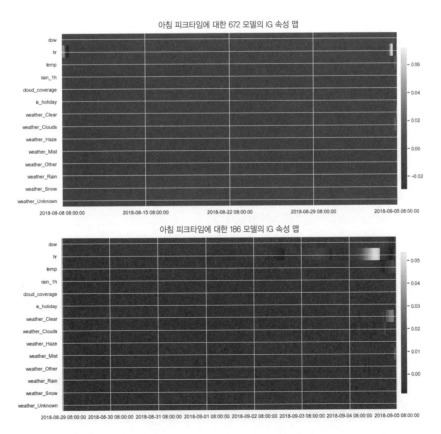

829

그림 9.9 아침 피크타임에 대한 두 모델의 통합 그래디언트 속성 맵(본문 506쪽)

| 찾아보기 |

파이썬을 활용한 머신러닝 해석 가능성
예측의 공정성, 책임성, 투명성을 수립하는 다양한 방법 학습하기

발 행 | 2023년 6월 30일

옮긴이 | 김 우 현
지은이 | 세르그 마시스

펴낸이 | 권 성 준
편집장 | 황 영 주
편 집 | 김 진 아
           임 지 원
디자인 | 윤 서 빈

에이콘출판주식회사
서울특별시 양천구 국회대로 287 (목동)
전화 02-2653-7600, 팩스 02-2653-0433
www.acornpub.co.kr / editor@acornpub.co.kr